斯德哥尔摩国际和平研究所

# SIPRI 年鉴 2014

## 军备·裁军和国际安全

中国军控与裁军协会　译

时事出版社

中国军控与裁军协会

《SIPRI 年鉴》项目

主　任　陈　凯

参与本卷翻译的单位

中国国际战略学会

中国国际问题研究院

中国国防科技信息中心

北京应用物理与计算数学研究所

中国军控与裁军协会秘书处

本卷翻译人员（以姓氏笔划为序）

马治功　王　正　王　羽　王忠友　孔　君　田景梅
许　巍　牟长林　苏晓晖　庄茂成　李长和　谷景书
何一剑　何毅丹　陈　戎　陈方明　邱旭强　陆建新
吴　翔　沈　桦　赵　莉　赵丽霞　唐寅初　费肖俊
徐家雄　琦　灵　翟玉成

译　审　庄茂成　龚显福

# 斯德哥尔摩国际和平研究所（SIPRI）

**SIPRI** 是一家独立的国际性研究机构，致力于研究冲突、军备、军备控制与裁军问题。它建于 1966 年，利用公开资料为各国决策者、研究人员、媒体及有兴趣的公众提供上述领域的数据、分析和建议。

董事会对研究所的出版物中表述的观点不负责任。



## 所　长

伊恩·安东尼（Ian Anthony）博士（英国）


年鉴主编和出版人：伊恩·安东尼（Ian Anthony）所长
责任编辑：D. A. 克鲁克香克（D. A. Cruickshank）
编　　辑：D. A. 克鲁克香克（D. A. Cruickshank）
乔伊·福克斯（Joey Fox）
耶塔·吉利根·博格（Jetta Gilligan Borg）
戴维·普拉特（David Prater）

**斯德哥尔摩国际和平研究所（SIPRI）**

地　　址：Signalistgatan 9，SE－169 70 Solna，Sweden

电　　话：+4686559700

传　　真：+4686559733

电子信箱：sipri@ sipri. org

网　　址：http：//www. sipri. org

# 目录



## 开卷篇

## 第一部分 2013 年的安全与冲突

## 第三章 和平行动与冲突管理 ………………………………… (138)

## 第二部分　2013 年军费开支和军备

## 第三部分　2013 年不扩散、军控与裁军

## 附 件

# 序言

这是《SIPRI 年鉴》的第 45 卷，它是在世界许多地区和国家安全环境日益恶化这种特别不确定的背景下完稿的。2013 年的各种事件预示着，我们可能仍处在国际安全环境即将出现重大而有深远影响的转变的开端。编纂一本年鉴，意味着要辨明当年发生的各种重大情况，并要从它们出现的变化中做出客观分析，这是一项很艰巨的工作。

在中东，叙利亚的战争在升级：不仅战斗的激烈程度在加大，而且从开始时的国内冲突已越来越大程度地变成了国际冲突。这场冲突的许多方面在本卷年鉴的不同部分都有描述和分析。

在突尼斯，一场政治危机本有可能导致严重暴力事件的出现，但到年底似乎终于避免了。但中东其他地区的和平进程看来却很不乐观。

在利比亚，由外国干涉势力所支持的形形色色的国内团体以军事行动推翻政府两年之后，2013 年该国未见和平与稳定。再往南看，利比亚冲突的外溢效应加剧了已开始出现的一个地区范围的危机，使该地区任何一个单独国家都无法将其抑制在边界之内。

在埃及，年中由军方废黜了首位通过民主选举当选的总统之后，2013 年开始执政的穆斯林兄弟会被宣布为一个恐怖组织。在政府更迭后出现的暴力动乱中人民死伤惨重。

在欧洲，当乌克兰政府决定不再继续同欧盟谈判一项等待已久的入盟协议之后，该国出现了规模空前的示威活动。基辅的暴力冲突，以及日益深刻的政府管理危机的各种迹象，加剧了人们对这个欧洲最大国家之一的乌克兰的担心，人们对其未来国内发展和外交政策取向更无把握。

本卷年鉴的开卷是关于叙利亚冲突各个方面的一系列论述（第一章）。年鉴的第一部分记述了 2013 年的武装冲突及和平行动与冲突控制。第二章包含有对调解情况的论述以及关于联合国安理会在以国家为基础的武装冲突中的作用。第三章有一节专门论述了非洲的和平行动情况。

年鉴的第二部分专注于军费开支和军备。第四章包含了“SIPRI100 强”军工生产和军事服务公司，有一节专述了亚太地区的军费开支情况。第五章重点论述了主要武器和远程导弹的国际转让数量。第六章详述了世界核力量情况。

年鉴的第三部分涵盖了不扩散、军备控制和裁军的内容。第七章着重论述了与伊朗和朝鲜核计划有关的情况发展。第八章讨论了在叙利亚的化学武器使用问题以及国际上生、化武器计划的情况。第九章研究了关于对自主武器的管理和欧洲关于控制常规武器的辩论。第十章包括了对 2013 年与《武器贸易条约》相关的一些事情的讨论。

SIPRI 研究所已有许多年把本年鉴全文译成阿拉伯文、中文、俄文和乌克兰文。这是本研究所进行的研究，对于促进世界上有些最容易发生冲突的地区对和平与安全问题的讨论做出的直接贡献。所以，本年鉴依然是一份非常宝贵的文件。

《SIPRI 年鉴》的出版是一项有赖于众多人员共同出力的工作。2014 年这一卷年鉴共有来自 16 个国家的 35 位作者供稿。SIPRI 研究所本身的研究人员以及所外的伙伴和合作者提供了高质量的资料与分析，但实际参与的队伍远远大于这个研究团队。

为确定《SIPRI 年鉴》的内容而所要征询意见的人员极为广泛，既有国内的，也有国外的。我们尤其要感谢那些国外的审稿人员为此花费了大量时间。在 SIPRI 研究所内部，一个敬业的编辑团队（由 D. C. 克鲁克香克博士、乔伊·福克斯、耶塔·吉利根·博格和戴维·普拉特博士组成）的努力，使本书达到了高水平的出版标准。

我们在北京、贝鲁特、基辅和莫斯科的合作伙伴组织了翻译团队，他们所做的努力也保证了年鉴的各种外文版达到本研究所确立的极为严格的出版标准。

年鉴的出版，离不开 SIPRI 研究所许多其他人员，包括以副所长耶科布·霍尔格兰为首的各种支持人员的共同努力。他们以各种不同方式为本年鉴的出版、发行和提高其影响力作出了贡献。我借此机会向所有参与完成这一既具挑战性又很有意义和价值的任务的人们表示衷心感谢。

伊恩·安东尼博士
SIPRI 研究所所长
2014 年 9 月，斯德哥尔摩

# 缩略语

| | |
|---|---|
| **ABM** | **Anti-ballistic missile**<br>反弹道导弹 |
| **ACV** | **Armoured combat vehicle**<br>装甲战车 |
| **AG** | **Australia Group**<br>澳大利亚集团 |
| **ALCM** | **Air-launched cruise missle**<br>空中发射巡航导弹 |
| **APC** | **Armoured personnel carrier**<br>装甲运兵车 |
| **APEC** | **Asia-Pacific Economic Cooperation**<br>亚太经合组织 |
| **APM** | **Anti-personnel mine**<br>杀伤人员地雷 |
| **APT** | **ASEAN Plus Three**<br>"东南亚国家联盟 +3" |
| **ARF** | **ASEAN Regional Forum**<br>东盟地区论坛 |
| **ASAT** | **Anti-satellite**<br>反卫星 |

**ASEAN** **Association of South-East Asian Nations**
东南亚国家联盟

**ATT** **Arms Trade Treaty**
武器贸易条约

**ATTU** **Atlantic-to-the Urals（zone）**
大西洋到乌拉尔（地区）

**AU** **African Union**
非洲联盟

**BCC** **Bilateral Consultative Commission（of the Russian-US New START treaty）**
双边磋商委员会（美俄新 START 条约）

**BMD** **Ballistic missile defence**
弹道导弹防御

**BSEC** **Organization of Black Sea Economic Cooperation**
黑海经济合作组织

**BTWC** **Biological and Toxin Weapons Convention**
禁止生物武器公约

**BW** **Biological weapon/warfare**
生物武器/战

**CADSP** **Common African Defence and Security Policy**
非洲共同防务与安全政策

**CAR** **Central African Republic**
中非共和国

**CBM** **Confidence-building measure**
建立信任措施

**CBRN** **Chemical, biological, radiological and nuclear**
化学、生物、放射性和核材料

**CBSS** **Council of the Baltic Sea States**
波罗的海国家委员会

**CBW** **Chemical and biological weapon/warfare**
化学和生物武器/战

**CCM** **Convention on Cluster Munitions**

| | | |
|---|---|---|
| | 集束弹药公约 | |
| **CCW** | **Certain Conventional Weapons（Convention）**<br>特定常规武器（公约） | |
| **CD** | **Conference on Disarmament**<br>裁军谈判会议（裁谈会） | |
| **CDS** | **Consejo de Defensa Suramericano（South American Defence Council）**<br>南美防务理事会 | |
| **CEEAC** | **Communauté Economique des Etats de l'Afrique Centrale（Economic Community of Central African States，ECCAS）**<br>中非国家经济共同体 | |
| **CFE** | **Conventional Armed Forces in Europe（Treaty）**<br>欧洲常规武装力量（条约） | |
| **CFSP** | **Common Foreign and Security Policy**<br>共同外交和安全政策 | |
| **CICA** | **Conference on Interaction and Confidence-building Measures in Asia**<br>亚洲相互协作与建立信任措施会议（亚信会议） | |
| **CIS** | **Commonwealth of Independent States**<br>独立国家联合体（独联体） | |
| **COPAX** | **Conseil de Paix et de Sécurité de l'Afrique Centrale（Central Africa Peace and Security Council）**<br>中部非洲和平安全理事会 | |
| **CSBM** | **Confidence-and security-building measure**<br>建立信任与安全措施 | |
| **CSDP** | **Common Security and Defence Policy（of the EU）**<br>（欧盟）共同安全和防务政策 | |
| **CSTO** | **Collective Security Treaty Organization**<br>集体安全条约组织 | |
| **CTBT** | **Comprehensive Nuclear-Test-Ban Treaty**<br>全面禁止核试验条约 | |

**CTBTO** **Comprehensive Nuclear-Test-Ban Treaty Organization**
全面禁止核试验条约组织

**CTR** **Co-operative Threat Reduction**
合作减少威胁

**CW** **Chemical weapon/warfare**
化学武器/战

**CWC** **Chemical Weapons Convention**
禁止化学武器公约

**DDR** **Demobilization, disarmament and reintegration**
复员遣散、解除武装和重新安置

**DPKO** **UN Department of Peacekeeping Operations**
联合国维和行动部

**DPRK** **Democratic People's Republic of Korea (North Korea)**
朝鲜民主共和国（朝鲜）

**DRC** **Democratic Republic of the Congo**
刚果民主共和国

**EAEC** **European Atomic Energy Community (Euratom)**
欧洲原子能联营

**EAPC** **Euro-Atlantic Partnership Council**
欧洲—大西洋伙伴关系委员会

**ECOWAS** **Economic Community of West African States**
西非国家经济共同体

**EDA** **European Defence Agency**
欧洲防务局

**ENP** **European Neighbourhood Policy**
欧洲睦邻政策

**ERW** **Explosive remnants of war**
战争遗留爆炸物

**EU** **European Union**
欧洲联盟

**FATF** **Financial Action Task Force**
反金融洗钱特别工作小组

| | | |
|---|---|---|
| **FMCT** | **Fissile material cut-off treaty**<br>禁止生产核武器裂变材料条约（禁产条约） |
| **FSC** | **Forum for Security Co-operation（of the OSCE）**<br>（欧安组织）安全合作论坛 |
| **FY** | **Financial year**<br>财政年度 |
| **FYROM** | **Former Yugoslav Republic of Macedonia**<br>前南斯拉夫马其顿共和国 |
| **G8** | **Group of Eight（industrialized states）**<br>八国集团（八个工业化国家集团） |
| **GCC** | **Gulf Cooperation Council**<br>海湾国家合作委员会 |
| **GDP** | **Gross domestic product**<br>国内生产总值 |
| **GGE** | **Group of government experts**<br>政府专家小组 |
| **GLCM** | **Ground-launched cruise missile**<br>地面发射巡航导弹 |
| **GNEP** | **Global Nuclear Energy Partnership**<br>全球核能伙伴计划 |
| **GTRI** | **Global Threat Reduction Initiative**<br>全球减少威胁倡议 |
| **GUAM** | **Georgia，Ukraine，Azerbaijan and Moldova**<br>古阿姆集团 |
| **HCOC** | **Hague Code of Conduct**<br>海牙行为准则 |
| **HEU** | **Highly enriched uranium**<br>高浓缩铀 |
| **IAEA** | **International Atomic Energy Agency**<br>国际原子能机构 |
| **ICBM** | **Intercontinental ballistic missile**<br>洲际弹道导弹 |

**ICC** **International Criminal Court**
国际刑事法院

**ICJ** **International Court of Justice**
国际法院

**ICTR** **International Criminal Tribunal for Rwanda**
卢旺达国际刑事法庭

**ICTY** **International Criminal Tribunal for former Yugoslavia**
前南斯拉夫国际刑事法庭

**IED** **Improvised explosive device**
简易爆炸装置

**IFS** **Instrument for Stability**
稳定工具

**IGAD** **Intergovernmental Authority on Development**
政府间发展组织

**IGC** **Intergovernmental conference**
政府间会议

**INDA** **International non-proliferation and disarmament assistance**
国际防扩散和裁军援助

**INF** **Intermediate-range Nuclear Forces（Treaty）**
中程核力量（条约）

**IRBM** **Intermediate-range ballistic missile**
中远程弹道导弹

**ISAF** **International Security Assistance Force**
国际安全支援部队

**JCG** **Joint Consultative Group（of the CFE Treaty）**
（欧洲常规武装力量条约）联合协商小组

**LEU** **Low-enriched uranium**
低浓缩铀

**MANPADS** **Man-portable air defence system**
便携式防空系统

**MDGs** **Millennium Development Goals**
千年发展目标

**MIRV** **Multiple independently targetable re-entry vehicle**
多个、可独立命中目标的再入飞行器

**MOTAPM** **Mines other than anti-personnel mines**
非杀伤人员地雷

**MTCR** **Missile Technology Control Regime**
导弹及其技术控制制度

**NAM** **Non-Aligned Movement**
不结盟运动

**NATO** **North Atlantic Treaty Organization**
北大西洋公约组织（北约）

**NBC** **Nuclear, biological and chemical（weapons）**
核、生物和化学（武器）

**NGO** **Non-governmental organization**
非政府组织

**NNWS** **Non-nuclear weapon state**
无核武器国家

**NPT** **Non-Proliferation Treaty**
不扩散核武器条约

**NRF** **NATO Response Force**
北约快速反应部队

**NSG** **Nuclear Suppliers Group**
核供应国集团

**NWFZ** **Nuclear weapon-free zone**
无核武器区

**NWS** **Nuclear weapon state**
核武器国家

**OAS** **Organization of American States**
美洲国家组织

**OCCAR** **Organisation Conjointe de Coopération en Matière d'Arme-ment（Organisation for Joint Armament Cooper-ation）**
军备合作联合组织

**ODA** **Official development assistance**
官方发展援助

**OECD** **Organisation for Economic Co-operation and Development**
经济合作与发展组织

**OHCHR** **Office of the UN High Commissioner for Human Rights**
联合国人权高级专员办公室

**OIC** **Organization of the Islamic Cooperation**
伊斯兰合作组织

**OPANAL** **Organismo para la Proscripción de las Armas Nucleares en la América Latina y el Caribe（Agency for the Prohibition of Nuclear Weapons in Latin America and theCaribbean）**
拉丁美洲和加勒比地区禁止核武器组织

**OPCW** **Organisation for the Prohibition of Chemical Weapons**
禁止化学武器组织

**OPEC** **Organization of the Petroleum Exporting Countries**
石油输出国组织

**OSCC** **Open Skies Consultative Commission**
开放天空协商委员会

**OSCE** **Organization for Security and Co-operation inEurope**
欧洲安全与合作组织

**P5** **Five permanent members of the UN Security Council**
安理会五个常任理事国（五常）

**PFP** **Partnership for Peace**
和平伙伴关系

**PSC** **Peace and Security Council（of the African Union）**
（非盟）和平与安全理事会

**PSC** **Private security company**
私人安保公司

**PSI** **Proliferation Security Initiative**
防扩散安全倡议

**R&D** **Research and development**
研究与开发

**SADC** **Southern African Development Community**
南部非洲发展共同体

**SALW** **Small arms and light weapons**
小武器和轻武器

**SAM** **Surface-to-air missile**
地对空导弹

**SCO** **Shanghai Cooperation Organization**
上海合作组织

**SCSL** **Special Court for Sierra Leone**
塞拉利昂特别法庭

**SICA** **Sistema de la Integración Centroamericana（Central American Integration System）**
中美洲一体化体系

**SLBM** **Submarine-launched ballistic missile**
潜射弹道导弹

**SLCM** **Sea-launched cruise missile**
海上发射巡航导弹

**SORT** **Strategic Offensive Reductions Treaty**
削减进攻性战略武器条约

**SRBM** **Short-range ballistic missile**
短程弹道导弹

**SRCC** **Sub-Regional Consultative Commission**
次地区磋商委员会

**SSM** **Surface-to-surface missile**
地对地导弹

**SSR** **Security sector reform**
安全部门改革

**START** **Strategic Arms Reduction Treaty**
削减战略武器条约

**TLE** **Treaty-limited equipment**

受条约限制的装备

**UAE** **United Arab Emirates**
阿拉伯联合酋长国

**UNASUR** **Union de Naciones Suramericanas (Union of South American Nations)**
南美洲国家联盟

**UAS** **Unmanned aerial system**
无人驾驶航空系统

**UAV** **Unmanned aerial vehicle**
无人驾驶飞行器（无人机）

**UCAV** **Unmanned combat air vehicle**
无人驾驶作战飞行器

**UN** **United Nations**
联合国

**UNDP** **UN Development Programme**
联合国开发计划署

**UNHCR** **UN High Commissioner for Refugees**
联合国难民事务高级专员公署

**UNODA** **UN Office for Disarmament Affairs**
联合国裁军事务办公室

**UNROCA** **UN Register of Conventional Arms**
联合国常规武器登记制度

**WA** **Wassenaar Arrangement**
瓦森纳安排

**WMD** **Weapon(s) of mass destruction**
大规模杀伤性武器

**WMDFZ** **WMD-free zone**
无大规模杀伤性武器区域

## 常用符号

.. 未掌握或不适合使用的数据

| | |
|---|---|
| - | 零或可以忽略的数字 |
| ( ) | 不确定的数据 |
| b. | 十亿（一千个百万） |
| Kg | 公斤 |
| km | 公里（一千米） |
| m. | 百万 |
| th. | 千 |
| tr. | 万亿（一百万个百万） |
| $ | 美元（除非另有注明） |
| € | 欧元 |

## 地理区域和次区域

**非洲** 包括北非（阿尔及利亚、利比亚、摩洛哥和突尼斯，埃及除外）和撒哈拉以南非洲。

**美洲** 包括北美（加拿大和美国）、中美洲、加勒比地区（包括墨西哥）和南美。

**亚洲和大洋洲** 包括中亚、东亚、大洋洲、南亚（包括阿富汗）和东南亚。

**欧洲** 包括东欧（亚美尼亚、阿塞拜疆、白俄罗斯、格鲁吉亚、摩尔多瓦、俄罗斯和乌克兰）、中西欧（含东南欧）；在论述军费开支时，土耳其包括在中西欧地区。

**中东** 包括埃及、伊朗、伊拉克、以色列、约旦、科威特、黎巴嫩、叙利亚、土耳其和阿拉伯半岛的国家。

（琦 灵 译）

# 《SIPRI 年鉴》网络版

www. sipriyearbook. org

《SIPRI 年鉴》的全部内容能在网上查到。使用网络版，你可以：

○利用台式电脑或手提电脑读到《SIPRI 年鉴》的全文，为你正进行的研究工作所用；

○使用先进的搜索和阅读功能即可轻易地通过内容找出你所要的东西；

○通过全书或在你的研究范围之内搜索，很容易找到你所要的内容；

○使用个人文档，可反复返回你已保存的内容，这可节约你的宝贵时间；

○通过电子邮件和其他社交网络工具，可很容易地与你的同事和学生分享有关内容；

○使用为你明示的链接工具和网上资源，可以增强你的研究能力。

**如何使用《SIPRI 年鉴》的网络版**

机构使用

《SIPRI 年鉴》网络版可通过一次性付费或年度订购的方式供全世界各个机构使用。图书馆管理者和中央资源协调者可根据下面提供的细节联系牛津大学出版社获得报价，或可在网址〈http：//www. oxfordonline. com/freetrials/〉上注册一次免费试读。

个体人员可将网址〈http：//www. oup. com/library-recommend/〉上的这一资源推荐给他们的图书馆管理者。

个人订购

全世界所有个人均可以 12 个月一次的方式订购《SIPRI 年鉴》网络版。订购的具体办法可在网址〈http：//www. oup. com/〉上找到。

**联系信息**

| 美洲客户 | 美洲以外客户 |
| --- | --- |
| 电邮：oxfordonline@ oup. com | 电邮：institutionalsales@ oup. com |
| 电话：+1（800）6240153 | 电话：+44（0）1865353705 |
| 传真：+1（919）6778877 | 传真：+44（0）1865353308 |

# 开 卷 篇

引　言　国际安全、军备和裁军

第一章　叙利亚冲突的方方面面

# 引言　国际安全、军备和裁军

伊恩·安东尼

## 第一节　全球与地区安全

自世纪转折以来，斯德哥尔摩国际和平研究所出版的几个指数说明，在人类努力维护和加强国际和平与安全方面，呈现出总体积极发展的趋势。然而，新数据表明，这一积极趋势可能已被打断。《SIPRI年鉴 2014》的文献揭示了冲突、军备动态和国际安全中一些令人不安的趋向。世界仍远未做成可被描述为“全球秩序”的任何事情。此外，由于政治、技术、经济、生态和军事活动继续发生连续不断的速变，和平解决冲突并促进一个更加稳定安全的环境可能会变得愈发难以实现。

随着苏联的垮台，美国对经济和文化的主导扩展到了安全和防务领域。本版《年鉴》中显示的数据提醒人们，其他任何一个国家都不能与美国在其军事安全上的投资相提并论，而且这可能仍将是美国最持久的优势（见本《年鉴》第四章）。

美国是否拥有技能、合法性和承诺来继续发挥主导作用已经受到多方质疑。例如，俄罗斯总统弗拉基米尔·普京在 2007 年称，决策权集中在一个国家不可能得以持续，因为经济和技术潜力在不同国家的出现，势必会转化为拥有更大政治影响的诉求。普京说，世界正处于“我们必须认真思考全球安全结构的决定性时刻”。[1]

---

〔1〕 普京在第 43 届慕尼黑安全政策会议上的讲话。见 2007 年 2 月 12 日《华盛顿邮报》。

在国际政治影响力正在增强的一批国家中，中国无疑是一个正在崛起的大国，而且随着其利益在全球的迅速扩张，它势必成为一个全球大国。[2] 2012 年，亨利·基辛格称，中国和美国的重要集团都宣称，霸权争夺“不可避免，也许已在进行之中”。[3] 然而，分析家和观察家也认为，存在着一些可以有理由形容为新兴大国的国家。因此，基于用不同方法进行国际治理，即将发生的角逐——也许不一定指军事对抗——可能在美国和不同的国家组合体之间进行。[4]

普京特别反对基于他称为“几乎毫无节制躁狂动用（军）力”的领导思想。在国际上，包括大多数欧洲国家，越来越强调综合办法应对国与国之间和国家内部的冲突，即综合运用军事、外交、社会和文化工具。鉴此，在冲突早期使国际行动军事化的倾向，愈发不太可能得到为解决冲突而被要求参与的其他行为者的支持。

贝拉克·奥巴马总统的美国政府虽然经常使用武力，但一直不愿发起大规模进攻性军事行动，特别是与奥巴马的前任乔治·W. 布什相比。相反，至少近年来，动武的主要倡导者（例如，在利比亚和非洲的其他地方，或者认真考虑过动武的叙利亚冲突的案例）包括了其他政府和奥巴马政府内外政策的形形色色批评者。事实上，美国政府显露出越发不愿进一步卷入，潜在的可能性是弱化军事承诺，而同时试图减少其在阿富汗和伊拉克的军事存在和相关财政承诺。

美国不是放弃领导权，而是试图适应新情况。奥巴马总统 2009 年任职时发出的信号是，美国将强调把合作作为追求其国家利益的优先手段。然而，当奥巴马说美国“将勇于设法和平解决我们与其他国家的分歧，并非因为我们对我们面临的危险幼稚天真，而是因为接触能够更持久地消除怀疑和恐惧”时，许多人把这一说法解读为外

---

〔2〕 参阅 M. 杜恰特尔、O. 布劳纳尔和 Z. 航：“保护中国的海外利益：慢慢转变不干涉（政策）”，载《SIPRI 政策文件》第 41 号（SIPRI：斯德哥尔摩，2014 年 6 月）。

〔3〕 亨利·基辛格：“美中关系的未来：冲突是一种选择，不是一种必然选择”，载《外交》杂志，2012 年 3—4 月号，第 91 册合订本第 2 期。

〔4〕 M. 考克斯：“权力转移，经济变化和西方的衰落?”，载《国际关系》杂志，(2012 年第 4 期)。第 26 册合订本。

交政策上的软弱信号，这一看法在美国国内和美国的盟友中也不在少数。[5]

国际管治上出现了一定的不稳定性。现在，更多的行为体在世界上施加着影响，而且出现了更多的决策中心。这些行为体和决策中心包括来自南方和东方的国家。此外，现在一些鱼目混杂的非国家行为体也成为国际安全场景上的永恒组成部分。

尽管拥有影响力的国家和非国家行为体在扩散，但也似乎没有出现一种新型集团思维。在冷战期间，国家要么与苏联结盟，要么与美国结盟。在大多数情况下，为了增强集体团结，它们避免公开批评它们并不赞同盟友的政策。今天，国家在意见相同的问题上进行合作。但是，在力争采取“正确”做法的情况下，甚至密友和盟国也相互公开批评。例证之一是，美国与它一些最密切的盟国在网络空间的活动问题——特别是有关使用网络工具进行谍报活动问题上——存在着严重分歧（见第九章）。

灵活联盟的形成也许得益于日益运用类似 20 国集团（G20）框架的非正式合作安排，在这种安排中，一群自诩为主要发达国家和新兴经济体国家的领导人定期会晤，但也与国际组织和非政府机构的代表进行互动。[6] 20 国集团于 2008 年首次会面于华盛顿特区，2013 年 9 月在俄罗斯的圣彼得堡开会庆祝其成立五周年。20 国集团成员的主要聚焦点一直是全球金融和经济危机的影响，而圣彼得堡峰会表明它们愿意采取这种共同努力的方式。20 国集团不是作为国家找到共同点或进行集体决策的活动场所，而是协调国家政策和管理单边决策引发任何外溢效应的一个论坛。[7]

---

〔5〕 白宫：贝拉克·奥巴马总统的就职演说，2013 年 1 月 21 日。见网址：〈http：//www. whitehouse. gov/the-press-office/2013/01/21/inaugural-address-president-barack-obama〉。

〔6〕 20 国集团由阿根廷、澳大利亚、巴西、加拿大、中国、法国、德国、印度、印度尼西亚、意大利、日本、韩国、墨西哥、俄罗斯、沙特阿拉伯、南非、土耳其、英国、美国 19 国和欧盟的代表组成。

〔7〕 “20 国集团成立 5 周年远景声明”，20 国集团峰会，圣彼得堡，2013 年 9 月 5—6 日。见网址：〈https：//www. g20. org/about_ g20/past_ summits/2013_ st_ petersburg〉。

多边进程也在发生演变。首先基于在专业机构的帮助下谈判实质问题，然后在国家实施之前达成一致意见的方法，似乎在一系列问题领域变得越发不受欢迎。可以说，在贸易、金融、信息、通信技术（ICT）和环境领域，传统的多边主义正在退出。例如，截至 2014 年 1 月，旨在就 2001 年开始的降低国际商品贸易关税（所谓的“多哈发展议程”）达成一致意见的谈判尚未取得任何结果。[8] 2012 年 12 月，在迪拜举行的世界国际通信会议上，欧盟成员国以及日本和美国反对修改国际电信规则。[9] 2013 年 11 月，华沙气候变化会议只在有限问题领域达成了屈指可数的一致意见，较显著的是加强森林管理。[10]

2013 年，联合国安理会未能就叙利亚冲突做出联合反应取得一致意见也说明一个事实：通过专业机构的工作在硬安全问题上取得共识已逐渐变得困难（见第一章）。本版《年鉴》中对安理会正在演变的作用进行的分析表明，叙利亚远非这方面的一个孤立案例（见第二章）。安理会有效性的任何削弱必将导致对其合法性提出更多的问题。

2013 年多边做法取得的最显著的成就是在军事安全领域。叙利亚同意拆除并销毁其化学武器和加入《1993 年化学武器公约》（见第八章）。为消除化学武器及其相关基础设施开辟道路而调查叙利亚冲突中使用化武的过程，起初是由联合国、禁止化学武器组织（OPCW）和世界卫生组织（WHO）三个多边机构做出的联合（且不断演变的）努力。任何国家的单边行动或任何以松散联盟行事的国家集团都不可能取得这方面的任何成果。

对在叙利亚使用化学武器进行多边反应，是旨在通过双边磋商网减少寻求共识带来的交易成本，从而提高效率。随着在安全旗帜下讨论的问题范围变得更加复杂，从逻辑上讲，可能需要强化多边努力。

---

〔8〕 世界贸易组织：“多哈回合”。见网址：〈http://www.wto.org/english/tratop_e/dda_e/dda_e.htm〉。

〔9〕 国际电信联盟：“国际电信世界会议”（WCIT－12）。见网址：〈http://www.itu.int/en/wcit－12/Pages/default.aspx〉。

〔10〕 “联合国气候变化框架公约”，2013 年 11 月华沙气候变化会议。见网址：〈http://unfccc.int/meetings/warsaw_nov_2013/meeting/7649.php〉。

更多的行为体和不同类型的行为体参与国际治理意味着，为了寻求双边共识而需要的多边接触，能够迅速制服甚至是最大的政府。

现在，多边主义经常被批评为比国家政策协调更缺乏效率，这一事实进一步凸显出在强化决策的原则和价值观问题上的共识（大多是美国与其盟国中的共识）破裂。[11] 令人不安的是明显缺乏为国际共识寻求新的共同基础的欲望。过去的经验表明，基于容忍分歧的做法，只能制订出有限的一套，最多只能制约而不是解决国家之间问题的规则。

## 第二节 和平与冲突的动态

各版《SIPRI 年鉴》呈现的信息试图量化全世界一些主要冲突趋势，这些信息是斯德哥尔摩和平研究所与包括乌普萨拉冲突数据项目和经济与和平研究所（IEP）在内的几个重要伙伴合作的结果。通过这些伙伴关系收集并展现的数据显示了一些清晰的趋势。

首先，总的数据表明，某些国家内部冲突的强度正在增加，而强度较低国家内部冲突的数量越来越少（见第一章）。2013 年，有关国家内部冲突的较长期趋势似乎已被有关具体冲突诸如在中非共和国、马里、南苏丹和叙利亚爆发的冲突的报道所证实，也被有关冲突对诸如平民保护、国内人民背井离乡和造成的在国外的难民人口等问题的影响的报道所证实。联合国秘书长 2013 年 9 月的一份报告结论是，在平民继续占伤亡大多数、平民成为经常攻击的目标、遭到不加区别的攻击和冲突各方其他侵犯的情况下，“乐观的余地微乎其微”。[12]

---

〔11〕 例如，罗伯特·基奥恩认为，多边主义的合法性已被为实现实质性目的机构和组织的失败所损害。见罗伯特·基奥恩：“视情而定的多边主义合法性”，载 E. 纽曼、R. 撒库尔和 J. 蒂尔曼编辑的《多边主义正受到挑战吗？权力、国际秩序和结构变化》（联合国大学出版社，2006 年，东京）。

〔12〕 联合国安理会：“秘书长关于武装冲突中平民保护的报告”，S/2013/689，2013 年 11 月 22 日。

根据联合国难民事务高级专员公署（UNHCR）的报告，到2013年年末，200多万名难民逃离叙利亚，凸显出难民流向叙利亚所有邻国造成的严重影响，而在叙利亚的2200万总人口中，另有425万人在国内背井离乡。[13] 随着人们因受迅速成为相互关联的灾害（如武装冲突、不能获得无污染的食品和水以及资源匮乏）的综合影响而多次被迫出走，导致出现了第二次或多次背井离乡的诸多案例。

武装冲突各方及在脆弱国家居住的暴力行为者似乎愈发愿意诉诸恐怖方式。[14] 根据“2012年全球恐怖主义指数”，2002—2011年全球恐怖主义的影响大大增强，而且在2007年达到顶峰，从此全球趋势稳定在高位状态。利比亚小武器和轻武器、弹药和爆炸物未能保持适当控制所造成的地区性影响波及整个北非和撒赫勒地区。此外，易于获取现代武器、弹药和军用爆炸物的丰富供应不仅反映在冲突强度上，也反映在冲突地点发生的暴力犯罪等级上。

鉴于城市化的总趋势，可能存在着一种使用大面积杀伤武器——国际红十字会把它定义为“杀伤效应大面积扩展的武器”——和冲突中在城市中使用高爆炸药这一令人不安的趋向。[15]

另外，在减少美国前国防部长威廉·佩里曾称为“甲类威胁”——对国家生存的威胁或在20世纪大部分时间里许多人想象的那种全球战争威胁——的风险方面取得了进展。[16] 相对缺少对甲类威胁的关注可能是解释集团思维减弱的一个因素。在一个良性安全环境中，保险的做法是采取比较独立和批评性的立场。然而，甲类威胁

---

〔13〕 联合国难民事务高级专员署：“叙利亚难民人数超过200万，还将出现更多难民”，2013年9月3日。见网址：〈http：//www. unhcr. org/522495669. html〉。

〔14〕 经济与和平研究所：“2012年全球恐怖主义指数：记录过去十年恐怖主义的影响”，载《经济与和平研究所报告》第19号（经济与和平研究所，悉尼，2012年，第6页）。

〔15〕 国际红十字会：“可能引起不必要痛苦或拥有滥杀无辜效应的武器。”（国际红十字会：日内瓦，1973年），第23页。

〔16〕 威廉·佩里：“来自主席的信息”；威廉·佩里等人：“一项美国安全政策：挑战、机遇、承诺”，国家安全顾问小组，2013年7月。见网址：〈http：//belfercenter. hks. harvard. edu/publication/3144/american_ security_ policy. html〉。

可能存在死灰复燃的风险，将与负责任的领导人未能密切关注他们的相互关系和军事能力的重要转移结合在一起有关。

从这个视角考虑，本版《SIPRI 年鉴》中有关世界军费开支的数据令人产生兴趣。SIPRI 数据显示，2013 年，全球军费实际开支下降了 1.9%，达 1.747 万亿美元。这是军费开支第二年连续下降，比 2012 年的下降率高出 0.4%（见第四章）。这一令人瞩目的趋势，主要反映在少数西方国家（首先是美国）随着它们从长达 10 年的阿富汗和伊拉克高强度军事行动中逐渐撤离而减少军费开支上。

在西方国家集团之外，存在着相反的趋势。从绝对值角度用不变的美元价格计算，2/3 的北美和西欧国家削减了其军费开支，而其他地区 2/3 的国家则增加了军费开支。也许特别值得注意的是中国和俄罗斯的数据，自 2004 年以来中俄两国的实际军费开支都增长了两倍之多。

斯德哥尔摩国际和平研究所有关武器转让的数据，也趋于强化军费开支数据中揭示的某些趋向。例如，在过去 10 年里，流向欧洲的主要常规武器业已下降，而另一方面，流向亚洲和非洲的武器则大大增多（见第五章）。亚洲和大洋洲国家加在一起占主要常规武器进口的最大份额。然而，在过去 5 年里，类似沙特阿拉伯和阿拉伯联合酋长国等中东国家——似乎正在减少武器消费的传统性主要常规武器重要客户——重新加入了世界最大武器进口国的名单。

在世界的许多地方，要么是缺乏，要么是没有很好地做出致力于减少安全领域中军事因素的热忱或系统性努力。然而，欧洲政治中的“去军事化”和达到难以置信程度的消除军事能力，被确切地视为冷战结束之后的主要成就之一。现在，也许出现了重温那种成就的新趋势。

北约秘书长安诺斯·福格·拉斯穆森经常把北约联盟的欧洲成员国削减军费开支列为严重问题。2013 年 9 月，拉斯穆森直言不讳地评估道：“让我一开始就说得非常清楚。如果我们欧洲不在我们自己的防务和安全领域进行更多的投资——经济与政治投资——那么在未来，我们就不会在世界上言及我们的影响，只能谈论其他人在世界上的影响。"[17] 值得注意的是，2013 年西欧的军费开支下降了 2.4%。相比之下，东欧国家的军费开支却增长了 5% 以上。2013 年，欧洲两个年军费增长率最高的国家是白俄罗斯和乌克兰。实际上，欧盟成员国和北约的欧洲国家防务开支很大，约占全球军费开支的 15%。而相比之下，俄罗斯的军费开支不到欧盟成员国的 1/3，约相当于法国和德国军费开支的总和。此外，欧洲国家正试图确定并利用它们各自的安全与防务采购计划协作效果，其中包括在欧盟层面通过确定相关民用研究来实现的计划协作效果。

2011 年，美国即将离任的国防部长罗伯特·盖茨创造了"集体军事偏差"这个术语来描述北约的许多欧洲成员国。[18] 但是，盖茨指的并不是军费开支数量（它衡量投入），而是军事能力（它是一种产出）。早就有人认识到，欧盟成员国使用的资源碎片化方式，在某种军事能力上造成了富余但在其他军事能力上却造成赤字。这正是拉斯穆森在 2013 年的讲话中承认的事情。他在讲话中说："坦率地说，有些能力我们拥有，但我们并不需要；有些能力我们需要，但我们却没有。"[19]

在缺乏一个更加整体的做法的情况下，所有欧洲的北约盟国简单增加国家的军费开支不会解决那个问题——如果有点什么，那也只会把事情弄得更糟——而且，盖茨在他的反思中非常清楚，欧洲国家能够采取提高能力的最重要步骤，就是对现有资源进行更好的配置和协调。更为严重的一个问题是，不能认识、分析和理解欧洲国家正在试图解决其军费开支问题的影响。

欧盟领导人在 2013 年 12 月的欧洲理事会上强调，需要重新审视他们对安全与防务做出的贡献。然而，他们没有把这个问题与承诺增加军

---

〔17〕 安诺斯·福格·拉斯穆森："实现欧洲的潜力，2013 年 9 月 6 日在共同外交与安全政策及共同安全与防务政策议会大会上的讲话"。见网址：〈http：//www.lrs.lt/intl/presidency.show？theme = 125&lang = 2&doc = 1305〉。

〔18〕 美国国防部长罗伯特·盖茨："对跨大西洋联盟地位和未来的反思"，载《安全与防务议程》，2011 年 6 月 10 日。见网址：〈http：//www.securitydefenceagenda.org/Portals/14/Documents/Publications/2011/GATES_ Report_ final.pdf〉。

〔19〕 北大西洋公约组织（北约）："北约：准备就绪，强健有力，重新平衡——北约秘书长安诺斯·福格·拉斯穆森在欧洲卡内基学会的讲演"，2013 年 9 月 19 日。见网址：〈http：//www.nato.int/cps/en/natolive/opinions_ 103231.htm〉。

费开支挂钩，而是指出需要保持在军事领域进行“足够水平的投资”，同时寻求从合作与综合利用现存能力中获取效益。[20] 也许更为重要的是，该理事会许诺了发展欧洲应对外部冲突的集体综合做法。[21] 本版《年鉴》提供的数据，进一步凸显出欧盟如何在其共同安全与防务政策（CSDP）的保护伞下逐渐愈发积极遂行和平行动的情况——2013年，欧盟遂行了12项和平行动，其中包括3项动用军事力量的行动（见第三章）。

斯德哥尔摩国际和平研究所的合作伙伴经济与和平研究所在它的“和平支柱”计划中，已用一套广泛指数比较冲突与暴力水平揭示了和平国家的特点。大多数和平国家拥有一个功能完好运行的政府、一个良好的商业环境和资源的公平分配；接受他国的权利，与邻国关系良好并确保信息自由流通；高水平教育和低水平腐败。[22] 在这个范围的另外一端，有35—70个国家和地区要么已发生过武装冲突，要么被列为脆弱国家，它们面临的冲突和过度暴力的风险剧增。

欧盟在所有脆弱国家和地区以这种或那种身份保持存在，但只在几个地方实施了共同安全与防务政策框架下的和平行动。作为一种有用的积极贡献，根据共同安全与防务政策所实施的任务和行动，远未反映出欧盟用综合做法处置外部冲突与危机的逻辑。根据该逻辑，欧盟及其成员国应当“始终把从外交、安全和防务到金融、贸易、发展和司法等政策和工具结合起来”。[23] 本版《年鉴》中的数据表明，和平行动越来越强调短期性和有限规模。然而，一个国家从冲突刚结束后的状况转到比较和平、稳定和繁荣的状况，可能至少需要20年，也可能需要近40年。欧盟不太可能持续参与

〔20〕 欧盟理事会：“欧洲理事会的结论”，2013年12月19—20日，布鲁塞尔。见网址：〈http：//www. consilium. europa. eu/uedocs/cms_ data/docs/pressdata/en/ec/140214. pdf〉。

〔21〕 欧洲委员会负责欧盟外交与安全政策的高级代表：“欧盟应对外部冲突和危机的综合做法”，见《给欧洲议会和欧盟理事会的联合通信》，联合（2013）第30号最终版，2013年12月11日。网址：〈http：//www. eeas. europa. eu/statements/docs/2013/131211_ 03_ en. pdf〉。

〔22〕 经济与和平研究所：“和平柱石：了解支撑和平社会的关键态度和机制”，（经和所：悉尼，2013年）。

〔23〕 欧盟理事会（同注释〔20〕）。

或将其行动限于支撑共同安全与防务政策的政府间协调而达到其潜力。

## 第三节　科学与安全之间的关系

1949 年，第二次世界大战期间的美国科学研究与发展办公室主任万尼瓦尔·布什写道：

> 如果获得允许，纯科学可以自行其道，以专心致志于拓展人类知识世界的思想，探索未知之物。应用科学、复杂过程，以其新知识成为工程和产业力量使用的东西，追寻的是当局指出的道路。〔24〕

在历史上，增强军事能力的需要一直是科学和技术投资的重要驱动力。这是迄今仍在继续的一种趋向。科学发展的方向首先由国家做出决定。科学投资多少、在哪个分支科学上投资等具体决策，反映出国家宪法安排、机构和政治优先项目的差异。技术发展驱动军事政策的程度尚未得到解决。然而，国际安全分析历来高度强调国家如何掌握先进技术并用它增强军事能力。

核武器的开发和生产也许是科学与安全这一链接的最终表达。本版《年鉴》中出版的信息表明，尽管世界上核武器的总量继续下降，但核武器拥有国也在投资，以确保它们在可预见的未来仍保持其核武库（见第六章）。

鉴于研究正在导致具有潜在安全影响的更多领域较前更快发展这一事实，评估科学进步的含义业已变得愈加具有挑战性。虽然需要逐个考虑多种不同科学研究领域，但它们之间的联系也变得越来越复杂，而且这种复杂性可能会在未来继续发展。在和平目的的情况下，探寻非军事问题的技术解决办法以及在科技的发展仍然存在可能具有

〔24〕 万尼瓦尔·布什：《现代武器和自由人》西蒙—舒斯特出版社，纽约，1949 年版，第 6 页。

重大安全影响的潜在困境。

在这些困境中，有几个困境在本版《年鉴》的相关章节中得到了重点阐述。例如，如何最有效地规范有关新兴生物技术安全方面的问题，长期以来一直是国家之间进行商谈的题目。[25] 然而，在2013年，越来越清楚的是例如某些源自研究合成生物的创新成果，已变成商品在国内和国际市场上销售。这些产品并非针对传统消费者，而是针对生物技术研究部门和医药研究者。而且，商品的关键方面也越来越依赖用无形手段转让的信息（见第八章）。

美国国家情报委员会在2012年的一份报告中突出提到了高级机器人在未来的潜在作用，称“尽管改进机器人的感知能力仍需大量开发，但许多未来高干扰系统所需的构成模块可望在2013年问世”。[26] 2012年12月，一群美国科学家和工程师强调了一个事实：机器正在“从人控，向自动，再到自控，拥有无需人类输入而自行动作的能力”演化，而且谁为自控系统产生的行动负责将变得越来越模糊不清（见第九章）。[27] 规范自控机器人的迅速发展，正在成为一些国家集团或非国家行为体关注的焦点问题。它们正在致力于保留和强化旨在禁止或限制使用被认为造成过度伤亡或滥杀无辜效果的某些武器的法律框架。

2013年12月，欧洲安全与合作组织（OSCE）是第一个为减少网络空间某项可疑的行动可能被理解为敌对行动的风险而就一整套建立信任措施达成协议的组织（见第九章）。该协议强调了国家现在把ICT（Information Communication Technolgy，它是信息技术与通信技术相融合而形成的一个新的概念和新的技术领域。）的作用置于安全政策之内的重要性。在讨论减少风险的同时，许多欧安合

---

〔25〕 C. 麦克利什：“生物科学与技术推动的进步对禁止生物武器公约的影响”，《不扩散论文集》第4卷，欧盟不扩散国际性协议，2011年12月。见网址：〈http://www.nonproliferation.eu/activities/activities.php〉。

〔26〕 美国国家情报委员会（NIC）：《2030年全球趋势：不寻常的世界》，美国国家情报委员会，2012年1月（美国国家情报委员会，华盛顿特区，2012年12月），第90页。

〔27〕 W.G. 吉尔罗伊：“‘圣母马利亚’的雷利中心强调指出科技中新兴道德困境与政策问题”，圣母马利亚大学，2012年12月17日。见网址：〈http://news.nd.edu/news/36397 – notre-dames-reilly-center-highlights-emerging-ethical-dilemmas-and-policy-issues-inscience-and-technology〉。

组织成员（还有其他许多国家）继续发展其在网络空间实施攻防行动的国家能力。

## 第四节　结语

就可从 2013 年军备、裁军和国际安全的事件和发展中得出的结论而言，应继续分析三组连锁问题之间的互动情况。

第一，对国际治理做法的演变，将直接影响到国家在运用最佳途径提升国际和地区安全上达成共同理解和取得一致意见的能力。本版《SIPRI 年鉴》的几个章节中强调出现了一系列不同类型的紧张——例如，在不同的专业机构之内和负责安全治理的全球机构与地区机构之间的紧张。从寻找共同立场到包容国家差异并管理其后果的连续性动作已经逐渐削弱了多边做法；由于安全论述避开协议框架的限制，因不同问题而形成的国家联盟中就会看到新的变动性。

第二，提高对发展与安全关系的理解将有助于找到由传统上不是伙伴的行为体采取联合行动的机会。很少有人会在经济、社会和人文发展与和平和安全之间存在关系上发生分歧。这种关系是复杂的：安全能够导致发展，同时发展能够导致安全，但在短期内，任何一方都不足以促进另一方，而且双方都不一定总是如此。要想更好地理解这种关系，就需要进行更多的研究，采用一种集中分析其整体存在问题的方式，而不是聚焦于试图解决单个元素。为了弄清这些问题的不同部分如何进行互动，需要从许多学科中得出结论。

第三，许多科技领域的快速进步和规模及这些进步的互动方式，现在可被视为塑造国际安全的一个独立因素。随着复杂性的增加，对技术的评估已变得愈加困难。了解科学与公共政策之间的互动所面临的挑战也越来越多。

需要有关“技术得到日益广泛和更多应用所产生的物理、生物、经济、社会、政治效果令人满意的客观信息”来支持政府决策和立法程序——一个现在失灵的美国机构的职责——是一个当然并不过时、但却比任何时候都有必要的想法。[28]

（陈方明 译）

〔28〕美国技术评估办公室：《呈给国会的年度报告》（美国政府出版局：华盛顿特区，1974年3月15日），第3页。

# 第一章 叙利亚冲突的方方面面

## 概　　述

伊恩·安东尼

2011 年 3 月，叙利亚南部发生街头抗议，从而引起叙利亚政府使用武力应对。从此，叙利亚快速陷入武装冲突。与世界其他地区相比，叙利亚冲突中的有些战斗最为激烈且极具破坏性。2013 年年中的联合国资料表明，当时已有 10 万以上的人在战斗中丧生。尔后的民间分析人士估计显示，至 2013 年底总的伤亡人数已超过 13 万。

以下三篇文章局限于一些在一定程度上脱离了《SIPRI 年鉴》正常结构体系的问题。首先，由于叙利亚冲突十分复杂，媒体的偏见报道依然是一个关键性挑战，困扰着对有用资料的收集，就正在发生的事情给研究人员和决策者提供一些错误的信息（参见本章第一节）。其次，有关国家在向叙利亚提供武器问题上有重大分歧（参见本章第二节）。第三，2013 年的叙利亚局势发展凸显了反对拥有和使用化学武器的国际准则是多么重要（参见本章第三节）。

2013 年，在叙利亚两种不对称势力之间发生了冲突。叙利亚武装力量和其他安全部队得到了境外支持巴沙尔·阿萨德有关方的帮助。另外，俄罗斯依然与阿萨德政权进行长期的军事技术合作。黎巴嫩真主党武装分子和伊拉克什叶派武装民兵团体都在叙利亚境内作战，支持叙政府。伊朗向叙利亚武装部队提供各种支持，其革命卫队的“圣城军”成员尽管不一定充当战斗角色，但一直留在叙利亚境内。

相比之下，虽然为反对叙利亚政府而战的各种力量有时也相互合作，但许多参战团体都是按照宗派、种族和地区为界线组织起来的。

其中，有些团体根据当地需求和条件形成了广泛联盟，而有些团体则独立作战。至于政治团体之间的关系，也同样是支离破碎的。而政治团体与武装团体之间的关系，也远非那么简单、直接。然而，附属于“库尔德工人党”的“民主联盟党”与“广泛保护部队”（为保护库尔德社区而组建）关系紧密，是一种军政合作的样板。

最初，外部大国不太愿意向反对派提供物质支持。但在2012—2013年期间，外部的援助水平逐步提高。美国及其不少盟国已经向隶属于“最高军事委员会司令部”的团体提供武器、装备和技术援助。“最高军事委员会司令部”成立于2012年12月，是一个旨在凝聚反政府武装组织努力的机构。反对派团体业已得到一个多元国家集团的援助，其中卡塔尔和沙特阿拉伯被认为是名列前茅的施援者。

攻击平民的影响已经十分严重。除平民遭受战斗伤亡的直接影响之外，还有大量的平民流离失所和重要基础设施遭到大规模破坏，包括公共卫生部门等。2011年之前，在叙利亚大规模接种疫苗（如麻疹疫苗、甲肝、脊髓灰质炎和腮腺炎等）活动是一种常态，但冲突爆发后已变得不再可能。经世界卫生组织证实，2013年10月叙利亚曾发生过儿童脊髓灰质炎病例，这是自1999年以来首次报道的病例。

联合国还确认，至2013年年底，叙利亚国内大约有920万人急需人道主义援助。在叙利亚，人口迁移的规模不得而知。但联合国的估计是，至2013年年底，大约有650万人虽仍然留在叙利亚境内，但已被赶出自己的家园。

叙利亚冲突的后果不可能局限于叙利亚境内。由于有漫长的并且不受控制的边界线，其政治、经济、战略和人道影响已蔓延至邻国。叙利亚的邻国不得不接纳从战斗中逃出来的大量难民。据估计，2011—2013年，叙利亚的难民数已增至100万人。但另有估计，2013年3—9月，叙利亚的难民数已倍增至200万人。

2011年早些时候，在北非和中东地区发生了与政治动荡相关的抗议，为叙利亚动乱提供了火花，从而导致冲突。至2013年年底，叙利亚冲突的军事范围越来越显示出区域化的趋向。2013年，叙利亚邻国的领土在某种情况下已成为武装团体进攻叙利亚的出发地，或代理战场（如黎巴嫩）。在那里，支持叙利亚政府的部队与反对派部队相互残杀。

上述简短概述主要说明叙利亚冲突的复杂性，而本年鉴其他各章则更加详细地解释了交战方的情况、军费开支数、向交战方转让武器的模式以及冲突中使用化学武器的情况等。

（唐寅初　译）

# 第一节　考量叙利亚的冲突事件

加桑·巴利基

叙利亚冲突发生三年之后，许多人依然怀疑能否找到一个可行的办法来实现和平。调解冲突的任何尝试都需要了解冲突的动态，这是一个和平与冲突的研究方法可以有所作为的领域。然而，如同2013年联合国安理会和地区国家的分化，对使用化学武器证据的讨论以及在哪个团体代表反政府力量问题上的分歧所表明的那样，对叙利亚冲突没有统一的、可靠的、以证据为基础的描述。

冲突研究员的主要困难是收集不到可靠的数据，包括媒体报道的数据。鉴于叙利亚冲突十分复杂，媒体的偏见报道依然是一个关键性挑战，困扰着对有用资料的收集，告知研究人员和决策者有关正在发生的事件的错误信息。外交和政治的不断失败的后果越来越严重，更好地理解暴力激化背后的关键因素显得十分紧迫。这些都意味着需要一种更加严格的方法，包括对数据的收集。

本节突出从媒体报道中收集事件数据时所面临的局限性，并提出采取不同的方法来减少偏见，并为21世纪最血腥的内战真相提供一种清晰的描述。〔1〕

## 用地理和时间来分解数据

最近，冲突研究专注于用地理和时间来分解数据，以此来理解国家内部的暴力动态。〔2〕诸如“武装冲突地点和事件数据项目”(ACLED)、“乌普萨拉冲突数据项目”（UCDP）和“地理判定的事

〔1〕这里的研究报告基于一个试点项目，以便建立一个关于叙利亚暴力发生率和政治行动的数据集。数据集建成之后，其详细信息包括：暴力行动的位置和时间；政治和外交行动及其参与者；暴力事件结果和手段的具体证据。试点项目于2013年8月启动，一直持续到同年10月。共同倡议的单位有斯德哥尔摩国际和平研究所、伦敦经济政治学院（LSE）和德国经济研究所（DIW，柏林）。

〔2〕K. S. 格莱迪奇、N. W. 马特尼奇和I. A. 鲁格里：“和平与冲突研究中的数据与进展”，《和平研究》季刊，第51册合订本第2期（2014年3月）。

件数据”（UCDP-GED）等数据集都使用了这个方法。[3] 使用地理和时间数据分析暴力冲突较定性评估和宏观量化措施方法更具优势。首先，它提供了更为详细的微观层面的暴力信息，并允许更精确地分析冲突内部和相互间的变化。[4] 第二，它有助于剖析某一次冲突的内部变化和暴力的空间扩散。第三，分解数据为政策制定者和外交官提供全面的有关不同暴力事件发生的知识。

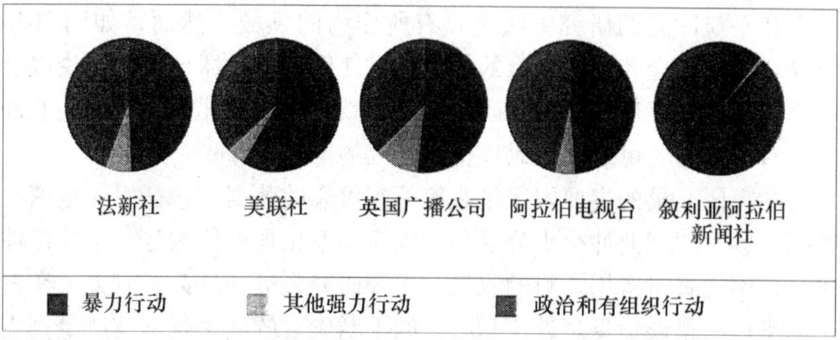


**图 1.1　有报道的叙利亚冲突事件类型（按媒体来源分类）**

尽管冲突事件数据集越来越容易获取，众多分析和概念的挑战依然在。[5] 挑战之一便是，没有一个统一的暴力定义，也没有一个精确的尺度来衡量暴力。例如，“武装冲突地点和事件项目”既涵盖了致命的战斗，也涵盖了非致命的战斗，而“地理事件判定的数据”则将暴力定义为造成超过 25 个与战斗有关的死亡人数的事件。[6] 选择暴力冲突事件的定义显然会改变分析的对象，并可能会产生相互矛

〔3〕 C. 罗利等人：“介绍‘武装冲突地点和事件数据项目’：一个武装冲突地点和事件数据集”，《和平研究》季刊，第 50 册合订本第 5 期（2010 年 9 月）；R. 桑德博格和 E-. Melander：“介绍‘乌普萨拉冲突数据项目地理判定事件数据集’”，《和平研究》季刊，第 50 册合订本第 4 期（2013 年 7 月）。

〔4〕 H. 布豪格：“老兄，我的冲突在哪里？伦敦经济政治学院，相对强度和内战位置”，《冲突管理与和平科学》杂志，第 27 册合订本第 2 期（2010 年 4 月）。

〔5〕 格莱迪奇（同注译［2］）；K. 埃克：“我们相信数据吗？‘武装冲突地点和事件数据项目’、‘地理判定的事件数据’和‘乌普萨拉冲突数据项目’之间的冲突事件数据比较”，《合作与冲突》杂志，第 47 册合订本第 1 期（2012 年 3 月）。

〔6〕 关于乌普萨拉冲突数据项目的方法，亦参阅本卷第二章第三节。

盾的结果。其他的挑战包括：在数据采集时缺乏透明度、媒体的偏见以及遴选资料来源的偏见。[7] 以下的段落着重说明了与媒体报道中采集叙利亚内战样本数据方面的偏见有关的挑战。

### 传统媒体来源的偏见

为了评估媒体报道冲突事件中可能出现的偏见，这里收集了叙利亚冲突事件的数据，主要由五家传统媒体报道的，它们是：法新社（法国的新闻机构）、美联社（美国的新闻机构）、英国广播公司（由英国政府出资的新闻监控组织）、阿拉伯电视台（由沙特阿拉伯出资的阿拉伯语电视新闻台，驻阿联酋），以及叙利亚阿拉伯新闻社（由叙利亚政府出资的阿拉伯语新闻机构）。事件被归类为“暴力行动”，“其他强力行动”，或“政治、外交和有组织行动”。在其他可变因素中，数据包含有关事件的时间和地理空间信息，以及涉及的行为者和暴力结果。这项研究连续 60 天，是在 2011 年 3 月至 2013 年 7 月期间随机选择的。[8]

关于报道的叙利亚冲突事件数量，包括暴力和政治类的，新闻来源之间的差别很大。阿拉伯电视台报道的数量最多，共 741 个事件，其他依次为法新社（628 个），英国广播公司（538 个），叙利亚阿拉伯新闻社（332 个），最后是美联社（267 个）。[9] 此外，上述五家传统媒体报道的冲突事件有明显的类型差异（见图 1.1）。正如人们预期的那样，叙利亚阿拉伯新闻社处于一个极端：它几乎没有报道暴力行动，特别是 2013 年前的一段时间内。只有 11% 的报道是关于暴力，而其余的报道专注于内部的政治事件。其他四家媒体都报道更多的暴力行动，但仍有差异。例如：在选定的时期里，阿拉伯电视台关

---

〔7〕 K. S. 格莱迪奇和 K. 比尔兹利：“国际数据收集中的核心问题”；P. F. 迪尔和 J. D. 莫罗：《国际进程的科学研究》；R. A. 德尼马克将军的《国际研究百科》（Wiley-Blackwell：纽约，2010 年）；S. Chojnacki 等人：“武装冲突与安全事件数据：新的视角，老的挑战和一些解决方案”，《国际互动》杂志，第 38 册合订本第 4 期（2012 年）。

〔8〕 G. 巴利基和 A. 利格特林克：“叙利亚冲突编码书的文档计划”，2013 年 5 月 21 日，未出版的手册可以从作者那里获取。

〔9〕 与其他国际事件新闻媒体相比，美联社报道数量要小得多。因此，解读与此来源相关的结论须谨慎。

于叙利亚的报道中，暴力占 49%，同等情况下，美联社为 59%；相比之下，阿拉伯电视台报道的事件中，政治行动覆盖率为 46%，而美联社只有 37%。这种报道中的事件数量和类型差异表明，在冲突数据的质量中，采集者选择哪个媒体管道起重大作用，凸显媒体偏见在这个领域里的关注点。

叙利亚冲突事件的地点则更能说明这些关注。阿拉伯电视台和英国广播公司报导的暴力事件区域分布大体类似（见图 1.2）。期间，大部分暴力发生在霍姆斯和里夫迪马什（Rif Drmashg）（50 多个暴力事件），紧随其后的是阿勒颇（30—40 个事件）。英国广播公司报道的伊德利卜暴力事件数量多于其他新闻来源。这种差异可能反映出记者在由不同行为体控制的地区从不一样的新闻来源获取的情况。法新社和美联社报道的暴力事件空间分布与其他国际消息来源似乎略有不同。就美联社而言，这可能反映出它报道的事件为何要少得多。叙利亚阿拉伯新闻社报道的叙利亚暴力事件不仅更少，而且其报道的事件更多地集中在大马士革及其周边，报道的大部分内容是反对派对政府设施和部队实施轰炸及军事攻击。叙利亚阿拉伯新闻社很少报道其他地区，如阿勒颇的事件（接近于零事件）。因此，媒体的偏见也反映在具体地点上，而一个或几个信息来源是不足以反映叙利亚暴力整体模式的。

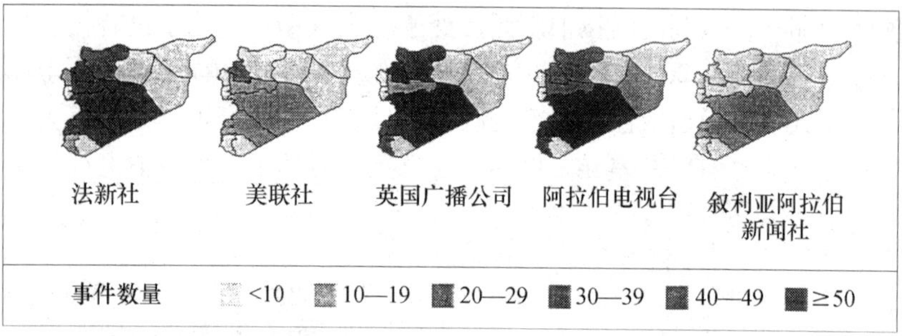


**图 1.2 有报道的叙利亚暴力事件（按媒体来源和发生地点分类）**

关于是否针对平民、武装敌对分子、或有形公共设施的暴力类型，每个媒体来源所报道的也不同，差异更明显。例如，在 60 天的研究过程中，阿拉伯电视台更多地报道针对平民的暴力，而英国广播公司则更多报道武装组织之间的冲突（见图 1.3）。如同叙利亚阿拉伯新闻社的例子，这些变化并非一定反映出这个或那个媒体来源报道不充分（见图 1.3）。相反，它们或许反映出所报道的事件在细节上是模棱两可的，由此可能暴露出在谁是武装分子、谁是平民的问题上有认识差异。

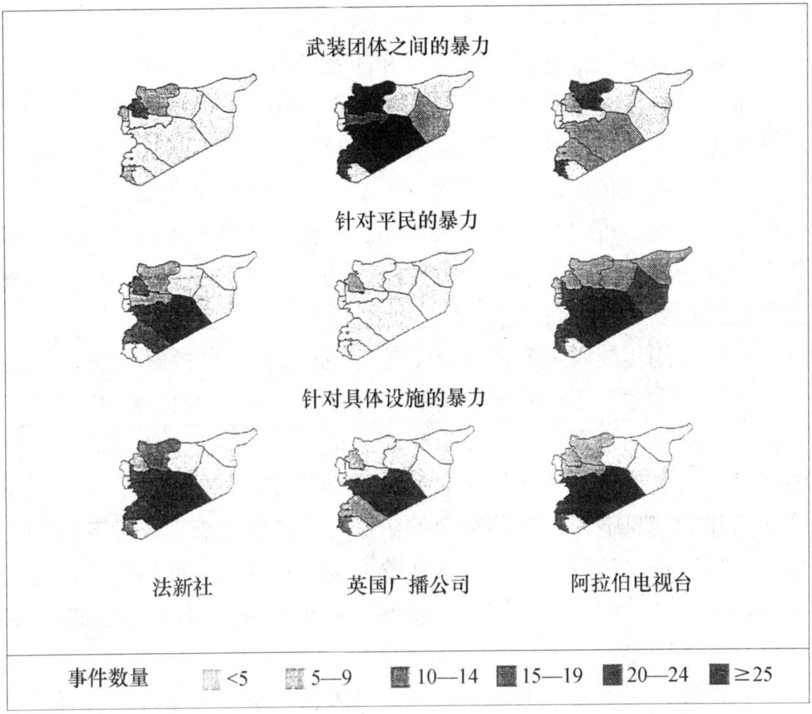


**图 1.3　有报道的暴力事件（按媒体来源、发生地点和暴力类型分类）**

## 新的冲突数据来源：社交媒体和人群播种

通过地理和时间来查询冲突事件数据的方法已经建立，已成为促进和平与冲突研究的一个重要的信息来源。[10] 这些数据肯定会提供更多的细节，但并非一定会更加准确。数据收集者在对信息来源的选

〔10〕 格来迪奇等人（同注释［2］）。

择和对数据的正确性、代表性以及完整性的验证方面会继续面临许多障碍。

数据采集主要包括两个阶段：首先是识别次要的媒体来源；然后制订从数量到质量的重新编码程序。传统上说，掌握冲突数据的主动权有赖于国际管道（通常是英语）作为一种主要的信息来源。如同以上叙利亚冲突数据表明的那样，无法否认的是，在报道冲突事件时，此种新闻来源之间缺乏连贯性。这不仅表现在报道的事件数量不一样，而且表现在报道的事件地点和涉及的行为体也有差异。

最近，网络和社交媒体管道发展越来越快，这意味着可以公开获取更多的冲突信息。这对研究冲突的人员来说至关重要，他们可以将此种来源整合到他们的编码过程中去。就叙利亚的情况而言，考虑到政府在那里对传统媒体实行严格控制，社交媒体来源就成了重要的替代性选择。〔11〕然而，特别是因为信息传播中的舆论极化，〔12〕不明来源的信息需要小心验证。

超越使用传统媒体和社交媒体的次要来源一步，便可通过“人群播种”（指现场记者报道的消息，译者注）重要来源来收集数据。不像大众消息来源那样，主要依赖匿名报告人在线分享未经验证来源的消息，人群播种涉及现场记者每天报告冲突中的暴力活动。〔13〕通过最大化的信息输入，这种融合的数据可以帮助克服有关冲突报告的偏见。尽管数据越多并不一定意味着准确性越高，人群播种可以简化确认与比对类似事件，减少上报事件数量，并提炼同样多的准确信息。

人群播种也不是一剂防止偏见的万灵药，也不是零失误。有两个主要的担忧，即关于记者的安全和他们的政治隶层关系。使用设备和其他方法进行报道以确保身份安全，同时在地理位置和政治上随机选择记者将有助于减少上述两种担忧。人群播种的其他缺点可以减少，

〔11〕 M. 林奇、D. 费里伦和S. 阿戴：“社会调停的叙利亚内战”，《和平作品》杂志，第91期（美国和平研究所，华盛顿特区，2014年）。

〔12〕 D. 奥卡拉汉等人：“叙利亚冲突社交媒体在线：包容极端和中庸”，《arXiv》预印本第1401.7535号，2014年1月29日。网址：〈http://arxiv.org/abs/1401.7535〉。

〔13〕 证交所已经从英国经济和社会研究理事会（ESRC）获得资金，以此在叙利亚启动一个项目，通过实地记者报道这个主要信息来源收集冲突与和平数据。

例如，可以询问记者，他们是否亲身目睹了事件，还是从其他人那里听说的，尔后利用这些信息来筛选和评估报来的消息。还有一个办法就是估量一下记者位置与所极事件发生地点之间的距离，藉以衡量事件报道的准确性。

尽管如此，人群播种方法的利用和开发，再加上越来越多地使用信息技术采集和共享数据有可能为收集冲突事件数据拓展新的出路。这将最终为决策者和人道主义机构提供一个更好的情况介绍，以了解诸如在叙利亚实地发生的暴力和政治事件。

（唐寅初译）

# 第二节 限制向叙利亚提供武器

皮埃特·D·魏泽曼

普遍认为，国际武器转让需要控制，以防止这种转移助长暴力和武装冲突，这在2013年得到了重申。在这一年里，大多数国家批准了《武器贸易条约》（ATT）。这是第一个旨在规范武器贸易的国际条约。[1] 其中，如果缔约国知道转移的武器将被用来犯下种族灭绝、反人类罪或战争罪，该条约就禁止该缔约国授权转让武器。此外，该条约还要求出口国在授权出口武器之前，必须评估一种潜在的可能性，即那些武器是否会破坏和平与安全，或被用来严重违反国际人道主义法和国际人权法。

在如何实现这些关于常规武器转让条约以及类似的多边协议问题上，一直有不同看法。这些不同看法清晰地体现在各国对向叙利亚冲突有关方提供武器和其他的合法性及其对和平与安全军事援助的效果提出异议的方式上。[2] 各国在向供叙利亚提武器问题上的立场大致可以分为两类：第一类表示支持对叙利亚冲突各方实施一揽子武器禁运；第二类较广泛，支持向冲突方中的一个或多个提供武器、为供应武器提供方便或允许提供武器。本节关注有关国家在向叙利亚任何交战方提供武器问题上做出的选择。

## 对叙利亚的一揽子武器禁运

联合国安理会经常将武器禁运作为努力应对暴力冲突的一种工

---

〔1〕 关于《武器贸易条约》的概要和其他细节，参阅本卷附件A，第一部分。关于《武器贸易条约》谈判，参阅本卷第十章，第一节。

〔2〕 以前在一些国家不同团体之间达成了若干旨在规范武器转让的政治协议。这些政治协议包括："瓦森纳安排"，参加的国家有41个，包括最大的武器出口国——美国和俄罗斯；"欧盟关于武器出口的共同立场"；"欧盟理事会2008年12月8日共同立场，2008/944/CFSP"，该协议对管控军事技术和设备出口的共同规则做了界定。《欧盟官方季刊》，第L335期，2008年12月8日。关于"瓦森纳安排"，参阅本卷第十章第三节以及附件B第三部分。

具。而在冷战时期，安理会只能在两项武器禁运问题上达成一致（罗德西亚和南非）。1990—2013 年期间，安理会同意在 16 个不同的冲突地区实施武器禁运，作为其恢复合法政府或防止武器供应加剧持续不断的冲突努力的一部分。[3] 在 8 个国家内部的暴力冲突案例中，安理会决定实施一揽子武器禁运，禁止向冲突的任何一方供应武器。例如，在 2011 年初，就在叙利亚爆发冲突之前，联合国安理会一致同意将利比亚作为一个整体对其实施武器禁运，以对利比亚政府严重、系统地违反人权行为作出反应。[4]

叙利亚的情况明显不同。叙利亚冲突于 2011 年开始后不久，联合国安理会在是否对叙利亚威胁或实施武器禁运问题上，出现了分歧。[5] 俄罗斯和中国否决了联合国安理会的一项决议案。该决议案是 4 个欧盟成员国于 2011 年 10 月提交的，威胁（但不是实施）进行制裁。[6] 在这样做的同时，俄中强调不干涉别国内政的原则，特别指出这样一个事实，即决议案仅仅关注对叙利亚政府而不是反对派施加压力，并表示担心威胁进行制裁会像利比亚的情况一样，最终导致军事干预。[7] 俄罗斯官员的声明还表示，俄罗斯强烈反对其他几个国家把联合国 2011 年对利比亚实施的武器禁运解释为允许向反对派提供武装会导致俄罗斯反对向叙利亚实施武器禁运。[8] 有了这次经验之后，俄罗斯主要怀疑能否全面执行对叙利亚的武器禁运。[9]

---

〔3〕 斯德哥尔摩国际和平研究所武器禁运数据库，网址：〈http：//www. sipri. org/databases/embargoes/〉。关于联合国安理会对武装冲突的关注，参阅本卷第二章第二节。

〔4〕 联合国安理会第 1970 号决议，2011 年 2 月 26 日。

〔5〕 关于叙利亚冲突的发展，参阅 M. 阿兰森等人的“阿拉伯之春的第一年”，《SIPRI 年鉴 2012》；M. 阿兰森、M. 索伦伯格和 L. 寨默的“阿拉伯之春后的武装冲突”，《SIPRI 年鉴 2013》。

〔6〕 联合国安理会：“法国、德国、葡萄牙、英国和北爱尔兰的决议草案”，S/2011/612，2011 年 10 月 4 日。

〔7〕 联合国安理会第 6627 次会议，S/PV。6627，第 3—5 页，2011 年 10 月 4 日。

〔8〕 关于对禁运的解读，参阅 P. D. 魏泽曼和 N. 凯利的“多边武器禁运”，《SIPRI 年鉴 2012》，第 432—434 页。

〔9〕 S. 琼：“联合国秘书长以呼吁武器禁运面对叙利亚僵局”，《悉尼先驱晨报》，2014 年 6 月 21 日。

由于俄罗斯和中国继续反对，2012 年或 2013 年没有提交类似的决议草案，[10] 甚至连安理会通过的应对叙利亚使用化学武器决议也不包括对任何冲突一方明确威胁实施武器禁运。[11]

2011 年 5 月，欧盟对叙利亚实施制裁，包括全面禁运武器和军事装备至叙利亚领土。自 1989 年以来，欧盟经常对国家内部或国家间的武装冲突、国内镇压和违反人权实施一揽子武器禁运。[12] 然而，对其他情况下的武装冲突，欧盟没有能就武器禁运问题达成协议。有几个欧盟国家向积极参与武装冲突的政府供应武器，如阿富汗、伊拉克和以色列等。

## 向选定的叙利亚冲突方提供武器

叙利亚冲突牵涉广泛而复杂的形形色色的各方。有些冲突方已改变立场和联盟关系，合并或分裂。除了叙利亚总统巴沙尔·阿萨德政府和几个政府支持的团体外，这些冲突方包括：叙利亚革命和反对派力量全国联盟（叙利亚全国联盟，SNC）、库尔德团体、努斯拉阵线、“伊斯兰阵线、伊拉克和黎凡特伊斯兰国”、（ISIS）。叙利亚全国联盟聚集不少反对派团体，包括“自由叙利亚军”（FSA）。它是被几个西方和中东国家承认的“叙利亚人民的合法代表”。

### 欧盟的讨论

欧盟限制武器出口已有很长历史，而且根据一套完善的标准来实施限制武器出口。这些标准可以追溯到 1991 年。欧盟最近制定的“2008 年共同立场”界定了管控军事技术和装备出口的共同规则。[13] 其中，标准要求欧盟成员国不允许将武器出口到将会挑起或延长武装冲突，或加剧最终目的地国家的现有紧张局势或冲突。当有这样的风险时也不允许武器出口，即武器有可能被用来严重侵犯人权或国际人道主义法或进行内部镇压。1998 年，欧盟成员国承诺同意只向政府

---

〔10〕 参阅本卷第十章第二节。

〔11〕 联合国安理会第 2118 号决议，2013 年 9 月 27 日。关于叙利亚冲突中的化学武器情况，参阅以下第三节和本卷第八章第一节。

〔12〕 斯德哥尔摩国际和平研究所武器禁运数据库（同注释［3］）。

〔13〕 欧盟理事会共同立场 2008/944/CFSP（同注释［2］）。

或政府授权的实体提供小型武器。[14]

2012 年，法国和英国再三呼吁欧盟对叙利亚一揽子武器禁运进行修改，以便可以直接支持武装反对派。2013 年 3 月，法英外交部长共同呼吁欧盟解除对叙利亚全国联盟的武器禁运，认为此举

> 将向阿萨德政权发出一个强烈的信号：在应对叙利亚事态发展中，欧盟的政策将继续与时俱进；其次，欧盟将增加灵活性，以应对当地不断恶化的局势；第三，假如，或者在时机适当、别无他法的情况下，作为一种必要的、适当的和合法的响应措施，将允许向叙利亚全国联盟提供致命性武器，以合法应对极端人道主义灾难。[15]

据报道，绝大多数欧盟成员国反对以这种方式掏空武器禁运。[16]奥地利的立场特别直言不讳，认为：欧盟支持对内部冲突一方提供武器将会树立一个危险的先例；欧盟解除武器禁运将会破坏寻找政治解决冲突的进程；叙利亚全国联盟对所有反对派武装团体不具有完全的权威性，而且与极端主义战斗人员合作；运送更多的武器只会引发军备竞赛；存在武器最终旁落到其他团体手中的风险，这些团体既不追求叙利亚民主化，也不追求地区和平。[17]

以法国和英国为一方，大多数欧盟国家为另一方，两者之间有重大分歧。鉴于此，欧盟作为一个整体，其对叙利亚武器禁运被允许于

---

〔14〕 基于关于欧盟为打击不稳定积累以及扩散小武器和轻武器（1999/34/CFSP）做贡献的欧盟条约第 J. 3 条，欧盟理事会通过的 1998 年 12 月 17 日“联合行动”。《欧洲共同体的官方杂志》，第 L9 期，第 3（b）篇文章，1999 年 1 月 15 日。

〔15〕 法国外长 L. 法比尤斯和英国外交大臣 W. 黑格给欧盟外交与安全政策高级代表凯瑟琳·阿什顿的信，2013 年 3 月 21 日。

〔16〕 S. 韦兰：“叙利亚内战：柏林向反对派提供武器犹豫不决”，《明镜周刊》，2013 年 3 月 15 日；J. 搏格：“奥地利说，英国推动武装叙利亚反判者将违反国际法”，《卫报》，2013 年 5 月 14 日。

〔17〕 “叙利亚：奥地利的武器禁运立场”，2013 年 5 月 13 日，网址：〈http://www.theguardian.com/world/julian-borger-global-security-blog/interactive/2013/may/15/austria-eu-syria-arms-embargo-pdf〉；亦参阅 M. 希尔兹的“奥地利决心保持欧盟对叙利亚的武器禁运”，路透社，2013 年 5 月 14 日；搏格（同注释〔16〕）。

2013 年 6 月期满结束，让欧盟每个国家在决定向叙利亚任何实体提供武器时，自行执行欧盟关于武器出口的共同立场。[18] 从本质上讲，这是欧盟首次解除与持续不断的高度暴力冲突相关的武器禁运。然而，之前有一项欧盟理事会声明指出，欧盟国家承诺向叙利亚提供的武器是给全国联盟的，旨在保护平民。[19]

2013 年 6 月武器禁运期满结束后，公共信息显示，法国和英国允许向叙利亚全国联盟提供一些“非致命性军事装备”。[20] 决定不提供任何致命性装备，如小型武器或反坦克导弹等可能与如下风险有关，即致命性装备有可能被提供给叙利亚其他团体，或被叙利亚其他团体缴获，或被送交给其他地方的武装团体，如在伊拉克。为了应对这种风险，法国考查了一种提供武器的可能性，即如果提供的武器将被转送到并非原先预定的接收团体手里，可以从远处予以撤销。[21]

**美国**

在美国国内关于是否向叙利亚反叛者提供武器的辩论中，反对提供武器的论点提及：担心加剧暴力，促使地区溢出更多暴力，开创一个权力真空；存在提供的武器最终也能落入被美国视为极端分子的反叛团体手中的风险；有损害与俄罗斯和中国关系的风险，从而有可能影响美国其他的外交政策目标。[22] 然而，至 2013 年底，美国已拨款非致命武器援助 2.2 多亿美元，用来支持叙利亚非武装反对派。[23] 此外，2013 年 9 月，美国国防部长查克·哈格尔报告称，美国正在

---

〔18〕 2013 年 5 月 31 日欧盟理事会关于对叙利亚采取限制性措施的决定 2013/255/CFSP。《欧盟官方杂志》第 L147 期，2013 年 6 月 1 日。

〔19〕 2013 年 5 月 27 日欧盟外交事务委员会第 3241 次会议关于欧盟理事会对叙利亚的声明。

〔20〕 “美国、英国在伊斯兰分子进攻期间停止向叙利亚反对派提供援助”，2013 年 12 月 12 日。网址：〈http：//wwwfrance24. com/en/20131212 - usa-uk-halt-non-lethal-aid-syrian-rebels-islamist-front/〉。

〔21〕 J. 基坦：“法国研究如何跟踪给叙利亚反对派的武器”，美联社，2013 年 6 月 6 日。

〔22〕 C. M. 布兰查德、C. E. 休穆德和 M. B. D. 尼基丁：“叙利亚武装冲突：概述和美国的反应”，国会研究部（CRS）给国会的第 RL33487 号报告，第 9 页（美国国会，CRS：华盛顿特区，2014 年 1 月 15 日）。

〔23〕 布兰查德等人（同注释〔22〕），第 10 页。

采取步骤向一些叙利亚反叛团体提供武器。[24] 美国政府没有公布有关哪些反叛团体收到什么武器的细节。

一些新闻报道认为，截至2013年10月初，几乎没有交付致命性装备。[25] 据报道，美国国会在2014年头几个月，在一次秘密投票中批准向反叛者部队提供武器。而且，第一个包括小武器、反坦克火箭和反坦克制导导弹的“重要武器库”已被送到叙利亚南部叛乱团体手中。[26]

**阿拉伯国家联盟**

2011年12月，阿盟认为叙利亚政府施暴持续升级并据此作出反应，对叙利亚实施从未有过的首次武器禁运。[27] 2011年11月，阿盟暂停叙利亚成员国资格，并允许叙利亚全国联盟占据叙利亚的席位。

实施禁运后不久，阿盟内部出现了关于武装叙利亚反对派可能性的讨论。[28] 2012年初，在重申对叙利亚实施经济制裁的同时，阿盟宣布，它已决定向叙利亚反对派提供“所有形式的政治和物质支持，其中可能包括武器转让。[29] 尽管有这种变化，官方没有承认阿拉伯联盟成员国参与这样的转让。它们所以支持叙利亚反阿萨德团体，一直与逊尼派阿拉伯国家同什叶派主导的伊朗之间的竞争有关，而伊朗

〔24〕 美国国防部长C. 哈格尔在美国参议院外交关系委员会听证会上的证词：“关于授权在叙利亚使用武力”，2013年9月3日。网址：〈http：//www. foreign。senate. gov/hearing/2013/09/03/the-authorization-of-use-of-force-in-syria〉。

〔25〕 布兰查德等人（同注释［22］），第11—12页。

〔26〕 R. 夏洛克和R. 桑切斯：“由于日内瓦和谈一波三折，美国向叙利亚反对派提供武器”，《每日电讯报》，2014年1月28日；M. 霍森鲍尔：“国会秘密批准美国武器流向叙利亚‘温和’反叛派。路透社，2014年1月27日；E. 尼克迈耶、M. 阿比—哈比布和A. 恩图尔斯：“美国先进武器流向叙利亚反叛派”，《华尔街日报》，2014年4月18日。

〔27〕 魏泽曼和凯利（同注释［8］）第435页；P. D 魏泽曼和C. 巴克霍尔德：“多边武器禁运”，《SIPRI年鉴2013》，第434页。

〔28〕 阿拉伯国家联盟理事会关于叙利亚局势的声明，2011年12月3日，网址：〈http：//wwwlasportal. org/wps/wcm/connect/c38cc58049521706877cef7abaae88c3/doc. pdf? MOD = AJPERES〉（阿拉伯语）。

〔29〕 阿拉伯国家联盟理事会第7446号决议，2012年2月12日。网址：〈http：//www. lasportal. org/wps/wcm/connect/b093ad804a246c8985c59d526698d42c/pdf 7446. ? MOD = AJPERES〉（阿拉伯语），第9段。（作者的翻译）。

派是支持阿萨德政权的。[30]

在融资和组织对叙利亚反对派团体提供武器方面，卡塔尔和沙特阿拉伯被广泛认为是最活跃的参与者。据报道，他们得到阿拉伯联合酋长国的特殊帮助。还有，约旦和土耳其帮助他们将武器运到叙利亚，美国指导他们哪里获得武器，以及哪些反政府团体应该接收武器。[31] 这些武器提供是秘密进行的，没有一个参与国透露过他们的参与程度，尽管这些国家的代表已经公开呼吁给反对派团体提供武器。[32] 关于提供武器的主体、品种、时间和数量，依然是个谜，无据可查，连蛛丝马迹都没有，不可能验证。

**俄罗斯**

在叙利亚冲突中，俄罗斯一直是叙利亚政府的主要武器提供者，虽然其提供的武器总量不得而知。[33] 整个 2011—2013 年，俄罗斯官员经常说俄罗斯继续在提供武器。[34] 据认为，俄罗斯的立场是若干因素考虑的结果，其中最重要的是：叙利亚作为俄罗斯在中东的盟友的重要性；担心阿萨德政权下台将使该地区更加不稳定，并导致伊斯兰极端分子掌权；作为对俄罗斯所认为的美国和其他西方国家一方推

〔30〕 参阅亚洲协会的“潘基文讲话的文本——‘叙利亚危机：内战，全球威胁’”，2014 年 6 月 20 日，网址：〈http：//asiasociety. org/blog/asia/complete-text-ban-ki-moons-addresscrisis-syria-civil-war-global-threat〉。

〔31〕 P. D. 魏泽曼：“向叙利亚提供武器”，《SIPRI 年鉴 2013》，第 272—273 页；D. 阿莫斯：“沙特加强对叙利亚反叛派援助将约旦置于危险境地”，美国国家公共电台，2014 年 3 月 16 日，网址：〈http：//www. npr. org/2014/03/16/290609402/saudi-aid-boost-to-syrian-rebels-puts-jordan-at-risk〉；C. J. 奇弗斯和 E. 施密特：“扩大对叙利亚空运武器，从中情局得到援助”，《纽约时报》，2013 年 3 月 24 日；S. 阿尔—卡利迪：“沙特提供新导弹加强叙利亚南部的反对派”，路透社，2013 年 8 月 15 日。

〔32〕 魏泽曼（同注释［31］），第 272 页。

〔33〕 SIPRI 武器转让数据库，网址：〈http：//www. sipri. org/databases/armstransfers/〉。

〔34〕 魏泽曼（同注释［31］）第 269—270 页；俄新社；“俄罗斯军火贸易沙皇说：“对叙利亚提供武器就是‘宣战’”，2013 年 3 月 2 日，网址：〈http：//en. ria. ru/russia/20130302/179777761/Russia-Says-War-Declared-to-Block-Arms-Supplies-to-Syria。html〉；《简氏防务周刊》：“俄罗斯仍然在武装叙利亚”，2013 年 2 月 20 日；阿拉伯电视台：“克里姆林宫助手说，俄罗斯将履行对叙利亚的军贸合同”，2013 年 5 月 31 日，网址：〈http：//english. alarabiya. net/en/News/middle-east/2013/05/31/Kremlin-aide-says-Russia-will-fulfill-Syria-arms-contracts. html〉。

行不受欢迎的干预政策的一种抗衡。[35] 一般情况下，俄罗斯反对支持冲突中的非国家行为体。俄罗斯呼吁将禁止向非国家行为体转让武器包含在《武器贸易条约》内，但没有成功。2013 年 9 月，俄罗斯对安理会关于小武器和轻武器的决议投了弃权票，因为决议没有提到不接受向非国家行为体转让武器。[36]

2013 年 10 月，美国官员声称，俄罗斯增加向叙利亚海运武器。2014 年 1 月，不明身份的专家声称，俄罗斯进一步加大向叙利亚运送武器。[37]

然而，有迹象表明，俄罗斯向叙利亚政府提供的军用物资并非纯粹的军事援助，其提供武器的准备也有限度。俄罗斯对欧盟允许向某些叙利亚反阿萨德部队提供武器作出了反应，表示将重新考虑其所谓的对叙利亚武器交货限制，虽然不清楚指的是什么限制。[38] 据报道，2013 年，计划交付的主要武器被推迟了，但延迟的原因是叙利亚没有支付武器款，而不是俄方的任何自我限制。[39] 叙利亚政府使用简易武器，包括粗制“桶炸弹”。这表明，它在获取常规弹药方面临困

---

〔35〕 M. 巴拉巴诺夫：“俄罗斯在叙利亚的利益：神话和现实”，《莫斯科防务简报》，第 4（30）期，2012 年。

〔36〕 联合国安理会第 7036 次会议，S/PV. 7036，第 5 页，2013 年 9 月 26 日；联合国安理会 2117 号决议，2013 年 9 月 26 日。

〔37〕 P. 麦克利里：“美国官员说俄罗斯加大向叙利亚运送武器”，《防务新闻》，2013 年 10 月 31 日；J. 索尔：“独家消息：俄罗斯加强通向叙利亚阿萨德的军事生命线”，路透社，2014 年 1 月 17 日。

〔38〕 俄新社：“莫斯科对欧盟结束对叙利亚武器禁运感到失望——普京语”，2013 年 6 月 4 日，网址：〈http：//en. ria. ru/russia/20130604/181500506/Moscow-Disappointed-by-EU-Ending-Syria-Arms-Embargo--Putin-html 〉；俄新社：“俄罗斯可能修改对叙利亚武器出口禁止——部长语”，2013 年 5 月 29 日，网址：〈http：//en. ria. ru/russia/20130529/181410473/Russia-May-Revise-Ban-on-Syrian-Arms-export-Minister. html 〉。

〔39〕 俄新社：“由于叙利亚没有支付武器款，俄罗斯延迟向叙利亚供应武器”，2013 年 8 月 31 日，网址：〈http：//en. ria. ru/world/20130831/183075695/Russia-Delays-Arms-Supplies-to-Syria-over-Money-paper. html〉；“俄罗斯抨击欧盟停止武器禁运，称 S－300 导弹是叙利亚‘稳定因素’”，2013 年 5 月 28 日，网址：〈http：//rt. com/news/eu-arms-syria-embargo-russia－870/〉；俄新社：“克里姆林宫没有意识到叙利亚 S－300 导弹合同支付问题——助手语”，2013 年 8 月 30 日。网址：〈http：//en. ria. ru/world/20130830/183063527/Kremlin-Unaware-of-Syrian-S－300－Missile-Contract-Payment—Aidc. html〉。

难。于是，问题就来了：俄罗斯下一步对提供武器会怎么做？[40]

## 结语

2013 年，大多数国家接受《武器贸易条约》，俄罗斯和中国等其他一些国家至少也支持条约的主要原则。与此同时，在如何处理向一个最血腥的、持续不断的冲突地区提供武器问题上，有关国家之间有重大分歧。严重侵犯人权和国际人道主义法律，使得接受《武器贸易条约》之事黯然失色。在向叙利亚提供武器是否有助于建立和平与安全问题上，各国的看法非常不一样。甚至欧盟内部，尽管在限制、协调武器出口政策方面有悠久的历史，以及强有力支持《武器贸易条约》，其成员国在向叙利亚某些武装团体提供武器的风险和效应问题上也无法达成一致。

向叙利亚提供武器的不同看法引发出这样一个问题，即《武器贸易条约》一旦生效，将如何协调其执行。一个相当大的问题是：如《武器贸易条约》这样的一些协议要求吸取与武器出口风险评估有关的教训，但很难从叙利亚的情况中做到。一般来说，有关国家向叙利亚冲突各方提供武器的目标或范围是秘密的或含糊不清的。特别是沙特阿拉伯和卡塔尔两国，它们向叙利亚全国联盟提供武器最为积极，但它们没有正式详细地公开它们的意图或其决策所依据的评估。美国、英国和法国已经更多地公开它们的意图，但是没有发布提供此种武器的真实情况及其对冲突的影响。此外，向叙利亚提供武器的实际影响依然无法评估，因为武器提供的数量倘不清楚。

《武器贸易条约》要求签约国相互交换武器出口信息，即使条约没有规定信息格式或它应该包含什么。然而，《武器贸易条约》确实强化了有关全球武器转让透明度规范，此举有可能会推动有关国家就它们武器出口的意图和期望开展更多的公开对话，并更好地理解这种武器转让对和平与安全的影响。

（唐寅初　译）

---

〔40〕 J. 舍恩菲尔德：“叙利亚桶炸弹真的比常规武器差吗?”，《新闻周刊》，2014 年 2 月 12 日。

# 第三节 化学武器在叙利亚的使用对军备控制的影响

约翰·哈特

2013 年在叙利亚发生的事件如果还有些不确定和争议的话，那么从长远来看，对今后应对指控使用化学武器的努力还是有影响的。在叙利亚进行的军备控制努力反映出国际核查措施和活动发生了演变，包括各种合作性和强制性的因素。通常互不联系的机构和机制（如禁化武组织和世界卫生组织）被弄在一起了，因为政府内部（尤其是俄罗斯和美国政府）和国际社会对此高度关注。发生这种情况的背景是武装冲突恶化、范围更广泛、不稳定影响持久。

叙利亚政府于 2012 年承认拥有化学武器后，2013 年有关指控冲突双方都使用化学武器的次数越来越多。[1] 这些促使联合国秘书长建立了一个从属于秘书长领导机制的国际核查组，负责调查被指控使用化学或生物武器情况，核查组人员从禁化武组织和世界卫生组织中抽调。核查组进入叙利亚不久，就很快有报告称 8 月 21 日在大马士革的古塔区发生过大规模使用化学武器的情况。核查人员确认，在大马士革古塔区和其他地方的确使用过化学武器，但没有具体说明哪一方使用了化学武器。尔后，叙利亚同意（在俄——美框架基础上）加入 1993 年的《化学武器公约》，正式宣布其化学武器储备，并就通过海运从其领土上去除并销毁化学武器制剂及其用于制造化学武器制剂的前体达成协议。[2] 然而，叙利亚政府继续声称它没有使用化学武器。

从总体看，叙利亚事态的发展强调了反对拥有和使用化学武器的国际准则的作用。它们也凸显了在地区内外的国家和非国家行为体在

---

〔1〕 关于 2013 年叙利亚化学武器发展详情，参阅本卷第八章第一节。关于 2012 年叙利亚化学武器发展，参阅 J. 哈特的“化学和生物武器计划”，《SIPRI 年鉴 2013》，第 376—380 页。

〔2〕 关于禁止发展、生产、储存和使用化学武器及销毁此种武器的公约（《禁止化学武器公约》）的概要和其他细节，参阅本卷附件 A 第一部分。

争斗或放纵的空间中互动的情况下，与军备控制有关的政策和业务挑战。叙利亚事态的发展还为核查能够或不能够取得什么结果提供了操作性经验教训。

## 强化针对化学武器的国际准则

核查小组的结论认为，使用化学武器的规模相当大。这使联合国秘书长潘基文深感不安。他强调："在任何情况下，任何人任何使用化学武器都是对国际法的严重侵犯。"[3]

叙利亚的情况是，采取强制性和合作性的混合安排来强化针对化学武器的准则。此举其中吸取了在伊拉克的化武销毁核查经验以及多边军备控制的一般经验。[4] 后者是基于各方平等权利和责任的原则。据此，他们试图相互证明自己遵守军控的事实。相反，在伊拉克的安排是作为和平解决的条件强加给伊拉克的。[5]

联合国秘书长调查据指控使用化学或生物武器的机制允许秘书长对他或她自己的权力发起调查。这种权力使用于多个场合，也许最明显的是在 1980—1988 年的两伊战争期间。为秘书长机制指定的专家名单和技术指南修改后不久，有关在叙利亚使用化学武器的指控便浮出水面。[6] 2011 年，世卫组织和联合国裁军事务办公室（UNODA）曾达成一项谅解备忘录，界定了他们作为一个单独进程的一部分的权利和责任。而联合国裁军事务办公室与禁化武组织（OPCW）之间的备忘录以及联合国裁军事务办公室与世界动物卫生组织（OIE）之间

---

〔3〕 联合国大会和安理会：调查指控在叙利亚阿拉伯共和国于 2013 年 8 月 21 日在大马士革古塔区使用化学武器的联合国特派团的报告，第 A/67/997S/2013/553 号文件，第 4 段，2013 年 9 月 16 日。

〔4〕 J. P. 赞德斯："混为一体的裁军框架与消极怠工"，The trench，2014 年 2 月 8 日。网址：〈http://www.the-trench.org/hybrid-disarmament-framework/〉。此文评述了强制与合作之间的二分法。

〔5〕 根据联合国安理会 1991 年 4 月 3 日第 687 号决议条款，伊拉克化学武器被销毁。

〔6〕 联合国裁军事务办公室："调查指控使用化学和生物武器的秘书长机制"，网址：〈http://www.un.org/disarmament/WMD/Secretary-General_ Mechanism/〉。

的备忘录还没有最终确定。[7] 联合国裁军事务办公室与禁化武组织（OPCW）之间未能达成最终协议的一个原因在于，一些国家特别担心该备忘录在调查涉嫌使用化学武器时会受到联合国安理会五个常任理事国（中国、法国、俄罗斯、英国和美国）的过度影响。这种担心的自我表达用了这样一种提示方式，即发生涉嫌或事实上不遵守《禁止化学武器公约》情况提交联合国处理时，禁化武组织的保密政策可以或应该得到理解。在涉嫌违规行为的特定情况下，如在叙利亚，这些因素可能会影响有关国家的立场和互动（在禁化武组织和联合国）。

尽管联合国秘书长调查使用化学武器指控的权力（通过联合国裁军事务办公室行使）可以延伸到任何一个国家，不管它是不是任何军控与裁军条约（机构）如《禁止化学武器公约》和1925年的日内瓦议定书的参加方，但禁化武组织核查人员不准调查非国家方使用化学武器的指控，除非那个国家许可这样做。[8] 这样做需要独特的政治和技术安排，而这种安排又专门针对某个既定情况。禁化武组织进入非政府方领土是不正常的操作实践，除非以技术支持的身份，如通过联合国裁军事务办公室等。更加普遍的情况是，在缔约国寻求限制禁化武组织成本、范围和干扰水平时，禁化武组织作为一个机构，往往有自然保守主义的倾向。在缺乏具体而紧迫的政治利益或需求情况下，这是1997年《禁止化学武器公约》生效以来该机制的违约立场。

叙利亚同意加入《禁止化学武器公约》后，禁化武组织的作用变得更加突出。禁化武组织—联合国—世卫组织核查组变成了禁化武组织——联合国消除叙利亚化学武器计划联合特派团。禁化武组织提供了技术支持并协调一项国际基金，以支付核查和销毁所需的开支。特派团的授权是同时基于联合国安理会的决定和禁化武组织执行委员

〔7〕 世界卫生组织与联合国之间的谅解备忘录。谅解备忘录有关世卫组织支持调查指控使用化学、生物和毒素武器的秘书长机制，2011年1月31日，网址：〈http://www.un.org/disarmamet/WMD/Secretary-General_ Mechanism/〉。

〔8〕 关于禁止在战争中使用窒息、有毒或其他气体和细菌战方法议定书（1925年日内瓦议定书）的概要和其他细节，参阅本卷附件A第一部分。1968年以来，叙利亚一直是日内瓦议定书的参加方。

会的决定。它有一个双轨报告安排。[9] 其中，第一种报告由联合国安理会发布，而第二种报告则根据禁化武组织程序来通报并由禁化武组织的执行委员会审议。禁化武组织的决定通常采取一致性原则做出，而联合国安理会则在由一个或多个常任理事国可能行使否决权相关的制约情况下运作。人们通常会认为，不遵守决定的后果来自安理会的强制性质，而源于共同义务和责任的一致性方式则属于禁化武组织。

一个假设性的事实是，例如禁化武组织执行委员会可能会以某种方式考虑叙利亚原先（以及随后的）声明中的信息是否包含所有“相关”和“可用”的信息，包括自 1946 年 1 月 1 日以来，任何时候可能的化学武器制剂转让，这种转让来自或抵达其他国家。鉴于苏联与叙利亚在防化领域的技术合作和接触，几乎可以肯定，俄罗斯（禁化武组织执行委员会成员）对叙利亚的防化设施具有独持的洞察力。[10] 苏叙关系有可能促使叙利亚同意加入了《禁止化学武器公约》。一些人认为，在评估叙利亚声明的完整性和正确性以及制定和实现国际核查人员的核查授权时，俄罗斯可能会考虑之前这种关系的影响。对俄罗斯来说，更大的敏感问题在于，苏联和叙利亚两国防化机构之间的接触细节将会露出真相（如后果之一就是档案、材料或设备被拿走并为国际检查所用，或由于加入反对派团体的前叙利亚军队和科学官员作证时泄露有关信息）。

伊朗的处境相似，也有不同，凸显潜在的微妙。尽管伊朗是两伊战争期间化学武器的受害者，它支持叙利亚总统巴沙尔·阿萨德意味着，伊朗未来有关维护国际禁止化学战重要性的声明可能会失去部分可信度。在缺乏无法合理否认的压倒性证据情况下，伊朗可能希望继续保持模糊的既定政策，即不再明言叙利亚政府要对使用化学武器负责，而专注于促进消除化学物质问题（这方面伊朗已以明确、一贯的方式予以协助）。

---

〔9〕 联合国安理会第 2118 号决议，2013 年 9 月 27 日；禁化武组织执行委员会：“销毁叙利亚化学武器”第 1 号决定，EC-M－33/DEC.，2013 年 9 月 27 日。

〔10〕 例如：“苏联化武首席代表与叙利亚谈判”，《简氏防务周刊》第 9 册合订本，第 13 期（1988 年）。

### 武装冲突期间的军备控制形式

对使用化学武器的调查表明了在发生冲突的条件下，以充分及时的方式开展与军备控制相关活动的可行性。潘基文在核查组报告批注中表示，“国际社会在追究这次袭击古塔（Ghouta）区责任人问题上有道义上的责任”。[11] 然而，问责制需要认定攻击系那一方所为并制订相关程序，而这种程序要同时适用于国家和非国家行为体。

关于谁对化武攻击负责问题，已经在有些方面引起怀疑。[12] 例如，叙利亚政府否认对此负有责任，而俄罗斯则明确表示，叛军对2013年3月导致16人死亡的一次化学武器攻击负责。[13] 责任归因问题连理智的对其最怀疑的人都难以否定，依然定不了在很大程度上是由两个主要因素造成的：一个因素在于这样一个事实，即有一些讨论是“简单化”的形式，分析师和评论家们将关注焦点集中于争论一些细节是重要还是不重要；另一个主要因素是，对国家情报评估和军备控制核查评价带有政治动机的解读起作用。

联合国核查组的参照条件要求直接获得样本，并确保监护链。亦据观察，联合国核查组必须建立一个可以支持指控犯罪的案例。[14] 样本如何采集和分析缺乏透明度，就会破坏关于使用化学武器的结论，或者至少在谁负责任的问题上让一些人得以保持相互矛盾的结论。

销毁化学武器发生于武装冲突持续进行和不断恶化期间。这一事实使思考叙利亚政府是否已经合理地倾其全力，诚心诚意地遵守义务复杂化了。在联合国、禁化武组织执行委员会和其他地方，武装冲突

---

〔11〕 联合国秘书长批注第2段。联合国，A/67/997－S/2013/553（同注释〔3〕）。

〔12〕 一些讨论聚焦于在古塔使用的所谓火山弹药的射程和它们与当时各种战斗部队位置的关系，以及确认的可能有影响的地点数量（部分基于头脑的想象）。参阅“布朗·摩西的博客”，网址：〈http：//brown-moses. blogspot. com/〉。其他的讨论集中在政治利益和国家之间以及国家和非国家行为体之间的关系，而不是用来核查可能使用化学武器的取样和分析的技术方面的问题。

〔13〕 俄罗斯外交部：“俄罗斯外交部信息和新闻部评论叙利亚非法武装团体使用化学武器”，新闻稿534－19－03－2013，2013年3月19日，网址：〈http：//www. mid. ru/brp_4. nsf/newsline/956AFD3F61A3a6ea44257b33004bde03〉。

〔14〕 C. 林奇和J. 沃里克：“在叙利亚化学武器指称中，有关缺乏透明度的批评”，《华盛顿邮报》，2013年6月21日。

往往会给政治微积分注入技术与政治偏好交联的存在主义元素。在没有武装冲突的情况下，加速（和极不寻常的）销毁的时间安排有可能会延长多年，这在禁化武组织的实践中也是常态。出现这种情况的部分原因是，所有《禁止化学武器公约》缔约方在制订和执行销毁计划时，都有自己确保人类健康和环境安全的程序。销毁活动发生在战区时，这种关注也会失去一些他们意识到的实用意义。

### 对军备控制和地区安全的影响

针对发展和使用化学武器的准则仍然是毋庸置疑的。然而，从叙利亚的情况看，这种的通常适用于使用化学武器的国家的认可状态在一定程度上被打了折扣。究其原因，主要包括：在使用化学武器责任归因问题上，争论还在进行；担心武装冲突对人道主义会有更广泛的影响。国际检查和核查活动使政府和国际机构内部负责政治和技术评估人员获得实际经验和更好的理解。从近、中期看，叙利亚的例子也将趋于加强禁化武组织的机构能力。但在争斗和失控的空间中执行军备控制措施仍将是一个困难的挑战，最终必须在个案基础上予以处理。

叙利亚的情况为其他国家怎么能协助或影响宣布内容以及核查进程提供一个模式。另一个好处是清除叙利亚化学武器是通过海上倾倒操作的。在《禁止化学武器公约》框架内，此举可使回收和重新清除海上倾倒的化学武器在政治上更加能被接受。[15] 这种经验也有扩展化学武器核查专门知识的效果，使之得以超越冷战时代的专家。几十个国家提供了技术和其他援助，这一事实为机构合作提供了更多经验，尽管会经济效率低下。叙利亚的经验也表明，采取诸如处理异丙醇那样常见的和无害的化学物质的行动，在政治上具有重要性，但在技术上是多余的。采取这样的行动有助于强调各国赋予核查销毁或处置特定化学武器计划所有组成部分的政治重要性，并因此有助于加强根本禁止化学战。

调查在叙利亚使用化学武器的指控凸显有关国家内部涉及任何特定武器系统和多边条约机制内进行的军控核查的情报任务之间有重叠。情报方法和来源是多边军控必须兼备的。然而，这些方法的有效

---

〔15〕 关于海上倾倒化学品，参阅本卷第八章第二节。

性、目的性和适度性可以成为多边军备控制的很大问题。因此，此类活动通常被视为国家内部的责任。要求叙利亚完整、正确地向禁化武组织申报的国际努力有助于澄清这种重叠的性质。这反映这样一个事实，那就是多边机构有自己获取和评估相关信息的机制，有关国家（单个或集体）则利用自已的技术手段来提供其评估结果，两者可以有机结合。这种互动还强调需要对使用化学武器进行权威论证，权威论证应通过一个审查过的监护链来实施（而不是依靠公开总结国家情报评估），而且审查是公开的、科学的。叙利亚的例子也显示出，当带有政治偏好的更高层解释在联合国安理会、禁化武组织执行委员会和其他地方发挥作用时，核查评估的不确定性是如何处理或处理不当的。于是，操作细节可以有选择地以这样一种支持自己喜欢的政治解读的方式进行总结。

更为普遍的是，国际核查的销毁化学武器发生在更为广泛的对中东地区国际和平与安全有长远的影响的国际人道主义危机之中。在此地区背景下，近年来事实上存在着武器系统（化学、核和常规武器）的一种政治脱钩现象。与世界其他地区的无核武器区不一样，中东有希望建立一个无大规模毁灭性武器区，这个区将把禁止化学、生物和核武器联系在一起。[16] 2002—2010 年期间，禁化武组织总干事普菲尔特（Pfirter）公开提出了一个问题：任何国家是否应该隐蔽或公开地保留一个选项来使用化学武器，而不考虑其他国家有可能拥有或使用核武器？在其任期内，大多数中东非《禁止化学武器公约》缔约国同意参与有关它们可能加入该公约的非正式对话。在叙利亚加入《禁止化学武器公约》之后，中东仅有的《禁止化学武器公约》非缔约国是埃及和以色列。据信，以色列现在是该地区拥有大规模杀伤性武器的唯一国家。现在可以说，以色列更有动力深入参与推动无大规模毁灭性武器区的进程。[17]

（唐寅初　译）

---

〔16〕 关于拉丁美洲和加勒比地区、南太平洋、非洲和中亚的无核武器区，参阅本卷附件 A 第二部分。

〔17〕 关于以色列核力量，参阅本卷第六章第八节。

# 第一部分

# 2013 年的安全与冲突

# 第二章　武装冲突

## 概　述

尼尔·梅尔文

按照全球和平指数的指标进行衡量，全球形势总体相对太平的局面，近些年来呈现每况愈下的趋势（参见本章第四节）。与此同时，由涉及国家的冲突造成的死亡人数有着逐年上升的趋势（参见第三节）。而在世界上某些地区，由冲突所造成的死亡人数的飙升可以说是触目惊心的，中东地区尤甚。此外，国家内部冲突的国际化也在上升。这些事态发展表明，由涉及国家的冲突所引起的、危及人们生命的暴力，呈现出令人担忧的向上趋势。

在后冷战时期，一旦发生涉及国家的武装冲突，特别是那些会影响地区或者全球安全的冲突（尤其是国际恐怖主义），国际社会主要的反应是进行干涉，通常都要动用军队。在近几十年，美国及其主要盟友已经从事过为数颇多的干预行动，最为著名的例子非伊拉克战争和阿富汗战争莫属。2013 年浮现出的一些迹象表明，随着美军在阿富汗军事介入的逐渐减少，西方社会愈来愈多的意见认为，作为应对武装冲突和恐怖主义挑战的一种手段，动用武力所能发挥的作用有限，且代价很高，不论是财政方面还是付出的生命代价以及政治资本。

2013 年夏，国际上就是否对叙利亚内战采取某种军事行动，进行了一场意义重大的辩论。此次大辩论是由声称 2013 年 8 月 21 日对叙利亚首都大马士革的攻击中使用了化学武器引发的。（参见本卷第八章）。国际上还广泛关注在叙利亚每天都有大量生命死于战乱的悲剧。有诸多报道称，那里的冲突正在演变成崇尚暴力的“圣战者”

组织的“孵化器”，并有迹象表明，引发更大规模区域性不稳定的危险在增长。

起初，美国及其主要欧洲盟国似乎已经准备对叙利亚实施军事打击。然而，在英国议会表决反对对叙利亚动武之后，以及担心美国国会也会投票反对采取行动，美国政府便决定将使用化学武器问题诉诸外交手段，而不采取军事干涉。这件事情被广泛地认为标志着西方国家干预政策的一个转折点，趋向于在世界范围的冲突中将实施更加有限军事介入的政策。

在西方国家很有可能改变过去把军事介入作为应对冲突的主要手段的大背景下，至关重要的是对各种非军事手段进行评估，以便确定何种手段可以替代军事干预并能达到管控和结束冲突的目的。两个值得重视的方式是：一是利用联合国安全理事会通过决议的方式；二是采用调停的方式。

考虑到西方国家在应对冲突时会减少采用直接军事干预的方式，在这种形势下，联合国应该成为一个在防止冲突和解决冲突方面承担更大责任的机制。而在联合国的安全架构中，安全理事会所起的作用举足轻重。安理会在解决冲突中的重要手段包括按照联合国宪章第六和第七章的授权通过相关决议，而且通过决议的数量可以衡量安理会对涉及国家的武装冲突的关注程度。所关注程度会有千差万别，这取决于下列情况：冲突持续的时间以及激烈程度；冲突的发生地；以及如何看待冲突对任何一个安理会常任理事国利益的影响（参见第三节）。

调停为解决武装冲突提供了一个重要办法（参见第一节）。数十年来，在解决争端方面，传统的外交手段还得到了多种参与调停工作和“第二轨道”外交的非国家行为体的补充。在这些参与方的共同努力下，为数颇多的武装冲突最终通过调停得到了解决，而且多半能达成一个和平协议。然而，近年来，达成和平协议的数量在明显减少。这引起了人们的担心，在媾和努力方面缺乏相当大投入的情况下，用调停替代军事介入来结束冲突的做法可能存在严重的局限性。

在这方面，两个典型例子凸显出为解决冲突而进行的调停所面临的机遇和挑战，并且能通过它们确认通过调停解决冲突的一些必要条件。这里所说的例子指的是叙利亚和菲律宾的棉兰老问题。在叙利亚，为了通过调停解决该国的冲突，已经采取过多次外交行动——主要是通过联合国——但是，通过这些方法取得和平的努力收效甚微。与此同时，经过多年的努力，“摩洛伊斯兰解放阵线”与菲律宾政府之间就棉兰老地区之争展开的谈判，终于在 2012 年取得突破。而且实际情况表明，整个 2013 年，那里的情势一直继续保持。这表明只要条件合适，调停的努力是可以取得和平解决冲突的结果的。

（谷景书　译）

# 第一节　调停与和平协议

伊萨克·斯文松　马格努斯·伦德格林

2013 年，第三方调停世界不同地区发生的一些国内武装冲突取得了不同程度的成功。这方面的例子包括卡塔尔在阿富汗、挪威和古巴在哥伦比亚、乌干达在刚果民主共和国东部地区、美国在巴勒斯坦以及马来西亚在泰国南部等问题上所进行的调停。其他一些例子，如缅甸和土耳其，在没有外部势力进行调停的情况下，和平谈判也取得了进展。

本节将对过去 10 年中进行调停的各种形式以及通过调停达成的协议进行概述，并对这些调停形式在 2013 年所取得的主要进展做些阐述。这里将列举两个例子来说明在解决当代武装冲突时，通过调停取得和平所应具备的条件。一个例子是叙利亚，它可能是在赢得和平的努力中，最为棘手的实例之一；另一个是为解决菲律宾的摩洛伊斯兰自由阵线与其政府之间就棉兰老地区之争而开启的和平进程，它是前景最光明的实例之一。

调停乃是一种非暴力介入形式，其目的是促使冲突双方通过谈判达成协议。调停的结果如何，取决于冲突各方是否均能接受谈判的结果。因此，它从逻辑上必然不同于仲裁的办法。因为，仲裁可能会是强加给冲突一方的结果。调停可能起始于冲突各方的请求，也可能是由某个国际组织或者外国提出来的或授权的，亦或是这些因素共同作用的结果。日益壮大的研究国际调停机构所做的，调停的定义是不局限于包含严格中立的标准。其实，倘若调解者与冲突的一方有一种特殊关系——例如美国在巴勒斯坦—以色列冲突的问题上就是如此——在做调停工作时会有某些有利条件。[1]

---

〔1〕 有关调停研究的总体情况，请参阅 P. 瓦伦斯腾和 I. 斯文松合著的“商讨和平：武装冲突中的国际调停”，《和平研究杂志》第 51 册合订本第二期（2014 年 3 月）。更多有关国内冲突解决办法的介绍，请参阅斯文松编写的“结束内战武装冲突之道”和 E. 纽曼和 K. 德鲁恩 Jr. 编辑的《Routledge 内战手册》（Routledge：阿宾顿，2014）。有关国内和国家间冲突的调停情况，请参阅 M. J. 格雷格和 P. E. 迪尔合著的“国际调停”一文（政治组织：剑桥，2012 年）。有关调停趋势方面的资料，请参阅 K. R. Jr 德鲁恩、J. 伯科维茨和 P. 波斯皮兹纳合著的“内战调停数据集简介”，《和平研究杂志》第 48 册合订本第五期（2011 年 9 月）。有关从商讨角度进行纯理论研究的概况，请参阅 A. H. 基德编写的“防止冲突和解决冲突的理性做法”，《政治科学年度回顾》第 13 册（2010 年）。

## 调停趋势与和平协议

自冷战寿终正寝以来，在出现武装冲突时进行调停的行动已有大幅增加。仅20世纪90年代所展开的调停行动就令整个冷战时期全部调停行动的数量总合相形见绌。[2] 进入2000年后，调停行动的频率有所减低，然而把调停作为管控冲突工具的做法仍屡见不鲜，常常将其与其他手段例如经济制裁、干预和人道主义援助等措施并用。自1990年以来，绝大多数调停行动是针对国内冲突展开的。这表明国内冲突是时下最为常见的冲突形式（参阅下面第三节）。取决于战争在何处爆发，以及针对具体对象可以提供力所能及调停的可能性各异，一些地区发生的冲突（例如欧洲和中东）比其他地区（如东亚和东南亚）的冲突，更可能接受调停。[3] 迄今，国家仍为从事调停的主角（占调停行动的40%）。不过，其他调解者对参与调停行动的兴趣和能力均有显著提高。[4] 在这方面，联合国仍然是主角和主力。不过，诸多区域性组织热切希望能在解决其所在地区或者附近地区的冲突中发挥作用，已逐步起到辅助联合国的作用。在前几年的调停冲突行动中，这方面不乏先例，其中包括非盟参与利比亚冲突的调停、阿盟参与叙利亚问题的调解以及伊斯兰合作组织参与菲律宾问题的调停。[5] 个体调解者和非政府组织，例如红十字会只占调停总体努力的不足5%。然而，有迹象表明，所谓公民外交和斡旋（俗称第二轨道）的势头或许是方兴未艾。究其原因，不外乎世界的联系日益紧密，人们对政府支配的行动（即所谓第一轨道）感到失望。[6] 过去10年，出现了一种在国际行动中吸收非国家行为体参加的总趋势。这反映了一种愿望，即通过这样做来解决合法性不足的问题，以及更

---

〔2〕 详情见格雷格和迪尔的文章（同注释〔1〕），第36页。

〔3〕 关于影响选择调解者的因素，请参阅S. S. 加特纳编写的“出现事端的迹象：地区组织的调停和内战协议的持久性”，《政治杂志》第73册合订本第二期（2011年4月），以及格雷格和迪尔的文章（同注释〔1〕），第44页。

〔4〕 参阅德鲁恩等的文章（同注释〔1〕）；以及格雷格和迪尔的文章（同注释〔1〕），第63页。

〔5〕 有关非盟、阿盟、伊斯兰合作组织（2011年以前被称作伊斯兰会议组织）的简介和更多详情，请参阅本卷的附件B第二部分。

〔6〕 参阅格雷格和迪尔的文章（同注释〔1〕），第63页。

好地利用非国家和跨国团体拥有的专业能力和资源。[7] 总的来说，依靠多方参与进行调停的成分在增加。这样一来，在解决某一个冲突的努力中，若干行为体可以共同合作参与，相信集中使用资源、技能以及各种关系可以增加成功的可能性。[8]

冷战结束后前 10 年出现的"调停高潮"导致的一个必然结果是，通过谈判达成的和平协议数量大幅飙升。在 20 世纪 90 年代的一些年月里，出现冲突后，极大的可能是以达成和平协议的方式而不是军事胜利结束冲突。[9] 直到 21 世纪初的若干年，这一可喜的趋势仍在继续，诸多武装冲突最终以达成和平协议而偃旗息鼓。然而，从 2009 年至 2013 年，通过交战双方展开和谈结束武装冲突的实例实属凤毛麟角。根据乌普萨拉大学冲突数据库项目的统计，平均每年达成的和平协议从 2004—2008 年的 8.5 次降至 2009—2013 年的 2.8 次(参见表 2.1)。[10] 换言之，在 2009—2013 年间，每年通过谈判达成协议而结束的冲突不到所有仍在继续的冲突数量的 1/10。尽管 2012 年和 2013 年的统计数字显示，通过和谈结束战事的数量略有回升，但与之前相比，仍显稍逊一筹。

达成和平协议数量的下降或许标志着自 20 世纪 90 年代和 21 世纪初以来，通过外交努力取得和平的机遇减少。从现有资料中，人们很难清晰地识别出导致这种机遇减少的原因。不过，造成所说趋势的原因，似乎既与愿意从中进行调停的因素有关，也与有要求进行调解愿望的因素有关。可以想到的因素有：能够调停的战争数量有所减少；当代战争的特性；以及在管控和平与安全方面更加青睐于依靠军事手段。2012 年，世界范围爆发的涉及国家的武装冲突有 32 起（参

---

〔7〕 参阅 J. 塔尔伯格等人编写的《开放国际组织：全球治理的跨国参与》（剑桥大学出版社：剑桥，2013 年）。

〔8〕 参阅 T. 博迈尔特编写的"分散调停：多方调停的影响"，《英国政治科学杂志》第 41 册合订本第 4 期（2011 年 10 月）。

〔9〕 参阅 L. 西姆纳和 P. 瓦伦斯腾合著的"武装冲突 1946—2011"，《和平研究杂志》第 49 册合订本第 4 期（2012 年 7 月）。

〔10〕 参阅 S. 霍格布莱德编写的"1975—2011 年间的和平协议：更新乌普萨拉大学冲突数据库项目和平协议数据等"，T. 彼得森和 L. 西姆纳编辑的刊登在和平与冲突研究部的报告第 99 期的文章"2011 年发生冲突的国家"。乌普萨拉大学（乌普萨拉，2012 年）。

阅第三节）。这在二战后时期，属于相对较低的水平。[11] 正因涉及国家的冲突比10年前有所减少，需要进行调停的机会也就自然而然地随之减少了。此外，若干国内的冲突在前面的10年已经宣告结束，所剩的几场战争均带有旷日持久冲突的特点，其中不少都是因宗教裂痕而引起的。相关研究表明，此类冲突可能特别抗拒来自外部的调停，因此对采用经过谈判达成协议的办法解决争端也不屑一试。[12]

除此之外，大国的外交和安全政策也可能是造成一些地区和某些问题排斥调解的原因所在。例如，由美国主导的全球反恐战争以及美国所采取的相关安全管控战略——采用远程打击能力的军事干预诸如无人驾驶机之类——的效果，或许也冲淡了对采用诸如调停等非胁迫性方式解决冲突的兴趣。虽然奥巴马政府奉行的外交政策再次偏重外交手段，但军事手段仍是被当作美国处理2013年暴力迭起地区问题的基石，其中包括中东和非洲地区。[13]

**表 2.1　1989—2013 年在涉及国家的武装冲突中交战方签订和平协议的数量**

| 年份 | 协议数量 | 冲突[a] |
|---|---|---|
| 1989 | 2 | 安哥拉、乍得—利比亚 |
| 1990 | 9 | 萨尔瓦多（3）、危地马拉、利比里亚（3）、南非（2） |
| 1991 | 19 | 安哥拉、柬埔寨、哥伦比亚、萨尔瓦多（4）、危地马拉（2）、利比里亚（2）、马里（阿扎瓦德）、莫桑比克（3）、巴布亚新几内亚（布干维尔）、卢旺达、南非、南斯拉夫（斯洛文尼亚） |
| 1992 | 8 | 乍得、萨尔瓦多（2）、马里（阿扎瓦德）、莫桑比克（2）、卢旺达、南非 |
| 1993 | 15 | 阿富汗（2）、乍得、海地、印度（Bodoland）、印度（特里普拉）、以色列（巴勒斯坦人居住区）、利比里亚、尼日尔、卢旺达（4）、索马里、南非 |

〔11〕 参阅L. 西姆纳和P. 瓦伦斯腾的文章“武装冲突：1946—2012”，《和平研究杂志》第50册合订本第4期（2013年7月），第509页。

〔12〕 参阅I. 斯文松的文章“为信念而战：内战中的宗教因素和解决冲突之道”，《解决冲突杂志》第51册合订本第6期（2007年12月）。

〔13〕 参阅白宫的《国家安全战略》（白宫：华盛顿特区，2010年5月）；以及美国国防部的《四年防务评估报告2014》（国防部：华盛顿特区，2014年）。

| 年份 | 协议数量 | 冲突[a] |
| --- | --- | --- |
| 1994 | 18 | 安哥拉、波斯尼亚和黑塞哥维那（克罗地亚人）、乍得（2）、乍得—利比亚、吉布提、格鲁吉亚（阿布哈兹）、危地马拉（5）、以色列（巴勒斯坦人居住区）、利比里亚、尼日尔（阿伊尔和阿扎瓦德）、巴布亚新几内亚（布干维尔）、索马里 |
| 1995 | 9 | 波斯尼亚和黑塞哥维那（塞尔维亚人）、乍得、克罗地亚（塞尔维亚人）、危地马拉、以色列（巴勒斯坦人居住区）、利比里亚、尼日尔（阿伊尔和阿扎瓦德）、菲律宾、塔吉克斯坦 |
| 1996 | 13 | 阿富汗、危地马拉（7）、利比里亚、墨西哥、菲律宾（棉兰老）、塞拉利昂、塔吉克斯坦 |
| 1997 | 8 | 孟加拉（吉大港山区）、乍得、以色列（巴勒斯坦人居住区）、摩尔多瓦（德涅斯特沿岸）、索马里、塔吉克斯坦（3） |
| 1998 | 5 | 乍得、厄瓜多尔—秘鲁、几内亚比绍、以色列（巴勒斯坦人居住区）、英国（北爱尔兰） |
| 1999 | 7 | 乍得、哥伦比亚、刚果共和国、刚果民主共和国、以色列（巴勒斯坦人居住区）、塞拉利昂、南斯拉夫（科索沃） |
| 2000 | 5 | 布隆迪、科摩罗（昂儒昂岛）、吉布提、厄立特里亚—埃塞俄比亚、塞拉利昂 |
| 2001 | 7 | 哥伦比亚、科摩罗（昂儒昂岛）、刚果民主共和国、吉布提、前南马其顿、巴布亚新几内亚（布干维尔）、菲律宾（棉兰老） |
| 2002 | 9 | 安哥拉、布隆迪、乍得、哥伦比亚、刚果民主共和国（2）、印度尼西亚（亚齐）、苏丹、乌干达 |
| 2003 | 10 | 布隆迪、刚果民主共和国、科摩罗（昂儒昂岛）、科特迪瓦（2）、利比里亚、（2）、苏丹 |
| 2004 | 6 | 科特迪瓦、塞内加尔（卡萨芒斯）、苏丹（4） |
| 2005 | 6 | 乍得、科特迪瓦、印度尼西亚（亚齐）、苏丹（3） |
| 2006 | 10 | 安哥拉（卡宾达）、布隆迪（2）、喀麦隆—尼日利亚、乍得、尼泊尔（4）、苏丹 |
| 2007 | 8 | 中非共和国、科特迪瓦（4）、以色列（巴勒斯坦人居住区）、乌干达（2） |
| 2008 | 10 | 布隆迪、中非共和国、科特迪瓦、索马里（2）、乌干达（5） |

| 年份 | 协议数量 | 冲突[a] |
|---|---|---|
| 2009 | 1 | 刚果民主共和国 |
| 2010 | 2 | 吉布提—厄立特里亚、苏丹 |
| 2011 | 1 | 苏丹 |
| 2012 | 4 | 中非共和国、菲律宾、南苏丹、南苏丹—苏丹 |
| 20013 | 6 | 菲律宾（3）、中非共和国、刚果民主共和国、南苏丹—苏丹 |

CAR = 中非共和国；DRC = 刚果民主共和国

a 当某一地区在一年之内达成过两次（含两次）以上协议时，该地区后面的（）内将注明达成协议的总数。

**资料来源：**乌普萨拉大学冲突数据库项目的和平协议数据集，第 2.0 册合订本，1975—2011 年，网址：〈http：//www. pcr. uu. se/research/ucdp/datasets/〉；以及 L. 西姆纳和 P. 瓦伦斯腾合写的文章“武装冲突，1946—2012”，《和平研究杂志》，第 50 册合订本，第 4 期（2013 年 7 月）。

## 在叙利亚的和平尝试

在叙利亚国内，由逊尼派主导的松散反政府联盟发起的反对总统阿萨德政权的冲突已于 2013 年进入第三个年头。[14] 按照叙利亚当地非政府组织收集的数据，截至 2013 年年底，至少有 13 万平民死于战乱，使其成为自 1945 年以来所有内战中 20% 最为惨烈的内战之一。[15] 叙利亚国内的人道主义状况极为恶劣，离乡背井、无家可归、营养不良和身体致残的现象比比皆是。

在战场上，2013 年的特点是交战双方的力量对比出现变化。[16] 在伊朗和黎巴嫩什叶派真主党的积极支持下，叙利亚政府军在战场上成功地取得一系列胜利。这种形势与人们自 2012 年以来所期盼的结果大相径庭。当时，反政府军占领大马士革似乎是指日可待，时事评

---

〔14〕 有关叙利亚国内冲突的进展情况，请参阅 M. 阿兰森等编写的“阿拉伯之春的第一年”，《SIPRI 年鉴 2012》；以及 M. 阿兰森、M. 索伦伯格和 L. 西姆纳编写的“阿拉伯之春之后的武装冲突”，《SIPRI 年鉴 2013》。

〔15〕 叙利亚人权观察哨：“迄今叙利亚已有超过 13 万人丧生”，2014 年 1 月 1 日；网址：《http：//syriahr. com/en/index. php? option = com_ news&nid = 1312&Itemid = 2&task = displaynews》。叙利亚提供的伤亡人数水分很大。

〔16〕 更多背景情况请参阅国际危机组织的文章“叙利亚千变万化的冲突”，中东报告第 143 期（国际危机组织：布鲁塞尔，2013 年 6 月 27 日）。

论员们甚至预测阿萨德政府将不日倒台。虽然，有关方面为了促使叛军内部加强团结做了不懈努力，然而叛军内部仍然山头林立、四分五裂、内讧不断。“自由叙利亚军”原本就是一个松散的伞式组织，受到土耳其以及若干西方国家的支持，从一开始便是反政府的主力军。尽管它迄今仍然不失为一支重要军事力量，不过已经失去了对几支相对更为激进但似乎更有生气的武装力量的影响。这些力量包括那些“圣战者”组织，其中最为著名的是“支持阵线”和“伊拉克与黎凡特伊斯兰之国”。它们均是“基地”组织下属的分支，在组织上灵活机动，而且资源充裕，在叙利亚的北部和东部站稳了脚跟。目前，叙利亚政府已经基本撤离了这些地区。此外，上述组织的势力还通过防御松松垮垮的伊拉克边界，渗透进入了伊拉克与之相连的边界地区。这些团体信奉对伊斯兰的极端解释并认为什叶派穆斯林是叛逆者，其作用是强化了叙利亚内战的教派性质，被越来越多的人视为伊斯兰两大主要派别之间的一次大规模区域性对抗。由于叙利亚受伊朗、主要什叶派势力和由什叶派主导的伊拉克的支持，因此叙利亚政权也顺应了这种态势。加之叙利亚需要依赖真主党来改善其在战场上的表现，故进一步加重了这种倾向。虽然西方国家努力设法加强非极端反政府势力的地位，然而 2013 年形势的发展表明，在 2014 年宗教仍将是主要裂痕。[17]

自叙利亚危机于 2011 年爆发以来，曾经进行过若干次调停尝试。在 2011 年和 2012 年，阿盟曾尝试对逐步恶化的冲突进行斡旋，并提出了“阿拉伯行动计划”，呼吁停止暴力、撤出军事装备以及启动全国对话过程。[18] 阿盟采取了调停与惩罚性乃至强制性措施相结合的做法，例如暂时中止叙利亚作为阿盟成员的资格，对其实施经济制裁以及进行武器禁运。[19] 在叙利亚于 2011 年 12 月接受了行动计划之

〔17〕 有关西方国家向一些反对派团体提供军事装备的情况，请参阅本卷第一章第二节。

〔18〕 所说行动计划作为附件附加在阿拉伯联盟理事会 7436 号决议后面，2011 年 11 月 2 日（阿文）。还请参阅“开罗谈判之后叙利亚接受了阿盟计划”，BBC 新闻，2011 年 11 月 2 日，网址：〈http：//www. bbc. co. uk/news/world-middle-east－15560322〉。

〔19〕 关于叙利亚形势的进展、武器供应和多边武器禁运的情况，参阅本卷第一章第二节和第十章第二节。

后，阿盟成立了一个多国监督团——派往叙利亚的阿拉伯联盟观察团，然而，由于暴力行动继续有增无减，行动计划被证明是“短命”的，最终沦为一个不奏效的计划。[20]

于是，联合国担当起主要角色。2012 年 2 月，联合国前秘书长安南受命担任联合国阿盟叙利亚问题联合特使。在进行了广泛协商的基础上，安南于 2012 年 3 月提出了一个六点计划，勾画出联合国监督下的停战框架。[21] 叙利亚政府和一些主要反政府组织接受了该计划。于是，2012 年 4 月初实现了停火。随后，联合国派遣了一个军事监督团（联合国叙利亚监督团），在叙利亚全国各地均派驻了人员。[22] 然而，仅仅数月之后，停战便宣告破裂，战火迅速蔓延，战斗之激烈和涉及地区之广均达到空前的程度。鉴此，由联合国主导的和平进程转而集中于组建一个“行动小组”，其成员包括联合国、阿盟和联合国安理会五个常任理事国（中国、法国、俄国、英国和美国）的代表以及伊拉克、科威特、卡塔尔和土耳其的代表。该小组于 2012 年 6 月在日内瓦举行会议并通过一个公报，力主在叙利亚成立一个“过渡管理机构”。[23] 日内瓦公报表面上似乎达成了一项得到世界各大国支持的共同方案。然而，这种团结局面只是昙花一现，很快便破裂了，因为情况变得愈来愈明朗的是，各国对公报文本的解释，在是否将阿萨德包括在未来政治解决进程中的问题上尤甚。[24]

2012 年 8 月，联合国—阿盟叙利亚问题联合特使的头衔转给了拉赫达·卜拉希米——一位阿尔及利亚资深外交官，经验丰富的调停

---

〔20〕 关于阿盟监督团的详情参阅 C. 范奇尼的文章“2011 年的新和平行动”《SIPRI 年鉴 2012》，第 104—105 页。

〔21〕 联合国安理会：“主席声明，安理会完全支持联合国与阿盟联合特使在结束叙利亚暴力方面的努力”，新闻稿，SC/10583，2013 年 3 月 21 日。

〔22〕 关于联合国叙利亚监督团的情况请参阅 J. 邓敦和 J. 范德林的文章“2012 年的新和平行动”《SIPRI 年鉴 2013》，第 67—69 页。

〔23〕 叙利亚问题行动小组：最后公报，日内瓦，2012 年 6 月 30 日，网址：〈https：//www. un. org/news/dh/infocus/Syria/FinalCommuniqueActionGroupfor Syria. pdf〉。

〔24〕 参阅 N. 卡明—布鲁斯和 R. 诺兰的文章“谈判为解决叙利亚问题但不是为阿萨德的退路制订了计划”，《纽约时报》，2012 年 6 月 30 日。

者。[25] 卜拉希米把工作的重点放在美国和俄罗斯，寻求为召开被称之为第二次日内瓦和平会议的维持一种势头。为此，谈判工作在幕后紧锣密鼓地进行着，一直持续到 2013 年的下半年，其目标是为计划于 2014 年头几个月举行的第二次日内瓦会议制定一个框架。[26]

在新和平会议的安排方面存在出若干问题，其中包括对与会成员和谈判日程的不同意见。[27] 一个关键问题是，第二次日内瓦会议是否应该促成建立一个过渡政府。对此叙利亚政府持反对意见，而若干反对派别却把它作为参加谈判的前提条件。另一个重要问题是伊朗和沙特阿拉伯是否可以参加会谈。联合国和俄罗斯都支持伊朗参加，而美国持坚定的保留态度，理由是伊朗是阿萨德政权的主要庇护者。

2013 年即将画上句号。然而，会议是否能如愿按原计划举行以及哪些国家参加会议的问题仍然悬而未决。总部设在叙利亚境外的主要反对派团体——叙利亚革命与抵抗力量全国联盟（叙利亚全国联盟）——迟迟不愿承诺会参加会议，因为他们担心谈判达不到其主要目的——即结束阿萨德政权，假若果真如此，它在叙利亚国内反抗者中的合法性会进一步受到削弱。在美国卡塔尔以及其他国家的压力下，叙利亚全国联盟最终同意有条件地参加谈判。接下来，这种立场引发了激烈争论。[28] 虽然第二次日内瓦会议的主要支持者积极进行协调，但是多数好战反叛组织仍然拒绝参加会议。诸如“伊斯兰阵线”的某些强硬团体甚至警告说，任何参加这种谈判的举措将被视为是“背叛”行为。[29] 叙利亚国内的主要抵抗组织——民族协调委

---

〔25〕 联合国：联合国秘书长的发言人关于任命叙利亚问题联合特别代表的声明，2012 年 8 月 17 日。网址：〈http：//www. un. org/sg/statements/index. asp？ nid =6253〉。

〔26〕 联合国调解人，联合国政治事务部，与作者的采访，2014 年 1 月。

〔27〕 参阅 N. 卡明—布鲁斯和 R. 格拉德斯通的文章“结束叙利亚内战的谈判将于 1 月启动”，《纽约时报》，2013 年 11 月 25 日。

〔28〕 叙利亚全国联盟的领导人答应，“假如西方遵守向其提供人道主义援助的承诺，叙利亚反抗力量将参加日内瓦谈判”，RT，2013 年 11 月 10 日，网址：〈http：//rt. com/news/syria-opposition-geneva-talks –488/〉。

〔29〕 参阅 A. 伦德的文章“伊斯兰阵线的政治，第 3 部分：谈判”，叙利亚的危机，卡内基国际和平基金会，2014 年 1 月 6 日，网址：〈http：//carnegieendowment. org/syriancrisis/？ fa =54213〉。

员会——于 2014 年 1 月宣布不参加第二次日内瓦会议。[30]

总体上说，由联合国协调的进程在 2013 年取得的实质性进展微乎其微，有关日内瓦会议 II 举行的时间，一推再推，从而引起各种猜测，主要参与方则据此制定出相应的策略。与此同时，联合国始终保持着若干信息渠道的畅通，在叙利亚首都大马士革保持着其政治存在，并且经常与有利害关系的各方进行接触，为今后采取行动创造了条件。各种谈判，尤其是与美国和俄国的谈判全年都未曾中断过。鉴于美俄对叙利亚国内乃至该地区的相关各方均可施加颇大影响，所以与它们的谈判对解决叙利亚问题具有特殊意义。俄国和美国在下列问题上似乎看法一致：需要结束叙利亚内战；需要保持一个自立的叙利亚；以及需要保证从政治上将诸如支持阵线和伊拉克与黎凡特伊斯兰国等强硬的极端组织边缘化。但是，它们在如何达到这些目的的条件方面却意见相左，在有关阿萨德政权命运的问题上尤为如此。

几乎没有信息显示 2013 年“第二轨道”曾在叙利亚内战中采取过主动行动。这可能是因为叙利亚国内脆弱的安全形势以及反叛组织内部的四分五裂极大限制了“第二轨道”行动，使其无法在寻求全面解决叙利亚问题方面作出努力。不过，在 2013 年底和 2014 年初，若干次局部性休战却是在社区领导人和叙利亚政府代表之间谈判达成的。这种情况主要发生在城市地区，包括大马士革的一些地区。[31]

在达成的区域性休战协议中，政府同意提供人道主义援助，换取反叛势力部分解除武装。然而，由于相关各方的互不信任根深蒂固，他们无法将这种建立信任措施提升至国家层面的协议。

## 菲律宾冲突的和平进程：与“摩洛伊斯兰解放阵线”的谈判

棉兰老位于菲律宾的南部，历来属于穆斯林为主体的地区，那里

〔30〕 参阅 2014 年 1 月 16 日的“俄罗斯之声”的报道“叙利亚民族协调委员会将不参加第二次日内瓦谈判——“卜拉希米”，网址：〈http：//voiceofrussia. com/news/2014_01_16/Syria-National-Coordiantion-Committee-to-not-participate-in-Geneva-2-Brahimi-0270〉。

〔31〕 参阅 R. 哈达德的文章“叙利亚军队和反叛组织同意在新大马士革区达成休战协议”，《每日星报》（贝鲁特）2014 年 2 月 17 日。

的拳力叛乱活动由来已久，可以追溯到菲律宾成为独立国家之前。[32]关于解决这一问题的谈判过程，早在 1997 年就已经启动，但因暴力不断，谈判数次中断。谈判进程于 2011 年被注入新的活力，这与阿基诺领导下的菲律宾新政府不无关系。2012 年 10 月，主要反叛组织“摩洛伊斯兰解放阵线”与政府的谈判达成了突破性协议。[33] 框架协议包括组建一个名为“邦萨摩洛”的自治政治实体，并且规定启动关于结束冲突的谈判进程。

棉兰老的和平进程说明了当代促成和平的三个方面的问题。

第一，和平进程受到由不同参与者——既有政府背景的，也有非政府背景的——组成的、经改组和改善的和平架构的支持。因此，它具有高度的包容性。在全球范围进行的研究表明，包容性有助于和平的持久性。[34] 国际非政府组织运用其进行对话的技巧和知识对和平进程给予了支持。四个此类非政府组织——亚洲基金会、人道主义对话中心、和解资源和穆罕默迪亚——是一个国际联系小组的部分成员，它们与四个国家——日本、土耳其、英国和沙特阿拉伯一起，为和平进程提供了资源。马来西亚是个颇具影响力的邻国，与摩洛叛乱组织有宗教认同感关系，对菲律宾的和平进程起到了促进作用。

第二，它是一个全面解决办法，寻求处理冲突中需要解决的所有问题。继 2012 年 10 月签订框架协议之后，菲律宾政府和摩洛伊斯兰自由阵线谈判代表团又草签和商定了一系列附件，为过渡性安排和形式（2013 年 2 月）、财富分享（7 月）、权力分享（12 月）、正常化，包括非军事化、解除反叛组织武装以及对水源控制的规定（2014 年 1

〔32〕 棉兰老是位于菲律宾南部一大岛的名称，同时也是指包括棉兰老和附近的苏禄群岛在内的岛群。叛乱主要集中发生在苏禄群岛和棉兰老岛的部分地区。关于其历史背景情况，请参阅 C. A. 马朱尔的文章“菲律宾国内摩洛的斗争”，《第三世界季刊》第 10 册合订本，第 2 期（1988 年 4 月）。

〔33〕 有关 2012 年 10 月 15 日达成的邦萨摩洛框架协议的详情，请登陆 http：//peacemaker. un. org/philipine-bangsamoro-framework2012. 2014 年 3 月达成全面协议。

〔34〕 参阅 D. 尼尔森的文章“锁定和平：民间团体参与者在和平协议中的作用与持久和平”，《国际互动》，第 38 册合订本，第 2 期（2011 年）。

月）均做了详细、具体的规定。[35]

第三，事实证明，在遇到暴力冲击时，此和平进程具有相当强的生命力。2013 年，发生过两次重大事件，均可被解读为旨在破坏和平进程的搅局事件。第一次事件发生在 2 月份。一支名为“苏禄苏丹统治领地皇家军人”的武装力量开进了马来西亚最东部的沙巴州。该团伙中有自称为苏禄群岛——包括部分沙巴赫——的苏丹贾马勒尔·基拉姆三世的激进追随者，企图控制有争议的地区。[36] 随后，马来西亚采取的安全行动打死了几十名武装分子，并逮捕了几百人。第二次事件于 2013 年 9 月 9 日爆发。当时一支军队与摩洛伊斯兰解放阵线的领导人努尔。米苏阿里结盟，对棉兰老岛上的三宝颜市发动了攻击。菲律宾的武装力量立即调动军队予以还击，在该市发生了激烈枪战。据报道，有 200 多人被打死，并造成约 1 万人流离失所。由于发生了三宝颜市事件，由伊斯兰合作组织牵头、商讨如何执行“摩洛伊斯兰解放阵线”与菲律宾政府在 1996 年达成的协议的谈判进程，在 2013 年搁浅了，若干计划要举行的会议也被迫取消了。不论是三宝颜事件，还是沙巴州事件均可使政府和摩洛民族解放阵线之间的和平进程受到重大挫折，然而这种情况均未发生。

## 结语

调停工作的大环境已经发生变化，在谈判桌上化干戈为玉帛实现和平的可能性现出了新的挑战。叙利亚和菲律宾问题的调解工作是在不同背景下进行的，可以被视为当代促成和平努力中的两个对照鲜明的实例。

在菲律宾的调停工作卓有成效，其原因在于主要的外部参与者（马来西亚）与反叛方有血缘和传统的关系；反叛力量的主要组织均参加了谈判，因此来自其他反叛组织的搅局行动无法阻止谈判工作的正常进行；反叛组织在宗教方面的诉求均得到合情合理的解决和满

〔35〕 参阅菲律宾总统办公室和总统负责和平进程事务的顾问办公室发表的“关于邦萨摩洛框架协议的附件”，2014 年 1 月 27 日，网址：〈http：//www. opapp. gov. ph/milf/annexes-framework-agreement-bangsamoro〉。

〔36〕 参阅 K. 麦格翁的文章“你如何解决诸如沙巴州之类的问题”，BBC 新闻，2013 年 2 月 24 日，网址：〈http：//www. bbc. com/news/world/ – asia – 21545162〉。

足。此外，菲律宾冲突所涉及的各方均能认同一个准则——要找到一条出路，这在谈判具体问题时，都遵循了这一准则。[37]

相比之下，在叙利亚的数次调停努力均在相对较短的时间内以失败告终，这也是叙利亚冲突的性质以及调停者在调停时所采取的方式导致的结果。鉴于相关各方在谈判的重大问题上毫不让步，而且仍然寄希望于军事手段，所以调停叙利亚问题的时机在 2013 年似乎尚不成熟。考虑到宗派主义日益成为战争的主旨，在 2014 年取得进展的前景依然黯淡。叙利亚反对派内部四分五裂的状态使调停工作更加复杂化。他们之间缺乏公认的、富有凝聚力的领导，而且存在希望保持分裂和一心一意从事破坏活动的倾向。此外，幕后支持者的干预以及宗教强硬分子的军事影响，也使解决问题的困难程度又增加了一层。再则，外部势力的调停，包括联合国，把调停工作的重点放在了总部设在叙利亚国外的次要相关方之间达成协议，而不是设法与叙利亚国内的主要相关方建立关系和进行调停。这种做法可能挫伤了后者参与国际主持下的谈判的意愿。

总体而言，可以观察到三种主要轨迹，对和平进程的规划产生重大影响。

首先，在调停和平时，凡遇有宗教力量参与的冲突，既有成功的可能，也有挑战。虽然未发现带有宗教色彩的武装冲突的数量又有增加，但是随着其他种类冲突的逐步减少，带有宗教色彩的冲突就显得日益常见。[38] 通过调停，与宗教好战分子达成和平协议并非不可能。实际上已有这方面的成功实例，如 1997 年在塔吉克斯坦和 2012 年在菲律宾等地的调停努力就卓有成效。不过，宗教的发展变化似乎往往会使调停和平的努力更为困难。下面列举的任何一个与宗教纷争有关的四大因素均能说明这一观点：他们对世界持有的不同看法；立场强硬，极不易退让；不理性的感情冲动和动机构成，或易于情绪化；宗教参与方共同具有的、影响调停和谈判进程的独有特性。迄今，对宗

〔37〕 参阅 I. W. 扎特曼的文章“和平行动的时机：尝到僵持的苦头和成熟的时刻”，《全球民族政治评论》，第 1 册合订本，第 1 期（2001 年 9 月）。

〔38〕 参阅 I. 斯文松的文章“结束圣战：内战中的宗教因素和冲突的解决之道”，（昆士兰大学出版社：布里斯班，2012 年）。

教动力如何使冲突的解决更加困难的研究尚未得出一致看法，不过一个普遍的共识是，它确实会使冲突的解决更加困难。[39] 因此，假如冲突中宗教的成分很大，就会为冲突的解决造成诸多障碍。

其次，若干国内武装冲突中一个日益严重的问题是，反叛团体变得愈来愈分裂。[40] 前面所分析的两个实例均暴露出这一现象，在叙利亚这一现象尤显严重，给协调工作带来很大问题。由于反政府参与方为数众多，各有各的打算，各有各的赞助方，世界观各不相同，因此要想为谈判搭建一个平台极其困难。它会对当代的调停工作产生重大影响。要想说服冲突中四分五裂的各方回到谈判桌旁，协调者要面对各种挑战。例如在考虑吸收谈判参与方时，需要兼顾各方势力——这对保证参与方的合法性颇为有益——以便建立一个有希望的反叛联盟。该联盟在领导层组成、参与方以及相应的选举权方面，均需有个明确模式和规定。一个重大挑战是识别哪些反叛势力的参与方怀有负责任的抱负，以及哪些参与方在追求不正当或破坏稳定的目的。研究表明，碎片化的国内冲突更有可能具有个人或小团体诉诸破坏性策略的特点，它们有把使用暴力作为讨价还价的策略的动因。[41] 一旦谈判得以启动，调停者面临的挑战是维持反叛者联盟的凝聚力。要做到这一点，还需要在反叛势力之间进行调解，以保证和平进程不会夭折。建立一个合法领导班子问题也很关键。例如，战争初期，叙利亚的外部势力将重点放在致力于建立一个以叙利亚全国委员会为中心的反政府平台——一个由流亡海外的叙利亚人为主体的班子。这些人的"奢华旅馆外交"有时与战斗在第一线人员的志向格格不入。[42] 因此，反政府力量的四分五裂状态会导致在下列工作中遇到挑战：促成切实可行的反叛联盟；在受到破坏者威胁时维持反叛联盟的凝聚力；

---

〔39〕 参阅斯文松的文章（同注释〔38〕）。M. D. 托夫特的文章"变得虔诚？伊斯兰和内战的困惑"，《国际安全》，第31册合订本，第四期（2007年春）；以及R. E. 哈斯纳的文章"以神圣理由而发生的战争"，（康奈尔大学出版社：伊萨卡，纽约州，2009年）。

〔40〕 参阅E. 斯特潘诺娃的文章"武装冲突的若干趋势"，《SIPRI年鉴2008》。

〔41〕 参阅D. E. 坎宁安的文章"否决权玩家与内战的持久性"，《美国政治科学期刊》，第50册合订本，第4期（2006年10月）；以及A. 基德和B. F. 沃尔特合写的"破坏和平：极端主义者的暴力政治"，《国际组织》，第56册合订本，第2期（2002年春季）。

〔42〕 参阅O. 阿拉巴斯特的文章"我们不是五星级饭店反叛者：阿米尔"，《每日星报》，（贝鲁特），2014年5月9日。

在反抗势力的拥护者中，要突出那些在基层中得到广泛认同的反政府代表的地位。

再次，一种更值得乐观的发展动态表明，支持调停和实行非强制性冲突管理的机构布局正在得到不断加强。在过去 10—15 年的时间里，政府和民间社区组织在加强和改善机构的调停方式和机制方面做了大量认真细致的工作，推动了调停支援单位的问世，增强了调解员的培训，改善了地方和地区性调停机构的协调工作。[43]

这种制度化改进在政府间组织中尤为明显，而这些组织也正是那些常常被聘请来主导或者协调现代调停工作的机构。[44] 例如，联合国政治事务部负责由联合国主导的大多数调停工作。该部已经进行了大幅扩编，不论是用于分析和解决冲突的人员还是财源均如此。除了由联合国设在纽约的秘书处掌控的资源外，联合国还在世界各地建立了 15 个政治办事处，取名“……预防外交前沿平台”：其中非洲 10 个，中东 4 个，中亚 1 个。[45] 诸多地区性组织也在增强其调停能力，不过是从低层做起的。例如，非盟已经具备了调停的功能，并制定了调停规程。政府间开发局（IGAD）利用其在非洲之角及其周边地区长期进行调停的经验，正在设立一个调停赞助单位。

总的说来，长期以来，国际调停一直表现为由各国和组织采取的临时性行为，现在正在成为得到日益加强的机制性框架和更高程度专业化支持的手段。

（谷景书　译）

---

〔43〕 联合国安理会，秘书长关于促进调解及其支持活动的报告，S/2009/189，2009 年 4 月 8 日。

〔44〕 参阅 Y. Z. 哈弗特尔的文章“地区经济机构和冲突的缓和：规划、实施及和平之光（密执安大学出版社，安阿伯，密执安，2012 年）；和 M. 伦德格林的文章“作为和平缔造者的国际组织：政府间机构在结束内战中的演变及其效能”，博士论文，斯德哥尔摩大学，将于 2014 年发表。

〔45〕 参看联合国大会文件“涉及特殊政治使命时，总体方针至关重要”，秘书长的报告，A/68/223，7 月 29 日，第 32 段。

# 第二节　2003—2012 年联合国安理会在涉及国家武装冲突中的处置

彼得·瓦伦斯腾　帕特里克·约翰松

联合国安全理事会是负责处理对国际和平与安全威胁的主要国际机构。然而，围绕着安理会在对待世界上涉及国家的武装冲突方面是否做到了一碗水端平的问题，一直争论不休。有一种意见认为，在处理某些冲突时，安理会假装不偏不倚，然而却不能同等地对待其他冲突。这种指控多半是针对安理会的西方成员国。还有一种担心，认为安理会在考虑问题时的关注点之所以出现问题，原因在于安理会常任理事国的组成：中国、法国、俄国、英国和美国。这些国家均是近70 年前就已落下帷幕的、第二次世界大战的战胜国。持此看法的人士认为，现在的安理会对冲突本身关注不够，假如增加安理会常任理事国的成员，所说情况会得到很大改善。[1] 认真回顾和研究一下安理会所采取行动的记录，就不难看出这些说法是否有根据。[2]

本节首先阐述安理会在处理冲突中的作用。然后，逐一介绍安理会在做出各决议时所使用的授权；安理会所要处理的冲突的激烈程度；安理会最重视和最不重视的冲突；重视程度的地理特点；以及否决权的使用。本节结尾部分陈述了安理会对诸多冲突关注程度的对照比较。本研究依赖于武装冲突方面的资料，因此研究所涉及的最新年

〔1〕 有关对此问题争论的最新评论，请参阅 A. 利登的文章“冷战后的联合国：权力、地区和组织”，和 I. 奥斯特达尔的文章“变化的地缘环境中的集体安全”，由 P. 瓦伦斯腾和 A. 比贾纳编辑的“地区组织与促成和平：联合国的挑战者?”（Routeledge：伦敦，2014 年）。此外，还可以参阅 T. G. 韦斯等的文章“联合国与变化的世界政治”，第 7 版，（西方观点出版社：博尔德，科罗拉多，2013 年）。有关安理会成员国组成的全面争论的情况，参阅 I. 赫德的文章“成员国的奥秘”，《全球治理》，第 14 册合订本，第 2 期。

〔2〕 这里使用的冲突资料来源于乌普萨拉大学冲突数据库项目——见第三节。有关联合国安理会的各决议的资料是由本作者按照联合国安理会网上的资料汇编而成的，网址：〈http：//www. un. org/en/sc/〉。对根据联合国宪章第七章做出的各决议的定义请参阅 P. 约翰松的文章“对终极职权了无新意的使用：界定和分析根据联合国定章第七章做出的各决议”，《北欧国际法期刊》，第 78 册合订本，第 3 期（2009 年）。

份为 2012 年（见第三节）。

本研究着重论述安理会的诸多决议。研究界定了“安理会（对冲突）的关注”是指安理会通过决议时的种种情况。安理会决议要想获得通过，至少需要 15 个成员国中的 9 个国家投赞成票，加上 5 个常任理事国无一投否决票。安理会还可以主席声明和发布新闻稿的形式表达其对某些特殊事态的关注，也可以对某冲突进行辩论但不采取行动。此类冲突也可能会摆在联合国秘书长的议事日程上。虽然没有正式和定期更新的文件记载联合国秘书长为处理冲突所采取的行动，但其他证据显示，秘书长及其代表和特使确实在促成和平方面做了颇多工作，既有按照安理会决定采取的行动，也有独立于安理会决议的行动。因此，安理会的决议并不是对冲突关注程度的精确衡量，不过，确实使人们对安理会优先考虑的事项有大体了解。鉴于安理会的决议与联合国的行动密切相关，因此这些决议对研究安理会的活动情况至关重要。

### 安理会在处理武装冲突中的作用

文件记载中常见的说法是，冷战结束后，安全理事会变得日益活跃起来。随着日益增多的冲突和争端被列入安理会的日程，安理会开始担当起举足轻重的角色，而这在冷战时期是不可能的。[3] 然而，目前安理会的这种权限并不能涵盖所有冲突。

2003—2012 年期间，全世界共发生了 76 起涉及国家的武装冲突（见下面第三节）。然而，并非所有这些冲突均被列入安理会的日程并且由安理会为其作出决定（即决议）。对最终导致安理会采取行动的冲突的严重性略加研究，便可以察觉到，从处理冲突的一开始就可能存在着偏见。在 2003—2012 年间发生的涉及国家的冲突中，联合国安全理事会只对其中 1/3 的冲突做出了决议；其中 51 起冲突未引

〔3〕 参阅 D. M. 马隆的文章“联合国安全理事会：从冷战到 21 世纪”（林恩里纳：博尔德：科罗拉多，2004 年）。

起注意（见表 2. 2）。[4]

**表 2. 2　2003—2012 年联合国安理会决议和涉及国家的武装冲突**

表内数字是在此时间段持续至少一年的涉及国家的武装冲突

| | 小型<br>涉及国家的冲突 | 战争[a] | 所有<br>涉及国家的冲突 |
|---|---|---|---|
| 没有决议 | 44 | 7 | 51 |
| 不是根据宪章<br>第七章做出的决议 | 2 | 3 | 5 |
| 是根据宪章<br>第七章做出的决议 | 12 | 8 | 20 |
| **合计** | **58** | **18** | **76** |

a 战争是指在一年之内造成 1000 多人死于战乱的涉及国家的武装冲突。本栏内的数字是指在 2003—2012 年间的任何一年发生的战争一级的冲突。

**资料来源：**乌普萨拉大学冲突数据库项目的并向量数据集 v. 1 – 2013，网址：〈http：//www. pcr. uu. se/research/ucdp/dataset/〉；和联合国安理会决议，网址：〈http：//www. un. org/en/sc/〉。

虽然，如前文所说，在处理冲突时，安全理事会或者秘书长不一定走安理会通过决议的路子，也可能采取其他方式，但是实际情况清楚地表明，安理会在处理所有涉及国家的冲突时，并没有一碗水端平：发生了某种形式的选择性做法。鉴于没有客观标准可以用来衡量某种情势是否对和平及安全构成威胁，或者如果那种情势继续发展下是否会演变成对和平及安全的威胁，因此安理会几乎可以自由地决定对某种情势采取行动，并堂而皇之地把它说成是对现实或者未来的威胁。实际情况是，没有导致联合国安理会作出决议的冲突，占所有冲突的 2/3，对最严重的冲突，也有近 2/5 没有做出决议，这本身既非

〔4〕 根据现任作者们另外所做的研究表明，在后冷战时期发生的 25 起最为激烈的（以累计与战争有关的死亡人数作为考量）涉及国家的冲突中，在 2003—2012 期间，有 18 起仍方兴未艾。但在那些年里，安全理事会只对 10 起做出了决议。其中 8 起是根据联合国宪章第七章做出的。参见 P. 瓦伦斯腾和 P. 约翰松的文章“联合国安全理事会：做出决定和采取行动的趋势”，编辑 S. 冯艾因西德尔、D. M. 马隆和 B. 斯塔格诺乌加特及其文章“21 世纪的安全理事会”（林恩里纳：博尔德，科罗拉多，将于 2015 年出版）。

同寻常又令人感到忧虑。安理会针对不同的冲突给予不同的关注，确有若干合情合理的理由。安理会完全可以决定更多地关注最为严重或者持续时间最长的冲突，而对那些持续时间短、规模小的冲突可以给予较少关注。这些方面的情况在下面将做进一步探讨。

## 安理会的权限

联合国宪章的第五、六和七章对安全理事会的权限做了明确规定。[5] 第五章规定，联合国成员国同意履行安全理事会之决议。[6] 第六章授权安理会可以采取措施，以避免争端升级，第七章授权安理会可以视情况决定采取强制措施。当根据宪章第七章采取行动时，安全理事会有权出重拳，不过它也可以根据宪章第六章采取较为温和的措施。

### 第六章规定的权限

按照宪章第六章，安全理事会可以作出对某种情势展开调查的决定，“以断定该项争端或情势之继续是否会危及国际和平与安全之维持”。[7] 在这种情况下，安理会可以建议各当事方通过谈判、调查、调停、和解、仲裁、司法解决、诉诸区域性机构或某种区域性安排，或者其他和平方式等寻求问题的解决。[8]

安理会于 2005 年通过的关于厄立特里亚和埃塞俄比亚问题的 1640 号决议就是一例。决议中，安全理事会“强调情势持续下去，有可能构成对国际和平与安全的威胁”，“呼吁双方无先决条件通过外交努力，打破目前的僵局”。[9] 这意味着安理会没有决定双方应该具体做些什么，而只是强调双方应该在外交方面做出更多努力。安理会还“明确表示其决心，假如一方或双方未能按照安理会的要求行事，安理会将考虑进一步采取其认为恰当的措施，包括联合国宪章第 41 条（第七章）规定的措施。”

---

〔5〕 1945 年 6 月 26 日签署联合国宪章，1945 年 10 月 24 日开始生效，网址：〈http：//www. un. orgf/en/documents/charter〉。

〔6〕 联合国宪章（同注释〔5〕）第 25 条。

〔7〕 联合国宪章（同注释〔5〕），第 34 条。

〔8〕 联合国宪章（同注释〔5〕），第 33 条。

〔9〕 联合国安全理事会第 1640 号决议，2005 年 11 月 23 日。

冲突双方或许感到了来自联合国的压力，但是仍然采取抗拒态度。在厄立特里亚和埃塞俄比亚这一特殊案例中，值得注意的是，在安理会第1640号决议通过近10年后，那里的僵局仍在持续。

**第七章规定的权限**

按照宪章第七章的规定，安全理事会有权决定采取强制行动，以应对“任何和平之威胁、和平之破坏、或侵略行为”。[10] 按照宪章第七章的规定，安理会可以使用的手段包括实施各种形式的制裁（第41条）和授权使用武力（第42条）。

在这方面的一个例子是安理会于2006年通过的关于朝鲜问题的第1718号决议。在决议中，安全理事会“深表关注的是，朝鲜宣称的（核武器）试验，已经在该地区和更大范围造成了紧张升级，因此认定它明显对国际和平与安全构成威胁。鉴此，安理会根据宪章第41条的规定，明确无误地针对朝鲜提出实施一系列经济和商业制裁。[11] 这些措施对危机的后续发展产生了深刻影响，并导致联合国、五个常任理事国和朝鲜之间采取了一连串行动与反制行动的举措。[12]

虽然对于按照宪章第六章和第七章所采取措施的影响可能颇有争议，但是有一点是毋庸置疑的，即就前面所引用的两个实例而言，安理会显然认为朝鲜违反联合国决议的现象比厄立特里亚和埃塞俄比亚违反联合国决议的现象要严重得多。[13] 国际上仍然对朝鲜保持着压力，对埃塞俄比亚则不然。也许厄立特里亚的处境更为孤立，但主要是其他原因，与安全理事会所采取的措施关系不大。换言之，凡是按照宪章第七章所采取的行动，均表明国际社会认为该问题已经重要到需要采取更加严厉的行动。按照宪章第六章采取的措施同样也传递了一种信息，但是一种较温和的信息。

---

〔10〕 联合国宪章（同注释〔5〕），第39条。

〔11〕 联合国安理会第1718号决议，2006年10月14日。

〔12〕 参阅S. N. 凯尔的文章“核军备控制与核不扩散”，《SIPRI年鉴2007》，第478—483页；以及本卷第七章第二节。

〔13〕 关于联合国安理会制裁措施的效果，可参阅D. 弗鲁查特等人的文章“联合国武器禁运：对武器泛滥和所涉对象行为的影响”，（SIPRI/乌普萨拉大学：斯德哥尔摩/乌普萨拉，2007年）。

**对宪章第六章和第七章规定权限的选择**

当安全理事会决定涉足某冲突时，通常意味着安理会决意要置身于该冲突的解决。在这种情况下，安理会将会根据宪章第七章通过一系列决议。

安全理事会于 2003—2012 年间处理过 25 起冲突，其中在 20 起冲突中，安理会至少在一个决议中使用了宪章第七章赋予的权力（见表 2. 2）。不过，在安理会处理过的冲突中，其中 1/5 冲突并没有诉诸宪章第七章的权力。这就为批评安理会有双重标准的人士提供了口实，因为有些当事方或许希望能把他们的冲突当作宪章第七章一级的冲突加以对待，也就是说，希望能得到更高一级的关注。

安全理事会在此期间通过了若干有关泛称阿以冲突的决议，其中既有依据宪章第六章通过的，也有依照宪章第七章通过的，包括 20 个决议是关于延长联合国驻戈兰高地脱离接触观察部队的授权的。乌普萨拉大学冲突数据库项目的统计显示，在此期间，在戈兰高地这一阿拉伯—以色列人混居地发生过两次值得关注的冲突。严格意义上的巴以冲突导致四个决议的产生，但没有一个是依据宪章第七章做出的。其中三个表达了对中东四方所提和平提案及其工作的支持，另一个是为应对加沙地带暴力升级而通过的。[14] 乌普萨拉大学冲突数据库项目的统计把以色列和真主党之间发生的冲突单独列为另一类冲突。所说冲突持续了一年（2006 年），安全理事会为此通过了四个决议，其中第三个和第四个是依据宪章第七章通过的。[15] 由此可见，安理会对以色列和真主党之间的冲突作出了强烈反应，甚至在很多方面超过了对巴勒斯坦情势的反应。虽然巴勒斯坦情势动荡不定，但是安理会明显更担心以色列—真主党之间的冲突比一直持续不断的巴勒

〔14〕 联合国安全理事会的前 3 个决议是 2003 年 11 月 19 日通过的 1515 号决议、2004 年 5 月 19 日通过的第 1544 号决议和 2008 年 12 月 16 日通过的 1850 号决议。第 4 个决议是联合国安全理事会于 2009 年 1 月 8 日通过的 1860 号决议。中东四方包括联合国、欧盟、俄国和美国。

〔15〕 联合国安全理事会的决议是 2006 年 1 月 31 日通过的 1655 号决议、2006 年 7 月 31 日通过的 1697 号决议、2006 年 8 月 11 日通过的 1701 号决议和 2007 年 8 月 24 日通过的 1773 号决议。在此期间通过的若干决议是关于黎巴嫩国内形势以及联合国为了应对所说形势而派驻黎巴嫩临时部队的作用的，但与 2006 年发生在以色列和真主党之间的冲突本身并不相干。

斯坦情势更有升级的可能。

**涉及国家的冲突和战争**

按照乌普萨拉大学冲突数据库项目所做的定义，凡每年造成超过1000人死于战乱的、涉及国家的冲突，均被界定为战争。所有其他涉及国家的冲突则归属于小规模冲突类。

**涉及国家的小规模冲突**

在2003—2012年间发生的涉及国家的冲突中，有3/4（即76起中的58起）属于小规模冲突。这表明这些冲突仍处于联合国安全理事会可以依据宪章第六章采取预防性行动的阶段。因此，可以预料对于若干小规模冲突，有必要采用这种较温和但又能发出明确无误信号的办法予以处理，作为防止冲突升级的一种手段。

在2003—2012年间，仅14起涉及国家的小规模冲突导致安全理事会做出决议（见表2.2）。无需安理会作出决议的小规模冲突中，包括下列国家旷日持久的国内冲突：阿尔及利亚、伊朗、尼日利亚、秘鲁、菲律宾、土耳其和泰国南部，以及发生在印度、缅甸和巴基斯坦的诸多局部反抗活动。毫无疑问，很多所说冲突确实引起了、或者有可能引起严重国际反响。有些冲突早先已经有过决议，授权安理会视情采取某种形式的行动。其中最为明显的例子是涉及亚美尼亚和阿塞拜疆的纳戈尔诺—卡拉巴赫冲突。

**战争**

在10年的时间里，发生了18起属于战争级别的涉及国家的冲突——至少在其中一年是处于这一级别的，安全理事会对其中的11起通过了决议。也就是说，近2/3处于所说状态的冲突的发展，促使安理会采取了做出决议的行动。这一结果似乎符合人们对一个负责维护世界和平与安全的国际组织所给予的期望。冲突的暴力程度越强越容易发展为跨国界冲突。

然而，对其中三场战争——尼泊尔、叙利亚和也门——没有做出最高级别的反应，即没有按照宪章第七章人做出决议。实际上，导致安理会按照宪章第七章做出决议的战争不到战争总数的一半，比人们预期的要少得多。

不过，这种安理会对某些战争缺乏足够重视并不能证实人们常说的那种偏袒行为。安理会没有去管的战争是针对政府的国内冲突，如哥伦比亚、巴基斯坦和乌干达，以及发生在克什米尔（印度）、车臣（俄国）和斯里兰卡本土的国内冲突。安理会在车臣问题上没有通过任何决议的原因，无疑与安全理事会的偏袒行为有关。在这个问题上，所有相关方均心知肚明，俄国不接受将该问题提交安理会的做法。不过，安理会没有对其他冲突做出决议的原因与安理会成员的组成没有直接关系，而是与当事国政府的态度有关，因为它们均表示出极不乐意将问题“国际化”，这是主要考虑。相反，反叛运动一方更有可能倾向国际上采取行动。可是，这样反而会使相关政府在是否走诉诸国际这一步的问题上，更加踌躇不决。不要忘记，联合国是由各国政府和国家组成的一个联合体，而不是由民众和反叛团体组成的。因此，联合国往往会担心在某国采取此类行动的影响，可能会面对类似情况的其他国家的政府。

不管怎么说，它仍可显示出所有相关方均在关注安全理事会。安理会采取或者不采取行动，都会被视为是一种有作为的表现或者挫折——会得出哪种结论，取决于各方看问题的角度，正所谓仁者见仁、智者见智。安理会是否就某个问题进行研究，其本身就是一种行动。不可否认，当一个冲突被列入联合国的议程时，联合国会如何做，也至关重要。那些赞同采取最低一级的行动者，会致力于依照宪章第六章通过决议。倘若这么做不可能，便争取依照宪章第七章通过一个最不严厉的决议。因此，安全理事会的动向就是国际媾和大气候的晴雨表。

### 受到最大和最小关注的冲突

联合国安全理事会就某个冲突所通过的决议数量可以用来作为确定冲实受到最大和最小关注的一个标示器，尽管不十分精细，但比较有效。据此，可以说科特迪瓦的冲突在 2003—2012 年间受到了安理会最大的关注（见表 2. 3）。

**表 2.3　2003—2012 年最受联合国安理会关注的涉及国家的武装冲突**

本表列举了在 2003—2012 年间，安理会通过决议最多的 10 起冲突（以决议数量为序）

| 冲突 | 决议数量 2003—2012 | 发生冲突的年份 2003—2012 | 平均每个冲突年的决议 2003—2012 |
| --- | --- | --- | --- |
| 科特迪瓦 | 49 | 3 | 16.3 |
| 刚果民主共和国 | 46 | 4 | 11.5 |
| 索马里 | 39 | 7 | 5.6 |
| 苏丹 | 39 | 10 | 3.9 |
| 利比里亚 | 36 | 1 | 36.0 |
| 美国—“基地”组织 | 31 | 9 | 3.4 |
| 阿富汗 | 24 | 10 | 2.4 |
| 伊拉克 | 20 | 9 | 2.2 |
| 海地 | 16 | 1 | 16.0 |
| 布隆迪 | 13 | 5 | 2.6 |

**资料来源：**乌普萨拉大学冲突数据库项目的并向量数据集 v. 2013，网址：〈http://www.per.uu.se/research/ucdp/datasets/〉；以及联合国安理会决议，网址：〈http://www.un.org/en/sc/〉。

就每年对发生的每起冲突所通过的决议数量而言，利比里亚受到最多注意。然而，利比里亚的冲突在 2003 年之前就已经持续了若干年。也就是说，就该冲突通过的大量决议旨在处理一个持续了多年的冲突的后续事务，而并非爆发时的情势。因此，对利比里亚的关注也可以理解为反映了安全理事会新的议程：建设和平。考虑到安理会对防止冲突再次爆发的关注，可以预料该理事会会对诸如海地等若干类似冲突予以从长计议。的确，作为这一议程的一部分，于 2005 年组建的建设和平委员会正是受命从事这种工作的。[16]

从联合国安全理事会通过决议数量的角度看，受到最大关注的六个冲突均在非洲。毋庸置疑，非洲地区最受关注，消耗联合国的资源最多。例如，在国际调停工作和维和行动方面便是如此。[17] 在

〔16〕 有关建立建设和平委员会的详情，参见 S. 威哈特的文章“建设和平：国际关注重新聚焦非洲”，《SIPRI 年鉴 2006》，第 140—143 页。

〔17〕 参阅 S. 威哈特的文章“联合国”，编辑 O. 伊斯梅尔和 E. 斯康斯，SIPRI，“外部势力在非洲的安全活动”（牛津大学出版社：牛津，2014 年）。

2003—2012 年间，另外 3 个受到最大关注的冲突与美国的“全球反恐战争”有关：即美国—“基地”组织之间的冲突、阿富汗战争和伊拉克战争。美国在此问题上的态度是，反恐是一场人类共同的斗争，因此，求助联合国是其赢得国际支持的政策的一个重要组成部分。

同样显而易见的是，非洲的冲突引起联合国安全理事会的关注也最少（见表 2.4）。安理会在 2003—2012 年间爆发的吉布提—厄立特里亚边界冲突的问题上，只通过了一项决议，在还算受到安全理事会关注的冲突中，是引起最少关注的冲突之一。发生在南苏丹（于 2011 年获得独立）的冲突也促使安理会做出了唯一的一项决议。不过，该决议是依据宪章第七章做出的。非洲引起最少关注的其他冲突还包括乍得和马里的情势。换句话说，安理会对发生在非洲的冲突的反应并没有做到一视同仁。

**表 2.4　2003—2012 年联合国安理会关注最少的涉及国家的武装冲突**

本表列举了 2003—2012 年间安理会做出最少数量决议的 9 起冲突，其中不包括安理会没有做出任何决议的冲突，国家排列以安理会通过决议数量的多少为序。

| 冲突 | 决议数量 2003—2012 | 发生冲突的年份 2003—2012 | 平均每个冲突年的决议 |
|---|---|---|---|
| 吉布提—厄立特里亚 | 1 | 1 | 1.0 |
| 南苏丹 | 1 | 2 | 0.5 |
| 也门 | 2 | 4 | 0.5 |
| 叙利亚 | 3 | 2 | 1.5 |
| 马里（阿扎瓦德） | 3 | 4 | 0.8 |
| 马里 | 3 | 1 | 3.0 |
| 以色列（巴勒斯坦人居住区） | 4 | 10 | 0.4 |
| 以色列—真主党 | 4 | 1 | 4.0 |
| 乍得 | 6 | 7 | 0.9 |

**资料来源**：乌普萨拉大学冲突数据库项目的并向量数据集 v. 2013，网址：〈http://www.pcr.uu.se/research/uedp/datasets/〉；和联合国安理会决议网址：〈http://www.un.org/en/sc/〉。

令人不可思议的是，巴勒斯坦—以色列冲突自 20 世纪 40 年代后期起，年年被列入安理会日程，而且在 2003—2012 年间，年年都发生新的冲突，然而它却是安理会对每年发生的冲突所通过的决议最少的冲突之一。

安全理事会常任理事国的关注重点可以决定哪个冲突会得到最大关注，了解了它们的关注重点或许有助于了解安理会关注的偏心所在。除了俄国在车臣问题上所扮演的角色、美国在“全球反恐战争”中所扮演的角色及其在利比里亚由来已久的利益所在之外，法国的角色也值得注意。法国在非洲也同样有它的考虑，因为它希望其在非洲法语地区所采取的行动能获得支持。所说法语地区包括乍得、刚果民主共和国、科特迪瓦以及马里。不过，法国在非洲所采取的有些行动也确实在非洲得到了广泛支持，其中包括来自非盟和西非国家经济共同体的支持。〔18〕

### 地理模式

如前文所指出的那样，安全理事会对某些地区的关注程度确实有区别。这一点值得进一步探讨。

确实有这么一种倾向，即对非洲给以颇多关注，并且按照宪章第七章解决发生在非洲的冲突（见表 2.5）。在 2003—2012 年间，超过一半发生在非洲的冲突（29 起中的 15 起）是由安全理事会设法解决的，而且除了一起冲突外，余者均是按照宪章第七章处理的。相比之下，对于发生在亚洲和大洋洲的 30 起冲突，安全理事会只针对其中的 2 起做出了决议。对欧洲情势的关注就更小。在此期间，安全理事会没有对发生在欧洲的任何一起冲突做出决议。

导致这一地理模式的原因极其复杂，对这一现象做出切中要害的解释并非易事。如下文将要探讨的那样，在解决那些有安理会常任理事国涉足其中的冲突时，常任理事国对联合国的战略显然不同。俄国在车臣和南奥塞梯冲突中所扮演的角色，意味着这些冲突被排除在安理会议程的之外。美国却反其道而行之，竭力把安全理事会拖进美国

---

〔18〕 有关法国与安全有关的非洲政策，请参阅 V. 布兰宁的文章“法国”，伊斯梅尔和斯康斯编辑（同注释〔17〕）。

积极参与的冲突之中，这方面的适例有阿富汗战争、2003 年入侵伊拉克以及随后在伊拉克发生的内战，以及美国和“基地”组织之间的冲突。实际上，上述四起冲突加上海地和黎巴嫩的情势是安理会在 2003—2012 年 10 年的时间内，按照宪章第七章做出过决议的仅有几起发生在非洲以外地区的冲突，这本身更加凸显了安理会对不同地区关注程度的不同。

**表 2.5　2003—2012 年涉及国家的武装冲突及联合国安理会的关注程度（按地区分类）**

表中的数字为在此期间至少一年中实际发生的、涉及国家的武装冲突的数量

| 地区 | 非洲 | 美洲 | 亚洲及大洋洲 | 欧洲 | 中东 |
|---|---|---|---|---|---|
| 没有决议 | 14 | 2 | 28 | 6 | 1 |
| 不是按照宪章第七章通过的决议 | 1 | — | 1 | — | 3 |
| 是按照宪章第七章通过的决议 | 14 | 2 | 1 | — | 3 |
| **合计** | **29** | **4** | **30** | **6** | **7** |

**资料来源**：乌普萨拉大学冲突数据库项目的并向量数据集 v. 1 - 2013，网址：〈http：//www. pcr. uu. se/research/ucdp/datasets/〉；和联合国安理会决议，网址：〈http：//www. un. org/en/sc/〉。

## 否决模式

安全理事会的五个常任理事国均有权对决议草案投反对票，即人们常说的否决，以阻止决议草案的通过。[19] 在 2003—2012 年 10 年的时间里，安理会常任理事国 19 次使用了否决权，使 14 个决议草案不能获得通过。自冷战结束以来，使用否决权的情况较少出现了，但在过去的 25 年中，对否决权的使用并没有发生值得一提的质的变化：平均每年都出现两次使用否决权的情况。不过，它们使用否决权来影

〔19〕 鉴于安理会在通过一项决议时，须经安理会 15 个成员国中的 9 个国家同意，方可通过。因此，从理论上讲，有 7 个成员国投反对票或者弃权，就构成“隐秘否决”。这里不就这一程序展开讨论。

响安理会讨论其他事项的工作氛围，因为能够通过决议的频率仍然一样。偶尔使用一次否决权，是安理会常任理事国在其认为无法接受所提出的决议草案时，用来宣示其不惜动用否决权的一个重要方式。这意味着，可能动用否决不只是对被否决问题的本身，而是会对起草所有决议具有深刻的不言自明的效果。

在 2003—2012 年期间，共出现 19 次动用否决权的情况，法国和英国没有使用过否决权，中国使用了 5 次，俄国和美国均使用了 7 次（见表 2. 6），其模式一目了然。

**表 2. 6 2003—2012 年被否决的联合国安理会决议草案**

| 日期 | 常任理事国 | 问题 |
|---|---|---|
| 2003 年 9 月 16 日 | 美国 | 中东形势，包括巴勒斯坦问题 |
| 2003 年 10 月 14 日 | 美国 | 中东形势，包括巴勒斯坦问题 |
| 2004 年 3 月 25 日 | 美国 | 中东形势，包括巴勒斯坦问题 |
| 2004 年 4 月 21 日 | 俄国 | 塞浦路斯（和平计划）[a] |
| 2004 年 10 月 5 日 | 美国 | 中东形势，包括巴勒斯坦问题 |
| 2006 年 7 月 13 日 | 美国 | 中东形势，包括巴勒斯坦问题 |
| 2006 年 11 月 11 日 | 美国 | 中东问题，包括巴勒斯坦问题 |
| 2007 年 1 月 12 日 | 中国、俄国 | 缅甸（人权问题） |
| 2008 年 7 月 11 日 | 中国、俄国 | 津巴布韦（政治争端）[a] |
| 2009 年 6 月 15 日 | 俄国 | 格鲁吉亚（延长联合国观察团期限问题） |
| 2011 年 2 月 18 日 | 美国 | 中东形势，包括巴勒斯坦问题 |
| 2011 年 10 月 4 日 | 中国、俄国 | 叙利亚（国内冲突） |
| 2012 年 2 月 4 日 | 中国、俄国 | 叙利亚（国内冲突） |
| 2012 年 7 月 19 日 | 中国、俄国 | 叙利亚（国内冲突）[a] |

a 按照联合国宪章第七章，这些决议草案本可以通过。

**资料来源**：联合国哈马舍尔德图书馆，“安全理事会：否决一览表”网址：〈http: //www. un. org/depts/dhl/resguide/scact_ veto_ en. shtml〉。

美国投下的 7 次否决票均是关于巴勒斯坦问题的，其用意在于阻止安理会通过批评以色列在冲突中的所做所为的决议。如前面提到的那样，在此期间，安全理事会共通过了四个关于巴以冲突的决议，但没有一个是根据宪章第七章通过的。有些本来在安全理事会遭到否决的决议草案，在联合国大会上又通过走“联合一致共策和平”决议的程序，对其重新进行了审议。[20]

中国和俄国行使的否决同样显示出一种特定的模式：阻止安全理事会涉足别国内政，而这些国家又往往被认为是支持行使否决权的常任理事国的国家。据此，中国和俄国在缅甸和津巴布韦问题上均使用了一次否决权，在叙利亚问题上使用了三次否决权，其理由均为：这些国家的冲突和纷争皆属于该国内政。[21] 除此之外，俄国还否决了一个旨在强制塞浦路斯接受一项和平计划的决议草案和延长联合国格鲁吉亚观察团使命期的决议草案。所说观察团是 1993 年因阿布哈齐亚冲突而成立的。

某些否决，例如对格鲁吉亚、缅甸和津巴布韦问题的否决，目的很明显，就是阻止把这些问题列入安全理事会的日程。不过，很多在决议草案遭到否决的情况下，联合国总能设法以其他方式参与问题的解决。例如，联合国就通过联合国秘书长任命的联合国驻日内瓦国际讨论会的代表，参与了日内瓦国际讨论会对 2008 年格鲁吉亚冲突后果的分析。[22] 联合国秘书长还为塞浦路斯问题任命了特别代表（该代表同时还领导联合国驻塞浦路斯维和部队）。此外，还任命了缅甸问题特别顾问以及叙利亚问题联合国—阿盟联合特使。但是却没有为津巴布韦设立同样的职位。其实，联合国秘书处可以在安全理事会没有作出任何正式决议的情况下，参与解决许多冲突。[23]

由于要想完全不让某冲突列入安全理事会的议事日程是比较困难的一件事，因此有些否决的用意则是企图引导安理会向着使用否决权国家所期望的方向处理冲突。具体的实例有巴勒斯坦—以色列冲突和

---

〔20〕 联合国大会第 377 号决议，1950 年 11 月 3 日。该决议被称之为“联合一致共策和平”决议，允许联大对遭到一个安理会常任理事国否决的任何决议草案进行审议。

〔21〕 按照乌普萨拉大学数据库项目的定义，津巴布韦的形势不属于涉及国家的武装冲突，但是在该国发生的冲突确实很激烈。

〔22〕 有关日内瓦国际讨论会的情况，请参阅欧洲安全与合作组织的“日内瓦国际讨论会新闻稿”，网址：〈http：//www. osce. org/home/104211〉。

〔23〕 联合国宪章（同注释〔5〕），第 99 条，与作者的私人沟通表明，联合国政治事务部于 2013 年介入了近 60 个国家问题的处理。

叙利亚冲突。在这两个问题上，决议草案经常被拒绝，然后便会以一种软弱无力的决议形式获得通过。此类例子屡见不鲜。例如，2011年10月，在否决了关于叙利亚问题的第一个决议草案后，俄国驻联合国大使丘尔金甚至在发言中还表示，令俄国感到震惊的是，“根据（北大西洋公约组织）的解释，北约居然把依照安全理事会对利比亚问题的决议（2011年早些时候通过）行事的方式，当作今后履行保护责任的一个模式”。[24] 然而，该问题并没有因此次否决而告一段落，很快又发生了俄国于2012年2月第二次动用否决权以及之后不久于2012年4月安理会根据宪章第六章通过了两个决议的后续行动。在2012年7月再一次否决了一项决议草案后——此决议草案本来是要引用联合国宪章第七章的——俄国大使丘尔金称，俄国“不能接受根据宪章第七章通过的文件……那样会为施加制裁压力和在今后为外部军事干预叙利亚内政敞开大门。”[25] 第二天，安理会便根据宪章第六章通过了一项较苍白的决议。显而易见，安全理事会为了应对俄国的否决而对叙利亚问题的态度发生了变化。在巴以冲突的问题上，情况也极其相似，美国的多次否决也同样以较为不严厉的决议（例如发生在2003年和2004年的事例）来点缀。

此外还有一些冲突，甚至未成为提出决议草案来议题，因为安全理事会的成员国很清楚，其将会遭到否决。例如，没有向安理会提交出任何有关2008年俄国军事入侵格鲁吉亚的决议草案。在2009年俄国否决建议延长联合国观察团在格鲁吉亚期限决议草案之后，该问题再次无缘安理会议事日程。[26] 有时候支持就某问题采取行动的国家，明知动议会遭到否决，也要把它提出来，为了做出高调表态：通过提出一项决议草案，挑动不希望将该问题列入安理会议事日程的常任理

---

〔24〕 联合国安全理事会第6627次会议，2011年10月4日第4页。有关对安理会2011年针对利比亚问题通过的决议的解释以及保护责任的相关情况，见G. 埃文思的文章“对残暴行为的反应：干预的新地缘政治”，《SIPRI年鉴2012》；M. 阿兰森等人的文章“阿拉伯之春的第一年”，《SIPRI年鉴2012》，第48—49页和第52—54页；C. 范奇尼的文章“2011年的新和平行动”，《SIPRI年鉴2012》，第100—102页；以及P. D. 魏泽曼和N. 凯利的文章“多边武器禁运”，《SIPRI年鉴2012》，第431—434页。

〔25〕 联合国安全理事会第6810次会议，S/PV. 6810，2012年7月19日，第8页。

〔26〕 联合国新闻中心：“俄国否决了延长联合国观察团在格鲁吉亚期限的决议草案”，2009年6月15日，网址：〈http：//www. un. org/apps/news/story. asp？ NewsID = 31151〉。

事国分开进行否决。

从否决权的使用可以找到为什么若干冲突没有受到安全理事会关注的答案。这种情况反映了常任理事国不愿意将某些冲突列入安理会议程，其原因可能是该常任理事国本身就涉足冲突之中，亦或会影响其关系密切的盟国。不过，也有情况正好相反的例子：常任理事国可能希望通过将该冲突列入安理会议程的方式，使其能加强在冲突中的地位，或者通过此举对其盟国加以支持。不论属于哪种情况，均反映了以机会主义的态度利用安全理事会的现象，而并没有反映所有威胁国际和平与安全的冲突均应受到安全理事会关注的原则立场。

## 结语

从 2003 年到 2012 年 10 年的时间里，发生过 76 起涉及国家的武装冲突，但受到联合国安全理事会关注的程度多有不同。作为维护国际和平与安全的主要机构，安理会理应关注所有这些冲突。但是，实际情况并非如此：其中 2/3 的冲突没有导致安全理事会作出决议。尽管这些冲突的大多数被界定为次要冲突，但是有些冲突明显具有升级的可能。因此，倘若安理会能将其列入预防日程予以审议，完全有可能根据宪章第六章采取预防性行动。然而，这并非安理会事事都会采取的态度。不过，倒是有证据显示，每每在冲突过后，安理会便会通过建设和平的议程，授权由安理会采取行动，防止已经平息下去的冲突再次死灰复燃。在这方面最典型的例子是利比里亚冲突。

冲突愈激烈，愈有可能引起安全理事会的关注：在 18 起演变成战争的冲突中，有 11 起导致安全理事会通过了决议。此外，其中的 8 场战争导致安全理事会根据联合国宪章第七章作出了决议。这意味着，安理会正式认定它们对国际和平与安全构成了威胁。值得人们关注的是，尽管发生在其他地区的冲突同样极具破坏性，但是作出的这些决议大多数是针对发生在非洲的冲突的。在编写本年鉴时，叙利亚危机已经持续超过了三个春秋，然而，迄今仍未把它作为根据宪章第七章作出决议的对象。这一现象使多数观察员产生的最大感触是，安理会的做法非常不一致，尤其是考虑到中东地区如此动荡不定的形势。

安全理事会在中东问题上的行动之所以如此自相矛盾，其难言之隐是有目共睹的。在中东多处情势异常困难，巴以冲突尤甚。然而，安理会在 2003—2012 年间并没有根据宪章第七章对此冲突做出任何决议。有些地区的形势被安理会认定为是对国际和平与安全的威胁，其中众人皆知的有阿富汗和伊拉克，以及一些与美国的“全球反恐战争”分不开的情势。在与恐怖分子的交锋中，总的来说，美国赢得了国际的一致反应，特别是得到了安理会中所有常任理事国的支持。这种一致性意味着安理会可以用来采取行动。不过，在其他问题上，其他常任理事国的态度却不然。他们认为，有些冲突（尽管也被视为恐怖活动）属于当事国的主权问题，因此不应由联合国采取行动。据此，俄国阻止了联合国在车臣问题上采取行动，并同样利用主权问题阻挠了针对俄国与格鲁吉亚的冲突采取行动。类似的例子还有中国与俄国联手阻挠在缅甸和津巴布韦问题上采取行动。

但是，总的来说，否决权没有使联合国陷于瘫痪。尽管美国在巴以冲突问题上使用了否决权，但是安全理事会仍能根据宪章第六章通过了决议案，而联合国大会也审议了该问题。在有些冲突问题上，虽然安理会的决议遭到否决（众人皆知的有格鲁吉亚和缅甸），但是联合国秘书长仍然任命了其代表或特使，使联合国能对那里的形势给予某种程度的关注。

对于五个国家有权否决决议草案的客观事实，必须继续予以探讨，不论它是多么合情合理。假如，联合国的成员国发现对否决权的使用与联合国的精神相悖，或者使联合国面临挑战，该国可以诉诸其他手段，如请区域性组织介入，或者强烈要求对安理会的组成进行改革。

（谷景书　译）

# 第三节 2003—2012 年有组织暴力的模式

洛塔·特姆纳 彼得·瓦伦斯腾
乌普萨拉冲突数据项目

本节参照“乌普萨拉冲突数据项目”（UCDP）用于有组织暴力的分类法，对 2003—2012 年 10 年间的三类暴力活动，即国家冲突、非国家冲突和单边暴力的情况加以概述。2012 年，在一年内造成至少 25 人死亡（UCDP 将其定为统计基点）的暴力活动事件有 97 起，而在 2003 年为 111 起，较之后者略有减少。国家和非国家冲突的次数在这 10 年间有所增多，与此同时，单边暴力事件的次数持续走低（见图 2.1）。就有组织暴力致死人数的总体趋势看，相关情况更令人担忧。有组织暴力的致死人数从 2003 年的约 3.6 万人增至 2012 年的近 4.6 万人，主要原因则与国家冲突的发展变化有关（见图 2.2）。

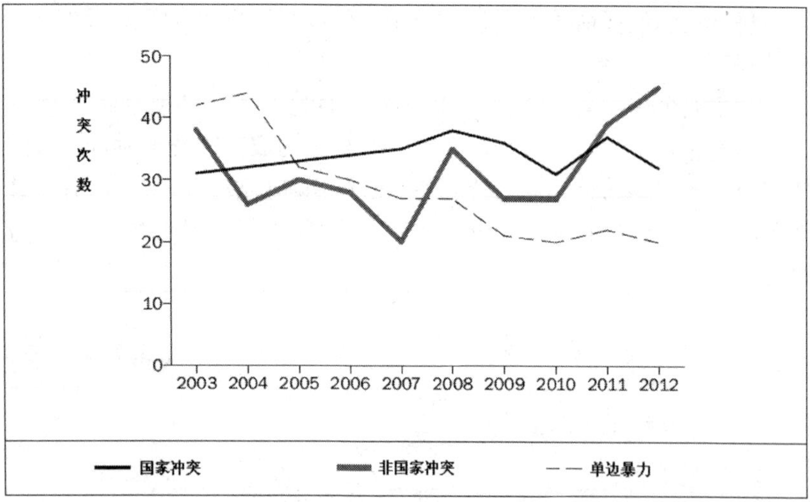


**图 2.1 2003—2012 年国家冲突、非国家冲突和单边暴力事件的发生次数**

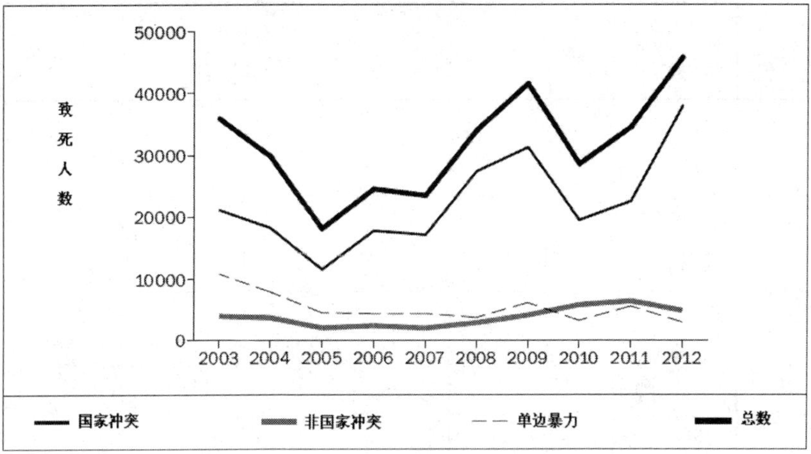


**图 2.2　2003—2012 年因国家冲突、非国家冲突和单边暴力造成的死亡人数**

在上述总趋势中，这三类暴力均有自身内在动因，仅部分地受到其他两类暴力动因的影响。当然，这三类暴力的整体情况更复杂，但没有明显迹象表明它们是因为彼此消长而相互抵消。

## 国家冲突

国家冲突被界定为涉及政府或领土或两者结合而引起争端的相互对立，当事双方使用武力，其中至少有一方系某国政府，导致在一个公历年至少 25 人与作战有关的死亡（详见下文“资料来源和统计方法”）。[1] 国家冲突若导致一年内 1000 人与作战有关的死亡，即被归类为当年发生的“战争”；而其他国家冲突则属于“小型国家冲突”。[2] 上述定义涵盖了从持续一年或数年的低烈度冲突（例如，2007—2008 年爆发于政治—宗教运动“刚果王国”与刚果民主共和国政府之间的领土冲突）到长时间绵延不止的高烈度冲突（例如，自 1978 年起阿富汗历任政府与各派叛乱组织围绕政权之争冲突不断，并延续至今）。

2003—2012 年，全球共有 76 起国家冲突，其中 2012 年为 32 起（见表 2.7）。在此 10 年间，尽管首末两年发生的冲突次数几乎相同，

〔1〕 其他 UCDP 数据库将国家冲突称作“武装冲突”。

〔2〕 其他 UCDP 数据库将小型国家冲突称作“小型武装冲突”。

**表 2.7　2012 年涉及国家的冲突**

欲更多了解表内所用术语的具体定义，可参阅下文的“资料来源和统计方法”。

| 地点[a] | 当事方 | 对立因素 | 起始年份[b] | 2012 年致死人数 | 相对 2011 年的变化[c] |
|---|---|---|---|---|---|
| **非洲** | | | | | |
| 阿尔及利亚 | 阿尔及利亚政府<br>与伊斯兰马格里布“基地”组织 | 政府 | 1998/1999 | 225 | – |
| | 与“西非团结与圣战运动” | 政府 | 2012 | 25 | . . |
| 中非共和国 | 中非共和国、乍得政府<br>与“联盟” | 政府 | 2012 | 44 | . . |
| 刚果民主共和国 | 刚果民主共和国政府<br>与“3 月 23 日运动”（M23）<br>卢旺达和乌干达 | 政府 | 2012 | 660 | . . |
| 埃塞俄比亚 | 埃塞俄比亚政府<br>与“欧加登民族解放阵线” | 领土（欧加登） | 1994 | 25 | 0 |
| 埃塞俄比亚 | 埃塞俄比亚政府<br>与“奥罗莫解放阵线” | 领土（奥罗密亚） | 1974/1977 | 25 | 0 |

| 地点[a] | 当事方 | 对立因素 | 起始年份[b] | 2012 年致死人数 | 相对 2011 年的变化[c] |
|---|---|---|---|---|---|
| 马里 | 马里政府 | | | | |
| | 与“信仰捍卫者” | 政府 | 2012 | 60 | .. |
| | 与军事派别（“红色贝雷帽”） | 政府 | 2012 | 27 | .. |
| 马里 | 马里政府 | | | | |
| | 与“争取阿扎瓦德解放民族运动” | 领土（阿扎瓦德） | 2012 | 131 | .. |
| 尼日利亚 | 尼日利亚政府 | | | | |
| | 与“致力传播先知教导及圣战人民军”（或称“博科圣地”） | 政府 | 2009 | 812 | + + |
| 卢旺达（刚果民主共和国） | 卢旺达、刚果民主共和国政府 | | | | |
| | 与“卢旺达民主解放力量” | 政府 | 2001 | 62 | – |
| 索马里（索马里、肯尼亚） | 索马里、布隆迪、吉布提、埃塞俄比亚、肯尼亚、塞拉利昂、乌干达政府 | | | | |
| | 与“青年圣战者运动” | 政府 | 2008 | 2620 | + |
| 南苏丹 | 南苏丹政府 | | | | |
| | 与“南苏丹解放运动/解放军” | 政府 | 2011 | 137 | + |

| 地点[a] | 当事方 | 对立因素 | 起始年份[b] | 2012 年致死人数 | 相对 2011 年的变化[c] |
|---|---|---|---|---|---|
| 南苏丹，苏丹 | 南苏丹政府<br>与苏丹政府 | 领土<br>（共同边界） | 2012 | 365 | .. |
| 苏丹 | 苏丹政府<br>与“苏丹革命阵线” | 政府 | 2011 | 1119 | + + |
| **美洲** | | | | | |
| 哥伦比亚 | 哥伦比亚政府<br>与“哥伦比亚革命武装力量” | 政府 | 1964 | 211 | 0 |
| 美国<br>（阿富汗、巴基斯坦） | 美国、法国政府<br>与“基地”组织 | 政府 | 2001 | 221 | + |
| **亚洲和大洋洲** | | | | | |
| 阿富汗<br>（阿富汗、巴基斯坦） | 阿富汗政府和多国联盟[d]<br>与“塔利班” | 政府 | 1995 | 7442 | 0 |
| 印度 | 印度政府<br>与“印度共产党（毛派）” | 政府 | 2004/2005 | 242 | – |

| 地点[a] | 当事方 | 对立因素 | 起始年份[b] | 2012 年致死人数 | 相对 2011 年的变化[c] |
|---|---|---|---|---|---|
| 印度 | 印度政府 | | | | |
| | 与克什米尔反叛分子 | 领土（克什米尔） | 1984/1989 | 141 | 0 |
| 印度 | 印度政府 | | | | |
| | 与“加罗民族解放军” | 领土（加罗兰） | 2010/2012 | 27 | .. |
| 缅甸 | 缅甸政府 | | | | |
| | 与“克钦独立组织” | 领土（克钦） | 1961 | 702 | + + |
| 巴基斯坦 | 巴基斯坦政府 | | | | |
| | 与“巴基斯坦塔利班运动” | 政府 | 2007/2008 | 2328 | 0 |
| | 与“巴基斯坦塔利班运动”——塔里克·阿夫里迪派 | 政府 | 2012 | 30 | .. |
| | 与“伊斯兰军” | 政府 | 2008/2009 | 347 | .. |

| 地点[a] | 当事方 | 对立因素 | 起始年份[b] | 2012 年致死人数 | 相对 2011 年的变化[c] |
| --- | --- | --- | --- | --- | --- |
| 巴基斯坦 | 巴基斯坦政府 | | | | |
| | 与“俾路支斯坦解放军” | 领土（俾路支斯坦） | 2004 | 42 | 0 |
| | 与“俾路支解放阵线” | 领土（俾路支斯坦） | 1973/1974 | 25 | .. |
| | 与“俾路支共和军” | 领土（俾路支斯坦） | 2007/2008 | 61 | .. |
| 菲律宾 | 菲律宾政府 | | | | |
| | 与“菲律宾共产党” | 政府 | 1969 | 182 | – |
| 菲律宾 | 菲律宾政府 | | | | |
| | 与“阿布·沙耶夫组织” | 领土（棉兰老岛） | 1993 | 78 | 0 |
| | 与“邦萨摩洛伊斯兰自由运动” | 领土（棉兰老岛） | 2012 | 36 | .. |
| 泰国 | 泰国政府 | | | | |
| | 与帕塔尼反叛分子 | 领土（帕塔尼） | 1965/2003 | 132 | 0 |

| 地点[a] | 当事方 | 对立因素 | 起始年份[b] | 2012 年致死人数 | 相对 2011 年的变化[c] |
|---|---|---|---|---|---|
| **欧洲** | | | | | |
| 阿塞拜疆 | 阿塞拜疆政府 | | | | |
| （亚美尼亚、阿塞拜疆） | 与亚美尼亚纳戈尔诺—卡拉巴赫共和国领土 | 1991 | 25 | .. | |
| | | （纳戈尔诺—卡拉巴赫） | | | |
| 俄罗斯 | 俄罗斯政府 | | | | |
| | 与“高加索酋长国”部队 | 领土 | 2007 | 516 | + |
| | | （“高加索酋长国”） | | | |
| **中东** | | | | | |
| 伊拉克 | 伊拉克政府 | | | | |
| | 与“伊拉克伊斯兰国” | 政府 | 2004 | 565 | – |
| 以色列 | 以色列政府 | | | | |
| | 与“哈马斯”、“伊斯兰抵抗运动” | 领土 | 1989/ | 38 | + + |
| | | （巴勒斯坦） | 1993 | | |
| | 与“巴勒斯坦伊斯兰圣战”领土 | 1987/ | 26 | – | |
| | | （巴勒斯坦） | 1995 | | |
| 叙利亚 | 叙利亚政府 | | | | |
| （叙利亚、土耳其） | 与“叙利亚自由军” | 政府 | 2011 | 14716 | + + |
| | 与“叙利亚人民支持阵线” | 政府 | 2012 | 339 | .. |

| 地点[a] | 当事方 | 对立因素 | 起始年份[b] | 2012 年致死人数 | 相对 2011 年的变化[c] |
|---|---|---|---|---|---|
| 土耳其 | 土耳其政府<br>与“库尔德斯坦工人党” | 领土<br>（“库尔德斯坦”） | 1983/<br>1984 | 811 | + |
| 也门 | 也门、美国政府<br>与阿拉伯半岛“基地”组织 | 政府 | 2009 | 2321 | + + |

[a]地点是指其政府正受到反对派组织挑战的某个国家。假如战事还发生在其他地点，则发生战事的所有国家均被列入括弧内。地点名称在该地发生的每起冲突中只出现一次。相关地点涉及政府和特定领土的冲突仅各一起。

[b]起始年份是指特定两个对象（即某政府与反叛组织或另一政府之间爆发战斗）的开端。表中的第一年系指首次记录两个特定对象出现与作战有关致死人数的年份，第二年则指战事中首次造成至少 25 人死亡的年份。当上述两种情况出现在同一年时，只需标明该年份一次。

[c]“相对 2011 年的变化”用以衡量在 2012 年较之 2011 年与作战有关致死人数的增减情况。下述符号所示变化为：+ + 指与作战有关的致死人数增幅大于 50%；+ 指与作战有关的致死人数增幅为 10%—50%；0 指与作战有关的致死人数变化稳定（增幅或减幅不超过 10%）；- 指与作战有关的致死人数减幅为 10%—50%；——指与作战有关的致死人数减幅大于 50%；…指 2011 年未发生冲突。

[d]下述国家于 2012 年出兵参与多国联盟行动：阿尔巴尼亚、亚美尼亚、澳大利亚、奥地利、阿塞拜疆、巴林、比利时、波黑、保加利亚、加拿大、克罗地亚、捷克共和国、丹麦、萨尔瓦多、爱沙尼亚、芬兰、法国、格鲁吉亚、德国、希腊、匈牙利、冰岛、爱尔兰、意大利、韩国、拉脱维亚、立陶宛、卢森堡、马来西亚、前南斯拉夫马其顿、蒙古、黑山、荷兰、新西兰、挪威、波兰、葡萄牙、罗马尼亚、新加坡、斯洛伐克、斯洛文尼亚、西班牙、瑞典、汤加、土耳其、乌克兰、阿联酋、英国、美国。

**资料来源：**UCDP 二元数据库 v. 1 - 2013，1946—2012 年和 UCDP 与作战有关致死人数数据库 v. 5 - 2013，1989—2012 年，网址：〈http://www.pcr.uu.se/research/ucdp/datasets〉。

但在2008年和2011年出现过两次峰值（见表2.8）。[3]

**表2.8　2003—2012年涉及国家的冲突数量（按强度、类型和地区分类）**

| | 2003 | 2004 | 2005 | 2006 | 2007 | 2008 | 2009 | 2010 | 2011 | 2012 |
|---|---|---|---|---|---|---|---|---|---|---|
| 总数 | 31[a] | 32 | 33[a] | 34[a] | 35 | 38[a] | 36 | 31 | 37 | 32 |
| 强度 | | | | | | | | | | |
| 小型冲突 | 26 | 25 | 28 | 29 | 31 | 33 | 30 | 27 | 31 | 26 |
| 战争 | 5 | 7 | 5 | 5 | 4 | 5 | 6 | 4 | 6 | 6 |
| 类型 | | | | | | | | | | |
| 国家间冲突 | 2 | — | — | — | — | 1 | — | — | 1 | 1 |
| 国内冲突 | 27 | 28 | 27 | 28 | 30 | 31 | 28 | 22 | 27 | 23 |
| 国际化国内冲突 | 2 | 4 | 6 | 6 | 5 | 6 | 8 | 9 | 9 | 8 |
| 地区 | | | | | | | | | | |
| 非洲 | 11 | 10 | 7 | 10 | 12 | 13 | 12 | 10 | 15 | 13 |
| 美洲 | 1 | 3 | 2 | 2 | 3 | 3 | 3 | 3 | 2 | 2 |
| 亚洲和大洋洲 | 15 | 14 | 17 | 16 | 14 | 16 | 15 | 12 | 13 | 10 |
| 欧洲 | 1 | 2 | 2 | 1 | 2 | 2 | 1 | 1 | 1 | 2 |
| 中东 | 3 | 3 | 5 | 5 | 4 | 4 | 5 | 5 | 6 | 5 |

[a]近期获取的信息表明，《SIPRI年鉴2013》所提供的2003、2005、2006、2008年国家冲突总数均增加一起，具体为2003年乍得政府与“乍得民主与正义运动”、2005年孟加拉国政府与“东孟加拉共产党”及该党的人民战争派、2006年孟加拉国政府与“东孟加拉共产党”人民战争派、2008年中国政府与“东土耳其斯坦伊斯兰运动”之间的冲突。

重点考察与作战有关的死亡人数，从中可凸显其10年间的变化趋势。最初在2003年的致死人数略多于2.1万人，而这一数字在2012年则增至近3.8万人。[4] 这一增势并不稳定，其中在2005年和2010年的死亡人数大幅减少。2009年，相关致死人数在此10年间首

〔3〕 请注意，UCDP将同一国家因同一类（政权或领土）争端而在不同行为体之间发生的战斗视为同一起冲突。

〔4〕 “与作战有关的死亡”完整定义详见下文。请注意，全文中提供的数字如未经说明，均系UCDP最佳估算。欲了解历次冲突的低估和高估数字信息，可参阅UCDP分类数据库，‘UCDP data’，网址：〈http：//www. pcr. uu. se/research/ucdp/datasets/〉。

次突破 3 万人，主要原因是斯里兰卡冲突骤紧。该冲突于同年随着“泰米尔·伊拉姆猛虎解放组织”覆灭而结束。阿富汗与巴基斯坦的局势发展也有一定作用：阿富汗政府与塔利班冲突逐步加剧，巴基斯坦政府与“巴基斯坦塔利班运动”亦爆发新的激烈冲突。2012 年记录的死亡人数飙升，大体上是缘于叙利亚国内冲突，自 2011 年战火初起后不断升级，据称其在 2012 年与作战有关的致死人数介于 1.5 万人和 3 万人之间，并持续造成重大人员伤亡。〔5〕

UCDP 数据库对国家间冲突、国内冲突、国际化国内冲突等三类国家冲突加以区别。国家间冲突发生在两个或更多国家政府之间。国内冲突发生在一国政府与一个或更多反叛组织之间。国际化国内冲突则指当事一方或双方接受外国军队支援的国内冲突。国内冲突显然最为常见：在多数年份中，其占所有冲突的比例高于 80%，且从未低于 70%。国家间冲突则最少：2003—2012 年的 10 年间，只有 5 起，分别发生在印度与巴基斯坦（2003 年）、伊拉克与美国及其盟友（2003 年）、吉布提与厄立特里亚（2008 年）、柬埔寨与泰国（2011 年），以及苏丹与南苏丹（2012 年）之间。国家间冲突尽管为数不多，但不容忽视。由于国家政府较之反叛组织可调动大量资源，国家间爆发的冲突就有可能迅速升级，造成重大伤亡。〔6〕

国际化国内冲突日益增多。自 2010 年起，涉及外国军队介入冲突所占的比例从未低于 24%，这一数字相当高，且由来已久。〔7〕外部介入可导致冲突久拖不决，因而可能不利于未来的促和调解，在所有冲突中的 1/4 或更多者即由此具备国际化特征。〔8〕

爆发于 2003—2012 年的国际化国内冲突可分为两大类：一是与

〔5〕 最佳估算（1.5 万余人）与最高估算（约 3.1 万人）之间的差异源于下述事实：部分非政府组织发自叙利亚的总结报告很难加以细化。在此背景下，相关死亡人数的类别虽被归入国家冲突，但仅作为高估数字。其中包括在狂轰滥炸与交叉火力中遇害的众多平民。

〔6〕 例如，参见 B. 莱西那和 N. P. 格莱蒂奇：“全球战事动向跟踪：一个新的作战致死数据库”，《欧洲人口杂志》，第 21 期（2005 年），第 145—166 页。

〔7〕 较早期的情况可参见 L. 特姆纳和 P. 瓦伦斯腾：“1946—2010 年武装冲突”，《和平研究杂志》，第 48 期第 4 册（2011 年），第 525—536 页。

〔8〕 例如，参见 D. E. 坎宁安：“阻挠和解：外部国家如何拖延内战”，《和平研究杂志》，第 47 期第 2 册（2010 年 3 月），第 115—127 页。

美国“全球反恐战争”有关的冲突，例如阿富汗战争、伊拉克战争，以及美国与“基地”组织之间的冲突；二是国家政府对邻国内部冲突实施的干预，例如索马里与“阿尔—沙巴布”之间的冲突，该国政府于2012年得到了布隆迪、吉布提、埃塞俄比亚、肯尼亚、塞拉利昂和乌干达六国以“非洲联盟索马里特派团”的名义所提供的支持。

在2003—2012年发生的76起国家冲突中，非洲有29起（占38%）、亚洲和大洋洲30起（占39%）、中东9起（占12%）、欧洲4起（占5%）、美洲4起（占5%）。

2003—2012年期间，亚洲和大洋洲地区在前8年里发生国家冲突的次数最多，波动变化介于14起和17起之间，没有较大起伏。但自2010年起，该数字逐渐减少，2012年则为10起，跌落至此10年间的最低点，较之2005年所达到的峰值，其降幅超过40%。除了其他解释外，主要原因是在印度东北部及缅甸发生的冲突有所减少。由于分离组织为谋求独立或加强自治而不断抗争，上述两国饱受以领土问题为主的国家冲突之扰。近年来，随着印度政府与反叛组织展开谈判进程，发生在该国东北部的冲突大多已平息。这势必会推动解决相关的核心冲突问题，同时也有助于达成停火协议和减少冲突。[9] 印度邻国缅甸境内的冲突亦有相同情况。

与此同时，亚洲和大洋洲的冲突次数有所减少，而与作战有关的致死人数却增加6600余人，从2003年接近5200人升至2012年超过1.18万人，并于2009年达到峰值2.2万多人（见图2.3）。可见，亚洲冲突在此期间的致命性明显增强。如前所示，其主要原因是发生在阿富汗、巴基斯坦和斯里兰卡的冲突情况有变，不应视之为一种总的态势。

发生在非洲的国家冲突次数，从2003年的11起升至2012年的13起，整体上略有增加。该数字最初于2005年降为7起，此后开始攀升，从2010年的10起骤增为2011年的15起，非洲因而在2011年超越亚洲和大洋洲。这一数字虽于2012年小幅减为13起，但非洲

---

〔9〕 参见《UCDP冲突大全》中的阿萨姆、波多兰、那加兰等条目，网址：〈http：//www.ucdp.uu.se/database〉。

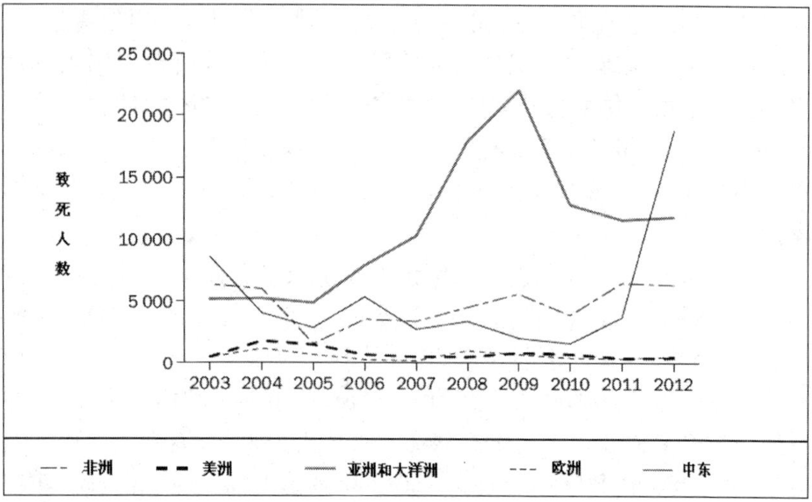


**图 2.3　2003—2012 年国家冲突造成的与作战有关的死亡人数（按地区分类）**

仍旧是在此 10 年的末期发生国家冲突次数最多的地区。

在这 10 年间的初期与末期，非洲因冲突造成与作战有关的死亡人数基本相同：略高于 6300 人，但 2003—2005 年间的致死人数大幅减为 1600 人以下。主要原因就是乌干达政府与“真主抵抗军”之间冲突趋缓，以及苏丹冲突暂时平息。2006—2011 年，与作战有关的死亡人数虽总体上增多，但增势不稳，随后在 2012 年略有减少。因此，非洲冲突的致命性低于亚洲和大洋洲。然而，鉴于众多非洲国家的脆弱性，其对社会造成的后果可能更大。

2003—2012 年期间，美洲与欧洲逐年发生的冲突次数未曾出现较大波动。在与作战有关的死亡人数方面，欧洲略有增长，并于 2004 年和 2008 年达到峰值；前者系因车臣冲突激战正酣，后者缘于格鲁吉亚爆发的国际化国内冲突，俄罗斯对自行宣布成立的“南奥塞梯共和国”出兵增援。美洲的相关数字在 2003 年和 2004 年之间大幅增加，从 500 人飙升为约 1800 人，主要原因是哥伦比亚冲突升级。此后，该数字呈波动状下行，在 2012 年与作战有关的死亡人数记录为 400 余人。

相比之下，中东发生武装冲突的次数以及与作战有关的死亡人数均有所增加，后者的增幅显然大于前者。冲突次数从 2003 年的 3 起增至2011年的6起，而与作战有关的死亡人数虽出现波动，但直到2010年大致呈下行趋势，此后记录的数字则大幅增长：从2010年的1600余人攀升至2012年的约1.9万人。这反映出中东局势的巨变。[10] 除了叙利亚战争爆发并升级之外，上述增长的主要原因还在于也门政府与“阿拉伯半岛基地组织”之间的冲突愈演愈烈，其致死人数从2009年的100多人猛增至2012年的2300余人。

### 非国家冲突

非国家冲突被界定为在两个有组织的团体之间使用武力，而这两个团体均不属于某国政府，造成在一年内至少25人与作战有关的死亡。根据相关团体的组织水平，非国家冲突可再分为三类：一是如反叛组织等有正规组织的行为体之间的冲突；二是未经正规组织的政党及候选人支持者和所属人员（“非正规组织的支持者团体”）之间的冲突；三是因种族、氏族、宗教、民族或部落传统而具有认同感的非正规组织团体（“非正规组织的种族或宗教团体”）之间的冲突。[11] 因此，非国家冲突与多种类型的暴力密切相关，这些暴力通常而言虽对普通民众危害极大，但对国际关系的影响却小于国家冲突。例如，此类冲突包括高度组织化的团体之间的冲突，如墨西哥有多个贩毒集团相互火并，以及在非洲之角的族群冲突，如肯尼亚东北部代格迪人与伽瑞人的纷争。[12]

2003—2012年的10年间，全球共发生231起非国家冲突，其中2012年为45起（见表2.9）。非国家冲突尽管在此期间发生的次数有

---

〔10〕 例如，参见M. 阿兰松等人：“‘阿拉伯之春’第一年”，《SIPRI年鉴2012》；M. 阿兰松、M. 索伦伯格和L. 特姆纳：“紧随‘阿拉伯之春’的武装冲突”，《SIPRI年鉴2013》。

〔11〕 后两类非国家冲突之间可能有重合之处。例如，在很多国家，不同政党的支持者就其定义而言几乎就是某特定种族团体的成员。选举年期间，这些团体在政治旗号之下响应动员，而在发生冲突的其他年份则形成一个种族集团。为便于全面了解并跟踪掌握冲突情况，即使冲突是在不同年份以不同方式记录下来，UCDP项目采取了如下的登记原则：如果两个种族团体之间在某一年发生冲突，且这些种族团体因而在另一年按政治路线（即作为某政党的支持者）得到动员并介入战事，发生冲突的所有年份则被列入同一起种族冲突。

〔12〕 例如，参见J. 鲍曼等人：“非洲之角的有组织暴力”，《SIPRI年鉴2012》。

**表 2.9　2012 年非国家冲突**

欲更多了解表内所用术语的具体定义，可参阅下文的“资料来源和统计方法”。

| 地点[a] | 当事方（A） | 当事方（B） | 组织水平[b] | 起始年份[c] | 2012 年致死人数 | 相对 2011 年的变化[d] |
|---|---|---|---|---|---|---|
| **非洲** | | | | | | |
| 刚果民主共和国 | “争取自由与主权刚果爱国者联盟” | “3 月 23 日运动”（M23） | 1 | 2012 | 30 | . . |
| 刚果民主共和国 | “刚果国防军” | “卢旺达民主解放力量” | 1 | 2011 | 35 | + |
| 刚果民主共和国 | “卢旺达民主解放力量” | “愤怒村民” | 1 | 2012 | 339 | . . |
| 肯尼亚 | 博拉纳人 | 加卜拉人 | 3 | 2005 | 27 | . . |
| 肯尼亚 | 代格迪人 | 伽瑞人 | 3 | 2000 | 30 | . . |
| 肯尼亚 | 奥尔马人 | 波科莫人 | 3 | 2012 | 160 | . . |
| 利比亚 | 津坦地区的贡特拉部落 | 马沙希亚部落 | 3 | 2012 | 78 | . . |
| 马里 | 伊斯兰马格里布“基地”组织、“博科圣地”[e]、“西非团结与圣战运动” | “争取阿扎沃德解放民族运动” | 1 | 2012 | 26 | . . |
| 马里 | 多贡族 | 弗拉尼族 | 3 | 2012 | 30 | . . |
| 马里 | “争取阿扎沃德解放民族运动” | “西非团结与圣战运动”、“歃血盟营” | 1 | 2012 | 25 | . . |
| 尼日利亚 | 阿拉戈族 | 艾贡族 | 3 | 2012 | 60 | . . |
| 尼日利亚 | 比罗姆族 | 弗拉尼族 | 3 | 2010 | 63 | – |

| 地点[a] | 当事方（A） | 当事方（B） | 组织水平[b] | 起始年份[c] | 2012 年致死人数 | 相对 2011 年的变化[d] |
|---|---|---|---|---|---|---|
| 尼日利亚 | 基督教徒（尼日利亚） | 伊斯兰教徒（尼日利亚） | 3 | 1991 | 123 | – – |
| 尼日利亚 | 弗拉尼族 | 蒂伍族 | 3 | 2011 | 102 | – |
| 尼日利亚 | 格林兰人 | “尼日尔三角洲警卫” | 1 | 2012 | 48 | . . |
| 索马里 | 戈尔戈提族杜达布派（哈维耶） | 哈巴·吉迪尔族苏莱曼派（哈维耶） | 3 | 2004 | 38 | . . |
| 索马里 | 克哈图莫政府 | “索马里兰共和国” | 1 | 2012 | 158 | . . |
| 索马里 | 歌利斯山区“圣战者”[f] | 索马里邦特兰州 | 1 | 2010 | 79 | + + |
| 南苏丹 | 巴朗达族 | 丁卡族 | 3 | 2012 | 28 | . . |
| 南苏丹 | 布尔·努埃尔族 | 卢阿克·扬·丁卡族 | 3 | 2012 | 87 | . . |
| 南苏丹 | 格克·丁卡族 | 雷科·丁卡族 | 3 | 2010 | 81 | . . |
| 苏丹 | 博尔·丁卡族 | 穆尔勒族 | 3 | 2007 | 118 | + + |
| 苏丹 | 卢·努埃尔族 | 穆尔勒族 | 3 | 2006 | 424 | – – |
| 苏丹 | 米塞利亚族 | 里赞盖·阿巴拉族 | 3 | 2008 | 58 | . . |
| **美洲** | | | | | | |
| 墨西哥 | “海湾集团” | “洛斯·泽塔斯集团” | 1 | 2010 | 555 | + + |
| 墨西哥 | “哈利斯科新世代集团” | “圣殿骑士” | 1 | 2012 | 68 | . . |
| 墨西哥 | “哈利斯科新世代集团” | “洛斯·泽塔斯集团” | 1 | 2011 | 30 | – – |

| 地点[a] | 当事方（A） | 当事方（B） | 组织水平[b] | 起始年份[c] | 2012 年致死人数 | 相对 2011 年的变化[d] |
|---|---|---|---|---|---|---|
| 墨西哥 | “华雷斯集团” | “锡那罗亚集团” | 1 | 2008 | 547 | - - |
| 墨西哥 | “家族” | “圣殿骑士” | 1 | 2011 | 25 | - - |
| 墨西哥 | “洛斯·泽塔斯集团” | “锡那罗亚集团” | 1 | 2010 | 335 | + + |
| 墨西哥 | “洛斯·泽塔斯集团”—特雷维尼奥派 | “洛斯·泽塔斯集团”—贝拉斯克兹骑士派 | 1 | 2012 | 77 | .. |
| **亚洲和大洋洲** | | | | | | |
| 印度 | 孟加拉国移民 | 波陀人 | 3 | 2012 | 72 | .. |
| 印度 | “NSCN－卡普朗”派（注：NSCN 指“那加兰国家社会主义委员会”） | “NSCN－柯勒—基托维”派 | 1 | 2012 | 54 | .. |
| 缅甸 | 佛教徒（缅甸） | 伊斯兰教徒（缅甸） | 3 | 2012 | 114 | .. |
| 巴基斯坦 | “伊斯兰支持者” | “伊斯兰军” | 1 | 2007 | 25 | .. |
| 巴基斯坦 | “伊斯兰军” | 阿卡克尔部落军队 | 1 | 2012 | 33 | .. |
| 巴基斯坦 | “伊斯兰军” | 扎卡克尔部落军队 | 1 | 2011 | 98 | - |
| 巴基斯坦 | “伊斯兰军” | “伊斯兰至上”组织 | 1 | 2012 | 39 | .. |
| 巴基斯坦 | “伊斯兰军” | “巴基斯坦塔利班运动” | 1 | 2010 | 44 | .. |
| 巴基斯坦 | 什叶派（巴基斯坦） | 逊尼派（巴基斯坦） | 3 | 2012 | 260 | .. |
| 巴布亚新几内亚 | 阿库尔族 | 坎伯里普族 | 3 | 2012 | 57 | .. |

| 地点[a] | 当事方（A） | 当事方（B） | 组织水平[b] | 起始年份[c] | 2012 年致死人数 | 相对 2011 年的变化[d] |
|---|---|---|---|---|---|---|
| **中东** | | | | | | |
| 埃及 | 阿拉赫里足球队的支持者 | 艾尔马斯瑞足球队的支持者 | 2 | 2012 | 74 | .. |
| 黎巴嫩 | 阿拉维派（黎巴嫩） | 逊尼派（黎巴嫩） | 3 | 2012 | 52 | .. |
| 叙利亚 | “大叙利亚新生力量”、“叙利亚人民支持阵线” | “民主联盟党” | 1 | 2012 | 29 | .. |
| 叙利亚 | “自由叙利亚军”、“叙利亚人民支持阵线” | “民主联盟党” | 1 | 2012 | 30 | .. |

[a]地点是指发生战事的地理位置。

[b]组织水平 1 是指正规组织的团体；2 是指非正规的支持者团体；3 是指非正规组织的族群或宗教团体。具体内容见“资料来源和统计方法”。

[c]起始年份是指（自 1988 年起）因冲突致死 25 人的第一年。

[d]“相对 2011 年的变化”用以衡量在 2012 年较之 2011 年与作战有关致死人数的增减情况。下述符号所示变化为：＋＋指与作战有关的致死人数增幅大于 50%；＋指与作战有关的致死人数增幅为 10%—50%；0 指与作战有关的致死人数变化稳定（增幅或减幅不超过 10%）；－指与作战有关的致死人数减幅为 10%—50%；－－指与作战有关的致死人数减幅大于 50%；.. 指 2011 年未发生冲突。

[e]“博科圣地”亦被称为“致力传播先知教导及圣战人民军”。

[f]歌利斯山区“圣战者”曾被称作“谢伊克·穆罕默德·塞伊德·阿托姆军”。

**资料来源**：UCDP 非国家冲突数据库，v. 2. 5 - 2013，1989—2012 年，网址：http：//www. pcr. uu. se/research/ucdp/datasets。

所增加，冲突强度在2012 年高于该时期的其他任何一年，但其增势远非称得上稳定（见表2. 10）。

**表 2. 10　2003—2012 年非国家冲突数量（按类别和地区分类）**

| | 2003 | 2004 | 2005 | 2006 | 2007 | 2008 | 2009 | 2010 | 2011 | 2012 |
|---|---|---|---|---|---|---|---|---|---|---|
| **总数** | **38[a]** | **26** | **30[a]** | **28[a]** | **20[a]** | **35** | **27[a]** | **27** | **39[a]** | **45** |
| 类别 | | | | | | | | | | |
| 正规组织的团体 | 15 | 13 | 12 | 7 | 11 | 13 | 9 | 16 | 19 | 22 |
| 非正规组织的“支持者”团体 | 3 | 1 | — | 1 | — | 2 | 1 | — | 2 | 1 |
| 非正规组织的族群或宗教团体 | 20 | 12 | 18 | 20 | 9 | 20 | 17 | 11 | 18 | 22 |
| 地区 | | | | | | | | | | |
| 非洲 | 33 | 20 | 23 | 22 | 12 | 23 | 18 | 13 | 23 | 24 |
| 美洲 | 2 | 3 | 3 | — | — | 3 | 3 | 7 | 7 | 7 |
| 亚洲和大洋洲 | 2 | 2 | 4 | 5 | 5 | 8 | 6 | 6 | 7 | 10 |
| 欧洲 | — | — | — | — | — | — | — | — | — | — |
| 中东 | 1 | 1 | — | 1 | 3 | 1 | — | 1 | 2 | 4 |

[a] 近期获取的信息表明，非国家冲突次数较之《SIPRI 年鉴 2013》提供有关 2003、2005、2006、2007、2009 和 2011 年的总数有所增减：尼日利亚于 2003 年在伊特塞基里族与厄霍伯族之间的冲突已删除；尼日利亚分别于 2005 年在“阿伽拉军”与“埃杜军”，2006 年在迪巴姆族与迪威尔族，2007 年在以“黑斧帮”、“丛林小子”、迪巴姆族、KK 和“尼日尔三角洲警卫”为一方与以“荡寇”为另一方，以及 2011 年“国家公路交通职工联盟—附属机构”与“国家公路交通职工联盟—东京”之间的冲突，还有印度于 2009 年在蒂马萨族与齐姆·纳伽族之间的冲突，均为新增冲突。

随着冲突次数的增加，致死人数势必越来越多。2003 年发生的 38 起冲突造成约 4000 人死亡，而 2012 年的 45 起冲突导致近 4900 人死亡。因此，在这两年中，每起非国家冲突的平均致死人数大致相当：2003 年为 105 人，2012 年为 108 人；所以，非国家冲突致死人数总的看并不算多（见图 2. 4）。然而，在此十年间，冲突次数与致死人数的走势往往是大相径庭。这从 2011—2012 年的相关变化中得到了最清晰的印证，冲突次数增多了 6 起，而致死人数减少了 1550

人（约 24%）。死者锐减的主要原因在于，墨西哥的华雷斯与锡那罗亚两大贩毒集团、南苏丹的洛乌努埃尔族与穆尔勒族，以及尼日利亚的基督徒与伊斯兰教徒之间的冲突明显得以缓解。尽管这三起冲突迄未平息，且较之其他非国家冲突更为血腥，但并没有出现 2011 年冲突爆发时的大规模流血事件。非国家冲突的次数与强度逐年情况变化均不稳定，具有此类暴力的典型特征：持续时间短，很少超过一年，即使有所拖延，其暴力水平通常也是大为降低。以 2011 年的记录为例，逐步升级并造成重大伤亡的非国家冲突屈指可数，高强度的冲突行为难以持久，原因即在于相关行为体似乎力有不逮。

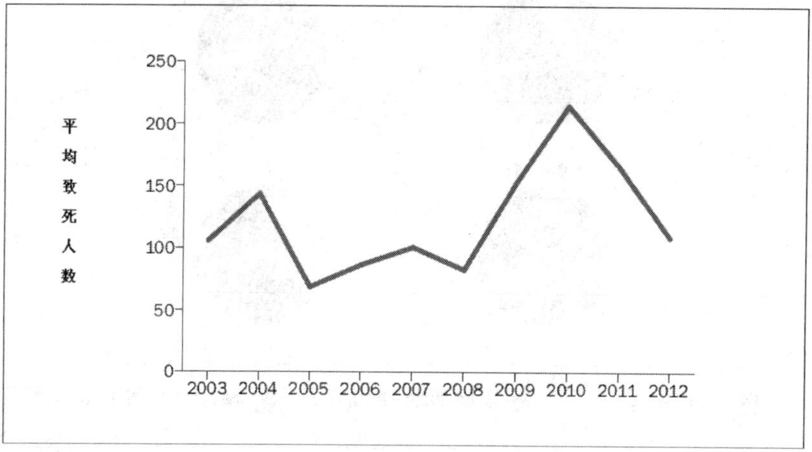


**图 2.4　2003—2012 年非国家冲突的平均致死人数**

2003—2012 年最常见的非国家冲突发生在不同族群或宗教团体之间：有 126 起（占 55%）是在这些团体之间发生的。97 起（占 42%）则在诸如反叛组织或民兵等正规组织的团体之间进行。政党及候选人支持者和所属人员之间较少发生冲突：整个 10 年间仅记录有 8 起（占 3%），这是在同时期涉及上述三类非国家冲突中最少见的。

2003—2012 年，非国家冲突的发生地点绝大多数位于非洲（见表 2.10），它们主要集中在少数几个国家。其间，非洲共有 160 起非国家冲突，其中的 132 起（近 83%）发生在刚果民主共和国、埃塞俄比亚、肯尼亚、尼日利亚、索马里和苏丹六国。

各地区发生的非国家冲突类型有着明显差异。非洲是唯一一个在其非国家冲突中主要涉及族群或宗教团体纷争的地区（见图 2. 5）。在所有其他地区，大多数冲突发生在正规组织的团体之间。美洲在这方面就是最明显的例证，该地区所有非国家冲突中的 94% 发生在正规组织的行为体之间。尽管这些行为体的绝大部分为贩毒集团（主要在墨西哥），但也包括犯罪团伙、反叛组织和民兵组织。

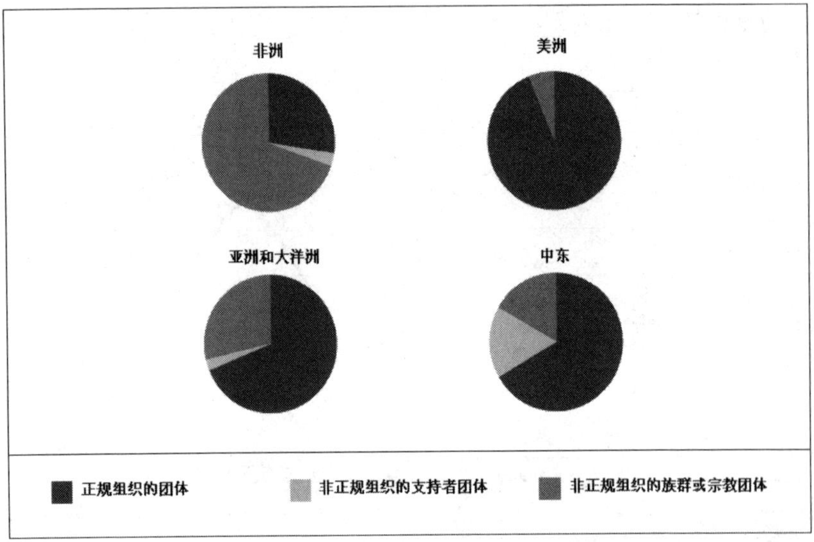


**图 2. 5　2003—2012 年非国家冲突的类别（按地区分类）**

非国家冲突造成的人员死亡主要是在非洲，但其每起冲突的平均致死人数（146 人）却远低于美洲的相关数字（554 人）。可想而知，其部分原因是发生在非洲的非国家冲突大多涉及诸如族群或宗教团体等非正规组织，它们无法像反叛组织或民兵部队等正规组织那样有效地调动资源，而美洲则是在正规组织之间发生非国家冲突比例最高的地区。2012 年，美洲的非国家冲突全都发生在墨西哥，均为贩毒集团间的火并，多数冲突至今仍在延续。

## 单边暴力

单边暴力被界定为某国政府或某个正规组织对未经组织的平民使用武力。UCDP 数据库将某个国家或团体在一年内杀害 25 个或更多非武装平民的暴行记录为单边暴力。这涵盖了多种情况，其中包括如巴基斯坦武装组织“伊斯兰军”于 2012 年经常性发起的小规模袭击，以及诸如 2012 年在伊拉克境内的“伊拉克伊斯兰国”不断袭扰平民等大规模事件。

2003—2012 年，记录在案的单边施暴行为体共计 128 个，其中在 2012 年有 20 个（见表 2. 11）。在此期间，相关数字逐年显著下降，最初曾在 2003 年达 42 个（见表 2. 12）。2010 年和 2012 年，单边施暴行为体的数量达到最低点，均为 20 个——这与本文有关 2003—2012 年期间的研究成果以及 UCDP 掌握的全时段数据（1989—2012 年）完全吻合。

**表 2. 11 2012 年单边暴力**

欲更多了解表内所用术语的具体定义，可参阅下文的“资料来源和统计方法”。

| 地点[a] | 行为体 | 起始年份[b] | 2012 年致死人数 | 相对 2011 年的变化[c] |
|---|---|---|---|---|
| 非洲 | | | | |
| 中非共和国、刚果民主共和国、南苏丹 | 真主抵抗军 | 1989 | 65 | - - |
| 刚果民主共和国 | 卢旺达民主解放力量 | 2004 | 187 | .. |
| 刚果民主共和国 | 刚果民主共和国政府 | 1989 | 111 | .. |
| 刚果民主共和国 | 梅伊·梅伊·卢蒙巴族 | 2012 | 30 | .. |
| 刚果民主共和国 | 雷阿·穆托姆伯基族 | 2012 | 43 | .. |
| 肯尼亚、索马里 | “青年圣战者”运动 | 2008 | 112 | + + |
| 尼日利亚 | “致力传播先知教导及圣战人民军”，或称“博科圣地” | 2010 | 459 | + + |
| 索马里 | 索马里政府 | 1989 | 27 | - |
| 南苏丹 | 南苏丹政府 | 2012 | 37 | .. |

| 地点[a] | 行为体 | 起始年份[b] | 2012 年致死人数 | 相对 2011 年的变化[c] |
|---|---|---|---|---|
| 南苏丹、苏丹 | 苏丹政府 | 1989 | 53 | - - |
| **亚洲和大洋洲** | | | | |
| 阿富汗 | 塔利班 | 2004 | 83 | + |
| 印度 | 印度共产党（毛派） | 2005 | 108 | - |
| 印度 | 印度人民解放阵线 | 2012 | 105 | .. |
| 缅甸 | 缅甸政府 | 1992 | 109 | 0 |
| 巴基斯坦 | 伊斯兰军 | 2012 | 32 | .. |
| 巴基斯坦 | 巴基斯坦塔利班运动 | 2007 | 166 | - |
| 巴基斯坦 | 巴基斯坦塔利班运动—伊斯拉希派 | 2012 | 41 | .. |
| 泰国 | 帕塔尼反叛分子 | 2004 | 111 | 0 |
| **中东** | | | | |
| 伊拉克 | 伊拉克“伊斯兰国” | 2004 | 769 | + + |
| 叙利亚 | 叙利亚政府 | 2011 | 337 | - - |

[a]地点是指单边暴力事件发生的地理位置。

[b]起始年份是指（自 1988 年起）因单边暴力致死 25 人的第一年。

[c]“相对 2011 年的变化”用以衡量在 2012 年较之 2011 年致死人数的增减情况。下述符号所示变化为：+ + 指致死人数增幅大于 50%；+ 指致死人数增幅为 10%—50%；0 指致死人数变化稳定（增幅或减幅不超过 10%）；- 指致死人数减幅为 10%—50%；- - 指致死人数减幅大于 50%；.. 指 2011 年未发生冲突。

**资料来源：** UCDP 单边暴力数据库，v. 1.4 - 2013，1989—2012 年，网址：〈http://www.pcr.uu.se/research/ucdp/datasets〉。

## 表 2.12　2003—2012 年单边暴力数量（按行为体和地区分类）

| | 2003 | 2004 | 2005 | 2006 | 2007 | 2008 | 2009 | 2010 | 2011 | 2012 |
|---|---|---|---|---|---|---|---|---|---|---|
| **总数** | **42[a]** | **44[a]** | **32** | **30** | **27** | **27** | **21[a]** | **20[a]** | **22[a]** | **20** |
| 行为体 | | | | | | | | | | |
| 非国家行为体 | 31 | 34 | 22 | 19 | 18 | 20 | 17 | 19 | 13 | 14 |
| 国家行为体 | 11 | 10 | 10 | 11 | 9 | 7 | 4 | 1 | 9 | 6 |

| | 2003 | 2004 | 2005 | 2006 | 2007 | 2008 | 2009 | 2010 | 2011 | 2012 |
|---|---|---|---|---|---|---|---|---|---|---|
| 地区 | | | | | | | | | | |
| 非洲 | 24 | 18 | 12 | 10 | 15 | 14 | 8 | 7 | 10 | 10 |
| 美洲 | 1 | 3 | 4 | 1 | — | 2 | 1 | 2 | 1 | — |
| 亚洲和大洋洲 | 12 | 14 | 8 | 14 | 9 | 10 | 9 | 9 | 6 | 8 |
| 欧洲 | 1 | 3 | — | — | — | — | — | 1 | 1 | — |
| 中东 | 4 | 6 | 8 | 5 | 3 | 1 | 3 | 1 | 4 | 2 |

a 近期获取的信息表明，承担责任的单边施暴行为体数量较之《SIPRI 年鉴 2013》提供有关 2003 年、2004 年、2009 年、2010 年和 2011 年的总数有所增减：越南政府于 2011 年不被列为单边行为体；尼日利亚的“尼日尔艾乔三角洲联合团体”于 2003 年，孟加拉国的“觉醒的伊斯兰教民众”于 2004 年，印度的“波多兰民族民主阵线”和“阿萨姆联合解放阵线”于 2009 年，印度的“打击警察暴行人民委员会”于 2010 年，均为新增行为体。

上述回落趋势与单边暴力致死人数的减少基本同步（见图 2.6）。致死人数在 2003—2008 年逐年减少，其中 2004—2005 年的降幅达 43%，部分原因是苏丹政府与达尔富尔区民兵马枪队的单边暴力有所减少。在此 10 年期间的最后 4 年，相关数字起伏不定：2009 年增幅达 64%，缘于“卢旺达民主解放军”与“真主抵抗军”在中非地区加紧攻击平民，但随后一年，因上述两行为体的活动明显趋缓，其降幅为 47%。2011 年，致死人数再次飙升，约 5600 人遇害，增幅高达 70%。其主要原因在于叙利亚政府采取行动，造成当年有近 3000 人丧生，此次增幅之大在 2003—2012 年期间绝无仅有。死者总人数于 2012 年重新回落，降至不足 3000 人，但后者的数字并不确定。〔13〕

单边暴力与非国家冲突一样，其致死人数与行为体数量的走势各异。例如，2008—2009 年，实施单边暴力的行为体数量从 27 个减至 21 个，而致死人数则由大约 3800 人增为 6100 多人。此类差异通常主要是归因于同一行为体的行为变化。2009 年致死人数的增多，在

〔13〕 2012 年相关数字减少的原因在于解读叙利亚境内的单边暴力活动有难度。笔者撰文时所获信息不甚精确，无法确保对此类暴力做出严谨的评估。搜集并解读有关叙利亚的信息极其耗费时间，期望从中可获取更好数据的部分信息源一直未经核实。读者可借助《UCDP 冲突大全》（同注释〔9〕）更新数字。

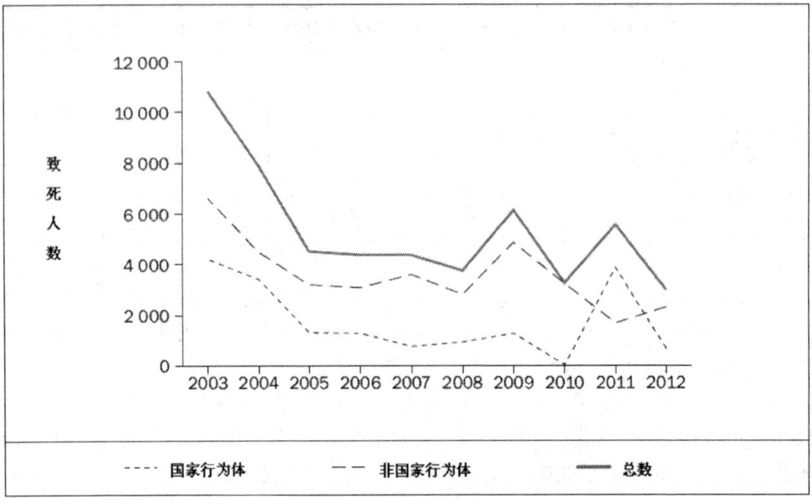


**图 2.6　2003—2012 年单边暴力致死人数（按行为体分类）**

很大程度上源于“卢旺达民主解放军”与“真主抵抗军”在中非地区的攻势升级。

非国家组织是最常见的单边暴力“凶犯”。2003—2012 年，记录在案的非国家行为体多于国家行为体（见表 2.12），而在此 10 年间的所有 128 个行为体中，有 94 个（占 73%）为反叛组织或民兵组织。然而，有意思的是，这一格局在 2011 年最不明显，其记录在案的非国家行为体仅比国家行为体多 4 个。这至少部分地反映出北非和中东局势变化，当地政府在“阿拉伯之春”期间将和平示威者作为施暴对象。[14] 两者间的差距于 2012 年再度拉大。

尽管单个政府行为体可造成极大的杀伤力，但总的来看，除 2011 年外，非国家行为体在这整个 10 年间杀害的平民人数较多（见图 2.6）。不过，在此期间，一个公历年度内致使平民死亡人数超过 1000 人的行为体共有 8 个，其中 3 个为政府，分别是 2003 年的利比里亚政府、2003—2004 年的苏丹政府和 2011 年的叙利亚政府。同一时期，因实施单边暴力造成死亡人数最多的非国家行为体为伊拉克反

〔14〕 例如，参见阿兰松等人（同注释〔10〕）。

叛组织“伊拉克伊斯兰国”，该组织曾于2007年杀害近2000名平民。[15]

2003—2012年，在128个以平民为袭击目标的行为体中，有近半数出自非洲（61个），其后是亚洲和大洋洲（39个）、中东（17个）、美洲（7个）和欧洲（4个）。在此10年间，有7年是非洲拥有数量最多的单边暴力行为体，其余3年则由亚洲和大洋洲占据首位（见表2.12）。

除2006年、2007年、2010年和2011年4年外，非洲还是在此10年间相关致死人数最多的地区。2006年和2010年，单边暴力在亚洲和大洋洲达到最高水平：2006年主要是由于单边施暴行为体的数量明显增多之故，而2010年则是因为致死人数在非洲大幅减少。2007年和2011年，最高致死人数则被记录在中东名下，主要归因于“伊拉克伊斯兰国”的袭击事件（2007年），以及叙利亚政府在始于2011年2月直至同年底，愈演愈烈的国内动乱期间针对非武装民众采取的暴行。

## 结语

有组织暴力在2003—2012年这10年间的发展变化呈现出向上和向下的两个趋势。致死人数的增长最令人担心，主要原因是国家冲突有所变化。由于其他两类有组织暴力的致死人数大幅减少，它们并未对总体趋势产生重大影响。

从低于全球层面的角度看，下述两个要点清晰可见。首先，在有组织暴力几乎所有的趋势背后，其动因就是非洲和亚洲的形势变化。整个10年间，无论就冲突或单边施暴行为体的数量而言，还是从致死人数看，暴力活动在这两个地区最为猖獗。然而——这也是第二点——在2011年甚至2012年更明显的是，中东局势导致死亡人数增多。总之，其深层原因在于叙利亚冲突；自1999—2000年厄立特里亚与埃塞俄比亚两国爆发冲突以来，UCDP未曾记录过如此严重的冲

---

〔15〕 还有其他4个非国家行为体在一个公历年度内造成死亡人数超过1000人，分别是乌干达“真主抵抗军”、卢旺达“民主解放力量”、刚果“民族与统一阵线”和苏丹亲政府民兵组织“马枪队”。

突。也门政府与阿拉伯半岛“基地”组织之间的冲突升级，甚至造成中东地区的死亡人数进一步增加。

### 资料来源和统计方法

#### 国家冲突的定义

“乌普萨拉冲突数据项目”（UCDP）将国家冲突定义为涉及政府或领土而引起争端的相互对立，当事双方的军队使用武力，其中至少有一方系某国政府，造成在一个公历年至少有 25 人与作战有关的死亡。各要素说明如下：

1. **涉及政府或领土的相互对立**。这是指冲突双方公开对立的总体立场。**涉及政府的相互对立**是指对于当事国政体类型或政府组成的立场相左，亦可包括试图取代现政府。**涉及领土的相互对立**是指对于领土状况的立场相左，可包括要求脱离或自治（国内冲突）以及试图改变某一领土的管控状态（国家间冲突）。

2. **使用武力**。这是指冲突双方的军队使用武力，旨在增强当事方在冲突中的总体地位。武器的定义系指用于作战的任何物质手段，包括特制的武器乃至棍棒、石块、火、水等。

3. **当事方**。这是指当事国政府及其盟友、敌对组织或敌对组织联盟。**当事国政府**系指被普遍认为掌握中央控制权的当事方，即使那些谋求夺权的对立组织亦对此不持异议。假如这一标准并不适用，则控制该国首都的一方被视为当事国政府。**敌对组织**系指已宣布其组织名称，表明其政治目标，并使用武力来实现其目标的任何非政府团体。以提供正规部队来支持某一个主要当事方的国家或多国组织也可被列入表中。为便于将其列入表中，上述次要当事方须与交战双方中的一方持相同立场。传统的维持和平行动并不被视为冲突一方，而是作为在符合各方意愿的和平进程中的中立方。

4. **国家**。这是指管控某特定领土并得到国际承认的主权政府，或管控某特定领土但尚未得到国际承认的政府，而此前曾管控该领土且经国际承认的主权国家对此主权不持异议。

5. **与作战有关的死亡**。这是指因交战双方间的战斗而直接造成的人员死亡，可包括战场阵亡和平民在交火中丧生。UCDP 将一个公历年期间造成与作战有关的死亡人数至少为 25 人的国家冲突界定为小型国家冲突，并将一个公历年期间与作战有关的死亡人数至少为1000人的任何冲突界定为当年发生的战争。

**非国家冲突的定义**

UCDP将非国家冲突定义为在两个非国家政府的、有组织的武装团体之间使用武力，造成一年内至少有25人与作战有关的死亡。各要素说明如下：

1. **有组织的团体**。按组织水平可分为三层。**正规组织的团体（第一层）**指组织严密的反叛组织及其他有组织的团体，其组织水平之高，足以归类为国家冲突。它们包括公开旗号的反叛组织，以及军事派别。**非正规组织的支持者团体（第二层）**指由政党及候选人支持者和所属人员组成的团体。它们通常不是为长期备战而建立的，但有时可利用其组织体制达成上述目的。**非正规组织的种族或宗教团体（第三层）**指因种族、氏族、宗教、民族或部落传统而具有认同感的团体。它们并不是为长期备战而建立的，但有时却自行组织参战。

2. **与作战有关的死亡**。其定义根据作战团体的组织水平而有所不同。对于正规组织的团体（第一层）而言，与作战有关的死亡记录标准同于国家冲突，即交战团体须以对方正规组织的代表为目标。若以平民为目标，即使这些平民假设其与敌对组织的种族相同，亦被视为单边暴力。对于非正规组织的团体（第二、三层）而言，只要当事双方相互攻击，形成一种（致命性）暴力互动模式，与作战有关的死亡定义可扩展为包括遇害的平民与武装分子。

**单边暴力的定义**

UCDP将单边暴力定义为某国政府或某个正规组织的团体对平民使用武力，造成一个公历年至少有25人死亡。未经法律程序的羁押被害不包括在内。各要素说明如下：

1. **使用武力**。这是指为实施暴力而使用武器并导致人员死亡。武器被定义为作战所需的任何物质手段，其中包括特制的武器、棍棒、石块、火、水等。

2. **政府**。见前文。

3. **国家**。见前文。

4. **正规组织的团体**。这是指公开其名称并使用武力的任何非政府性质的群众团体。这相当于国家冲突定义中的“敌对组织”以及非国家冲突定义中的“正规组织的团体”。

5. **未经法律程序的羁押被害**。这是指某国政府杀害遭羁押的人员。羁押被界定为将相关人员关押在监狱或其他政府设施内。

**资料来源**

本文引用的数据是基于广泛筛选印刷品和电子读物这两类可公开获取的资料而得到的信息。上述资料来源包括通讯社、报纸、学术期刊、研究报告以及国际和多国组织与非政府组织的文件等。为收集有关冲突当事各方的宗旨和目标信息，通常需要查阅交战各方（政府、盟国和敌对组织）的文件以及诸如反叛组织等的国际互联网站。

多年来一直被精心选取的独立新闻来源构成了数据采集的基础。Factiva 新闻数据库对于一般性新闻报道的收集工作必不可少。它拥有来自 159 个国家、22 种语言的 2.5 万多个信息来源，并通过国际性（如法新社和路透社）、区域性和当地媒体这三个重要层次的新闻媒体提供资料信息。

UCDP 定期对资料来源的选取和整合进行审核及更正，以便各地区及国家之间的信息保持较高的可靠性和可比性。首要工作是在整合过程中平衡处理不同来源的资料信息，以免失之偏颇。资料来源的可靠性可利用 UCDP 的专业鉴定及遍布全球的专家（学者和决策者）意见做出评估。资料来源的独立性及其原始出处的透明度至关重要。后者的重要性在于，大多数资料来源系第二手获得，这意味着为确保报告的可靠性，还需对第一手资料来源加以分析。每个资料来源应结合其公布背景做出判断。第一手或第二手资料来源在某次失实报道中的潜在价值，以及媒体审查的总体环境及范围，均被列为考虑因素。非政府组织和国际组织的报告可与媒体报道互为补充，且便于多方查证，因而在此方面的作用尤为突出。资料来源应具有独立性，但这一标准当然不适用于诸如政府文件或反叛组织网站等恰恰因有其倾向性而需查询的资料来源。UCDP 深知高水平审核的必要性，并竭力确保所用材料的真实性。

**统计方法**

有组织暴力的相关数据按公历年汇编。其中包括冲突地点、对立类型、冲突起因、交战各方、与作战有关的死亡总人数、某年与作战有关的死亡人数及较之前一年的变化情况等数据。另见表 2.7、2.9

和 2. 11 的注释。

与致死事件有关的数据在 UCDP 数据库汇编过程中最受关注。例如，历次事件均记录下日期、新闻来源、初始来源、地点和死亡人数等信息。在理想状态下，上述个案及数字都须得到两个或更多独立资料来源的确证。然后，将全年各次冲突的相关数字相加。其总数再与官方文件、专题报告和新闻媒体公布的总数进行比对。数据采集期间，研究人员、外交官和新闻记者等地区问题专家经常接受咨询。这些人的作用主要是澄清事件发生的背景，以便于准确解读对外公开的资料来源。

UCDP 根据研究报告的可靠性和在暴力事件报道中相互矛盾的死亡人数，提出“低估”、“最佳”和“高估”三种不同的估算致死人数。本文提供的所有数据基于最佳估算，系由一年内所有各类暴力事件相关的最可靠数字相加所得。假如不同资料来源得出的估算数字各不相同，须仔细找出最可靠的资料来源。假如无法做出类似的区分，UCDP 通常会在最佳估算中采纳较低的数字。UCDP 在估算死亡人数时总体上保持谨慎。随着人们深入了解有组织暴力事件的相关信息日益增多，基于事件本身的保守估算总是证明其比新闻媒体广泛引用的其他数字更准确。假如无法获取相关数字或所获数字不可靠，UCDP 则不提供任何数字。随着新的信息不断涌现，这些数字每年相应地得以修正。

（费肖俊 译）

# 第四节　2013 年全球和平指数

卡米拉·斯契帕　丹尼尔·希斯洛普
经济与和平研究所

2013 年“全球和平指数”（GPI）是全球和平程度研究成果的第七版。其采用 22 项定性或定量指标，对 162 个国家进行排序。这些指标来源可信度高，主要包括三大类：社会安全、国内和国际冲突水平及军事化程度。GPI 由经济与和平研究所（IEP）提供，并得到了由独立专家组成的国际专家小组指导以及经济学者信息小组（EIU）的支持，该小组还协助经济与和平研究所对相关数据进行核对及排序估算。[1] 经济与和平研究所提供一国在国内和国际层面与和平相关的新信息，希望帮助人们更为深入地了解民间社团、政府、政策制定者和研究人员在营造和平环境中所做的工作。

“2013 年全球和平指数”排名前 10 位的国家都是社会稳定、实行民主政治的小国，多为北欧和阿尔卑斯山脉地区国家（见表 2.13）。目前，西欧和中欧地区和平程度最高。这一地区鲜有国家发生外部冲突。总的来看，这些国家的社会环境也较为和谐。然而，2012—2013 年间，部分欧洲国家由于经济水平下滑，和平状况有所下降，包括塞浦路斯、法国、希腊、西班牙和英国。北美地区和平程度排名第二。东亚、东南亚、大洋洲紧随其后，主要是由于新西兰和日本位列前十名，澳大利亚、新加坡、台湾地区和马来西亚进入了前三十名。

---

〔1〕 有关经济学与和平研究所的更多信息，可浏览如下网址：〈http://www.economicsandpeace.org〉。2012 - 2013 年的国际专家小组成员包括：主席凯文·克莱门茨（Otago 大学）、萨维娜·阿尔基（牛津大学）、伊恩·安东尼（斯德哥尔摩国际和平研究所）、舒尔坦·巴拉坎特（约克大学）、尼克·格罗诺（国际危机组织）、曼纽埃拉·梅西（马德里和平教育与调研中心）、艾卡特琳娜·斯蒂帕诺娃（IMEMO，莫斯科）。

表 2.13 2013 年全球和平指数

| 排名 | 国家（地区） | 得分 | 变化 |
|---|---|---|---|
| 1 | 冰岛 | 1.162 | -0.003 |
| 2 | 丹麦 | 1.207 | - |
| 3 | 新西兰 | 1.237 | +0.003 |
| 4 | 奥地利 | 1.250 | -0.060 |
| 5 | 瑞士 | 1.272 | +0.013 |
| 6 | 日本 | 1.293 | -0.027 |
| 7 | 芬兰 | 1.297 | - |
| 8 | 加拿大 | 1.306 | -0.021 |
| 9 | 瑞典 | 1.319 | - |
| 10 | 比利时 | 1.339 | -0.027 |
| 11 | 挪威 | 1.359 | -0.027 |
| 12 | 爱尔兰 | 1.370 | - |
| 13 | 斯洛文尼亚 | 1.374 | - |
| 14 | 捷克共和国 | 1.404 | -0.003 |
| 15 | 德国 | 1.431 | -0.019 |
| 16 | 澳大利亚 | 1.438 | -0.027 |
| 16 | 新加坡 | 1.438 | +0.005 |
| 18 | 葡萄牙 | 1.467 | +0.027 |
| 19 | 卡塔尔 | 1.480 | +0.108 |
| 20 | 不丹 | 1.487 | -0.028 |
| 21 | 毛里求斯 | 1.497 | -0.075 |
| 22 | 荷兰 | 1.508 | -0.039 |
| 23 | 匈牙利 | 1.520 | -0.002 |
| 24 | 乌拉圭 | 1.528 | -0.086 |
| 25 | 波兰 | 1.530 | - |
| 26 | 台湾地区 | 1.538 | -0.005 |
| 27 | 西班牙 | 1.563 | +0.040 |
| 28 | 克罗地亚 | 1.571 | -0.043 |
| 29 | 马来西亚 | 1.574 | -0.017 |

| 排名 | 国家（地区） | 得分 | 变化 |
|---|---|---|---|
| 30 | 罗马尼亚 | 1. 584 | – |
| 31 | 智利 | 1. 589 | +0. 007 |
| 32 | 博茨瓦纳 | 1. 598 | –0. 007 |
| 33 | 斯洛伐克 | 1. 622 | +0. 040 |
| 34 | 保加利亚 | 1. 663 | –0. 023 |
| 34 | 意大利 | 1. 663 | +0. 003 |
| 36 | 阿拉伯联合酋长国 | 1. 679 | –0. 013 |
| 37 | 科威特 | 1. 705 | –0. 003 |
| 38 | 爱沙尼亚 | 1. 710 | +0. 003 |
| 39 | 老挝 | 1. 724 | – |
| 40 | 哥斯达黎加 | 1. 755 | +0. 074 |
| 41 | 拉脱维亚 | 1. 772 | – |
| 41 | 越南 | 1. 772 | +0. 035 |
| 43 | 立陶宛 | 1. 784 | –0. 016 |
| 44 | 英国 | 1. 787 | +0. 056 |
| 45 | 阿曼 | 1. 806 | –0. 006 |
| 46 | 纳米比亚 | 1. 807 | – |
| 47 | 韩国 | 1. 822 | –0. 017 |
| 48 | 赞比亚 | 1. 832 | –0. 064 |
| 49 | 塞浦路斯 | 1. 840 | +0. 015 |
| 49 | 莱索托 | 1. 840 | –0. 028 |
| 51 | 东帝汶 | 1. 854 | .. |
| 52 | 约旦 | 1. 858 | –0. 002 |
| 53 | 法国 | 1. 863 | +0. 037 |
| 54 | 印度尼西亚 | 1. 879 | +0. 007 |
| 55 | 坦桑尼亚 | 1. 887 | +0. 030 |
| 56 | 巴拿马 | 1. 893 | –0. 002 |
| 57 | 摩洛哥 | 1. 897 | +0. 009 |
| 58 | 加纳 | 1. 899 | +0. 106 |
| 59 | 塞拉利昂 | 1. 904 | –0. 022 |

| 排名 | 国家（地区） | 得分 | 变化 |
| --- | --- | --- | --- |
| 60 | 阿根廷 | 1.907 | +0.147 |
| 61 | 莫桑比克 | 1.910 | +0.064 |
| 62 | 塞尔维亚 | 1.912 | +0.006 |
| 63 | 吉布提 | 1.917 | -0.016 |
| 64 | 蒙古 | 1.921 | - |
| 65 | 古巴 | 1.922 | -0.023 |
| 66 | 尼加拉瓜 | 1.931 | -0.096 |
| 67 | 多哥 | 1.954 | .. |
| 68 | 希腊 | 1.957 | +0.050 |
| 69 | 阿尔巴尼亚 | 1.961 | -0.002 |
| 70 | 圭亚那 | 1.962 | - |
| 71 | 波黑 | 1.967 | -0.001 |
| 72 | 科索沃 | 1.969 | .. |
| 73 | 黑山 | 1.976 | -0.044 |
| 74 | 马拉维 | 1.984 | +0.017 |
| 74 | 摩尔多瓦 | 1.984 | -0.007 |
| 76 | 加蓬 | 1.995 | -0.007 |
| 77 | 突尼斯 | 2.005 | +0.027 |
| 78 | 哈萨克斯坦 | 2.031 | -0.115 |
| 79 | 前南联盟马其顿共和国 | 2.044 | +0.072 |
| 80 | 利比里亚 | 2.048 | -0.019 |
| 81 | 巴西 | 2.051 | +0.004 |
| 82 | 尼泊尔 | 2.058 | +0.054 |
| 83 | 厄瓜多尔 | 2.059 | +0.010 |
| 84 | 巴拉圭 | 2.060 | +0.134 |
| 85 | 塞内加尔 | 2.061 | +0.034 |
| 86 | 玻利维亚 | 2.062 | +0.006 |
| 87 | 布基纳法索 | 2.064 | +0.200 |
| 88 | 斯威士兰 | 2.069 | +0.023 |
| 89 | 赤道几内亚 | 2.072 | +0.026 |

| 排名 | 国家（地区） | 得分 | 变化 |
|---|---|---|---|
| 90 | 马达加斯加 | 2.074 | -0.080 |
| 90 | 特立尼达和多巴哥 | 2.074 | -0.019 |
| 92 | 海地 | 2.075 | -0.103 |
| 93 | 冈比亚 | 2.091 | +0.073 |
| 94 | 多米尼加共和国 | 2.103 | +0.026 |
| 95 | 巴林 | 2.109 | +0.025 |
| 96 | 白俄罗斯 | 2.117 | -0.015 |
| 97 | 沙特阿拉伯 | 2.119 | -0.095 |
| 98 | 亚美尼亚 | 2.123 | -0.091 |
| 99 | 巴布亚新几内亚 | 2.126 | +0.003 |
| 99 | 美国 | 2.126 | -0.056 |
| 101 | 中国 | 2.142 | -0.011 |
| 102 | 安哥拉 | 2.148 | +0.004 |
| 103 | 土库曼斯坦 | 2.154 | -0.029 |
| 104 | 贝宁 | 2.156 | -0.071 |
| 105 | 孟加拉国 | 2.159 | +0.009 |
| 106 | 乌干达 | 2.180 | -0.020 |
| 107 | 刚果共和国 | 2.183 | +0.008 |
| 108 | 喀麦隆 | 2.191 | +0.060 |
| 109 | 危地马拉 | 2.221 | -0.093 |
| 110 | 斯里兰卡 | 2.230 | +0.030 |
| 111 | 乌克兰 | 2.238 | +0.156 |
| 112 | 萨尔瓦多 | 2.240 | -0.086 |
| 113 | 埃及 | 2.258 | +0.027 |
| 113 | 秘鲁 | 2.258 | +0.164 |
| 115 | 柬埔寨 | 2.263 | -0.034 |
| 116 | 几内亚 | 2.272 | +0.115 |
| 117 | 牙买加 | 2.274 | +0.007 |
| 118 | 塔吉克斯坦 | 2.282 | +0.097 |
| 119 | 阿尔及利亚 | 2.284 | -0.014 |

| 排名 | 国家（地区） | 得分 | 变化 |
| --- | --- | --- | --- |
| 120 | 厄立特利亚 | 2.288 | +0.007 |
| 121 | 南非 | 2.292 | +0.023 |
| 122 | 毛里塔尼亚 | 2.326 | -0.064 |
| 123 | 洪都拉斯 | 2.332 | -0.013 |
| 124 | 乌兹别克斯坦 | 2.333 | +0.016 |
| 125 | 马里 | 2.346 | +0.080 |
| 126 | 阿塞拜疆 | 2.350 | +0.066 |
| 127 | 尼日尔 | 2.362 | -0.024 |
| 128 | 委内瑞拉 | 2.370 | +0.042 |
| 129 | 菲律宾 | 2.374 | -0.013 |
| 130 | 泰国 | 2.378 | -0.017 |
| 131 | 吉尔吉斯斯坦 | 2.391 | +0.032 |
| 132 | 几内亚比绍 | 2.431 | -0.024 |
| 133 | 墨西哥 | 2.434 | -0.011 |
| 134 | 土耳其 | 2.437 | +0.116 |
| 135 | 卢旺达 | 2.444 | +0.096 |
| 136 | 肯尼亚 | 2.466 | +0.133 |
| 137 | 伊朗 | 2.473 | +0.056 |
| 138 | 乍得 | 2.493 | -0.138 |
| 139 | 格鲁吉亚 | 2.511 | -0.034 |
| 140 | 缅甸 | 2.528 | -0.019 |
| 141 | 印度 | 2.570 | -0.105 |
| 142 | 黎巴嫩 | 2.575 | +0.139 |
| 143 | 南苏丹 | 2.576 | .. |
| 144 | 布隆迪 | 2.593 | -0.025 |
| 145 | 利比亚 | 2.604 | -0.220 |
| 146 | 埃塞俄比亚 | 2.630 | +0.058 |
| 147 | 哥伦比亚 | 2.634 | -0.006 |
| 148 | 尼日利亚 | 2.693 | -0.014 |
| 149 | 津巴布韦 | 2.696 | +0.098 |

| 排名 | 国家（地区） | 得分 | 变化 |
| --- | --- | --- | --- |
| 150 | 以色列 | 2.730 | -0.037 |
| 151 | 科特迪瓦 | 2.732 | +0.237 |
| 152 | 也门 | 2.747 | +0.049 |
| 153 | 中非共和国 | 3.031 | +0.122 |
| 154 | 朝鲜 | 3.044 | +0.100 |
| 155 | 俄罗斯 | 3.060 | +0.092 |
| 156 | 刚果民主共和国 | 3.085 | -0.014 |
| 157 | 巴基斯坦 | 3.106 | +0.106 |
| 158 | 苏丹 | 3.242 | -0.156 |
| 159 | 伊拉克 | 3.245 | +0.019 |
| 160 | 叙利亚 | 3.393 | +0.524 |
| 161 | 索马里 | 3.394 | -0.092 |
| 162 | 阿富汗 | 3.440 | +0.075 |

**注**：.. 指未列入 2012 年排名；– 指未发生变化。

南亚和平状况最差。该地区和平状况最好的国家为不丹，排名 20。其他六国都位列 80 名之后。

### 2012—2013 年和平状况变化情况

利比亚和平状况改善最大，在经历了革命和内战之后，选举了新政府，国家机构也得以恢复（见表 2.14）。苏丹和乍得分列第二、第三，两国冲突状况减少，但远称不上和平。两国在 GPI 中的排名仍靠后。

2013 年，饱受战乱之苦的阿富汗重回 GPI 最后一名。该国政局不稳，军费开支占国内生产总值的比重大幅上升。索马里和平状况有所改善，其 GPI 排名首次在这两年中没有垫底。叙利亚陷入内战，GPI 下降幅度最大，仅位列索马里、阿富汗之前，排名倒数第三名。许多中东和北非国家继续受“阿拉伯之春”影响，政局动荡，出现暴力示威升级，并遭专制政权镇压。

表 2.14　2012—2013 年全球和平指数排名变化最大的国家

| 国家 | 2013 年得分 | 2012—2013 年得分变化 | 2013 年排名 | 2012—2013 年排名变化[a] |
|---|---|---|---|---|
| **排名上升前 5 名** | | | | |
| 利比亚 | 2.604 | -0.222 | 145 | +3 |
| 苏丹 | 3.242 | -0.156 | 158 | -1 |
| 乍得 | 2.493 | -0.138 | 138 | +4 |
| 哈萨克斯坦 | 2.031 | -0.115 | 78 | +18 |
| 印度 | 2.570 | -0.105 | 141 | +3 |
| **排名下降前 5 名** | | | | |
| 叙利亚 | 3.393 | +0.524 | 160 | -11 |
| 科特迪瓦 | 2.732 | +0.237 | 151 | -15 |
| 布基纳法索 | 2.064 | +0.200 | 87 | -32 |
| 秘鲁 | 2.258 | +0.164 | 113 | -22 |
| 乌克兰 | 2.238 | +0.156 | 111 | -23 |

**注：**GPI 得分下降表明和平状况改善。

[a]2013 年全球和平指数（GPI）涵盖国家数量比 2012 年多 4 个，致使排名情况有所变化。

科特迪瓦和平状况下滑幅度之大位列第二。自 2011 年 4 月起，新一轮暴力冲突打破了其原本脆弱的和平状态。和平状况下降幅度第三的国家为科特迪瓦的邻国布基纳法索。但这两国的情况不能代表撒哈拉以南非洲地区国家的总体情况。该地区和平状况好于东欧和中亚、中东和北非，以及南亚。这反映出撒哈拉以南非洲地区国家不断发展，且其受全球金融危机的影响较小。

乌拉圭和智利是南美地区和平状况最好的国家。相对而言，其社会制度较为完善，法制水平较高。但该地区排名第三的阿根廷和平状况则差强人意。阿与其邻国发生了一系列贸易摩擦。在中美洲地区，尽管哥斯达黎加国内和平水平下降，但仍是该地区和平状况最好的国家。尼加拉瓜、危地马拉、萨尔瓦多和平状况都有改善，但在 GPI 中的排名仍靠后。这部分反映出三国政府通过数年的努力，打击与墨西哥毒品走私集团相关暴力行为取得成效，国内安全水平得到提高。

### 2008—2013 年指数变化趋势

2008—2013 年，世界和平状况逐年下降。[2] GPI 分值平均下降 5%，22 项指数中的 17 项表明和平状况下滑。各国 GPI 得分变化没有共同的趋势，48 国和平状况改善，110 国和平状况恶化。

全球和平状况的下滑，主要是衡量国内安全的指数发生了变化。大部分该类指数在 2008—2013 年间下滑。“社会犯罪认知”、“暴力示威的可能性”、“杀人犯数量/10 万人”和“恐怖活动情况”恶化程度最为严重。值得注意的是，部分衡量正在发生冲突的指标严重恶化，例如“有组织冲突中死亡人数（内战）”和定性指标“有组织冲突程度”等。这反映出一种长期趋势，即大规模国家间冲突让位于有组织国内冲突、暴力犯罪、恐怖主义和暴力示威。

在理解当前和平状况时，“杀人犯数量/10 万人”和“有组织冲突中死亡人数（内战）”两项指标尤为重要。不同地区、不同国家的“杀人犯数量/10 万人”区别明显。2008—2013 年间指数恶化的最主要原因是，中美洲、加勒比、南美和撒哈拉以南非洲地区的少数国家凶杀率大幅上升。这固然有报告技术水平和数据收集手段改善的原因，但也反映出不同地区之间的差距在不断加大。同时，这也突出表明人际暴力犯罪对人类和平与安全的威胁。

使用杀人犯数据分析趋势可能有困难，但“有组织冲突中死亡人数（内战）”数据全部来自伦敦国际战略研究所（IISS）的武装冲突数据库（ACD），有较强连贯性。2013 年 GPI 数据来源于最新版 ACD，它把“军人和平民”的死亡率和死亡人数界定为“军事冲突的直接结果”。ACD 采用的是乌普萨拉冲突数据项目（UCDP）中对冲突的定义。ACD 数据显示，2008—2013 年间，国内冲突死亡人数显著增加，冲突强度和范围也有所提升。

从冲突强度上看，2008—2013 年死亡人数增加了 4 倍，从 3.7269 万人增至 1.78287 万人。冲突范围扩大也值得注意。卷入冲突的国家增多，国内冲突死亡人数超过 2000 人的国家从 2008 年的 4 国增加到 2013 年的 11 国。墨西哥、利比亚和叙利亚在 2013 年的死

〔2〕 第一版 GPI 发表于 2007 年，但 2008 年版 GPI 是最早可以用作全面比较的版本。

亡人数比2008年伊拉克的死亡人数高出1倍。据估计，2013年叙利亚的死亡人数为7.29万人，是2008年全世界死于国内冲突人数的两倍。

指标改善幅度最大的是对军事化程度的衡量，例如“军事开支占国内生产总值的比例”、“军人数量/10万人”和“核武器和重型武器能力”。全球金融危机造成军费开支小幅下降，这是指标改善的主要原因。“政治恐怖水平”指标衡量国家支持暴力的水平。该指标的全球平均水平有所提升，除南亚、东欧和中亚外，其他所有地区均有改善。

总之，2008年至2013年，全球发生的主要国际事件塑造了全球趋势：“阿拉伯之春”引发中东地区爆发大规模暴力冲突；阿富汗和巴基斯坦安全形势和恐怖形势持续恶化；中美洲毒品战升级；一些欧洲国家经济状况下滑导致出现相关暴力示威事件。

与此相反，在2008年至2013年6年间，抵消和平状况改善的因素持续下降。美国和部分西欧国家杀人和暴力犯罪率下降；死于有组织对外战争的人数减少；军费开支水平普遍下降；国家支持的暴力活动减少。

### 数据来源与统计方法

GPI的22项指标按主题可分为以下三类：正在进行的国内和国际冲突、社会安全及军事化。所有的这些指标均按1—5分（“分级”）评分。经济学者信息小组国别分析专家为定性指标打分，定量数据中的不足部分则通过估算加以弥补。2013年GPI旨在评估从2012年3月16日至2013年3月15日期间各国的和平状况，但其中多项指标以2011年和2012年的数据为基础。

各项指标先依据其相对重要程度，按1—5分加权。再借助这22项指标算出两个二级加权指数：其中的一个用以衡量某国的内部和平状况；另一个用以衡量该国的外部和平状况（其境外和平状况）。然后，将国内和平加权60%、国外和平加权40%，从而得出整个综合得分及指数。之所以国内和平权重较大，是基于如下假设：国内和平程度较高可能与国外冲突水平较低互有关联。

1. **正在进行的国内和国际冲突指数**。含五项指标：一是发生外部和内部冲突的次数（依据 UCDP 武装冲突数据库），权重为 5；二是估算得出的有组织外部冲突致死人数（UCDP），权重为 5；三是有组织内部冲突致死人数（伦敦国际战略研究所，武装冲突数据库），权重为 5；四是有组织内部冲突的水平（经济学者信息小组），权重为 5；五是与相邻国家的关系（经济学者信息小组），权重为 5。

反映该国以往历史上有关国内和国际冲突的数据则不包括在内，这是因为 GPI 使用的数据来自正在进行的国内和国际冲突。

2. **社会安全指数**。含 10 项指标：一是社会犯罪认知（经济学者信息小组），权重为 3；二是流离失所的民众人数占总人口比例（联合国难民事务高级专员公署统计年鉴及国内流离失所监控中心），权重为 4；三是政治动荡程度（经济学者信息小组），权重为 4；四是政治恐怖行为等级（马克·吉布尼和马修·多尔顿，北卡罗来纳大学/大赦国际），权重为 4；五是恐怖行为（经济与和平研究所和全球恐怖主义数据库，马里兰大学），权重为 2；六是每 10 万人中发生凶杀案的次数（联合国犯罪趋势调查和刑事司法系统运作，CTS），权重为 4；七是暴力犯罪水平（经济学者信息小组），权重为 4；八是发生暴力示威的可能性（经济学者信息小组），权重为 3；九是每 10 万人中的在押犯人数（国际监狱研究中心，伦敦国王学院，全球入狱人员清单），权重为 3；十是每 10 万人中的国内治安人员及警察数量（CTS），权重为 3。

3. **军事化指数**。含 7 项指标：一是军费开支占国内生产总值的比例（伦敦国际战略研究所，《军事力量对比》），权重为 2；二是每 10 万人中的武装部队人员数量（伦敦国际战略研究所，《军事力量对比》），权重为 2；三是每 10 万人的主要常规武器（进口）交易量（SIPRI 武器转让数据库），权重为 2；四是每 10 万人的主要常规武器（出口）交易量（SIPRI 武器转让数据库），权重为 3；五是为联合国和平行动提供资金（经济与和平研究所），权重为 2；六是核武器和重型武器能力（经济与和平研究所），权重为 3；七是获取轻小武器的难易程度（经济学者信息小组），权重为 3。

此类指数可反映如下观点：军事化水平及获取武器的难易程度直接关系到一个国家对于全球不同地区的和平感受。出资援助联合国和平行动，则被视为致力于促进和平。

有关各项指标的准确定义，可参见经济与和平研究所，《2013 年国际和平指数》（经济与和平研究所：悉尼，2013 年），附录 A。

**2013 年统计方法的变化**

负责汇编“2013 年全球和平指数”的专家小组增补了科索沃、南苏丹、东帝汶和多哥四国。此举使 2013 年的 GPI 涵盖 162 个国家，囊括了全球超过 99% 的人口。

专家小组同意对 2013 版 GPI 的指标数量做如下修订：删除“军事能力/先进程度”指标。其权重（6.1%）被平均分配至其他外部和平状况相关指标。军事能力这一概念在新增的“核武器和重型武器能力”指标中得以体现。具有核能力的国家自动得到最高分 5 分。重型武器仍沿用先前的计分方法，但不与人口相关联。专家小组认为，这可以更加真实地反映国家投送武力的能力。“发生外部冲突的次数”指标也做了类似的修订，得分线型地反映出一国在过去 5 年中卷入冲突的情况。未卷入外部冲突的得 1 分，卷入一次冲突的得 2 分，以此类推。

“恐怖行动”更名为“恐怖活动”，更能反映出该指标所涵盖的信息。

最后，为联合国和平行动提供资金的计算方法有所改动，以避免对大量拖欠联合国会费的国家产生偏见。该指标仅衡量 GPI 出版前 3 年对联合国的贡献，而非从其加入联合国之日算起。

（陈　戎　译）

# 第三章 和平行动与冲突管理

## 概　　述

雅伊尔·范德·里金

2013 年，有 8 项新的多边和平行动开始实施，4 项落下帷幕，行动总数达到 57 项（参见本章第一、三节）。在 8 项新的和平行动中，有两项是由法国负责实施的，法国因此占据了 2013 年和平行动舞台的中央，主导了和平行动的诸多议题。

在总量增加的同时，和平行动所部署的人员总数，却因为驻阿富汗国际安全援助部队（ISAF）的撤离，而由 2012 年的 23.3642 万人锐减到 2013 年的 20.1239 万人。如果不考虑国际安全援助部队撤离这一因素，2013 年的部署人员总数继续有所增长。实际上，人员增长始于 2012 年，它的出现扭转了 2009 年以来的下滑之势。不过，随着 2015 年国际安全援助部队的撤离，人员总数很可能进一步下降。虽然有些欧洲国家将在阿富汗保留部分人员执行新的任务，另一些欧洲国家可能步法国后尘将部队派往非洲，或者参加联合国维和行动，但这都无法弥补撤军造成的人数下降。

国际社会的注意力似乎正在从阿富汗转向非洲，尤其是中非共和国（CAR）、刚果民主共和国［DRC，刚果（金）］、马里、索马里和南苏丹这几个国家（参见第二节）。非洲自 2010 年以来就一直是部署和平行动数量最多的大陆，而国际安全援助部队的撤离更意味着，非洲也是 2013 年部署人数最多的大陆。这自 2008 年以来还是第一次。2013 年开始实施的 8 项新的和平行动全都部署在非洲，其中的每一项行动都使得当前非洲地区和平行动及其实施机构和实施主体的格局十分复杂。实际上，在这 8 项新的和平行动中，有 4 项部署在马里，3 项部署在中非共和国，一项部署在索马里。从实施机构来看，有两项行动是非洲领导的：一项是由西非国家经济共同体（西共体，ECOWAS）和非盟（AU）共同领导的马里国际支援团（AFISMA，非马团），另一项是非盟领导的中非共和国国际支援团（MISCA，非中团）。通过上述和平行动的部署，非洲越来越多地将自己的事情交给自己来办，其是否已经做好承担这一任务的准备就显得更加重要了。

非洲地区 2013 年的事态发展可能表明，随着某些特派团强制性和干预性的增加，和平行动已表现得更加强势。联合国刚果（金）稳定特派团（MONUSCO，联刚稳定团）新成立的维和部队国际干预旅，被联合国安理会赋予了“防止所有武装组织扩大其势力、压制其活动、解除其武装”的任务。虽然没有使用类似的反叛乱措辞，但联合国马里多层面综合稳定特派团（MINUSMA，联马团）的使命也比往常更加强势。更有甚者，联合国扩大了对非盟索马里特派团（AMISON，非索团）的后勤支援范围，史无前例地向与非索团一道联合打击伊斯兰组织“青年党”的索马里国民军前线部队提供后勤支援。联合国采取的另一个有争议的举动是，在联刚稳定团部署无人机执行侦察监视任务。这在联合国维和行动中还属首次。

在出现上述变化的同时，2013 年的和平行动也存在许多延续性。联合国安理会自 2001 年以来通过的第一项维和特别决议算不上是什么突破，它只是承认维持和平活动与建设和平活动是多元化和平行动中相互关联的方面。而且，由于某些行动越来越强势，安理会感到有必要重申其对维和行动基本原则（即当事方同意、公正以及除自卫和捍卫使命外不使用武力）的尊重。此外，为了避免造成先例，联刚稳定团维和部队国际干预旅和联马团被认为是个“例外”，“丝毫不损害维和行动的既有原则”。

虽然实施起来十分困难，但平民保护仍然在多边和平行动议程中占据高位。联刚稳定团重新展示了保护平民的决心，普遍认为，它是成功的。但是，截至 2013 年底，联合国南苏丹特派团（UNMISS，联南团）仍然将成千上万名平民保护在自己的基地内，有人将此与 20 世纪 90 年代中期在波黑设立的安全区相提并论。除了保护平民，联合国安理会还要求和平行动更加关注已经列入其议程的其他许多问题，尽管这些问题在其中的地位并不突出，如跨国性有组织犯罪、联合国和平行动之间的合作以及改进特派团的过渡战略与退出战略。其中，过渡战略与退出战略应与联合国东道国联合工作组的工作更好地衔接，因为后者整合了活跃于东道国的联合国各专业机构、规划署和基金会的所有工作。

安理会在使用武力和部署无人机等有争议问题上所达成的共识具有特殊性。更具结构意义的是，以法国总统弗朗索瓦·奥朗德的名字命名的所谓奥朗德主义——经安理会授权及东道国邀请、与区域性组织部署的部队合作，进行短暂有限的人道主义干预——似乎与中国在干预问题上的看法类似。不过，随着非盟、联合国以及非洲次区域组织在马里和中非共和国特派团过渡问题上的紧张关系进一步加剧，人们不禁要问：部署多个错综复杂的特派团，是不是和平行动真正的发展方向？马里和中非共和国是否会成为未来和平行动的蓝本？

（陆建新　译）

# 第一节 和平行动的全球性和地区性趋势

雅伊尔·范德·里金 蒂莫·斯密特 克塞妮娅·阿维佐夫

## 全球性趋势

2013 年，实施中的和平行动共 57 项，比 2012 年多 4 项。和平行动总数在 2013 年继续上升这一事实表明，2009—2011 年间出现的下滑趋势在 2012 年出现逆转是结构性的（见图 3.1）。[1] 不过，在 2004—2013 年间，2013 年是第四个和平行动数量最少的年份。

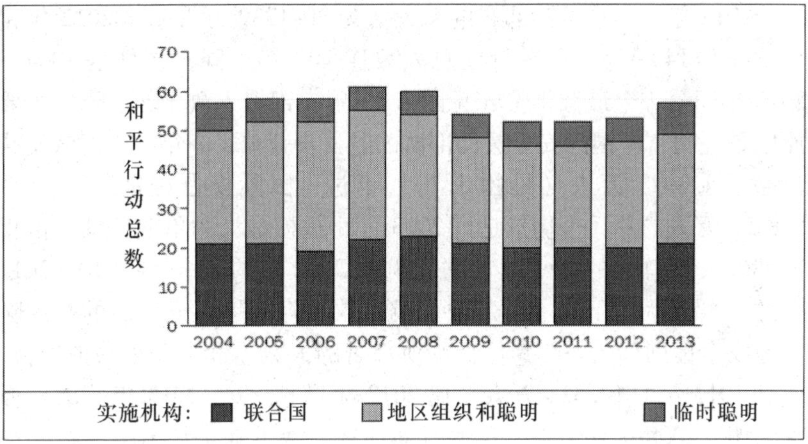


**图 3.1 2004—2013 年多边和平行动数量（按实施组织分类）**

有 8 项新的和平行动在 2013 年开始实施，他们全都部署在非洲地区，其中仅马里和中非共和国就有 7 项。有 4 项新的和平行动部署在马里，分别是由西共体和非盟领导的非马团、法国的薮猫行动、欧盟的马里训练团（EUTM Mali，欧马团）以及联马团。有 3 项新的和

---

〔1〕 此处所做的定量分析采用了斯德哥尔摩国际和平研究所（SIPRI）为研究 2004—2013 年这 10 年间和平行动的发展趋势而采集的数据。这一分析仅限于符合 SIPRI 定义的和平行动（参见第三节）。所提供的数据反映了 2013 年进行中的和平行动概貌，其目的是为 2013 年与之前年度的比较分析提供参考。

平行动部署在中非共和国，分别是非中团、法国的红蝴蝶行动以及联合国中非共和国综合性建设和平办事处（BINUCA，联中办）。联中办是原来就有的，只是其任务在 2013 年发生了改变，这就意味着联中办达到了 SIPRI 关于和平行动的标准。[2] 另一项 2013 年开始实施的和平行动是部署在索马里的联合国索马里援助团（UNSOM，联索团）。

有 4 项行动在 2013 年完成使命，分别是由临时联盟领导的驻东帝汶国际稳定部队（ISF），并入联马团的非马团，并入非中团的中部非洲国家经济共同体（CEEAC，中共体）中非共和国巩固和平特派团（MICOPAX）以及欧盟伊拉克综合法治特派团（EUJUST LEX-Iraq，欧伊团）。

2013 年，和平行动部署的总人数为 20.1239 万人，与 2012 年相比下降了 14%。[3] 和平行动总人数连续 3 年下降，并且是 2004—2013 年间第 5 个最低年份（见图 3.2）。[4] 部署人数显著下降的主要原因是驻阿富汗国际安全援助部队的进一步裁减，一年中该部队又共计撤军 4.3923 万人（见图 3.2）。不过，国际安全援助部队以其 5.8129 万人的总兵力仍然是到 2013 为止规模最大的单项行动，占年度部署人员总数的 29%，所占比例较 2012 年的 44% 和 2010—2011 年的 50% 都大为下降。与部署人员总数下降趋势形成对照的是，除国际安全援助部队外的其他行动所部署的人数连续第 2 年出现增长，达到 2013 年的 14.311 万人，比 2012 年增长 9%。2013 年的增长似乎表明，2008—2011 年间其他行动部署人数下降之势已毫无疑问得到逆转。

---

〔2〕 任务的改变使得联中办能够在支援和平进程以及协助中非共和国进行冲突预防与建设和平方面发挥更大的作用。现有的这些任务超越了原有的斡旋与调查任务。

〔3〕 为避免重复计算，总人数中不包括非马团和中共体中非共和国巩固和平特派团在 2013 年任务结束时所部署的人数，因为原有人员被就地转隶到了新的特派团。

〔4〕 本章所提供的部署人员总数一般来说是 2013 年 12 月 31 日或某一行动结束之日的估计数，这一数值不代表该年度部署人员的峰值或总值。

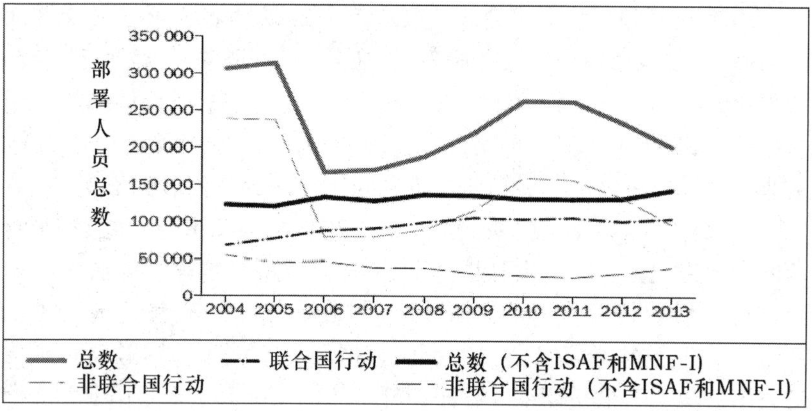


**图 3.2　2004—2013 年多边和平行动部署人员数量**

ISAF 是国际安全援助部队英文全称的缩写，MNF-I 是驻伊拉克多国部队英文全称的缩写。

2013 年开始实施的 8 项新的行动共计部署 1.5771 万人。此外，原有的几项行动增加了人员数量。由于维和部队国际干预旅的部署，联刚稳定团的人员增加最为明显。除国际安全援助部队外，2013 年削减人员的行动包括非盟/联合国达尔富尔混合行动（UNAMID，联非达团）、联合国海地稳定特派团（MINUSTAH，联海团）、联合国科特迪瓦行动（UNOCI，联科行动）以及联合国利比里亚特派团（UNMIL，联利团）。同时，所罗门群岛地区援助团（RAMSI）的军事部分也已结束使命。

2013 年，联合国仍然是和平行动的主要实施机构，如果算上联非达团，联合国负责实施了 57 项行动中的 21 项（见图 3.1）。[5] 不仅如此，2013 年联合国和平行动部署的人员总数超过了北大西洋公约组织（NATO，北约），这是 2009 年以来的第一次（见图 3.2）。当年，联合国部署的人员总数超过了总人数的一半（即 10.4451 万人，或 52%）。2013 年，北约实施或领导的和平行动共计部署 6.2891 万人（占总人数的 32%），其中主要是国际安全援助部队。

〔5〕 联合国的数字包括联合国维和行动部和联合国政治事务部领导的和平行动，也包括联非达团。

2013 年，国际安全援助部队以其 5. 8129 万人的总兵力连续 8 年成为规模最大的行动，位居第二和第三的分别是联刚稳定团（2. 2186 万人）和联非达团（2. 0504 万人）。有 11 项行动部署人员总数超过 5000 人，其中 8 项由联合国领导，一项由北约领导，一项由非盟领导，一项由非盟和西共体共同领导（见第三节表 3. 2）。

如果算上国际安全援助部队，美国再次成为 2013 年多边和平行动的最大出兵国。十大出兵国中只有两个是欧洲国家，即法国（落榜一年之后取代意大利重新跻身十大出兵国行列）和英国（见图 3. 3）。如果不算国际安全援助部队，情况就不同了：巴基斯坦成为最大出兵国，其次是印度。除法国外，十大出兵国全都是南亚和非洲国家。2013 年，联合国和平行动所部署的人员中，有将近一半来自这十大出兵国（不算国际安全援助部队），这比 2012 年的超过 2/3 明显下降。同时，与 2012 年一样，布隆迪、肯尼亚和乌干达向非索团派兵的数量超过向联合国特派团派兵的数量。法国向和平行动派出的部队总数有 3/4 部署在“独角兽行动”、“红蝴蝶行动”和“薮猫行动”中。2013 年十大民事警察派遣国除两个是中东国家外，其余也都来自南亚和非洲（见图 3. 4）。

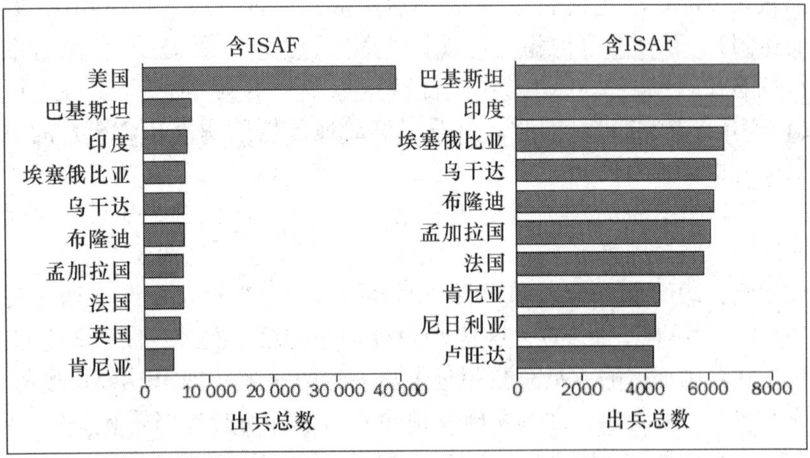


**图 3. 3　2013 年多边和平行动十大出兵国**

ISAF 是国际安全援助部队英文全称的缩写。

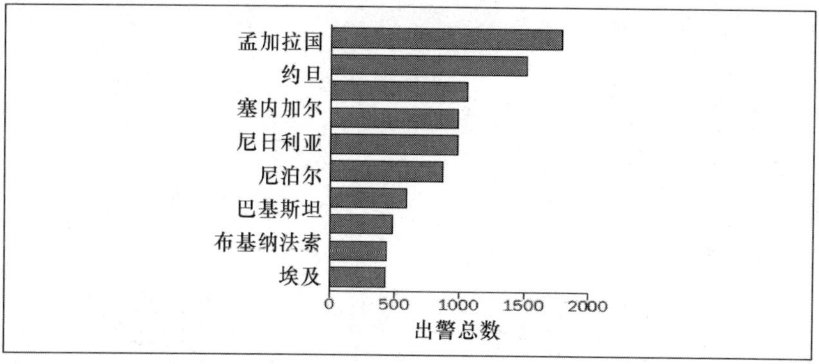


**图 3.4　2013 年多边和平行动十大民事警察派遣国**

## 地区性趋势

### 非洲

和往年一样，非洲是 2013 年和平行动部署最集中的地区，共有 25 项行动（见图 3.5）。更有甚者，虽然联非达团、联科行动和联利团都有 1000—1500 人不等的人员削减，但由于联刚稳定团的扩编以及几个新特派团的部署，非洲地区部署的人员总数反而增加了 1.4 万多人。过去 10 年间，非洲地区部署的人员总数稳步增长。这一因素，加上驻阿富汗国际安全援助部队的裁减，意味着非洲在 2013 年成为 2008 年以来部署人员最多的地区。在此之前，这一地位一直由亚洲和大洋洲保持（见图 3.6）。

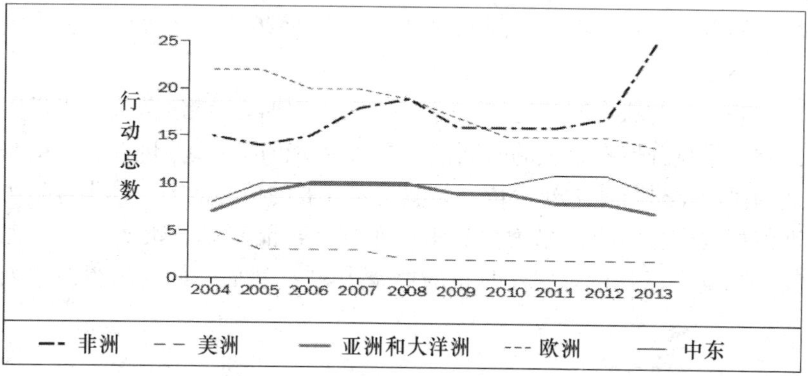


**图 3.5　2004—2013 年多边和平行动数量（按地区分类）**

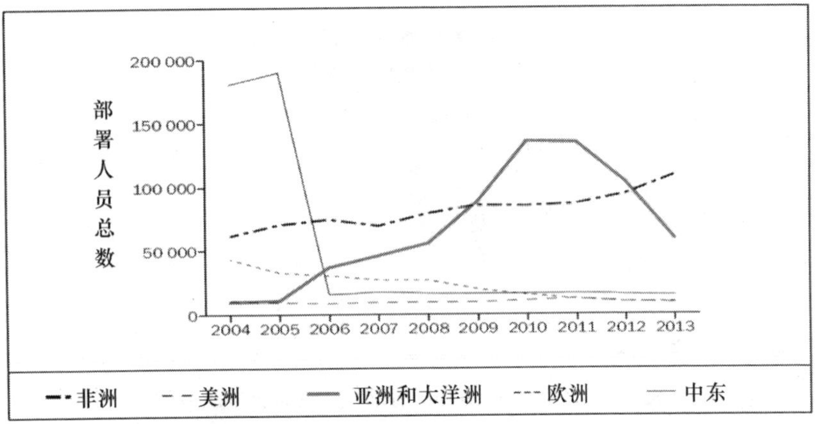


**图 3.6　2004—2013 年多边和平行动部署人员数量（按地区分类）**

在非洲地区部署的 25 项行动中，有 12 项是由联合国领导的，所占比例比前几年明显减少（见图 3.1）。不过，联合国行动仍然占据着非洲地区部署人员总数中的绝大多数（74%）。非洲地区部署的人员中约 9 万人为部队。

**美洲**

美洲地区历史最悠久的两项行动——由美洲国家组织（OAS）领导的哥伦比亚和平进程支援团（MAPP/OEA）以及联海团——在 2013 年继续开展活动。这两项行动所部署的人员总数比 2012 年下降了 10%，主要是由于联海团自 2010 年因地震而增兵后持续削减人员。由于海地 2013 年的安全局势保持相对稳定，联合国安理会将联海团的编制总兵力进一步削减到 5021 人，而 2601 人的编制总警力则保持不变。

联海团与联合国东道国联合工作组密切协调，继续落实和平巩固计划，重点开展在合理的时间范围内简单易行的活动。因此，帮助海地国民警察进行能力建设依然是联海团开展的核心活动，其中包括协助海地政府打击团伙暴力、有组织犯罪、毒品走私、贩卖人口（尤其是儿童）以及针对妇女儿童的性暴力。[6] 然而，如何赢得海地人

〔6〕 联合国安理会 2119 号决议，2013 年 10 月 10 日。

民的信任仍然是联海团苦苦以求的事。〔7〕

**亚洲和大洋洲**

2013 年，有 7 项行动活跃于亚洲和大洋洲地区，比 2012 年减少一项，部署人数比 2012 年共计下降 4.4853 万人。人数下降如此之多的主要原因，是驻阿富汗国际安全援助部队继续裁减，裁减幅度达到 4.3923 万人。不过，截至 2013 年，国际安全援助部队仍然是这一地区乃至全世界规模最大的行动。

**表 3.1　2013 年和平行动数量及部署人员数量（按所在地区和实施组织分类）**

| 实施机构 | 非洲 | 美洲 | 亚洲和大洋洲 | 欧洲 | 中东 | 全球 |
|---|---|---|---|---|---|---|
| **行动数量** | ***25*** | ***2*** | ***7*** | ***14*** | ***9*** | ***57*** |
| 联合国[a] | 12 | 1 | 2 | 2 | 4 | 21 |
| 地区组织与联盟 | 10 | 1 | 2 | 12 | 3 | 28 |
| 临时联盟 | 3 | — | 3 | — | 2 | 8 |
| **部署人数** | ***108965***[b] | ***8990*** | ***59039***[c] | ***9467*** | ***14778*** | ***201239***[b,c] |
| 联合国[a] | 81055 | 8967 | 459 | 1100 | 12870 | 104451 |
| 地区组织与联盟 | 23360[b] | 23 | 58421[c] | 8367 | 105 | 90276[b,c] |
| 临时联盟 | 4550 | — | 159 | — | 1803 | 6512 |

a 联合国的数字包括联合国维和行动部和联合国政治事务部领导的和平行动，也包括联非达团。

b 为避免重复计算，这些数字不包括非马团（6486 人）和中共体中非共和国巩固和平特派团（1256 人），因为在这两项行动结束后，原有人员被就地转隶到了新的特派团。

c 这些数字包括驻阿富汗国际安全援助部队，该部队 2013 年共有 5.8129 万人。

**资料来源**：斯德哥尔摩国际和平研究所多边和平行动数据库。网址：〈http://www.sipri.org/databases/pko〉。

除国际安全援助部队继续朝着 2014 年年底撤离过渡外，还有两项行动在 2013 年结束任务，分别是驻东帝汶的国际稳定部队以及驻所罗门群岛的地区援助团。国际稳定部队最后一批人员在 3 月份撤离

〔7〕 国际危机小组（ICG）M. 施耐德：“联海团该撤离海地了吗?”，在战略与国际问题研究中心的发言，华盛顿特区，2013 年 7 月 25 日。网址：〈http://www.crisisgroup.org/en/publication-type/speeches/2013/schneider-is-it-time-for-minustah-to-leave-haiti.aspx〉。

东帝汶，来自本地区的一些军事和民事人员则以双边合作的名义继续为东帝汶政府和武装部队提供援助。所罗门群岛地区援助团的军事任务结束后，其能力建设活动转为以双边合作方式进行，该团只保留了民事警察。[8]

**欧洲**

2013 年，有 14 项行动活跃于欧洲地区，比 2012 年减少一项，本地区的部署人员总数也略有下降。人数下降的主要原因，是北约领导的科索沃部队（KFOR）进一步削减人员。

**中东**

2013 年，共有 9 项行动部署在中东地区，比 2012 年减少 2 项。本地区的部署人员总数保持了相对稳定：联合国脱离接触观察员部队（UNDOF）增加了 233 人，而联合国黎巴嫩临时部队（UNNIFIL，联黎部队）则减少了 615 人。上述两项行动似乎都受到了叙利亚冲突外溢的威胁。然而，尽管黎巴嫩内部及黎巴嫩—叙利亚边境地区的局势日益紧张，蓝线区域及联黎部队的任务区却保持平静。[9]

联合国脱离接触观察员部队成立于 1974 年，目的是为了在戈兰高地维护以色列和叙利亚部队之间的军事限制隔离区，确保双方脱离接触。和 2012 年一样，联合国脱离接触观察员部队的活动在 2013 年受到了叙利亚政府军和反对派武装在隔离区军事活动的影响。除危及两国间的停火外，联合国脱离接触观察员部队的人员安全也面临威胁。在 3 月和 5 月发生的一连串事件中，观察员被叙利亚反对派武装扣为人质。6 月发生的激烈战斗以及对联合国脱离接触观察员部队阵地的一次袭击，造成两名维和人员受伤，致使奥地利撤走了它的部队，而奥地利部队是该部队的主力。在此之前，克罗地亚和日本已经撤出了他们的部队，其他国家（包括该部队的另一个主要出兵国菲律宾）也扬言撤军。被视为叙利亚政府盟友的俄罗斯虽然因其是安理会常任理事国而不能向该部队派兵，但它表示愿意派兵接替奥地利

---

〔8〕 所罗门群岛地区援助团（RAMSI）特别协调员办公室：“所罗门群岛地区援助团的成就：2003—2013”，2013 年 7 月。网址：〈http://www.ramsi.org/Media/docs/Background-Briefing-for-Pacific-Islands-Forum-bd5f3eb9 - 163e - 4b3b - 848f - 65ad589360a3 - 0.pdf〉。

〔9〕 联合国安理会：《安理会主席声明》，S/PRST/2013/9，2013 年 7 月 10 日。

部队。俄罗斯的好意遭到了联合国的拒绝。[10] 尽管局势混乱，联合国安理会还是决定延长联合国脱离接触观察员部队的任期，同时呼吁成员国提供足够的部队，以确保其安全地履行使命。[11] 斐济、爱尔兰和尼泊尔承诺派兵接替撤出的部队。[12] 然而，隔离区内依然存在着明显的军事对抗，对联合国脱离接触观察员部队的袭击以及扣留该部队维和人员的事件并没有停止。[13]

### 国际安全援助部队的撤离

2013 年 6 月，国际安全援助部队向阿富汗国家安全部队移交了安全职责，第五个、也是最后一个过渡阶段就此完成，阿富汗国家安全部队开始主导全国的安全事务。然而，阿富汗国内还有许多问题没有得到解决，如毒品贸易与武装组织活动沆瀣一气。[14] 鸦片的种植、生产、贩运和吸食仍然给这个国家的安全、发展和治理带来危害。因此，联合国安理会重视联合国毒品与犯罪问题办事处（UNODC）的作用，并且努力采取“一个联合国”的做法，即联合国各基金会、专业机构和计划署均需通过“联合国东道国联合工作组”这一机制开展工作。[15]

联合国表示将在所谓转型的十年（2015—2024 年）中对阿富汗承担长期义务。不过，国际安全援助部队在 2014 年底撤离阿富汗后究竟会发生什么仍是一个不确定因素。根据《东京相互责任框架》，下一步的双边发展援助和能力建设取决于许多因素，其中包括阿富汗

---

〔10〕 S. 尤恩和 C. 亚历山大：“俄罗斯表示愿意接替奥地利成为戈兰高地的维和者”，彭博新闻社，2013 年 6 月 8 日，网址：〈http://www.bloomberg.com/news/2013-06-08/russia-offers-to-replace-austria-as-un-golan-peacekeepers.html〉；C. 林奇：“联合国在戈兰高地的维和行动要崩溃了吗?”，《外交政策》，2013 年 6 月 7 日，网址：〈http://blog.foreignpolicy.com/posts/2013/06/07/is_the_un_peacekeeping_mission_in_the_golan_heights_collapsing〉。

〔11〕 联合国安理会 2108 号决议，2013 年 6 月 27 日。

〔12〕 E. 伯基：“爱尔兰部队在联合国脱离接触观察员部队发挥的作用尚需要得到支持和澄清”，《爱尔兰时报》，2013 年 8 月 5 日。

〔13〕 联合国安理会 2131 号决议，2013 年 12 月 18 日。

〔14〕 联合国安理会 2120 号决议，2013 年 10 月 10 日。

〔15〕 联合国安理会 2096 号决议，2013 年 3 月 19 日。

的政府治理是否负责而又透明。[16] 然而，腐败问题在阿富汗依然十分普遍。[17] 此外，虽然北约一再表示将通过训练、咨询和援助团的部署，继续为阿富汗承担义务，美国却只愿意根据双边安全协定在阿富汗驻军。美阿双方于 2013 年 11 月就双边安全协定草案达成了一致，但阿富汗总统哈米德·卡尔扎伊迟迟不肯签署这一文件。[18] 因此，由于取决于美国，北约盟国也没有宣布 2014 年后的派兵规模。[19] 2014 年 1 月，由于与卡尔扎伊总统的协议没有签订，加上为后续行动制定计划的时间越来越少，美国政府宣布，原先没有认真对待的所谓“零驻军”方案——即在 2014 年后美国不在阿富汗驻扎一兵一卒——正变得越来越现实。[20]

（陆建新　译）

〔16〕 参见 J. 范德·里金：“2014 年后的阿富汗发展援助：从军事退出战略到民事进入战略”，斯德哥尔摩国际和平研究所《和平与安全观察》第 2013/4 号，2013 年 10 月。网址：〈http：//books. sipri. org/product_ info？ c_ product_ id =465〉。

〔17〕 联合国安理会 2096 号决议，（同注释［15］）。

〔18〕《美利坚合众国与阿富汗伊斯兰共和国安全与防务合作协定》，草签文件，2013 年 11 月。网址：〈http：//mfa. gov. af/en/news/bsa〉。关于该协定及撤军对美国军事开支的影响，参见本卷第四章第二节。

〔19〕 A. 克洛夫特和 S. 西波尔特：“安全协议搁浅妨碍北约在 2014 年之后的阿富汗计划”，路透社，2013 年 10 月 23 日。

〔20〕 L. K. 杰哈：“白宫希望双边安全协定能在几周内签署”，阿富汗帕什沃克通讯社，2014 年 1 月 7 日。网址：〈http：//www. pajhwok. com/en/2014/01/07/white-house-wants-bsa-signed-weeks〉。

# 第二节　非洲地区的和平行动

雅伊尔·范德·里金　克塞妮娅·阿维佐夫

2013 年，和平行动的目光从阿富汗移开，并再次更多地聚焦于非洲。这不仅因为非洲是这一年所有 8 项新行动的东道主，从而巩固了其拥有和平行动数量多于其他任何地区的地位，也因为非洲自 2008 年以来首次成为部署维和人员最多的大陆。

新情况不仅体现在和平行动量的变化上，也体现在已有行动质的改变上，尤其是在作为新举措试验场的刚果（金）。联合国在刚果（金）的行动因为新增加了一支相当规模的战斗部队以及创新性地使用新技术而得到了壮大，而联合国在马里实施的新行动则获得了比往常更为强势的授权。联合国还史无前例地扩大了对非盟索马里行动的后勤支援范围，开始向与非索团一道联合打击伊斯兰组织“青年党”武装的索马里国民军前线部队提供后勤支援。在上述地区实行创新性举措的同时，在非洲其他地区，如中非共和国、南苏丹、苏丹以及西非地区，和平行动的实施总体上延续了原有的做法。本节将对 2013 年上述地区新开展的和平行动以及新出现的事态发展进行回顾。

## 刚果民主共和国

早在 2012 年 11 月 20 日“3·23 运动”（M23）武装开进刚果（金）东部城市戈马时，联刚稳定团就已经暴露出了缺乏平民保护能力的弱点。2013 年 3 月，联合国安理会同意在刚果（金）采取更为大胆的措施，它采纳了卢旺达和乌干达提出的建议，决定在联刚稳定团框架内成立一支国际干预旅。[1] 国际干预旅的任务是以更加强硬

---

〔1〕 J. 哈切和 A. 佩里：“维和行动走下坡路的注解：联合国在刚果（金）东部的失败”，《时代》，2012 年 11 月 26 日；T. 基班古拉：“在刚果（金）东部部署中立部队是个伪办法”，法国 24 小时电台，2012 年 8 月 19 日，网址：〈http：//www. france24. com/en/20120819 – congo-rebels-neutral-force-drc-rwanda-m23 – uganda-great-lakes-kivu/〉；A. 卢克斯：“南非与刚果（金）东部的联合国干预旅”，ISS Today，2013 年 4 月 24 日，网址：〈http：//www. issafrica. org/iss-today/south-africa-and-the-un-interventionbrigade-in-the-drc〉；J. 范德·里金：“和平行动的地区性发展”，《SIPRI 年鉴 2013》，第 81 页。国际干预旅亦称“南部非洲发展共同体（SADC，南共体）旅”，因为其出兵国均为南共体成员国。

的行动对付“3·23 运动”、“联合民主部队”（ADF，乌干达的一个反政府组织）、“解放卢旺达民主部队”（FDLR）等武装组织，初始任期为一年。成立国际干预旅的目的是“单独或与刚果（金）武装部队（FARDC）一道，以强有力、高机动、多样化的方式，开展有目标的进攻性行动……”[2] 该旅旅部设在戈马市，由来自马拉维、南非和坦桑尼亚三国的部队组成，共有三个步兵营、一个炮兵连、一个特种部队及侦察连，人员约 3000 名。尽管联刚稳定团的人员增加到了 1.9815 万人，但仍然没有达到先前核准的实力上限，安理会也没有提高这一上限。

联合国安理会强调了干预旅的特殊性，认为其成立是个“例外”，既不构成先例，也不损害“当事方同意、保持公正以及除自卫和捍卫使命外不使用武力”等公认的维和行动指导原则。[3] 采取这一更为强势和有力做法的目的是“防止所有武装组织扩大其势力，压制其活动，解除其武装，以期实现降低武装组织对刚果（金）东部地区国家权威和平民安全所构成的威胁并为维稳活动创造空间的目标”。[4] 最初，授权成立维和部队干预旅的决定遭到了一些分析家的批评，他们认为这样做不仅可能损害联刚稳定团的公信力和公正性，还会给联刚稳定团其他部门的工作造成更大负担，因为干预旅必须在保护平民和对付武装组织之间保持平衡。[5] 另一些人则认为，在刚果（金）实行军事干预总会造成人道主义后果。[6]

安理会在授权成立维和部队国际干预旅的同时，将联刚稳定团的任期延长到 2014 年 3 月 31 日。该行动今后的组织结构如何，不仅要看武装组织的威胁程度，也要看冲突地区的局势是否得到稳定、国家权威是否得到恢复。干预旅的退出战略是，刚果（金）政府（在联

---

〔2〕 联合国安理会 2098 号决议，2013 年 3 月 28 日，第 12（b）段。

〔3〕 联合国安理会 2098 号决议，（同注释［2］），第 9 段。

〔4〕 联合国安理会 2098 号决议，（同注释［2］），第 12（b）段。

〔5〕 A. 格鲁尔和 M. 克尔：“新的联合国部队可能给平民带来更大风险”，史汀生中心聚光灯，2013 年 7 月 11 日，网址：〈http：//www. stimson. org/spotlight/new-un-force-may-increase-risks-for-civilians/〉。

〔6〕 难民国际：“联合国不得加剧刚果危机”，新闻稿，2013 年 7 月 24 日，网址：〈 http：//www. refugeesinternational. org/press-room/press-release/un-must-not-make-congo-risis-worse〉。

刚稳定团的支持下）在东部地区部署一支能够接管干预旅职责的快速反应部队。在受冲突影响较小的刚果（金）其他省份，联刚稳定团和联合国刚果（金）联合工作组应考虑哪些任务可以由前者移交给后者，因为后者整合了活跃于刚果（金）的联合国各专业机构、计划署和基金会的工作。在整体上，联刚稳定团应将工作重点放在刚果（金）东部地区。[7]

在维和部队干预旅成立前的3月18日，就已经有数百名"3·23运动"士兵逃到了卢旺达。3月22日，"3·23运动"领导人之一博斯科·恩塔甘达将军向国际刑事法院（ICC）自首。[8] 不过，在整个上半年，"3·23运动"、"解放卢旺达民主部队"和其他武装组织继续向刚果（金）武装部队以及联刚稳定团发动袭击。与此同时，刚果（金）政府军的一些部队发生了大规模强奸、虐待"3·23运动"被押人员、污辱"3·23运动"伤亡人员尸体的事件，联刚稳定团不得不重新检讨其对相关责任部队的支持。[9]

维和部队干预旅的部署始于2013年5月。7月，卢旺达政府指责联刚稳定团与解放卢旺达民主部队合作，遭到联刚稳定团的驳斥。[10] 当月晚些时候，刚果（金）武装部队展开攻势，卢旺达政府随即致函联刚稳定团，就其领土遭受蓄意轰炸提出抗议。联刚稳定团再次否认应对此负责。7月30日，联刚稳定团宣布戈马为安全区，只有刚果（金）武装部队和联刚稳定团可以携带武器进入安全区。[11] 然而，"3·23运动"8月份对戈马的袭击导致当地平民举行示威，抗议联刚稳定团不作为。据报道，有两名平民在示威活动中被维和人员打死。结果，联合国下令对此进行调查。[12]

---

〔7〕 联合国安理会2098号决议，（同注释［2］）。

〔8〕 联合国安理会2098号决议，（同注释［2］）。关于国际刑事法院的简要介绍以及其他详情，参见本卷附件B第一部分。

〔9〕 联合国安理会，《安理会主席声明》，S/PRST/2013/11，2013年7月25日。

〔10〕 E. 奎布卡："卢旺达：联合国旅为'解放卢旺达民主部队—刚果联盟'提供援助"，《新时代报》，基加利，2013年7月17日。

〔11〕 联合国安理会，《秘书长关于联刚稳定团工作的报告》，S/2013/581，2013年9月30日；及"刚果（金）骚乱：联合国调查戈马抗议活动中的人员死亡事件"，英国广播公司新闻，2013年8月26日，网址：〈http://www.bbc.com/news/world-africa-23840545〉。

〔12〕 联合国，S/2013/581，（同注释［11］）。

不过，随着部署工作走上正轨，维和部队干预旅的活动提振了刚果（金）武装部队的信心，改变了民众关于联刚稳定团没有与武装组织交手的原有看法，并且有效击退了“3·23 运动”的进攻。[13] 10 月 25 日，和谈破裂后，刚果（金）武装部队再次向“3·23 运动”发起进攻，很快就在维和部队干预旅的支援下收复失地，并最终导致“3·23 运动”被击败。11 月 5 日，“3·23 运动”宣布停止叛乱，刚果（金）政府与“3·23 运动”之间的敌对活动就此终止。[14]

人们对维和部队干预旅在“3·23 运动”被击败中所发挥的作用反应不尽一致，但总体上还是谨慎乐观的。一方面，长期以来，联合国稳定刚果（金）东部局势的努力一直被认为是失败的，干预旅为联合国挽回了一些脸面；[15] 另一方面，刚果（金）的局势仍远未稳定。例如，2013 年联合国专家曾指责卢旺达继续向“3·23 运动”提供军事援助。[16] 然而，由于“3·23 运动”看来已经被击败，联合国安理会呼吁刚果（金）武装部队以及联刚稳定团及其维和部队干预旅腾出手来对付解放卢旺达民主部队以及其他武装组织，防止这些组织乘机利用刚果（金）东部地区出现的新形势。[17] 联刚稳定团还会同在本地区其他国家的联合国行动，向在中非共和国、南苏丹和刚果（金）打击“圣灵抵抗军”（LRA）的非盟地区特遣部队提供后勤支援。[18]

12 月 3 日，根据联合国安理会 2013 年 1 月做出的决定，为配合

---

〔13〕“战地报道：安理会在戈马”，蓝色新闻，2013 年 10 月 7 日，网址：〈http://www.whatsinblue.org/2013/10/dispatches-from-the-field-the-security-council-in-goma.php〉。

〔14〕联合国安理会，《安理会主席声明》，S/PRST/2013/17，2013 年 11 月 14 日；及联合国安理会，《秘书长关于联刚稳定团工作的报告》，S/2013/757，2013 年 12 月 17 日。

〔15〕N. 库利希和 S. 森古普塔：“新联合国旅在非洲采取的进攻性姿态带来了成功，也带来了风险”，《纽约时报》，2013 年 11 月 12 日。

〔16〕联合国安理会，《刚果（金）问题专家组中期报告》，2013 年 6 月 20 日；S/2013/433 之附件，2013 年 7 月 19 日；及“‘3·23 运动’叛乱分子重新纠集了吗?”，《独立报》，2013 年 11 月 12 日。

〔17〕联合国，S/PRST/2013/17，（同注释［14］），及联合国，S/2013/757，（同注释［14］）。

〔18〕联合国安理会，《安理会主席声明》，S/PRST/2013/18，2013 年 11 月 25 日。

联合国对在刚果（金）境内非政府武装的部队调动以及对其实施的武器禁运进行空中监视，联刚稳定团投入使用了联合国历史上的首架无人机（UAV）。截至2014年初，联刚稳定团已经在距离戈马机场150公里的半径内操作使用了5架无人机。截至2014年1月中旬，有报道说，已有1架无人机坠毁。[19]

## 马里

2011年利比亚冲突后，跨国性有组织犯罪活动和恐怖组织对萨赫勒地区的影响日益严重。前者以武器走私和毒品走私为主要形式，后者按照欧盟（EU）和联合国认定的活跃于这一地区的恐怖组织有："伊斯兰马革里布基地组织"（AQIM），"西非圣战统一运动"（MUJAO），"信仰卫士"以及其他相关组织。[20] 与此同时，马里政府与图阿雷格反政府武装之间的冲突再次骤然爆发。武装组织数量越来越多，种族之间也燃起冲突之火。

为了应对马里的安全局势，2013年，联合国安理会重点关注了三个问题：萨赫勒地区的人道主义危机、马里北部的不稳定局势以及极端分子和恐怖组织的存在。安理会多次声明，上述挑战对国际和平与稳定构成威胁，欢迎非盟、西共体及欧盟所采取的积极行动，例如为应对上述挑战而帮助萨赫勒地区各国政府进行能力建设以及安全机构改革等。[21]

2012年12月20日，联合国安理会授权部署非洲国家领导的非马团，初始任期为1年。[22] 但是，这支应该由非盟和西共体共同领导的部队预计要到2013年9月才能达到满编状态。[23] 2013年1月10日，伊斯兰和图阿雷格武装占领马里中部战略重镇科纳，附近的塞瓦

〔19〕 联合国安理会，安理会主席2013年1月22日致秘书长的函，S/2013/44，2013年1月22日；及J. 宾尼："联合国猎鹰在刚果（金）坠毁"，《简氏防务周刊》，2014年1月14日。

〔20〕 关于利比亚冲突，参见M. 艾伦松等："阿拉伯之春第一年"，《SIPRI年鉴2012》，及C. 方希尼："2011年新实施的和平行动"，《SIPRI年鉴2012》，第99—103页。

〔21〕 联合国安理会，《安理会主席声明》，S/PRST/2012/26，2012年10月10日。

〔22〕 联合国安理会2085号决议，2012年12月20日。

〔23〕 "马里"，《安理会报告》，《每月预报》，2013年2月。

雷（Sevare）军用机场岌岌可危，而该机场对未来可能采取的干预行动至关重要。法国推动安理会再次呼吁国际社会为马里政府提供援助。[24] 为加快国际介入步伐并为非马团部署赢得时间，法国利用安理会提供的这一特别支持，在马里部署了自己的军事力量，即“薮猫行动”。[25] 随后，西共体发表声明，将加快非马团的部署步伐。[26] 然而，根据非盟驻马里特别代表的说法，非马团的部署在一开始曾因为后勤、能力以及协调等方面遇到的挑战而耽误。尤其是，出兵国缺少装备和足够的运输能力。[27]

“薮猫行动”开始还不到3周，马里和法国部队就收复了北部的3座主要城市：加奥、基达尔和通布图（廷巴克图），并且没有遇到什么抵抗。多个欧洲国家提供了后勤援助。到1月底，尼日利亚和乍得的部队也加入了马里和法国部队的行列。[28] 丢失地盘后，图阿雷格和伊斯兰武装采取了游击战术。就在战斗持续进行的同时，人们始终怀疑外部干预能否在法国部队撤离后产生持久影响。[29] 非洲外交人士在对“薮猫行动”大都表示乐观的同时，也对不得不依赖外界提供紧急军事援助表示不满。观察家们也批评欧盟、法国和美国调动后勤资源来支持薮猫行动的建立，却不是利用这些资源去帮助非马团

---

〔24〕 联合国安理会：“安理会关于马里局势的媒体声明”，新闻稿，SC/10878，2013年1月10日。

〔25〕 J. 艾力希和B. 费利克斯：“马里军队在法国帮助下打退伊斯兰叛乱分子”，路透社，2013年1月1日。

〔26〕 西共体：“西共体委员会主席关于马里局势的声明”，新闻稿第006/2013号，2013年1月12日，网址：〈http://news.ecowas.int/presseshow.php?nb=006&lang=en&annee=2013〉。

〔27〕 P. 布约亚：“非洲会议要点：非盟驻马里和萨赫勒地区两位特别代表的发言”，查塔姆研究所（皇家国际事务研究所），2013年3月26日，网址：〈http://www.chathamhouse.org/sites/default/files/public/Research/Africa/260313summary.pdf〉。

〔28〕 法国国防部：“薮猫行动：2013年1月28日态势报告”，2013年1月28日，网址：〈http://www.defense.gouv.fr/operations/mali/actualite/operation-serval-point-de-situation-du-28-janvier-2013〉；及法国国防部：“薮猫行动：2013年1月29日态势报告”，2013年1月29日，网址：〈http://www.defense.gouv.fr/operations/mali/actualite/operation-serval-point-de-situation-du-29-janvier-2013/〉。

〔29〕 P. 廷尼和A. 诺西特尔：“在马里，游击战的危险迫在眉睫”，《纽约时报》，2013年2月16日。

解决后勤保障问题。[30]

到2月初，已有3000名西非国家部队部署到非马团。然而，法国和美国却呼吁联合国安理会迅速以联合国行动取代非马团。[31] 3月7日，非盟和平与安全理事会（PSC）决定支持这一建议，条件是：（1）联合国特派团将获得“强势”的强制和平使命；（2）联合国将与非盟、西共体和马里进行磋商，任命非马团团长皮埃尔·布约亚为联合国特派团团长；（3）联合国将为非马团筹集资金和后勤保障，并允许非盟和西共体发挥“中心作用”。[32] 3月底，马里政府和西共体委员会主席还要求将非马团改组为联合国行动。[33]

在“薮猫行动”和非马团帮助下，马里政府重新控制了全国大部分地区之后，联合国安理会于4月25日授权成立由1.12万名军事人员（含一个快反营）和1440名警务人员组成的联马团。[34] 新成立的联马团收编了非马团的部队。不过，其中有些部队没有达到联合国的标准，联合国给予他们4个月的宽限期，用以接受特别训练和装备。[35] 新成立的特派团还整合了2012年12月成立的联合国马里办事处（UNOM，联马办）的组织结构与职责。2013年7月1日，非马团将职责移交给联马团。联马团根据国际部队打击联合国所认定的恐怖武装的进展情况进行分阶段部署。[36]

联合国安理会决议赋予联马团的使命是，“稳定主要人口中心的局势，在全国范围内恢复国家权威”。这就包括慑止威胁、积极防止武装分子卷土重来、协助马里重建安全机构。联马团还应支持马里政

---

〔30〕 国际危机小组：“马里：安全、对话与有意义的改革”，《非洲报告第201号》，国际危机小组，布鲁塞尔，2013年4月11日，第13页。

〔31〕 “美国和法国就成立联合国马里部队的必要性达成一致”，法新社，2013年2月4日。

〔32〕 非洲和平与安全理事会：《第358次部长会议公报》，PSC/PR/COMM.（CCCLVIII），2013年5月7日。

〔33〕 联合国安理会：秘书长2013年2月25日致安理会主席的函，S/2013/113，2013年2月26日；及联合国安理会：秘书长2013年4月16日致安理会主席的函，S/2013/231，2013年4月16日。

〔34〕 联合国安理会2100号决议，2013年4月25日。

〔35〕 联合国安理会：《秘书长关于马里局势的报告》，S/2013/582，2013年10月1日。

〔36〕 联合国安理会2100号决议，（同注释［34］）。

府落实国民议会 1 月 29 日通过的过渡路线图，包括为全国政治对话和 2013 年的选举进程提供援助。联马团的使命还包括保护平民和联合国人员，促进和保护人权（包括部署人权观察员），支持人道主义援助，保护文化与历史遗迹，协助在马里或通过国际刑事法院将战争罪犯和反人类罪犯绳之以法。[37]

虽然联马团获得了采取一切必要措施履行其使命的许可，但和刚果（金）的维和部队干预旅一样，联合国安理会也重申了指导维和行动的基本原则，包括保持公正以及除自卫和捍卫使命外不使用武力。此外，安理会还声明，“每一个维和特派团的使命都是针对相关国家的需求和形势确定的”。[38] 法国常驻联合国代表热拉尔·阿罗表示，联马团“不是要向躲在据点里的恐怖分子发起追击”，而是“要稳定马里这个国家的局势”。不过，如果维和人员真要是在他们部署的地区发现了恐怖分子的巢穴，他们还是要将其捣毁的。[39] 安理会授权法国部队在联马团面临威胁或在秘书长提出要求时，为支援联马团而采取干预行动。[40]

就在安理会授权成立联马团的同一天，非盟“对有关方面在决议起草和磋商过程中未与其进行适当磋商表示关切”，并且强调这“不符合非盟和联合国多年来一直努力促进的伙伴关系精神”。[41] 非盟与联合国之间的分歧主要源于以下事实：联合国不想同意非盟和西共体设置的先决条件，联合国因此实际上将他们边缘化了。[42]

非洲地区性组织还在联马团使命的强势性问题上与联合国存在分歧。非盟支持将非马团改编为联马团的条件包括后者的“使命必须

---

〔37〕 联合国安理会 2100 号决议，（同注释［34］），第 16 段。

〔38〕 联合国安理会 2100 号决议，（同注释［34］）。

〔39〕 N. 麦克法丘哈：“联合国投票决定成立马里维和部队”，《纽约时报》，2013 年 4 月 25 日。

〔40〕 联合国安理会 2100 号决议，（同注释［34］）。

〔41〕 非盟和平与安全理事会：《第 371 次部长会议公报》，PSC/PR/COMM.(CCCLXXI)，2013 年 4 月 25 日。

〔42〕 A. 布特里斯和 P. D. 威廉姆斯：“在马里问题上的分歧影响的可能不只是即将到来的非盟庆祝活动”，IPI 全球气象站，2013 年 5 月 15 日，网址：〈http://www.theglobalobservatory.org/analysis/502 - disagreements-over-mali-could-sour-more-than-the-upcoming-african-union-celebration.html〉。

强势”并且必须对武装组织开展进攻性行动；而与此相反，包括阿根廷、危地马拉、巴基斯坦和俄罗斯在内的几个安理会成员国，都谋求限制联马团使命的强势程度。[43] 这些国家还敦促安理会在联马团的使命中重申维和行动的基本原则。一些观察家认为，这些国家试图通过限制联马团使命的强势性，来将强制和平限定在特例范围内，而不是像成立联刚稳定团维和部队干预旅那样再次开创一个先例。[44] 意味深长的是，中国向联马团派出了一个警卫分队。尽管中国从来没有向和平行动派出过作战部队，此举却使中国朝着这个方向迈进了一步。[45]

尽管还有些脆弱，但马里的安全局势在2013年9月前保持了相对稳定。除了新点燃的种族间冲突外，图阿雷格和伊斯兰武装继续以游击和恐怖战术与马里政府军进行战斗，尤其是在北部城镇。虽然叛乱活动持续不断，但马里还是在7月和8月和平地举行了两轮总统选举，并在11月和12月举行了立法选举。9月4日，布巴卡·凯塔宣誓就任总统，过渡政府成功完成使命。[46] 10月，武装组织对联马团以及薮猫行动营地、检查站和车辆发动的袭击更加频繁，马里北部（尤其是基达尔）局势开始恶化。此外，加奥和梅纳卡也发生了多起针对联马团的示威事件。[47] 9月，至少有4名来自乍得的联马团士兵因薪资争议而离开基地，并在加奥至少强奸了一名妇女。[48] 在此之前，为了确保乍得不向联马团派遣儿童兵，联合国曾于6月份对乍得

〔43〕 非盟和平与安全理事会，（同注释［32］）。

〔44〕 “在马里成立联合国特派团的决议”，蓝色新闻，2013年4月24日，网址：〈http：//www. whatsinblue. org/2013/04/resolution-establishing-a-un-mission-in-mali. php〉。

〔45〕 “中国考虑向联合国维和行动派遣更多作战部队”，《经济学人》，2013年6月15日。关于中国对和平行动的贡献日益增大问题，参见季北慈和黄劲豪：“中国不断扩大在联合国维和行动中的作用：前景与政策意义”，SIPRI政策文件第25号，SIPRI，斯德哥尔摩，2009年11月。

〔46〕 联合国，S/2013/582（同注释［35］），及联合国安理会：《秘书长关于马里局势的报告》，S/2014/1，2014年1月2日。

〔47〕 联合国，S/2014/1，（同注释［46］）

〔48〕 “联合国的联马团士兵‘性侵马里妇女’”，英国广播公司新闻，2013年9月26日。

进行过特别审查。[49]

10 月下旬，法国和马里部队在联马团配合下，开始实施“水螅”（Hydra）行动，以期向恐怖组织施加压力，防止其死灰复燃。[50] 尽管局势依旧动荡不稳，法国还是在 11 月初决定不再推迟其部队的撤离工作，从而将其驻马里部队由 3200 人减少到 1000 人。[51]

## 中非共和国

2013 年初，由弗朗索瓦·博齐泽总统领导的中非共和国政府在首都班吉以外的地区没有多少权威可言。在全国其他地区，反政府武装组织以及“圣灵抵抗军”填补了安全真空。1 月 11 日，在中非国家经济共同体（CEEAC，中共体）斡旋下，中非共和国政府与塞雷卡反政府联盟在加蓬（首都）利伯维尔签订了一份停火协议。此外，停火协议的签署方以及民主反对派还就危机的解决签订了一份政治协议，并根据这一协议成立了全国团结政府。[52] 根据上述两项利伯维尔协议，博齐泽总统将担任总统至 2016 年其任期结束，而其政府内的有些部长将由反对派人士担任，中共体中非共和国巩固和平特派团（MICOPAX）将继续支持该和平进程。[53]

然而，3 月 24 日，塞雷卡夺取了政权，并声称博齐泽总统未能遵守协议。博齐泽出逃国外。政变发生后，中非共和国法治彻底崩溃。[54] 非盟谴责塞雷卡的“单方面非法决定公然违反了利伯维尔协议”，呼吁国际社会（包括联合国安理会）谴责反政府联盟的行

---

〔49〕 I. 查波纽和 M. 尼古拉斯：“联合国在马里的维和行动自 7 月 1 日起开始运转”，路透社，2013 年 6 月 25 日。

〔50〕 “联合国和法国部队在马里开展大规模行动”，英国广播公司新闻，2013 年 10 月 24 日；及联合国秘书长：“为答复有关联合国马里行动的问题而致记者的便函”，2013 年 10 月 23 日，网址：〈http：//www. un. org/sg/offthecuff/index. asp? nid = 3151〉。

〔51〕 J. 艾力希和 T. 迪亚罗：“虽然还有屠杀现象，法国仍不愿推迟其驻马里部队的撤离工作”，路透社，2013 年 11 月 5 日。

〔52〕 联合国安理会 2088 号决议，2013 年 1 月 24 日。

〔53〕 国际危机小组：“中非共和国：完成过渡的优先工作”，非洲报告第 203 号（国际危机小组，布鲁塞尔，2013 年 6 月 11 日），第 13 页。

〔54〕 联合国安理会 2121 号决议，2013 年 10 月 10 日。

径。[55] 尽管2013年4月恩贾梅纳峰会上制定的路线图和发表的声明理应启动过渡进程，并最终举行选举，但塞雷卡不管这些。有报道说，塞雷卡的人员违反了国际人道主义法并大规模侵犯人权。塞雷卡领导人米歇尔·多托贾被承认为国家的过渡领导人，但他对其所领导的部分民兵武装的控制能力却越来越弱，到了9月份，甚至达到了解散塞雷卡的地步。[56] 尤其是，有的流氓组织还以一些种族与非穆斯林组织代表为目标，对其施以暴力，从而加剧了社团间的紧张关系。联合国工作人员也成为他们的暴力目标。结果，已有的人道主义危机进一步升级，中非共和国出现了安理会后来所说的“十分复杂的紧急状态”。[57]

为应对这一事态，非盟和平与安全理事会授权成立了非洲国家领导的中非共和国国际支援团（MISCA，亦称“非中团”），非中团应收编中共体中非共和国巩固和平特派团。[58] 虽然非盟于2013年8月1日正式启动了由中共体中非共和国巩固和平特派团向非中团的过渡工作，但非盟与中共体之间仍存在许多问题。结果，中共体中非共和国巩固和平特派团在8月1日之后仍然没有被收编。事实上，由于实际形势的需要该团甚至多次扩编。[59]

10月10日，联合国安理会扩大了联合国驻中非共和国综合性建设和平办事处（BINUCA，联中办）的使命，将支持利伯维尔和恩贾梅纳政治进程纳入其使命范围，其中包括落实选举进程和监督人权。安理会还宣布，如果实际情况允许，将考虑把联中办由政治与建设和平行动改组为维和行动。[60] 10月29日，安理会决定在次月部署一支警卫部队，以保护联中办，这与2004年为保护联合国伊拉克特派团

〔55〕 非盟和平与安全理事会:《第363次部长会议公报》, PSC/PR/COMM（CCCLXIII), 2013年3月25日。

〔56〕 “中非共和国总统多托贾禁止原塞雷卡反政府支持者”, 英国广播公司新闻, 2013年9月13日, 网址:〈http://www.bbc.com/news/world-africa-24088995〉。

〔57〕 联合国安理会2121号决议,（同注释［54］）。

〔58〕 非盟和平与安全理事会,《第385次会议公报》, PSC/PR/COMM.2(CCCLXXXV)。

〔59〕 保护责任全球中心;“国际社会应对中非共和国局势大事记”, 2013年12月17日, 网址:〈http://www.globalr2p.org/publications/276〉。

〔60〕 联合国安理会2121号决议,（同注释［54］）。

而部署的部队类似。这支部队初始规模为 250 人，将扩充至 560 人，以使联中办能够部署到班吉以外的地方。[61]

上述措施并没有起到防止局势进一步恶化的作用。11 月 13 日，非盟和平与安全理事会敦促联合国安理会就 7 月 19 日非中团成立一事做出回应，并通过决议批准非中团的部署。[62] 11 月 20 日，中非共和国当局还请求法国部队支持非中团。过渡政府在落实 2013 年 4 月恩贾梅纳过渡框架方面只取得了有限的进展，全国法治完全缺失。而过渡框架是恩贾梅纳宣言所要求的，并于 8 月 18 日生效。以穆斯林为主的原塞雷卡武装所造成的大规模侵犯人权事件，越来越多地导致以基督教为主的反巴拉卡民兵的报复。因此，教派与种族暴力的动态以及由此而引起的报复活动，螺旋式地上升为彻底的混乱，警察和司法当局没有能力将作恶者绳之以法。[63]

联合国安理会认为，中非共和国的局势对国际安全构成威胁，因为这种局势会给跨国犯罪活动和激进组织提供有利的环境。12 月 5 日，非盟成立非中团 4 个月之后，安理会批准了其部署并授权法国部队为其提供支援。非中团的使命是保护平民，恢复安全和公共秩序；稳定全国局势，恢复国家权威；为人道主义援助的提供创造条件；协助弃武复员安置（DDR）以及安全机构改革（SSR）进程。中共体中非共和国巩固和平特派团应于 12 月 19 日向非中团正式移交权力并完成过渡工作。所有新部署的非洲国家部队都应编入其中。为向非中团表示支持，联合国秘书处向其提供了技术与专家咨询。另一方面，联合国还设立了一个信托基金为非中团提供资金保障。不过，安理会也注意到，地区组织应负责提供其工作所需的资源，包括资金在内。联合国秘书长则继续为非中团可能向联合国行动过渡而进行准备。

对于安理会所做出的另一项关于授权法国部队在海外部署的决

〔61〕 联合国安理会：秘书长 2013 年 10 月 22 日致安理会主席的函，S/2013/636，2013 年 10 月 29 日；及联合国安理会：安理会主席 2013 年 10 月 29 日致秘书长的函，S/2013/637，2013 年 10 月 29 日。

〔62〕 非盟和平与安全理事会：《第 406 次部长会议公报》，PSC/PR/COMM. 1（CD-VI），2013 年 11 月 13 日。

〔63〕 联合国安理会 2127 号决议，2013 年 12 月 5 日；及大赦国际（AI）：《中非共和国的种族清洗和教派屠杀》，（大赦国际，伦敦，2014 年）。

议，一些评论员开始使用“奥朗德主义”一词。它以法国总统弗朗索瓦·奥朗德的名字命名，内容是：应东道国邀请、在联合国安理会授权下、与地区组织（这里是指非洲）部署的部队合作，对相关国家进行短暂而有限的人道主义干预。[64] 12月6日夜间，法国领导的红蝴蝶行动部署了一支部队。该部队后来逐步扩充到1600人。这一部署马上就改善了安全局势，基督教与穆斯林民兵武装之间的战斗出现下降。[65]

尽管取得了一些胜利，但无论是“红蝴蝶行动”还是非中团，都存在一些问题。基督教抱怨，非中团的乍得部队偏袒原塞雷卡武装，因为他们在种族与宗教上一脉相连；而穆斯林则指责法国在这场冲突中没有保持中立。[66] 更有甚者，12月非中团中的乍得部队还在解除原塞雷卡成员武装过程中向布隆迪部队开枪，双方在首都地区爆发了战斗。非中团部队司令和法国部队指责乍得部队与塞雷卡流氓分子站在一边，而乍得部队本应解除塞雷卡分子的武装。[67]

### 索马里

2013年上半年，非索团军事和警务部队为改善索马里南部地区（包括首都摩加迪沙和基斯马尤）的治安状况发挥了关键作用。国际社会的目标是重建索马里的地方治理机构和安全部队，尤其是在从伊斯兰组织青年党收复的地区。非盟和联合国在分别进行了战略评估后，决定以各自的比较性优势和明确分工为基础，加强双方合作。[68]

---

〔64〕 参见：S. 帝斯达尔：“法国介入中非共和国事务是‘奥朗德主义’的最新运用”，《卫报》，2013年12月5日。

〔65〕 E. 布劳恩：“法国部队在中非共和国首都与民兵武装战斗”，路透社，2013年12月9日。

〔66〕 B. 费利克斯和P. M. 恩古帕纳：“分析：中非共和国宗教暴力的根源是争夺资源”，路透社，2013年12月26日；“法国的蝴蝶行动”，《纽约时报》，2013年12月24日；人权观察（HRW）：“我仍能嗅到死人的味道”，《被遗忘的中非共和国人权危机》（人权观察，纽约，2013年9月）。

〔67〕 “驻中非共和国维和人员之间爆发战斗”，半岛电视台，2013年12月24日，网址：〈http://www.aljazeera.com/news/africa/2013/12/fighting-erupts-between-car-peacekeepers-201312249312770143.html〉。

〔68〕 联合国安理会2093号决议，2013年3月6日。

联合国安理会曾在 2012 年 11 月宣布，将在非索团任期续延前对非索团所取得的进展进行评估。[69] 到 2013 年 2 月底，安理会的评估结果似乎是积极的，因而非索团的任期又延长了 1 年。除原有任务外，非索团又被赋予了新的任务，即通过拓展民事存在扩大索马里政府在收复地区的国家权威。[70] 非盟还请求联合国授权"加强对非索团的保障力度"。[71] 不过，联合国没有对此做出回应，而是呼吁非盟和其他国际捐助方增加对非索团的捐助。[72]

战略评估结束后，联合国秘书长和安理会均认为，在索马里部署联合国行动的条件尚不具备。不过，安理会要求秘书长制订出一套标准，以便对联合国行动的部署时机是否成熟进行评估。[73] 另外，考虑到联合国索马里政治办事处（UNPOS，联索办）已经完成了使命，安理会决定关停这一机构，并建立了一个新的扩大了的政治特派团，即联合国索马里援助团（UNSOM，联索团）。新的特派团成立于 6 月 3 日，总部设在摩加迪沙。如果安全局势许可，该团将在索马里全国展开部署。[74] 联合国非索团保障办公室及联合国索马里工作组，都应于 2014 年 1 月 1 日并入联索团。联索团的使命是：在和平与和解进程中提供斡旋；就国家治理、安全机构、联邦宪法制定以及 2015 年选举准备等问题向索马里政府提供咨询；协调国际援助方的援助；通过部署人权观察员，防止、监督和报告侵犯人权事件，尤其是针对妇女儿童的侵犯人权事件，包括性暴力。非索团提供了一支 311 人的警卫部队为联合国工作人员提供保护。[75] 7 月 24 日，安理会还请求

〔69〕 联合国安理会 2073 号决议，2012 年 11 月 7 日。

〔70〕 联合国安理会 2093 号决议，（同注释［68］）。

〔71〕 非盟和平与安全理事会：《第 356 次部长会议公报》，PSC/PR/COMM (CCCLVI)，2013 年 2 月 2 日，网址：〈http：//www. peaceau. org/uploads/psc-comm－356－somalia－27－feb－2013. pdf〉。

〔72〕 非盟和平与安全理事会，（同注释［71］）；及联合国安理会 2093 号决议，（同注释［68］）。

〔73〕 联合国安理会 2093 号决议，（同注释［68］）。

〔74〕 联合国安理会 2093 号决议，（同注释［68］）；联合国安理会 2102 号决议，2013 年 5 月 2 日；联合国安理会：《安理会主席声明》，S/PRST/2013/7，2013 年 6 月 6 日。

〔75〕 联合国安理会 2093 号决议，（同注释［68］）；联合国 2102 号决议，（同注释［74］）；联合国：S/PRST/2013/7，（同注释［74］）。

非索团协助索马里政府采取措施防止木炭出口，因为“伊斯兰组织青年党”经常利用其收益筹集活动资金。〔76〕

年中，从“伊斯兰组织青年党”手中收复的失地受到威胁，索马里国民军（SNA）和非索团被迫采取守势。5 月，“伊斯兰组织青年党”将其在政府收复地区（包括摩加迪沙）的战略由常规战改为非对称作战，目标对准政府机构和国际组织，包括联合国在内。例如，6 月 19 日，联合国在摩加迪沙的公共营区遭到袭击。由此而产生的行动受阻，导致联索团的成立步伐放慢。〔77〕

为应对这一情况，联合国安理会授权将非索团的兵力由 1.7731 万人增加到 2.2126 万人。这次为期至多两年的增兵旨在压制“伊斯兰组织青年党”的不对称战术，重新获得了军事上的进攻势头。不过，安理会也将此次增兵视为是非索团退出战略的一部分。根据这一战略，由非盟和联合国联合评估团制订的衡量标准最终达到后，将由联合国部署维和行动（以取代非索团）。一个新的行动构想预计于 2014 年 1 月 1 日前实施。〔78〕安理会还决定为这次增兵而加大后勤支援的力度。此外，联合国提供的后勤支援范围还扩大到与非索团开展联合行动的索马里国民军前线部队。为表示非盟的良好愿望，非盟和平与安全理事会呼吁非盟成员国也向非索团提供资金。〔79〕

由于安全局势的恶化，安理会还决定授权联索团部署一支联合国的静态警卫部队为联合国人员提供保护，这与联合国在中非共和国和伊拉克采用的模式相类似。〔80〕

## 南苏丹和苏丹

2013 年，联合国继续在南苏丹和苏丹部署 3 个特派团：联非达

---

〔76〕 联合国安理会 2111 号决议，2013 年 7 月 24 日。

〔77〕 联合国安理会：秘书长 2013 年 10 月 14 日致安理会主席的函，S/2013/606，2013 年 10 月 14 日。

〔78〕 非盟和平与安全理事会：《第 414 次部长会议公报》，PSC/PR/COMM.（CDXIV），2014 年 1 月 21 日，网址：〈http：//www. peaceau. org/uploads/auc-psc-comm-amisom-revisedconops－21－1－014. pdf〉。

〔79〕 联合国安理会 2124 号决议，2013 年 11 月 12 日。

〔80〕 联合国安理会 2124 号决议，（同注释〔79〕）。

团、联南团以及两国边境地区的联合国阿卜耶伊临时安全部队（UN-ISFA，联阿部队）。联合国在全球各地和平行动所部署的所有部队中有近1/3 部署在这3 个特派团（共2.5195 万人），联合国安理会继续敦促这3 个特派团密切协调其活动。[81]

**达尔富尔**

2013 年，达尔富尔和平进程没有取得任何进展。尽管仍然要比联非达团刚部署时要好，但达尔富尔整个这一年的安全局势实际上是恶化的。部族间暴力、盗匪和犯罪活动，以及武装组织与苏丹政府军之间的对抗（包括政府军的空中轰炸），导致大量人员流离失所。联非达团在预定时间内很好地完成了2012 年的增兵和重新配置工作，这项工作的本意是让联非达团更加聚焦于对平民和人道主义救援活动的保护。[82] 不过，联非达团继续受到下列问题的困扰：一是保障资源（包括空运装备）不足；二是苏丹政府施加的各种限制和官僚主义作风限制了联非达团的行动，包括拒绝向联非达团发放无线电发射机执照；三是有些军事和警务分队的自我保障能力没有达到协议要求的水平。[83]

随着冲突的激化，对联非达团的袭击也在增多。2013 年，共有44 名维和人员在达尔富尔被打死，这是联合国特派团当年遭受的最严重的伤亡。此外，尽管联非达团传统上一直参与和平进程的调解活动，但也有一些观察家建议，由于特派团的能力有限，特派团应与调解活动保持距离，并将工作重点放在平民保护上。联非达团的调解活动有时在外界看来甚至损害了其中立性，从而给维和人员带来危险。[84]

**阿卜耶伊**

虽然暴力活动水平低于2012 年，但和2012 年一样，联阿部队在

---

〔81〕 联合国安理会2113 号决议，2013 年7 月30 日。

〔82〕 范德·里金，（同注释［1］），第80 页。

〔83〕 联合国安理会2113 号决议，2013 年7 月30 日；及联合国安理会：《秘书长关于联非达团工作的报告》，S/2013/607，2013 年10 月14 日。

〔84〕 国际危机小组：《蔓延中的苏丹冲突（三）：达尔富尔和平进程的局限性》，《非洲报告第211 期》，（国际危机小组，布鲁塞尔，2014 年1 月27 日）。关于冲突中的调解活动，参见本卷第二章第一节。

2013 年不得不应对苏丹和南苏丹之间的跨境暴力事件。双方关系仍然高度紧张，双方都时不时地扬言要中止石油的跨境流动。[85] 双方在解决 2005 年《全面和平协议》的遗留问题上取得了一些进展。[86] 南苏丹和苏丹两国政府共同致力于落实边境非军事安全区（SDBZ），并落实了边境联合核查与监督机制（JBVMM）。[87] 应两国要求，联合国安理会将联阿部队编制实力的上限由 4200 人提高到 5326 人，以使该部队能够完全投入边境核查与监督工作。[88] 新增部队的第一阶段部署工作于上半年完成。[89] 但联阿部队在遂行其他任务方面则进展没那么大。截至 2013 年底，阿卜耶伊地区行政当局、议事会以及警察部队依然没有成立，苏丹政府也没有撤走其石油警察，致使阿卜耶伊地区法治完全缺失。更有甚者，丁卡族和米塞利亚族之间的部族冲突也在上升，尤其是在 1 名丁卡族大头领遭到 1 名米塞利亚族枪手杀害之后。因此，5 月 7 日，阿卜耶伊联合监督委员会（南苏丹和苏丹两国成立的举行日常谈判的联合委员会）重申该地区为无武器区。联合国安理会也要求联阿部队继续就该地区的有效落实和监督问题进行对话。[90] 10 月底，在《全面和平协议》中双方同意举行的阿卜耶伊地位问题公投尚未举行的情况下，丁卡族决定单方面举行公投，致使紧张局势进一步升级。11 月初，非盟和平与安全理事会代表团访问阿卜耶伊，丁卡族示威者试图强行闯入联阿部队司令部去见代表团。最终，代表团与抗议者和平地见了面。[91]

**南苏丹**

2013 年，南苏丹的安全与人权形势恶化，尤其是琼莱州。联南团则在琼莱州为保护平民免受持续不断的国内冲突和部族冲突影响而竭尽全力。联合国秘书长表示，“造成南苏丹当前挑战的原因是，联

---

〔85〕 联合国安理会 2109 号决议，2013 年 7 月 11 日。

〔86〕《苏丹共和国政府与苏丹人民解放运动/苏丹人民解放军全面和平协议》，2005 年 1 月 9 日签署，联合国 S/2005/78 号文件之附件，2005 年 2 月 10 日。

〔87〕 关于 2011 年边境非军事安全区及边境联合核查与监督机制的建立，参见方希尼（同注释〔20〕），第 95—99 页。

〔88〕 联合国安理会 2104 号决议，2013 年 5 月 29 日。

〔89〕 联合国安理会 2126 号决议，2013 年 11 月 25 日。

〔90〕 联合国安理会 2104 号决议，（同注释〔88〕）。

〔91〕 联合国安理会 2126 号决议，（同注释〔89〕）。

南团的任务规模大，而联南团及南苏丹政府现有的资源与能力却相对不足”。[92] 受邻国苏丹的冲突、边境地区的不安全状况以及人道主义救援活动受限的影响，人道主义局势也进一步恶化。此外，虽然南苏丹与苏丹之间关于石油过境费的争端得到了解决，南苏丹在 2013 年 4 月恢复产油，但南苏丹政府被迫继续实行紧缩措施，因此还是无钱用于建设和平活动上。[93]

联南团继续将工作重点放在平民保护上，此外联合国安理会还要求其协调国际社会对 2015 年选举的援助活动。然而，诸多问题困扰着联南团。联南团依然面临着兵源问题，即人手不足的问题，也缺乏必要的空中和水上运输能力。更有甚者，限制行动自由的事件以及袭击人员的事件持续不断。[94] 尽管之前也有发生，但恶意对待联南团人员的事件在本年度急剧上升。在 5 月 7 日至 11 月 5 日间，“骚扰、威胁、人身侵害、抓扣联合国人员和车辆的事件”共计发生了 67 起。[95] 为应对这一局面，安理会决定召见南苏丹大使。[96] 2013 年，联南团还有 9 人因恶意袭击而遭受伤亡，相比而言，2012 年和 2011 年的人员伤亡数字为零。结果，联南团成为继联非达团之后第二个最为暴力的联合国特派团。此外，由于联南团与联合国南苏丹工作组之间的工作分工不甚明确，联合国还经历了内部关系的紧张。双方对和平行动与东道国联合工作组的比较性优势进行了联合评估，以期改善双方关系。[97]

与此同时，随着 2013 年南苏丹国内政治紧张关系的加剧，联南团的工作环境变得越来越艰难。7 月 23 日，萨尔瓦·基尔总统解除了副总统里克·马沙尔的职务，并解散了整个内阁。马沙尔被指责于 12 月 15 日发动了一次未遂政变，紧张局势终于爆发。马沙尔本人设

〔92〕 联合国安理会：《秘书长关于联南团工作的报告》，S/2013/140，2013 年 3 月 8 日。

〔93〕 联合国安理会 2109 号决议，（同注释［85］）。

〔94〕 同上。

〔95〕 联合国安理会：《秘书长关于南苏丹问题的报告》，S/2013/651，2013 年 11 月 8 日。

〔96〕 “关于南苏丹问题的情况介绍与磋商”，蓝色新闻，2013 年 11 月 15 日，网址：〈http：//www. whatsinblue. org/2013/11/briefing-and-consultations-on-south-sudan – 1. php〉。

〔97〕 联合国安理会 2109 号决议，（同注释［85］）。

法逃出了首都朱巴，但南苏丹政府拘押了 11 名高级政治人物及原内阁部长。结果，南苏丹陷入了一场安全与人道主义危机。在这场危机中，努尔人与丁卡人之间爆发越来越激烈的战斗。对平民无法无天的屠杀造成数百人死亡，数千人流离失所。[98] 面对大规模的侵犯人权事件，联南团在联合国人权事务高级专员办公室（OHCHR）的帮助下，迅速扩大其人权调查能力。此外，联南团欢迎成千上万名民众到其营区躲避战火。[99] 12 月 19 日，大约 2000 名努尔族青年袭击了位于阿科博的一个联合国营地，打死了两名印度籍维和人员。[100] 经过一个星期的激烈战斗，到 12 月 23 日，共有 8.1 万人流离失所，4.5 万人到联南团营区寻求避难。[101]

为应对迅速恶化的局势，联合国秘书长建议联南团临时增兵 5500 人，使总兵力达到 1.25 万人，以保护平民并提供人道主义援助。此外，联南团民事警察也将由 900 人增加到 1323 人。12 月 24 日，联合国安理会迅速批准了秘书长的建议。然而，为了削减开支，安理会只允许从联阿部队、联非达团、联刚稳定团、联科行动以及联利团等其他特派团抽调部队，假如相关出兵国同意的话。[102] 一周后，即年底，流离失所人员数量增加到 19.4 万人，4 万人逃离南苏丹，或受困于南苏丹和苏丹边境地区，另有 5.75 万人在 10 个联合国基地避难。[103] 一些分析人士警告说，这些基地与 20 世纪 90 年代联合国设在波黑的保护区相似，存在着被武装分子洗劫的风险，因为他们会

---

〔98〕 联合国安理会 2109 号决议，（同注释［85］）。

〔99〕 联合国安理会 2132 号决议，2013 年 12 月 24 日。

〔100〕 M. 伯希尔："联合国：武装分子包围（联合国）南苏丹基地"，美国之音，2013 年 12 月 20 日，网址：〈http：//www. voanews. com/content/twenty-civilians-feared-dead-in-south-sydan-base-attack/1814232. html〉。

〔101〕 联合国人道主义事务协调办公室："南苏丹危机：截止 2013 年 12 月 23 日情况报告"，《第 3 号报告》，2013 年 12 月 23 日，网址：〈http：//reliefweb. int/report/south-sudanrepublic/south-sudan-crisis-situation-report – 23 – december – 2013 – report-number – 3〉。

〔102〕 联合国安理会 2132 号决议，2013 年 12 月 24 日。

〔103〕 联合国人道主义事务协调办公室："南苏丹危机：截至 2014 年 1 月 1 日情况报告"，《第 6 号报告》，2014 年 1 月 2 日，网址：〈http：//reliefweb. int/report/south-sudan-republic/south-sudan-crisis-situation-report – 1 – january – 2014 – report-number – 6〉。

认为联合国在庇护其种族与政治对手，就像在斯雷布雷尼察发生的那样。[104]

## 西非：科特迪瓦、利比里亚、塞拉利昂和几内亚比绍

2013 年，科特迪瓦在通往稳定的道路上继续前进，大多数因冲突而流落他乡的民众重返家园。4 月 21 日，科特迪瓦组织举行了地方与市级选举，尽管反对党拒绝参加投票。和解进程依然进展缓慢，安全机构改革与弃武复员安置工作没有按计划进行，侵犯人权的事件仍有发生。此外，联科行动对与利比里亚接壤地区的不安全状态仍然十分关注，因此继续与联利团和驻两国的联合国东道国联合工作组保持协调，以协助两国政府监督两国的共同边界。联科行动的任期延长到了 2014 年 6 月 30 日，届时军事人员的数量将下降到 7137 人，并有意在之后一年内再次下降到 5437 人。剩余的部队将把注意力集中在高危地区，重点是保护平民。警务人员保持在 1555 人不变。向联合国东道国联合工作组的职责移交工作也已开始。为联科行动提供支援的法国部队（即独角兽行动）的授权也得到了延长。[105]

利比里亚的形势继续改善。不过，联合国安理会注意到跨国性有组织犯罪的威胁，尤其是武器走私。安理会将联利团的任期延长到 2014 年 9 月 30 日。与此同时，分阶段撤离工作继续进行，全年共计削减了军事人员 1129 人。警务人员则保持在 1795 人。[106] 一些分析人士担心，联利团军事人员的削减可能太早了，因为利比里亚警察力量还太弱小，民众一直在抱怨腐败和受袭扰问题。[107]

---

〔104〕 A. 吉芬："联合国应如何处理南苏丹问题"，美国有线新闻广播网世界频道（CNN World），网址：〈http：//globalpublicsquare. blogs. cnn. com/2014/02/05/how-the-u-n-should-handle-south-sudan/〉；K. 诺德尔："被困于南苏丹"，《无聊的战争》，网址：〈https：//medium. com/war-is-boring/119600c57b95〉。关于波黑安全区，参见 T. B. 塞博特，SIPPI 研究所：《人道主义军事干预：成功与失败的条件》（牛津大学出版社，牛津，2007 年），第 61—70 页。

〔105〕 联合国安理会 2112 号决议，2013 年 7 月 30 日。

〔106〕 联合国安理会 2097 号决议，2013 年 3 月 26 日。

〔107〕 M. J. M. 基廷："联合国即将撤离利比里亚：下一步怎么办?"，世界政策研究所博客，2013 年 9 月 27 日，网址：〈http：//www. worldpolicy. org/blog/2013/09/27/un-leaving-liberia-whats-next〉。

在塞拉利昂，联合国塞拉利昂综合性建设和平办事处（UNIPSIP，联塞办）的任期得到最后一次延长，直到2014年3月31日。之后，联塞办的职责将移交给联合国塞拉利昂联合工作组。[108] 联塞办的关停工作在2013年全年按计划进行。[109]

2012年4月几内亚比绍发生军事政变后，该国的毒品走私活动开始增加。[110] 2013年4月30日签署的重返宪政常态《原则协议》将过渡期限延长到12月31日，在此期间，应举行选举并组成全面包容的过渡政府。包括非盟、欧盟、西共体、西共体几内亚比绍特派团（ECOMIB，西几团）、联合国和联合国秘书长特别代表在内的国际社会加大了用一个声音说话的力度，因为在2012年，这方面一直存在问题。[111] 然而，无论是军方对民政事务的干预还是毒品走私问题，都持续存在，安全局势进一步恶化，甚至到了组织实施自由公正选举都面临威胁的程度。事实上，过渡政府已将选举推迟到2014年3月。不过，西共体有意加强西几团的工作，以协助过渡当局为选举活动提供安全。[112]

## 结语

2013年，在非洲地区部署的8项新的行动使得当前和平行动及其实施机构和实施主体的格局十分复杂。和平行动的职权由一个特派团移交给另一个特派团，由一个实施机构移交给另一个实施机构。这种复杂格局并不新鲜，但它日益显露出不同实施机构之间、如何处理特定冲突的不同观点之间所存在的相关摩擦。在马里，非盟和西共体感觉到，在从非马团向联马团的过渡问题上以及联马团所负有的使命问题上，联合国没有与非洲的利益攸关方进行足够的磋商。在中非共

〔108〕 联合国安理会2092号决议，2013年2月22日。

〔109〕 联合国安理会：《秘书长关于联塞办工作的第11份报告》，S/2013/547，2013年9月12日。

〔110〕 联合国安理会2092号决议，2013年2月22日。

〔111〕 联合国安理会2103号决议，2013年5月22日。关于2012年国际社会在应对几内亚比绍问题上的分歧，参见：J. 邓登和范德·里金："2012年新实施的和平行动"，《SIPRI年鉴2013》，第73—75页。

〔112〕 联合国安理会：《安理会主席声明》，S/PRST/2013/19，2013年12月9日。

和国，在从中共体中非共和国巩固和平特派团向非中团的过渡问题上，中共体和非盟以及非盟与联合国之间也存在着机构间的摩擦。除非盟、西共体和联合国外，两项由联合国安理会授权、由法国部队实施的行动——马里的薮猫行动和中非共和国的红蝴蝶行动，也是这种复杂格局的组成部分。人们对法国实施的这两项行动的反应不尽相同。一方面，从某种程度上看，这两项行动填补了一个重要的空缺，他们所提供的额外安全与保护使部署在各自地区的其他行动能够履行其使命。另一方面，批评者们（尤其是来自非洲的批评者们）认为，如能向非马团和非中团等已有行动提供额外的能力，也许更加合适。此外，通过授权法国部队承担更加强势的任务，联合国安理会就使联马团的维和使命得到了软化，以保证那些担心联合国和平行动越来越强势的国家（如俄罗斯等）的同意。然而，允许法国出兵干预也使一些观察家产生了这样的疑问：将法国的国家利益作为对马里和中非共和国进行干预的基础是否适当？

联合国继续为保护平民而苦苦挣扎。不过，在 2013 年，联合国实施平民保护构想的决心似乎比 2012 年更加坚定。在这方面，联刚稳定团成为新举措的试验场。联刚稳定团维和部队干预旅的强势手段从传统维和行动偏离了一步，但要断言这种强势手段究竟是一种趋势还是一个例外还为时尚早。同样，在刚果（金）东部地区部署无人机也偏离了传统维和行动厌恶情报搜集的做法。维和部队干预旅的部署表明，联合国安理会不希望 2012 年“3·23 运动”占领戈马这样的灾难再次重演。“3·23 运动”随后在联刚稳定团的协助下被击败，被看作是联合国的一次胜利。不过，南苏丹在年底发生的暴力冲突使联合国再次处于艰难的境地。由于成千上万的平民在联合国基地避难，将其与波黑的安全区相提并论是显而易见的，联合国要避免另一场斯雷布雷尼察悲剧发生将十分困难。

最后，在财政紧缩的阴影下，联合国安理会要求非洲地区的组织加大其为自身实施的和平行动提供资金的呼声更加强烈。在索马里问题上，非盟和平与安全理事会响应了安理会的呼吁，这可能成为非洲越来越独立地应对本地区安全威胁的种子。

（陆建新　译）

# 第三节 2013 年多边和平行动表

蒂托·斯密特*

表3.2列出了2013年实施的57项多边和平行动的数据，其中包括在年内启动或结束的行动。按照定义，一项和平行动必须要有明示的意图，即1. 作为推动履行已签署的和平协议的一种手段，2. 或者为了支持一项和平进程，3. 或者是为了协助预防冲突或建设和平的努力。

斯德哥尔摩国际和平研究所遵循联合国维和部对“维持和平”的定义，即它是协助冲突国家为实现可持续和平创造条件的一种机制。维和任务可以是：监督和观察停火协议的履行；作为建立信任措施；保护人道主义救援物资的运送；协助战斗人员复员遣返和重新安置的进程；加强司法、法治（包括刑事机构）、治安和人权等领域的机制性能力；选举保障支持；以及促进经济和社会发展。表3.2因而涵盖的和平行动范围广泛，反映了和平行动授权的日益复杂性以及在履行和平行动过程中任务发生变化的潜在可能性。表中未列入斡旋、实地调查和协助选举等任务，也未列入由非常驻人员或谈判小组组成的和平行动以及未经联合国认可的行动。

表中所列的这些行动既有联合国授权实施的行动，也有由联合国认可或由联合国安理会决议授权、由区域组织和联盟实施或由临时（非固定）国家联盟实施的行动。联合国行动分成三组：1. 由联合国维和部实施的观察团和多职能和平行动；2. 特别政治行动和建设和平行动；以及3. “非盟/联合国达尔富尔混合行动”（UNAMID）。

本表内容来自“斯德哥尔摩国际和平研究所多边和平行动数据库”，网址是〈http：//www. sipri. org/databases/pko〉。该数据库提供有2000年以来实施的所有联合国和非联合国和平行动的数据，其中包括行动的实施地点、部署和行动日期、授权职责、参加国、人员数量、经费开支和人员伤亡等情况。

---

* SIPRI研究所的实习生马德莱因·马特松协助编制了表3.2。

**表 3.2　2013 年多边和平行动**

除非另有注明，表中所有数字均为截至 2013 年 12 月 31 日的数字，或者，若是在 2013 年内结束的行动，则为结束之日的数字。2013 年新参加现有行动的国家用黑体字表示；2013 年不再参加行动的国家用斜体字表示。2013 年新启动的行动，其法律依据文书用黑体字显示；2013 年结束的行动，其法律依据文书用斜体字显示。凡包含警察和军事人员的行动，其指定为牵头的国家用下划线表示，它们或者是具有行动指挥权的国家，或者是派出人员最多的国家。

| 法律依据/开始时间/地点 | 2013 年派出部队、观察员、民事警察或文职人员的国家（**黑体字**为新参加国、*斜体字*为年内结束使命国、下划线表示指定的牵头国） | 部队/观察员/民事警察/文职人员 批准数 | 实际数 | 死亡人数：迄今数/2013 年数/（死于敌对行动、事故、伤病） | 开支（百万美元）全年开支额/未付额 |
|---|---|---|---|---|---|
| | **联合国实施的行动**（14 项）（共有 117 个国家[*]参加） | **81667** | **68565** | **1391** | **5361.5** |
| | | **1395** | **1518** | **56** | **825.2** |
| | | **10288** | **8379** | | |
| | | **4898** | **4186**[**] | | |

* 由于无法得到参与联合国行动的文职人员的具体国籍情况，这个数字仅包括 2013 年期间向联合国维和部组织的行动提供穿军服、警服人员的国家。

** 联合国维和行动（包括非盟/联合国达尔富尔混合行动团——UNAMID）另有 11709 名当地文职雇员和 2029 名联合国志愿者协助。

**联合国停战监督组织（UNTSO）**

该组织系根据 1948 年 5 月 29 日安理会第 50 号决议建立，其职责是协助“调解员”和“停战委员会”监督 1948 年阿以战争后在巴勒斯坦的停火执行情况，后来还协助监督 1949 年的《停战总协议》和 1967 年“阿以六天战争”后的停火执行情况。该组织在开展活动时同“联合国脱离接触观察部队”（UNDOF）和“联合国黎巴嫩临时部队”（UNIFIL）进行合作。该组织使命的终止需由安理会作出明确决定。

| 法律依据/开始时间/地点 | 2013 年派出部队、观察员、民事警察或文职人员的国家（**黑体字为**新参加国、*斜体字*为年内结束使命国、<u>下划线</u>表示指定的牵头国） | 部队/观察员/民事警察/文职人员 批准数 | 实际数 | 死亡人数：迄今数/2013 年数/（死于敌对行动、事故、伤病） | 开支（百万美元）全年开支额/未付额 |
|---|---|---|---|---|---|
| 安理会 50 号决议<br>1948.6<br>埃及、以色列、黎巴嫩、叙利亚 | 观察员：阿根廷、澳大利亚、奥地利、比利时、加拿大、智利、中国、丹麦、爱沙尼亚、<u>芬兰</u>、法国、爱尔兰、意大利、*马拉维*、尼泊尔、荷兰、新西兰、挪威、俄罗斯、塞尔维亚、斯洛伐克、斯洛文尼亚、瑞典、瑞士、美国 | --<br>150<br>--<br>105 | --<br>159<br>--<br>92* | 50<br>-- | 35.1<br>-- |

* 该组织另有 138 名当地雇员协助。

**联合国印巴军事观察小组（UNMOGIP）**

该小组系根据 1951 年 3 月 30 日安理会第 91 号决议建立，其职责是监督 1949 年 7 月《卡拉奇协议》规定的克什米尔停火。该小组使命的终止需由安理会作出明确决定。

| 法律依据/开始时间/地点 | 国家 | 批准数 | 实际数 | 死亡人数 | 开支 |
|---|---|---|---|---|---|
| 安理会 91 号决议<br>1951.3<br>印度、巴基斯坦（克什米尔查谟） | 观察员：智利、<u>克罗地亚</u>、芬兰、意大利、韩国、菲律宾、瑞典、泰国、乌拉圭 | --<br>48<br>--<br>26 | --<br>41<br>--<br>24* | 11<br>-- | 10.5<br>-- |

* 该小组另有 44 名当地雇员协助。

| 法律依据/开始时间/地点 | 2013 年派出部队、观察员、民事警察或文职人员的国家（**黑体字**为新参加国、*斜体字*为年内结束使命国、下划线表示指定的牵头国） | 部队/观察员/民事警察/文职人员 批准数 | 实际数 | 死亡人数：迄今数/2013 年数/（死于敌对行动、事故、伤病） | 开支（百万美元）全年开支额/未付额 |
|---|---|---|---|---|---|
| **联合国塞浦路斯维和部队（UNFICYP）** | | | | | |
| 该维和部队系根据 1964 年 3 月 4 日安理会第 186 号决议建立，其职责是防止塞浦路斯的希腊族和土耳其族两方居民发生敌对行动，并协助维护和恢复法律与秩序。自 1974 年敌对行动结束以来，该部队的职责还包括监督（1974 年 8 月开始）事实上的停火和维护两方之间的缓冲区。2013 年 7 月 30 日安理会第 2114 号决议将此授权延长至 2014 年 1 月 31 日。 | | | | | |
| 安理会 186 号决议<br>1964. 3<br>塞浦路斯 | 部　队：阿根廷、奥地利、巴西、加拿大、智利、中国、克罗地亚、匈牙利、巴拉圭、塞尔维亚、斯洛伐克、英国、**乌克兰** | 860<br>– –<br>69 | 868<br>– –<br>68 | 181<br>– – | 55.6<br>15.9 |
| | 民事警察：澳大利亚、波黑、克罗地亚、萨尔瓦多、印度、爱尔兰、意大利、**立陶宛**、黑山、塞尔维亚、**斯洛伐克**、乌克兰 | 40 | 39 * | | |
| * 该部队另有 106 名当地雇员协助。 | | | | | |
| **联合国脱离接触观察部队（UNDOF）** | | | | | |
| 该观察部队系根据 1974 年 5 月 31 日安理会第 350 号决议建立，其职责是观察以色列和叙利亚部队之间的停火和脱离接触，以及维持一个由 1974 年《脱离接触协议》规定的限制和隔离区。2011 年以来，叙利亚政府和反叛组织之间在此隔离区内的激烈战斗，已威胁到该区域的平民和联合国人员的安全（他们已被袭击和劫持过）以及叙利亚和以色列之间的停火。由于安全形势不断恶化，奥地利、克罗地亚和日本于 2013 年撤走了它们在该观察部队的人员。2013 年 6 月 27 日安理会第 2108 号决议要求叙利亚和以色列继续遵守 1974 年协议中的条款，强调在该隔离区内不部署军事力量。与此同时，联合国安理会把该观察部队的人数增加到 1250 人，并增强其自卫能力。2013 年 12 月 18 日安理会第 2131 号决议将此授权延长至 2014 年 6 月 30 日。 | | | | | |

| 法律依据/<br>开始时间/<br>地点 | 2013 年派出部队、观察员、<br>民事警察或文职人员的国家<br>(**黑体字**为新参加国、*斜体字*为年内结束使命国、下划线表示指定的牵头国) | 部队/<br>观察员/<br>民事警察/<br>文职人员<br>批准数 | <br><br><br><br>实际数 | 死亡人数:<br>迄今数/<br>2013 年数/<br>(死于敌对行动、事故、伤病) | 开支<br>(百万美元)<br>全年开支额<br>/未付额 |
|---|---|---|---|---|---|
| 安理会 350 号决议<br>1974. 6<br>叙利亚 | 部　队：*奥地利*、*克罗地亚*、**斐济**、**爱尔兰**、印度、*日本*、**尼泊尔**、**荷兰**、菲律宾 | 1250<br>– –<br>– –<br>58 | 1239<br>– –<br>– –<br>47 * | 45<br>1<br>(1，–，–，–) | 53. 3<br>18. 5 |

* 该部队另有 101 名当地雇员协助。

**联合国黎巴嫩临时部队（UNIFIL）**

该临时部队系根据 1978 年 3 月 19 日安理会第 425 号决议和第 426 号决议建立，其职责是确认以色列军队从黎巴嫩南部撤离，并协助黎巴嫩政府对该区域重新行使行政权力。在 2006 年以色列与真主党的冲突后，联合国安理会于 2006 年 8 月 11 日通过的第 1701 号决议使该行动的职责改变为包括有关建立和监督永久性停火的多项任务。2013 年 8 月 29 日安理会第 2115 号决议将该部队使命延长至 2014 年 8 月 31 日。

| | | | | | |
|---|---|---|---|---|---|
| 安理会 425 和 426 号决议<br>1978. 3<br>黎巴嫩 | 部　队：亚美尼亚、奥地利、孟加拉国、白俄罗斯、比利时、巴西、文莱、柬埔寨、中国、克罗地亚、塞浦路斯、萨尔瓦多、芬兰、法国、德国、加纳、希腊、危地马拉、匈牙利、印度、印度尼西亚、爱尔兰、意大利、肯尼亚、韩国、卢森堡、马其顿、马来西亚、尼泊尔、尼日利亚、卡塔尔、塞尔维亚、塞拉利昂、斯洛文尼亚、西班牙、斯里兰卡、坦桑尼亚、土耳其 | 15000<br>– –<br>– –<br>352 | 10413<br>– –<br>– –<br>313 * | 299<br>3<br>(–，1，1，1) | 508. 3<br>59. 2 |

* 该部队另有 634 名当地雇员协助。

| 法律依据/开始时间/地点 | 2013 年派出部队、观察员、民事警察或文职人员的国家（**黑体字**为新参加国、*斜体字*为年内结束使命国、下划线表示指定的牵头国） | 部队/观察员/民事警察/文职人员 批准数 | 实际数 | 死亡人数：迄今数/2013 年数/（死于敌对行动、事故、伤病） | 开支（百万美元）全年开支额/未付额 |
|---|---|---|---|---|---|
| **联合国西撒哈拉公民投票特派团（MINURSO）** | | | | | |
| 该特派团系根据 1991 年 4 月 29 日安理会第 690 号决议建立，负责监督“西撒人民阵线”同摩洛哥政府之间的停火，观察驻军裁减情况，以及为举行一次关于西撒哈拉是否并入摩洛哥的最终公民投票做准备工作。2013 年 4 月 25 日安理会第 2099 号决议将此授权延长至 2014 年 4 月 30 日。 | | | | | |
| 安理会 690 号决议<br>1991. 9<br>西撒哈拉 | 部　队：孟加拉国、加纳<br>观察员：阿根廷、奥地利、孟加拉国、巴西、中国、克罗地亚、*吉布提*、埃及、萨尔瓦多、法国、**德国**、加纳、几内亚、洪都拉斯、匈牙利、**印度尼西亚**、爱尔兰、意大利、韩国、马拉维、马来西亚、蒙古、尼泊尔、尼日利亚、巴基斯坦、巴拉圭、秘鲁、**波兰**、俄罗斯、斯里兰卡、多哥、乌拉圭、也门<br>民事警察：*乍得*、埃及、约旦、也门 | - -<br>237 *<br>6<br>99 | 27<br>195<br>4<br>96 * * | 15<br>- - | 59. 4<br>43. 5 |

* 该数字是指军事观察员和部队的人数。

* * 该特派团另有 167 名当地雇员和 14 名联合国志愿者协助。

<table>
<tr><th rowspan="2">法律依据/<br>开始时间/<br>地点</th><th rowspan="2">2013 年派出部队、观察员、<br>民事警察或文职人员的国家<br>（黑体字为新参加国、斜体字为年内结束使命国、<u>下划线</u>表示指定的牵头国）</th><th colspan="2">部队/<br>观察员/<br>民事警察/<br>文职人员</th><th rowspan="2">死亡人数：<br>迄今数/<br>2013 年数/<br>（死于敌对行动、事故、伤病）</th><th rowspan="2">开支<br>（百万美元）<br>全年开支额<br>/未付额</th></tr>
<tr><th>批准数</th><th>实际数</th></tr>
<tr><td colspan="6">联合国科索沃临时行政机构（UNMIK）<br>该机构系根据 1999 年 6 月 10 日的安理会第 1244 号决议建立，其职责是：促进科索沃建立实质性的自治和自己的政府，行使民事管理职能，维护法律和秩序，促进人权，保证难民和离散人员的安全返回。在科索沃宣布独立以及在“欧盟科索沃法制团”（EULEX Kosovo）部署到位之后，该临时行政管理机构的职责改变为监督和协助当地机构，重点是协助维护安全、稳定和人权。终止该管理机构的任务需由安理会作出明确决定。</td></tr>
<tr><td>安理会 1244 号决议<br>1999.6<br>科索沃</td><td>观察员：捷克、摩尔多瓦、挪威、波兰、葡萄牙、罗马尼亚、土耳其、乌克兰<br>民事警察：比利时、克罗地亚、德国、匈牙利、意大利、巴基斯坦、土耳其、乌克兰</td><td>- -<br>8<br>8<br>132</td><td>- -<br>8<br>6<br>111 *</td><td>55<br>- -</td><td>46<br>34.7</td></tr>
<tr><td colspan="6">* 该机构另有 211 名当地雇员和 27 名联合国志愿者协助。</td></tr>
<tr><td colspan="6">联合国刚果民主共和国组织稳定行动团（MONUSCO）<br>该行动团的前身——“联合国刚果民主共和国行动团”（MONUC）系根据 1999 年 11 月 30 日安理会第 1279 号决议建立，并由 2000 年 2 月 24 日的安理会第 1291 号决议授权监督民主刚果、安哥拉、纳米比亚、卢旺达、乌干达及津巴布韦六国间停火协议的执行情况，监督和核查各方部队脱离接触，监视违反人权的情况，以及为人道主义援助提供便利。2003 年 7 月 28 日安理会第 1493 号决议授予该团《联合国宪章》第七章所赋予的权力。2008 年 12 月 22 日，安理会第 1856 号决议授权该行动团的职责是：保护平民、人道主义援助人员、联合国人员及设施的安全；协助对外国及刚果的武装集团解除武装、复员遣返和重新安置；协助安全部门改革；培训和指导刚果武装部队；协助维护民主刚果的</td></tr>
</table>

<table>
<tr><th rowspan="2">法律依据/<br>开始时间/<br>地点</th><th rowspan="2">2013 年派出部队、观察员、<br>民事警察或文职人员的国家<br><br>（黑体字为新参加国、斜体字为年内结束使命国、<u>下划线</u>表示指定的牵头国）</th><th colspan="2">部队/<br>观察员/<br>民事警察/<br>文职人员</th><th rowspan="2">死亡人数：<br>迄今数/<br>2013 年数/<br>（死于敌对行动、事故、伤病）</th><th rowspan="2">开支<br>（百万美元）<br><br>全年开支额<br>/未付额</th></tr>
<tr><th>批准数</th><th>实际数</th></tr>
<tr><td colspan="6">领土安全；以及帮助加强民主机构和法治建设。2010 年 5 月 28 日安理会第 1925 号决议将该团的使命转为稳定行动，并改用现名。2013 年 3 月 28 日安理会第 2098 号决议授权该行动团建立一个“武力干涉旅”（FIB），以解除民主刚果东部地区武装团体的武装，使之无行动能力。该行动团在开展活动时同“欧盟驻民主刚果警察特派团”（EUPOL RD Congo）和“欧盟驻民主刚果安全改革咨询与支援团”（EUSEC RD Congo）进行合作。2013 年 3 月 28 日安理会第 2098 号决议将该行动团使命延长至 2014 年 3 月 31 日。</td></tr>
<tr><td>安理会 1279 号决议<br>1999. 11<br>刚果民主共和国</td><td>部　队：孟加拉国、比利时、贝宁、巴西、加拿大、中国、埃及、法国、加纳、危地马拉、<u>印度</u>、印度尼西亚、爱尔兰、约旦、肯尼亚、马拉维、马来西亚、摩洛哥、尼泊尔、尼日尔、尼日利亚、巴基斯坦、秘鲁、俄罗斯、塞内加尔、塞尔维亚、南非、瑞士、坦桑尼亚、乌克兰、乌拉圭、赞比亚<br>观察员：阿尔及利亚、孟加拉国、比利时、贝宁、玻利维亚、波黑、布基纳法索、喀麦隆、加拿大、中国、捷克、埃及、法国、加纳、危地马拉、印度、印度尼西亚、爱尔兰、约旦、肯尼亚、马拉维、马来西亚、马里、蒙古、摩洛哥、尼泊尔、尼日尔、尼日利亚、挪威、<u>巴基斯坦</u>、巴拉圭、秘鲁、波兰、罗马尼亚、俄罗斯、塞内加尔、塞尔维亚、南非、斯里兰卡、瑞典、瑞士、坦桑尼亚、突尼斯、英国、乌克兰、乌拉圭、美国、也门、赞比亚</td><td>19815<br>760<br>1441<br>1121</td><td>19373<br>526<br>1299<br>988 *</td><td>229<br>16<br>（4，2，8，2）</td><td>1438. 2<br>151. 5</td></tr>
</table>

| 法律依据/开始时间/地点 | 2013 年派出部队、观察员、民事警察或文职人员的国家（黑体字为新参加国、*斜体字*为年内结束使命国、下划线表示指定的牵头国） | 部队/观察员/民事警察/文职人员 批准数 | 部队/观察员/民事警察/文职人员 实际数 | 死亡人数：迄今数/2013 年数/（死于敌对行动、事故、伤病） | 开支（百万美元）全年开支额/未付额 |
|---|---|---|---|---|---|
| | 民事警察：孟加拉国、*比利时*、贝宁、布基纳法索、喀麦隆、*加拿大*、中非共和国、乍得、科特迪瓦、吉布提、埃及、法国、几内亚、印度、约旦、马达加斯加、马里、尼日尔、尼日利亚、罗马尼亚、俄罗斯、塞内加尔、瑞典、瑞士、多哥、土耳其、乌克兰、也门 | | | | |

* 该支援团另有 2980 名当地雇员和 573 名联合国志愿者协助。

**联合国利比里亚特派团（UNMIL）**

该特派团系根据 2003 年 9 月 19 日安理会第 1509 号决议建立，拥有《联合国宪章》第七章规定的权力。其职责是支持 2003 年《全面和平协议》的执行，为人道主义和人权活动提供支援，协助东道国的安全部门改革以及保护平民。2010 年 9 月 15 日安理会第 1938 号决议授权该团协助利比里亚政府举行 2011 年的总统和议会选举。此后，该团的主要任务是保护利比里亚的和平与稳定，确保对该国平民的保护，以及通过加强利比里亚国家警察的能力建设，协助该国将安全责任成功移交给国家警察。该团在开展活动时同“联合国科特迪瓦行动团”（UNOCI）和“联合国塞拉利昂和平建设综合办事处”（UNAMSIL）进行合作。2013 年 9 月 18 日安理会第 2116 号决议将该团的使命延长至 2014 年 9 月 30 日。

| 法律依据/开始时间/地点 | 2013 年派出部队、观察员、民事警察或文职人员的国家（**黑体字**为新参加国、*斜体字*为年内结束使命国、下划线表示指定的牵头国） | 部队/观察员/民事警察/文职人员 批准数 | 实际数 | 死亡人数：迄今数/2013 年数/（死于敌对行动、事故、伤病） | 开支（百万美元）全年开支额/未付额 |
|---|---|---|---|---|---|
| 安理会 1509 号决议<br>2003. 10<br>利比里亚 | 部　队：孟加拉国、*贝宁*、玻利维亚、巴西、中国、克罗地亚、丹麦、**厄瓜多尔**、埃塞俄比亚、芬兰、法国、加纳、约旦、**肯尼亚**、韩国、纳米比亚、尼泊尔、尼日利亚、<u>巴基斯坦</u>、巴拉圭、秘鲁、菲律宾、塞内加尔、多哥、乌克兰、美国、也门<br>观察员：孟加拉国、贝宁、玻利维亚、巴西、保加利亚、中国、丹麦、厄瓜多尔、埃及、萨尔瓦多、埃塞俄比亚、**芬兰**、冈比亚、加纳、印度尼西亚、约旦、韩国、吉尔吉斯斯坦、马来西亚、*马里*、摩尔多瓦、黑山、纳米比亚、尼泊尔、尼日尔、<u>尼日利亚</u>、巴基斯坦、巴拉圭、秘鲁、菲律宾、波兰、罗马尼亚、俄罗斯、**塞内加尔**、塞尔维亚、多哥、乌克兰、美国、赞比亚、津巴布韦<br>民事警察：阿根廷、孟加拉国、波黑、中国、埃及、萨尔瓦多、斐济、冈比亚、德国、加纳、印度、约旦、肯尼亚、吉尔吉斯斯坦、**立陶宛**、纳米比亚、<u>尼泊尔</u>、尼日利亚、挪威、巴基斯坦、菲律宾、波兰、俄罗斯、 | 3750*<br>– –<br>1795<br>486 | 5751<br>133<br>1583<br>417** | 178<br>6<br>（–，–，6，–） | 486.4<br>33.4 |

| 法律依据/开始时间/地点 | 2013 年派出部队、观察员、民事警察或文职人员的国家<br>(**黑体字**为新参加国、*斜体字*为年内结束使命国、下划线表示指定的牵头国) | 部队/观察员/民事警察/文职人员 | | 死亡人数：迄今数/**2013 年数**/(死于敌对行动、事故、伤病) | 开支(百万美元)<br>全年开支额/未付额 |
|---|---|---|---|---|---|
| | | 批准数 | 实际数 | | |
| | 卢旺达、塞尔维亚、斯里兰卡、瑞典、瑞士、土耳其、乌干达、乌克兰、乌拉圭、美国、泰国、也门、赞比亚、津巴布韦 | | | | |

＊安理会第 2066 号决议要求该特派团在 2012 年 8 月至 2015 年 7 月期间分三步缩减其部队 4200 人。至 2015 年 7 月，该特派团的总兵力预计为 3750 人左右。警察数量将增加 420 人，达到 1795 人的新的授权数量。

＊＊该特派团另有 860 名当地雇员和 216 名联合国志愿者协助。

**联合国科特迪瓦行动团（UNOCI）**

该行动团系根据 2004 年 2 月 27 日安理会第 1528 号决议建立，拥有《联合国宪章》第七章规定的权力。其职责是监督停止敌对行动和武装集团的调动，监督武器禁运；支持解除武装、复员遣返、重新安置和安全部门改革；在建立法律和秩序、人权和公共信息领域提供协助；为提供人道主义援助和重新建立国家行政机构创造条件；以及协助举行自由选举。2007 年，该团的职责扩大为支持 2007 年 3 月 4 日《瓦加杜古政治协议》和 2007 年 11 月 28 日《补充协议》的全面执行。2010 年 6 月 30 日安理会第 1933 号决议为该团增加了保护平民的职责。该团在开展活动时同“联合国利比里亚特派团”（UNMIL）和（法国的）“独角兽（Licorne）行动”进行合作。在 2010 年 11 月总统选举后出现政治危机之后，安理会第 1951 号决议（2010 年 11 月 24 日）授权从“联合国利比里亚特派团”临时调来一些部队增援该行动团，安理会第 1967 号决议（2011 年 1 月 19 日）授权该团增加 2000 人的部队规模。基于科特迪瓦政府逐步接管该行动团安全职责的能力不断增强，安理会第 2062 号决议（2012 年 7 月 26 日）和第 2112 号决议（2013 年 7 月 30 日）决定缩减该行动团的军事成员，预计到 2015 年 6 月 30 日其军事人员数量最多不超过 5437 人。该行动团目前的主要任务是保护平民。2013 年 7 月 30 日安理会第 2112 号决议将该团的使命延长至 2014 年 6 月 30 日。

| 法律依据/<br>开始时间/<br>地点 | 2013 年派出部队、观察员、<br>民事警察或文职人员的国家<br>（**黑体字**为新参加国、*斜体字*为年内结束使命国、下划线表示指定的牵头国） | 部队/观察员/民事警察/文职人员 | | 死亡人数：<br>迄今数/<br>2013 年数/<br>（死于敌对行动、事故、伤病） | 开支<br>（百万美元）<br>全年开支额<br>/未付额 |
|---|---|---|---|---|---|
| | | 批准数 | 实际数 | | |
| 安理会 1528 号决议<br>2004. 4<br>科特迪瓦 | 部　队：孟加拉国、贝宁、巴西、乍得、埃及、法国、加纳、约旦、马拉维、摩洛哥、尼泊尔、尼日尔、*尼日利亚*、巴基斯坦、巴拉圭、菲律宾、塞内加尔、坦桑尼亚、多哥、突尼斯、乌干达、**乌克兰**、**也门**<br>观察员：孟加拉国、贝宁、玻利维亚、巴西、乍得、中国、厄瓜多尔、萨尔瓦多、埃塞俄比亚、冈比亚、加纳、危地马拉、几内亚、印度、爱尔兰、约旦、韩国、马拉维、摩尔多瓦、纳米比亚、尼泊尔、尼日尔、尼日利亚、巴基斯坦、巴拉圭、秘鲁、菲律宾、波兰、罗马尼亚、俄罗斯、塞内加尔、塞尔维亚、坦桑尼亚、多哥、突尼斯、乌干达、乌拉圭、也门、赞比亚、津巴布韦<br>民事警察：**阿根廷**、孟加拉国、贝宁、布基纳法索、布隆迪、喀麦隆、*加拿大*、中非共和国、乍得、刚果民主共和国、吉布提、埃及、法国、加纳、几内亚、约旦、马达加斯加、尼日尔、尼日利亚、巴基斯坦、卢旺达、塞内加尔、多哥、突尼斯、土耳其、乌克兰、乌拉圭、**瓦努阿图**、也门 | 6945<br>192<br>1555<br>449 | 8489<br>185<br>1270<br>401 * | 115<br>8<br>（－，1，6，1） | 579. 7<br>43. 6 |

* 该行动团另有 758 名当地雇员和 165 名联合国志愿者协助。

| 法律依据/开始时间/地点 | 2013 年派出部队、观察员、民事警察或文职人员的国家<br>（**黑体字**为新参加国、*斜体字*为年内结束使命国、下划线表示指定的牵头国） | 部队/观察员/民事警察/文职人员 批准数 | 部队/观察员/民事警察/文职人员 实际数 | 死亡人数：迄今数/2013 年数/（死于敌对行动、事故、伤病） | 开支（百万美元）全年开支额/未付额 |
|---|---|---|---|---|---|
| **联合国海地稳定特派团（MINUSTAH）** | | | | | |
| 该特派团系根据 2004 年 4 月 30 日安理会第 1542 号决议建立，拥有《联合国宪章》第七章的权力。其职责是，为保证和平进程的推进而维护可靠和稳定的环境；协助东道国的安全部门改革，包括实施一项解除武装、复员遣返和重新安置的全面计划，增强国家警察的能力并重新建立法治；协助举行自由选举；支持人道主义援助和人权活动；以及保护平民。2010 年 1 月 19 日安理会第 1908 号决议授权将该特派团的军队人数增至 8940 人，警察人数增至 3711 人，以支持海地 2010 年 1 月强烈地震后的恢复、重建和能力建设。2010 年 6 月 4 日安理会第 1927 号决议又授权该团另外增加 680 名警察，并要求该团协助海地政府进行定于 2010 年举行的地方和总统选举的准备工作。鉴于安全条件的改善，安理会第 2012 号决议（2011 年 10 月 14 日）、第 2070 号决议（2012 年 10 月 12 日）和第 2119 号决议（2013 年 10 月 10 日）逐步缩减了该团的授权人数规模。2013 年 10 月 10 日安理会第 2119 号决议将该团的使命延长至 2014 年 10 月 15 日。 | | | | | |
| 安理会 1542 号决议<br>2004. 6<br>海　地 | 部　队：阿根廷、玻利维亚、巴西、加拿大、智利、厄瓜多尔、**萨尔瓦多**、法国、危地马拉、**洪都拉斯**、印度尼西亚、*日本*、约旦、韩国、尼泊尔、巴拉圭、秘鲁、菲律宾、斯里兰卡、乌拉圭、美国<br>民事警察：阿根廷、孟加拉国、贝宁、巴西、布基纳法索、布隆迪、喀麦隆、加拿大、中非共和国、乍得、智利、哥伦比亚、科特迪瓦、克罗地亚、埃及、*萨尔瓦多*、法国、**格林纳达**、*几内亚*、印度、*印度尼西亚*、约旦、**吉尔吉斯斯坦**、**立陶宛**、*马达加斯加*、马里、尼泊尔、尼日尔、尼日利亚、挪威、巴基斯坦、菲律宾、**葡** | 5021 *<br>– –<br>2601<br>439 | 6168<br>– –<br>2432<br>367 * * | 175<br>2<br>（–，–，2，–） | 612. 5<br>163. 9 |

| 法律依据/开始时间/地点 | 2013 年派出部队、观察员、民事警察或文职人员的国家（**黑体字**为新参加国、*斜体字*为年内结束使命国、下划线表示指定的牵头国） | 部队/观察员/民事警察/文职人员 批准数 | 实际数 | 死亡人数：迄今数/2013 年数/（死于敌对行动、事故、伤病） | 开支（百万美元）全年开支额/未付额 |
|---|---|---|---|---|---|
| | **萄牙**、罗马尼亚、俄罗斯、卢旺达、塞内加尔、*塞尔维亚*、*塞拉利昂*、西班牙、斯里兰卡、*瑞典*、泰国、*多哥*、**突尼斯**、土耳其、乌拉圭、美国、**瓦努阿图**、也门 | | | | |

*2013 年 10 月 10 日安理会第 2119 号决议把该团的整个力量规模调整至 5021 名军事人员，通过逐步裁减步兵和工兵人员数量来实现。

**该特派团另有 1241 名当地雇员和 165 名联合国志愿者协助。

**联合国阿卜耶伊临时安全部队（UNISFA）**

该安全部队系根据 2011 年 6 月 27 日安理会第 1990 号决议建立，其职责是监督和核查苏丹和南苏丹部队在阿卜耶伊（白尼罗河）地区的重新部署，提供扫雷协助，为运送人道主义援助物资提供方便，增强阿卜耶伊警察部队的能力建设，以及为该地区的石油基础设施提供安全保护。2011 年 12 月 14 日安理会第 2024 号决议扩展了该部队的职责，要其还负责协助苏丹与南苏丹的边界地区正常化进程。2013 年 5 月 29 日安理会第 2101 号决议提高了该部队的授权人数最高限额，以支持苏丹和南苏丹的“边境核查和监督联合机制”，监督双方边境“非军事安全区”的非军事化。2013 年 11 月 25 日安理会第 2126 号决议将该部队的使命延长至 2014 年 5 月 31 日。

| | | | | | |
|---|---|---|---|---|---|
| 安理会 1990 号决议<br>2011.6<br>阿卜耶伊 | 部　队：贝宁、玻利维亚、巴西、**厄瓜多尔**、<u>埃塞俄比亚</u>、加纳、*危地马拉*、印度、*印度尼西亚*、**马拉维**、**纳米比亚**、尼泊尔、尼日利亚、**巴拉圭**、秘鲁、菲律宾、*俄罗斯*、卢旺达、斯里兰卡、坦桑尼亚、*乌克兰*、乌拉圭、**也门**、**赞比亚**、津巴布韦<br>观察员：贝宁、玻利维亚、巴西、**布基纳法索**、布 | 5326<br>– –<br>50<br>165 | 3956<br>129<br>17<br>106* | 12<br>3<br>（2，–，–，1） | 293.5<br>52.4 |

| 法律依据/开始时间/地点 | 2013 年派出部队、观察员、民事警察或文职人员的国家（**黑体字为**新参加国、*斜体字*为年内结束使命国、下划线表示指定的牵头国） | 部队/观察员/民事警察/文职人员 批准数 | 实际数 | 死亡人数：迄今数/2013 年数/（死于敌对行动、事故、伤病） | 开支（百万美元）全年开支额/未付额 |
|---|---|---|---|---|---|
| | 隆迪、柬埔寨、厄瓜多尔、*萨尔瓦多*、埃塞俄比亚、加纳、印度、*印度尼西亚*、吉尔吉斯斯坦、*马来西亚*、蒙古、莫桑比克、纳米比亚、尼泊尔、尼日利亚、巴拉圭、秘鲁、*菲律宾*、*俄罗斯*、卢旺达、塞拉利昂、斯里兰卡、*坦桑尼亚*、乌克兰、*乌拉圭*、**也门**、赞比亚、津巴布韦<br>民事警察：埃塞俄比亚、**加纳**、**纳米比亚**、**卢旺达**、**坦桑尼亚** | | | | |

* 该安全部队另有 59 名当地雇员和 18 名联合国志愿者协助。

**联合国南苏丹共和国特派团（UNMISS）**

该特派团系根据 2011 年 7 月 8 日安理会第 1996 号决议建立，初始阶段为一年。它接替原先的“联合国苏丹特派团”（联苏团，UNMIS）——此团的职责是在确定的过渡期中支持《全面和平协定》（CPA）的实施。该协定的条款中包括一项决定南苏丹地位的公民投票。2005 年 3 月 24 日安理会第 1590 号决议授权联苏团对当时的南苏丹自治政府在解除武装、复员遣返和重新安置，以及安全部门改革、法治和人权等方面提供协助。在此过渡期结束并于 2011 年 7 月南苏丹获得独立之后，联合国南苏丹共和国特派团的职责则为支持巩固和平的努力，以促进长期的国家建设和经济发展；支持南苏丹政府采取措施防止、缓解和解决冲突，保护平民，提供安全保障，建立法治，加强安全和司法部门。为应对 2013 年末南苏丹安全和人权危机的恶化，安理会于 2013 年 12 月 24 日通过第 2132 号决议，授权该团扩大兵力规模，以支持保护平民，为人道主义援助提供保护。2013 年 7 月 11 日安理会第 2109 号决议将该特派团的使命延长至 2014 年 7 月 15 日。

| 法律依据/<br>开始时间/<br>地点 | 2013 年派出部队、观察员、民事警察或文职人员的国家<br>（**黑体字**为新参加国、*斜体字*为年内结束使命国、下划线表示指定的牵头国） | 部队/观察员/民事警察/文职人员 | | 死亡人数：迄今数/2013 年数/（死于敌对行动、事故、伤病） | 开支（百万美元）<br>全年开支额/未付额 |
|---|---|---|---|---|---|
| | | 批准数 | 实际数 | | |
| 安理会 1996 号决议<br>2011.7<br>南苏丹 | 部　队：澳大利亚、孟加拉国、巴西、柬埔寨、加拿大、中国、丹麦、斐济、德国、加纳、*危地马拉*、印度、日本、约旦、肯尼亚、韩国、摩尔多瓦、蒙古、尼泊尔、荷兰、新西兰、尼日利亚、挪威、罗马尼亚、俄罗斯、卢旺达、塞内加尔、瑞典、瑞士、**坦桑尼亚**、**多哥**、乌干达、英国、乌克兰、美国、也门、赞比亚<br>观察员：澳大利亚、孟加拉国、**白俄罗斯**、贝宁、玻利维亚、巴西、柬埔寨、加拿大、中国、丹麦、*厄瓜多尔*、埃及、萨尔瓦多、斐济、德国、**加纳**、危地马拉、几内亚、印度、印度尼西亚、意大利、约旦、肯尼亚、韩国、吉尔吉斯斯坦、马里、摩尔多瓦、蒙古、纳米比亚、尼泊尔、荷兰、新西兰、尼日利亚、挪威、*巴布亚新几内亚*、巴拉圭、秘鲁、*菲律宾*、波兰、罗马尼亚、俄罗斯、卢旺达、塞内加尔、斯里兰卡、瑞典、瑞士、坦桑尼亚、东帝汶、乌干达、乌克兰、也门、赞比亚、津巴布韦<br>民事警察：**阿尔巴尼亚**、阿根廷、澳大利亚、孟加 | 12500 *<br>– –<br>1323<br>1018 | 6796<br>142<br>746<br>868 * * | 20<br>11<br>（9，–，2，–） | 882<br>80.9 |

| 法律依据/开始时间/地点 | 2013 年派出部队、观察员、民事警察或文职人员的国家（**黑体字**为新参加国、*斜体字*为年内结束使命国、<u>下划线</u>表示指定的牵头国） | 部队/观察员/民事警察/文职人员 | | 死亡人数：迄今数/2013 年数/（死于敌对行动、事故、伤病） | 开支（百万美元）全年开支额/未付额 |
|---|---|---|---|---|---|
| | | 批准数 | 实际数 | | |
| | <u>拉国</u>、波黑、**巴西**、*加拿大*、中国、萨尔瓦多、埃塞俄比亚、斐济、**芬兰**、冈比亚、德国、加纳、印度、*印度尼西亚*、肯尼亚、吉尔吉斯斯坦、马来西亚、纳米比亚、尼泊尔、**荷兰**、尼日利亚、挪威、菲律宾、俄罗斯、卢旺达、萨摩亚、**塞内加尔**、**塞拉利昂**、南非、斯里兰卡、瑞典、瑞士、**泰国**、土耳其、乌干达、乌克兰、*英国*、美国、赞比亚、津巴布韦 | | | | |

* 此数字包括军事观察员。在安理会第 2132 号决议通过之前，该特派团的授权人数为军事人员 7000 名、民事警察 900 名。

* * 该特派团另有 1334 名当地雇员和 415 名联合国志愿者协助。

**联合国马里多层面综合稳定特派团（MINUSMA）**

该特派团系根据 2013 年 4 月 25 日安理会第 2100 号决议于 2013 年 7 月 1 日建立，以接替“非洲主导的马里国际支援团”（非马团，AFISMA）。该特派团的初始任务期为一年。在移交指挥权之后，非马团的大部分军队改头换面，以联合国特派团的身分继续留在马里。特派团的职责是：支持几个主要人口集中区域的稳定，帮助马里重建国家行政管理，保护平民，监视人权情况，为提供人道主义援助和国内离散人员回乡创造条件，以及支持为举行自由、包容与和平选举的准备工作。根据《联合国宪章》第七章，该特派团可受权使用一切必要手段来履行其职责。安理会第 2100 号决议还授权驻马里的法国“薮猫行动”（Operation Serval）部队在联合国部队面临直接和严重威胁的时候，或者应秘书长要求可进行干预，支持该特派团。

| 法律依据/<br>开始时间/<br>地点 | 2013 年派出部队、观察员、<br>民事警察或文职人员的国家<br>（黑体字为新参加国、*斜体字*为年内结束使命国、下划线表示指定的牵头国） | 部队/观察员/民事警察/文职人员<br>批准数 | 部队/观察员/民事警察/文职人员<br>实际数 | 死亡人数：<br>迄今数/<br>2013 年数/<br>（死于敌对行动、事故、伤病） | 开支<br>（百万美元）<br>全年开支额<br>/未付额 |
|---|---|---|---|---|---|
| 安理会 2100 号决议<br>2013. 4<br>马里 | 部　队：孟加拉、贝宁、布基纳法索、柬埔寨、乍得、中国、多米尼加、爱沙尼亚、芬兰、法国、冈比亚、德国、加纳、几内亚、几内亚比绍、意大利、约旦、肯尼亚、利比里亚、毛里塔尼亚、尼泊尔、荷兰、尼日尔、尼日利亚、挪威、卢旺达、塞内加尔、塞拉利昂、瑞典、瑞士、多哥、英国、也门<br>民事警察：孟加拉、贝宁、布基纳法索、布隆迪、喀麦隆、乍得、科特迪瓦、刚果民主共和国、埃及、德国、几内亚、尼泊尔、尼日利亚、卢旺达、塞内加尔、瑞士、多哥、土耳其 | 11200<br>– –<br>1440<br>408 | 5485<br>– –<br>954<br>317 * | 6<br>6<br>（4，–，1，1） | 301<br>127. 7 |
| * 该行动另有 **117** 名当地雇员和 **28** 名联合国志愿者协助。 | | | | | |
| **联合国政治及和平建设行动（6 项行动）.. *** | * 联合国政治特派团不像通常的联合国和平行动那样接受各成员国提供的人员，而是根据行动的具体要求来招募工作人员。<br>* * 联合国政治及和平建设行动另有 1975 名当地（文职）雇员和 85 名联合国志愿者协助。 | – –<br>– –<br>– –<br>1204 | 271<br>29<br>26<br>973 * * | 39<br>4 | 421. 2<br>– – |

| 法律依据/开始时间/地点 | 2013 年派出部队、观察员、民事警察或文职人员的国家（**黑体字**为新参加国、*斜体字*为年内结束使命国、下划线表示指定的牵头国） | 部队/观察员/民事警察/文职人员 批准数 | 实际数 | 死亡人数：迄今数/2013 年数/（死于敌对行动、事故、伤病） | 开支（百万美元）全年开支额/未付额 |
|---|---|---|---|---|---|

**联合国阿富汗支援团（UNAMA）**

该支援团系根据 2002 年 3 月 28 日安理会第 1401 号决议建立，其职责是：协助保护人权；协助建立法治和解决性别问题；支持民族调和与和解；协助安排人道主义救济、恢复和重建活动。2008 年 3 月 20 日安理会第 1806 号决议将该团的职责扩大为：协调各种国际援助；加强与“国际安全支援部队”（ISAF）的合作；安排所有在阿富汗的联合国人道主义救济、恢复和重建等活动；支持改善管理与法治和打击腐败的努力；促进人权；以及为选举进程提供技术支持。该支援团积极支持阿富汗对本国安全、管理和发展事务的领导和掌控。它设有 18 个地区办事处以及在科威特的一个支援办事处。2013 年 3 月 19 日安理会第 2096 号决议将该团使命延长至 2014 年 3 月 19 日。

| 法律依据/开始时间/地点 | 国家 | 批准数 | 实际数 | 死亡人数 | 开支 |
|---|---|---|---|---|---|
| 安理会 1401 号决议<br>2002. 3<br>阿富汗 | 观察员：澳大利亚、捷克、*丹麦*、德国、意大利、**立陶宛**、蒙古、荷兰、新西兰、挪威、*波兰*、葡萄牙、罗马尼亚、瑞典、土耳其 | – –<br>– –<br>– –<br>447 | – –<br>21<br>4<br>369 * | 23<br>2<br>（–，2，–，–） | 196. 2<br>– – |
| | 民事警察：*布基纳法索*、**印度**、荷兰、**菲律宾**、*瑞典*、美国 | | | | |

* 该支援团另有 1303 名当地雇员和 72 名联合国志愿者协助。

**联合国伊拉克支援团（UNAMI）**

该支援团系根据 2003 年 8 月 14 日安理会第 1500 号决议建立，其职责是支持该国的对话和民族和解，为人道主义援助和难民及离散人员的安全返回提供便利，协调重建和援助项目，协助能力建设和可持续发展，以及促进人权保护、司法改革和加强法治。2007 年 8 月 10 日安理会第 1770 号决议将该团的职责扩大为包括在选举和立宪改革、解决有争议的国内划界、前战斗人员的重返社会，以及组织全面的人口普查等问题上提供支持和协助。该团在履行其职责时同“欧盟驻伊拉克法制整合团”（EUJUST LEX-Iraq）进行合作。2013 年 7 月 24 日，安理会第 2110 号决议将该团当前使命延长至 2014 年 7 月 31 日。

| 法律依据/<br>开始时间/<br>地点 | 2013 年派出部队、观察员、民事警察或文职人员的国家<br>（**黑体字**为新参加国、*斜体字*为年内结束使命国、<u>下划线</u>表示指定的牵头国） | 部队/观察员/民事警察/文职人员：批准数 | 实际数 | 死亡人数：迄今数/2013 年数/（死于敌对行动、事故、伤病） | 开支（百万美元）全年开支额/未付额 |
|---|---|---|---|---|---|
| 安理会 1500 号决议 | 部　队：<u>斐济</u>、尼泊尔 | －－ | 271 | 15 | 141.7 |
| 2003.8 | 观察员：*澳大利亚*、*约旦*、*新西兰* | －－ | －－ | 2 | －－ |
| *伊拉克* | 民事警察：*约旦*、*尼泊尔*、*尼日尔* | －－ | 2 | （－，－，1，1） | |
| | | 398 | 334 * | | |

* 该支援团另有 480 名当地雇员协助。

**联合国塞拉利昂和平建设综合办事处（UNIPSIL）**

该办事处系根据 2008 年 8 月 4 日安理会第 1829 号决议建立，其职责是监视和促进人权、民主机制和法治建设，支持各种识别和解决潜在冲突威胁的努力。2010 年 9 月 29 日安理会第 1941 号决议将该办事处的使命扩大为促进良治和协助东道国政府准备 2012 年的总统选举。2013 年 3 月 26 日安理会第 2097 号决议将该办事处的使命延长至 2014 年 3 月 31 日，并决定如果 2012 年选举之后的形势有改善，该办事处将届时关闭。

| | | | | | |
|---|---|---|---|---|---|
| 安理会 1829 号决议 | | －－ | －－ | 1 | 12.4 |
| 2008.10 | 民事警察：… | －－ | －－ | －－ | －－ |
| 塞拉利昂 | 文职人员：… | －－ | 4 | | |
| | | 29 | 20 * | | |

* 该办事处另有 19 名当地雇员和 6 名联合国志愿者协助。

| 法律依据/开始时间/地点 | 2013年派出部队、观察员、民事警察或文职人员的国家（**黑体字**为新参加国、*斜体字*为年内结束使命国、<u>下划线</u>表示指定的牵头国） | 部队/观察员/民事警察/文职人员 | | 死亡人数：迄今数/2013年数/（死于敌对行动、事故、伤病） | 开支（百万美元）全年开支额/未付额 |
|---|---|---|---|---|---|
| | | 批准数 | 实际数 | | |
| **联合国利比亚支援团（UNSMIL）** | | | | | |
| 该支援团系根据2011年9月16日安理会第2009号决议建立，旨在支持2011年利比亚冲突后出现的利过渡政府。该团原来的职责是协助利比亚恢复公共安全，促进法治，促进包容性对话和民族和解的国家努力，支持未来的制宪和选举进程。该团当前的职责是由安理会第2022号决议（2011年12月2日）和第2040号决议（2012年3月12日）确定的，其中包括协助利政府进一步管控民三化进程、安排前战斗人员复员和重返社会，打击武器非法扩散，协调国际援助和加强政府的能力建设。2013年3月14日安理会第2095号决议将该团使命延长12个月。 | | | | | |
| 安理会2009号决议 | | －－ | －－ | －－ | 50.6 |
| 2011.9 | 民事警察：… | －－ | －－ | －－ | －－ |
| 利比亚 | 文职人员：… | －－ | 11 | | |
| | | 171 | 152* | | |
| *该支援团另有78名当地雇员和3名联合国志愿者协助。 | | | | | |
| **联合国索马里援助团（UNSOM）** | | | | | |
| 该援助团系根据2013年5月2日安理会第2012号决议建立，其职责是支持索马里联邦政府的和平与和解进程，以适当方式为联邦政府及“非盟索马里特派团”（AMISOM）提供建设和平和国家建设方面的战略方针咨询，帮助协调国际捐助方的资助，帮助联邦政府在促进尊重人权以及监视、调查和防止违反人权方面的能力建设，包括派驻人权观察员。该援助团的建立，其初始阶段为12个月，意在使其以后可视情况或根据联合国秘书长的建议，适当延长一段时间。 | | | | | |

| 法律依据/<br>开始时间/<br>地点 | 2013 年派出部队、观察员、民事警察或文职人员的国家<br>（**黑体字**为新参加国、*斜体字*为年内结束使命国、<u>下划线</u>表示指定的牵头国） | 部队/观察员/民事警察/文职人员<br>批准数 | 部队/观察员/民事警察/文职人员<br>实际数 | 死亡人数：<br>迄今数/<br>2013 年数/<br>（死于敌对行动、事故、伤病） | 开支<br>（百万美元）<br>全年开支额<br>/未付额 |
|---|---|---|---|---|---|
| **安理会 2102 号决议** | | -- | -- | -- | -- |
| **2013. 6** | 观察员：.. | -- | 6 | -- | -- |
| 索马里 | 民事警察：.. | -- | 3 | | |
| | 文职人员：.. | 77 | 46 * | | |

* 该援助团另有 **17** 名当地雇员协助。

**联合国中非共和国综合性和平建设办事处（BINUCA）**

该办事处建立于 2010 年 1 月 1 日，以接替“联合国中非共和国和平建设支援办事处”（BONUCA）。其任务系由 2009 年 4 月 7 日安理会主席声明（S/PRST/2009/5）确定，最初包括巩固和平，促进民族和解，加强民主机构和法治，以及进一步促进保护人权。2013 年 10 月 10 日，安理会第 2121 号决议充实和更新了该办事处的职责，以应对该国快速恶化的政治、安全和人道主义危机。根据其当前的职责，该办事处的优先任务包括支持执行该国的过渡进程和 2013 年 1 月该国政府与反叛组织之间的《利伯维尔协议》，支持防止冲突，支持人道主义援助，支持稳定安全局势，以及促进和保护人权。该办事处还进一步被要求协调其履行使命中所涉及的各个国际角色，并同“中非国家经济共同体”（中共体，CEEAC）及非洲联盟紧密合作，为 2013 年整个下半年“中共体驻中非共和国巩固和平特派团”（MICOPAX）向“非洲国家主导的中非共和国国际支援团”（MISCA）移交提供方便。2014 年 1 月 28 日，安理会第 2134 号决议将该办事处的使命延长至 2015 年 1 月 31 日。

| | | | | | |
|---|---|---|---|---|---|
| S/PRST/2009/5 号声明/ | | -- | -- | -- | 20. 2 |
| **安理会 2121 号决议** * | 观察员：.. | -- | 2 | -- | -- |
| **2010. 1/2013. 10** | 民事警察：.. | -- | 2 | | |
| **中非共和国** | 文职人员：.. | 82 | 52 * * | | |

* 该办事处在安理会第 **2121** 号决议扩大其职责范围之前并不符合 SIPRI 研究所关于和平行动的定义。

* * 该行动另有 **78** 名当地雇员和 **4** 名联合国志愿者协助。

| 法律依据/<br>开始时间/<br>地点 | **2013 年派出部队、观察员、<br>民事警察或文职人员的国家**<br>（**黑体字为**新参加国、*斜体字*为年内结束使命国、下划线表示指定的牵头国） | **部队/<br>观察员/<br>民事警察/<br>文职人员**<br>**批准数** | **实际数** | **死亡人数：<br>迄今数/<br>2013 年数/<br>（死于敌对行动、事故、伤病）** | **开支<br>（百万美元）<br>全年开支额<br>/未付额** |
|---|---|---|---|---|---|
| **非洲联盟/联合国联合实施的行动（1 项）**（共有 49 个国家参加） | | **16200**<br>**– –**<br>**4690**<br>**1241** | **14443**<br>**325**<br>**4674**<br>**1062** | **188**<br>**44** | **1391.9**<br>**590.3** |
| **非盟/联合国达尔富尔混合行动团（UNAMID）**<br>该混合行动团系根据 2007 年 6 月 22 日非盟和平与安全理事会关于达尔富尔形势的第 79 号公报和 2007 年 7 月 31 日联合国安理会第 1769 号决议而建立，并赋以《联合国宪章》第七章的权力。其职责是帮助恢复安全环境，保护平民百姓，为人道主义援助提供便利，监督相关停火协议的执行，支持政治和平进程，以及促进法治和人权等。2013 年 7 月 30 日安理会第 2113 号决议将该团使命延长至 2014 年 8 月 31 日。 | | | | | |
| 安理会 1769 号决议<br>2007.10<br>苏　丹 | 部　队：孟加拉国、布基纳法索、布隆迪、中国、埃及、埃塞俄比亚、冈比亚、德国、加纳、印度尼西亚、**意大利**、约旦、肯尼亚、韩国、莱索托、马来西亚、**马里**、蒙古、纳米比亚、尼泊尔、尼日利亚、巴基斯坦、帕劳、**秘鲁**、卢旺达、塞内加尔、塞拉利昂、南非、坦桑尼亚、泰国、**多哥**、也门、赞比亚、津巴布韦<br>观察员：*澳大利亚*、孟加拉国、**玻利维亚**、布基纳法索、布隆迪、**柬埔寨**、**厄瓜多尔**、埃及、埃塞俄比亚、加纳、印度尼西亚、伊朗、**意大利**、约旦、肯尼亚、**吉尔** | 16200 *<br>– –<br>4690<br>1241 | 14443<br>325<br>4674<br>1062 * * | 188<br>44<br>（16，9，16，3） | 1391.9<br>590.3 |

| 法律依据/开始时间/地点 | 2013 年派出部队、观察员、民事警察或文职人员的国家（**黑体字**为新参加国、*斜体字*为年内结束使命国、下划线表示指定的牵头国） | 部队/观察员/民事警察/文职人员 批准数 | 实际数 | 死亡人数：迄今数/2013 年数/（死于敌对行动、事故、伤病） | 开支（百万美元）全年开支额/未付额 |
|---|---|---|---|---|---|
| | **吉斯斯坦**、*莱索托*、马来西亚、马里、纳米比亚、尼泊尔、尼日利亚、巴基斯坦、*帕劳*、秘鲁、卢旺达、塞内加尔、塞拉利昂、南非、坦桑尼亚、泰国、多哥、也门、赞比亚、津巴布韦<br>民事警察：孟加拉国、贝宁、布基纳法索、布隆迪、**喀麦隆**、*科特迪瓦*、吉布提、埃及、埃塞俄比亚、**斐济**、冈比亚、德国、加纳、印度尼西亚、牙买加、约旦、*哈萨克斯坦*、**吉尔吉斯斯坦**、马达加斯加、马拉维、马来西亚、**纳米比亚**、尼泊尔、*尼日尔*、尼日利亚、巴基斯坦、帕劳、卢旺达、塞内加尔、塞拉利昂、南非、塔吉克斯坦、坦桑尼亚、多哥、突尼斯、土耳其、也门、赞比亚 | | | | |

*2012 年 7 月 31 日安理会第 2063 号决议要求该行动团在 12—18 个月内进行重组，达到 16200 名军事人员、17 个建制警察分队（每队 140 人），并另加 2310 名警察。

* *该行动团另有 2955 名当地雇员和 408 名联合国志愿者协助。

| 法律依据/开始时间/地点 | 2013 年派出部队、观察员、民事警察或文职人员的国家（黑体字为新参加国、*斜体字*为年内结束使命国、下划线表示指定的牵头国） | 部队/观察员/民事警察/文职人员 | | 死亡人数：迄今数/2013 年数/（死于敌对行动、事故、伤病） | 开支（百万美元）全年开支额/未付额 |
|---|---|---|---|---|---|
| | | 批准数 | 实际数 | | |
| **非洲联盟行动（2 项）**（共有 29 个国家参加） | | **28126**[*] | **20890** | **1047** | **282** |
| | | **– –** | **– –** | **269** | **– –** |
| | | **– –** | **1121** | | |
| * 此数字包括军队和民事警察。 | | **405** | **50** | | |

**非盟索马里特派团（AMISOM）**

该特派团系根据非盟和平与安全理事会（和安会）2007 年 1 月 19 日的第 69 号公报建立，得到安理会第 1744 号决议（2007 年 2 月 21 日）的认可，并赋以《联合国宪章》第七章的权力。其职责是支持该国的和平进程，为人道主义援助提供便利，帮助实现索马里的总体安全。2008 年 10 月，安理会第 1838 号决议将该特派团的职责扩大为协助执行 2008 年 8 月 19 日的《吉布提协议》，包括训练索马里安全部队，以促进摩加迪沙的安全。2010 年 12 月 22 日安理会第 1964 号决议认可非盟欲将此特派团兵力增至 1.2 万人的建议。2012 年 1 月 6 日，非盟和安会第 306 次会议决定，并得到安理会第 2036 号决议（2012 年 2 月 22 日）的支持，将该团兵力增至 1.7731 万人，包括 5700 名吉布提部队和改头换面的肯尼亚部队以及该团的警察。在 2012 年 9 月索马里过渡联邦政府的权力移交给索联邦政府（FGS）之后，非盟和安会于 2013 年 2 月 27 日在其第 356 次会议上决定增强该特派团，将其职责修改为可采取一切必要手段来降低“青年圣战者运动”和其他武装的反对派团体所构成的威胁，协助索联邦政府巩固和扩大对该国领土的合法控制，以及支持政府创造 2016 年举行自由、公正和透明选举所需要的机制条件。2013 年 10 月 10 日，非盟和安会第 399 次会议核准该特派团增强力量，使之能有效遂行对“青年圣战者”运动的军事行动。2013 年 11 月 12 日安理会第 2124 号决议要求非盟将该特派团的建制兵力从 1.7731 万人临时增至 2.2126 万人，并扩大联合国对该特派团和索马里国家军队之前线部队的一篮子支持。安理会第 2124 号决还授权非盟成员国保持对该特派团的人员派驻，直至 2014 年 10 月 31 日。

| 法律依据/开始时间/地点 | 2013 年派出部队、观察员、民事警察或文职人员的国家（**黑体字**为新参加国、*斜体字*为年内结束使命国、<u>下划线</u>表示指定的牵头国） | 部队/观察员/民事警察/文职人员 | | 死亡人数：迄今数/2013 年数/（死于敌对行动、事故、伤病） | 开支（百万美元）全年开支额/未付额 |
|---|---|---|---|---|---|
| | | 批准数 | 实际数 | | |
| 和安会 69 号公报/安理会 1744 号决议<br>2007. 3<br>索马里* | 部　队：布隆迪、吉布提、肯尼亚、**塞拉利昂**、<u>乌干达</u><br>民事警察：*布隆迪*、*冈比亚*、加纳、肯尼亚、尼日利亚、塞拉利昂、<u>乌干达</u>、*津巴布韦*<br>文职人员：贝宁、布隆迪、布基纳法索、喀麦隆、乍得、**刚果民主共和国**、*科特迪瓦*、吉布提、**埃及**、埃塞俄比亚、冈比亚、加纳、肯尼亚、*利比里亚*、*利比亚*、马拉维、尼日利亚、卢旺达、塞拉利昂、南非、斯威斯兰、*坦桑尼亚*、**多哥**、乌干达、**赞比亚**、*津巴布韦* | 22126**<br>－－<br>－－<br>253 | 17145***<br>－－<br>492<br>50**** | 1039<br>261<br>（158，69，16，18） | 282*****<br>－－ |

* 该特派团司令部设在肯尼亚首都内罗毕。

** 此数字包括民事警察。

*** 此数字包括来自布隆迪、喀麦隆、吉布提、埃塞俄比亚、冈比亚、加纳、肯尼亚、尼日利亚、塞拉利昂、乌干达和赞比亚的 73 名参谋军官，他们工作在该特派团军事部分的司令部里。

**** 该特派团另有 58 名当地雇员协助。正式任命的 253 名文职人员包括当地的雇员。

***** 联合国设立了一个信托基金来援助该特派团的计划和部署进程。欧盟、“政府间发展组织”（IGAD）、阿拉伯联盟以及一些个体国家为该团提供后勤、技术、财政和人员支持。

<table>
<tr><th rowspan="2">法律依据/<br>开始时间/<br>地点</th><th rowspan="2">2013 年派出部队、观察员、<br>民事警察或文职人员的国家<br><br>（黑体字为新参加国、斜体字为年内结束使命国、<u>下划线</u>表示指定的牵头国）</th><th colspan="2">部队/<br>观察员/<br>民事警察/<br>文职人员</th><th rowspan="2">死亡人数：<br>迄今数/<br>2013 年数/<br>（死于敌对行动、事故、伤病）</th><th rowspan="2">开支<br>（百万美元）<br><br>全年开支额<br>/未付额</th></tr>
<tr><th>批准数</th><th>实际数</th></tr>
<tr><td colspan="6">非洲主导的中非共和国国际支援团（MISCA）*<br>该支援团系根据非盟和平与安全理事会（和安会）2013 年 7 月 19 日第 385 号公报建立，得到安理会第 2127 号决议（2013 年 12 月 5 日）的认可，并赋以《联合国宪章》第七章的权力。其初始阶段为一年。该支援团作为在中非共和国的主要维和力量，替代先前由中非国家经济共同体（中共体，CEEAC）领导的“驻中非共和国巩固和平特派团”（MICOPAX）。由巩固和平特派团（MICOPAX）向国际支援团（MISCA）的过渡进程，系从 2013 年 8 月 1 日开始，至 2013 年 12 月 19 日非盟正式行使指挥权而宣告完成。该支援团的职责是：保护平民，恢复安全和公共秩序，恢复中非全国的稳定和国家权力机构，改革中非的国防和安全部门，支持向当地居民提供人道主义援助。鉴于中非共和国的暴力活动严重升级，2013 年 12 月 13 日非盟和安会第 408 次会议决定，将该支援团部队和警察的授权人数从 3500 人增至 6000 人。该支援团的成员，系由改头换面的巩固和平特派团人员和新补充的中共体以外非洲国家的军事和警察分队组成。该支援团的行动得到法国“红蝴蝶行动”（Operation Sangaris）的支持。</td></tr>
<tr><td rowspan="3">非盟和安会 385 号公报/<br>安理会 2127 号决议<br>2013. 12<br>中非共和国</td><td>部　　队：布隆迪、喀麦隆、<u>刚果</u>、加蓬、赤道几内亚、乍得</td><td>6000**</td><td>3745</td><td>8<br>8</td><td>..<br>– –</td></tr>
<tr><td>民事警察：<u>喀麦隆</u>、乍得、刚果、刚果民主共和国、加蓬</td><td>– –<br>– –</td><td>– –<br>629</td><td>（8，–，–，–）</td><td></td></tr>
<tr><td>文职人员：..</td><td>152</td><td>..</td><td></td><td></td></tr>
<tr><td colspan="6">* 该支援团的缩略语来自它的法文名字 Mission international de soutien à la Centrafrique sou conduite Africaine。该团也用英文缩略语 AFISM-CAR 称呼。<br>* * 此数字包括该支援团的警察部分。</td></tr>
</table>

| 法律依据/开始时间/地点 | 2013 年派出部队、观察员、民事警察或文职人员的国家（**黑体字**为新参加国、*斜体字*为年内结束使命国、<u>下划线</u>表示指定的牵头国） | 部队/观察员/民事警察/文职人员 批准数 | 实际数 | 死亡人数：迄今数/2013 年数/（死于敌对行动、事故、伤病） | 开支（百万美元）全年开支额/未付额 |
|---|---|---|---|---|---|
| **非盟/西非经济共同体（1 项）**（共有 11 个国家参加） | | **9449*** | **6077** | **42** | .. |
| | | -- | -- | **42** | -- |
| | | -- | **367** | | |
| * 此数字包括民事警察。 | | -- | **42** | | |
| **非洲主导的马里国际支援团（AFISMA）**<br>该支援团系根据2012 年12 月20 日安理会第2085 号决议建立，其职责是：帮助重建马里国防和安全能力，支持马里当局恢复由武装团体控制的马里北部领土，保护平民，为人道主义援助的运输和国内离散人员的回乡创造安全可靠的环境。虽然该支援团最初计划要在2013 年9 月才全面运作，但在反叛组织重新开始南下，并随之由法国“薮猫行动”（Operation Serval）发起的国际干预之后不久，非盟和西共体决定于2013 年1 月就开始部署。为应对这些事态的发展，2013 年3 月7 日，非盟和安全会的第358 次会议决定将该支援团之制服人员的授权人数从3300 人增至9449 人。该支援团执行任务时同法国驻马里的部队进行合作。根据安理会第2100 号决议（2013 年4 月25 日）的决定，该支援团于2013 年7 月1 日由新建的联合国维和部队“联合国马里多层面综合稳定特派团”（MINUSMA）所接替。该支援团的大部分人员改头换面并入联合国的这一特派团。 | | | | | |
| **安理会 2085 号决议** | **部　　队**：*贝宁*、*布基纳法索*、<u>*乍得*</u>、*科特迪瓦*、*加纳*、*几内亚*、*利比里亚*、*尼日尔*、*尼日利亚*、*塞内加尔*、*多哥* | **9449*** | **6077** | **42** | .. |
| **2013. 1** | | -- | -- | **42** | -- |
| **马　里** | **民事警察**：*尼日利亚*、<u>*塞内加尔*</u>、*多哥* | -- | **367** | （**39**，**2**，–，**1**） | |
| | **文职人员**：.. | -- | **42**** | | |

* 此数字包括民事警察。

* * 该支援团另有 **11** 名当地雇员协助。

| 法律依据/<br>开始时间/<br>地点 | 2013 年派出部队、观察员、<br>民事警察或文职人员的国家<br>（**黑体字**为新参加国、*斜体字*为年内结束使命国、<u>下划线</u>表示指定的牵头国） | 部队/<br>观察员/<br>民事警察/<br>文职人员<br>批准数 | <br><br><br><br>实际数 | 死亡人数：<br>迄今数/<br>2013 年数/<br>（死于敌对行动、事故、伤病） | 开支<br>（百万美元）<br>全年开支额<br>/未付额 |
|---|---|---|---|---|---|
| **中非国家经济共同体行动（1 项）（共有 5 个国家参加）** | | **1540**<br>**32**<br>**396**<br>**32** | **1047**<br>**– –**<br>**209**<br>**– –** | **..**<br>**6** | **..**<br>**– –** |

**驻中非共和国巩固和平特派团（MICOPAX）**

该特派团于 2008 年 7 月 12 日接替中非国家经济货币共同体（中非经共体，CEMAC）驻中非共和国多国部队（FOMUC），并成为驻该国的主要维和力量。该特派团取代多国部队的决定系由 2007 年 10 月在刚果布拉柴维尔举行的首脑会议作出。多国部队最初是根据 2002 年 10 月 2 日的中非经共体布拉柴维尔首脑会议的决定而建立的，旨在稳定乍得与中非共和国之间的边界，但其职责不久就扩大为帮助维护中非共和国的总体安全环境，协助重组该国的武装部队，以及支持其政治过渡进程。2008 年 7 月 12 日在 CEMAC 向"中非国家经济共同体"（中共体，CEEAC）转变的同时，该特派团的任务进一步扩大为包括协助该国政府实施安全部门改革以及解除武装、复员遣返和重新安置，促进政治对话和人权。2012 年年底以来，该特派团的授权与实际人数已增加了好几次，最显著的几次是在 2012 年 12 月为应对 Séléka 叛乱和暴力升级而从 500 人增至 1150 人，以及在 2013 年 3 月 Séléka 政变之后从 1150 人增至 1500 人。2013 年 7 月 19 日，非盟和安会决定用一支更大的维和力量——由非盟领导的中非共和国国际支援团（MISCA）来取代该特派团，以使非"中共体"国家部队来补充现有部队。由该特派团转为国际支援团的过渡进程始于 2013 年 8 月 1 日，至 2013 年 12 月 19 日非盟正式接手指挥权之时宣告完成。在此过渡阶段，为应对暴力进一步升级，该特派团的人数又增加了好几次，至 2013 年 12 月，该团人数达到 2800 人。

| 法律依据/开始时间/地点 | 2013 年派出部队、观察员、民事警察或文职人员的国家（**黑体字**为新参加国、*斜体字*为年内结束使命国、下划线表示指定的牵头国） | 部队/观察员/民事警察/文职人员 批准数 | 实际数 | 死亡人数：迄今数/2013 年数/（死于敌对行动、事故、伤病） | 开支（百万美元）全年开支额/未付额 |
|---|---|---|---|---|---|
| *利伯维尔首脑会议决定（2007.10）* | 部　队：*喀麦隆*、*乍得*、*刚果*、*刚果民主共和国*、*加蓬* | 1540 | 1047* | .. | .. |
| *2008.7* | | 32 | – – | 6** | – – |
| *中非共和国* | 民事警察：*乍得*、*刚果*、*刚果民主共和国* | 396 | 209 | （1，2，3，–） | |
| | | 32 | – – | | |

* 该团所有人员数都是截至 2013 年 7 月 31 日的数字。很明显，该团在向国际支援团转变的过渡阶段，其兵力得到了进一步增加，至 2013 年 12 月达到约 2800 人。该团得到一支与其并肩部署、约有 500 名士兵的法国特遣分队（Boali 行动）的支持。

* * 这个数字是指 2013 年 1 月 1 日至 2013 年 7 月 31 日期间已知的死亡数。

| | | | | | |
|---|---|---|---|---|---|
| **独立国家联合体行动（1 项）**（共有 3 个国家参加） | | **1356** | **1085** | .. | .. |
| | | **40** | **40** | – – | .. |
| | | – – | – – | | |
| | | – – | – – | | |

**联合控制委员会维和部队（JCC）**

该维和部队系根据 1992 年 7 月 21 日摩尔多瓦和俄罗斯两国总统在莫斯科签署的《关于和平解决德涅斯特河沿岸地区武装冲突的指导原则协议》建立。联合控制委员会——一个由摩尔多瓦、俄罗斯、乌克兰和“德涅斯特河沿岸”代表参加的监督委员会——负责协调联合维和部队的活动。

| 法律依据/<br>开始时间/<br>地点 | 2013 年派出部队、观察员、<br>民事警察或文职人员的国家<br>（**黑体字**为新参加国、*斜体字*为年内结束使命国、<u>下划线</u>表示指定的牵头国） | 部队/<br>观察员/<br>民事警察/<br>文职人员 | | 死亡人数:<br>迄今数/<br>2013 年数/<br>（死于敌对行动、事故、伤病） | 开支<br>（百万美元）<br>全年开支额<br>/未付额 |
|---|---|---|---|---|---|
| | | 批准数 | 实际数 | | |
| 双边协议<br>（1992. 7. 21）<br>1992. 7<br>*摩尔多瓦（德涅斯特河沿岸）* | 部　队：摩尔多瓦、<u>俄罗斯</u>、（德涅斯特河沿岸）<br>观察员：摩尔多瓦、俄罗斯、（德涅斯特河沿岸）、乌克兰 | 1356<br>40<br>– –<br>– – | 1085<br>40<br>– –<br>– – | . .<br>– – | . .<br>. . |
| **西非国家经济共同体（1 项）**（共有 5 个国家参加） | | **404**<br>**– –**<br>**280**<br>**1** | **403**<br>**– –**<br>**280**<br>**1** | . .<br>– – | . .<br>. . |

**西共体几内亚比绍特派团（ECOMIB）**

该特派团系根据 2012 年 4 月 27 日西非国家经济共同体（西共体，ECOWAS）国家元首和政府首脑理事会阿比让特别会议决定建立，以应对 2012 年 4 月 12 日在几内亚比绍发生的政变。特派团由西共体待命部队的一个分遣队组成，其职责是：为安哥拉技术和军事援助团（MISSANG）的撤离提供方便，协助政治过渡进程的稳步推进，包括支持定于 2013 年举行的自由公正选举，支持西共体葡语国家（CPLP）国防和安全领域改革（DSSR）的路线图。2012 年 11 月 11 日，西共体委员会同几内亚比绍当局签署了一份 DSSR 计划的备忘录。安哥拉援助团（MISSANG）于 2012 年 6 月全部撤离。原定 2013 年 11 月举行的全国选举被推迟至 2014 年。为保证实现一个稳定、和平的选举进程，西共体遂宣布欲增派两个警察分队来加强该特派团。2013 年 7 月 17—18 日的西共体国家元首和政府首脑理事会第 43 次例会的最后公报将该特派团的使命延长至 2014 年 5 月 16 日。

| 法律依据/开始时间/地点 | 2013 年派出部队、观察员、民事警察或文职人员的国家（**黑体字**为新参加国、*斜体字*为年内结束使命国、下划线表示指定的牵头国） | 部队/观察员/民事警察/文职人员 | | 死亡人数：迄今数/2013 年数/（死于敌对行动、事故、伤病） | 开支（百万美元）全年开支额/未付额 |
|---|---|---|---|---|---|
| | | 批准数 | 实际数 | | |
| 西共体 2012 年 4 月 26 日首脑会议决定<br>2012. 5. 3<br>几内亚比绍 | 部　队：**布基纳法索**、**科特迪瓦***、尼日利亚、塞内加尔、**多哥***<br>观察员：布基纳法索、尼日利亚 | 404<br>– –<br>280<br>1 | 403<br>– –<br>280<br>1 | – –<br>– – | . .<br>. . |
| *科特迪瓦和多哥仅向该特派团派遣了参谋军官。 | | | | | |
| **欧洲联盟行动（12 项）**（共有 37 个国家参加）<br>*欧盟的各项行动另有 1412 名当地文职雇员协助。 | | **1284**<br>**283**<br>**51**<br>**1880** | **1318**<br>**259**<br>**937**<br>**696*** | **29**<br>**2** | **408.7**<br>– – |

**欧盟波黑军事行动团（EUFOR ALTHEA）**

该行动团系根据 2004 年 7 月 12 日欧盟理事会的 CJA 2004/570/CFSP 决定建立，2004 年 11 月 22 日联合国安理会第 1575 号决议予以认可并赋予《联合国宪章》第七章的权力。该团执行 2003 年的“柏林＋”协议，即北约与欧盟关于安全和防务问题的一系列协议。其职责是维护为执行 1995 年《代顿协议》所需要的安全环境，为该国国防部和武装部队的能力建设和训练提供支持，以及支持波黑逐步加入欧盟的进程。2012 年 9 月，该行动团进行了重新配置，部队数量减半，降至 600 人，由各驻地的后备役人员协助。2013 年 11 月 12 日安理会第 2123 号决议将该行动团的使命延长至 2014 年 11 月 15 日。

| 法律依据/<br>开始时间/<br>地点 | 2013 年派出部队、观察员、<br>民事警察或文职人员的国家<br>(**黑体字为**新参加国、*斜体字*为年内结束使命国、下划线表示指定的牵头国) | 部队/<br>观察员/<br>民事警察/<br>文职人员<br>批准数 | <br><br><br><br>实际数 | 死亡人数:<br>迄今数/<br>2013 年数/<br>(死于敌对行动、事故、伤病) | 开支<br>(百万美元)<br><br>全年开支额<br>/未付额 |
|---|---|---|---|---|---|
| 欧盟 CJA 2004/570/<br>CFSP 决定和<br>安理会 1575 号决议<br>2004. 12<br>波 黑 | 部 队：阿尔巴尼亚、奥地利、保加利亚、智利、捷克、芬兰、*法国*、*德国*、希腊、匈牙利、爱尔兰、意大利、卢森堡、马其顿、荷兰、波兰、罗马尼亚、斯洛伐克、斯洛文尼亚、西班牙、瑞典、瑞士、土耳其、英国<br>文职人员：.. | 600<br>--<br>--<br>23 | 810*<br>--<br>--<br>20 | 21<br>-- | 16.6<br>-- |
| * 此数字包括 220 名军事支持人员。 | | | | | |

**欧盟刚果民主共和国安全改革咨询与支援团（EUSEC RD Congo）**

该咨询与支援团系根据 2005 年 5 月 2 日欧盟理事会的 CJA 2005/355/CFSP 决定建立，其初始职责是：对民主刚果当局，特别是国防部，在安全问题上提供咨询和协助，确保其政策与国际人道主义法、民主治理原则和法治相符。2009 年，该团的职责扩大为包括推动实施民主刚果政府采取的武装部队改革修正计划中的指导原则。该团在开展工作时还同“联合国刚果民主共和国组织稳定行动团”（MONUSCO）和“欧盟民主刚果警察特派团”（EUPOL RD Congo）密切合作。欧盟理事会 2013 年 9 月 23 日的 CJA 2013/468/CFSP 决定将该团使命延长至 2014 年 9 月 30 日。

| | | | | | |
|---|---|---|---|---|---|
| 欧盟 CJA2005/<br>355/CFSP 决定<br>2005. 6<br>刚果民主共和国 | 文职人员：奥地利、比利时、法国、德国、匈牙利、意大利、卢森堡、*葡萄牙*、罗马尼亚、**瑞典**、英国、美国 | --<br>--<br>--<br>41 | --<br>--<br>--<br>38* | 3<br>-- | 13.8<br>-- |

* 已部署的人员中多数为军事顾问。该团另有 29 名当地雇员协助。

| 法律依据/开始时间/地点 | 2013 年派出部队、观察员、民事警察或文职人员的国家（**黑体字**为新参加国、*斜体字*为年内结束使命国、下划线表示指定的牵头国） | 部队/观察员/民事警察/文职人员 批准数 | 实际数 | 死亡人数：迄今数/2013 年数/（死于敌对行动、事故、伤病） | 开支（百万美元）全年开支额/未付额 |
|---|---|---|---|---|---|
| **欧盟伊拉克法治整合团（EUJUST LEX-Iraq）** | | | | | |
| 该法治整合团系根据2004 年6 月8 日联合国安理会第1546 号决议由欧盟理事会2005 年3 月7 日的CJA 2005/190/CFSP 决定建立，旨在通过训练伊拉克地方官员、高级警官和高级狱警来增强该国的刑事司法体制。该整合团开展工作时同“联合国伊拉克援助团”（UNAMI）进行合作。该整合团的使命于2013 年12 月31 日结束。 | | | | | |
| *欧盟CJA2005/190/CFSP 决定和安理会1546 号决议*<br>*2005. 7*<br>*伊拉克* | 文职人员：*奥地利、保加利亚、丹麦、爱沙尼亚、芬兰、法国、德国、匈牙利、爱尔兰、意大利、荷兰、挪威、葡萄牙、罗马尼亚、瑞典、英国* | --<br>--<br>--<br>49 | --<br>--<br>--<br>46* | --<br>-- | 38.5<br>-- |
| * 该团有10 名当地雇员协助工作。 | | | | | |
| **欧盟拉法过境站边界援助团（EU BAM Rafah）** | | | | | |
| 该援助团是在以色列与巴勒斯坦权力机构2005 年11 月15 日达成的《人员出入境协议》基础上根据欧盟理事会2005 年12 月12 日的CJA 2005/889/CFSP 决定而建立。该团的职责是监督、核查和评估在拉法过境站的巴权力机构边境控制、安全及海关官员执行2005 年《拉法过境站原则协议》的情况，支持巴权力机构在边境控制方面的能力建设。在2007 年发生骚乱后，拉法过境站关闭，只在特殊情况下开放。但该团仍保留着全面运作的能力，并于2011 年5 月28 日过境站重新开放时恢复活动。2013 年7 月3 日欧盟理事会的CJA 2013/355/CFSP 决定将该援助团的使命延长至2014 年6 月30 日。 | | | | | |

| 法律依据/开始时间/地点 | 2013 年派出部队、观察员、民事警察或文职人员的国家<br>（**黑体字**为新参加国、*斜体字*为年内结束使命国、下划线表示指定的牵头国） | 部队/观察员/民事警察/文职人员 | | 死亡人数：迄今数/2013 年数/（死于敌对行动、事故、伤病） | 开支（百万美元）<br>全年开支额/未付额 |
|---|---|---|---|---|---|
| | | 批准数 | 实际数 | | |
| 欧盟 CJA 2005/889/CFSP 决定<br>2005.11<br>埃及/巴勒斯坦<br>（拉法过境站） | 民事警察：*意大利*<br>文职人员：**丹麦**、法国、**德国**、**意大利** | --<br>--<br>--<br>4 | --<br>--<br>--<br>4* | --<br>-- | 1.3<br>-- |

* 该援助团另有 4 名当地雇员协助。

**欧盟巴勒斯坦警察特派团（EUPOL COPPS）***

该特派团系根据 2005 年 11 月 14 日欧盟理事会的 CJA 2005/797/CFSP 决定建立，其职责是为巴勒斯坦刑事司法和警察部门官员提供一个框架并予以指导，协调欧盟对巴权力机构的援助。2013 年 7 月 3 日欧盟理事会 2013/354/CFSP 决定将其使命延长至 2014 年 6 月 30 日。

| | | | | | |
|---|---|---|---|---|---|
| 欧盟 CJA 2005/797/CFSP 决定<br>2006.1<br>巴勒斯坦 | 民事警察：**奥地利**、比利时、加拿大、塞浦路斯、丹麦、芬兰、法国、德国、意大利、*荷兰*、挪威、斯洛伐克、斯洛文尼亚、西班牙、瑞典、土耳其、英国<br>文职人员：比利时、保加利亚、捷克、丹麦、*爱沙尼亚*、芬兰、法国、德国、爱尔兰、意大利、立*陶宛*、荷兰、罗马尼亚、西班牙、瑞典、英国 | --<br>--<br>--<br>71** | --<br>--<br>24<br>31*** | 1<br>1<br>（–，1，–，–） | 12.5<br>-- |

* 该特派团同时也正式称作“欧盟支援巴勒斯坦警察协调处”。

* * 此数字既包括民事警察也包括文职人员。

* * * 该特派团另有 41 名当地雇员协助。

| 法律依据/开始时间/地点 | 2013 年派出部队、观察员、民事警察或文职人员的国家（**黑体字**为新参加国、*斜体字*为年内结束使命国、下划线表示指定的牵头国） | 部队/观察员/民事警察/文职人员 批准数 | 实际数 | 死亡人数：迄今数/2013 年数/（死于敌对行动、事故、伤病） | 开支（百万美元）全年开支额/未付额 |
|---|---|---|---|---|---|
| **欧盟阿富汗警察特派团（EUPOL Afghanistan）** | | | | | |
| 该特派团系应阿富汗政府邀请，根据欧盟理事会 2007 年 5 月 30 日的 CJA 2007/369/CFSP 决定而建立。该团的任务是帮助建立属于阿富汗的民事治安安排和执法机制，以加强法治。2013 年 5 月 27 日欧盟理事会的 CD2013/240/CFSP 决定将该团使命延长至 2014 年 12 月 31 日。 | | | | | |
| 欧盟 CJA 2007/369/CFSP 决定<br>2007.6<br>阿富汗 | 民事警察：奥地利、加拿大、捷克、丹麦、爱沙尼亚、芬兰、法国、德国、匈牙利、爱尔兰、意大利、拉脱维亚、立陶宛、荷兰、波兰、罗马尼亚、斯洛伐克、西班牙、瑞典、英国<br>文职人员：奥地利、比利时、保加利亚、加拿大、克罗地亚、捷克、丹麦、芬兰、德国、希腊、匈牙利、爱尔兰、意大利、立陶宛、荷兰、*挪威*、波兰、葡萄牙、罗马尼亚、斯洛伐克、西班牙、瑞典、英国 | - -<br>- -<br>- -<br>400 * | - -<br>- -<br>152<br>140 * * | - -<br>- - | 85.6<br>- - |

* 这些数字既包括文职人员也包括民事警察。

* * 该团另有 198 名当地雇员协助。

| 法律依据/开始时间/地点 | 2013 年派出部队、观察员、民事警察或文职人员的国家（黑体字为新参加国、*斜体字*为年内结束使命国、下划线表示指定的牵头国） | 部队/观察员/民事警察/文职人员 批准数 | 部队/观察员/民事警察/文职人员 实际数 | 死亡人数：迄今数/2013 年数/（死于敌对行动、事故、伤病） | 开支（百万美元）全年开支额/未付额 |
|---|---|---|---|---|---|
| **欧盟刚果民主共和国警察特派团（EUPOL RD Congo）** | | | | | |
| 该特派团系根据 2007 年 6 月 12 日欧盟理事会的 CJA 2007/405/CFSP 决定建立。欧盟理事会 2009 年 10 月 19 日的 CJA 2009/769/CFSP 决定赋予该团的任务是：协助东道国当局改革和重组刚果警察系统，改善警察与刑法系统之间的互动关系，支持反对性暴力的努力，促进和平进程中的性别、人权和儿童问题的改善。2013 年 10 月，该团的主要职责从积极训练转为对国家警察的指导、监督和咨询。该团在开展工作时同“欧盟民主刚果安全改革咨询与援助团”（EUSEC RD Congo）和“联合国刚果民主共和国组织稳定特派团”（MONUSCO）进行配合。2013 年 9 月 23 日欧盟理事会的 CD 2013/467/CFSP 决定将该特派团的使命延长至 2014 年 9 月 30 日。 | | | | | |
| 欧盟 CJA 2007/405/CFSP 决定<br>2007. 7<br>刚果民主共和国 | 民事警察：比利时、*芬兰*、法国、葡萄牙、罗马尼亚<br>文职人员：比利时、法国、德国、意大利、*波兰*、葡萄牙、罗马尼亚、瑞典 | - -<br>- -<br>19<br>21 | - -<br>- -<br>16<br>17 * | - -<br>- - | 8. 8<br>- - |
| * 该团另有 17 名当地雇员协助。 | | | | | |
| **欧盟科索沃法治团（EULEX Kosovo）** | | | | | |
| 该法治团系根据 2008 年 2 月 4 日欧盟理事会的 CJA 2008/124/CFSP 决定建立。除赋予某些行政责任外，该团的任务是在广泛的法治方面对科索沃各种机构（重点是司法机构）进行监督、指导和提供咨询。该团分成两个部门：行政部（侧重于法律方面，包括对各种案子调查、起诉和判决方面的监督和咨询）和加强部（侧重于对各种机构、司法当局和执法部门提供支持）。该法治团还为在 Jarinje 和 Merdare 两地新设立的边境检查站（由科索沃和塞尔维亚当局联合掌控）提供支持，并为欧盟对科索沃的“稳定与联合进程”对话和贝尔格莱德同普里斯蒂纳的对话的总体支持提供帮助。该团在执行任务时，与“联合国科索沃临时行政机构”（UNMIK）和“欧安组织科索沃观察团”（OMIK）进行合作。欧盟理事会 2012 年 6 月 5 日的 CJA2012/291/CFSP 决定将该团使命延长至 2014 年 6 月 14 日。 | | | | | |

| 法律依据/开始时间/地点 | 2013 年派出部队、观察员、民事警察或文职人员的国家（**黑体字**为新参加国、*斜体字*为年内结束使命国、<u>下划线</u>表示指定的牵头国） | 部队/观察员/民事警察/文职人员 批准数 | 部队/观察员/民事警察/文职人员 实际数 | 死亡人数：迄今数/2013 年数/（死于敌对行动、事故、伤病） | 开支（百万美元）全年开支额/未付额 |
| --- | --- | --- | --- | --- | --- |
| 欧盟 CJA 2008/124/CFSP 决定 | | – – | – – | 4 | 146.7 |
| | 民事警察：.. | – – | – – | 1 | – – |
| 2008.2 | 文职人员：.. | – – | 724 | （1，–，–，–） | |
| 科索沃 | | 1250 * | 385 * * | | |

* 此数字既包括文职人员也包括民事警察。

* * 该团另有 956 名当地雇员协助。

**欧盟格鲁吉亚监督团（EUMM Georgia）**

该监督团是在 2008 年 8 月南奥塞梯冲突之后按照 2008 年 9 月 8 日欧盟与俄罗斯的协议，根据 2008 年 9 月 15 日欧盟理事会的 CJA 2008/736/CFSP 决定建立。该团的任务是监视和分析稳定进程中的进展，着重注视对 2008 年 8 月 12 日“六点和平计划”的遵守情况，以及监视和分析文官治理正常化的进展情况；监视基础设施的安全以及国内离散人员和难民返回家园过程中的政治与安全方面的情况；支持建立信任措施。2013 年 9 月 6 日欧盟理事会的 2013/446/CFSP 决定将该团使命延长到 2014 年 12 月 14 日。

| 法律依据/开始时间/地点 | 2013年派出部队、观察员、民事警察或文职人员的国家（**黑体字**为新参加国、*斜体字*为年内结束使命国、下划线表示指定的牵头国） | 部队/观察员/民事警察/文职人员 批准数 | 实际数 | 死亡人数：迄今数/2013年数/（死于敌对行动、事故、伤病） | 开支（百万美元）全年开支额/未付额 |
|---|---|---|---|---|---|
| 欧盟 CJA2008/736/CFSP 决定<br>2008.10<br>格鲁吉亚 | 观察员：奥地利、*比利时*、保加利亚、*塞浦路斯*、捷克、丹麦、爱沙尼亚、芬兰、*法国*、德国、希腊、匈牙利、爱尔兰、意大利、拉脱维亚、*立陶宛*、卢森堡、*马耳他*、荷兰、波兰、罗马尼亚、斯洛伐克、*斯洛文尼亚*、西班牙、瑞典、英国<br>文职人员：奥地利、比利时、保加利亚、捷克、丹麦、**爱沙尼亚**、芬兰、法国、德国、**希腊**、**爱尔兰**、意大利、立陶宛、荷兰、波兰、罗马尼亚、斯洛伐克、西班牙、瑞典、英国 | – –<br>283<br>– –<br>– – | – –<br>259 *<br>– –<br>– – | – –<br>– – | 29.7<br>– – |

* 该监督团的观察员虽有军事、警察和文职背景，但其行动属于民事范畴。该团另有129名当地雇员协助。

**欧盟索马里训练团（EUTM Somalia）**

该训练团系根据2010年3月31日欧盟理事会的CD2010/197/CFSP决定建立，其任务是通过对索马里安全部队进行训练和支援，加强索马里联邦政府及各种机构。对索马里国家军队的训练，包括军事治安、军民合作、情报、作战工程、国际人道主义法律和人权，以及保护平民等方面的专业训练。该团在执行任务时，同联合国、非盟索马里特派团（AMISOM）、乌干达及美国等方面进行密切合作和配合。2013年1月22日欧盟理事会的CD2013/44/CFSP决定将该团使命延长至2015年3月31日。

| 法律依据/开始时间/地点 | 2013 年派出部队、观察员、民事警察或文职人员的国家<br>（**黑体字**为新参加国、*斜体字*为年内结束使命国、下划线表示指定的牵头国） | 部队/观察员/民事警察/文职人员<br>批准数 | 实际数 | 死亡人数：迄今数/2013 年数/（死于敌对行动、事故、伤病） | 开支（百万美元）<br>全年开支额/未付额 |
|---|---|---|---|---|---|
| 欧盟 CD 2010/197/CFSP 决定<br>2010.3<br>乌干达/索马里* | 部　　队：**比利时**、芬兰、*法国*、*德国*、匈牙利、爱尔兰、<u>意大利</u>、*马耳他*、荷兰、葡萄牙、塞尔维亚、西班牙、瑞典、英国<br>文职人员：比利时 | 127<br>– –<br>– –<br>1 | 78<br>– –<br>– –<br>1 | – –<br>– – | 15.4<br>– – |

* 该团的司令部驻在乌干达，对索马里安全部队的训练安排在乌干达和索马里。但从 2014 年以来，该团所有的咨询、指导和训练活动均在索马里的摩加迪沙进行。

**欧盟尼日尔能力建设特派团（EUCAP Sahel Niger）**

该特派团系根据 2012 年 7 月 16 日欧盟理事会的 CD2012/392/CFSP 决定建立，被赋予支持尼日尔安全部门打击有组织犯罪及恐怖主义的能力建设。该团的任务包括对实施尼日尔安全和发展战略中的安全方面计划提供咨询和协助；支持在打击恐怖主义和有组织犯罪中的地区和国际层面的协调努力；为刑事调查提供培训。该团在初始阶段着重帮助尼日尔改进其对领土的控制，包括与尼武装部队进行协调。它为尼武装部队提供训练、指导、支援、咨询和军事专业技术。该团的职责一直到 2014 年 7 月结束。

| 法律依据/开始时间/地点 | 国家 | 批准数 | 实际数 | 死亡人数 | 开支 |
|---|---|---|---|---|---|
| 欧盟理事会<br>CD2012/392/CFSP 决定<br>2012.7<br>尼日尔 | 民事警察：比利时、法国、西班牙<br>文职人员：比利时、*丹麦*、法国、**德国**、意大利、卢森堡、**葡萄牙**、**罗马尼亚**、瑞典、**英国** | – –<br>– –<br>32<br>17 | – –<br>– –<br>21<br>14* | – –<br>– – | 9.3<br>– – |

* 该团另有 28 名当地雇员协助。

| 法律依据/开始时间/地点 | 2013 年派出部队、观察员、民事警察或文职人员的国家<br>（**黑体字**为新参加国、*斜体字*为年内结束使命国、<u>下划线</u>表示指定的牵头国） | 部队/观察员/民事警察/文职人员 批准数 | 部队/观察员/民事警察/文职人员 实际数 | 死亡人数：迄今数/2013 年数/（死于敌对行动、事故、伤病） | 开支（百万美元）全年开支额/未付额 |
|---|---|---|---|---|---|
| **欧盟马里训练团（EUTM Mali）** | | | | | |
| 该训练团系根据 2013 年 1 月 17 日欧盟理事会的 CD2013/34/CFSP 决定建立，并在 2013 年 2 月 18 日理事会通过 CD2013/87/CFSP 决定后正式履职。其职责是为马里武装部队提供训练和咨询，以帮助其恢复军事能力，使马里当局能对全国行使主权，并能打击恐怖主义和有组织犯罪。除了军事训练之外，该团的活动还包括在指挥与控制、人力资源、国际人道主义法律以及平民保护等方面提供培训和咨询。该训练团还力求为马里加强文官对武装部队适当控制创造条件。该团初始阶段的职责执行至 2014 年 5 月。 | | | | | |
| **CD2013/34/<br>CFSP 决定<br>2013. 2<br>马　里** | 部　队：**奥地利、比利时、保加利亚、捷克、爱沙尼亚、法国、德国、希腊、匈牙利、爱尔兰、意大利、立陶宛、卢森堡、荷兰、波兰、葡萄牙、罗马尼亚、斯洛文尼亚、西班牙、英国** | 557<br>– –<br>– –<br>3 | 430 *<br>– –<br>– –<br>– – | – –<br>– – | 30. 5<br>– – |
| * 该训练团另有一个私下签约的空中医疗救援队协助，该救援队由 12 名文职人员组成。 | | | | | |
| **北约实施和北约主导的行动（2 项）**（共有 51 个国家参加） | | – –<br>– –<br>– –<br>– – | **62891**<br>– –<br>– –<br>– – | **3317**<br>**155** | **711. 3**<br>– – |

| 法律依据/<br>开始时间/<br>地点 | 2013 年派出部队、观察员、<br>民事警察或文职人员的国家<br>（**黑体字为**新参加国、*斜体*字为年内结束使命国、<u>下划线</u>表示指定的牵头国） | 部队/<br>观察员/<br>民事警察/<br>文职人员<br>批准数 | <br><br><br><br>实际数 | 死亡人数：<br>迄今数/<br>2013 年数/<br>（死于敌对行动、事故、伤病） | 开支<br>（百万美元）<br>全年开支额<br>/未付额 |
|---|---|---|---|---|---|
| **北约科索沃部队（KFOR）** | | | | | |
| 该部队系根据 1999 年 6 月 10 日安理会第 1244 号决议建立，其使命包括阻止敌对行动再次发生，建立安全稳定的环境，支持“联合国驻科索沃临时管理机构”（UNMIK）的工作，以及监视边境地区。2008 年，北约将该部队的使命扩大为要通过组建科索沃安全部队以及建立一个能监督该部队的文职机制，在科索沃建立一种规范的、民主和多民族的安全结构。2009 年，随着局势的不断稳定，该部队开始逐步削减规模。2011 年 8 月，为应对科索沃北部地区的冲突，部署了一个北约的“作战后备部队”营。由于出现了这种紧张形势，2012 年 7 月决定延缓对北约科索沃部队的进一步削减。在 2012 年 8—12 月期间，部署了第二个“作战后备部队”营，为塞尔维亚 2012 年大选前提供额外的安全保障。该部队使命的终止需有联合国安理会的明确决定。 | | | | | |
| 安理会 1244<br>号决议<br>1999. 6<br>科索沃 * | 部　队：阿尔巴尼亚、亚美尼亚、奥地利、保加利亚、加拿大、克罗地亚、捷克、丹麦、爱沙尼亚、芬兰、法国、德国、希腊、匈牙利、爱尔兰、意大利、*立陶宛*、卢森堡、摩洛哥、荷兰、挪威、波兰、葡萄牙、罗马尼亚、斯洛文尼亚、瑞典、瑞士、土耳其、乌克兰、英国、<u>美国</u> | - -<br>- -<br>- -<br>- - | 4762<br>- -<br>- -<br>- - | 133<br>4 | 33. 3<br>- - |

* 该部队的总部设在普里什蒂纳，支持着有 2 个多国战斗群和 5 个地区联合特遣分队组成的一项北约领导的行动。一个多国专业分队和一个战术预备机动营（KTM）也驻扎于普里什蒂纳。

| 法律依据/<br>开始时间/<br>地点 | 2013 年派出部队、观察员、民事警察或文职人员的国家<br>（**黑体字为新参加国**、*斜体字*为年内结束使命国、下划线表示指定的牵头国） | 部队/观察员/民事警察/文职人员<br>批准数 | <br>实际数 | 死亡人数：迄今数/2013 年数/（死于敌对行动、事故、伤病） | 开支（百万美元）<br>全年开支额/未付额 |
|---|---|---|---|---|---|
| **国际安全支援部队（ISAF）**<br>该部队系根据 2001 年 12 月 20 日安理会第 1386 号决议建立，拥有《联合国宪章》第七章所赋予的权力。作为一支多国部队，其使命是根据 2001 年《波恩协定》附件一的设想，协助阿富汗政府维护喀布尔及其周边地区的安全。最初，这些任务系由一个临时国家联盟承担。2003 年 8 月，北约接手对该部队的指挥和控制。2003 年 10 月 13 日安理会第 1510 号决议授权该部队的任务扩大至阿富汗全国。北约 2010 年里斯本首脑会议决定，从 2011 年起，该部队所承担的阿富汗安全责任将逐步移交给阿国家安全部队。此决定得到北约 2012 年芝加哥首脑会议的确认。其目标是这一进程计划在 2014 年年底完成。从 2013 年 6 月开始的最后阶段移交，是在该部队尚未放弃安全主导责任的剩下 11 个省中进行的。2013 年 10 月 10 日安理会第 2120 号决议将该部队使命延长至 2014 年 12 月 31 日，届时该部队的使命将予终止。 | | | | | |
| 安理会 1386 号决议<br>2001. 12<br>阿富汗 | 部　队：阿尔巴尼亚、亚美尼亚、澳大利亚、奥地利、阿塞拜疆、*巴林*、比利时、波黑、保加利亚、加拿大、克罗地亚、捷克、丹麦、萨尔瓦多、爱沙尼亚、芬兰、法国、格鲁吉亚、德国、希腊、匈牙利、冰岛、爱尔兰、意大利、约旦、韩国、拉脱维亚、立陶宛、卢森堡、马其顿、马来西亚、蒙古、黑山、荷兰、新西兰、挪威、波兰、葡萄牙、罗马尼亚、*新加坡*、斯洛伐克、斯洛文尼亚、西班牙、瑞典、汤加、土耳其、乌克兰、阿联酋、英国、美国 | – –<br>– –<br>– –<br>– – | 58129*<br>– –<br>– –<br>– – | 3184<br>151<br>（132，–，–，–） | 678<br>– – |

* 这是截至 2014 年 1 月 15 日的数字。北约驻阿训练团（NTM-A）包含在国际安全支援部队的人员数字中，因为它接受后者的指挥。该训练团的任务是指导和训练阿富汗警察和军队人员。

| 法律依据/开始时间/地点 | 2013 年派出部队、观察员、民事警察或文职人员的国家（**黑体字**为新参加国、*斜体字*为年内结束使命国、<u>下划线</u>表示指定的牵头国） | 部队/观察员/民事警察/文职人员 批准数 | 实际数 | 死亡人数：迄今数/2013 年数/（死于敌对行动、事故、伤病） | 开支（百万美元）全年开支额/未付额 |
|---|---|---|---|---|---|
| **美洲国家组织行动（1 项）**（共有 12 个国家参加） | | -- <br> -- <br> -- <br> -- | -- <br> -- <br> -- <br> **23** | **2** <br> -- | **7** <br> -- |
| **驻哥伦比亚支持和平进程特派团（MAPP/OEA）**<br>该特派团系根据 2004 年 2 月 6 日美洲国家组织常设理事会 CP/RES859（1397/04）号决议建立，目的是支持哥伦比亚的和平进程，特别是支持哥政府同民族解放军（ELN）进行政治对话的努力。该团的另一项任务是通过提供核查和咨询支持来推动解除武装、复员遣返和重新安置的进程。 | | | | | |
| 常设理事会 CP/RES. 859 号决议<br>2004. 2<br>哥伦比亚 | 文职人员：阿根廷、玻利维亚、巴西、保加利亚、智利、*厄瓜多尔*、**德国**、危地马拉、意大利、尼加拉瓜、秘鲁、西班牙、瑞典 | -- <br> -- <br> -- <br> -- | -- <br> -- <br> -- <br> 23* | 2 <br> -- | 7 <br> -- |

* 该特派团另有 69 名当地雇员协助。

| 法律依据/开始时间/地点 | 2013 年派出部队、观察员、民事警察或文职人员的国家（**黑体字**为新参加国、*斜体字*为年内结束使命国、<u>下划线</u>表示指定的牵头国） | 部队/观察员/民事警察/文职人员 批准数 | 实际数 | 死亡人数：迄今数/2013 年数/（死于敌对行动、事故、伤病） | 开支（百万美元）全年开支额/未付额 |
|---|---|---|---|---|---|
| | **欧洲安全与合作组织行动（7 项）**（共有 45 个国家参加） | －－<br>－－<br>－－<br>**295** | －－<br>－－<br>**20**<br>**262** | **10**<br>－－ | **70.9**<br>－－ |
| **欧安组织斯科普里防蔓延监督团**<br>该监督团系根据 1992 年 9 月 18 日欧安组织高官委员会第 16 次会议的决定建立，并通过同前南斯拉夫马其顿共和国政府 1992 年 11 月 7 日换文达成的谅解条款得到后者的授权。该团的任务包括监视马其顿局势，训练警察，支持发展以及其他与 2001 年《奥赫里德框架协议》相关的活动。2013 年 11 月 14 日欧安组织常设理事会 PC. DEC/1097 号决定将该团使命延长至 2014 年 12 月 31 日。 | | | | | |
| 高官委员会<br>1992. 9. 18 决定<br>1992. 9<br>前南斯拉夫<br>马其顿共和国 | 民事警察：爱沙尼亚、匈牙利、波兰、俄罗斯、塞尔维亚、<u>土耳其</u>、英国<br>文职人员：奥地利、克罗地亚、*捷克*、芬兰、法国、德国、**格鲁吉亚**、希腊、匈牙利、爱尔兰、意大利、摩尔多瓦、荷兰、罗马尼亚、西班牙、塔吉克斯坦、英国、乌克兰、美国 | －－<br>－－<br>－－<br>50* | －－<br>－－<br>11<br>29** | 1<br>－－ | 8.7<br>－－ |

* 此数字包括民事警察。

** 该监督团另有 111 名当地雇员协助。

<table>
<tr><th rowspan="2">法律依据/<br>开始时间/<br>地点</th><th rowspan="2">2013 年派出部队、观察员、<br>民事警察或文职人员的国家<br>（黑体字为新参加国、斜体字为年内结束使命国、<u>下划线</u>表示指定的牵头国）</th><th colspan="2">部队/<br>观察员/<br>民事警察/<br>文职人员</th><th rowspan="2">死亡人数：<br>迄今数/<br>2013 年数/<br>（死于敌对行动、事故、伤病）</th><th rowspan="2">开支<br>（百万美元）<br>全年开支额<br>/未付额</th></tr>
<tr><th>批准数</th><th>实际数</th></tr>
<tr><td colspan="6">欧安组织摩尔多瓦观察团<br>该观察团系根据 1993 年 2 月 4 日欧安组织高官委员会第 19 次会议的决定建立，并通过 1993 年 5 月 7 日的谅解备忘录获得摩尔多瓦政府的授权。其任务包括协助冲突双方就冲突的永久性政治解决进行谈判，提供专业技术和咨询，以及调查各种事件。2013 年 11 月 21 日欧安组织常设理事会 PC. DEC/1102 号决定将该团使命延长至 2014 年 12 月 31 日。</td></tr>
<tr><td>高官委员会<br>1993. 2. 4 决定<br>1993. 4<br>摩尔多瓦</td><td>文职人员：保加利亚、捷克、爱沙尼亚、法国、德国、波兰、塞尔维亚、西班牙、意大利、瑞典、英国、美国</td><td>– –<br>– –<br>– –<br>13</td><td>– –<br>– –<br>– –<br>13 *</td><td>– –<br>– –</td><td>2. 8<br>– –</td></tr>
<tr><td colspan="6">* 该观察团另有 39 名当地雇员协助。</td></tr>
<tr><td colspan="6">欧安组织明斯克会议轮值主席冲突处理私人代表<br>1995 年 8 月 10 日，欧安组织轮值主席（CIO）任命一名负责处理欧安组织明斯克会议讨论过的冲突问题的私人代表。该私人代表的职责是协助轮值主席对可能采取的维和行动制定计划，协助有关各方建立信任措施和处理人道主义事务，以及监督冲突各方的停火。作为欧安组织整体预算批准案中的一个部分，该代表的使命每年延长一次。2013 年，其使命系根据欧安组织常设理事会 2013 年 12 月 19 日的 PC. DEC/1110 号决定得以延长。</td></tr>
</table>

| 法律依据/<br>开始时间/<br>地点 | 2013 年派出部队、观察员、<br>民事警察或文职人员的国家<br>（**黑体字**为新参加国、*斜体字*为年内结束使命国、下划线表示指定的牵头国） | 部队/<br>观察员/<br>民事警察/<br>文职人员<br>批准数 | 实际数 | 死亡人数:<br>迄今数/<br>2013 年数/<br>（死于敌对行动、事故、伤病） | 开支<br>（百万美元）<br>全年开支额<br>/未付额 |
|---|---|---|---|---|---|
| 欧安组织轮值主席<br>1995. 8. 10 任命<br>1995. 8<br>阿塞拜疆（纳卡） | 文职人员：保加利亚、捷克、波兰、乌克兰、英国 | - -<br>- -<br>- -<br>6 | - -<br>- -<br>- -<br>6* | - -<br>- - | 1. 5<br>- - |

* 该私人代表另有 11 名当地雇员协助。

**欧安组织波黑观察团**

该观察团系根据 1995 年《代顿协议》附件Ⅵ的规定由 1995 年 12 月 8 日欧安组织部长理事会第 5 次会议作出的 MC（5）. DEC/1 号决定建立。其使命是协助有关各方建立地区稳定措施和进行民主建设。2013 年 11 月 14 日欧安组织常设理事会 PC. DEC/1098 号决定将该团使命延长至 2014 年 12 月 31 日。

| | | | | | |
|---|---|---|---|---|---|
| 部长理事会 MC<br>（5）. DEC/1 决定<br>1995. 12<br>波黑 | 文职人员：亚美尼亚、奥地利、*白俄罗斯*、*比利时*、加拿大、克罗地亚、捷克、芬兰、法国、德国、*希腊*、匈牙利、爱尔兰、意大利、**日本**、吉尔吉斯斯坦、*摩尔多瓦*、波兰、葡萄牙、俄罗斯、斯洛伐克、西班牙、*瑞典*、*土耳其*、英国、美国 | - -<br>- -<br>- -<br>46 | - -<br>- -<br>- -<br>46* | - -<br>- - | 17. 4<br>- - |

* 该观察团另有 340 名当地雇员协助。

| 法律依据/开始时间/地点 | 2013 年派出部队、观察员、民事警察或文职人员的国家（**黑体字为**新参加国、*斜体字*为年内结束使命国、<u>下划线</u>表示指定的牵头国） | 部队/观察员/民事警察/文职人员 批准数 | 实际数 | 死亡人数：迄今数/2013 年数/（死于敌对行动、事故、伤病） | 开支（百万美元）全年开支额/未付额 |
|---|---|---|---|---|---|

**欧安组织阿尔巴尼亚观察团**

该观察团系根据 1997 年 3 月 27 日欧安组织常设理事会 PC. DEC/160 号决定建立，其职责在 2003 年修改为包括协助立法、司法和选举制度的改革，以及协助能力建设、打击走私和反腐败活动、警务援助和实施良政等。2013 年 11 月 14 日欧安组织常设理事会 PC. DEC/1095 号决定将该团使命延长至 2014 年 12 月 31 日。

| 法律依据/开始时间/地点 | 国家 | 批准数 | 实际数 | 死亡人数 | 开支 |
|---|---|---|---|---|---|
| 常设理事会 PC. DEC/160 号决定<br>1997. 4<br>阿尔巴尼亚 | 文职人员：**奥地利**、*保加利亚*、加拿大、*捷克*、*法国*、德国、意大利、*立陶宛*、黑山、*挪威*、斯洛文尼亚、西班牙、英国、美国 | – –<br>– –<br>– –<br>14 | – –<br>– –<br>– –<br>14* | – –<br>– – | 4<br>– – |

* 该观察团另有 60 名当地雇员协助。

**欧安组织科索沃观察团（OMIK）**

该观察团系根据 1999 年 7 月 1 日欧安组织常设理事会 PC. DEC/305 号决定建立，其使命包括训练警察、司法人员和文职行政管理人员，以及监督和促进人权。该观察团是“联合国科索沃临时行政机构”（UNMIK）的一个组成部分。2007 年 12 月 21 日欧安组织常设理事会 PC. DEC/835 号决定将该团使命延长至 2008 年 1 月 31 日，此后其使命每月延长一次，除非该团的参加国中有一国反对。

| 法律依据/开始时间/地点 | 2013 年派出部队、观察员、民事警察或文职人员的国家（**黑体字为**新参加国、*斜体字*为年内结束使命国、<u>下划线</u>表示指定的牵头国） | 部队/观察员/民事警察/文职人员 | | 死亡人数：迄今数/2013 年数/（死于敌对行动、事故、伤病） | 开支（百万美元）全年开支额/未付额 |
|---|---|---|---|---|---|
| | | 批准数 | 实际数 | | |
| 常设理事会 PC. DEC/305 号决定<br>1999. 7<br>科索沃 | 文职人员：*亚美尼亚*、奥地利、*阿塞拜疆*、白俄罗斯、*比利时*、波黑、保加利亚、加拿大、克罗地亚、捷克、芬兰、法国、格鲁吉亚、德国、希腊、匈牙利、冰岛、爱尔兰、意大利、拉脱维亚、马其顿、马耳他、摩尔多瓦、黑山、波兰、葡萄牙、俄罗斯、斯洛伐克、西班牙、瑞典、**瑞士**、土耳其、乌克兰、英国、美国 | --<br>--<br>--<br>166 | --<br>--<br>--<br>133* | 9<br>-- | 27.2<br>-- |

* 该观察团另有 429 名当地雇员协助。人员数是截至 2013 年 9 月 30 日的数字。

**欧安组织塞尔维亚观察团**

该观察团系根据 2001 年 1 月 11 日欧安组织常设理事会 PC. DEC/401 号决定建立，其使命是为塞尔维亚实施法律提供咨询，监督该国民主机制和民主进程的正常运转和完善，帮助训练和重组执法机构和司法部门。2013 年 11 月 14 日欧安组织常设理事会 PC. DEC/1099 号决定将该团使命延长至 2014 年 12 月 31 日。

| | | | | | |
|---|---|---|---|---|---|
| 常设理事会 PC. DEC/401 号决定<br>2001. 3<br>塞尔维亚 | 民事警察：保加利亚、匈牙利、爱尔兰、挪威、俄罗斯、瑞典、英国<br>文职人员：奥地利、波黑、加拿大、法国、德国、爱尔兰、意大利、西班牙、瑞士、英国、美国 | --<br>--<br>--<br>-- | --<br>--<br>9<br>21* | --<br>-- | 9.2<br>-- |

* 该观察团另有 111 名当地雇员协助。

| 法律依据/<br>开始时间/<br>地点 | **2013 年派出部队、观察员、民事警察或文职人员的国家**<br>（**黑体字**为新参加国、*斜体字*为年内结束使命国、<u>下划线</u>表示指定的牵头国） | 部队/观察员/民事警察/文职人员<br>批准数 | <br>实际数 | 死亡人数：迄今数/2013 年数/（死于敌对行动、事故、伤病） | 开支（百万美元）<br>全年开支额/未付额 |
|---|---|---|---|---|---|
| **临时联盟行动（8 项）**（共 33 个国家参加）<br>* 临时联盟实施的各项行动另有 575 名当地合同（文职）雇员协助。 | | **1672**<br>**10**<br>**120**<br>**126** | **6222**<br>**77**<br>**120**<br>**93** * | **116**<br>**10** | . .<br>– – |
| **中立国监督委员会（NNSC）**<br>该委员会系根据 1953 年 7 月 27 日在板门店签署的关于在朝鲜实行军事停战的协定而建立。其职责是监督、观察、视察和调查《停战协定》的执行情况。 | | | | | |
| 停战协定<br>1953. 7<br>朝鲜、韩国 | 观察员：瑞典、瑞士 | – –<br>10<br>– –<br>– – | – –<br>10<br>– –<br>– – | – –<br>– – | . .<br>– – |
| **驻西奈多国部队及观察团（MFO）**<br>该部队及观察团系根据 1979 年 3 月 26 日埃及与以色列签署的《和平条约》议定书的规定，作为一个独立的国际组织于 1981 年 8 月 3 日建立。该部队是在 1982 年 3 月 20 日以色列军队撤离西奈半岛后开始部署的，但直到 1982 年 4 月 25 日以色列将西奈半岛归还埃及的当天才真正开始运作。该团的职责是观察《和平条约》的实施，并帮助营造一种安全环境。 | | | | | |

| 法律依据/<br>开始时间/<br>地点 | 2013 年派出部队、观察员、<br>民事警察或文职人员的国家<br>（**黑体字为**新参加国、*斜体字*为年内结束使命国、<u>下划线</u>表示指定的牵头国） | 部队/<br>观察员/<br>民事警察/<br>文职人员<br>批准数 | <br><br><br><br>实际数 | 死亡人数：<br>迄今数/<br>2013 年数/<br>（死于敌对行动、事故、伤病） | 开支<br>（百万美元）<br><br>全年开支额<br>/未付额 |
|---|---|---|---|---|---|
| 和平条约议定书<br>1982. 4<br>埃及（西奈） | 部　　队：澳大利亚、加拿大、哥伦比亚、捷克、斐济、法国、匈牙利、意大利、**荷兰**、新西兰、挪威、乌拉圭、<u>美国</u><br>文职人员：澳大利亚、加拿大、法国、**匈牙利**、新西兰、罗马尼亚、英国、美国 | 1672<br>- -<br>- -<br>126 | 1672<br>- -<br>- -<br>64 * | 72<br>1<br>（-，-，1，-） | 81<br>- - |
| * 该团另有 555 名当地雇员协助。 | | | | | |
| **第二期希伯伦临时国际部队（TIPH 2）**<br>该部队系根据 1997 年 1 月 17 日《关于在希伯伦重新部署的议定书》和 1997 年 1 月 21 日《关于在希伯伦临时派驻国际部队的协议》两个文件建立。该部队的职责是帮助构建安全和稳定的环境，监督并报告违反国际人道主义法的事件。该部队的职责需经以色列和巴勒斯坦双方同意每 6 个月延长一次。 | | | | | |
| 希伯伦议定书<br>1997. 2<br>巴勒斯坦<br>（希伯伦） | 民事警察：丹麦、<u>意大利</u>、挪威、土耳其<br>文职人员：丹麦、**意大利**、挪威、瑞典、瑞士、**土耳其** | - -<br>- -<br>- -<br>- - | - -<br>67 *<br>- -<br>- - | 2<br>- - | 3<br>- - |
| * 该部队另有 20 名当地雇员协助。 | | | | | |

| 法律依据/开始时间/地点 | 2013 年派出部队、观察员、民事警察或文职人员的国家（黑体字为新参加国、*斜体*字为年内结束使命国、下划线表示指定的牵头国） | 部队/观察员/民事警察/文职人员 批准数 | 实际数 | 死亡人数：迄今数/2013 年数/（死于敌对行动、事故、伤病） | 开支（百万美元）全年开支额/未付额 |
|---|---|---|---|---|---|
| **独角兽行动（Licorne 行动）** | | | | | |
| 该行动系由 2003 年 2 月 4 日安理会第 1464 号决议授权部署，并赋以《联合国宪章》第七章的权力，以支持根据《联合国宪章》第八章规定建立的“西非国家经济共同体驻科特迪瓦特派团”（2003—2004 年），帮助该国建立稳定环境，尤其是为 2003 年《利纳—马尔库西协定》的实施创造条件。2004 年 2 月 27 日安理会第 1528 号决议将该项行动的职责修改为配合“联合国科特迪瓦行动团”（UNOCI）行动。2008 年 1 月 15 日安理会第 1795 号决议扩大了该行动的职责，要其支持 2007 年 3 月 4 日《瓦加杜古政治协议》和 2007 年 11 月 28 日《补充协议》的实施，尤其要为准备举行自由选举提供协助。该行动的另一项职责是要保护居住在科特迪瓦的法国侨民的安全。2013 年 7 月 30 日安理会第 2112 号决议将其使命延长至 2014 年 6 月 30 日。 | | | | | |
| 安理会 1464 号决议 | | -- | 450* | 24 | 93 |
| 2003. 2 | 部　队：法国 | -- | -- | -- | -- |
| 科特迪瓦 | | -- | -- | | |
| | | -- | -- | | |

* 该团得到驻于几内亚湾的一支海军特遣队（Corymbe 行动）的支持。

| 法律依据/开始时间/地点 | 2013 年派出部队、观察员、民事警察或文职人员的国家（黑体字为新参加国、*斜体字*为年内结束使命国、下划线表示指定的牵头国） | 部队/观察员/民事警察/文职人员 批准数 | 实际数 | 死亡人数：迄今数/2013 年数/（死于敌对行动、事故、伤病） | 开支（百万美元）全年开支额/未付额 |
|---|---|---|---|---|---|
| **所罗门群岛地区援助团（RAMSI）** | | | | | |
| 该援助团系在《2000 年比克塔瓦宣言》（2000 年 10 月 28 日）的框架内建立，其职责是协助所罗门群岛政府恢复法律和秩序、加强民主治理，以及协助该国警察队伍的能力建设。该援助团需向“太平洋岛国论坛”报告，尽管这只是基于一项单独的多国协议之规定，而且是由澳大利亚和新西兰主导的。2013 年 7 月，该团进行了一次转变，撤走其军事部分。2013 年 10 月，所罗门群岛政府与该团一起宣布，援助团将在 2017 年之前继续为该国警察队伍提供培训和援助，以进一步提高其能力。 | | | | | |
| 比克塔瓦宣言<br>2003. 7<br>所罗门群岛 | 部　队：*澳大利亚、新西兰、巴布亚新几内亚、汤加* | – – | – – | 7 | . . * |
| | | – – | – – | – – | – – |
| | 民事警察：<u>澳大利亚</u>、斐济、基里巴斯、马绍尔群岛、密克罗尼西亚、瑙鲁、新西兰、纽埃、帕劳、巴布亚新几内亚、萨摩亚、汤加、图瓦卢、瓦努阿图 | 120 | 120 | | |
| | 文职人员：澳大利亚、新西兰、*尼日利亚*、*巴布亚新几内亚*、南非、*坦桑尼亚*、*汤加*、英国、美国 | – – | 29 | | |

* 尚无该援助团 2013 年的开支信息，因为它在年内进行了一次重大转变。

| 法律依据/开始时间/地点 | 2013 年派出部队、观察员、民事警察或文职人员的国家（**黑体字**为新参加国、*斜体字*为年内结束使命国、下划线表示指定的牵头国） | 部队/观察员/民事警察/文职人员 批准数 | 实际数 | 死亡人数：迄今数/2013 年数/（死于敌对行动、事故、伤病） | 开支（百万美元）全年开支额/未付额 |
|---|---|---|---|---|---|
| **国际稳定部队（ISF）** | | | | | |
| 该部队系应东帝汶政府请求而部署，目的是帮助稳定该国安全环境。此项行动获得联合国安理会 2006 年 6 月 20 日第 1690 号决议的认可。该部队的地位系由 2006 年 5 月 26 日澳大利亚与东帝汶之间的“部队地位协定”以及 2007 年 1 月 26 日澳大利亚、东帝汶与联合国之间的谅解备忘录确定。该部队的行动同“联合国东帝汶综合特派团”（UNMIT）进行合作。该部队于 2012 年 11 月 22 日停止了所有安全行动，其撤离工作于 2013 年 3 月完成。 | | | | | |
| *2006. 5. 25 双边协定/* | | – – | – – | 2 | . . * |
| *安理会1690 号决议* | 部　队：*澳大利亚、新西兰* | – – | – – | – – | – – |
| *2006. 5* | | – – | – – | | |
| *东帝汶* | | – – | – – | | |

* 由于该部队结束其行动并逐步撤走人员，现尚无其 2013 年的开支信息。

<table>
<tr><th rowspan="2">法律依据/<br>开始时间/<br>地点</th><th rowspan="2">2013 年派出部队、观察员、<br>民事警察或文职人员的国家<br>（黑体字为新参加国、斜体字为年内结束使命国、<u>下划线</u>表示指定的牵头国）</th><th colspan="2">部队/<br>观察员/<br>民事警察/<br>文职人员</th><th rowspan="2">死亡人数：<br>迄今数/<br>2013 年数/<br>（死于敌对行动、事故、伤病）</th><th rowspan="2">开支<br>（百万美元）<br>全年开支额<br>/未付额</th></tr>
<tr><th>批准数</th><th>实际数</th></tr>
<tr><td colspan="6">薮猫行动（Operation Serval）<br>　　该行动系应马里政府请求，也为响应安理会的呼吁，于 2013 年 1 月 11 日由法国发起。2013 年 1 月 10 日，安理会呼吁国际社会支援马里国防安全部队，以降低恐怖组织及其联系团伙构成的威胁，为实施安理会第 2085 号决议（2012 年 12 月 20 日）创造条件。薮猫行动的主要目的是协助马里武装部队阻止已控制马里北部大半区域的武装团体进一步南下，支持马里政府为恢复领土完整和国家主权所作的努力。2013 年 4 月 25 日，安理会第 2100 号决议授权法国军队继续留驻马里，与“联合国多层面综合稳定特派团”（联马团，MINUSMA）并肩部署，其初始阶段为一年，并授权法军可超越联马团的职责，遂行进攻性的战斗行动。法国于 2013 年 4 月开始逐步撤军，并把薮猫行动的任务逐步移交给马里武装部队和其他国际角色。法国打算在马里继续保持 1000 人的驻军。</td></tr>
<tr><td>安理会 2085 号决议<br>和 2100 号决议<br>2013. 1<br>马　里</td><td>部　队：法国</td><td>– –<br>– –<br>– –<br>– –</td><td>2500*</td><td>7<br>7<br>（6，1，–，–）</td><td>863. 2<br>– –</td></tr>
<tr><td colspan="6">* 薮猫行动所部署的军队人数之最高值曾到达约 4000 人。</td></tr>
<tr><td colspan="6">红蝴蝶行动（Operation Sangaris）<br>　　该行动系由 2013 年 12 月 5 日安理会第 2127 号决议建立，其初始期为 6 个月。该行动的发起是因为中非共和国宗教与种族暴力冲突升级而导致了该国的安全和人道主义危机。驻该国的法军被授予《联合国宪章》第七章的权力，支持非盟维和部队“非盟中非共和国国际支援团”（MISCA）保护平民的职责，帮助该国恢复安全、公共秩序、稳定和国家主权。至 2013 年 12 月 8 日，法国除了在中非首都班吉驻有 600 人的</td></tr>
</table>

| 法律依据/开始时间/地点 | 2013 年派出部队、观察员、民事警察或文职人员的国家（黑体字为新参加国、*斜体字*为年内结束使命国、<u>下划线</u>表示指定的牵头国） | 部队/观察员/民事警察/文职人员 批准数 | 实际数 | 死亡人数：迄今数/2013 年数/（死于敌对行动、事故、伤病） | 开支（百万美元）全年开支额/未付额 |
|---|---|---|---|---|---|
| 军队，作为“Boali 行动”的一部分之外，又在该国增派了驻军 1200 人。红蝴蝶行动的初期任务（包括解除叛乱分子和民兵的武装）旨在恢复该国最低水平的稳定，以保障人道主义援助的输送，以及支持正在部署的非盟国际支援团（MISCA）。红蝴蝶行动同“中共体中非共和国巩固和平特派团”（MICOPAX）进行合作，直至 2013 年 12 月 19 日非盟国际支援团正式行使指挥权为止。 | | | | | |
| **安理会 2127 号决议**<br>**2013. 12**<br>中非共和国 | **部　队：法国** | – –<br>– –<br>– –<br>– – | 1600 | 2<br>2<br>（2，–，–，–） | . . *<br>– – |
| * 法国国防部估计，红蝴蝶行动每年的开支将在 1. 3 亿美元左右。 | | | | | |

**注：**

“– –”表示无该项内容；“. .”表示尚无有关数据；CD 指欧盟理事会决定；CJA 指欧盟理事会联合行动；CP/RES 指美洲国家组织常设理事会决议；CSO 指欧安组织高级理事会（原先的高官委员会）；DDR 指解除武装、复员遣返和重新安置；MC 指欧安组织部长理事会；MOU 指谅解备忘录；PC. DEC 指欧安组织常设理事会决定；PSC 指非盟和平与安全理事会；SCR 指联合国安理会决议；SSR 指安全部门改革。

*a* 凡能搞清死亡原因的，括号内的四个数字分别代表 2013 年死于敌对行动、事故、伤病和其他原因的人数。由于当年的死亡报告中并非都能说明死亡原因，这些数字的相加之和与全年死亡人员总数不一定相符。

**资料来源：** SIPRI 多边和平行动数据库，网址：〈http：//www. sipri. org/databases/pko/〉。

## 资料来源与使用方法

### 资料来源

各项多边和平行动的数据是从以下几类公开来源得到的：1. 相关组织的秘书处提供的官方信息；2. 维和行动团团部提供的信息，或是其官方出版物，或是它们对 SIPRI 年度调查问卷的书面答复；3. 来自有关维和团的派员国政府的信息。在有些情况下，SIPRI 研究人员还通过电话采访或电邮通信的方式从实施行动的组织或派员国政府了解到某项行动的补充情况。除了这些主要来源之外，还用了大量公开的二手资料来源作补充，包括专业期刊、研究报告、新闻机构以及国际、地区和当地报刊等。

### 使用方法

批准人数是指最近一次所授权的 2013 年人员数量。聘用的当地支援人员和志愿者的数量未列入本表，但只要有，就在注释中注明。表中的“观察员”类别，既包括军事观察员，也包括民事观察员。

各项行动中的死亡人数列出了一项行动从开始以来的总数和 2013 年一年的数字。2013 年的死亡人数中录入了已知的死亡原因(死于敌对行动、意外事故、伤病或其他原因)。由于对当年死者之死因并非均有报告，故该年的这些数字相加并不一定与全年死亡总人数相符。行动中当地雇员的死亡数据，联合国提供了，但其他组织或联盟未提供。

经费开支的金额单位为百万美元，按 2013 年美元价计算。预算金额是以日历年度而不是财政年度列出的。日历年度的开支数据是按整个财政年度的平均支出率估算出来的。以美元之外的其他货币计算的预算开支，系按国际货币基金组织 2013 年总合市场汇率折算。所标示的各项行动的开支金额系指它们预算的“公共开支”。

所标示的各项联合国行动开支金额是指行动的核心运作费用，包括人员部署费、部署人员的津贴费、后方的直接支持费用（例如和平行动的支持活动账目和联合国在意大利布林迪西后勤基地所需的费用)。联合国和平行动的费用由所有联合国会员国分摊，按具体核定比例缴纳摊款，不管其是否参与维和行动。政治和和平建设行动的经费系通过联合国的正常预算拨款。联合国维和预算并不涵盖某些项目性的经费，例如解除武装、复员遣返和重新安置的经费，这些开支来自各种志愿捐助。

北约实施的行动，其预算数字仅指公共开支，主要包括北约总部的日常费用（即文职人员经费及运作和维持费用）以及用于支援这些行动所需的基础设施方面的投入。人员部署费系由各派兵国自行承担，未列入此表的预算数字中。

欧盟的大多数行动是以两种方式中的一种得到经费的：民事行动由共同外交与安全政策（CFSP）预算拨款；军事行动或配有部分军事成员的行动之经费则由参加行动的欧盟成员国通过“雅典娜”机制提供。

独联体国家实施的维和行动未提供经费数额，因为独联体没有特定的共同预算，而由行动参加国自行承担部队部署费。

其他组织实施或领导的行动，例如由美洲国家组织或由临时联盟实施的行动，其预算金额中可能还包括落实相关项目所需资源的费用。

由于所有这些原因，表 3.2 所列的各项经费数字只是估计数，不同行动团的经费预算不能进行相互比较。

（庄茂成　译）

# 第二部分

# 2013年军费开支和军备

# 第四章　军费开支与武器生产

## 概　述

萨姆·珀洛—弗里曼

2013 年全球军费支出总额估计高达 17470 亿美元，占全球国内生产总值的 2.4%，全球人均 248 美元（参见本章第一节内容和第六节表格）。全球军费开支总额较 2012 年同比降低 1.9%。

2012 年军费开支增降并存的格局在 2013 年依然延续，西方国家（北美、西欧、中欧以及大洋洲）的军费开支有所降低而全球其他地区则有所增加。非洲和中东军费开支增长的幅度尤其明显，欧洲仍然受到紧缩政策的影响。美国依然是 2013 年军费开支最多的国家，中国和俄罗斯紧随其后但仍有一段差距。

美国军费继续降低，一方面是由于自 2011 年美国开始从伊拉克撤军造成的，另一方面则受到 2011 年《预算控制法案》减少“基本”防务预算的影响（参见第二节）。尽管 2013 年的大部分时间美国都面临预算僵局，甚至政府一度短时间关闭，但是包括国防预算在内的 2014 财年政府预算最终还是得以通过。尽管通过的 2014 财年预算在尽可能地降低《预算控制法案》的影响，但是随着即将开始从阿富汗撤军，美国军费开支总额仍将继续降低。

中国军费开支的增加一直推动亚洲和大洋洲地区军费开支总额的增长，2004 年至 2013 年该地区开支总额增长了 62%。中国的增长持续改变亚洲的安全环境，与此同时，美国“重返”亚洲更引起人们对亚太地区战略重要性的格外关注。近年来，南中国海和中国东海的领土争端令该地区形势更加紧张。虽然对于中国增长的忧虑是一些与中国存在海上领土争端的国家增加军费开支的主要驱动因素，但是海上问题同样也是促使其他与中国关系较好国家增加开支的重要因素（参见第三节）。

美国及其西欧军费开支的下降也体现在军工和军贸公司全球 100 强销售额的下滑上。中国开支虽然增长但其军火公司 2012 年销售额却下降了 4%（参见第四节）。然而，俄罗斯公司的销售额却出现激增，再一次表明俄正在推进重大的武器更新项目。其他诸如巴西、韩国和土耳其的“新兴”生产国的大型公司销售额也有相当大的增长。总的看，近几年的发展模式显示军火工业呈现逐渐分散的趋势，美国和西欧的传统制造商在世界军火销售 100 强所占的份额慢慢萎缩，而新兴制造商所占的份额逐渐增加。但是，传统制造商仍然占据压倒性的主导地位。

联合国军费开支报告仍然是军费开支官方数据的重要来源。然而，联合国成员国对于提交年度数据要求的回应比例在 2013 年继续下降（参见第四节）。政治敏感性是许多国家不愿报告军费开支的主要原因，但其中许多国家已在网上向普通民众公布了军费预算情况。同样，许多国家至少曾经报告过一次军费开支情况，这一事实表明他们能够报告但却缺少持续回应的政治承诺。

目前，世界军费开支呈现出两大截然不同的发展趋势：受财政紧缩、预算赤字控制以及结束长期战争等的影响，西方国家军费开支呈下降趋势；而受经济增长、安全关切、地缘野心以及内部政治因素的综合刺激，全球其他地区的军费开支则呈现增长趋势。前一趋势可能在未来几年间逐渐停止并形成稳定的军费开支或重新开始增长，后一趋势则毫无减弱的迹象。

（邱旭强　译）

# 第一节　军费开支的全球发展

萨姆·珀洛—弗里曼　卡丽娜·索尔米拉诺　海伦·维兰德

2013 年全球军费开支总额估计达 17470 亿美元，与 2012 年相比同比下降 1.9%。这表明，2012 年全球军费开支在连续十年增长后出现的小幅下降有所加速（见表 4.1 和图 4.1）。但是，与 2004 年相比，军费开支仍同比增长了 26%。全球军费开支总额占全球国内生产总值的比例，即全球的“军事负担”仍然维持在 2.4% 的水平。

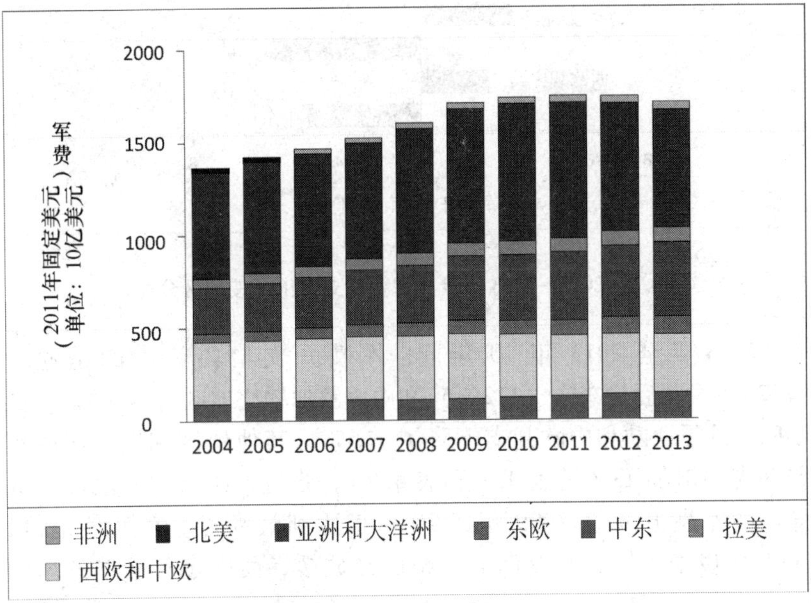


**图 4.1　2004—2013 年世界军费开支（按地区分类）**

全球军费总额的下降是美国军费开支同比下降 7.8% 造成的，其下降数额远远超过了其他地区的增长。2013 年不包括美国的全球军费开支则同比增长 1.8%。《SIPRI 年鉴 2013》显示的发展趋势在这一年变得更加明显，即西方国家（北美、西欧和中欧以及大洋洲）

的军费开支持续下降而其他地区的军费开支则不断增长。[1] 实际上，除了上述三个地区，2013 年所有其他地区和次地区的军费开支同比都有所增长，其中比较而言非洲增幅最大（见图 4.2）。

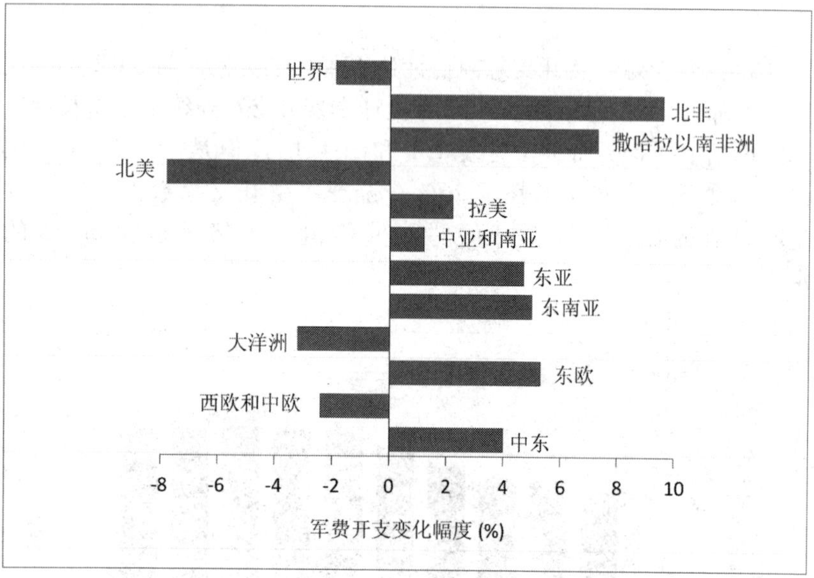


**图 4.2　2012—2013 年世界军费开支变化（按地区分类）**

2004 年至 2013 年 10 年间，军费开支增幅最大的是北非（137%），其后是东欧（112%）和中美及加勒比地区（94%）。在此期间，除了西欧和中欧开支下降了 7.6%，其他地区和次地区的军费开支都增加了（见表 4.1 和表 4.2）。北美、西欧和中欧以及大洋洲的军费开支在 2009 年或 2010 年达到最高点。在其他地区，2009 年以来，拉美和亚洲的增幅已经放缓，而中东和北非的增幅则不断提高。

〔1〕 萨姆·珀洛—弗里曼、卡丽娜·索尔米拉诺、海伦·维兰德：“全球军费开支”，《SIPRI 年鉴 2013》。

**表 4.1 2004—2013 年军费开支（按地区、国际组织和收入组分类）**

2004—2013 年数字按照 2011 年美元固定价格和汇率计算（单位：10 亿美元）；最右边一栏标有（ * ）的 2013 年数字按照当前美元价格计算（单位：10 亿美元）；由于四舍五入的原因，总额与各项之和并不完全相符。

| | 2004 | 2005 | 2006 | 2007 | 2008 | 2009 | 2010 | 2011 | 2012 | 2013 | 2013 * |
|---|---|---|---|---|---|---|---|---|---|---|---|
| **全球总额** | **1361** | **1419** | **1465** | **1523** | **1601** | **1708** | **1736** | **1745** | **1742** | **1709** | **1747** |
| **地理分区** | | | | | | | | | | | |
| 非洲 | 23.5 | 24.4 | 26.1 | (26.8) | (30.4) | (31.8) | (33.8) | (37.8) | (39.4) | (42.7) | (44.9) |
| 北非 | 7.6 | 7.9 | 7.9 | 8.5 | 10.1 | (11.1) | (12.1) | (15.2) | 16.4 | (18.0) | (18.7) |
| 撒哈拉以南非洲 | 15.9 | 16.5 | (18.2) | (18.3) | (20.4) | (20.6) | (21.7) | (22.6) | (23.0) | (24.7) | (26.2) |
| 美洲 | 620 | 651 | 665 | 685 | 737 | 793 | 815 | 805 | 769 | 717 | 736 |
| 中美及加勒比地区 | 4.7 | 5.1 | 5.6 | 6.2 | 6.3 | 7.1 | 7.7 | 8.0 | 8.7 | 9.2 | 9.6 |
| 北美 | 571 | 598 | 607 | 625 | 671 | 724 | 741 | 732 | 691 | 637 | 659 |
| 南美 | 44.7 | 48.6 | 51.9 | 54.4 | 59.4 | 62.2 | 66.3 | 65.2 | 69.3 | 70.4 | 67.4 |

| | 2004 | 2005 | 2006 | 2007 | 2008 | 2009 | 2010 | 2011 | 2012 | 2013 | 2013 * |
|---|---|---|---|---|---|---|---|---|---|---|---|
| 亚洲和大洋洲 | 247 | 260 | 275 | 296 | 312 | 349 | 356 | 371 | 386 | 400 | 407 |
| 中亚和南亚 | 42.3 | 45.0 | 45.5 | 46.7 | 51.1 | 58.8 | 60.1 | 61.4 | 62.1 | 62.9 | 63.7 |
| 东亚 | 157 | 167 | 180 | 194 | 204 | 229 | 235 | 249 | 261 | 274 | 282 |
| 大洋洲 | 22.3 | 23.0 | 24.3 | 25.7 | 26.6 | 28.6 | 28.9 | 28.5 | 27.4 | 26.5 | 25.9 |
| 东南亚 | 25.0 | 25.4 | 26.1 | 29.8 | 30.6 | 32.1 | 31.6 | 32.9 | 35.0 | 36.8 | 35.9 |
| 欧洲 | 379 | 383 | 392 | 402 | 413 | 421 | 411 | 405 | 411 | 408 | 410 |
| 东欧 | 44.8 | 51.5 | 57.9 | 64.1 | 70 | 71.8 | 73.1 | 78.9 | 90.5 | 95.3 | 98.5 |
| 西欧和中欧 | 334 | 331 | 334 | 338 | 343 | 349 | 338 | 326 | 320 | 312 | 312 |
| 中东 | 91.5 | 100 | 107 | 113 | 109 | 113 | 120 | 126 | 137 | (142) | (150) |
| **国际组织** | | | | | | | | | | | |
| 非盟 | 26.1 | 26.8 | 28.6 | 29.3 | (31.1) | (33.3) | (34.9) | (38.7) | (40.0) | (42.9) | (45.1) |

| | 2004 | 2005 | 2006 | 2007 | 2008 | 2009 | 2010 | 2011 | 2012 | 2013 | 2013 * |
|---|---|---|---|---|---|---|---|---|---|---|---|
| 阿盟 | 73.2 | 79.5 | 84.0 | 93.9 | 95.8 | 101 | 108 | 118 | 131 | (138) | (146) |
| 独联体 | 42.4 | 48.3 | 53.7 | 59.0 | 64.5 | 67.4 | 69.0 | 73.6 | 85.0 | 89.2 | 92.5 |
| 西共体 | 2.2 | 2.1 | 2.2 | 2.6 | 3.1 | 3.3 | 3.6 | 3.8 | 3.6 | 3.7 | 4.2 |
| 欧盟 | 299 | 298 | 300 | 307 | 312 | 317 | 306 | 294 | 287 | 278 | 279 |
| 北约 | 881 | 905 | 918 | 938 | 990 | 1051 | 1057 | 1036 | 990 | 928 | 949 |
| 北约欧洲国家 | 310 | 308 | 311 | 314 | 319 | 327 | 316 | 304 | 299 | 291 | 291 |
| 欧安组织 | 950 | 982 | 1001 | 1028 | 1086 | 1147 | 1154 | 1139 | 1105 | 1047 | 1071 |
| 南部非洲发展共同体 | 7.7 | 8.9 | 9.4 | 8.9 | 10.0 | 10.1 | 10.3 | 10.3 | 10.7 | 12.4 | 12.5 |
| 上合组织 | 105 | 119 | 137 | 155 | 170 | 195 | 204 | 220 | 243 | 259 | 280 |
| **收入组别** | | | | | | | | | | | |
| 低收入国家 | 5.2 | (5.3) | (6.1) | (6.6) | (6.7) | (6.9) | (7.9) | (8.8) | (8.5) | (9.3) | (10.3) |

| | 2004 | 2005 | 2006 | 2007 | 2008 | 2009 | 2010 | 2011 | 2012 | 2013 | 2013 * |
|---|---|---|---|---|---|---|---|---|---|---|---|
| 中低收入国家 | 69.9 | 72.1 | 74.0 | 78.6 | 82.3 | 91.0 | 93.1 | 95 | 99 | 101 | 101 |
| 中高收入国家 | 169 | 185 | 204 | 220 | 236 | 263 | 275 | 293 | 311 | 329 | 346 |
| 高收入国家 | 1117 | 1157 | 1182 | 1218 | 1277 | 1347 | 1360 | 1349 | 1324 | 1270 | 1289 |
| 世界人均军费开支（当前美元） | 162 | 173 | 183 | 201 | 224 | 230 | 240 | 253 | 252 | 248 | |
| **世界军事负担（以当前美元计算世界军事开支占世界GDP的百分比）** | *2.4* | *2.4* | *2.4* | *2.3* | *2.4* | *2.6* | *2.6* | *2.5* | *2.4* | *2.4* | |

（）指国家数据总额占地区总额的90%以下；.. 指现有数据总额占地区总额的60%以下。

**注：**全球总额以及按地区、国际组织和收入组别分类总额均为估计数字，依据的是表4.11中**SIPRI**军费开支数据库所涵盖的国家数据。如果某国军费开支数据数年缺失，那么就使用估计数字，通常假定该国军费开支的变化幅度与其所属地区军费开支变化的幅度相同（另见下面的“资料来源与统计方法”）。如果无法估计数字，那么这些国家的数字不纳入总额。未纳入总额的国家包括古巴、朝鲜、缅甸和索马里。按地区和收入组别分类的各年度总额涵盖相同的国家。按国际组织分类的总额仅仅涵盖特定年份的成员国家。地理意义上的地区和次地区涵盖的国家依据表4.10—4.12中的国家分组。收入组别依据《2013年世界银行全球发展指标》的标准，2011年人均国内收入总值为1005美元或以下的为低收入国家，1006—3975美元为中低收入国家，3976—12275美元为中高收入国家，12275美元以上为高收入国家。

**资料来源：SIPRI**军费开支数据库（**http：//www.sipri.org/databases/milex/**）、国际货币基金组织《世界经济展望：应对高额债务和缓慢增长》（国际货币基金组织：华盛顿，2012年10月）以及联合国人口基金《2003—2012年世界人口状况》（联合国人口基金：纽约，2003—2012年）。

**表 4.2 2013 年主要军费开支统计（按地区分类）**

| 地区/次地区 | 2013 年军费（10 亿美元） | 变化率（%）[a] | | 2013 年主要变化（%）[b] | | | |
|---|---|---|---|---|---|---|---|
| | | 2012—2013 | 2004—2013 | 增加 | | 减少 | |
| **非洲** | **(44.9)** | **8.3** | **81** | 加纳 | 129 | 马达加斯加 | -25 |
| 北非 | (18.7) | 9.6 | 137 | 安哥拉 | 36 | 博茨瓦纳 | -7.5 |
| 撒哈拉以南非洲 | (26.2) | 7.3 | 55 | 刚果（金） | 34 | 乌干达 | -7.0 |
| | | | | 赞比亚 | 15 | 尼日利亚 | -5.1 |
| **美洲** | **736** | **-6.8** | **16** | 巴拉圭 | 33 | 牙买加 | -9.0 |
| 中美及加勒比地区 | 9.6 | 6.0 | 94 | 洪都拉斯 | 22 | 美国 | -7.8 |
| 北美 | 659 | -7.8 | 12 | 尼加拉瓜 | 18 | 萨尔瓦多 | -4.5 |
| 南美 | 67.4 | 1.6 | 58 | 哥伦比亚 | 13 | 巴西 | -3.9 |
| **亚洲和大洋洲** | **407** | **3.6** | **62** | | | | |
| 中亚和南亚 | 63.7 | 1.2 | 49 | 阿富汗 | 77 | 东帝汶 | -12 |
| 东亚 | 282 | 4.7 | 74 | 菲律宾 | 17 | 澳大利亚 | -3.6 |
| 大洋洲 | 25.9 | -3.2 | 19 | 斯里兰卡 | 12 | 台湾地区 | -2.6 |
| 东南亚 | 35.9 | 5.0 | 47 | 塔吉克斯坦 | 10 | | |
| **欧洲** | **410** | **-0.7** | **7.6** | 乌克兰 | 16 | 西班牙 | -13 |
| 东欧 | 98.5 | 5.3 | 112 | 白俄罗斯 | 15 | 阿尔巴尼亚 | -13 |
| 西欧和中欧 | 312 | -2.4 | -6.5 | 拉脱维亚 | 9.3 | 匈牙利 | -11 |
| | | | | 瑞士 | 9.0 | 荷兰 | -8.3 |
| **中东** | **(150)** | **4.0** | **56** | 伊拉克 | 27 | 阿曼[c] | -27 |
| | | | | 巴林 | 26 | 也门 | -12 |
| | | | | 沙特阿拉伯 | 14 | 约旦 | -9.4 |

（）指不确定的估计数字。

*a* 指实际变化率。

*b* 该列所显示的是整个地区而不是次地区的最大增长或降低。2013 年军费开支低于 1 亿美元的国家或低于 5000 万美元的非洲国家被排除在外。

*c* 2013 年阿曼军费开支的降低是由其 2012 年实际支出数字造成的，该数字与《SIPRI 年鉴 2013》所报告的预算数字相比大幅提高。自 2011 年以来其军费开支总体增长达 31%。

## 地区趋势

由于西欧和中欧地区大部分国家推行财政紧缩政策，这里的多数国家持续削减军费开支。自 2008 年财政和经济危机以来，军费开支的下降不仅局限在中欧和西欧的“危机”国家。与 2008 年相比同比下降超过 10% 的国家包括奥地利、比利时、希腊、荷兰、西班牙、英国以及中欧除波兰（波兰军费开支增加了 12%）以外的其他国家。然而，法国军费开支仅比 2013 年降低了 4%，而德国军费开支下降略微高一点（也约为 4%）。西班牙军费开支下降 13%，是欧洲主要国家中下降幅度最大的国家。

拉美（即南美、中美和加勒比地区）军费开支与 2013 年相比同比增加了 2.2%，2004 年至 2013 年间同比增加 62%。与前一年相比，南美在 2013 年增幅有所放慢，因为该地区最大支出国巴西的军费开支降低了 3.9%。中美和加勒比地区军费开支继续快速增长，尤其是在洪都拉斯（22%）、尼加拉瓜（18%）和危地马拉（11%）这些致力于打击与贩毒集团相关暴力犯罪的国家。[2] 尽管经济增长乏力，但是这一地区最大军费开支国墨西哥的军费仍增长了 5.1%。

2013 年，非洲军费开支增加 8.3%，是全球各地区中最大增幅的。从得到的数据看，2/3 的非洲国家军费开支有所增长。尤其需要指出的是，2013 年，阿尔及利亚的军费开支达到 104 亿美元，增加了 8.8%，与 2004 年相比几乎翻了一倍，是首个年军费开支超过 100 亿美元的非洲国家。安哥拉的军费开支增加了 36%，超过南非成为撒哈拉以南地区最大的军费开支国。加纳的军费开支几乎翻了一倍，但是其军事负担仍然很低，仅占国内生产总值的 0.6%。

中东传统上是军费开支数字最不确定的地区，近来更是缺少数据。2013 年没有获得关于伊朗、卡塔尔、叙利亚和阿联酋的可用数据。伊拉克和巴林已知的军费开支在地区国家中增幅最大。伊拉克增加军费旨在提高武装部队作战能力和加强军备，而巴林增加军费可能是跟它加大近来的装备采购，以平息国内的动荡和应对与邻国伊朗的麻烦有关。相反，阿曼的军费开支则下降了 27%，主要是由于 2012

---

〔2〕 卡丽娜·索尔米拉诺：“中美洲安全开支与暴力组织犯罪”，《SIPRI 年鉴 2013》。

年预算超支造成的。虽然如此，阿曼仍是2013年全球军事负担（在所有获得可用数据的国家之中）最重的国家，其军费开支占国民生产总值的11.3%。

亚洲和大洋洲的总体发展趋势则深受中国军费增长的影响。2013年，中国军费开支占了地区总额的46%。尽管该地区其他国家军费开支大体未发生变化，但情况不尽相同。有些国家，如阿富汗、菲律宾和斯里兰卡继续（或开始）增加军费开支，而诸如东帝汶、澳大利亚、印度和台湾这些国家和地区的军费则呈下降趋势，其中几个国家和地区先前曾大幅增加过军费。关于东亚、东南亚和大洋洲地区的军费开支发展趋势参见下面的第三节内容。

### 2013年军费开支最高的国家

全球军费开支总额的几乎五分之四只是由15个国家分占（见图4.3）。2013年，全球军费开支前15位的国家与2012年的国家相同（见表4.3），只不过排名顺序有些变化。最引人注目的是，沙特阿拉伯军费开支增加了14%，排名从2012年的第7位跃升至2013年的第4位。沙特阿拉伯军费开支占国民生产总值的9.3%，系2013年军事负担第二重的国家。虽然沙特阿拉伯与伊朗关系因叙利亚及其他问题而出现紧张，但是应对升级或涌现的威胁并不是推动沙特阿拉伯增强军事能力的唯一原因。沙特阿拉伯庞大的军事和准军事部队在保护政权方面发挥着重要作用，在“阿拉伯之春”后确保他们的忠诚至关重要。2011年，沙特阿拉伯发生了许多游行示威，但是他们都被安全部队成功镇压。由于训练水平的提高，安全部队不仅充分使用暴力慑止抗议民众，而且充分控制流血事件从而避免严厉的国际谴责。[3]沙特阿拉伯通过军事干涉在海湾地区发挥了颇具争议的作用，2011年曾出兵巴林镇压抗议运动以维护巴林政权的现状。[4]

---

〔3〕 F. G. 高斯：“新中东的沙特阿拉伯”，对外关系委员会特别报告第3期，纽约，2011年12月。

〔4〕 M. 阿兰松等：“‘阿拉伯之春’元年”，《SIPRI年鉴2012》，第52页。

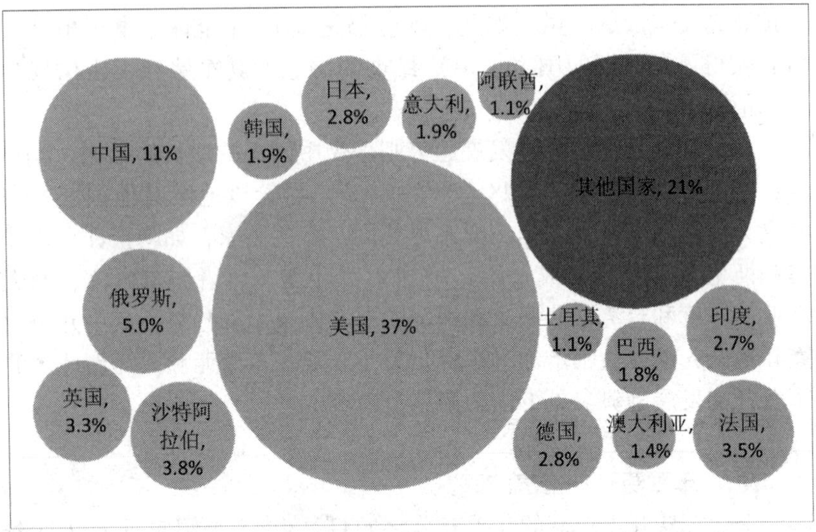


**图 4.3　2013 年军费最高的 15 个国家占世界军费开支的份额**

## 表 4.3　2013 年军费开支最高的 15 个国家

开支数字以美元计并按当前美元价格和汇率计算。国家的排名是根据按市场汇率计算的军费开支来确定的。

| 排序 | | | 2013 年开支（10 亿美元，按市场汇率计算） | 2004—2013 年变化率（%） | 占国内生产的比例[a] | | 2013 年占世界总额的比例（%） | 2013 年开支（10 亿美元，按购买力平价计算）[b] |
|---|---|---|---|---|---|---|---|---|
| 2013 | 2012 | 国家 | | | 2013 | 2004 | | |
| 1 | 1 | 美国 | 640 | *12* | *3.8* | *3.9* | *37* | 640 |
| 2 | 2 | 中国 | [188] | *170* | [*2.0*] | [*2.1*] | [*11*] | [282] |
| 3 | 3 | 俄罗斯 | [87.8] | *108* | [*4.1*] | [*3.5*] | [*5.0*] | [106] |
| 4 | 7 | 沙特阿拉伯 | 67.0 | *118* | *9.3* | *8.1* | *3.8* | 86.5 |
| 5 | 4 | 法国 | 61.2 | *−6.4* | *2.2* | *2.6* | *3.5* | 50.8 |
| 前五名小计 | | | **1045** | .. | .. | .. | ***60*** | .. |
| 6 | 6 | 英国 | 57.9 | *−2.5* | *2.3* | *2.4* | *3.3* | 55.3 |
| 7 | 9 | 德国 | 48.8 | *3.3* | *1.4* | *1.5* | *1.8* | 43.9 |
| 8 | 5 | 日本 | 48.6 | *−2.0* | *1.0* | *1.0* | *2.8* | 45.7 |
| 9 | 8 | 印度 | 47.4 | *45* | *2.5* | *2.8* | *2.7* | 134 |

| 排序 | | | 2013 年开支（10 亿美元，按市场汇率计算） | 2004—2013 年变化率（%） | 占国内生产的比例[a] | | 2013 年占世界总额的比例（%） | 2013 年开支（10 亿美元，按购买力平价计算）[b] |
|---|---|---|---|---|---|---|---|---|
| 2013 | 2012 | 国家 | | | 2013 | 2004 | | |
| 10 | 12 | 韩国 | 33.9 | *42* | *2.8* | *2.5* | *1.9* | 47.2 |
| **前十名小计** | | | **1281** | .. | .. | .. | *73* | .. |
| 11 | 11 | 意大利 | 32.7 | *-26* | *1.6* | *2.0* | *1.9* | 28.5 |
| 12 | 10 | 巴西 | 31.5 | *48* | *1.4* | *1.5* | *1.8* | 34.8 |
| 13 | 13 | 澳大利亚 | 24.0 | *19* | *1.6* | *1.8* | *1.4* | 16.1 |
| 14 | 16 | 土耳其 | 19.1 | *13* | *2.3* | *2.8* | *1.1* | 27.1 |
| 15 | 15 | 阿联酋[c] | [19.0] | *85* | [*4.7*] | [*4.6*] | [*1.1*] | [12.7] |
| **前十五名小计** | | | **1408** | .. | .. | .. | ***79*** | .. |
| **世界总额** | | | **1747** | ***26*** | ***2.4*** | ***2.4*** | ***100*** | .. |

[ ] 指估计数字。

*a* 军费开支占国内生产总值的比例数字是根据国际货币基金组织世界经济展望数据库 2013 年 10 月估算的 2013 年国内生产总值得出的。

*b* 按购买力平价汇率得出的军费开支数字是根据国际货币基金组织世界经济展望数据库 2013 年 10 月提出的各国预计的购买力平价换算率估算得出的。

*c* 由于无法获得阿联酋 2013 年的数据，因此使用 2012 年的数据。

**资料来源：** SIPRI 军费开支数据库（http：//www. sipri. org/databases/milex/）、国际货币基金组织世界经济展望数据库（2013 年 10 月）（http：//www. imf. org/external/pubs/ft/weo/2013/10/weodata/index. aspx）。

另一个引人注目的变化是英国，英国继续削减军费开支以推行紧缩措施，自 1988 年以来可能也是第二次世界大战结束以来它首次跌出前 5 名。[5]

近年来，美国军费开支的下降与一些新兴和复兴国家军费开支的增加形成鲜明对比，例如中国、俄罗斯和沙特阿拉伯在 2004 年至

〔5〕 尽管 2012 年《SIPRI 年鉴》将英国列为 2011 年的第 4 位、2013 年《SIPRI 年鉴》将英国列为 2012 年的第 5 位，但是根据英国预算开支显示，其实际支出的修订数字显示英国在 2011 年已经跌至第 6 位。

2013 年间军费开支都翻了一倍。[6] 然而，美国作为全球占绝对优势的军事强国和最大军费开支国的地位不仅现在无法动摇，而且在可预见的未来也难以撼动。但是，美国军费开支占全球军费总额的比重持续下降，2013 年其军费开支占全球军费总额的 37%，是自苏联解体以来的最低点。此前的最低点出现在 20 世纪 90 年代，自 1994 年占全球总额的 41% 降至 38%，此后升至 2003 年 46% 的高峰。

（邱旭强　译）

〔6〕 萨姆·珀洛—弗里曼、卡丽娜·索尔米拉诺："2013 年全球军费开支发展趋势" SIPRI 情况说明，2014 年 4 月（http://books.sipri.org/product_info?c_product_id=476），第 5—7 页。

## 第二节　美国军费开支

萨姆·珀洛—弗里曼

2013 年美国军费开支降至 6400 亿美元，同比下降 7.8%。美国军费开支总额包括国防部的核心开支（即所谓“基本预算”）和能源部军用原子能开支、国务院对外军事援助开支以及海外应急作战行动费用。[1] 2013 年美国军费开支下降了 450 亿美元，其中海外应急作战行动费用下降了约 200 亿美元（参见图 4.4）。[2] 海外应急作战行动费用降低主要是由 2011 年底以来美国从伊拉克撤军造成的；2012 财年（2011 年 10 月至 2012 年 9 月）是美军驻扎在伊拉克的最后一个财年，也是大部分撤军费用降低的一个财年。

2013 财年是美国国防预算执行自动全面减支计划的第一个财年，也就是分摊 2011 年《预算控制法案》规定的开支削减（“截留”）。[3] 国会预算办公室估计这部分削减会使军费开支进一步减少了 160 亿美元。[4] 根据国会在 2013 年末达成的新协议，2014 财年和 2015 财年可部分执行应分摊的预算削减。

〔1〕 表 4.4 所列“国防费开支”数字来源于美国管理与预算办公室（其中包括基本预算、海外应急作战行动费用、军用原子能开支以及其他项目开支）。其中不包括军事援助开支（如对外军事资助、国际军事教育与训练以及和平行动），这部分开支 2013 年达 68 亿美元，占美国军费支出总额的 1.1%。

〔2〕 美国国会预算办公室估计 2013 年海外应急作战行动的开支总额为 1150 亿美元。美国国会预算办公室：《预算与经济展望：2014 年至 2024 年》（美国国会，国会预算办公室：华盛顿，2014 年 2 月），第 11、68 页。

〔3〕 2011 年《预算控制法案》，美国公共法律第 112—25 号，2011 年 8 月 2 日签署生效（http：//thomas. loc. gov/cgi-bin/bdquery/z？ d112：SN00365：）。也可参见伊丽莎白·申斯和萨姆·珀洛—弗里曼：“美国军费开支与 2011 年预算危机”，《SIPRI 年鉴 2012》；伊丽莎白·申斯：“美国军费开支”，《SIPRI 年鉴 2013》，第 135 至 139 页。

〔4〕 国会预算办公室（同注释 2）。

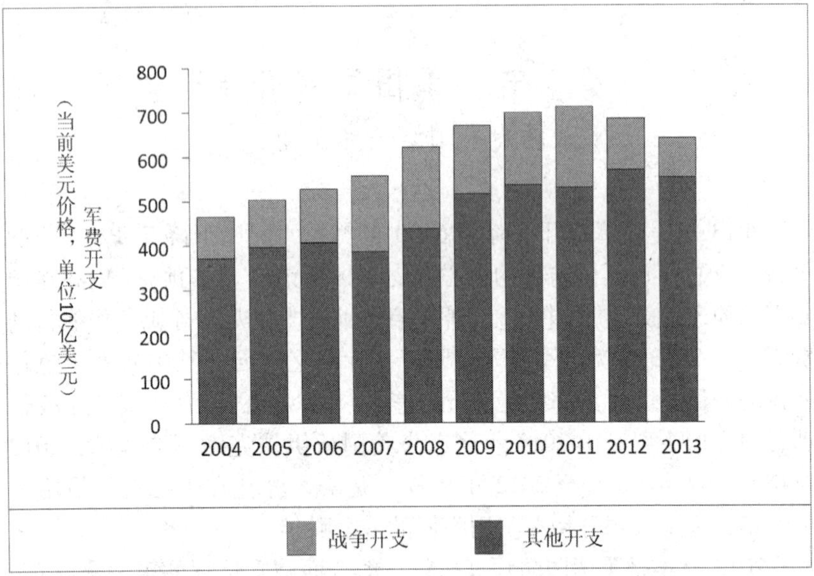


**图 4.4 2004—2013 年美国军费开支**

### 2014 年预算协议[5]

2013 年，国会预算僵局仍然延续，国会未能在 9 月底 2014 财年开始的时间通过预算。国会甚至无法达成暂时允许在前一年水平上继续开支的“延续决议”，从而导致部分政府部门在 10 月份关门长达 16 天。但是，这对于军费开支的影响不大，因为军事人员和国防部“重要”文职人员继续坚守岗位，虽然他们直到政府关门结束后才能拿到薪水。[6] 此外，由于前些年拨付资金仍然可用，因此采购能够继续。然而，国防部 40 万文职人员却“被迫放假”，即所谓不带薪休假。

国会共和与民主两党继达成结束政府关门的临时协议之后，终于

〔5〕 这一部分的数字是指由总统申请、国会批准的国防预算授权。预算授权允许国防部在同一财年或下几个财年内将预算用于特定目的。尤其需要指出的是，采购费用的预算授权经常跨越数年。SIPRI 年鉴统计的美国军费开支数字主要是“国防费”开支，也就是在特定财年国防部或其他政府部门用于军事目的的实际支出数字。

〔6〕 M. 魏斯贝尔格：“国防部在政府关门期间悄悄签订合同”，《国防新闻》，2013 年 10 月 1 日。

在2013年12月10日达成了解决预算争端的决议，批准为2014财年预算提供全部资金。[7] 根据协议提出的政府整体拨款法案最终在2014年1月得以通过，“国防”预算授权总额为6059亿美元，包括海外应急作战行动费用852亿美元。2013年，自主开支计划达6090亿美元，低于预计的6290亿美元的水平。[8] 基本的国防部预算为4876亿美元，虽比政府预算申请的5266亿美元少了390亿美元，但比完全执行减支计划后的数字仍高出了220亿美元，这是通过消除自动减支计划限制后达成的。而且，海外应急作战行动费用数字比政府预算申请高出了60亿美元，包括60亿美元的采购资金，从而部分地弥补了基本预算的削减。[9] 数位评论人士指出，因为《预算控制法案》对于基本预算的诸多限制并不适用于海外应急作战行动，因而海外应急作战行动预算被用来规避这些限制。[10]

国会通过的法案同时将自动减支计划施加给2015财年预算的上限提高了90亿美元。[11] 目前尚无法确定国会在2014年会不会就2015财年预算达成某种协议，但从预算协议所暗含的趋势表明未来会放松自动减支计划的限制。在未来几年，鉴于美国计划在2014年底前将从阿富汗撤出大部分或全部美国军队，美国军费开支可能会继续下降，然而这些下降的幅度将比完全落实《预算控制法案》、包括自动减支计划所下降的幅度要小。但是，《预算控制法案》、包括自动减支计划不会将美国军事开支降至（同比）低于2001年“9·11”

〔7〕 J. 韦斯曼：“国会领导人就预算达成协议”，《纽约时报》，2013年12月10日。

〔8〕 国会预算办公室：“自主开支的状况：2014财年参议院”，2014年1月30日（http：//www. cbo. gov/publication/44399）。自主开支是指拨款法案赋予和控制的预算授权和由此而产生的支出。相反，法定（或直接）开支则是指由法律而非拨款法案赋予的预算授权和由此产生的支出，如养老金和医疗保险等更为长期性的开支。2013年法定国防开支计划将增长67亿美元。这些数字中不包括军事援助开支（参见注释1）。

〔9〕 美国管理与预算办公室：2014财年美国政府预算（美国政府印刷办公室：华盛顿，2013年），第69—74页；国会预算办公室（见注释8）；J. T. 贝内特：“综合性开支法案申请930亿美元用于国防部采购”，《防务新闻》，2014年1月13日；J. 加拉姆恩：“美国国防部提交2014年海外资金和2013年度调整申请”，《国防部新闻稿》，2013年5月20日（http：//www. defense. gov/News/NewsArticle. aspx？ID = 120087）。

〔10〕 J. 加拉姆恩：“自2010年以来战争开支首次纳入综合性开支”，《防务新闻》，2014年1月14日。

〔11〕 国会预算办公室（参见注释8）。

恐怖袭击之前的水平。2014 年，美国军费开支计划支出同比要略高于 2004 年伊拉克战争第一年的水平（见表 4.4）。

**表 4.4 美国 2001 财年、2004 财年以及 2010—2014 财年国防部开支与"国防"总开支**

除非另作说明，数字以当前的美元价格计算，单位 10 亿美元。年度按财年计（自前一年的 10 月 1 日开始）。

| | 2001 | 2004 | 2010 | 2011 | 2012 | 2013 | 2014 [a] |
|---|---|---|---|---|---|---|---|
| 国防部，军费事 | 290.2 | 436.4 | 666.7 | 678.1 | 650.9 | 607.8 | 593.3 |
| 军事人员 | 74.0 | 113.6 | 155.7 | 161.6 | 152.3 | 150.8 | 154.3 |
| 活动与维持 | 112.0 | 174.0 | 276.0 | 291.0 | 282.3 | 259.7 | 272.8 |
| 采购 | 55.0 | 76.2 | 133.6 | 128.0 | 124.7 | 114.9 | 92.1 |
| 研发、试验与评估 | 40.5 | 60.8 | 77.0 | 74.9 | 70.4 | 66.9 | 56.0 |
| 其他国防部军事项目 | 8.8 | 11.8 | 24.4 | 22.5 | 21.2 | 15.5 | 18.1 |
| 军用原子能 | 12.9 | 16.6 | 19.3 | 20.4 | 19.2 | 17.6 | 18.4 |
| 其他国防费项目 | 1.6 | 2.8 | 7.5 | 7.1 | 7.8 | 8.0 | 8.8 |
| **"国防"总开支** | **304.7** | **455.8** | **693.5** | **705.6** | **677.9** | **633.4** | **620.6** |
| 按 2009 财年固定美元价格计算 | 406.6 | 533.0 | 691.3 | 692.6 | 659.0 | 606.6 | 585.9 |
| 占国内生产总值的比例（%） | *2.9* | *3.8* | *4.7* | *4.6* | *4.2* | *3.8* | *3.6* |
| 占政府总开支的比例（%） | *16.4* | *19.9* | *20.1* | *19.6* | *18.2* | *18.3* | *17.0* |

**注释：**根据 SIPRI 关于军费开支的定义，SIPRI 使用的美国军费开支总额除了上述显示的数字外还包括国务院主导的对外军事援助。

*a* 2014 年数字为估计数字。

**资料来源：**美国管理与预算办公室：《2015 财年美国政府预算：历史数据》，表 3.2 和表 6.1（美国政府印刷办公室：华盛顿，2014 年）。

## 阿富汗

撰写本文的时候，尚不清楚 2014 年底大部分美国和国际安全援助部队撤离后，美国将在阿富汗保留多少军队。[12] 这将对美国 2015 年及以后数年的军费开支产生较大影响。2013 年，美国和阿富汗就《双边安全协定》的草案文本达成一致，2014 年以后美国将在阿富汗

〔12〕 见本书第三章第一节。

保留一定数量的军队执行训练援助而非作战任务。[13] 驻军具体数量尚未确定，但是预计在8000人至1万人之间。《双边安全协定》于11月份得到了阿富汗国民议会（由2500名阿富汗政治和部落领导人组成的国家委员会）的批准，但是在撰写本文时阿富汗总统哈米德·卡尔扎伊尚未签署该协定，卡尔扎伊认为这应当是2014年新当选总统的任务。[14] 美国已经指出，《双边安全协定》必须在此之前签署，否则美国没有足够的时间计划后续部署并不得不撤出全部部队。[15] 由于存在不确定性，2015财年美国政府预算申请包含了海外应急作战行动“预留”费用以待问题的解决，此费用将与2014水平相当。[16]

不管《双边安全协定》的命运如何，美国在未来几年内可能将继续向阿富汗提供重要的军事援助。2012财年，美国国防部支出66亿美元用于阿富汗安全部队基金，2013财年增加到83亿美元，尽管根据2014财年政府预算申请这一支出将计划降至47亿美元。[17]

（邱旭强 译）

---

〔13〕《美利坚合众国与阿富汗伊斯兰国安全与防务合作协定》，待定文件，2013年11月（http://mfa. gov. af/en/news/bsa）。

〔14〕 M. 波波尔扎伊、B. 布伦菲尔德：“国民议会同意美国和阿富汗安全协议并要求卡尔扎伊签署”，美国有线电视新闻网，2013年11月24日（http://edition. cnn. com/2013/11/24/world/asia/us-afghanistan-security-agreement/）。

〔15〕 K. 德扬、E. 隆多尼奥、K. 西夫：“美国特使称卡尔扎伊不太可能在最终期限前签署长期安全协议”，《华盛顿邮报》，2014年1月10日。

〔16〕 2015财年美国防部预算，参见美国管理与预算办公室：2015财年美国政府预算（美国政府印刷办公室：华盛顿，2014年），第57—62页。

〔17〕 美国管理与预算办公室：2014财年美国政府预算附录部分（美国政府印刷办公室：华盛顿，2013年），第233—320页。

# 第三节　亚太地区的军费开支和地区安全

萨姆·珀洛—弗里曼　卡丽娜·索尔米拉诺

亚太地区的军事开支在 2004 年至 2013 年期间增长了 65%。[1] 世界排名前 15 位的军费开支国中有 4 个属于这一地区：中国（排名第 2 位)、日本（第 8 位)、韩国（第 10 位）和澳大利亚（第 13 位)。

不过，自从全球金融危机的影响在 2009 年开始显现出来，整个地区的开支增长模式不尽相同。一些国家继续（或开始）快速增加军事开支，例如印度尼西亚（自 2009 年以来增长 93%)、中国（增长 33%)、菲律宾（增长 27%）和越南（增长 24%)。相比之下，澳大利亚、柬埔寨、日本、新加坡、台湾地区和泰国的军事开支在 2009 年至 2013 年期间有所下降，其中有几个国家和地区的军事开支在此之前曾大幅增加，而马来西亚的实际军费水平则大致维持不变。亚太地区的总体趋势在很大程度上受到中国增加军事开支影响，中国在 2013 年占这些地区军事开支总额的 55%。2009 年至 2013 年期间除中国外的军事开支总额基本上保持不变（参见图 4. 5)。

本节对亚太地区安全环境快速发展变化的大背景下的地区军费趋势进行分析，其中包括大量国家间的争端，这些争端虽然目前还不是危险的武装冲突，但显然正成为许多国家军事开支的推动因素。[2]

对于亚太地区的许多国家而言，有两个主要趋势正在形成安全观念、政策以及开支：一是中国的崛起，不仅包括其日益增长的政治和经济实力，而且还包括其迅速发展的军事能力；二是美国的政策，特

〔1〕 亚太地区在此定义为包括东亚、东南亚和大洋洲的太平洋沿岸国家。包含在 SIPRI 军费数据库中的这一地区国家有东亚的中国、日本、朝鲜、韩国和台湾地区，东南亚的文莱、柬埔寨、印度尼西亚、马来西亚、菲律宾、新加坡、泰国、东帝汶和越南，以及大洋洲的澳大利亚、斐济、新西兰和巴布亚新几内亚。

〔2〕 有关该地区武装冲突的历史，请参阅斯泰因·滕内松等人合作撰写的“东亚和东南亚的脆弱和平”，《SIPRI 年鉴 2013》。

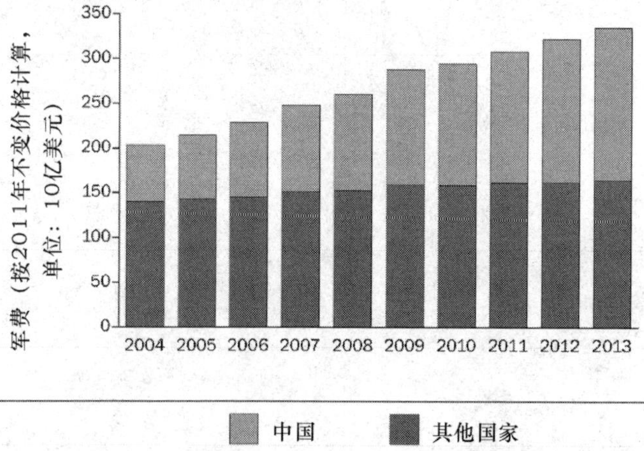


**图 4.5　2004—2013 年亚太地区国家的军费开支**

**资料来源**：SIPRI 军费数据库，网址：〈http：//www. sipri. org/databases/milex/〉。

别是其在 2011 年底宣布“重返”亚太地区。[3] 地区内各国对中国崛起的看法有很大的不同，那些与中国有领土争端的国家自然对此有更多的顾虑。各种领土争端一直在不断升级，尤其是在南海和东海地区（参见图 4. 6）。然而，地区内的军事开支水平和重点还受到一系列其他问题影响，特别是朝鲜半岛的长期对峙局面。无论是否涉及到领土争端，由于世界航运按吨位计算超过 50% 以上通过印尼和马来西亚之间的马六甲海峡途经南海，使得该地区对海上交通线来说至关重要，海上安全通常也是一个重要的地区问题。[4] 在许多情况下，海洋问题和海军力量的重要性体现在军事开支模式中。[5]

〔3〕 希拉里·克林顿：“美国的太平洋世纪”，《外交政策》，2011 年 10 月 11 日。

〔4〕 大卫·罗森伯格：“为什么建一个有关南海的网站?”，［未注明日期］，网址：〈http：//www. southchinasea. org/why-a-south-china-sea-website-an-introductory-essay/〉。

〔5〕 另请参阅西蒙·T. 魏泽曼：“2007—2011 年对东南亚的海上武器转让”，《SIPRI 年鉴 2012》。

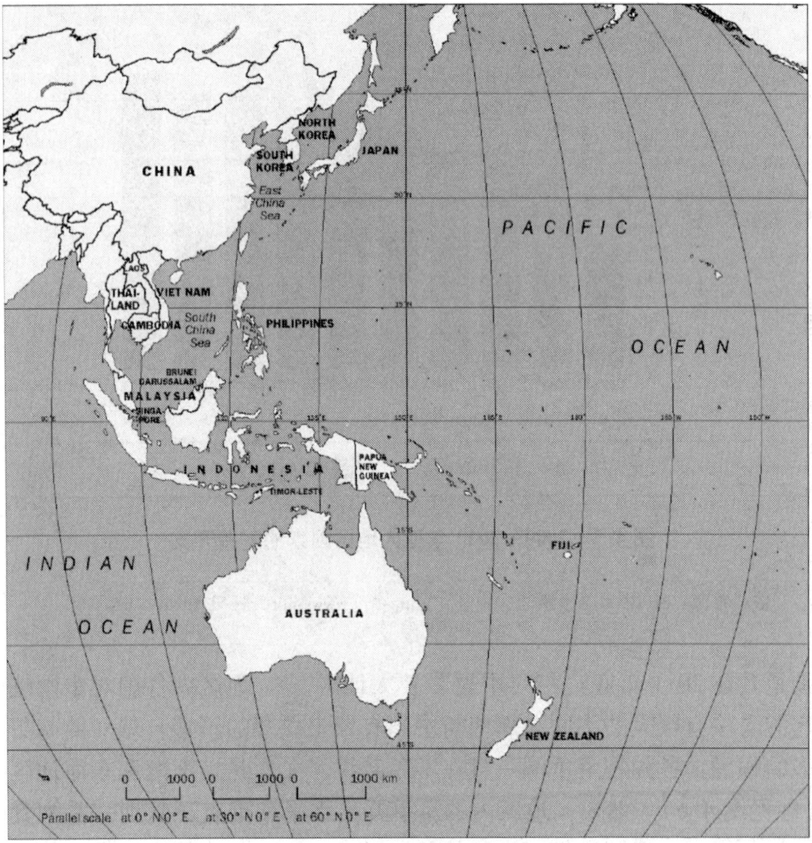


**图 4.6　亚太地区地图**

**注：**列出名称的国家包含在 SIPRI 军费数据库中。

接下来从这些安全动态的角度分节讨论军事开支趋势。首先是亚太地区的主要军事开支国——中国、日本、韩国和澳大利亚，然后是南海周边国家，重点是越南、菲律宾和印度尼西亚。

## 亚太地区的主要军费开支国

### 中国

2013 年，中国的军事开支增长了 7.4%，连续第四年实际增长不到 10%。2009 年中国采取经济刺激措施时曾有过 21% 的增长幅度，增速减慢反映了2008年全球金融危机爆发后疲弱的经济增长势头。尽管如此，这样的增速按照全球标准来看还是非常高的，从2004年至2013年期间的总增长幅度达到170%。2014年初，中国宣布2014年的官方国防预算名义增长12.2%。鉴于中国的通胀目标为3.5%，这将意味着国际预算8.4%的实际增长，略高于7.5%的国内生产总值增长率目标。[6] 到2013年，中国的军事开支已经达到约1880亿美元，是俄罗斯的两倍以上，但仍不到美国的1/3。

中国的《2012年国防白皮书》中着重关注了海洋安全问题，强调必须建立蓝水海军，也就是能够跨越大洋开展行动的海军。[7] 人民解放军海军（中国海军）和民事海上安全力量的规定职责包括维护中国的海洋权益（这句话在整个白皮书中反复出现）；保卫边海防安全；保护海上交通线，包括反海盗行动、协助抢险救灾，以及执行中国公民的撤离任务。[8]

中国并不公布其军事开支在不同军兵种间分配的有关数据，不过近年来有证据表明中国大力强调发展海军能力。继2012年中国在原乌克兰船只的基础上进行翻新和现代化改装的第一艘航母下水后，2013年中国宣布计划建造作战能力更强的国产航母。[9] 根据美国国防部的报告，中国制订了发展潜艇和水面舰艇并进行现代化改装的重大计划，其中包括新一代弹道导弹潜艇；拥有不断扩大的核动力攻击潜艇力量，同样准备建造新一代潜艇；此外还有将会导致作战能力出

---

〔6〕“中国人大宣布经济增长目标和提高国防预算”，英国广播公司新闻，2014年3月5日，网址：〈http://www.bbc.com/news/world-asia-china－26429481〉。另请参阅萨姆·珀洛—弗里曼：“解读中国的最新国防预算数字”，《SIPRI更新：全球安全和军备控制》，2014年3月，网址：〈http://www.sipri.org/newsletter/march14〉。

〔7〕中国国务院：《中国武装力量的多样化运用》，国防白皮书（国务院新闻办公室：北京，2013年4月16日）。

〔8〕有关中国保护其海外利益和海外公民的情况，请参阅杜懋之、欧柏仁和周航合作撰写的《维护中国的海外利益：逐步脱离不干涉政策》，SIPRI政策文件第41号（SIPRI：斯德哥尔摩，2014年6月）。

〔9〕“随着海洋争端增多，中国计划建造新一代航母”，彭博社，2013年4月24日，网址：〈http://www.bloomberg.com/news/2013－04－24/china-plans-to-build-new-generation-of-bigger-aircraft-carriers.html〉；新华社：“中国下一艘航母将更大”，《人民日报》，2013年4月24日。

现量和质的提高的导弹驱逐舰和护卫舰以及大量小型舰艇。[10]

这样的新装备正不断增强中国的蓝水海军能力。除了参与国际社会打击海盗活动的努力和正在索马里海域开展的首次远距离海上行动外，中国还进行了越来越多的远程演练，包括在靠近美国夏威夷州和太平洋属地关岛的地方进行的一些演习。然而，有限的后勤和情报支持仍然是远距离军事行动面临的挑战。[11]

在对各种海洋领土争端显示出高度自信做法的同时，中国宣称继续走"和平发展"的道路并继续寻求与地区内的其他国家加强经济、政治和军事关系。[12] 近年来开展的军事合作包括与印度的联合反恐行动以及与印尼、越南和美国的海上联合演习。[13] 中国国防部长常万全将军于 2013 年 8 月访问美国，签署了在多个领域加强军事合作的协议。[14]

### 日本

过去 10 年或更长时间以来，日本的军事开支总体而言逐渐下降，在此期间一直保持或接近占国内生产总值 1% 的非正式限制水平（不包括军人养老金）。但是，主要是由于与中国的紧张关系不断上升，日本这么多年来首次将其 2013/2014 年度国防预算提高了 0.8%，并宣布 2014/2015 年度预算将有 2.8% 的较大增长。[15]

促使日本采取增加军事开支并重整军备的举动的是被该国政府称

〔10〕 美国国防部国防部长办公室：《2013 年度中国军事与安全态势发展报告》，向国会提交的年度报告（国防部：华盛顿特区，2013 年 5 月 6 日），第 29—43 页。另请参阅本卷年鉴第六章第五节。

〔11〕 美国国防部（同注释［10］），第 38—39 页。

〔12〕 中国国务院（同注释［7］）。

〔13〕 有关涉及中国的建立信任与安全措施，请参阅西蒙 · T. 魏泽曼："亚洲建立信任与安全措施"，《SIPRI 年鉴 2013》。

〔14〕 理查德 · 威茨："中美军事关系升温"，詹姆斯敦基金会，《中国简报》，第 13 卷，第 19 期（2013 年 9 月 27 日）。

〔15〕 事实上，由于 2011 年发生毁灭性的近海地震和海啸后增加了计划外开支，日本的实际军事开支在那一年也曾有所增长（2.5%）。以不变美元价格计算的 SIPRI 数据按照公历年度报告，因此其变化趋势可能与按照财政年度编制的日本预算数据略有不同（日本的财政年度为当年 4 月至次年 3 月）。所以，虽然 2013/2014 年度国防预算实际比 2012/2013 年度高 0.8%，SIPRI 按照公历年度报告的数据在 2012 年至 2013 年间却略微下降了 0.2%。

为越来越“严峻的”地区安全形势。[16] 这首先是因为朝鲜半岛的持续紧张局势，特别是朝鲜民主主义人民共和国继续发展核武器和弹道导弹计划，其次是与中国日益紧张的关系。2012 年，中国和日本在东海由日本控制的“尖阁群岛”（中国称为钓鱼岛及其附属岛屿）问题上爆发争端，此前日本宣布这些岛屿“国有化”而且中国和日本船只在该地区经常相互对峙。[17] 2013 年，紧张局势进一步升级，中国海军和海监船增加了在这些岛屿附近的巡逻，而日本则加大了这个地区的支援力度；2013 年 11 月，中国宣布划设东海防空识别区，范围涵盖这些岛屿。[18] 中国据此要求进入防空识别区的外国航空器向中国当局通报。这一举动引起了日本、韩国和美国的尖锐批评。[19]

在爆发有关尖阁群岛/钓鱼岛及其附属岛屿的争端后，日本发布的 2013 年度《防卫白皮书》抗议中国越来越多地“侵犯”日本领海和领空。[20] 日本的《防卫计划大纲》指出，作为日本的武装力量，日本自卫队需要应对越来越多的介于和平和战争之间的“灰色地带”事件，例如对领海和领空的侵犯以及不一定导致交火的舰船对峙事件。[21]

除了增加军事开支之外，安倍晋三政府看起来还在探讨如何扩大日本自卫队的任务范围，目前自卫队的活动受到禁止日本拥有“军事”力量的“和平”宪法限制。尽管究竟什么是“军事”力量往往是个有争议的问题，有时需要由最高法院裁定，日本政府近几十年来对宪法的解释是不允许日本参与盟国的集体自卫行动或者拥有可能威

---

〔16〕 日本防卫省：“2014 财政年度及其以后的防卫计划大纲”，2013 年 12 月 17 日，网址：〈http：//www. mod. go. jp/e/d _ act/d _ policy/national. html〉；以及日本防卫省：《2013 年度防卫白皮书》（防卫省：东京，2013 年 7 月 9 日）。

〔17〕 H. B. 渥瑞曼：“尖阁列岛问题上的危险对峙”，《亚洲防务杂志》，2012 年 10 月，第 4—6 页。

〔18〕 彼得 · 马蒂斯：“中日紧张关系中螺旋式发展的意外事件”，詹姆斯敦基金会，《中国简报》，第 13 卷，第 2 期（2013 年 1 月 18 日）。

〔19〕 尼古拉斯 · 塞切尼等人合作撰写：“中国的防空识别区：对地区安全的影响”，战略与国际问题研究中心，2013 年 11 月 26 日，网址：〈https：//csis. org/publication/chinas-air-defense-identification-zone-impact-regional-security〉。

〔20〕 日本防卫省：《2013 年度防卫白皮书》（同注释［16］），第 1 页。

〔21〕 日本防卫省：“防卫计划大纲”（同注释［16］）。

胁到其他国家的军事能力，如先发制人的打击能力。[22]

2014 年度防卫计划和预算以及中期防卫计划中宣布的某些重大装备采购尤其与东海的潜在冲突有关。[23] 这些装备包括新型倾转旋翼飞机和水陆两栖车辆，旨在加强日本保护离岛以及在必要时夺回这些岛屿的能力，另外还有用于提高其监视能力的无人驾驶飞行器和巡逻机。至于朝鲜方向，日本计划再部署两艘配备宙斯盾弹道导弹防御系统的驱逐舰。

除了增加 2014/2015 年度的预算外，与计划在 2014/2015 年度签署的新合同有关的未来财政义务增长幅度要大得多，达到 17.8%。[24] 2014 年将要采购的新装备明确地以海军能力为重点，海上自卫队在全年计划的价值 6140 亿日元（约合 63 亿美元）的重大装备采购中占了一半。受到一些美军基地从冲绳岛迁走以及美国“重返”亚太政策的影响，日美同盟的性质正在发生变化，这本身就导致了日本的军事开支在一定程度上有所增加。例如，作为“责任分担”安排的一部分，日本需要购买 F－35（联合攻击战斗机）作战飞机并负担关岛基地的建设费用。[25]

**韩国**

至少自 1988 年以来，韩国的军事开支一直在缓慢但稳定地增长，其间只有少数中断的情况，如 20 世纪 90 年代末的亚洲金融危机期间。韩国的军事开支在 2013 年增长了 2.8%，比 2004 年高 42%。军事开支占国内生产总值的比重自 2008 年以来一直较为稳定，2013 年约为 2.8%。

韩国的首要战略考虑因素仍然是与朝鲜的冲突。朝鲜半岛的紧张

〔22〕 胜股秀通：“从日本看过去和未来：处于转折点上的自卫队”，《日本新闻》，2013 年 11 月 6 日，网址：〈http：//www.the-japan-news.com/news/article/0000740649〉；以及保罗·卡伦德—梅津：“日本计划采取更加主动积极的防卫政策”，《防务新闻》周刊，2013 年 5 月 26 日，第 1 页，第 7 页。

〔23〕 日本防卫省：“防卫计划大纲”（同注释［16］）。

〔24〕 日本防卫省：“防卫计划大纲”（同注释［16］）。

〔25〕 约翰·费弗：“全球削减军事开支，亚洲除外”，国际新闻社，2014 年 4 月 17 日，网址：〈http：//www.ipsnews.net/2014/04/world-cuts-back-military-spending-asia/〉；以及马泰奥·黛安：《日本与美国重返亚太》，战略更新报告 13.1（伦敦政治经济学院：伦敦，2013 年 1 月）。

局势近年来有所加剧，特别是由于 2010 年的韩国“天安”舰沉没事件和朝鲜炮击延坪岛事件，以及朝鲜持续进行的核武器计划，其最近一次核试验发生在 2013 年 2 月。〔26〕与美国结盟依然是韩国国防政策的基石，但这种联盟正在发生变化，因为韩国准备在 2015 年从美国手中接过战时作战指挥权。为把握这一转变而发展各种军事能力是推动韩国军事现代化和军费开支的一个因素。〔27〕

2013 年预算是 2012 年 8 月发布《2012—2030 年国防改革基本计划》后编制的第一份预算。〔28〕该计划有三个主要突出特点。首先是扩大联合参谋本部对各军种的指挥权，从而增强军事行动中的“联合性”，即跨军种协同能力，此举尤其旨在更有效地处理像“天安号”沉没和炮击延坪岛这样的事件。其次是发展“积极威慑”能力来应对未来朝鲜发动的袭击及其不对称作战能力。这包括采购新型弹道导弹和巡航导弹，提高指挥、控制、通信、计算机、情报、监视和侦察能力以及发展弹道导弹防御系统。建设指挥自动化系统被认为对在 2015 年从美国手中移交战时作战指挥权具有重要意义。该计划的第三个主要特点是到 2022 年把军队人数从 2012 年的 63. 6 万人减少到 52. 2 万人，在削减陆军规模的同时提高军官和士官的比例，目标是创建一种“精英”军力结构。〔29〕这些发展动态是总体趋势的一部分，目的是从传统上以陆军为重点逐步走向提高海军能力的重要性。2013 年，韩国任命了第一位非陆军出身的参谋长联席会议主席——崔润喜海军上将。韩国近来与朝鲜发生的冲突焦点往往集中在海上，而海上贸易对韩国的经济具有至关重要的意义。在 2013 年 9 月发表的讲话中，韩国总统朴槿惠强调了海上安全的重要性，认为从地缘政治上来说，韩国实际上是一个岛屿，而不是半岛。〔30〕

---

〔26〕有关朝鲜的核计划，请参阅本卷年鉴第六章第九节和第十一节，以及第七章第二节。

〔27〕白才钰：“2013 年度韩国国防预算：重点和任务”，韩国国防研究院，《韩国角度》，第 84 号（2013 年 5 月 2 日）。

〔28〕“朝鲜半岛：‘核武国家’朝鲜的目标是成为一个经济大国，而韩国则寻求积极威慑能力”，《东亚战略概观 2013》（防卫省防卫研究所：东京，2013 年 5 月）。

〔29〕“朝鲜半岛”（同注释［28］）；以及白才钰（同注释［27］）。

〔30〕尹硕俊：“新任参联会主席与韩国不断演变的军事战略”，《太平洋论坛》，第 73 号（2013 年 10 月 3 日）。

2013 年的预算启动了一定程度上的裁军，同时增加军官和士官人数。此外还包括给征召入伍的军人加薪以及贯彻国防改革计划中提出的装备采购和技术开发措施。研究与开发活动在总军事开支中所占的比重为 6.6%。一段时间以来，这一比例一直在稳步上升，2004 年的时候只有 4.2%。[31] 韩国打算到 2020 年将其提高到占国防预算的 10%。[32]

尽管与朝鲜的关系持续紧张，军事开支获得的优先考虑并非无人质疑，而事实上韩国国会将政府提出的 2013 年国防预算小幅削减了 2900 亿韩元（约合 2.65 亿美元，占总军事开支的 0.8%），用于支持社会民生项目。[33]

**澳大利亚**

2013 年，澳大利亚的军费连续第三年下降，实际降幅为 3.6%，总额为 254 亿澳元（约合 240 亿美元）。军费下降导致澳大利亚国防军司令发出警告称，进一步削减军费可能会损害该国的军事能力。[34] 不过，2013 年澳大利亚的军事开支还是比 2004 年高出 19%。

虽然意识到目前的财政制约带来的影响，政府正寻求推动 2009 年和 2013 年国防白皮书中提出的各项计划，并且已经提出了长期军事开支计划以提供支持。[35] 预算计划从 2013/2014 年度的 253 亿澳元增至 2016/2017 年度的 307 亿澳元，与 2013 年度白皮书中提出的

---

〔31〕 关于武器出口的相关增长，请参阅本卷年鉴下文第五节和第五章第一节。

〔32〕 白才钰（同注释［27］）。SIPRI 的韩国军事开支数据除了国防预算外还包括军人养老金，所以研发活动在总军事开支中计划占的比重会略低于 10%。2013 年的研发开支占国防预算的 7.1%，但在总军事开支中所占的比重为 6.6%。

〔33〕 白才钰（同注释［27］）；以及“国防预算并非神圣不可批评”，社论，《韩民族日报》，2013 年 1 月 4 日。

〔34〕 朱利安·克尔与克雷格·卡弗里合作撰写：“澳大利亚国防军司令警告称削减军费可能会损害军事能力”，《简氏防务周刊》，第 49 卷，第 45 期（2012 年 11 月 7 日），第 16 页。

〔35〕 澳大利亚国防部：《2013 年度国防白皮书》（澳大利亚政府：堪培拉，2013 年）；以及澳大利亚国防部：《在亚太世纪保卫澳大利亚：2030 年的军力——2009 年度国防白皮书》（澳大利亚政府：堪培拉，2009 年）。

重点保持一致。[36] 总体而言，澳大利亚政府已拨款1131亿澳元用于2013/2014年度至2016/2017年度四年期间的军事开支，2017/2018年度至2022/2023年度的国防计划指导方针预计拨款总额为2200亿澳元。[37] 从长远来看，澳大利亚政府希望将军事开支占国内生产总值的比重从1.6%提高到2%。

2013年5月3日发布的《2013年度国防白皮书》本应在2014年出台，但是“自2009年以来澳大利亚战略环境发生的重大发展变化和全球金融危机的持续不利影响”促使其提前出炉。[38]

2013年度白皮书承认中国在太平洋地区发挥的日益重要的作用，但并没有把中国视为对手。相反，澳大利亚的政策“旨在鼓励中国的和平崛起并确保地区内的战略竞争不会导致冲突”。[39] 美国仍然是澳大利亚最重要的战略合作伙伴。这种伙伴关系在2011年通过两个协议的签署得到深化：一个协议是有关在北部地区部署美国海军陆战队人员，与澳大利亚国防军开展联合演习和轮训，这将使美国驻军人数一下子增加到2500人；另一个协议是有关澳大利亚空军和美国空军之间进行更密切的合作，这将导致有更多美国飞机在澳大利亚北部轮流部署。澳大利亚正花费1100万澳元（约合1060万美元）对达尔文市的军事基地进行升级改造以容纳增加部署的美军。[40]

---

〔36〕 澳大利亚国防部：“国防部长——2013—2014年度预算：国防预算概述”，2013年5月14日，网址：〈http://www.minister.defence.gov.au/2013/05/14/minister-for-defence-budget-2013-14-defence-budget-overview/〉。

〔37〕 澳大利亚国防部长斯蒂芬·史密斯：“2013—2014年度综合预算报告：国防预算”，网址：〈http://www.defence.gov.au/budget/13-14/pbs/〉，第12页。

〔38〕 澳大利亚国防部：《2013年度国防白皮书》（同注释[35]），第3页。在2013年度白皮书中，澳大利亚政府称，新发布的白皮书、国家安全战略以及有关“亚洲世纪”的2012年度白皮书共同“陈述说明了政府以澳大利亚的安全和繁荣为中心，重点保持（澳大利亚国防军的）强大实力以应对澳大利亚面临的国家安全挑战”。澳大利亚总理和内阁部：《强大和安全：澳大利亚的国家安全战略》（澳大利亚政府：堪培拉，2013年）；以及澳大利亚总理和内阁部：《亚洲世纪的澳大利亚》，白皮书（澳大利亚政府：堪培拉，2012年10月）。

〔39〕 澳大利亚国防部：《2013年度国防白皮书》（同注释[35]），第11页。

〔40〕 澳大利亚国防部：《2013年度国防白皮书》（同注释[35]），第10页；以及吉纳·哈金斯：“澳大利亚人投资数百万为海军陆战队升级改造军事设施”，《海军陆战队时报》，2013年10月14日。

不断变化的国际环境、美国的“重返”亚太战略以及印—太地区（定义为“通过东南亚连接印度洋和太平洋的‘战略弧线’”）成为政策重点，这些都是澳大利亚调整其国防政策的原因。事实上，按照国防白皮书所述，澳大利亚有四项战略利益：澳大利亚的安全、南太平洋和东帝汶的安全、更广泛的印—太地区的稳定以及稳定地建立在规则基础上的全球秩序。[41]

2013 年度《国防白皮书》强调了澳大利亚的潜艇作战能力所具有的战略价值和重要性，确认政府致力于淘汰现有的“柯林斯”级潜艇，取而代之的是由 12 艘在南澳大利亚州组装的常规潜艇构成的规模更大的舰队。[42] 计划采购的清单上还包括 12 架 EA－18G“咆哮者”电子攻击机、3 艘防空驱逐舰、2 艘两栖直升机船坞登陆舰、各种海军作战直升机、运输机、海上巡逻飞机和 F－35 战斗机。[43]

## 南海周边国家

### 菲律宾

菲律宾的军事开支直到最近都曾经只有温和增长，属于亚太地区最低之列。然而，2013 年增长显著加快，同比增长 17%，使其自 2004 年以来的增长幅度达到 41%。菲律宾的武装力量通常被视为地区内实力最弱的之一，仅有最低限度的海军和空军能力。[44]

中国与菲律宾之间的紧张关系加剧主要是在 2012 年和 2013 年因为有争议的南海岛屿。2012 年，两国海军和海岸警卫队的船只在有争议的黄岩岛附近对峙长达数周，最终中国实际控制了该岛礁。中国随后在 2013 年期间通过“包心菜”战略巩固了其对该区域的控制，将该区域层层包围得水泄不通，里层是渔船和海事局船只，外围是少

---

〔41〕 澳大利亚国防部：《2013 年度国防白皮书》（同注释［35］），第 24 页。

〔42〕 澳大利亚国防部：“国防部长——2013—2014 年度预算：防御能力”，2013 年 5 月 14 日，网址：〈http://www.minister.defence.gov.au/2013/05/14/minister-for-defence-budget－2013－14－defence-capability/〉。

〔43〕 澳大利亚国防部：《2013 年度国防白皮书》（同注释［35］），第 23 页。

〔44〕 贾斯廷·戈德曼：“阿基诺总统任期的后半段：在有争议的海域实现最低限度的可靠防御”，詹姆斯敦基金会，《中国简报》，第 13 卷，第 13 期（2013 年 6 月 21 日），第 8—11 页；以及法新社塞西尔·莫雷拉：“菲律宾国防开支 18 亿美元以抵抗‘欺凌’”，《防务新闻》，2013 年 5 月 21 日。

量海军舰艇。[45]

菲律宾应对2013年这些事态发展的方式是根据两国均为缔约国的1982年《联合国海洋法公约》的规定，将黄岩岛问题提交国际海洋法法庭。[46] 中国拒绝承认这一程序的有效性，未参与仲裁。2013年11月，中国南海岛屿上的海南省通过了一项法规，要求外国渔船获得许可方可在大部分海域捕鱼，菲律宾则让其渔民对此要求不予理睬。[47]

鉴于这些事态发展，2013年5月，菲律宾政府宣布斥资18亿美元在2017年前进行以海军能力为重点的一揽子军事采购，其中包括两艘护卫舰、两架反潜直升机、三艘海岸巡逻艇和八辆两栖突击车。菲律宾总统贝尼尼奥·阿基诺称这些采购将使该国有能力反抗“欺凌”。[48] 然而，这些采购所依托的原有军事能力极其薄弱，2013年11月应对台风“海燕”让菲律宾日益老化的海空军军事装备以及未来的预算优先事项都承受了巨大的压力。[49] 因此，菲律宾在可预见的将来不太可能有能力改变在南海与中国的军力平衡。

有鉴于此，菲律宾看起来正在采取的策略是为其立场争取国际社会的支持和道义上的认可，比如将有关黄岩岛的争端提交国际海洋法法庭以及继续寻求在东南亚国家联盟内部形成对南海问题的共同立场。由于某些东盟成员国，尤其是柬埔寨，在经济上严重依赖中国，后一项努力迄今收效甚微。[50] 此外，菲律宾的军事安全主要依赖美国，为此与美国签订了共同防御条约，两国目前正在谈判新的框架协议，目的是增加根据其1998年达成的《双边驻军协议》在菲律宾轮

---

〔45〕 更多有关2013年南海争端的情况，请参阅詹姆斯敦基金会：《中国简报》，第13卷，第13期（2013年6月21日）；以及杰夫·希梅尔曼：“一场鲨鱼和小鱼的游戏”，《纽约时报》，2013年10月27日。

〔46〕《联合国海洋法公约》，1982年12月10日开放供签署，1994年11月16日生效，《联合国条约汇编》，第1833卷（1994年）。

〔47〕 法新社：“国防部长：菲律宾不会服从中国捕鱼规则”，《防务新闻》，2014年1月16日。

〔48〕 莫雷拉（同注释［44］）。

〔49〕 彼得·伍德：“菲律宾军事现代化更加紧迫，但飓风过后可能性降低”，詹姆斯敦基金会，《中国简报》，第13卷，第24期（2013年12月5日）。

〔50〕 魏泽曼（同注释［13］），第413—415页。

换驻扎的美军人数。[51] 然而，尽管美国批评了中国在南海采取的行动，却并没有明确说明其对菲律宾承担的共同防御义务是否包括有争议的海上领土。

**越南**

越南报告的 2013 年军事开支达到 34 亿美元。虽然 2004 年至 2013 年期间开支实际增长了 113%，2012 年至 2013 年期间的增幅却只有 2.5%，小于以往年度，这可能是由于该国经济增长速度放缓所致。[52]

越南的军事现代化在很大程度上着眼于保卫其在南海的庞大石油和天然气储量，越南的经济越来越依赖这些资源。[53] 2012 年，新的勘探发现和开发工作使美国能源信息署估算的越南探明石油储量增加了七倍，天然气储量增加了四倍，使越南成为亚洲第三大石油拥有国，仅次于印度和中国。[54] 像菲律宾一样，越南在南海与中国存在领土争端，两国均声称完全拥有南沙群岛的主权。虽然 2013 年中国和越南之间相对而言没有发生什么重大事件，但上述争端仍然是越南的主要安全关切之一。

越南的军事现代化的主要重点是海军能力。这方面最大的近期发展动态是 2009 年向俄罗斯订购了 6 艘“基洛”级柴电潜艇，预计首

---

〔51〕 卡尔·塞耶：“美菲努力达成驻军协议”，《外交家》，2013 年 12 月 11 日；《美菲共同防御条约》，1951 年 8 月 30 日签署，1952 年 8 月 27 日生效，《联合国条约汇编》，第 177 卷（1953 年）；以及《菲美关于到访菲律宾的美国武装部队待遇的协定》，1998 年 2 月 10 日签署，1999 年 6 月 1 日生效，网址：〈http://www.state.gov/s/l/treaty/tias/107752.htm〉。

〔52〕 越南是地区内军事开支透明度最低的国家之一，因此这些数据必须在一定程度上谨慎对待。此外，越南军事开支的真实水平很可能高于官方预算，因为经常有报道称越南以石油和天然气开采权换取重大军购，而不是通过预算手段。

〔53〕 乔恩·格莱维特：“增加军购”，《简氏防务周刊》，第 50 卷，第 28 期（2013 年 7 月 10 日），第 22—27 页；门诺·斯特克蒂：“越南将订购荷兰轻型护卫舰”，《简氏防务周刊》，第 50 卷，第 35 期（2013 年 8 月 28 日），第 6 页。

〔54〕 美国能源信息署：“越南：国家分析报告”，2013 年 5 月 30 日，网址：〈http://www.eia.gov/countries/country-data.cfm?fips=VM&trk=m〉。

次交付在2013年。[55] 越南还订购了其他的俄罗斯护卫舰、轻型护卫舰、快速攻击艇和巡逻艇，并在2013年8月同意向荷兰订购2艘“西格玛”级轻型护卫舰。[56] 此外，越南在8月份又订购了另外一批12架俄罗斯苏－30MK2战机。

但是，越南海军的起点要远远落后于地区内的其他国家，特别是中国，因此有人怀疑越南是否具备技术和人力资源能力来吸收这些新装备并有效地融入其部队。[57] 作为防范中国的另一种手段，越南甚至向美国这个昔日的敌人靠拢，两国间的军事合作不断加强。[58]

**印度尼西亚**

自从1999年开始民主统治以来，印度尼西亚的军事开支几乎不断增长，实际翻了两番以上。2013年的军事开支也有所增加，同比增长4.8%，使2004年以来的总增长幅度达到99%。由于不再肩负以国内安全为主的任务，印尼国家武装力量（印尼国民军）现在的重点是外部安全，因为印尼力图发展最低限度的有效力量来保护其广袤的领土、沿海水域和重要的国际贸易通道。[59] 这种经过扩大的外部作用以及随之增加的预算，在某种程度上可以看作是对印尼国民军退出政治以及其原来在印尼经济中发挥的主要作用显著削弱而给予的一种补偿形式。印尼的2013年国防预算包含到年底要实现30%的最低限度有效力量目标，全部目标计划于2024年前完成。[60]

印尼与中国关系密切，2013年两国关系继续发展。2013年10月，新任中国国家主席习近平在访问印尼期间签署了有关加强经济、

---

〔55〕“俄罗斯将在2013年向越南交付第一艘‘基洛’级潜艇”，俄新社，2013年3月29日，网址：〈http：//en. ria. ru/military_ news/20130329/180332942. html〉；以及魏泽曼（同注释［5］），第285页。

〔56〕格莱维特（同注释［53］）。

〔57〕同上。

〔58〕章迪禹：“南海：中国崛起压力的行动点”，《世界知识》，2011年12月16日，第14—23页，译自中文，公开来源中心；以及格莱维特（同注释［53］）。

〔59〕萨姆·珀洛—弗里曼与卡丽娜·索尔米拉诺合作撰写：“军事预算和军费管理的两个案例研究：哥伦比亚和印度尼西亚”，《SIPRI年鉴2013》，第163—168页。

〔60〕“2013年的新玩具?”，印度尼西亚国防部博客，2012年11月26日，译自印尼语，公开来源中心。

文化和安全合作的协议。[61] 印尼的一些评论家认为，在加强区域海上安全和发展印尼国内军火工业方面，中国是印尼的首选合作伙伴。[62] 与此同时，印尼必须在与中国和美国的关系上寻求实现微妙的平衡，因为世界上两个主要强国之间的任何冲突都有可能让具有战略地位而军事能力有限的印尼面临困难处境。[63]

**其他国家（地区）**

紧随中国、日本、韩国和澳大利亚这四大亚太地区的军费开支国之后，台湾地区（预算105亿美元）和新加坡（预算98亿美元）是区域内下两个2013年军事开支最大的地区和国家。

尽管台湾当局担忧与中国大陆在军事能力上日益扩大的差距以及其他问题，比如导致2013年5月台湾渔民被菲律宾海岸警卫队射杀的南海争端，其军事开支2013年下降了2.6%。从2004年至2013年期间，台湾地区的军事开支几乎保持不变，仅增长了5%。这很可能是因为台湾地区领导人马英九推动了中国大陆与台湾之间不断升温的关系。

新加坡的军事开支2013年增长了2.1%，虽然比2004年高出12%，不过还是比其2009年的水平略低（3.7%）。新加坡拥有东南亚最先进的军队，军事负担（即军事开支占国内生产总值的比重）在亚太地区内最高。新加坡也是2009—2013年期间全球十大主要常规武器进口国之一。[64] 其相对稳定的军事开支水平反映了与包括中国在内的地区内其他国家的总体良好关系。

马来西亚情况相似。虽然也是南海争端的当事方，与菲律宾或越南相比，马来西亚的争议最近几年来在很大程度上没有那么高的关注度。其军事开支2013年也增长了3.1%，比2004年高出13%，但自2009年以来保持不变。

---

〔61〕“中国主席和印尼总统承诺建立战略伙伴关系”，新华社，2013年10月10日。

〔62〕康妮·拉哈坤地妮·巴克里：“21世纪的区域海上丝绸之路”，《雅加达邮报》，2013年11月22日。

〔63〕里斯蒂安·阿里安迪·苏布利阳托：“美国亚洲再平衡：印尼的海上困境”，拉惹勒南国际关系研究院评论第073/2013号，2013年4月24日，网址：〈http://www.rsis.edu.sg/publications/commentaries.asp?selYear=2013〉。

〔64〕请参阅本卷年鉴第五章第一节。

似乎推动亚太地区军事开支增长的上述因素看起来在不久的将来不太可能有任何改变。由于大部分地区保持强劲的经济增长，同时没有任何迹象表明不断上升的紧张局势和领土争端在不久的将来会有所减弱，亚太地区的军事开支很可能会继续增长下去。

（许 巍 译）

# 第四节　向联合国提交军费数据报告的情况

诺埃尔·凯利

《联合国军费报告》仍然是官方军费数据的一个重要来源。[1] 这一报告制度始于 1981 年，由联合国裁军事务办公室负责管理。联合国秘书长每年均恳请全体会员国在 4 月 30 日之前报告其可以提供数据的最近一个财政年度军费。

近年来，对这一每年发出的恳请的回复率比 20 世纪 80 年代有了明显提高，当时平均只有 15% 的联合国会员国参与报告。2002—2008 年期间，回复率平均为 40%。这种增长主要归因于联合国裁军事务办公室在一些会员国的支持下所作出的努力，以及于 2002 年引入了简化报告表。[2]

从 2008 年开始，报告率明显起伏不定（见表 4.5）。到 2009 年，报告率已下降到 30%，这是自 2000 年以来的最低水平。在 2010 年和 2011 年出现小幅增长之后，2012 年的回复率跌至 25% 的新低。截至 2014 年 6 月，联合国裁军事务办公室报告称，在 193 个联合国会员国中有 59 个已经在 2013 年期间提交了军费数据。[3] 尽管报告军费的国家总数可能会因报告推迟提交而有所增加，目前的数字仍表明参与率已经提高到了 31%。

---

〔1〕 在 2012 年以前，《联合国军费报告》被称为《联合国军费标准报告书》。2011 年 12 月 2 日联合国大会第 66/20 号决议。

〔2〕 联合国大会：2011 年 6 月 14 日秘书长的说明“联合国军费标准报告书的运作和进一步发展问题政府专家组的报告”，联合国文件 A/66/89，第 14 页。

〔3〕 联合国大会：2013 年 7 月 11 日秘书长报告“军事的客观情况，包括军费的透明度”，联合国文件 A/68/131；2013 年 9 月 16 日联合国文件 A/68/131/Add. 1；以及联合国裁军事务办公室：“联合国军费报告：（2013 年）会员国参与情况”，［2014 年 6 月］，网址：〈http：//www. un. org/disarmament/convarms/Milex/Docs/2013 – MILEX-participation-by-Member-States. pdf〉。

表 4.5　2002 年和 2008—2013 年向联合国报告军费开支的国家数量[a]

| | 2002 | 2008 | 2009 | 2010 | 2011 | 2012 | 2013 |
|---|---|---|---|---|---|---|---|
| 联合国会员国数量 | 191 | 192 | 192 | 192 | 193 | 193 | 193 |
| **报告总数** | **81** | **77** | **58** | **60** | **67** | **49** | **59** |
| 标准报告书 | 70 | 53 | 42 | 41 | 47 | 31 | 38 |
| 简化报告表[b] | .. | 16 | 10 | 12 | 10 | 12 | 18 |
| 零报告[c] | 11 | 8 | 6 | 7 | 10 | 5 | 3 |
| 回复率（%） | *42* | *40* | *30* | *31* | *35* | *25* | *31* |
| 非联合国会员国的报告[d] | 1 | — | — | — | — | — | — |

*a*各年份为秘书长发出要求的年度（最后期限为次年的 4 月 30 日）。报告涉及最近结束的财政年度开支。

*b*为避免重复计算，既使用了标准报告书也使用了简化报告表向联合国报告的国家计入标准报告书。

*c*零报告是指没有输入任何数据而归还给联合国的调查问卷，通常由并不保持正规武装部队的国家提交。

*d*其他总数不包括非联合国会员国提交的报告。

**资料来源：**联合国大会：2002—2013 年不同日期的联合国秘书长报告“军事的客观情况，包括军费的透明度”，网址：〈http：//www. un. org/disarmament/convarms/Milex/〉。

欧洲国家的参与率提高最为明显，从 2012 年的 56% 上升至 2013 年的 81%（见表 4.6）。美洲国家的报告率连续第二年下降，从 2011 年的 40% 跌至 2012 年的 31%，2013 年再降至 20%。亚洲及大洋洲国家的参与率也不断下降，从 2011 年的 26% 降至 2012 年的 21%，2013 年更是只有 12%。2013 年只有两个非洲国家提交了报告，这是连续第二年出现这种情况，而中东国家则再次一个都没有提供军费信息。

**表 4.6　2013 年向联合国报告军费数据的情况（按地区和次地区分类）**

| 地区/次地区 | 国家数目 | 回复联合国的国家（包括零报告） | 合计 | 回复率（%） |
|---|---|---|---|---|
| **非洲** | 54 | 布基纳法索、塞内加尔[b]、科摩罗[b] | 3 | *6* |
| **美洲** | 35 | | 11 | *31* |
| 中美洲和加勒比地区 | 21 | 伯利兹、哥斯达黎加[a]、多米尼加共和国[b]、萨尔瓦多[b]、牙买加[b]、墨西哥 | 6 | |
| 北美洲 | 2 | 美国 | 1 | |
| 南美洲 | 12 | 巴西、智利[b]、巴拉圭、秘鲁[b] | 4 | |
| **亚洲及大洋洲** | 42 | | 6 | *14* |
| 中亚和南亚 | 12 | 印度[b] | 1 | |
| 东亚 | 5 | 中国[b]、日本 | 2 | |
| 大洋洲 | 14 | 澳大利亚、新西兰[b] | 2 | |
| 东南亚 | 11 | 马来西亚[b] | 1 | |
| **欧洲** | 48 | | 39 | *81* |
| 西欧和中欧 | 41 | 阿尔巴尼亚、奥地利、比利时、波斯尼亚和黑塞哥维那[b]、保加利亚、克罗地亚、塞浦路斯[c]、捷克共和国[b]、丹麦、爱沙尼亚、芬兰、德国、匈牙利[b]、冰岛[a]、爱尔兰、意大利[c]、拉脱维亚、列支敦士登[a]、立陶宛、卢森堡[c]、马其顿（前南斯拉夫共和国）、马耳他、黑山[c]、荷兰、波兰、葡萄牙、罗马尼亚、塞尔维亚[c]、斯洛文尼亚[c]、西班牙[b]、瑞典、瑞士、土耳其[b] | 33 | |
| 东欧 | 7 | 亚美尼亚[b]、白俄罗斯、格鲁吉亚[b]、摩尔多瓦、俄罗斯、乌克兰 | 6 | |
| **中东** | 14 | — | — | — |
| **总计** | 193 | | 59 | *31* |

*a*这些国家提交了零报告。[b]这些国家使用简化报告表报告数据。[c]这些国家既使用简化报告表也使用标准报告书报告数据。

资料来源：联合国大会：2013 年 7 月 11 日秘书长报告“军事的客观情况，包括军费的透明度”，联合国文件 A/68/131；2013 年 9 月 16 日联合国文件 A/68/131/Add. 1；以及联合国裁军事务办公室：“联合国军费报告：（2013 年）会员国参与情况”，［2014 年 6 月］，网址：〈http：//www. un. org/disarmament/convarms/Milex/Docs/2013 - MILEX-participation-by-Member-States. pdf〉。

在获得联合国大会支持的关于报告机制的政府专家组报告于2011年出台后，2012年和2013年迄今已经发布的数据降低了人们对军费报告呈现总体上升趋势的期望。[4] 政府专家组在报告中指出，一些区域对联合国的回复率低是因为国家核算体系与报告汇总表不相匹配。专家组还提到了其他因素，包括：报告书报表过于复杂，缺乏政治承诺、兴趣或能力，以及报告军费的敏感性。这些考虑都有助于形成和影响报告书中提出的建议。

为更好地适应国家核算体系的特点并促进和加强参加联合国军费报告工作，政府专家组商定了一项关于军费的共同理解。用于联合国报告的"军费"的定义是指一国在其军队的使用和职能上花费的所有财政资源。[5]

政府专家组还商定了对标准报告书及简化报告表进行一些修改，并且制定了零报告的格式（即没有输入任何数据的报告）。各国可选择最合适的报告表（虽然标准报告书是首选形式），而且鼓励各国用解释及附加材料和文件来补充其提交的报告。[6]

鉴于自2002年起已有简化报告表，单靠上述建议不太可能会导致参与程度有所提高。到目前为止有关参与程度的数据已经证明情况就是如此。报告的各项建议如果得到有效的应用可能会令更多国家参与，是联合国秘书处促进宣传报告书重要性的举措，也是在能力建设上提供实际援助以协助各国回复。[7]

政府专家组报告鼓励联合国秘书处更高层级官员更积极地传播有关报告书的信息。[8] 专家组建议在国家报告中列入国家联络点的具体信息，以促进秘书处和联合国会员国之间的交流。[9] 政府专家组还呼吁继续定期审查报告书以确保其持续实用性和运作。目前尚不清楚联合国采取了哪些措施来贯彻政府专家组的建议。

---

〔4〕 联合国文件 A/66/89（同注释［2］）；联合国大会第66/20号决议（同注释［1］）。

〔5〕 联合国文件 A/66/89（同注释［2］），第21页。

〔6〕 同上书，第2页。

〔7〕 同上书，第23—24页。

〔8〕 同上书，第15页。

〔9〕 同上书，第20页。

军费的政治敏感性可能是在某些情况下没有进行报告的首要原因。不过，这对于大多数不报告军费的国家却无法解释得通，因为其中许多国家在网上向公众公布其军事预算，尽管很多情况下在其他地方提供的是相当基本的信息。[10] 同样，许多国家都曾经至少回复一次的事实也表明它们有报告军费的能力，但缺乏坚持回复的政治承诺。

（许 巍 译）

〔10〕 联合国裁军事务办公室和 SIPRI：《促进军事问题的进一步公开和透明：联合国军费标准报告书的评估》，联合国裁军事务办公室不定期文件第 20 号（联合国：纽约，2010 年 11 月），第 22 页。

# 第五节 2012 年“SIPRI 100 强”军火生产和军事服务公司

萨姆·珀洛—弗里曼 皮埃特·D·魏泽曼

“SIPRI 100 强”以 2012 年的军火销售额大小为顺序，列举了全世界 100 家最大的军火生产公司（不包括中国公司）。2012 年“SIPRI 100 强”公司的军火和军事服务总销售额共计 3950 亿美元。按实值计算，比 2011 年下降了 4 个百分点（见表 4.7）。事实上，尽管最近“SIPRI 100 强”公司销售总额下降了（销售总额连续第二年出现下滑），但仍然较 2003 年增长了 29%，较 SIPRI 现行系列数据开始的 2002 年增长了 45%。

**表 4.7 2003—2012 年“SIPRI 100 强”军火生产和军事服务公司的军火销售趋势**

| | 2003 | 2004 | 2005 | 2006 | 2007 | 2008 | 2009 | 2010 | 2011 | 2012 | 2003—2012 |
|---|---|---|---|---|---|---|---|---|---|---|---|
| 按当前价格和汇率计算的销售额 | | | | | | | | | | | |
| 总额（十亿美元） | 236 | 274 | 289 | 313 | 347 | 388 | 399 | 419 | 412 | 395 | |
| 增长（%） | | *16* | *6* | *8* | *11* | *12* | *3* | *5* | *-2* | *-4* | *67* |
| 按固定（2012 年）价格和汇率计算的销售额 | | | | | | | | | | | |
| 总额（十亿美元） | 306 | 334 | 341 | 358 | 375 | 402 | 427 | 441 | 412 | 395 | |
| 增长（%） | | *9* | *2* | *5* | *5* | *7* | *6* | *3* | *-7* | *-4* | *29* |

**注：** 该表数据指的是每一年的“SIPRI 100 强”军火公司，因为这些公司根据一套连贯的数据进行排序，所以每年都不尽相同。尤其需要指出的是，该表中 2011 年的数据与表 4.8 中 2011 年的数据有所不同。

**资料来源：** 表 4.9；SIPRI 军火工业数据库。

"SIPRI 100 强"公司销售总额的下降、不同地区的变化（见表 4.8），清晰地反映了世界范围（中国除外）内的军事开销趋势。美国政府毫无疑问地成为了美国军工企业最大的客户，同时也是其他一些拥有美国子公司的欧洲军工企业（如 BAE 系统公司、芬麦卡尼卡公司等）的主要客户。与之类似，欧洲各国政府也是各自国内军火工业的主要客户。总的来说，美国以及西欧诸国军火工业的销售下滑是其军费开支下降的反映。然而，其他一些国家的军费开支上涨可能会部分地抵消美国以及西欧诸国国内军火市场的需求下降。

**表 4.8 "SIPRI 100 强"军火生产和军事服务公司占地区和国家的军火销售的份额（2012 年同 2011 年相比）**

军火销售额的单位为 10 亿美元，按当前价格和汇率计算。由于四舍五入，各项数据相加不一定与总数相符。

| 公司数量 | 地区/国家[a] | 军火销售额（10 亿美元） | | 2011—2012 年销售额的变化（%） | | 占 2012 年 100 强销售总额的比例（%） |
|---|---|---|---|---|---|---|
| | | 2012 | 2011[b] | 面额[c] | 实际[d] | |
| **43** | **北美** | **230.8** | **242.0** | **−5** | **−7** | ***58.4*** |
| 42 | 美国 | 230.0 | 241.1 | −5 | −7 | *58.2* |
| 1 | 加拿大 | 0.8 | 0.9 | −7 | −7 | *0.2* |
| **30** | **西欧** | **111.4** | **118.9** | **−6** | **−3** | ***28.2*** |
| 10 | 英国 | 44.4 | 46.6 | −5 | −6 | *11.2* |
| 6 | 法国 | 22.3 | 23.0 | −3 | 4 | *5.6* |
| 1 | 跨欧洲 | 15.4 | 16.4 | −6 | 1 | *3.9* |
| 3 | 意大利 | 14.6 | 16.4 | −11 | −5 | *3.7* |
| 4 | 德国 | 6.7 | 7.7 | −13 | −6 | *1.7* |
| 1 | 瑞典 | 2.9 | 3.1 | −6 | −2 | *0.7* |
| 1 | 西班牙 | 1.1 | 1.7 | −32 | −27 | *0.3* |
| 1 | 挪威 | 1.3 | 1.4 | −10 | −7 | *0.3* |
| 1 | 瑞士 | 0.9 | 1.0 | −11 | −5 | *0.2* |
| 1 | 芬兰 | 0.9 | 0.8 | 15 | 23 | *0.2* |
| 1 | 波兰 | 0.8 | 0.8 | −1 | 5 | *0.2* |

| 公司数量 | 地区/国家[a] | 军火销售额（10亿美元） | | 2011—2012年销售额的变化（%） | | 占2012年100强销售总额的比例（%） |
| --- | --- | --- | --- | --- | --- | --- |
| | | 2012 | 2011[b] | 面额[c] | 实际[d] | |
| **7** | **东欧** | **21.0** | **16.5** | ***27*** | ***27*** | ***5.3*** |
| 6 | 俄罗斯[e] | 19.5 | 15.2 | *28* | *28* | *4.9* |
| 1 | 乌克兰 | 1.4 | 1.3 | *14* | *14* | *0.4* |
| **15** | **其他 OECD 国家** | **23.7** | **21.8** | ***9*** | ***11*** | ***6.0*** |
| 6 | 日本[f] | 10.9 | 9.6 | *14* | *14* | *2.8* |
| 3 | 以色列 | 7.0 | 7.1 | *-2* | *4* | *1.8* |
| 4 | 韩国 | 4.2 | 3.6 | *18* | *17* | *1.1* |
| 1 | 土耳其 | 0.9 | 0.8 | *2* | *1* | *0.2* |
| 1 | 澳大利亚 | 0.8 | 0.7 | *15* | *12* | *0.2* |
| **5** | **其他非 OECD 国家** | **8.3** | **8.6** | ***-4*** | ***-1*** | ***2.1*** |
| 3 | 印度[g] | 5.3 | 5.8 | -8 | -3 | 1.3 |
| 1 | 新加坡 | 1.9 | 2.0 | *-3* | -8 | *0.5* |
| 1 | 巴西 | 1.1 | 0.9 | *23* | *36* | *0.3* |
| **100** | **总计** | **395.2** | **407.8** | ***-3*** | ***-3*** | ***100*** |

OECD 指的是经济合作与发展组织

a. 国家和地区的数字指的是总部在该国家或地区的100强公司的总销售额，包括国外分公司的销售额。数字并不反映这些公司在本国或本地区所实际生产的军火销售额。

b. 2011年的军火销售额数据是指2012年“SIPRI 100强”公司的数据，而不是2011年“SIPRI 100强”公司的数据。

c. 这一组数据是以当前美元价格计算的2011—2012年军火销售额的变化。

d. 这一组数据是以2012年固定美元价格计算的2011—2012年军火销售额的变化。

e. 表中2011年、2012年的军火销售额为估算而来，有一定的不确定性。

f. 日本公司的数据来源于日本防务省签订的合同。

g. 印度的数据包括对印度兵工厂的粗略估算。

**资料来源：**表4.9。

2011年“SIPRI 100强”第一至十位的大型军火公司仍然在2012年的排名中占据前十位。“SIPRI 100强”公司前十位最近一次的大调整发生在2009年——联合技术公司取代泰利斯公司跃居前十，后者现排名第11位。2012年，绝大多数的“SIPRI 100强”排名前十位公司的军火销售额下滑或者持平。唯一的一个例外是联合技术公司。按实值计算，联合技术公司在 2012 年实现了 13% 的销售额增长，主要原因是收购了一家航空航天公司“Goodrich”（该公司在 2011 年的“SIPRI 100 强”中位列第 42 名，销售额 24 亿美元）。

2012 年“SIPRI 100 强”军火生产公司列在表 4.9 中。尽管“SIPRI 100 强”并未涵盖所有的军火生产国，但确实占据了全球军事产品和军事服务销售额的大部分。在不算中国公司的情况下，对“SIPRI 100 强”军火生产公司的分析足以把握全球军火工业的主要趋势（中国的军火生产公司将在下文中单独讨论）。

### 在“SIPRI 100 强”中的俄罗斯军火公司

从苏联继承下来的俄罗斯军工业得到飞快的发展，2012 年新面貌不断展现。进入 2012 年“SIPRI 100 强”的俄罗斯军火生产公司有 6 家。按实值计算，这 6 家公司的销售总额实现 28% 的增长，达到 1950 亿美元，占“SIPRI 100 强”公司全部销售额的 5%。[1] 联合航空公司销售额增长超过 20%。阿尔马兹—安泰（Almaz-Antei）公司销售额增长高达 41%（以实值计算），高居“SIPRI 100 强”第 14 位，是 SIPRI 排位自 2002 年开始以来俄罗斯军火公司录得的最高排名。

在过去，俄罗斯军火公司的销售高度依赖出口。尽管 2012 年俄罗斯仍然对外输出了大量的军工产品，但其军火销售的增长主要是源自国内军火市场的需求旺盛——俄罗斯推出一项价值 7000 亿美元的“2011—2020 年国家军火采购计划”。[2] 虽然外界仍然普遍质疑这个计划能否全面实现，但不可否认的是，俄罗斯军事装备采购的大幅增长正在发生。

---

〔1〕 由于俄罗斯军火生产公司的财务信息较为有限，“SIPRI 100 强”排位表中 2011 年、2012 年的军火销售额是根据俄军火生产公司的总销售额估算而来，存在一定的误差。但是，我们高度自信地认为，从整体上来看，俄罗斯军火销售在 2012 年实现大幅增长，这是准确无误的。

〔2〕 参见如 S. 珀洛—弗里曼：“俄罗斯军费改革以及重组”，《SIPRI 年鉴 2013》。

### 美国和西欧

随着美国于2011年年底完成在伊拉克的撤军，2012年的军火销售额持续下滑，因为众多军工企业高度依赖驻伊美军的装备采购及军事服务。在2012年的“SIPRI 100强”中，下滑幅度最大的公司是KBR，销售额下降达60%（该公司为驻伊及全球范围内的美军提供后勤保障服务）。一些以轻装甲车为主要业绩贡献点的军工企业（如BAE系统公司、通用动力、奥什科什公司、航星国际公司、AM通用公司等）2012年度的销售额也出现大幅下降。

绝大多数进入“SIPRI 100强”排名的西欧军工企业2012年的销售额也出现下滑。其中，下滑幅度最大的公司是纳万蒂亚造船厂（唯一一家进入2012年度“SIPRI 100强”排名的西班牙军工企业），以实值计算其销售额下降达27%。而在2011年度进入“SIPRI 100强”排名的另外一家西班牙军工企业——Indra防御电子公司——2012年的销售额下滑9个百分点，并跌出“SIPRI 100强”之外。这些销售下滑正是西班牙削减军费开支的反映。与2008年相比，西班牙2012年的军费开支下降21%，成为西欧主要的军火生产国当中军费削减幅度最大的国家（参见第6节）。

主要武器作战平台（如坦克、舰艇等）需求的持续下降导致一些军工企业的业绩下滑。例如，坦克制造商克劳斯—马菲·魏格曼公司（下滑21.3%）、舰船制造商蒂森克虏伯公司（下滑26.5%）。美国以及西欧诸国的军工企业正在全球范围内寻找买家，积极寻求武器出口，以弥补其自身军火市场的持续萎缩。〔3〕

### 全球军火工业的散布

来自北美以及西欧国家的军工企业仍然支配着全球军火市场——

〔3〕 关于武器出口国采取的推动、促进军工产品出口的措施，请参见本卷第5章第1节。

在2012年“SIPRI 100强”的全部销售额中占比高达87%（见表4.8）。[4] 然而，越来越多的迹象表明，全球军工工业正在逐渐扩散——西方国家在全球军火产品中的份额有所降低，与此同时，北美和西欧以外的军火生产国家的销售额在不断增长。自2002年首次统计“SIPRI 100强”这个榜单以来，北美和西欧以外国家的军火销售额所占的比重，在2012年度是最高的。这一比重在2002年至2010年间，从未超过10%。此外，这些国家中，在2002年只有18个进入“SIPRI 100强”排名，而到了2012年这一数字变成了22个。[5]

2012年度的各种数字清晰地反映出以下趋势：43家来自北美地区的军工企业销售总额下降7%、30家来自西欧地区的军工企业销售总额下降3%（见图4.7）；然而，27家来自其他地区的军工企业销售总额却增长了14%（以上均以实值计算）。另一个表明全球军火工业正在扩散的计算结果是，“SIPRI 100强”中排名前十位的军工企业销售总额在“SIPRI 100强”总销售额中的比重正在下降。2002年，这一比重是59%；2011年，下降至53%；而2012年则进一步下降至52%。尽管这个比重的数值看起来似乎显得挺高，但是它已经低于其他全球性资本密集型工业的标准。[6] 对于军火工业而言，各个国家都致力于推动本土军工产业的发展，这导致了军火工业密集程

〔4〕 需要注意的是，“SIPRI 100强”并不能获得每个国家全部的军工业销售数据，因此须得谨慎解释各个国家在“SIPRI 100强”军火销售总额中的份额。几家小型军火公司整合到一家大公司去的时候，可能会导致一个国家在“SIPRI 100强”中的份额增加，但实际上该国的国内军工业规模没有变化。此外，“SIPRI 100强”所认定的军火公司销售数据，是指总部设在某一国家的总公司销售数据。因此，若总公司设有海外分公司，则分公司的销售数据一并计入总公司，而并不计入该分公司所在国。例如，澳大利亚、加拿大、西班牙、瑞典等国的军工业有相当一部分为其他国家所有，因此这些国家在“SIPRI 100强”中所列的军火销售数据，是小于其实际的军工业产值的。相反的，由于英国、意大利等国有不少分公司设立在海外，因此这些国家在“SIPRI 100强”中所列的军火销售数据，是大于其实际的军工业产值的。

〔5〕 与2002年所做的比较，是基于当前的、最新的数据。这些数据可能会与收录于《SPRI年鉴2004》中的2002年数据有所不同。

〔6〕 例如，在民用航空领域，只有2家国际大型客运飞机制造商：波音公司和空客公司；但全球却有8家先进主作战飞机制造商：美国的洛克希德·马丁、波音公司、诺斯罗普·格鲁曼，西欧的欧洲战斗机联合体、达索公司、萨博公司，俄罗斯的联合航空公司，以及中国的航空工业集团公司。

度的降低。

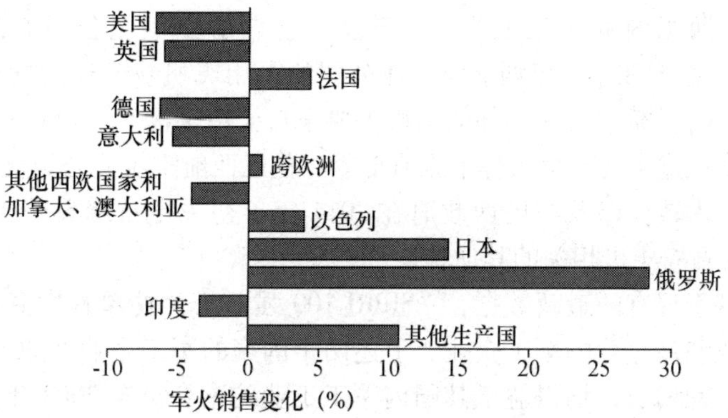


**图 4.7 2012 年“SIPRI 100 强”的军火销售变化（按国家分类）**

一个国家（或者地区）的军火销售变化指的是，总部在该国家（或该地区）的“SIPRI 100 强”公司总销售额在 2011 年到 2012 年间的实值变化。

**资料来源：**表 4.9。

然而，北美以及西欧地区以外国家 2012 年的军火销售情况也有好有坏。澳大利亚、巴西、日本、韩国以及乌克兰等国的大型军工企业的军火销售额急剧上涨，以色列军工企业的军火销售额小幅上涨，但土耳其军工企业的军火销售额基本持平，而印度和新加坡的军工企业销售额则出现下滑。

韩国军火工业的增长是因为韩国政府推动的“要求增加国产军工产品在军火采购中的比例”，这也就是为什么韩国军费开支中研究和发展这部分的投入越来越高的原因（见第 3 节）。韩国政府的这一推动政策反过来刺激了韩国军工产品的出口：与 2004—2008 年这五年相比，2009—2013 年的这五年间出口增长了 66%。[7]

巴西航空工业公司是所有“SIPRI 100 强”军工企业中排名上升最快的一家：从 2011 年的第 84 位跃升至 2012 年的第 66 位（以实值

〔7〕 参见本卷第五章第一节。

计算，2012 年其销售总额增长 36%）。巴西航空工业公司主要从事民用支线飞机制造，是全球支线飞机制造的两大制造商之一。巴西航空工业公司的军用飞机业务起步于 20 世纪 80 年代。但随着冷战的结束，巴西国内的军工工业一落千丈，巴西航空工业公司亦未能幸免。[8] 最近几年，巴西航空工业公司的军用飞机业务通过国内销售和出口而逐渐增长（国外的销售主要来自于南美洲）。尽管巴西的军费开支在过去几年里大体上未有变动，但巴西航空工业公司很可能受益于技术转让以及与巴西政府在 2014 年年初决定从瑞典购买 36 架 JAS 鹰狮战斗机相关的其他补偿。[9]

基于现有的最新数据，“SIPRI 100 强”排位榜单首次涵盖了来自波兰和乌克兰的军工企业。上述两个国家的军工企业在 2012 年实现销售额增长，均得益于其国内军工工业的整合。自 2002 年起，波兰部分军工工业开始逐步整合到波兰国有军工企业——布玛集团（Bumar Group）。据 SIPRI 现在估计，布玛集团应该在 2005 年就能进入“SIPRI 100 强”的榜单。[10] 于 2011 年正式成立、并合并多个乌克兰军工企业后的乌克兰国防工业公司（Ukroboronprom），估计也可在 2011 年、2012 年进入“SIPRI 100 强”的榜单。

### 中国的军火生产公司

由于缺乏有用的数据，“SIPRI 100 强”排位榜单并未涵盖来自中国的军火生产公司。现有的数据只能对大多数的军火生产公司做一个销售额的估计。但是，中国最主要的 10 家国有军工集团公司的有些数据还是可找到的，这些军工集团主宰着中国军工工业（见方框 4.1）。根据这 10 家军工集团公司各自的财务报告，其 2011 年的销售

[8] K. 孔卡，“在全球市场和国内政治之间：巴西军工业的衰败”，《国际研究评论》，第 24 卷，第 4 期（1998 年 10 月）。

[9] “瑞典认购巴西的喷气式货运飞机”，路透社，2014 年 2 月 27 日。

[10] 布玛集团已于 2013 年 5 月被重新命名为“波兰国防控股公司”（PHO）。2013 年 9 月，波兰宣布将 PHO 合并至更大的一个集团公司——“波兰军备集团公司”（PGZ）。有关波兰军工业在冷战结束后的发展情况等内容，参见 Y. 基什：SIPRI，《军工业的转型与整合：中欧国家的选择》（牛津大学出版社：牛津，2014 年），第 38—125 页。

总额大约为14770亿人民币（约合2330亿美元）。[11] 但是，这些军工集团公司，每家都由上百家单个企业组成，所生产的产品也是五花八门，其中军用产品仅占据了销售总额的较小一部分。虽然我们并不能了解每家公司的军用产品在其销售总额中的比重，但是对于整个中国军工工业而言，据估计，军用产品的比重在2006年为26%，在2007年为22%。[12]

**方框4.1　中国最大的军火生产和军事服务公司**

- 中国航空工业集团公司（AVIC）
- 中国航天科工集团公司（CASIC）
- 中国航天科技集团公司（CASC）
- 中国电子科技集团公司（CETC）
- 中国核工业集团公司（CNNC）
- 中国北方工业公司（NORINCO）
- 中国核工业建设集团公司（CNECC）
- 中国船舶重工集团（CSIC）
- 中国兵器装备集团公司（CSGC）
- 中国船舶工业集团公司（CSSC）

**资料来源**：T. 张（编辑）：《中国国防经济的起飞：对各个部门的评估以及军事终端用户的作用》（美国加利福尼亚大学全球冲突与合作研究中心：加利福尼亚洛杉矶 Jolla，2013年）；以及 T. 张："中国国防改革的现状与前景"，《国防改革简报》，美国加利福尼亚大学全球冲突与合作研究中心（IGCC），2014年1月，网址：〈http：//www-igcc. ucsd. edu/assets/001/505243. pdf〉，第2页。

基于对中国军工工业的整体认知以及从每家军火生产公司有限的信息来看，我们也许可以认为，在这10家军工集团公司当中至少有

〔11〕 T. 张（编辑）：《中国国防经济的起飞：对各个部门的评估以及军事终端用户的作用》（美国加利福尼亚大学全球冲突与合作研究中心：加利福尼亚洛杉矶 Jolla，2013年），第18页。

〔12〕 Lu Z.："军工企业去年盈利430亿元人民币，为3年前的两倍"，《中国证券报》，2008年1月8日。此文引用 T. 张的文章，"中国军费的增长和亚洲地区安全：中国以国防技术强国崛起以及外围战略影响"。该文章来自国际战略研究所（IISS）的会议报告："财政压力，全球军事平衡和地区安全"，麦纳麦（巴林首都），2013年10月6—8日，第4页。

**表 4.9　2012 年全球“SIPRI 100 强”军火生产和军事服务公司（不包括中国）[a]**

表中销售额和利润数据以百万美元为单位。（..）表示该项数据尚无法获得。

| 排名[b] | | 公司[c] | 国家 | 军火销售额 | | 2012 年总销售额 | 2012 年军火销售额占总销售额的百分比 | 2012 年利润 | 2012 年雇员 |
|---|---|---|---|---|---|---|---|---|---|
| 2012 年 | 2011 年 | | | 2012 年 | 2011 年 | | | | |
| 1 | 1 | 洛克希德·马丁 | 美国 | 36000 | 36270 | 47182 | *76* | 2745 | 120000 |
| 2 | 2 | 波音公司 | 美国 | 27610 | 30560 | 81698 | *34* | 3900 | 174400 |
| 3 | 3 | BAE 系统公司 | 英国 | 26850 | 29160 | 28263 | *95* | 2599 | 88200 |
| 4 | 5 | 雷声公司 | 美国 | 22500 | 22900 | 24414 | *92* | 1900 | 67800 |
| 5 | 4 | 通用动力 | 美国 | 20940 | 23330 | 31513 | *66* | -332 | 92200 |
| 6 | 6 | 诺斯罗普·格鲁曼 | 美国 | 19400 | 20340 | 25218 | *77* | 1978 | 68100 |
| 7 | 7 | EADS[d] | 跨欧洲 | 15400 | 16400 | 72596 | *21* | 1580 | 140000 |
| 8 | 10 | 联合技术[e] | 美国 | 13460 | 11640 | 62173 | *22* | 5200 | 218300 |
| 9 | 8 | 芬麦卡尼卡 | 意大利 | 12530 | 14570 | 22131 | *57* | -1010 | 67408 |
| 10 | 9 | L-3 通信 | 美国 | 10840 | 12520 | 13146 | *82* | 782 | 51000 |
| S | S | BAE 系统公司（BAE 系统，英国） | 美国 | 10370 | 13560 | 11305 | *92* | 1171 | 34500 |
| 11 | 11 | 泰利斯 | 法国 | 8880 | 9480 | 18198 | *49* | 752 | 68325 |
| 12 | 12 | SAIC | 美国 | 7820 | 7940 | 11173 | *70* | 525 | 40000 |
| 13 | 13 | 亨廷顿·英格尔斯工业公司 | 美国 | 6440 | 6380 | 6708 | *96* | 146 | 37000 |

| 排名[b] | | 公司[c] | 国家 | 军火销售额 | | 2012 年总销售额 | 2012 年军火销售额占总销售额的百分比 | 2012 年利润 | 2012 年雇员 |
|---|---|---|---|---|---|---|---|---|---|
| 2012 年 | 2011 年 | | | 2012 年 | 2011 年 | | | | |
| 14 | 22 | 金刚石—安泰 | 俄罗斯[f] | 5510 | 3860 | 6186 | 89 | 168 | 95933 |
| 15 | 15 | Safran | 法国 | 5300 | 5240 | 17429 | 30 | 127 | 62558 |
| 16 | 14 | 霍尼韦尔 | 美国 | 5110 | 5280 | 37665 | 14 | 2926 | 132000 |
| 17 | 16 | 劳斯莱斯 | 英国 | 5010 | 4730 | 19349 | 26 | 2265 | 42800 |
| S | S | Sikorsky（联合技术） | 美国 | 4510 | 4970 | 6791 | 66 | 712 | 16591 |
| 18 | 17 | 联合航空公司 | 俄罗斯[f] | 4440 | 4400 | 5545 | 80 | .. | .. |
| 19 | 20 | 通用电气 | 美国 | 4100 | 4100 | 147359 | 3 | 13641 | 305000 |
| 20 | 18 | 奥斯卡什卡车公司 | 美国 | 3950 | 4370 | 8181 | 48 | 230 | 13200 |
| S | S | MBDA（BAE 系统，英国/EADS，跨欧洲/芬麦卡尼卡，意大利） | 跨欧洲 | 3860 | 4170 | 3856 | 100 | .. | .. |
| 21 | 19 | ITT Exelis | 美国 | 3800 | 4150 | 5522 | 69 | 330 | 19900 |
| S | S | 普拉特 & 惠特尼（联合技术） | 美国 | 3720 | 3000 | 13964 | 27 | 1589 | 35847 |
| S | S | 欧洲直升机集团（EADS，跨欧洲） | 法国 | 3700 | 3540 | 8051 | 46 | 398 | 22400 |
| 22 | 21 | 计算机科学公司 | 美国 | 3690 | 3860 | 14993 | 25 | 961 | 90000 |
| S | S | CASA（EADS，跨欧洲） | 西班牙 | 3640 | 3950 | 4134 | 88 | 205 | 7546 |
| 23 | 24 | DCNS | 法国 | 3580 | 3620 | 3766 | 95 | 210 | 13183 |

| 排名[b] | | 公司[c] | 国家 | 军火销售额 | | 2012 年总销售额 | 2012 年军火销售额占总销售额的百分比 | 2012 年利润 | 2012 年雇员 |
|---|---|---|---|---|---|---|---|---|---|
| 2012 年 | 2011 年 | | | 2012 年 | 2011 年 | | | | |
| 24 | 25 | 德事隆集团 | 美国 | 3550 | 3500 | 12237 | *29* | 581 | 33000 |
| 25 | 35 | 俄罗斯直升机公司（Oboronprom）[g] | 俄罗斯[f] | 3520 | 2740 | 4077 | *86* | 306 | . . |
| 26 | 26 | 博思·艾伦·汉密尔顿[h] | 美国 | 3200 | 3100 | 5758 | *56* | 219 | 24500 |
| 27 | 31 | 巴布科克国际集团 | 英国 | 3190 | 2850 | 5140 | *62* | 356 | . . |
| 28 | 36 | 达因国际公司 | 美国 | 3040 | 2690 | 4044 | *75* | –9 | 29000 |
| 29 | 23 | 三菱重工 | 日本[i] | 3010 | 3620 | 35316 | *9* | 1219 | 31111 |
| 30 | 28 | 莱茵金属 | 德国 | 3000 | 2980 | 6046 | *50* | 244 | 21767 |
| 31 | 30 | CACI 国际 | 美国 | 2950 | 2860 | 3774 | *78* | 167 | 14500 |
| S | S | 奥古斯特·韦斯特兰（芬麦卡尼卡） | 意大利 | 2940 | 3450 | 5454 | *54* | 353 | 13050 |
| 32 | 27 | 萨博 | 瑞典 | 2910 | 3080 | 3543 | *82* | 227 | 13968 |
| 33 | 38 | URS 公司 | 美国 | 2850 | 2670 | 10973 | *26* | 311 | 54000 |
| 34 | 37 | 艾尔比特系统公司 | 以色列 | 2740 | 2680 | 2889 | *95* | 168 | 12134 |
| 35 | 32 | 洛克韦尔·柯林斯公司 | 美国 | 2590 | 2810 | 4726 | *55* | 609 | 19000 |
| S | S | EADS 阿斯蒂姆（EADS，跨欧洲） | 法国 | 2540 | 2350 | 7477 | *34* | 398 | 17000 |
| 36 | 41 | 以色列航空工业公司 | 以色列 | 2540 | 2500 | 3345 | *76* | 69 | 16000 |
| S | S | 苏霍伊（联合航空公司） | 俄罗斯[f] | 2530 | 2630 | 2719 | *93* | . . | . . |

| 排名[b] | | 公司[c] | 国家 | 军火销售额 | | 2012 年总销售额 | 2012 年军火销售额占总销售额的百分比 | 2012 年利润 | 2012 年雇员 |
|---|---|---|---|---|---|---|---|---|---|
| 2012 年 | 2011 年 | | | 2012 年 | 2011 年 | | | | |
| 37 | 29 | 惠普公司[j] | 美国 | 2500 | 2960 | 120357 | . 2 | –12650 | 331800 |
| 38 | 59 | 联合发动机公司（Oboronprom）[g] | 俄罗斯[f] | 2500 | 1440 | 4170 | 60 | . . | . . |
| 39 | 33 | 美泰科技国际公司 | 美国 | 2470 | 2770 | 2582 | 96 | 95 | 9700 |
| 40 | 34 | 印度斯坦航空公司 | 印度 | 2410 | 2740 | 2679 | 90 | 650 | . . |
| 41 | 40 | 阿联特技术系统公司 | 美国 | 2330 | 2550 | 4362 | 53 | 272 | 14000 |
| 42 | 45 | 福陆[k] | 美国 | 2260 | 2260 | 27577 | 8 | 456 | 41193 |
| 43 | 46 | 斯科[l] | 英国 | 2200 | 2230 | 7786 | 28 | 479 | 120000 |
| 44 | 44 | CEA | 法国 | 2190 | 2300 | 5420 | 40 | 59 | 15953 |
| S | S | 阿莱尼亚航空公司（芬麦卡尼卡） | 意大利 | 2100 | 2050 | 3821 | 55 | 134 | 11708 |
| 45 | 60 | NEC | 日本[i] | 2050 | 1440 | 38497 | 5 | 381 | 102375 |
| 46 | 57 | 联合造船公司 | 俄罗斯[f] | 1950 | 1570 | 5253 | 37 | . . | . . |
| 47 | 49 | 印度军械厂[l] | 印度 | 1940 | 2120 | 2421 | 80 | . . | . . |
| 48 | 43 | 哈里斯 | 美国 | 1900 | 2400 | 5451 | 35 | 31 | 15200 |
| 49 | 48 | 科巴姆 | 英国 | 1890 | 2160 | 2772 | 68 | 326 | 9992 |
| 50 | 52 | 新科工程（淡马锡控股） | 新加坡 | 1890 | 1950 | 5104 | 37 | 461 | 22000 |
| 51 | 39 | 川崎重工 | 日本[i] | 1860 | 2630 | 16154 | 11 | 387 | 34010 |

| 排名[b] | | 公司[c] | 国家 | 军火销售额 | | 2012 年总销售额 | 2012 年军火销售额占总销售额的百分比 | 2012 年利润 | 2012 年雇员 |
|---|---|---|---|---|---|---|---|---|---|
| 2012 年 | 2011 年 | | | 2012 年 | 2011 年 | | | | |
| S | S | BAE 系统澳大利亚（BAE 系统，英国） | 澳大利亚 | 1760 | 1860 | 1957 | *90* | .. | 5500 |
| 52 | 53 | 拉法尔 | 以色列 | 1700 | 1940 | 1732 | *98* | 147 | 6500 |
| 53 | 67 | 乌拉尔车辆公司 | 俄罗斯[f] | 1630 | 1200 | 4083 | *40* | .. | .. |
| 54 | 54 | 三星 | 韩国 | 1557 | 1860 | 178521 | *1* | 21167 | 369000 |
| S | S | 三星泰科（三星） | 韩国 | 1560 | 1860 | 3005 | *52* | 130 | 8380 |
| 55 | 58 | 三菱电机 | 日本[i] | 1550 | 1450 | 44708 | *3* | 871 | 120958 |
| 56 | – | DSN 公司 | 日本[i] | 1530 | .. | .. | .. | .. | .. |
| 57 | 50 | 蒂森克虏伯公司 | 德国 | 1530 | 2080 | 60469 | *3* | –6000 | 167961 |
| 58 | 65 | 达索集团 | 法国 | 1470 | 1240 | 5066 | *29* | 674 | 11552 |
| 59 | 63 | 乌克兰国防工业公司[l] | 乌克兰 | 1440 | 1260 | 1599 | *90* | .. | .. |
| 60 | 56 | 奎奈蒂克 | 英国 | 1410 | 1580 | 2104 | *67* | –211 | 9498 |
| 61 | 66 | 芬坎蒂尼造船公司 | 意大利 | 1300 | 1220 | 3066 | *42* | 19 | 10240 |
| 62 | 61 | 康斯堡·格鲁彭 | 挪威 | 1290 | 1440 | 2690 | *48* | 227 | 6259 |
| 63 | 62 | 迪尔 | 德国 | 1200 | 1390 | 3637 | *33* | 39 | 14369 |
| 64 | 55 | 纳万蒂亚造船公司 | 西班牙 | 1130 | 1650 | 1255 | *90* | –101 | 5537 |

| 排名[b] | | 公司[c] | 国家 | 军火销售额 | | 2012 年总销售额 | 2012 年军火销售额占总销售额的百分比 | 2012 年利润 | 2012 年雇员 |
|---|---|---|---|---|---|---|---|---|---|
| 2012 年 | 2011 年 | | | 2012 年 | 2011 年 | | | | |
| 65 | 71 | 英国 Chemring 集团 | 英国 | 1130 | 1080 | 1173 | *96* | . . | 4193 |
| 66 | 84 | 巴西航空工业公司 | 巴西 | 1060 | 860 | 6241 | *17* | 357 | 18032 |
| 67 | 79 | 韩国航空工业公司 | 韩国 | 1060 | 890 | 1395 | *76* | 115 | 2970 |
| 68 | 70 | Triumph 集团 | 美国 | 1030 | 1090 | 3703 | *28* | 297 | 13900 |
| 69 | 72 | 雅各布斯工程集团[k] | 美国 | 1020 | 1070 | 10894 | *9* | 379 | 63400 |
| 70 | 83 | 精密铸造公司 | 美国 | 1010 | 870 | 8378 | *12* | 1429 | 28500 |
| 71 | 51 | 航星公司 | 美国 | 1000 | 2000 | 12948 | *8* | –3010 | 18500 |
| 72 | 77 | 美捷特集团 | 英国 | 990 | 940 | 2545 | *39* | 575 | 10980 |
| 73 | 64 | 克劳斯—马菲·魏格曼公司 | 德国 | 980 | 1250 | 1031 | *95* | . . | . . |
| 74 | 80 | 巴拉特电子工业公司 | 印度 | 960 | 890 | 1125 | *85* | 167 | 10305 |
| 75 | 74 | 穆格 | 美国 | 950 | 1000 | 2470 | *39* | 152 | 10976 |
| 76 | – | 石川岛播磨重工（IHI）集团 | 日本[i] | 940 | 440 | 17546 | *5* | 877 | . . |
| 77 | 76 | AAR 公司 | 美国 | 930 | 950 | 2065 | *45* | 68 | 6700 |
| S | S | 泰利斯航空系统（泰利斯） | 法国 | 930 | . . | 929 | *100* | 103 | . . |
| 78 | 73 | RUAG | 瑞士 | 930 | 1040 | 1856 | *50* | 86 | 7739 |
| 79 | 69 | 奈克斯特 | 法国 | 910 | 1120 | 954 | *95* | 120 | 1791 |

| 排名[b] | | 公司[c] | 国家 | 军火销售额 | | 2012 年总销售额 | 2012 年军火销售额占总销售额的百分比 | 2012 年利润 | 2012 年雇员 |
|---|---|---|---|---|---|---|---|---|---|
| 2012 年 | 2011 年 | | | 2012 年 | 2011 年 | | | | |
| 80 | 75 | GKN | 英国 | 900 | 970 | 10317 | *9* | 932 | 48000 |
| 81 | 92 | 帕特利亚工业公司 | 芬兰 | 890 | 770 | 981 | *91* | 11 | 3587 |
| S | S | 赛莱克斯·伽利略 SpA 公司（芬麦卡尼卡） | 意大利 | 880 | 840 | 1005 | *88* | 72 | 2684 |
| 82 | 47 | KBR | 美国 | 880 | 2180 | 7921 | *11* | 144 | 27000 |
| 83 | 82 | 库比克公司 | 美国 | 870 | 870 | 1381 | *63* | 92 | 8200 |
| 84 | 91 | LIG Nexl | 韩国 | 870 | 820 | 866 | *100* | 30 | 2690 |
| 85 | 86 | 阿塞桑公司 | 土耳其 | 870 | 850 | 909 | *95* | 163 | 5205 |
| S | S | 泰利斯澳大利亚（泰利斯，法国） | 澳大利亚 | 840 | 690 | 1012 | *83* | . . | 3300 |
| 86 | 78 | CAE | 加拿大 | 840 | 900 | 2107 | *40* | 143 | 7670 |
| 87 | 81 | SRA 国际公司[m] | 美国 | 830 | 870 | 1675 | *50* | −68 | 6100 |
| 88 | 95 | 金科普集团 | 美国 | 830 | 740 | 995 | *83* | −3 | 3391 |
| 89 | 89 | 布玛集团[n] | 波兰 | 820 | 830 | 1031 | *80* | −5 | 9289 |
| 90 | 85 | 超声电子 | 英国 | 820 | 860 | 1206 | *68* | 183 | . . |
| 91 | 87 | 航空航天公司 | 美国 | 800 | 840 | 903 | *89* | . . | . . |
| 92 | – | 菲亚特公司 | 意大利 | 800 | 860 | 107913 | *1* | 1814 | 214836 |

| 排名[b] | | 公司[c] | 国家 | 军火销售额 | | 2012 年总销售额 | 2012 年军火销售额占总销售额的百分比 | 2012 年利润 | 2012 年雇员 |
|---|---|---|---|---|---|---|---|---|---|
| 2012 年 | 2011 年 | | | 2012 年 | 2011 年 | | | | |
| S | S | 依维柯（菲亚特） | 意大利 | 800 | 660 | 11465 | *7* | 603 | 26307 |
| 93 | – | 爱斯特莱恩技术公司 | 美国 | 800 | 690 | 1992 | *40* | 113 | 12185 |
| 94 | 94 | 迈特[k] | 美国 | 780 | 770 | 1421 | *55* | .. | 7613 |
| 95 | 100 | 基本任务公司[k] | 美国 | 770 | 700 | .. | .. | .. | 8000 |
| S | S | 雷声澳大利亚（雷声公司，美国） | 澳大利亚 | 760 | 770 | .. | .. | .. | 1480 |
| 96 | – | ASC | 澳大利亚 | 760 | 660 | 824 | *92* | 15 | 2270 |
| S | S | 赛莱克斯·埃尔萨格公司（芬麦卡尼卡） | 意大利 | 750 | 900 | 1474 | *51* | 64 | 7020 |
| 97 | 97 | 阿里安科学与技术公司 | 美国 | 750 | 730 | 817 | *92* | –41 | 2882 |
| 98 | 68 | AM 通用公司[k] | 美国 | 740 | 1130 | .. | ... | .. | 2000 |
| 99 | 98 | 泰里达因技术公司 | 美国 | 720 | 720 | 2127 | *34* | 164 | 7200 |
| 100 | – | 韩华集团 | 韩国 | 720 | .. | 4765 | *15* | 102 | 3480 |

a. 尽管有些中国军火生产企业很大，足以排在“SIPRI 100 强”军火公司之内，但是由于缺乏具有可比性且较为准确的数据，因此还不能将这些公司列入其中。另外，如果能够获得数据，其他一些国家（如哈萨克斯坦）也有大到足以列入“SIPRI 100 强”的军火公司，但是这并不是很肯定。

b. 此表根据 2012 年的军火销售额对公司进行排名。用 S 标记的为公司的子公司。（–）表示该公司没有被列入 2011 年的“SIPRI 100 强”军火公司内。公司名称和组织结构以 2012 年 12 月 31 日为准。后续变化的有关信息标注在这些注释内。由于数据的不断更新，2011 年的排名可能与《SIPRI 年鉴 2013》中公布的排名有所不同。在大多数情况下，这是因为公司自己提供的数据有变化，有时则是因为改进了估算值。主要修订将在下面的注释中加以说明。

c. 对于控股公司或者投资公司的下属公司，在其后的圆括号中标注了其母公司及所属国家名称。

d. EADS 于 2014 年 1 月改名为空中客车集团。

e. 联合科技公司于 2012 年 7 月收购了古德里奇公司。2012 年的数字是按惯例推算出的形式上的数字，即假定 2012 年年初开始联合科技公司就已将古德里奇收购，并假设古德里奇公司一整年的军品份额是均衡的。

f. 由于俄罗斯军火生产公司的财务信息较为有限，“SIPRI 100 强”排位表中 2011 年、2012 年的军火销售额是根据俄军火生产公司的总销售额估算而来，存在一定的误差。也许还有其他的俄罗斯公司也应被列入，但是我们没有获得足够的数据。

g. 俄罗斯直升机公司和联合发动机公司一直是作为 OPK Oborcnprom 的子公司运营。但是，我们无法获得 OPK Oboronprom 公司整体的数据，因此，便将上述两家子公司作为独立的母公司列入“SIPRI 100 强”中。有关俄罗斯军火生产工业合并的详细信息，可参见 S. T. 杰克逊撰写的“军火生产”，《SIPRI 年鉴 2011》；S. T. 杰克逊撰写的“军火生产”，《SIPRI 年鉴 2010》；以及 S. 珀洛—弗里曼等人撰写的“2007 年‘SIPRI 100 强’军火生产公司”，《SIPRI 年鉴 2001》，第 286—287 页。

h. 博思·艾伦·汉密尔顿的军火销售额是以客户是其公司发布的对其军品客户的销售额。

i. 日本公司的军火销售额一栏的数据表示军方授予的新的合同额，而不是军火销售的收入。

j. 惠普公司的军火销售额一栏的数据，是由两部分相加而来：一是由 USAspending. gov 披露的美国基本合同；二是从英国国防统计局得来的向英国国防部的销售额。这一数据也许小于惠普公司的实际军火销售额，因为美军方授予的一些机密合同并未计算在内。

k. 这些公司的军火销售额一栏的数据，是基于 USAspending. gov 披露的美国基本合同而来。这一数据也许小于这些公司的实际军火销售额，因为美军方授予的一些机密合同并未计算在内。

l. 这些公司的军火销售额一栏的数据，是估算得来的，具有一定的不确定性。

m. SRA 国际公司的军火销售额一栏的数据，是所有与“国家安全”相关的总收入。由于这一部分囊括了 SRA 国际公司与美国国土安全部、美国司法部和美国国防部等各个部门的交易，因此这是被高估了的数据。

n. 布玛集团的军火销售额一栏的数据，是估算得来的，具有一定的不确定性。布玛集团已于 2013 年 5 月被重新命名为“波兰国防控股公司”（PHO）。2013 年 9 月，波兰宣布将 PHO 合并到一个更大的集团公司——“波兰军备集团公司”（PGZ）。

9家是几乎一定能进入“SIPRI 100强”排位榜单的。其中，有4—6家军工集团公司很可能能进入“SIPRI 100强”前20位，而中国航空工业集团公司也许能进入“SIPRI 100强”前10位。

以实值计算，从2000年到2012年，中国的军费开支翻了两番。且中国致力于推动本土军工工业的发展。因此，自21世纪第一个十年后期开始，中国就已经减少了军火进口，转而倾向于采购本国的军工产品。此外，在过去的十年间，中国的军火出口得到了显著增长：在2009—2013年间，中国成为全球第四大军火出口国。[13]

## 资料来源与统计方法

### 数据选择的标准和来源

SIRPI军火工业数据库既包括国有公司也包括私有公司，但是不包括武装部队负责制造和维护的部门。表中只列入了军工产品和军事服务领域从事制造和维护的部门，并未列入控股或投资公司。

SIRPI军火工业数据库中的数据取自以下资料：公司年度报告和网站、报纸商业版的报导、军事杂志和国际互联网军事专栏发布的公司新闻等。此外，我们还参考了公司发布的信息、市场报告、政府公布的承包合同和（SIPRI的）国家调查。有关世界军火工业的军火销售和其他财务、雇员等公开可得的数据资料很有限。资料的范围和涵盖区域很大程度上是由能否获得资料而决定的。

SIPRI所用的数据系根据改进数据的获得情况而在不断进行修订和更新。正因为此，严格意义上来说，SIPRI年鉴不同年份的版本是无法进行比较的。此外，覆盖范围也会因为获取数据的条件而每年都不尽相同。

但是，从2002年至2012年，“SIPRI 100强”的可比数据可参见SIPRI网站〈http://www.sipri.org/research/armaments/production/recent-trends-in-arms-industry/recent-trends-in-arms-industry-2012〉。

### 定义

SIPRI把军火销售定义为军工产品的销售和为军事雇主提供的服务，包括国内采办和出口。军工产品和服务专指用于军事目的和与之

〔13〕参见本卷第五章第一节。

相关的技术。军工产品，指专门用于军事的设备，不包括一般用途产品，例如石油、电力、办公计算机、制服和靴子等。军事服务，也指的是专门用于军事的服务它们，包括：技术服务，例如信息技术、维护、保养和检修、作战支持；与武装力量军事行动相关的服务，例如情报、训练、后勤和设备管理；以及冲突地区的武装护卫。军事服务不包括和平时期纯粹为民用提供的服务，例如卫生保健、清洁和给养、交通等，但包括为作战部署的军队所提供的服务。

SIPRI 对军火销售所做的定义只能作为指导原则，实际上很难应用于实践。由于没有普遍公认的军火销售额标准定义，因此，也没有其他更好的选择。在某些情况下，军火销售数据只反映公司认为的其总销售额中与军工有关的那部分。在另一些情况下，SIPRI 将公司的“军工”部门的总销售额当作其销售额，尽管这个“军工”部门可能也有一些民用部分的销售。

如果某公司未公布军工部门或类似实体部门的销售数据，SIPRI 有时会对其进行估算。这种估算将以授予合同中的数据、公司当前军火生产和军事服务项目的信息，以及公司在媒体或者其他报告中正式公布的数据为基础进行。因此，表 4.9 中给出的公司军火销售额的可比性是有限的。

销售总额、利润和雇员数量是整个公司的数据，不单单是军工生产部门的。所有数据都是把国内外子公司合并后的数据。利润是公司的税后所得。雇员数量为年终时的人数，除非某些公司公布年均人数。所有数据均为公司年度报告公布的财政年度数据。

**计算**

SIPRI 所有收集到的数据都是按当地货币和当前价格表现的。对于当地货币与美元之间的换算，SIPRI 使用《国际金融统计》提供的国际货币基金组织（IMF）的市场汇率年度平均值。表 4.9 中的数据按美元的当前价格给出。对于不同年度之间这些数据的差异难以作出解释，因为按美元价值的变化是由多个因素造成的：军火销售额的差异、通货膨胀率、按当地货币进行的销售、汇率的波动等。国际军火市场的销售通常以美元来进行计算。汇率的波动对按美元价值计算没有影响，但会影响以当地货币计算的价值。因为同样的原因，按美元不变价格计算也难以解释。在不知道军火销售额在国内采购和对外出口中所占相对比例的情况下，试图说明军火销售数据的实际含义是不可能的。这类数据在使用时，须持谨慎态度。这对分析汇率波动幅度较大的国家来说，尤为重要。

**SIPRI 军火工业网络**

军火工业数据由 Vincent Boulanin（法国社会科学高等研究院，巴黎）、Gülay Günlük-Şenesen（伊斯坦布尔大学）、Jang Won Joon（韩国产业研究院，首尔）、Shinichi Kohno（三菱研究所，东京）、Valerie Miranda（国际事务研究所，罗马）以及 Pere Ortega（德拉斯和平研究中心，巴塞罗那）等人提供。

（吴　翔　译）

# 第六节　2004—2013 年的军费数据

萨姆·珀洛—弗里曼　尼尔·弗古森　诺埃尔·凯利，
卡丽娜·索尔米拉诺　海伦·维兰德

下列表格所列出的军费数据分别是按 SIPRI 军费数据库所含 167 个国家按当地货币时价（表 4. 10）、2011 年美元固定价格（表 4. 11）和军费占其国内生产总值的比例（表 4. 12）来统计的，网址：http：//www. sipri. org/databases/milex/〉。

军费数据的主要用途是提供一种简便直观的方法，以衡量军方所占用的各种资源规模。军费是对“投入”的一种衡量，它同诸如军事能力或军事安全这样的军事活动“产出”没有直接关系。军费的长期和短期变化可能是军事产出变动的征兆，但是在做出这类诠释的时候必须慎重。

以当地货币时价表示的国家军费数据（表 4. 10）是所有其他表格的原始数据。提供这些数据是为了有助于提高透明度，并能够对政府来源的资料和其他来源所报告的数据进行比较。提供以美元固定价格计算的数据是为了可以对不同时期的情况加以比较（表 4. 11），并可以计算世界、地区和其他的军费总额情况（参见第一部分表 4. 1）。提供 2013 年以美元时价计算的数据是为了进行跨国（表 4. 3）和跨地区（表 4. 1）的国际间比较。美元时价数据也有利于同通常以美元时价表示的其他经济指标进行比较。军费占国内生产总值的比例（表 4. 12），显示一个国家的资源中有多大比例被用于军事活动，也就是说是军费开支给经济所造成负担的指标，即“军事负担”。

我们采用市场汇率将各国军费开支数据换算为美元固定价格。

随着获得更新、更好的数据，我们不断对系列数据进行修订和更新，因此不同版本的《SIPRI 年鉴》中的军费数据不应混合使用。最近几年的情况尤其如此，前一版本所列预算拨款数据，在后一版本中往往被实际开支数据所取代。如果作为估算依据的全球经济统计数据进行了大幅修正，也会导致 SIPRI 修改美元固定价格系列数据。SIPRI 军费数据库包含有大多数国家自 1988 年以来前后一致的系列数据。

有关数据的具体注解、来源和方法见表 4. 10 后。

**表 4.10 2004—2013 年各国军费（当地货币）**

数据以当地货币时价计算，除特别注明外，年份为按 1 月至 12 月划分的财政年度。国家按地区及次地区分组。

| 国家 | 货币 | 2004 | 2005 | 2006 | 2007 | 2008 | 2009 | 2010 | 2011 | 2012 | 2013 |
|---|---|---|---|---|---|---|---|---|---|---|---|
| **非洲** | | | | | | | | | | | |
| 北非 | | | | | | | | | | | |
| 阿尔及利亚[1] | （十亿）第纳尔 | 202 | 214 | 225 | 273 | 334 | 384 | 422 | 631 | 723 | 826 |
| 利比亚[‡¶2] | （百万）第纳尔 | 894 | 904 | 807 | 807 | 1346 | .. | .. | .. | 3769 | .. |
| 摩洛哥 | （百万）迪拉姆 | 17182 | 18006 | 18775 | 19730 | 22824 | 24615 | 26605 | 27042 | 29360 | 34173 |
| 突尼斯 | （百万）第纳尔 | 554 | 608 | 662 | 629 | 713 | 763 | 818 | 1007 | [1271] | [1540] |
| 撒哈拉以南非洲 | | | | | | | | | | | |
| 安哥拉[‖] | （十亿）宽扎 | 68.3 | 119 | 158 | 156 | 237 | 263 | 322 | 342 | 396 | 588 |
| 贝宁 | （十亿）非洲法郎 | 22.1 | 23.6 | 24.5 | .. | 29.0 | .. | .. | .. | 39.9 | 42.5 |
| 博茨瓦纳[a] | （百万）普拉 | 1464 | 1446 | 1642 | 1961 | 2372 | 2359 | 2372 | 2581 | 2527 | 2500 |
| 布基纳法索[†] | （十亿）非洲法郎 | 30.3 | 33.6 | 37.1 | 45.6 | 55.1 | 51.9 | 61.5 | 65.7 | 74.3 | 80.7 |
| 布隆迪[3] | （十亿）法郎 | 47.0 | 49.4 | 53.6 | 46.0 | 50.1 | 52.0 | .. | .. | .. | 85.1 |
| 佛得角 | （百万）埃斯库多 | 573 | 614 | 614 | 640 | 646 | 667 | 690 | 768 | .. | 785 |
| 喀麦隆[§] | （十亿）非洲法郎 | 117 | 118 | 134 | 142 | 155 | 162 | 175 | 164 | 181 | 194 |
| 中非共和国[‡4] | （百万）非洲法郎 | 7979 | 8121 | .. | 9160 | 14111 | 16995 | 25549 | .. | .. | .. |

| 国家 | 货币 | 2004 | 2005 | 2006 | 2007 | 2008 | 2009 | 2010 | 2011 | 2012 | 2013 |
|---|---|---|---|---|---|---|---|---|---|---|---|
| 乍得[5] | （十亿）非洲法郎 | 26.7 | 29.3 | .. | 187 | 274 | 206 | [112] | [114] | .. | .. |
| 刚果民主共和国[6] | （十亿）法郎 | 55.0 | 78.3 | 96.0 | 106 | 89.5 | 99.1 | 166 | 220 | 283 | 394 |
| 刚果共和国[§] | （十亿）非洲法郎 | 40.0 | 42.0 | 44.1 | 50.8 | 63.4 | .. | 66.2 | .. | .. | .. |
| 科特迪瓦 | （十亿）非洲法郎 | 133 | 132 | 140 | 155 | 165 | 198 | 192 | 169 | [208] | .. |
| 吉布提 | （百万）法郎 | 6639 | 7970 | [8300] | 6135 | 6447 | .. | .. | .. | .. | .. |
| 赤道几内亚 | （十亿）非洲法郎 | .. | .. | .. | 94.1 | 131 | 176 | .. | .. | .. | .. |
| 厄立特里亚 | （百万）纳克法 | .. | .. | .. | .. | .. | .. | .. | .. | .. | .. |
| 埃塞俄比亚[b] | （百万）比尔 | 2920 | 3009 | 3005 | 3453 | 4000 | 4000 | 4750 | 6486 | 6500 | 7500 |
| 加蓬[7] | （十亿）非洲法郎 | 65.0 | 60.0 | 58.0 | (59.0) | .. | .. | 62.0 | .. | 128 | 126 |
| 冈比亚[‡8] | （百万）达拉西 | 58.0 | 85.3 | 78.2 | 113 | .. | .. | .. | .. | .. | .. |
| 加纳[‖9] | （百万）塞地 | 50.7 | 58.2 | 69.4 | 118 | 120 | 159 | 179 | 149 | 196 | 498 |
| 几内亚[10] | （十亿）法郎 | 182 | .. | .. | .. | .. | .. | .. | .. | .. | |
| 几内亚比绍[‖] | （百万）非洲法郎 | .. | 6391 | .. | .. | .. | 6490 | 8484 | 8267 | 8465 | .. |
| 肯尼亚[b] | （百万）先令 | 21219 | 26652 | 27540 | 39062 | 41183 | 48247 | 50327 | 64537 | 77485 | 70743 |
| 莱索托[a] | （百万）马洛蒂 | 202 | 218 | 245 | 292 | 204 | 468 | 534 | 385 | 454 | 466 |
| 利比里亚[b] | （百万）元 | 175 | 458 | 228 | 214 | 247 | 491 | 604 | 959 | 1179 | 1025 |
| 马达加斯加[‖11] | （十亿）阿里亚里 | 102 | 108 | 116 | 154 | 176 | 139 | 119 | 146 | 151 | 121 |

| 国家 | 货币 | 2004 | 2005 | 2006 | 2007 | 2008 | 2009 | 2010 | 2011 | 2012 | 2013 |
|---|---|---|---|---|---|---|---|---|---|---|---|
| 马拉维[a] | （百万）克瓦查 | 2753 | 5116 | 3933 | 4959 | 6678 | 8841 | .. | [9286] | [14549] | [19629] |
| 马里[¶] | （十亿）非洲法郎 | [40.9] | 45.6 | 50.2 | 52.9 | 64.0 | 68.2 | 72.7 | 76.0 | 76.0 | 76.0 |
| 毛里塔尼亚[‡] | （十亿）乌吉亚 | 18.6 | 17.7 | 22.0 | .. | 29.4 | 30.1 | .. | .. | .. | 44.5 |
| 毛里求斯[12] | （百万）卢比 | 293 | 349 | 337 | 392 | 495/ | 242/ | 458 | 503 | 489 | 739 |
| 莫桑比克[‖] | （百万）梅蒂卡尔 | 1753 | 1436 | 1459 | 1773 | 2034 | 2320 | 2801 | .. | .. | .. |
| 纳米比亚[a] | （百万）元 | 1107 | 1260 | 1382 | 1683 | 2372 | 2593 | 3006 | 3275 | 3415 | 3964 |
| 尼日尔 | （十亿）非洲法郎 | 16.7 | 17.3 | .. | .. | 24.0 | .. | 23.4 | .. | 35.6 | .. |
| 尼日利亚 | （十亿）奈拉 | 85.0 | 88.5 | 99.9 | 122 | 192 | 224 | 299 | 369 | 365 | 381 |
| 卢旺达[13] | （十亿）法郎 | 23.8 | 25.1 | 30.1 | 30.4 | 37.0/ | 64.2/ | 44.1 | 46.4 | 51.7 | 55.0 |
| 塞内加尔[§¶] | （十亿）非洲法郎 | 56.8 | 65.6 | 77.7 | 92.4 | 97.1 | 98.1 | 98.8 | .. | .. | 117 |
| 塞舌尔 | （百万）卢比 | 87.6 | 81.0 | 79.3 | 102 | 105 | 118 | 86.4 | 108 | 126 | 158 |
| 塞拉利昂 | （十亿）利昂 | 62.0 | 68.0 | [83.7] | [88.0] | [70.3] | [89.7] | [97.6] | [104] | 120 | 131 |
| 索马里 | 先令 | .. | .. | .. | .. | .. | .. | .. | .. | .. | .. |
| 南非[a] | （百万）兰特 | 20201 | 23511 | 23819 | 25180 | 27801 | 31324 | 30442 | 34331 | 37889 | 40243 |
| 南苏丹[14] | （百万）镑 | .. | .. | 1198 | 1185 | 1874 | 1404 | 1501 | 4720 | 2542 | .. |
| 苏丹[‡‖15] | （百万）镑 | 3200 | 2838 | 3338 | .. | .. | .. | .. | .. | .. | .. |
| 斯威士兰[‡a16] | （百万）埃马兰吉尼 | 283 | 410 | 392 | 451 | [584] | [942] | [895] | [895] | [1003] | [1109] |

| 国家 | 货币 | 2004 | 2005 | 2006 | 2007 | 2008 | 2009 | 2010 | 2011 | 2012 | 2013 |
|---|---|---|---|---|---|---|---|---|---|---|---|
| 坦桑尼亚[b] | （十亿）先令 | 143 | 172 | 197 | 217 | 247 | 332 | 465 | 502 | 547 | 670 |
| 多哥 | （十亿）非洲法郎 | 16.8 | 17.5 | .. | .. | 25.5 | .. | 28.1 | 27.8 | .. | .. |
| 乌干达[b] | （十亿）先令 | 379 | 393 | 407 | 462 | 611 | 581 | 2070 | [1342] | [1122] | [1282] |
| 赞比亚[‖] | （百万）克瓦查 | [490] | 626 | 747 | 596 | 1120 | 1068 | 1326 | 1486 | 1649 | 2036 |
| 津巴布韦[‖17] | （百万）美元 | 256 | 131 | (162) | .. | .. | .. | 98.3 | 198 | 318 | 356 |
| **美洲** | | | | | | | | | | | |
| 中美和加勒比地区 | | | | | | | | | | | |
| 伯利兹[a] | （百万）元 | 19.4 | 22.1 | 25.4 | 28.2 | 40.5 | 32.5 | 30.1 | 31.1 | 30.0 | 34.5 |
| 哥斯达黎加[18] | 科郎 | – | – | – | – | – | – | – | – | – | – |
| 古巴[19] | （百万）比索 | 1303 | 1650 | 1708 | 1892 | 2022 | 2099 | 2140 | 2240 | .. | .. |
| 多米尼加共和国 | （百万）比索 | 6436 | 8305 | 8621 | 9153 | 11629 | 11587 | 13239 | 13326 | 14061 | 15498 |
| 萨尔瓦多[20] | （百万）美元 | 162 | 170 | 185 | 200 | 209 | 215 | 226 | 256 | 273 | [266] |
| 危地马拉 | （百万）格查尔 | 913 | 798 | 993 | 1043 | 1259 | 1203 | 1368 | 1537 | 1758 | 2038 |
| 海地[a] | 古德 | – | – | – | – | – | – | – | – | – | – |
| 洪都拉斯[21] | （百万）伦皮拉 | [1103] | [1179] | 1428 | 1813 | 2503 | 2963 | 3216 | 3790 | 3635 | 4681 |
| 牙买加[a] | （百万）元 | 3368 | 3804 | 5100 | 6005 | 10677 | 9896 | 10138 | 11925 | 12312 | 12124 |
| 墨西哥 | （百万）比索 | 35314 | 39467 | 44496 | 52235 | 54977 | 65615 | 74517 | 80396 | 91907 | 100102 |

| 国家 | 货币 | 2004 | 2005 | 2006 | 2007 | 2008 | 2009 | 2010 | 2011 | 2012 | 2013 |
|---|---|---|---|---|---|---|---|---|---|---|---|
| 尼加拉瓜[22] | （百万）科多巴 | 520 | 571 | 655 | 728 | 826 | 849 | 946 | 1154 | 1651 | 2104 |
| 巴拿马 | 巴波亚 | – | – | – | – | – | – | – | – | – | – |
| 特里尼达和多巴哥 | （百万）元 | 444 | 581 | 719 | 760 | 1588 | 1598 | .. | .. | .. | .. |
| 北美 | | | | | | | | | | | |
| 加拿大[a] | （百万）元 | 14951 | 16001 | 17066 | 19255 | 21100 | 21828 | 19255 | 20607 | 20276 | 18953 |
| 美国[23] | （百万）美元 | 464676 | 503353 | 527660 | 556961 | 621131 | 668567 | 698180 | 711338 | 684780 | 640221 |
| 南美 | | | | | | | | | | | |
| 阿根廷 | （百万）比索 | 4285 | 4935 | 5643 | 7109 | 8769 | 11063 | 13541 | 16654 | 20703 | [24635] |
| 玻利维亚[24] | （百万）玻利维亚诺 | 1343 | 1368 | 1441 | 1740 | 2371 | 2431 | 2300 | 2438 | 2738 | 3076 |
| 巴西 | （百万）雷亚尔 | 28608 | 33080 | 35686 | 39887 | 44841 | 51283 | 59819 | 61788 | 66379 | 67819 |
| 智利[§25] | （十亿）比索 | 1519 | 1680 | 1978 | 2068 | 2375 | 2109 | 2402 | 2631 | 2664 | [2691] |
| 哥伦比亚[26] | （十亿）比索 | 10664 | 11405 | 12577 | 14082 | 17810 | 19496 | 19787 | 19048 | 21035 | 24297 |
| 厄瓜多尔 | （百万）美元 | 710 | 954 | 950 | 1310 | 1646 | 1949 | 2094 | 2454 | 2590 | 2803 |
| 圭亚那[‡27] | （百万）元 | 2791 | 3148 | 3267 | 4300 | 5289 | 5798 | 5862 | 6161 | 6404 | 6786 |
| 巴拉圭 | （十亿）瓜拉尼 | [523] | [499] | [619] | 684 | 776 | 882 | 1024 | 1266 | 1500 | 2057 |
| 秘鲁[28] | （百万）新索尔 | 3397 | 3820 | 4011 | 3918 | 4057 | 5157 | 5532 | 5587 | 6768 | 6742 |
| 乌拉圭 | （百万）比索 | 8269 | 8847 | 9723 | 10106 | 12422 | 14682 | 15807 | 17417 | 19732 | 21336 |

| 国家 | 货币 | 2004 | 2005 | 2006 | 2007 | 2008 | 2009 | 2010 | 2011 | 2012 | 2013 |
|---|---|---|---|---|---|---|---|---|---|---|---|
| 委内瑞拉[‖29] | （百万）玻利瓦尔 | 2740 | 4292 | 6436 | 6377 | 9286 | 8631 | 8683 | 10229 | 21299 | 32136 |
| **亚洲和大洋洲** | | | | | | | | | | | |
| 中亚和南亚 | | | | | | | | | | | |
| 阿富汗[30] | （百万）阿富汗尼 | [5404] | 5544 | 6358 | 11506 | 11471 | 12783 | 29571 | 43273 | 36565 | 78604 |
| 孟加拉国[b] | （十亿）塔卡 | 41.2 | 44.9 | 54.0 | 59.5 | 62.6 | 87.6 | 109 | 125 | 137 | 147 |
| 印度[a 31] | （十亿）卢比 | 965 | 1035 | 1102 | 1190 | 1518 | 1993 | 2146 | 2373 | 2573 | 2845 |
| 哈萨克斯坦 | （十亿）坚戈 | 58.0 | 78.7 | 100 | 167 | 185 | 188 | 221 | 265 | [363] | 426 |
| 吉尔吉斯斯坦[32] | （百万）索姆 | 2688 | 3105 | 3606 | 4339 | 5461 | 6391 | 8476 | 9720 | 9958 | 11356 |
| 尼泊尔[b¶] | （百万）卢比 | 10996 | 11745 | 11136 | 11389 | 14712 | 17811 | 19491 | 22629 | 20780 | 27576 |
| 巴基斯坦[b‡33] | （十亿）卢比 | [253] | [293] | [306] | 343 | 393 | 469 | 549 | [652] | 745 | 808 |
| 斯里兰卡 | （十亿）卢比 | 62.7 | 64.7 | 82.2 | 117 | 164 | 175 | 173 | 194 | 196 | 235 |
| 塔吉克斯坦 | （百万）索莫尼 | 134 | .. | .. | .. | .. | .. | .. | .. | .. | .. |
| 土库曼斯坦 | 马纳特 | .. | .. | .. | .. | .. | .. | .. | .. | .. | .. |
| 乌兹别克斯坦 | （十亿）苏姆 | .. | .. | .. | .. | .. | .. | .. | .. | .. | .. |
| 东亚 | | | | | | | | | | | |
| 中国[34] | （十亿）元 | [331] | [379] | [452] | [546] | [637] | [764] | [835] | [952] | [1059] | [1168] |
| 日本[a†35] | （十亿）日元 | 4920 | 4928 | 4898 | 4878 | 4818 | 4815 | 4691 | 4869 | 4714 | 4754 |

| 国家 | 货币 | 2004 | 2005 | 2006 | 2007 | 2008 | 2009 | 2010 | 2011 | 2012 | 2013 |
|---|---|---|---|---|---|---|---|---|---|---|---|
| 朝鲜[36] | （十亿）圆 | （54.4） | （64.5） | （67.1） | （68.5） | （71.3） | （76.3） | （82.6） | （89.8） | （99.1） | （106） |
| 韩国[37] | （十亿）圆 | [20421] | 22694 | 24039 | 25765 | 28733 | 31168 | 31876 | 34229 | 35665 | 37159 |
| 蒙古国 | （十亿）图格里克 | 32.9 | 35.9 | 46.2 | 66.2 | 77.8 | 54.1 | 74.4 | 110 | 155 | .. |
| 中国台湾（地区） | （十亿）元 | 262 | 258 | 249 | 268 | 282 | 302 | 288 | 295 | 317 | 313 |
| 大洋洲 | | | | | | | | | | | |
| 澳大利亚[b] | （百万）元 | 16748 | 17921 | 19899 | 21179 | 23249 | 25372 | 25250 | 26320 | 24217 | 25434 |
| 斐济[†] | （百万）元 | 81.1 | 72.9 | 93.6 | 122 | 85.4 | 100 | 96.8 | 98.3 | 102 | 99.6 |
| 新西兰[b] | （百万）元 | 1528 | 1645 | 1807 | 1875 | 2083 | 2201 | 2224 | 2150 | 2180 | 2292 |
| 巴布亚新几内亚[‡38] | （百万）基那 | 78.7 | 94.5 | 95.7 | 115 | 106 | 143 | 126 | 183 | 189 | 196 |
| 东南亚 | | | | | | | | | | | |
| 文莱[a] | （百万）元 | 308 | 449 | 472 | 492 | 520 | 505 | 542 | 516 | 513 | 516 |
| 柬埔寨 | （十亿）瑞尔 | 272 | 296 | 389 | 383 | 501 | 977 | 746 | 826 | 876 | 981 |
| 印度尼西亚[39] | （十亿）卢比 | [21712] | 20829 | 23923 | 30611 | 31349 | 34333 | 42392 | 51202 | 72936 | 81964 |
| 老挝 | （十亿）基普 | （121） | （125） | （135） | （140） | （150） | （119） | （134） | （150） | （160） | .. |
| 马来西亚 | （百万）林吉特 | 10728 | 11817 | 11981 | 13649 | 14717 | 13974 | 12415 | 14709 | 14508 | 15257 |
| 缅甸[a40] | （十亿）缅元 | 174 | 198 | .. | .. | .. | .. | .. | | | | 1297 | 2104 | 2051 |
| 菲律宾[41] | （十亿）比索 | [69.7] | 75.6 | 82.5 | 93.0 | 101 | 101 | 110 | 117 | 122 | [147] |

| 国家 | 货币 | 2004 | 2005 | 2006 | 2007 | 2008 | 2009 | 2010 | 2011 | 2012 | 2013 |
|---|---|---|---|---|---|---|---|---|---|---|---|
| 新加坡[a] | （百万）元 | 8620 | 9252 | 9268 | 10009 | 10726 | 11043 | 11061 | 11276 | 11829 | 12335 |
| 泰国 | （十亿）铢 | 74. 1 | 78. 1 | 85. 2 | 115 | 142 | 168 | 154 | 168 | 167 | 180 |
| 东帝汶[42] | （百万）美元 | 6. 6 | 9. 8 | 24. 4 | [11. 5] | 23. 7 | 36. 5 | 26. 4 | 20. 5 | 29. 8 | 29. 2 |
| 越南[43] | （十亿）盾 | 14409 | 16278 | 20577 | 28735 | 34848 | 40981 | 49739 | 55100 | (70000) | (78024) |
| 欧洲 | | | | | | | | | | | |
| 东欧 | | | | | | | | | | | |
| 亚美尼亚[†44] | （十亿）德拉姆 | 52. 3 | 64. 4 | 78. 3 | 95. 8 | 121 | 131 | 148 | 146 | 153 | [175] |
| 阿塞拜疆[‖45] | （百万）马纳特 | [224] | 288 | 641 | 812 | 1321 | 1184 | 1185 | 2432 | 2550 | 2701 |
| 白俄罗斯 | （十亿）卢布 | 679 | 975 | 1355 | 1603 | 1887 | 1887 | 2287 | 3762 | 6354 | 8572 |
| 格鲁吉亚[†] | （百万）拉里 | 135 | 388 | 720 | 1556 | 1625 | 1008 | 810 | [790] | [754] | [736] |
| 摩尔多瓦[†¶46] | （百万）列伊 | 116 | 151 | 216 | 276 | 383 | 277 | 227 | 262 | 270 | 307 |
| 俄罗斯[47] | （十亿）卢布 | [604] | [773] | [939] | [1114] | [1396] | [1636] | [1783] | [2064] | [2500] | [2796] |
| 乌克兰[§48] | （百万）格里夫那 | 8963 | 12328 | 15082 | 20685 | 25341 | [26077] | [29445] | [31251] | [36816] | [42666] |
| 西欧和中欧 | | | | | | | | | | | |
| 阿尔巴尼亚[§¶49] | （百万）列克 | 10373 | 11000 | 13831 | 17619 | 21450 | 23633 | 19749 | 19865 | 19910 | 17693 |
| 奥地利 | （百万）欧元 | 2158 | 2160 | 2105 | 2557 | 2558 | 2401 | 2430 | 2453 | 2481 | 2432 |
| 比利时 | （百万）欧元 | 3433 | 3400 | 3434 | 3773 | 4298 | 4046 | 3960 | 3956 | 4023 | 3964 |

| 国家 | 货币 | 2004 | 2005 | 2006 | 2007 | 2008 | 2009 | 2010 | 2011 | 2012 | 2013 |
|---|---|---|---|---|---|---|---|---|---|---|---|
| 波黑†¶50 | （百万）马克 | 315 | 273 | 278 | 279 | 311 | 341 | 325 | 298 | 306 | 298 |
| 保加利亚†51 | （百万）列弗 | 1025 | 1101 | 1171 | 1475 | 1388 | 1355 | 1320 | 1166 | 1229 | 1235 |
| 克罗地亚52 | （百万）库纳 | 4410 | 4754 | 4959 | 5251 | 6396 | 5966 | 5585 | [5913] | 5589 | 5459 |
| 塞浦路斯†‖ | （百万）欧元 | 271 | 302 | 304 | 295 | 310 | 339 | 361 | 345 | 323 | 343 |
| 捷克共和国53 | （百万）克朗 | 52481 | 58445 | 55358 | 54949 | 49827 | 51824 | 47706 | 43785 | 43474 | 42053 |
| 丹麦 | （百万）克朗 | 21441 | 20800 | 23173 | 22731 | 24410 | 23252 | 25328 | 24259 | 25617 | 25572 |
| 爱沙尼亚‖54 | （百万）欧元 | 165 | 214 | 251 | 325 | 346 | 312 | 251 | 280 | 340 | 361 |
| 芬兰 | （百万）欧元 | 2131 | 2206 | 2281 | 2203 | 2468 | 2591 | 2567 | 2697 | 2390 | 2456 |
| 法国55 | （百万）欧元 | 42690 | 42545 | 43457 | 44273 | 45063 | 48146 | 46648 | 46471 | 46725 | 46105 |
| 德国 | （百万）欧元 | 30610 | 30600 | 30365 | 31090 | 32824 | 34171 | 34925 | 34630 | 36168 | 36739 |
| 希腊56 | （百万）欧元 | 5048 | 5652 | 6064 | 6235 | 7219 | 7660 | 6164 | 5128 | 4604 | 4472 |
| 匈牙利 | （十亿）福林 | 311 | 319 | 297 | 326 | 321 | 299 | 281 | 296 | 298 | 271 |
| 冰岛57 | （百万）克朗 | – | – | – | – | .. | 2781 | 2431 | 2261 | 2182 | .. |
| 爱尔兰 | （百万）欧元 | 887 | 921 | 949 | 1003 | 1081 | 1019 | 962 | 935 | 901 | 901 |
| 意大利58 | （百万）欧元 | 27476 | 26959 | 26631 | [26275] | [28156] | [27571] | 27206 | 27429 | 26254 | 24591 |
| 拉脱维亚 | （百万）拉特 | 124 | 154 | 206 | 247 | 280 | 184 | 138 | 149 | 144 | 158 |
| 立陶宛59 | （百万）立特 | 753 | 843 | 968 | 1116 | 1276 | 1006 | 851 | 855 | 883 | 925 |

| 国家 | 货币 | 2004 | 2005 | 2006 | 2007 | 2008 | 2009 | 2010 | 2011 | 2012 | 2013 |
|---|---|---|---|---|---|---|---|---|---|---|---|
| 卢森堡 | （百万）欧元 | 189 | 196 | 197 | 209 | [199] | [199] | [250] | [221] | [233] | [230] |
| 前南马其顿共和国[160] | （百万）戴纳 | 6683 | 6259 | 6149 | 7272 | 7229 | 7000 | 6044 | 5859 | 5719 | 5869 |
| 马耳他[†‖] | （百万）欧元 | 32.5 | 42.3 | 35.3 | 35.8 | 38.3 | 42.6 | 44.3 | 40.2 | 38.9 | 44.8 |
| 黑山[61] | （百万）欧元 | .. | .. | [49.7] | 46.9 | 58.1 | 55.2 | 56.7 | 57.1 | 52.7 | 52.3 |
| 荷兰 | （百万）欧元 | 7552 | 7693 | 8145 | 8388 | 8448 | 8733 | 8472 | 8379 | 8244 | 7777 |
| 挪威 | （百万）克朗 | 32945 | 31471 | 32142 | 34439 | 35932 | 38960 | 39279 | 40534 | 41560 | 42513 |
| 波兰[62] | （百万）兹罗提 | 17479 | 19078 | 20541 | 23774 | 22525 | 24661 | 26505 | 28015 | 29266 | 29354 |
| 葡萄牙 | （百万）欧元 | 2996 | 3248 | 3242 | 3190 | 3285 | 3561 | 3563 | 3528 | 3220 | 3602 |
| 罗马尼亚[‖] | （百万）列伊 | 4994 | 5757 | 6324 | 6358 | 7558 | 6785 | 6630 | 7255 | 8084 | 8391 |
| 塞尔维亚[63] | （百万）第纳尔 | 43154 | 41996 | 47342 | 56792 | 61944 | 65843 | 67806 | 72377 | [75096] | [78437] |
| 斯洛伐克[†‖] | （百万）欧元 | 762 | 848 | 898 | 929 | 994 | 967 | 853 | 763 | 790 | 748 |
| 斯洛文尼亚[‖] | （百万）欧元 | 396 | 413 | 485 | 506 | 566 | 575 | 583 | 479 | 422 | 411 |
| 西班牙 | （百万）欧元 | 9132 | 9508 | 11506 | 12219 | 12756 | 12196 | 11132 | 10059 | 10828 | 9612 |
| 瑞典 | （百万）克朗 | 40527 | 41240 | 41150 | 43163 | 39710 | 38751 | 42423 | 41070 | 42301 | 42473 |
| 瑞士[†¶64] | （百万）法郎 | 4357 | 4339 | 4174 | 4231 | 4439 | 4413 | 4292 | 4417 | 4306 | 4684 |
| 土耳其[‖] | （百万）里拉 | 15568 | 16232 | 18747 | 19664 | 22014 | 25033 | 26674 | 28779 | 32524 | 36338 |
| 英国[a] | （百万）英镑 | 29524 | 30603 | 31454 | 33486 | 36431 | 37425 | 37645 | 37608 | 36838 | 37121 |

| 国家 | 货币 | 2004 | 2005 | 2006 | 2007 | 2008 | 2009 | 2010 | 2011 | 2012 | 2013 |
|---|---|---|---|---|---|---|---|---|---|---|---|
| **中东** | | | | | | | | | | | |
| 巴林[65] | （百万）第纳尔 | 180 | 183 | 203 | 222 | 248 | 287 | 292 | 330 | 358 | 465 |
| 埃及[b] | （百万）镑 | 14804 | 15933 | 17922 | 19350 | 21718 | 22831 | 25397 | 25472 | 27529 | 30947 |
| 伊朗[a¶66] | （十亿）里亚尔 | 49628 | 69664 | 81283 | 74859 | 70684 | 80944 | [102600] | [121600] | [132000] | .. |
| 伊拉克[67] | （十亿）第纳尔 | (892) | (1649) | (1814) | (2437) | 3428 | 3473 | 4190 | 6908 | 7061 | 9207 |
| 以色列[68] | （百万）谢克尔 | [49480] | [48264] | [52518] | [52010] | [52612] | [55776] | [55236] | [55495] | [58094] | [59224] |
| 约旦 | （百万）第纳尔 | 416 | 428 | 497 | 732 | 952 | 997 | 971 | 984 | 885 | 849 |
| 科威特[a] | （百万）第纳尔 | 1039 | 1020 | 1052 | 1209 | 1185 | 1220 | 1250 | 1568 | 1695 | 1637 |
| 黎巴嫩 | （十亿）镑 | 1439 | [1451] | [1521] | [1737] | 1763 | 2150 | [2390] | 2452 | 2649 | [2918] |
| 阿曼[‡69] | （百万）里亚尔 | 1144 | 1404 | 1550 | 1663 | 1775 | 1726 | 1882 | 2564 | 4743 | 3555 |
| 卡塔尔 | （百万）里亚尔 | 2811 | 3231 | 3879 | 5687 | 8436 | 7092 | 6831 | .. | .. | .. |
| 沙特[§70] | （十亿）里亚尔 | 78.4 | 95.1 | 111 | 133 | 143 | 155 | 170 | 182 | 212 | 251 |
| 叙利亚[71] | （十亿）镑 | 70.2 | 75.7 | 74.9 | 82.7 | 86.8 | 101 | 109 | 120 | .. | .. |
| 阿联酋[72] | （百万）迪拉姆 | [25035] | [24254] | [26315] | [31073] | [42497] | [50814] | [64286] | [70445] | [69866] | .. |
| 也门 | （十亿）里亚尔 | 136 | 156 | 162 | 209 | 239 | .. | .. | 251 | 308 | 304 |

**注：**注释见表 4.12 后面。

**表 4.11　2004—2013 年各国军费（固定美元）和 2013 年各国军费（现值美元）**

数值单位为百万美元（2004—2013 年的数据按 2011 年美元固定价格及汇率）。最右列（标有 * ）为 2013 年美元时价（单位百万美元）。除美国的数据按财政年列出之外，其余国家数据按日历年列出。国家按地区和次地区分组。

| 国家 | 2004 | 2005 | 2006 | 2007 | 2008 | 2009 | 2010 | 2011 | 2012 | 2013 | 2013 * |
|---|---|---|---|---|---|---|---|---|---|---|---|
| **非洲** | | | | | | | | | | | |
| 北非 | | | | | | | | | | | |
| 阿尔及利亚[1] | 3585 | 3753 | 3847 | 4514 | 5259 | 5712 | 6045 | 8652 | 9104 | 9902 | 10402 |
| 利比亚‡¶[2] | 1085 | 1069 | 941 | 885 | 1338 | . . | . . | . . | 2903 | . . | . . |
| 摩洛哥 | 2413 | 2504 | 2528 | 2603 | 2904 | 3101 | 3319 | 3343 | 3583 | 4077 | 4064 |
| 突尼斯 | 510 | 548 | 571 | 525 | 567 | 586 | 602 | 715 | [856] | [978] | [948] |
| 撒哈拉以南非洲 | | | | | | | | | | | |
| 安哥拉 | 1893 | 2682 | 3150 | 2763 | 3741 | 3640 | 3895 | 3647 | 3827 | 5208 | 6095 |
| 贝宁 | 60. 0 | 60. 9 | 60. 9 | . . | 65. 9 | . . | . . | . . | 79. 3 | 82. 0 | 86. 0 |
| 博茨瓦纳 | 395 | 358 | 352 | 389 | 416 | 401 | 376 | 370 | 345 | 319 | 298 |
| 布基纳法索† | 80. 8 | 84. 3 | 90. 8 | 112 | 122 | 112 | 134 | 139 | 152 | 161 | 163 |
| 布隆迪[3] | 79. 7 | 76. 1 | 63. 6 | 63. 9 | 53. 4 | . . | . . | . . | 57. 2 | 57. 8 | 60. 8 |
| 佛得角 | 9. 2 | 9. 8 | 9. 3 | 9. 3 | 8. 8 | 9. 0 | 9. 1 | 9. 7 | . . | 9. 3 | 9. 4 |
| 喀麦隆§ | 303 | 299 | 325 | 341 | 353 | 358 | 383 | 347 | 373 | 390 | 393 |

| 国家 | 2004 | 2005 | 2006 | 2007 | 2008 | 2009 | 2010 | 2011 | 2012 | 2013 | 2013 * |
|---|---|---|---|---|---|---|---|---|---|---|---|
| 中非共和国‡4 | 21.8 | 21.6 | .. | 22.6 | 31.8 | 37 | 54.9 | .. | .. | .. | .. |
| 乍得5 | 67.8 | 68.9 | .. | 446 | 594 | 406 | [226] | [242] | .. | .. | .. |
| 刚果民主共和国6 | 235 | 275 | 299 | 282 | 203 | 154 | 209 | 239 | 301 | 402 | 428 |
| 刚果共和国§ | 115 | 117 | 115 | 130 | 151 | .. | 142 | .. | .. | .. | .. |
| 科特迪瓦 | 349 | 334 | 346 | 377 | 377 | 448 | 427 | 357 | [435] | .. | .. |
| 吉布提 | 51.7 | 60.2 | [64.2] | 42.6 | 40.0 | .. | .. | .. | .. | .. | .. |
| 赤道几内亚 | .. | .. | .. | 256 | 335 | 429 | .. | .. | .. | .. | .. |
| 厄立特里亚 | .. | .. | .. | .. | .. | .. | .. | .. | .. | .. | .. |
| 埃塞俄比亚 | 533 | 521 | 471 | 431 | 345 | 341 | 345 | 332 | 313 | 315 | 375 |
| 加蓬7 | 163 | 145 | 142 | (138) | .. | .. | 133 | .. | 264 | 263 | 254 |
| 冈比亚‡8 | 2.7 | 3.7 | 3.4 | 4.6 | .. | .. | .. | .. | .. | .. | .. |
| 加纳9 | 79.3 | 79.0 | 85.0 | 130 | 114 | 127 | 129 | 98.8 | 119 | 272 | 306 |
| 几内亚10 | 103 | .. | .. | .. | .. | .. | .. | .. | .. | .. | .. |
| 几内亚比绍 | .. | 16.9 | .. | .. | .. | 14.8 | 18.9 | 17.5 | 17.6 | .. | .. |
| 肯尼亚 | 525 | 553 | 547 | 613 | 585 | 597 | 633 | 647 | 731 | 724 | 861 |
| 莱索托 | 42.8 | 43.6 | 45.9 | 50.0 | 36.4 | 60.2 | 74.8 | 58.2 | 50.7 | 56.4 | 48.0 |
| 利比里亚 | .. | 11.4 | 5.2 | 4.3 | 4.3 | 7.9 | 9.1 | 13.3 | 13.9 | 13.3 | 14.3 |

| 国家 | 2004 | 2005 | 2006 | 2007 | 2008 | 2009 | 2010 | 2011 | 2012 | 2013 | 2013 * |
|---|---|---|---|---|---|---|---|---|---|---|---|
| 马达加斯加[11] | 104 | 92.9 | 89.5 | 108 | 114 | 82 | 64.3 | 72 | 69.9 | 52.8 | 55.0 |
| 马拉维 | 29.6 | 48.5 | 39.7 | 40.9 | 50.0 | 61.3 | .. | [44.5] | [69.7] | [76.8] | [50.7] |
| 马里 | [110] | 116 | 126 | 130 | 140 | 150 | 158 | 161 | 153 | 153 | 154 |
| 毛里塔尼亚‡ | 104 | 88.4 | 103 | .. | 120 | 120 | .. | .. | .. | 145 | 149 |
| 毛里求斯[12] | 16.1 | 16.4 | 16.0 | 15.7 | 17.4 | 18.7 | 17.0 | 17.5 | 16.4 | 23.7 | 24.1 |
| 莫桑比克 | 112 | 85.7 | 76.9 | 86.4 | 89.9 | 99.3 | 106 | .. | .. | .. | .. |
| 纳米比亚 | 224 | 248 | 262 | 292 | 362 | 384 | 420 | 442 | 437 | 465 | 396 |
| 尼日尔 | 44.4 | 42.6 | .. | .. | 53.1 | .. | 51.0 | .. | 75.2 | .. | .. |
| 尼日利亚 | 1159 | 1024 | 1067 | 1239 | 1740 | 1825 | 2143 | 2386 | 2102 | 1995 | 2411 |
| 卢旺达[13] | 70.7 | 68.4 | 75.3 | 69.8 | 73.5 | 77.0 | 76.5 | 75.4 | 76.8 | 79.1 | 82.2 |
| 塞内加尔 §¶ | 145 | 165 | 191 | 215 | 213 | 218 | 217 | .. | .. | 242 | 237 |
| 塞舌尔 | 13.5 | 12.4 | 12.2 | 14.8 | 11.2 | 9.5 | 7.2 | 8.7 | 9.5 | 11.3 | 13.1 |
| 塞拉利昂 | 33.2 | 32.5 | [36.5] | [34.4] | [23.9] | [28.0] | [26.1] | [24.0] | 24.4 | 24.2 | 30.3 |
| 索马里 | .. | .. | .. | .. | .. | .. | .. | .. | .. | .. | .. |
| 南非 | 4190 | 4592 | 4593 | 4487 | 4396 | 4602 | 4446 | 4594 | 4834 | 4894 | 4108 |
| 南苏丹[14] | .. | .. | .. | .. | .. | .. | 736 | 1047 | 653 | .. | .. |
| 苏丹‡[15] | 2650 | 2166 | 2376 | | .. | .. | .. | .. | .. | .. | .. |

| 国家 | 2004 | 2005 | 2006 | 2007 | 2008 | 2009 | 2010 | 2011 | 2012 | 2013 | 2013 * |
|---|---|---|---|---|---|---|---|---|---|---|---|
| 斯威士兰‡16 | 60.8 | 79.6 | 79.2 | 80.6 | [90.4] | [130] | [132] | [123] | [123] | [128] | [112] |
| 坦桑尼亚 | 158 | 170 | 186 | 195 | 198 | 221 | 286 | 307 | 288 | 308 | 380 |
| 多哥 | 46.4 | 45.4 | .. | .. | 59.0 | .. | 61.8 | 59.0 | .. | .. | .. |
| 乌干达 | 272 | 272 | 263 | 269 | 297 | 292 | 624 | [676] | [428] | [398] | [465] |
| 赞比亚 | [212] | 229 | 250 | 180 | 302 | 254 | 290 | 306 | 318 | 367 | 377 |
| 津巴布韦[17] | 185 | 139 | (128) | .. | .. | .. | 102 | 198 | 307 | 334 | 356 |
| **美洲** | | | | | | | | | | | |
| 中美和加勒比地区 | | | | | | | | | | | |
| 伯利兹 | 11.2 | 12.2 | 13.5 | 14.7 | 18.8 | 17.6 | 14.8 | 15.4 | 15.0 | 16.2 | 16.7 |
| 哥斯达黎加[18] | – | – | – | – | – | – | – | – | – | – | – |
| 古巴[19] | 57.4 | 72.7 | 75.2 | 83.4 | 89.1 | 92.5 | 94.3 | 98.9 | .. | .. | .. |
| 多米尼加共和国 | 259 | 321 | 310 | 310 | 356 | 350 | 376 | 349 | 355 | 374 | 371 |
| 萨尔瓦多[20] | 211 | 212 | 221 | 229 | 224 | 228 | 237 | 256 | 269 | 257 | [266] |
| 危地马拉 | 182 | 147 | 172 | 170 | 182 | 170 | 187 | 197 | 218 | 241 | 259 |
| 海地 | – | – | – | – | – | – | – | – | – | – | – |
| 洪都拉斯[21] | [94.2] | [92.5] | 106 | 126 | 156 | 175 | 182 | 201 | 183 | 223 | 230 |
| 牙买加 | 86.1 | 82.7 | 98.4 | 109 | 147 | 142 | 126 | 134 | 133 | 121 | 122 |

| 国家 | 2004 | 2005 | 2006 | 2007 | 2008 | 2009 | 2010 | 2011 | 2012 | 2013 | 2013 * |
|---|---|---|---|---|---|---|---|---|---|---|---|
| 墨西哥 | 3797 | 4081 | 4440 | 5013 | 5019 | 5689 | 6203 | 6472 | 7106 | 7471 | 7838 |
| 尼加拉瓜[22] | 43.7 | 43.7 | 46.0 | 46.0 | 43.6 | 43.1 | 45.6 | 51.5 | 68.7 | 81.3 | 85.3 |
| 巴拿马 | – | – | – | – | – | – | – | – | – | – | – |
| 特里尼达和多巴哥 | 57.7 | 121 | 144 | 159 | 188 | 288 | .. | .. | .. | .. | .. |
| 北美 | | | | | | | | | | | |
| 加拿大 | 17062 | 17811 | 18640 | 20322 | 21900 | 22900 | 20684 | 20474 | 20257 | 18704 | 18460 |
| 美国[23] | 553441 | 579831 | 588837 | 604292 | 649003 | 701048 | 720282 | 711338 | 671097 | 618681 | 640221 |
| 南美 | | | | | | | | | | | |
| 阿根廷 | 1931 | 2028 | 2091 | 2421 | 2750 | 3264 | 3607 | 4052 | 4578 | [4929] | [4511] |
| 玻利维亚[24] | 307 | 296 | 299 | 333 | 398 | 394 | 364 | 351 | 377 | 404 | 445 |
| 巴西 | 24494 | 26503 | 27442 | 29596 | 31489 | 34335 | 38129 | 36932 | 37650 | 36165 | 31456 |
| 智利[§25] | 4040 | 4335 | 4937 | 4944 | 5222 | 4569 | 5131 | 5440 | 5347 | [5309] | [5435] |
| 哥伦比亚[26] | 7868 | 8011 | 8470 | 8985 | 10621 | 11158 | 11072 | 10307 | 11031 | 12465 | 13003 |
| 厄瓜多尔 | 945 | 1240 | 1198 | 1616 | 1873 | 2109 | 2188 | 2454 | 2464 | 2596 | 2803 |
| 圭亚那[‡27] | 20.9 | 22.0 | 21.4 | 25.1 | 28.6 | 30.4 | 30.2 | 30.2 | 30.7 | 31.2 | 33.2 |
| 巴拉圭 | [202] | [181] | [204] | 209 | 215 | 238 | 264 | 302 | 345 | 458 | 477 |
| 秘鲁[28] | 1487 | 1646 | 1694 | 1626 | 1591 | 1965 | 2076 | 2029 | 2380 | 2638 | 2865 |

| 国家 | 2004 | 2005 | 2006 | 2007 | 2008 | 2009 | 2010 | 2011 | 2012 | 2013 | 2013 * |
|---|---|---|---|---|---|---|---|---|---|---|---|
| 乌拉圭 | 687 | 702 | 725 | 697 | 794 | 877 | 885 | 902 | 945 | 942 | 1042 |
| 委内瑞拉[29] | 2676 | 3615 | 4770 | 3981 | 4447 | 3253 | 2553 | 2385 | 4102 | 4487 | 5313 |
| **亚洲和大洋洲** | | | | | | | | | | | |
| 中亚和南亚 | | | | | | | | | | | |
| 阿富汗[30] | [203] | 183 | 192 | 303 | 250 | 299 | 631 | 877 | 752 | 1333 | 1293 |
| 孟加拉国 | 916 | 928 | 999 | 1052 | 1039 | 1212 | 1469 | 1578 | 1625 | 1636 | 1818 |
| 印度[31] | 33879 | 36054 | 36225 | 36664 | 41585 | 48963 | 49159 | 49634 | 49059 | 49091 | 47378 |
| 哈萨克斯坦 | 747 | 942 | 1102 | 1658 | 1574 | 1485 | 1635 | 1804 | [2355] | 2599 | 2799 |
| 吉尔吉斯斯坦[32] | 118 | 131 | 144 | 157 | 159 | 174 | 214 | 211 | 210 | 221 | 234 |
| 尼泊尔¶ | 236 | 261 | 245 | 227 | 237 | 265 | 276 | 285 | 268 | 272 | 258 |
| 巴基斯坦‡33 | [6146] | [6397] | [6503] | 6548 | 6176 | 6362 | 6597 | [6955] | 7375 | 7637 | 7641 |
| 斯里兰卡 | 1159 | 1073 | 1239 | 1517 | 1737 | 1794 | 1672 | 1750 | 1656 | 1854 | 1823 |
| 塔吉克斯坦 | 59.6 | .. | .. | .. | .. | .. | .. | .. | .. | .. | .. |
| 土库曼斯坦 | .. | .. | .. | .. | .. | .. | .. | .. | .. | .. | .. |
| 乌兹别克斯坦 | .. | .. | .. | .. | .. | .. | .. | .. | .. | .. | .. |
| 东亚 | | | | | | | | | | | |
| 中国[34] | [63600] | [71500] | [83900] | [96800] | [107000] | [129000] | [136000] | [147000] | [160000] | [171000] | [188000] |

| 国家 | 2004 | 2005 | 2006 | 2007 | 2008 | 2009 | 2010 | 2011 | 2012 | 2013 | 2013 * |
|---|---|---|---|---|---|---|---|---|---|---|---|
| 日本†35 | 61201 | 61288 | 60892 | 60574 | 59140 | 59735 | 59003 | 60452 | 59571 | 59431 | 48604 |
| 朝鲜[36] | .. | .. | .. | .. | .. | .. | .. | .. | .. | .. | .. |
| 韩国[37] | [22859] | 24722 | 25613 | 26773 | 28525 | 30110 | 29912 | 30884 | 31484 | 32352 | 33937 |
| 蒙古国 | 53.8 | 52.1 | 63.9 | 83.8 | 78.8 | 51.6 | 64.4 | 87.2 | 107 | .. | .. |
| 中国台湾（地区） | 9783 | 9413 | 9031 | 9556 | 9730 | 10478 | 9904 | 9998 | 10566 | 10288 | 10530 |
| 大洋洲 | | | | | | | | | | | |
| 澳大利亚 | 20687 | 21414 | 22562 | 23947 | 24820 | 26676 | 27006 | 26610 | 25555 | 24638 | 23963 |
| 斐济[a] | 63.7 | 56.0 | 70.1 | 87.0 | 56.6 | 64.2 | 58.7 | 54.8 | 55.1 | 52.2 | 54.2 |
| 新西兰 | 1488 | 1504 | 1583 | 1649 | 1705 | 1808 | 1825 | 1727 | 1695 | 1732 | 1833 |
| 巴布亚新几内亚‡38 | 47.5 | 56.1 | 55.5 | 66.0 | 55.1 | 69.4 | 57.6 | 77.3 | 77.9 | 77.0 | 87.2 |
| 东南亚 | | | | | | | | | | | |
| 文莱 | 290 | 351 | 395 | 409 | 422 | 414 | 432 | 415 | 407 | 402 | 412 |
| 柬埔寨 | 111 | 114 | 140 | 128 | 135 | 264 | 194 | 204 | 210 | 228 | 243 |
| 印度尼西亚[39] | [4194] | 3643 | 3699 | 4448 | 4150 | 4336 | 5092 | 5838 | 7975 | 8356 | 7840 |
| 老挝 | (22.1) | (21.3) | (21.6) | (21.4) | (21.3) | (16.9) | (18.09) | (18.7) | (19.1) | .. | .. |
| 马来西亚 | 4248 | 4544 | 4447 | 4965 | 5078 | 4793 | 4187 | 4807 | 4664 | 4809 | 4842 |
| 缅甸[40] | .. | .. | .. | .. | .. | .. | .. | .. | .. | .. | 2211 |

| 国家 | 2004 | 2005 | 2006 | 2007 | 2008 | 2009 | 2010 | 2011 | 2012 | 2013 | 2013* |
|---|---|---|---|---|---|---|---|---|---|---|---|
| 菲律宾[41] | [2279] | 2322 | 2401 | 2630 | 2630 | 2532 | 2657 | 2701 | 2739 | [3208] | [3472] |
| 新加坡 | 8138 | 8645 | 8718 | 9055 | 9126 | 9430 | 9250 | 8921 | 8890 | 9077 | 9759 |
| 泰国 | 3047 | 3070 | 3199 | 4216 | 4962 | 5917 | 5227 | 5520 | 5331 | 5622 | 5874 |
| 东帝汶[42] | .. | 12.6 | 25.1 | [31.6] | 28.9 | 44.2 | 30.0 | 20.5 | 26.7 | 23.6 | 29.2 |
| 越南[43] | 1507 | 1572 | 1850 | 2386 | 2350 | 2581 | 2878 | 2686 | (3128) | (3205) | (3387) |
| **欧洲** | | | | | | | | | | | |
| 东欧 | | | | | | | | | | | |
| 亚美尼亚†44 | 199 | 244 | 288 | 337 | 392 | 408 | 427 | 391 | 400 | [428] | [427] |
| 阿塞拜疆[45] | [550] | 644 | 1322 | 1438 | 1936 | 1708 | 1618 | 3079 | 3195 | 3264 | 3440 |
| 白俄罗斯 | 374 | 487 | 632 | 690 | 707 | 626 | 704 | 756 | 802 | 921 | 965 |
| 格鲁吉亚† | 134 | 357 | 607 | 1201 | 1140 | 695 | 521 | [469] | [451] | [442] | [443] |
| 摩尔多瓦†¶46 | 18.2 | 21.2 | 26.9 | 30.6 | 37.7 | 27.3 | 20.8 | 22.3 | 22.0 | 23.9 | 24.4 |
| 俄罗斯[47] | [40870] | [46446] | [51404] | [55954] | [61484] | [64504] | [65807] | [70238] | [80995] | [84864] | [87836] |
| 乌克兰§48 | 2694 | 3263 | 3661 | 4449 | 4352 | [3865] | [3990] | [3922] | [4595] | [5327] | [5338] |
| 西欧和中欧 | | | | | | | | | | | |
| 阿尔巴尼亚§¶49 | 126 | 130 | 160 | 198 | 233 | 251 | 202 | 197 | 193 | 168 | 167 |
| 奥地利 | 3471 | 3396 | 3262 | 3879 | 3759 | 3510 | 3490 | 3411 | 3367 | 3230 | 3230 |

| 国家 | 2004 | 2005 | 2006 | 2007 | 2008 | 2009 | 2010 | 2011 | 2012 | 2013 | 2013* |
|---|---|---|---|---|---|---|---|---|---|---|---|
| 比利时 | 5620 | 5415 | 5373 | 5798 | 6321 | 5953 | 5702 | 5502 | 5441 | 5287 | 5264 |
| 波黑†¶[50] | 283 | 237 | 227 | 225 | 234 | 257 | 239 | 212 | 213 | 204 | 203 |
| 保加利亚†[51] | 1097 | 1122 | 1113 | 1293 | 1083 | 1029 | 978 | 829 | 849 | 841 | 838 |
| 克罗地亚[52] | 1016 | 1060 | 1071 | 1103 | 1266 | 1153 | 1069 | [1106] | 1011 | 959 | 957 |
| 塞浦路斯† | 451 | 490 | 481 | 456 | 457 | 499 | 518 | 480 | 438 | 461 | 455 |
| 捷克共和国[53] | 3541 | 3872 | 3576 | 3449 | 2941 | 3027 | 2748 | 2474 | 2379 | 2259 | 2149 |
| 丹麦 | 4640 | 4422 | 4835 | 4663 | 4843 | 4553 | 4847 | 4518 | 4659 | 4614 | 4553 |
| 爱沙尼亚[54] | 317 | 395 | 444 | 538 | 519 | 470 | 366 | 389 | 455 | 467 | 479 |
| 芬兰 | 3390 | 3480 | 3542 | 3338 | 3593 | 3772 | 3692 | 3751 | 3233 | 3244 | 3262 |
| 法国[55] | 66526 | 65123 | 65470 | 65691 | 65037 | 69426 | 66251 | 64633 | 63736 | 62272 | 61228 |
| 德国 | 47726 | 46983 | 45899 | 45940 | 47259 | 49046 | 49583 | 48164 | 49312 | 49297 | 48790 |
| 希腊[56] | 8804 | 9520 | 9898 | 9891 | 10995 | 11527 | 8859 | 7132 | 6310 | 6177 | 5939 |
| 匈牙利 | 2162 | 2141 | 1919 | 1955 | 1817 | 1619 | 1452 | 1472 | 1401 | 1245 | 1210 |
| 冰岛[57] | – | – | – | – | .. | 26.3 | 21.8 | 19.5 | 17.9 | .. | .. |
| 爱尔兰 | 1392 | 1410 | 1398 | 1408 | 1459 | 1440 | 1373 | 1301 | 1232 | 1220 | 1197 |
| 意大利[58] | 44011 | 42342 | 40976 | [39736] | [41160] | [40002] | 38876 | 38149 | 35436 | 32663 | 32657 |
| 拉脱维亚 | 382 | 444 | 559 | 609 | 597 | 379 | 287 | 297 | 281 | 307 | 299 |

| 国家 | 2004 | 2005 | 2006 | 2007 | 2008 | 2009 | 2010 | 2011 | 2012 | 2013 | 2013* |
|---|---|---|---|---|---|---|---|---|---|---|---|
| 立陶宛[59] | 418 | 456 | 504 | 550 | 567 | 428 | 357 | 345 | 345 | 357 | 355 |
| 卢森堡 | 311 | 314 | 308 | 319 | [294] | [293] | [360] | [307] | [316] | [306] | [305] |
| 前南马其顿共和国[60] | 181 | 169 | 161 | 186 | 171 | 167 | 142 | 132 | 125 | 125 | 127 |
| 马耳他† | 53.8 | 67.9 | 55.1 | 55.2 | 56.6 | 61.7 | 63.4 | 55.9 | 52.8 | 59.7 | 59.5 |
| 黑山[61] | .. | .. | [84.3] | 76.2 | 86.8 | 79.7 | 81.4 | 79.4 | 70.7 | 68.3 | 69.5 |
| 荷兰 | 11802 | 11821 | 12375 | 12541 | 12325 | 12590 | 12061 | 11654 | 11192 | 10258 | 10328 |
| 挪威 | 6764 | 6365 | 6352 | 6757 | 6794 | 7210 | 7099 | 7232 | 7363 | 7398 | 7235 |
| 波兰[62] | 7234 | 7733 | 8235 | 9309 | 8452 | 8912 | 9326 | 9455 | 9538 | 9431 | 9257 |
| 葡萄牙 | 4813 | 5102 | 4957 | 4744 | 4762 | 5205 | 5294 | 4866 | 4359 | 4842 | 4784 |
| 罗马尼亚 | 2549 | 2697 | 2779 | 2665 | 2937 | 2498 | 2300 | 2380 | 2566 | 2548 | 2521 |
| 塞尔维亚[63] | 1165 | 976 | 985 | 1110 | 1077 | 1059 | 1028 | 987 | [954] | [919] | [921] |
| 斯洛伐克† | 1303 | 1412 | 1432 | 1440 | 1474 | 1410 | 1233 | 1061 | 1061 | 988 | 994 |
| 斯洛文尼亚 | 662 | 675 | 773 | 778 | 823 | 829 | 825 | 666 | 573 | 544 | 545 |
| 西班牙 | 15230 | 15339 | 17932 | 18527 | 18584 | 17820 | 15977 | 13990 | 14700 | 12822 | 12765 |
| 瑞典 | 6962 | 7053 | 6943 | 7125 | 6337 | 6215 | 6726 | 6324 | 6459 | 6469 | 6519 |
| 瑞士†¶[64] | 5199 | 5117 | 4871 | 4902 | 5021 | 5016 | 4844 | 4974 | 4881 | 5321 | 5053 |
| 土耳其 | 16551 | 15668 | 16511 | 15924 | 16142 | 17276 | 16955 | 17181 | 17832 | 18682 | 19085 |

| 国家 | 2004 | 2005 | 2006 | 2007 | 2008 | 2009 | 2010 | 2011 | 2012 | 2013 | 2013 * |
|---|---|---|---|---|---|---|---|---|---|---|---|
| 英国 | 57665 | 58150 | 58527 | 60375 | 63070 | 64297 | 62942 | 60284 | 57717 | 56231 | 57891 |
| **中东** | | | | | | | | | | | |
| 巴林[65] | 559 | 553 | 602 | 637 | 688 | 774 | 774 | 878 | 928 | 1172 | 1236 |
| 埃及 | 4945 | 4936 | 5050 | 5086 | 3569 | 4597 | 4473 | 4287 | 4170 | 4303 | 4255 |
| 伊朗¶[66] | 12199 | 15128 | 16384 | 13636 | 10188 | 9809 | [11043] | [11007] | [9573] | .. | .. |
| 伊拉克[67] | (1886) | (2545) | (1828) | (2729) | 3407 | 3231 | 3789 | 5905 | 5688 | 7251 | 7896 |
| 以色列[68] | [16514] | [15898] | [16940] | [16691] | [16143] | [16562] | [15972] | [15510] | [15964] | [16019] | [16032] |
| 约旦 | 850 | 845 | 924 | 1290 | 1460 | 1539 | 1428 | 1385 | 1190 | 1078 | 1196 |
| 科威特 | 5225 | 5056 | 4998 | 5309 | 4888 | 4782 | 4716 | 5393 | 5855 | 5644 | 5815 |
| 黎巴嫩 | 1280 | [1300] | [1291] | [1417] | 1298 | 1564 | [1665] | 1627 | 1649 | [1709] | [1936] |
| 阿曼‡[69] | 4145 | 4997 | 5343 | 5413 | 5154 | 4822 | 5094 | 6668 | 11985 | 8738 | 9246 |
| 卡塔尔 | 1164 | 1229 | 1320 | 1700 | 2193 | 1938 | 1913 | .. | .. | .. | .. |
| 沙特§[70] | 28850 | 34763 | 39600 | 45617 | 44771 | 46011 | 47881 | 48531 | 54913 | 62760 | 66996 |
| 叙利亚[71] | 2326 | 2339 | 2104 | 2236 | 2027 | 2301 | 2366 | 2495 | .. | .. | .. |
| 阿联酋[72] | [10199] | [9304] | [9238] | [9816] | [11959] | [14080] | [17657] | [19182] | [18898] | .. | .. |
| 也门 | 1367 | 1405 | 1315 | 1572 | 1511 | .. | .. | 1164 | 1219 | 1074 | 1416 |

**注：** 注释见表 4.12 后面。

**表 4.12　2004—2013 年各国军费占国内生产总值的比例**

国家按地区和次地区分组。2013 年数据以国际货币组织《世界经济展望》杂志 2013 年 10 月数据库中对各国国民生产总值预期为基础，因此本年度数据相较于以往其他年份有可能存在较大的误差。

| 国家 | 2004 | 2005 | 2006 | 2007 | 2008 | 2009 | 2010 | 2011 | 2012 | 2013 |
|---|---|---|---|---|---|---|---|---|---|---|
| 非洲 | | | | | | | | | | |
| 北非 | | | | | | | | | | |
| 阿尔及利亚[1] | 3.3 | 2.8 | 2.6 | 2.9 | 3.0 | 3.8 | 3.5 | 4.4 | 4.5 | 4.8 |
| 利比亚[‡¶2] | 1.9 | 1.4 | 1.0 | 0.9 | 1.2 | .. | .. | .. | 3.3 | .. |
| 摩洛哥 | 3.4 | 3.4 | 3.3 | 3.2 | 3.3 | 3.4 | 3.5 | 3.4 | 3.5 | 3.8 |
| 突尼斯 | 1.6 | 1.5 | 1.4 | 1.3 | 1.3 | 1.3 | 1.3 | 1.5 | [1.8] | [2.0] |
| 撒哈拉以南非洲 | | | | | | | | | | |
| 安哥拉 | 4.1 | 4.5 | 4.4 | 3.4 | 3.7 | 4.3 | 4.2 | 3.5 | 3.6 | 4.8 |
| 贝宁 | 1.0 | 1.0 | 1.0 | .. | 1.0 | .. | .. | .. | 1.1 | 1.0 |
| 博茨瓦纳 | 3.1 | 2.9 | 2.7 | 2.8 | 3.0 | 3.3 | 2.5 | 2.4 | 2.3 | 2.0 |
| 布基纳法索[†] | 1.1 | 1.2 | 1.4 | 1.6 | 1.9 | 1.3 | 1.3 | 1.3 | 1.3 | 1.4 |
| 布隆迪[3] | 6.6 | 4.4 | 3.5 | 3.4 | 2.7 | .. | .. | .. | 2.4 | 2.3 |

| 国家 | 2004 | 2005 | 2006 | 2007 | 2008 | 2009 | 2010 | 2011 | 2012 | 2013 |
|---|---|---|---|---|---|---|---|---|---|---|
| 佛得角 | 0.7 | 0.7 | 0.6 | 0.6 | 0.5 | 0.6 | 0.6 | 0.6 | .. | 0.5 |
| 喀麦隆[§] | 1.4 | 1.3 | 1.4 | 1.5 | 1.4 | 1.4 | 1.5 | 1.3 | 1.3 | 1.3 |
| 中非共和国[‡4] | 1.2 | 1.1 | .. | 1.1 | 1.5 | 1.7 | 2.5 | .. | .. | .. |
| 乍得[5] | 1.1 | 0.9 | .. | 5.5 | 7.1 | 6.2 | [2.8] | [2.6] | .. | .. |
| 刚果民主共和国[6] | 2.1 | 2.3 | 2.4 | 2.1 | 1.4 | 1.1 | 1.4 | 1.5 | 1.8 | 2.3 |
| 刚果共和国[§] | 1.7 | 1.3 | 1.1 | 1.4 | 1.4 | .. | 1.2 | .. | .. | .. |
| 科特迪瓦 | 1.5 | 1.5 | 1.5 | 1.6 | 1.6 | 1.8 | 1.7 | 1.5 | [1.7] | .. |
| 吉布提 | 5.6 | 6.4 | [6.4] | 4.1 | 3.7 | .. | .. | .. | .. | .. |
| 赤道几内亚 | .. | .. | .. | 1.8 | 1.9 | 3.7 | .. | .. | .. | .. |
| 厄立特里亚 | .. | .. | .. | .. | .. | .. | .. | .. | .. | .. |
| 埃塞俄比亚 | 2.5 | 2.3 | 1.7 | 1.3 | 1.1 | 1.0 | 0.9 | 0.8 | 0.7 | 0.7 |
| 加蓬[7] | 1.7 | 1.3 | 1.1 | (1.1) | .. | .. | 0.9 | .. | 1.4 | 1.3 |
| 冈比亚[‡8] | 0.4 | 0.5 | 0.4 | 0.6 | .. | .. | .. | .. | .. | .. |
| 加纳[9] | 0.4 | 0.4 | 0.4 | 0.5 | 0.4 | 0.4 | 0.4 | 0.2 | 0.3 | 0.6 |

| 国家 | 2004 | 2005 | 2006 | 2007 | 2008 | 2009 | 2010 | 2011 | 2012 | 2013 |
|---|---|---|---|---|---|---|---|---|---|---|
| 几内亚[10] | 2.0 | .. | .. | .. | .. | .. | .. | .. | .. | .. |
| 几内亚比绍 | .. | 2.1 | .. | .. | .. | 1.7 | 2.0 | 1.8 | 1.8 | .. |
| 肯尼亚 | 1.6 | 1.7 | 1.7 | 1.8 | 1.9 | 1.9 | 1.9 | 1.9 | 2.1 | 1.9 |
| 莱索托 | 2.5 | 2.5 | 2.5 | 2.5 | 1.7 | 2.8 | 3.2 | 2.3 | 2.2 | 2.0 |
| 利比里亚 | .. | 1.2 | 0.5 | 0.4 | 0.4 | 0.6 | 0.7 | 0.9 | 0.8 | 0.7 |
| 马达加斯加[11] | 1.2 | 1.1 | 1.0 | 1.1 | 1.1 | 0.8 | 0.7 | 0.7 | 0.7 | 0.5 |
| 马拉维 | 0.8 | 1.4 | 1.0 | 0.9 | 1.0 | 1.2 | .. | [0.8] | [1.3] | [1.4] |
| 马里 | [1.6] | 1.6 | 1.6 | 1.5 | 1.6 | 1.6 | 1.6 | 1.5 | 1.5 | 1.4 |
| 毛里塔尼亚‡ | 3.8 | 3.1 | 2.7 | .. | 3.5 | 4.0 | .. | .. | .. | 4.0 |
| 毛里求斯[12] | 0.2 | 0.2 | 0.2 | 0.1 | 0.2 | 0.2 | 0.2 | 0.2 | 0.1 | 0.2 |
| 莫桑比克 | 1.4 | 0.9 | 0.8 | 0.9 | 0.8 | 0.9 | 0.9 | .. | .. | .. |
| 纳米比亚 | 2.5 | 2.6 | 2.5 | 2.6 | 3.0 | 3.4 | 3.6 | 3.5 | 3.2 | 3.3 |
| 尼日尔 | 1.1 | 1.0 | .. | .. | 1.0 | .. | 0.8 | .. | 1.0 | .. |
| 尼日利亚 | 0.7 | 0.6 | 0.5 | 0.6 | 0.8 | 0.9 | 1.0 | 1.1 | 1.0 | 1.0 |

| 国家 | 2004 | 2005 | 2006 | 2007 | 2008 | 2009 | 2010 | 2011 | 2012 | 2013 |
|---|---|---|---|---|---|---|---|---|---|---|
| 卢旺达[13] | 2.0 | 1.7 | 1.8 | 1.5 | 1.4 | 1.4 | 1.3 | 1.2 | 1.1 | 1.1 |
| 塞内加尔[§¶] | 1.3 | 1.4 | 1.6 | 1.7 | 1.6 | 1.6 | 1.6 | .. | .. | 1.5 |
| 塞舌尔 | 1.9 | 1.6 | 1.4 | 1.5 | 1.2 | 1.0 | 0.7 | 0.8 | 0.9 | 1.0 |
| 塞拉利昂 | 1.6 | 1.4 | [1.5] | [1.4] | [1.0] | [1.1] | [1.0] | [0.8] | 0.6 | 0.6 |
| 索马里 | .. | .. | .. | .. | .. | .. | .. | .. | .. | .. |
| 南非 | 1.4 | 1.4 | 1.3 | 1.2 | 1.2 | 1.3 | 1.2 | 1.1 | 1.2 | 1.2 |
| 南苏丹[14] | .. | .. | .. | .. | .. | .. | 4.3 | 5.8 | 9.4 | .. |
| 苏丹[‡15] | 4.7 | 3.3 | 3.4 | .. | .. | .. | .. | .. | .. | .. |
| 斯威士兰[‡16] | 1.7 | 2.0 | 1.9 | 1.8 | [2.1] | [3.0] | [3.0] | [2.8] | [2.8] | [2.9] |
| 坦桑尼亚 | 1.0 | 1.0 | 1.0 | 1.0 | 0.9 | 1.0 | 1.2 | 1.3 | 1.2 | 1.2 |
| 多哥 | 1.6 | 1.6 | .. | .. | 1.8 | .. | 1.8 | 1.6 | .. | .. |
| 乌干达 | 2.5 | 2.4 | 2.2 | 2.0 | 2.2 | 2.0 | 3.8 | [4.4] | [2.5] | [2.2] |
| 赞比亚 | [1.9] | 2.0 | 1.9 | 1.3 | 2 | 1.7 | 1.7 | 1.6 | 1.6 | 1.7 |
| 津巴布韦[17] | 4.1 | 2.1 | (2.9) | .. | .. | .. | 1.3 | 2.2 | 3.2 | 3.4 |

| 国家 | 2004 | 2005 | 2006 | 2007 | 2008 | 2009 | 2010 | 2011 | 2012 | 2013 |
|---|---|---|---|---|---|---|---|---|---|---|
| 美洲 | | | | | | | | | | |
| 中美和加勒比地区 | | | | | | | | | | |
| 伯利兹 | 0.9 | 1.0 | 1.0 | 1.1 | 1.4 | 1.3 | 1.1 | 1.1 | 1.0 | 1.0 |
| 哥斯达黎加[18] | – | – | – | – | – | – | – | – | – | – |
| 古巴[19] | .. | .. | .. | .. | .. | .. | .. | .. | .. | .. |
| 多米尼加共和国 | 0.7 | 0.8 | 0.7 | 0.7 | 0.7 | 0.7 | 0.7 | 0.6 | 0.6 | 0.6 |
| 萨尔瓦多[20] | 0.7 | 0.7 | 0.7 | 0.7 | 0.7 | 0.7 | 0.7 | 0.8 | 0.8 | [0.8] |
| 危地马拉 | 0.5 | 0.4 | 0.4 | 0.4 | 0.4 | 0.4 | 0.4 | 0.4 | 0.4 | 0.5 |
| 海地 | – | – | – | – | – | – | – | – | – | – |
| 洪都拉斯[21] | [0.7] | [0.6] | 0.7 | 0.8 | 1.0 | 1.1 | 1.1 | 1.1 | 1.0 | 1.2 |
| 牙买加 | 0.5 | 0.5 | 0.6 | 0.7 | 0.9 | 0.9 | 0.9 | 0.9 | 0.9 | 0.8 |
| 墨西哥 | 0.4 | 0.4 | 0.4 | 0.5 | 0.4 | 0.5 | 0.6 | 0.6 | 0.6 | 0.6 |
| 尼加拉瓜[22] | 0.7 | 0.7 | 0.5 | 0.5 | 0.5 | 0.5 | 0.5 | 0.5 | 0.7 | 0.8 |
| 巴拿马 | – | – | – | – | – | – | – | – | – | – |

| 国家 | 2004 | 2005 | 2006 | 2007 | 2008 | 2009 | 2010 | 2011 | 2012 | 2013 |
|---|---|---|---|---|---|---|---|---|---|---|
| 特里尼达和多巴哥 | 0.3 | 0.5 | 0.5 | 0.5 | 0.6 | 1.3 | .. | .. | .. | .. |
| 北美 | | | | | | | | | | |
| 加拿大 | 1.1 | 1.1 | 1.2 | 1.2 | 1.3 | 1.4 | 1.2 | 1.2 | 1.1 | 1.0 |
| 美国[23] | 3.9 | 4.0 | 3.9 | 4.0 | 4.3 | 4.8 | 4.8 | 4.7 | 4.4 | 3.8 |
| 南美 | | | | | | | | | | |
| 阿根廷 | 1.0 | 0.9 | 0.9 | 0.9 | 0.8 | 1.0 | 0.9 | 0.9 | 1.0 | [0.9] |
| 玻利维亚[24] | 1.9 | 1.8 | 1.6 | 1.7 | 2.0 | 2.0 | 1.7 | 1.5 | 1.5 | 1.5 |
| 巴西 | 1.5 | 1.5 | 1.5 | 1.5 | 1.5 | 1.6 | 1.6 | 1.5 | 1.5 | 1.4 |
| 智利[§25] | 2.5 | 2.4 | 2.4 | 2.3 | 2.5 | 2.2 | 2.2 | 2.2 | 2 | [1.9] |
| 哥伦比亚[26] | 3.5 | 3.4 | 3.3 | 3.3 | 3.7 | 3.9 | 3.6 | 3.1 | 3.2 | 3.4 |
| 厄瓜多尔 | 0.7 | 0.9 | 0.8 | 1.1 | 1.2 | 1.4 | 1.4 | 1.5 | 1.8 | 1.7 |
| 圭亚那[‡27] | 1.8 | 1.9 | 1.8 | 2.0 | 2.2 | 2.3 | 1.3 | 1.2 | 1.1 | 1.1 |
| 巴拉圭 | [1.1] | [0.9] | [1.0] | 1.0 | 1.0 | 1.1 | 1.1 | 1.2 | 1.3 | 1.6 |
| 秘鲁[28] | 1.4 | 1.5 | 1.3 | 1.2 | 1.1 | 1.4 | 1.3 | 1.1 | 1.3 | 1.4 |

| 国家 | 2004 | 2005 | 2006 | 2007 | 2008 | 2009 | 2010 | 2011 | 2012 | 2013 |
|---|---|---|---|---|---|---|---|---|---|---|
| 乌拉圭 | 2.1 | 2.1 | 2.1 | 1.8 | 2.0 | 2.2 | 2.0 | 1.9 | 1.9 | 1.9 |
| 委内瑞拉[29] | 1.3 | 1.4 | 1.6 | 1.3 | 1.4 | 1.2 | 0.9 | 0.8 | 1.3 | 1.4 |
| **亚洲和大洋洲** | | | | | | | | | | |
| 中亚和南亚 | | | | | | | | | | |
| 阿富汗[30] | [2.2] | 1.8 | 1.8 | 2.4 | 2.2 | 2.0 | 3.7 | 4.8 | 3.6 | 6.3 |
| 孟加拉国 | 1.1 | 1.0 | 1.0 | 1.0 | 1.0 | 1.1 | 1.2 | 1.3 | 1.3 | 1.2 |
| 印度[31] | 2.8 | 2.8 | 2.5 | 2.3 | 2.6 | 2.9 | 2.7 | 2.6 | 2.5 | 2.5 |
| 哈萨克斯坦 | 1.0 | 1.0 | 1.0 | 1.3 | 1.1 | 1.1 | 1.1 | 1.0 | [1.2] | 1.3 |
| 吉尔吉斯斯坦[32] | 2.8 | 3.1 | 3.2 | 3.1 | 2.9 | 3.2 | 3.8 | 3.4 | 3.3 | 3.3 |
| 尼泊尔¶ | 1.6 | 1.7 | 1.6 | 1.4 | 1.3 | 1.4 | 1.4 | 1.4 | 1.3 | 1.3 |
| 巴基斯坦‡[33] | [3.7] | [3.6] | [3.5] | 3.2 | 2.9 | 2.9 | 2.8 | [2.9] | 3.0 | 3.0 |
| 斯里兰卡 | 3.0 | 2.6 | 2.8 | 3.3 | 3.7 | 3.6 | 3.1 | 3.0 | 2.6 | 2.8 |
| 塔吉克斯坦 | 2.2 | .. | .. | .. | .. | .. | .. | .. | .. | .. |
| 土库曼斯坦 | .. | .. | .. | .. | .. | .. | .. | .. | .. | .. |

| 国家 | 2004 | 2005 | 2006 | 2007 | 2008 | 2009 | 2010 | 2011 | 2012 | 2013 |
|---|---|---|---|---|---|---|---|---|---|---|
| 乌兹别克斯坦 | .. | .. | .. | .. | .. | .. | .. | .. | .. | .. |
| 东亚 | | | | | | | | | | |
| 中国[34] | [2.1] | [2.1] | [2.1] | [2.1] | [2.0] | [2.2] | [2.1] | [2.0] | [2.0] | [2.0] |
| 日本†[35] | 1.0 | 1.0 | 1.0 | 1.0 | 1.0 | 1.0 | 1.0 | 1.0 | 1.0 | 1.0 |
| 朝鲜[36] | .. | .. | .. | .. | .. | .. | .. | .. | .. | .. |
| 韩国[37] | [2.5] | 2.6 | 2.6 | 2.6 | 2.8 | 2.9 | 2.7 | 2.8 | 2.8 | 2.8 |
| 蒙古国 | 1.4 | 1.2 | 1.1 | 1.3 | 1.2 | 0.8 | 0.9 | 1.0 | 1.1 | .. |
| 中国台湾（地区） | 2.3 | 2.2 | 2.0 | 2.1 | 2.2 | 2.4 | 2.1 | 2.2 | 2.3 | 2.2 |
| 大洋洲 | | | | | | | | | | |
| 澳大利亚 | 1.8 | 1.8 | 1.8 | 1.8 | 1.8 | 1.9 | 1.9 | 1.8 | 1.7 | 1.6 |
| 斐济† | 1.7 | 1.4 | 1.7 | 2.2 | 1.5 | 1.8 | 1.6 | 1.5 | 1.4 | 1.3 |
| 新西兰 | 1.0 | 1.0 | 1.0 | 1.0 | 1.1 | 1.1 | 1.1 | 1.1 | 1.0 | 1.0 |
| 巴布亚新几内亚‡[38] | 0.6 | 0.6 | 0.5 | 0.6 | 0.5 | 0.6 | 0.5 | 0.6 | 0.6 | 0.5 |
| 东南亚 | | | | | | | | | | |
| 文莱 | 2.5 | 2.6 | 2.6 | 2.6 | 2.5 | 3.3 | 3.2 | 2.5 | 2.5 | 2.5 |

| 国家 | 2004 | 2005 | 2006 | 2007 | 2008 | 2009 | 2010 | 2011 | 2012 | 2013 |
|---|---|---|---|---|---|---|---|---|---|---|
| 柬埔寨 | 1.3 | 1.2 | 1.3 | 1.1 | 1.2 | 2.3 | 1.6 | 1.6 | 1.6 | 1.6 |
| 印度尼西亚[39] | [0.9] | 0.8 | 0.7 | 0.8 | 0.6 | 0.6 | 0.7 | 0.7 | 0.9 | 0.9 |
| 老挝 | (0.5) | (0.4) | (0.4) | (0.4) | (0.3) | (0.3) | (0.3) | (0.2) | (0.2) | .. |
| 马来西亚 | 2.3 | 2.2 | 2.0 | 2.1 | 1.9 | 2.0 | 1.6 | 1.7 | 1.5 | 1.5 |
| 缅甸[40] | 1.9 | 1.6 | .. | .. | .. | .. | .. | 2.6 | 4.6 | 4.5 |
| 菲律宾[41] | [1.4] | 1.3 | 1.3 | 1.3 | 1.3 | 1.3 | 1.2 | 1.2 | 1.2 | [1.3] |
| 新加坡 | 4.5 | 4.4 | 4.0 | 3.7 | 3.9 | 4.0 | 3.5 | 3.4 | 3.4 | 3.4 |
| 泰国 | 1.1 | 1.1 | 1.1 | 1.3 | 1.6 | 1.9 | 1.5 | 1.6 | 1.5 | 1.5 |
| 东帝汶[42] | .. | 0.3 | 0.5 | [0.7] | 0.5 | 0.9 | 0.5 | 0.3 | 0.4 | 0.4 |
| 越南[43] | 2.0 | 1.9 | 2.1 | 2.5 | 2.3 | 2.5 | 2.5 | 2.2 | (2.4) | (2.3) |
| 欧洲 | | | | | | | | | | |
| 东欧 | | | | | | | | | | |
| 亚美尼亚†[44] | 2.7 | 2.9 | 2.9 | 3.0 | 3.4 | 4.2 | 4.3 | 3.9 | 3.8 | [4.0] |
| 阿塞拜疆[45] | [2.6] | 2.3 | 3.4 | 2.9 | 3.3 | 3.3 | 2.8 | 4.7 | 4.7 | 4.7 |

| 国家 | 2004 | 2005 | 2006 | 2007 | 2008 | 2009 | 2010 | 2011 | 2012 | 2013 |
|---|---|---|---|---|---|---|---|---|---|---|
| 白俄罗斯 | 1.4 | 1.5 | 1.7 | 1.6 | 1.5 | 1.4 | 1.4 | 1.3 | 1.2 | 1.3 |
| 格鲁吉亚† | 1.4 | 3.3 | 5.2 | 9.2 | 8.5 | 5.6 | 3.9 | [3.2] | [2.9] | [2.8] |
| 摩尔多瓦†¶46 | 0.4 | 0.4 | 0.5 | 0.5 | 0.6 | 0.5 | 0.3 | 0.3 | 0.3 | 0.3 |
| 俄罗斯47 | [3.5] | [3.6] | [3.5] | [3.4] | [3.3] | [4.1] | [3.8] | [3.7] | [3.9] | [4.1] |
| 乌克兰§48 | 2.6 | 2.8 | 2.8 | 2.9 | 2.7 | [2.9] | [2.7] | [2.4] | [2.6] | [3.0] |
| 西欧和中欧 | | | | | | | | | | |
| 阿尔巴尼亚§¶49 | 1.4 | 1.4 | 1.6 | 1.8 | 2.0 | 2.1 | 1.6 | 1.5 | 1.5 | 1.3 |
| 奥地利 | 0.9 | 0.9 | 0.8 | 0.9 | 0.9 | 0.9 | 0.8 | 0.8 | 0.8 | 0.8 |
| 比利时 | 1.2 | 1.1 | 1.1 | 1.1 | 1.2 | 1.2 | 1.1 | 1.1 | 1.1 | 1.0 |
| 波黑†¶50 | 1.9 | 1.5 | 1.3 | 1.1 | 1.1 | 1.2 | 1.2 | 1.0 | 1.0 | 0.9 |
| 保加利亚†51 | 2.6 | 2.4 | 2.3 | 2.5 | 2.0 | 2.0 | 1.9 | 1.5 | 1.6 | 1.6 |
| 克罗地亚52 | 1.8 | 1.8 | 1.7 | 1.6 | 1.9 | 1.8 | 1.7 | [1.8] | 1.7 | 1.6 |
| 塞浦路斯† | 2.1 | 2.2 | 2.1 | 1.9 | 1.8 | 2.0 | 2.1 | 1.9 | 1.8 | 2.1 |
| 捷克共和国53 | 1.9 | 2.0 | 1.7 | 1.6 | 1.3 | 1.4 | 1.3 | 1.1 | 1.1 | 1.1 |

| 国家 | 2004 | 2005 | 2006 | 2007 | 2008 | 2009 | 2010 | 2011 | 2012 | 2013 |
|---|---|---|---|---|---|---|---|---|---|---|
| 丹麦 | 1.5 | 1.3 | 1.4 | 1.3 | 1.4 | 1.4 | 1.4 | 1.4 | 1.4 | 1.4 |
| 爱沙尼亚[54] | 1.7 | 1.9 | 1.9 | 2.1 | 2.1 | 2.3 | 1.8 | 1.7 | 2.0 | 2.0 |
| 芬兰 | 1.4 | 1.4 | 1.4 | 1.2 | 1.3 | 1.5 | 1.4 | 1.4 | 1.2 | 1.2 |
| 法国[55] | 2.6 | 2.5 | 2.4 | 2.3 | 2.3 | 2.6 | 2.4 | 2.3 | 2.3 | 2.2 |
| 德国 | 1.4 | 1.4 | 1.3 | 1.3 | 1.3 | 1.4 | 1.4 | 1.3 | 1.4 | 1.4 |
| 希腊[56] | 2.7 | 2.9 | 2.9 | 2.8 | 3.1 | 3.3 | 2.7 | 2.4 | 2.3 | 2.4 |
| 匈牙利 | 1.5 | 1.4 | 1.3 | 1.3 | 1.2 | 1.2 | 1.1 | 1.1 | 1.1 | 0.9 |
| 冰岛[57] | - | - | - | - | .. | 0.2 | 0.2 | 0.1 | 0.1 | .. |
| 爱尔兰 | 0.6 | 0.6 | 0.5 | 0.5 | 0.6 | 0.6 | 0.6 | 0.6 | 0.6 | 0.5 |
| 意大利[58] | 2.0 | 1.9 | 1.8 | [1.7] | [1.8] | [1.8] | 1.8 | 1.7 | 1.7 | 1.6 |
| 拉脱维亚 | 1.7 | 1.7 | 1.9 | 1.7 | 1.7 | 1.4 | 1.1 | 1.0 | 0.9 | 1.0 |
| 立陶宛[59] | 1.2 | 1.2 | 1.2 | 1.1 | 1.1 | 1.1 | 0.9 | 0.8 | 0.8 | 0.8 |
| 卢森堡 | 0.7 | 0.6 | 0.6 | 0.6 | [0.5] | [0.6] | [0.6] | [0.5] | [0.5] | [0.5] |
| 前南马其顿共和国[60] | 2.5 | 2.1 | 1.9 | 2.0 | 1.8 | 1.7 | 1.4 | 1.3 | 1.2 | 1.2 |

| 国家 | 2004 | 2005 | 2006 | 2007 | 2008 | 2009 | 2010 | 2011 | 2012 | 2013 |
|---|---|---|---|---|---|---|---|---|---|---|
| 马耳他† | 0.7 | 0.9 | 0.7 | 0.7 | 0.6 | 0.7 | 0.7 | 0.6 | 0.6 | 0.6 |
| 黑山[61] | .. | .. | [2.3] | 1.7 | 1.9 | 1.9 | 1.8 | 1.8 | 1.6 | 1.5 |
| 荷兰 | 1.5 | 1.5 | 1.5 | 1.5 | 1.4 | 1.5 | 1.4 | 1.4 | 1.4 | 1.3 |
| 挪威 | 1.9 | 1.6 | 1.5 | 1.5 | 1.4 | 1.6 | 1.5 | 1.5 | 1.4 | 1.4 |
| 波兰[62] | 1.9 | 1.9 | 1.9 | 2.0 | 1.8 | 1.8 | 1.9 | 1.8 | 1.8 | 1.8 |
| 葡萄牙 | 2.0 | 2.1 | 2.0 | 1.9 | 1.9 | 2.1 | 2.1 | 2.0 | 1.9 | 2.2 |
| 罗马尼亚 | 2.0 | 2.0 | 1.8 | 1.5 | 1.5 | 1.4 | 1.3 | 1.3 | 1.4 | 1.3 |
| 塞尔维亚[63] | 3.1 | 2.5 | 2.4 | 2.5 | 2.3 | 2.4 | 2.4 | 2.3 | [2.2] | [2.1] |
| 斯洛伐克† | 1.7 | 1.7 | 1.6 | 1.5 | 1.5 | 1.5 | 1.3 | 1.1 | 1.1 | 1.0 |
| 斯洛文尼亚 | 1.5 | 1.4 | 1.6 | 1.5 | 1.5 | 1.6 | 1.6 | 1.3 | 1.2 | 1.2 |
| 西班牙 | 1.1 | 1.0 | 1.2 | 1.2 | 1.2 | 1.2 | 1.1 | 0.9 | 1.1 | 0.9 |
| 瑞典 | 1.5 | 1.5 | 1.4 | 1.4 | 1.2 | 1.2 | 1.3 | 1.2 | 1.2 | 1.2 |
| 瑞士†¶[64] | 0.9 | 0.9 | 0.8 | 0.8 | 0.8 | 0.8 | 0.7 | 0.8 | 0.7 | 0.8 |
| 土耳其 | 2.8 | 2.5 | 2.5 | 2.3 | 2.3 | 2.6 | 2.4 | 2.2 | 2.3 | 2.3 |

| 国家 | 2004 | 2005 | 2006 | 2007 | 2008 | 2009 | 2010 | 2011 | 2012 | 2013 |
|---|---|---|---|---|---|---|---|---|---|---|
| 英国 | 2.4 | 2.4 | 2.3 | 2.3 | 2.4 | 2.6 | 2.5 | 2.4 | 2.4 | 2.3 |
| **中东** | | | | | | | | | | |
| 巴林[65] | 3.6 | 3.0 | 2.9 | 2.7 | 2.6 | 3.3 | 3.0 | 3.0 | 3.1 | 3.9 |
| 埃及 | 3.0 | 2.9 | 2.7 | 2.5 | 2.3 | 2.1 | 2.0 | 1.9 | 1.7 | 1.7 |
| 伊朗¶[66] | 3.1 | 3.5 | 3.5 | 2.7 | 2.1 | 2.2 | [2.2] | [2.1] | [1.9] | .. |
| 伊拉克[67] | (1.7) | (2.2) | (1.9) | (2.2) | 2.2 | 2.7 | 2.6 | 3.3 | 2.8 | 3.6 |
| 以色列[68] | [8.7] | [8.0] | [7.8] | [7.2] | [6.9] | [6.9] | [6.4] | [6.0] | [5.8] | [5.6] |
| 约旦 | 5.1 | 4.8 | 4.7 | 6.0 | 6.1 | 5.9 | 5.0 | 4.8 | 4.0 | 3.5 |
| 科威特 | 5.8 | 4.3 | 3.5 | 3.6 | 3.0 | 4.0 | 3.6 | 3.4 | 3.2 | 3.2 |
| 黎巴嫩 | 4.4 | [4.4] | [4.5] | [4.6] | 3.9 | 4.1 | [4.2] | 4.1 | 4.2 | [4.4] |
| 阿曼‡[69] | 12.1 | 11.8 | 11.0 | 10.3 | 7.6 | 9.3 | 8.3 | 9.5 | 15.8 | 11.3 |
| 卡塔尔 | 2.4 | 2.0 | 1.8 | 2.0 | 2.0 | 2.0 | 1.5 | .. | .. | .. |
| 沙特§[70] | 8.1 | 7.7 | 7.7 | 8.5 | 7.4 | 9.6 | 8.6 | 7.2 | 7.9 | 9.3 |
| 叙利亚[71] | 5.5 | 5.0 | 4.4 | 4.1 | 3.6 | 4.0 | 4.1 | .. | .. | .. |

| 国家 | 2004 | 2005 | 2006 | 2007 | 2008 | 2009 | 2010 | 2011 | 2012 | 2013 |
|---|---|---|---|---|---|---|---|---|---|---|
| 阿联酋[72] | [4.6] | [3.7] | [3.2] | [3.3] | [3.7] | [5.1] | [5.7] | [5.2] | [4.7] | .. |
| 也门 | 4.7 | 4.3 | 3.6 | 4.1 | 3.9 | .. | .. | 3.0 | 3.4 | 2.9 |

.. 表示数据不可得或不适用；－表示数值为零或可忽略不计；() 为不确定的数字；[ ] 为 SIPRI 估计数；/表示财政年度变更；||| 为数列中断（该符号之前的数字可能与其后的数字没有关联）。

a 表示财政年度跨度为日历年首年 4 月至次年 3 月；

b 表示财政年度跨度为日历年首年 7 月至次年 6 月；

†表示该国军费中未包括退休、养老金；

‡表示该国数据仅包括经费流通性开支（即未含资本支出）；

§表示该国的数字仅为预算金额而非实际支出。

¶表示该国数据不包含准军事力量的开支；

|| 表示该国在本时间段内更换货币或改变币值，表中所有数据已转换为最新币值。

**注释**

1. 阿尔及利亚的数据为预算数据。2006 年 7 月，阿尔及利亚政府发布追加预算，使其政府总开支增加了 35%。但这些增加的预算中是否有一部分拨给了军队并不清楚。

2. 利比亚的数据不包括发展支出，该国 2008 年用于发展的支出高达 10 亿第纳尔。2012—2013 年的数据与往年数据并不存在可比性。

3. 布隆迪 2012 年军事投入经费为 45 亿非洲法郎，2013 年为 71.52 亿非洲法郎。

4. 中非共和国的数据并不包括投资支出，该支出数额在 2005 年为 77.5 万非洲法郎。

5. 由于东部地区的冲突，乍得在 2005 年之后军费增长较大，其额外支出从石油收入增拨。该国 2006 年的数据不可得，但根据已有信息判断，2006 年的军费比 2005 年增加很多，2007 年的军费相比 2006 年的增幅稍小一些。

6. 刚果民主共和国的数据未纳入该国军队运营众多矿场所得的利润。

7. 加蓬的数据未包括预算外支出，这些预算外支出由国外石油公司在加蓬活动运作所交税收而形成的投资基金提供。

8. 冈比亚财政部长2009财年预算讲话表明国防部预算2008年为3.81亿达拉西，2009年为1.89亿达拉西。然而，这一数据反映的是与之前不尽相同的军费开支定义，暗示着2008年的军费实际上有一个相当大的增长，因此它们并不能用于构成前后一致的系列数据。

9. 加纳2006年至2013年数据为获准通过的预算，非当年实际支出。国际货币基金组织所估算的加纳国民生产总值在2012年进行了大幅上调修订，因此，表4.12中所示的加纳军费开支占国民生产总值的比例数据较截至2012年的各卷《SIPRI年鉴》所引数据有大幅下降。

10. 几内亚的数据可能有些低估，因为据国际货币基金组织（IMF）报告，该国为军队提供了大额预算外资金。

11. 马达加斯加的数据包括用于宪兵和国家警察的支出。

12. 毛里求斯于2010年改变了它财年的划分，由7月至次年6月改为1月至12月。以当地货币表示的2009年军费是其自当年7月至12月为期6个月的过渡财年数据。

13. 卢旺达于2009年变更了财政年度设置，财政年度从1月至当年12月制，改为7月至次年6月制。以当地货币表示的该国2009年数据，是2009年1—6月为期6个月的特殊财年数据（206亿卢旺达法郎）和首个七月至次年六月为期的财年（2009—2010财年）数据（436亿卢旺达法郎）。2005年及2006年的数据包括用于非盟维和行动的款项。

14. 南苏丹于2011年7月9日从苏丹独立出来。依据《2005年全面和平协定》的约定，在2011年举行全民公决最终决定南苏丹的独立地位之前，南苏丹由苏丹国家范围内的南苏丹自治政府（GOSS）进行管辖。2006—2010年的数据为南苏丹自治政府用于苏丹人民解放军（SPLA）的军费开支情况。独立后，南苏丹用发行新货币南苏丹镑代替了苏丹镑，由于新货币与老货币按1:1等值兑换，因此并未对数据产生影响。

15. 苏丹的数据包括防务及安全支出。2006—2010年的数据不包括南苏丹政府的军费支出。另见注释14。

16. 斯威士兰2008—2013年的数据，是根据该国国防、公共秩序和安全预算估算得出的，具有极大的不确定性。

17. 津巴布韦于2009年4月弃用津巴布韦元，而目前主要使用美元。津巴布韦所有数据都是按当年美元市场汇率转换而来。2009年前以美元固定价格统计的数字是按国际货币基金组织提供的以美元为单位的模糊消费者物价指数的数值计算得出的。

18. 哥斯达黎加没有武装部队。该国用于准军事力量、边境警卫、海上及空中监视的支出低于国民生产总值的0.05%。

19. 古巴的数据包括防务和内卫开支。表4.11中的该国数据并非用2011年固定价格美元表示，而是按官方汇率逐年转换为现值美元的，之所以这样做，是因为我们不掌握该国通货膨胀的情况。由于缺乏古巴国民生产总值的可靠数据，我们没有给出该国军费开支占国民生产总值的比重。

20. 萨尔瓦多的数据包括截至2012年武装部队养老金基金中的军队养老金。2013年数据包含了大体估算为1.104亿美元的养老金费用，这与2012年的实际开销是相同的。由于这些养老金费用还包含了该基金进行的商业投资额，其中2010年为1700万美元，因此会显得有一点高。

21. 洪都拉斯的数据不包括进口武器费用。

22. 尼加拉瓜的数据包括中国台湾地区及美国向其提供的军事援助，2004—2009年该国接受的上述军援数额分别为：1360万、1110万、730万、2880万、1220万和1160万科多巴。

23. 美国的所有数据均按财年给出（从当年10月1日至次年9月30日），而不是按自然年计算。

24. 玻利维亚的数据包括一些民防支出。

25. 智利的数据包括从国有的铜业公司（CODELCO）直接划拨的用于军事采购的款项。从2004年起，国防部就将这些款项中未花完的部分存起来，并于2011年划归为战略应急费用以备未来装备采购之需。SIPRI的数据继续按从铜业公司（CODELCO）直接划拨来的金额计算而不是实际开销。

26. 哥伦比亚2002—2007年的数据包括25亿比索的特别拨款，其拨款的依据是2002年8月12日发布的战争税法。特别拨款中的大部分已在2002—2004年花掉了。

27. 圭亚那的数据不包括资本支出，这些支出从2004年至2006年分别为1.54亿、1.55亿和1.72亿圭亚那元。

28. 秘鲁2005年以来的数据不包括该国国有天然气公司CAMISEA为武装力量和国民警察划拨出其总收入的20%。

29. 委内瑞拉的数据不包括国家发展基金（FONDEN）提供的数目不详的额外开支。该基金创建于2005年，由委央行和国有石油公司PDVSA向其提供资金。

30. 阿富汗的财年周期是本年3月至次年2月。阿富汗的数据是用于国家军队的核心预算，外国对阿军援未包括在内。2009年，美国对阿军援就高达40亿美元，16倍于该国自身的军费开支。

31. 印度的数据包括边境安全部队、中央后备警察部队、阿萨姆步枪队和印度—中国边境警察部队等准军事部队的开支；2007年起，还包括边境守卫部队SSB的经费。但数据中不包括印度军用核活动的开支。

32. 吉尔吉斯斯坦的数据包括用于国内安全的支出，这部分占军费总额很大比例。

33. 巴基斯坦的数据不包括公共部门发展计划中的国防开支，该项支出在2008年至2013年分别为23亿、50亿、39亿、14亿、18亿和42亿卢比。巴基斯坦的数据较前些年《SIPRI年鉴》使用的数据有了一定修改，将该国用于准军事部队——国民武装警察、海岸警卫队和巴基斯坦别动队的支出包括了进来。

34. 中国的数据是估算的军费开支总额，包括那些官方国防预算并未列入的项目。这些数据是基于：（1）官方军费开支的公开数据以及对外公布的其他数据；（2）基于官方数据，使用王绍光在《SIPRI 年鉴 1999》的“中国的军费开支，1989—1998 年”一文中提出的方法进行估算；（3）对于最近几年，无法获得某类项目官方数据时，如官方军费开支中的比例变化、相同领域最新的花费趋向、或是中国人民解放军的商业收入等，则基于逐步下降的假设之上的。参见后面“资料来源和统计方法”部分。

35. 日本的数据包括冲绳特别行动委员会（SACO）列入预算的费用，但不包括军事养老金支出。

36. 朝鲜的数据来源于该国官方机构报告，不包括朝鲜用于军工企业、两用技术研发费用，以及由军事部门承担的各种社会福利支出。由于缺乏可信的朝鲜圆对美元汇率，我们没有将该国军费开支数据折算成美元。

37. 韩国的数据不包括“军事设施移址”、“美军基地移址”和“军队福利”三项“特别支出”数据。这部分开支的累计额在 2009 年至 2013 年分别达到 4493 亿、10488 亿、12852 亿、9167 亿和 9436 亿韩元。

38. 巴布亚新几内亚的数据只是预算中的“经常性支出”部分。2008 至 2011 年，该国用于“发展”的开支分别为 600 万、2520 万、0 和 4700 万基那。

39. 印度尼西亚的数据不包括军队通过各种渠道所实际获得的预算外开支，其中包括军队运营的基金会或合作性机构所缴税收以及从私营领域租赁土地等而受益等。具体的税收额不详，但据推算其数额不大，应占其整个军费支出的 1% 左右。

40. 缅甸的数据没有用美元表示，因为缅币和美元存在着汇率的极端变化。2011 年和 2012 年数据来源于缅甸官方预算，这与之前基于间接渠道的二手数据或许没有可比性。缅甸 2011 年新宪法甚至允许武装部队总参谋长在不经议会批准的情况下，可通过特别基金获得无限额度的额外拨款。这种情况迄今有没有发生尚不得而知。

41. 菲律宾的数据因为将有关老兵事务的花费计入其中，因此略有上升。截至 2010 年，菲军费开支每年不超过 10 亿比索，但在 2011 年和 2012 年，军费开支分别增长至 139 亿和 83 亿比索。

42. 东帝汶以当地货币表示的 2007 年数据，是从 2007 年 7 月至 12 月为期 6 个月的特殊财年数据。该国以往采用的是 7 月至次年 6 月制财年，2008 年后采用 1 月至 12 月制财年。

43. 根据媒体说法，越南国防预算已经被宣布为国家秘密。越南 2012 年和 2013 年的数据来源于媒体渠道，其可靠性较难估量。

44. 如加上军队养老金，亚美尼亚的数据则会高出 15%—20%。

45. 阿塞拜疆 2011 年至 2013 年的数据在国防预算之外还分别包括 10.87 亿、11.23 亿和 11.72 亿马纳特的“特别国防项目”拨款。

46. 如计入所有军事预算项目开支，包括军队养老金、准军事部队费用，摩尔多瓦 2005 年、2006 年和 2007 年的总军费将分别达 3.43 亿、

4.57 亿和 5.3 亿列伊。

47. 有关俄罗斯军费数据来源和估算方法，可参见 J. 库珀：《1987 年至 1997 年苏联和俄罗斯联邦军费开支》，《SIPRI 年鉴 1998：军备、裁军和国际安全》。

48. 乌克兰 2004 年至 2007 年以及 2013 年数据皆为经批准的预算。

49. 阿尔巴尼亚 2006 年之前的数据没有完全包括养老金。

50. 波黑 2005 年之后的数据是指用于波黑武装部队的数据，该部队成立于 2005 年，系由波黑联邦克罗地亚—波斯尼亚军队和斯普卡共和国的波斯尼亚塞尔维亚人军队组成。波黑 2004 年的数据包括波黑联邦军队和斯普卡共和国军队的支出。表中数据不包括进口武器的费用。

51. 根据北约的数据，保加利亚包括养老金在内的所有军事支出，在 2006 年、2007 年和 2008 年分别为 13.93 亿、17.12 亿和 17.49 亿列弗。

52. 克罗地亚 2004 年至 2010 年的数据，包括由该国中央政府承担的用于偿还一套军用雷达系统所欠贷款的开支。这部分款项从 2004 年至 2010 年分别达 1.6 亿、4.311 亿、1.478 亿、0.914 亿、0.532 亿、0.546 亿和 0.552 亿库纳。2011 年，克继续支付该款项，但数额未知，因此 2011 年数据中包含有 0.552 亿库纳的估算值。据克官方说法，克已于 2011 年还清了这一款项。

53. 捷克共和国的数据不包括该国向阿富汗或伊拉克所提供的援助。该国 2004 年、2007 年分别向阿富汗援助了 1870 万、6.126 亿克朗，2005 年向伊拉克提供了 110 万克朗援助。

54. 爱沙尼亚在 2010 年将其边境守卫部队归入国家警察序列，这支力量不再被 SIPRI 视作准军事部队。2010 年爱沙尼亚军费支出下降，很大程度上是因为这个因素。

55. 由于法国预算体系和金融法律的变化，2006 年起，该国的数据采用新的计算方法得出。

56. 希腊 2013 年数据应当谨慎应对，因其经济和金融危机有可能导致其实际支出远远低于作为当前估算基值的修订预算。

57. 冰岛没有军队。冰岛数据用以维持冰岛防空系统、情报收集和军事演习等，主要用于 2008 年起冰岛支付的北约共同防务费用及冰岛反恐警察卫队等准军事力量支出。

58. 意大利的数据包括民防支出，这部分通常约占总军费的 4.5%。

59. 与之前版本的《SIPRI 年鉴》相比较，本次对立陶宛的数据进行了修订，由于根据 SIPRI 对军费开支的定义无法明确判定该国边防警卫队是否是一支准军事力量，故不再将其支出包括在内，从而导致立陶宛 2004—2012 年的数据较之前公布的数据降低将近 20%。

60. 前南马其顿军事支出的定义，在 2006 年后有改变。边防部队从隶属国防部改为隶属内务部，原来并不在统计范围内的部分养老金，如今已被纳入统计。

61. 黑山于2006年6月3日从塞黑独立出来。

62. 波兰的数据不包括由其他政府部门支出的防务费用，以及如“武装力量现代化基金”和另外一些国防研发费用等额外国内防务费用。2004至2013年间所有这部分开支的估计数字不等，在2.4亿至6.4亿兹罗提之间。

63. 塞尔维亚2004年和2005年的数据是指塞黑国家联盟的数据，2006年之后的数据为塞尔维亚单独的数据。见注释61。

64. 瑞士的数据未包含各州和地方政府的支出。1990—2006年，瑞士各州和地方政府开支的军费大致相当于中央政府支出的5%—8%。

65. 巴林的数据不包括用于国防采购的预算外支出。

66. 伊朗的数据不包括用于准军事部队，如伊斯兰革命卫队的支出。

67. 伊拉克的数据不包括国防委员会、武装力量总参谋长办公室以及民兵解除武装和整合办公室的支出，这些费用在2011年和2012年的总额分别为3080亿第纳尔和3140亿第纳尔。

68. 以色列的数据包括在其占巴勒斯坦领土以及在其他地区作战的追加预算以及对准军事化的边境警察部队开支的估算。

69. 阿曼2011—2012年的数据包含采购武器装备所需的较大追加拨款。

70. 沙特的数据包括国防和安全支出。

71. 叙利亚数据换算成美元时，依照的是2011年市场汇率：1美元合48.215叙利亚镑。之前，叙利亚曾实行过1美元合11.225叙利亚镑的官方汇率，2009年以前的《SIPRI年鉴》均按官方汇率进行换算。2007年，叙利亚取消了官方汇率机制，改行过去非官方使用的市场汇率机制。

72. 阿联酋的军费数据具有不确定性，亦缺乏透明。官方文献和国际货币基金组织报告有时会提供一些国防开支数据，但仅包含了“军事物品和服务”支出（不包括军人工资或军用装备支出）。但是国际货币基金组织提供了阿布扎比联邦服务局的支出，认为该机构的支出主要用于军费。据估计，阿联酋军费开支总和约为阿布扎比联邦服务局支出的80%，外加国防部军用物品和服务支出数额或在数据不可得时对此作出的估算数额。

## 资料来源与统计方法

### 军费的定义

SIPRI 所采用的指导性军费定义包括涉及下列主体和活动的各项支出：1. 武装部队，包括维和部队；2. 国防部门和从事国防项目的其他政府机构；3. 准军事部队（断定是为军事行动而进行训练和装备的人员）；4. 军事空间活动。这些支出包括涉及以下各项的经常项目支出和资本项目支出：1. 用于军事人员和文职人员的开支，包括军事人员的退休金和职员的社会福利费用；2. 作战和维持费用；3. 采购费；4. 军事研发费；5. 军事援助支出（包括于援助国的军费内）。民防开支以及因先前军事活动而发生的当前支出，如退伍军人福利、复员、军转民和销毁武器的费用，不计算在内。虽然这种定义可以作为准则，然而在实践中由于数据的局限性往往难以坚持。

### 数据的局限性

军费数据主要有三种局限性：可靠性、有效性和可比性。

影响数据可靠性的主要因素包括：官方公布的军费数据涵盖范围不够全面，缺乏有关军费的详细资料，以及缺乏实际军费（而非预算军费）的数据。很多国家的官方数据仅包含部分军费。某些重要的项目经费可能被隐藏在非军事预算项目下，或者甚至可能完全由政府预算外资金支持。许多预算外及非预算机制都被在实际操作中使用。

数据有效性取决于其使用目的。由于开支数据是对财政投入的一种衡量，其最有效的用途是作为用于军事目的而消耗的各种经济资源的指标。由于同样的原因，它们作为军事实力或军事能力指标的效用是有限的。尽管军费确实对军事能力有影响，诸多其他因素，如人员与装备之间的平衡，军事装备的技术水平、保养和维修状况，以及武装部队所处的整体安全环境等对军事能力也都有影响。

数据的可比性受到两种不同因素的限制：数据的不同覆盖范围（或定义）和货币换算方法。国与国之间以及同一国家不同时期有关军费的官方数据涵盖范围有着很大的不同。就换算到统一货币而言，所采用的汇率对国家间的比较有着很大的影响（见下文）。这是在进行经济数据的国际间比较时面临的一个普遍性问题，并不是军费所特有的。然而，由于军费的国际间比较往往是一个敏感的问题，重要的是应当牢记对国家间军费比较的诠释在很大程度上受到所选择汇率的影响。

**统计方法**

SIPRI 数据基于公开来源，反映了各国政府提供的官方数据。然而，官方数据并不总是符合 SIPRI 的军费定义，也不是总能根据这个定义来重新计算数据，因为这需要有关官方国防预算和预算外及非预算军费项目所包含内容的详细情况。在很多情况下，SIPRI 只限于使用由各国政府提供的数据，而不考虑定义。经常出现的情况是有多个系列的数据可用，在这种情况下，SIPRI 选择最符合 SIPRI 军费定义的系列数据。尽管如此，首要的是为各个国家选定统一的时间序列，以实现一个时期数据的连贯性，而不是依据通用定义调整个别年度的数字。此外，在特定情况下必须作出估算。

**估算**。对军费数据进行估算，绝大多数出于以下缘由：1. 官方数据涵盖范围严重偏离 SIPRI 的定义；2. 缺乏完整一致的时间序列。对于第一种情况，我们通过分析政府官方主要预算和开支账目进行估算。这种最全面的估算应用于中国（在《SIPRI 年鉴 1998》以及《SIPRI 年鉴 2011》更新版中有介绍）和俄罗斯（在《SIPRI 年鉴 1999》中有介绍）。对于后一种情况，即只有不完整的时间序列时，我们从时间序列中挑选出最符合 SIPRI 定义的数据，将其作为相应年份的数据，然后利用已有的年份数据，结合年度开支变化的百分比，估算出缺失年份的数据，以实现一个时期数据的连贯性。

所有估算均以官方数据或经验证的公开来源数据为基础。因此，对于不发布任何官方数据的国家，我们未予以估算，也没有列出这些国家的任何数据。

SIPRI 的估算数据在表格中加方括号表示。当数据的不确定度超出 SIPRI 可控范围时，则使用圆括号表示。例如，数据所依据的资料来源的可靠性难以确定时，以及经济数据不确定导致以美元固定价格表示的数据或该数据占 GDP 比重不明确时，使用圆括号。

最近几年的数据包括两种类型适用于所有国家的估算。首先，最近年份数据属正式预算、预算概算或概算修正的，其中大部分会在以后年度加以订正。其次，表 4.11 中用于时间序列中最后一个年度的消胀指数或者是根据一年中部分时间估算得出的，或者是由国际货币基金组织（IMF）提供的。除非这些估算中包含特殊的不确定性，它们一般不加括号。

由于并非所有年度都能获得所有国家的数据，因此表 4.1 中的全球总额和按地理分区、国际组织和收入组统计的合计额均属估算数据。如某个国家在时间序列开始或结尾年度的数据缺失，则假设该国数据的变化率等同于其所属地区的平均变化率，并据此估算其缺失年度的数据。如某个国家在时间序列中间年度的数据缺失，则假设该国从时间序列开始至结束过程中，数据是平稳变化的，然后据此估算其缺失年度的数据。在无法作出任何估算的情况下，则不将这些国家纳入总额统计。

**计算**。表 4.10 提供的各国原始数据，是按财政年度以当地货币当前价格的形式体现的。表 4.10 还标出了那些财政年度与日历年度并不重合的国家。在多数情况下，表中所列出的某年的数字都是指开始于同一日历年的财政年度情况。仅有一个例外就是美国，数字显示的是从上个日历年 10 月 1 日开始的财政年度到本年的情况。一些国家在 2004—2013 年间变更了财政年度的划分方法，我们对这些情况均予以了尾注说明。

表 4.11 和表 4.12 提供以美元固定价格表示的数据，并列出其占 GDP 的比重，数据按日历年列出。这就有必要将那些财政年度与日历年度不重合的国家的数据转换成日历年数据。转换过程中，我们假设所涉及的国家在整个财政年度是均衡开支的。表 4.11 根据各国的国内消费者物价指数（CPI）和全年平均市场汇率（MER），将以当地货币表示的数据按固定价格和汇率换算成美元。

换算过程中，将采用消费者物价指数用作消胀指数，意味着《SIPRI 年鉴》中以美元固定价格表示的各国军费开支趋势，可体现出各国购买具有国家代表性的一篮子民用消费品购买力的实际变化。采用军事专用消胀指数更为恰当。然而，大多数国家的军事专用消胀指数均无从获得。

基于 GDP 的购买力平价（PPP）指数可作为市场汇率的一个替代选项。购买力平价指数比市场汇率能更好地反映在不同国家使用相同金额的货币可购买或享受到的商品或服务数量。但是，购买力平价指数并不一定比市场汇率能更好地测量出一国可获得的军事商品和服务的数量（我们在《SIPRI 年鉴 2006》曾详细讨论过）。特别是购买力平价指数并不总能反映出一国用于研发先进武器科技和系统等的相对花费。事实上，不管用哪一种汇率，军费数字都不能直接用于测量军事实力。因此，购买力平价指数并不能“更清楚”地表明一国“真正”的花费；它们仅能较好地测算出在某国内如果这些资金用于其他用途可购买多少替代商品或服务。而市场汇率则能够测量出军费开支在国际市场的购买力水平。此外，由于购买力平价指数是估算出来的，它们不如市场汇率可靠。因此，SIPRI 使用市场汇率将军费开支数据转换为以美元为单位，尽管这有它的局限性，但这应该是比对国际消费水平最简便和最客观的方法。

**资料来源**

军费数据的资料来源，按优先顺序排列如下：1. 第一手来源，即由各国政府在其官方出版物或者问卷答复中所提供的官方数据资料；2. 引用原始资料的第二手来源；3. 其他第二手来源。

第一类来源包括国家预算文件、国防白皮书、财政统计材料，以及各国对 SIPRI 调查问卷的答复，调查问卷每年发往列入 SIPRI 军费数据库国家的财政部、国防部、中央银行和国家统计部门。各国政府对联合国所发的有关军费的调查问卷所作答复，以及一些国家向欧洲安全与合作组织的调查问卷自行提供的答复，也属第一类来源资料。

第二类来源包括国际统计资料，如北大西洋公约组织（NATO）和国际货币基金组织（IMF）的统计资料。按照惯例，16 个 1999 年前加入北约的国家的数据取自多个北约来源所公布的军费统计数据。北约 2005 年采用了新的定义，使得某些北约国家最近几年的数据必须依靠其他资料来源。许多发展中国家的数据取自国际货币基金组织的《政府金融统计年鉴》，其中含有大部分国际货币基金组织成员国的国防统计资料，以及取自国际货币基金组织职员编写的国别报告。这类资料来源还包括准确提供所用原始资料出处的其他组织的出版物，如经济学家情报组织的《国别报告》。

第三类来源包括一些专业期刊和报纸。经济数据的主要来源是国际货币基金组织的多个出版物：《国际金融统计年鉴》、《世界经济展望》，以及由 IMF 职员编写的国别报告。

**SIPRI 军费网络**

感谢以下人员提供军费数据、估算及相关建议：瓦埃勒·阿卜杜勒—沙菲（哥德堡大学）、朱利安·库帕（俄罗斯远东及东欧研究中心，伯明翰大学）、迪米塔尔·迪米特罗夫（国家与世界经济大学，索非亚）、伊尼戈·格瓦拉·莫亚诺（民主安全分析协会，克雷塔罗）、古雷·古恩鲁克－赛内森（伊斯坦布尔大学）、伊图维娜·埃尔南德斯（民主安全研究会，危地马拉城）、希尔·赫弗（替代信息中心，耶路撒冷）、塔玛拉·帕塔拉亚（高加索和平、民主和发展学会，第比利斯）、托马斯·希兹（林肯大学学院，布宜诺斯艾利斯）、奈尔汗·延土尔克（伊斯坦布尔贝尔吉大学）和塔希恩·扎由娜（国际民主与选举援助学会，斯德哥尔摩）。

（何一剑　译）

# 第五章　国际武器转让

## 概　述

西蒙·T·魏泽曼

2009—2013 年的国际武器转让总量较 2004—2008 年增长了 14%（见本章第一节）。2009—2013 年最大的武器供应国依次是美国、俄罗斯、德国、中国和法国，它们占全球武器出口总量的 74%。除极少情况外，20 年来，美国及欧洲国家的武器出口一直名列前茅。然而，中国后来居上，2009—2013 年，中国系第四大武器供应国。

SIPRI 的武器转让数据并不代表转让的金额。不过，不少国家也公布武器出口金额的数据。基于这些数据，SIPRI 估计 2012 年全球武器贸易总量至少有 580 亿美元（见第四节）。金融危机对欧洲、美国及其他地区武器生产国所造成的后果之一是军事预算的减少（见本卷第四章）。国内采购的减少给武器生产国带来了新的压力，为此必须扩大现有市场或拓展新的市场，以增加武器出口的份额。各国长期扶持其军工企业的出口，许多主要的武器供应国则是通过采取鼓励措施或减少出口限制的方式扩大军售（见第一节）。

减少军事预算的另一后果是，2004—2008 年和 2009—2013 年对欧洲国家的武器出口显著减少。相比之下，对亚洲和非洲的武器出口增加了。亚洲和大洋洲国家 2009—2013 年进口的主要武器接近全球进口量的一半（47%），三个最大的武器进口国都在亚洲，分别是印度、中国和巴基斯坦。它们占全球进口量的 24%。两个中东国家阿联酋和沙特再次跃居进口国的前五名。

采购远程、精确制导的对地攻击导弹成为主要进口国的一个显著趋势（见第二节）。这些武器提高了一个国家威胁和攻击对手领土纵深目标的能力，同时减少了自身作战人员和高价值武器平台受到打击的风险。远程导弹的扩散引发了一些忧虑，比如它有可能打破区域常规力量和核武器的平衡，加剧军备竞赛，导致军事升级，诱发国家间危机，以及增加战争的可能等。虽然国际上达成了对导弹扩散的控制措施，但主要供应国总是有出口导弹的意愿，即便出口的地区局势高度紧张，甚至拥有核武器。

与 2012 年相似，2013 年在军备转让透明方面的表现依然令人失望（见第三节）。向联合国常规武器登记册（UNROCA）报告武器进出口的国家数量虽然有所增加，但依然不多。根据最近五年（2008—2012）的报告情况，前 10 位主要武器供应国中有若干国家并非每年都向联合国武器登记册报告，有几个最大的武器进口国五年间的报告记录甚至是空白。其他地区的加入一直不甚踊跃。只有一个中东国家和两个非洲国家在 2013 年提交了报告。

（翟玉成　译）

# 第一节　2013 年武器转让情况[1]

西蒙·T·魏泽曼　露西·贝罗—苏德罗
皮埃特·D·魏泽曼

过去十年间，国际武器转让量缓慢增长（见图 5.1）。[2] 2009—2013 年与前一个五年即 2004—2008 年相比，武器转让量增加了 14%。长期趋势更为明显：从 20 世纪 80 年代开始，武器转让量持续疲软，一直到 2000—2004 年，武器转让量只相当于 1980—1984 年的 44%。在 2000—2004 年以及 2009—2013 年，武器转让量增加了 30%。后一个五年的武器转让量是 1989—1993 年（冷战结束）以来最高的。与 2011 年和 2012 年高峰时期相比，2013 年的武器转让有所跌落。这样的年度波动是正常现象，过去的经验表明，这样的情况不宜作为未来长期趋势预测的依据。

## 主要供应国情况

2009—2013 年五个最大的主要武器供应国依次是美国、俄罗斯、德国、中国和法国，它们一起占全球武器出口总量的 74%（见表 5.1 和 5.2）。美国和俄罗斯显然是最大的两个出口国，它们占全球武器出口总量的 56%。2004—2008 年和 2009—2013 年，前五个最大供应国的构成发生了变化，中国以微弱数量超过法国成为第四大武器供应国，法国位居第五，英国第六。这使得中国成为第四和第五这个第二梯队供应国中的一员。

---

〔1〕 除非有特别说明，本章关于武器转让与合同的信息来自 SIPRI 武器转让数据库，网址：〈http://www.sipri.org/databases/armstransfers〉。该数据库包含了 1950 年至 2013 年间主要武器的转让数据。本章所采用的数据截至 2014 年 3 月 17 日。本章的数据可能因 SIPRI 武器转让数据库每年更新而与以前各版《SIPRI 年鉴》的数据不尽一致。

〔2〕 SIPRI 武器转让系每年转让的主要武器，包括出售、许可生产、援助、赠予和租借。利用趋势指示值（TIV）来比较不同的武器转让数据并以此来观察总体趋势。趋势指示值只是用来显示国际武器转让量——基于对武器能力的评估——而非转让的金额。由于每年的转让都在波动，这里采用五年一个时段的平均变化值，以便对主要武器转让的趋势做更加稳定的衡量。关于趋势指示值的描述与计算，见文后“资料来源与方法”。

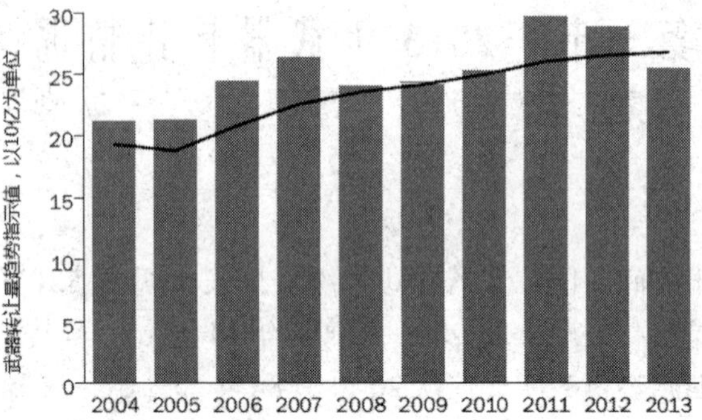


**图 5.1　2004—2013 年主要武器国际转让趋势**

**注：** 柱形图显示每年的总量，线形图显示每五年时段平均变动情况（体现在每个五年期最后一年）。见下文“资料来源与方法”对 SIPRI 趋势指示值的解释。

**资料来源：** SIPRI 武器转让数据库，网址：〈http://www.sipri.org/databases/armstransfers/〉。

## 促进武器出口

在众多武器生产国中，近来的军事预算有所降低或计划降低。[3] 为抵消国内采购预算减少的影响，这些国家的军工企业把目标放在了增加出口份额上。虽然各国政府一向支持其军工企业的出口，但更多的国家正在或打算以促进出口或减少出口限制的方式促进军售。[4]

美国政府从 2010 年开始着手出口管制改革。其目标是简化发放出口许可的程序，仅限制那些被划定为关键军事技术和项目而需严格管制其出口。[5] 国务院计划成为唯一的负责对关键技术出口并发放许

〔3〕 见本卷第四章第一节。

〔4〕 另见 S. T. Jackson：“主要武器生产国的重要变化”，《SIPRI 年鉴 2013》，第 205—215 页。

〔5〕 美国国务院：“出口控制改革”，媒体短信，2013 年 10 月 15 日，网址：〈http://www.state.gov/r/pa/prs/ps/2013/10/215428.htm〉；B. Greenwal：“我们尚未赢得出口控制改革”，《防务要闻》，2013 年 11 月 21 日。

**表 5.1　2009—2013 年 10 个主要武器最大供应国及其目的地（按地区排列）**

表中数据系在供应国转让到接受地区武器出口总量中所占百分比。因四舍五入，数据累加可能无法契合。各地区和次区域的所属国家见本卷“缩略语”第 14 页。

| 接受地区 | 供应国 | | | | | | | | | |
|---|---|---|---|---|---|---|---|---|---|---|
| | 美国 | 俄罗斯 | 德国 | 中国 | 法国 | 英国 | 西班牙 | 乌克兰 | 意大利 | 以色列 |
| **非洲** | **3** | **14** | **<0.5** | **14** | **14** | **2** | **3** | **31** | **7** | **4** |
| 北非 | 3 | 11 | – | 4 | 13 | 2 | – | 2 | 5 | 4 |
| 撒哈拉以南地区 | <0.5 | 3 | <0.5 | 10 | 1 | <0.5 | 3 | 29 | 2 | 4 |
| **美洲** | **6** | **5** | **22** | **4** | **12** | **21** | **22** | **2** | **17** | **19** |
| 南美 | 4 | 5 | 12 | 4 | 6 | 3 | 18 | 2 | 9 | 13 |
| **亚洲和大洋洲** | **47** | **65** | **28** | **77** | **41** | **21** | **22** | **46** | **32** | **46** |
| 中亚 | <0.5 | 1 | – | – | – | – | 1 | 2 | 1 | 1 |
| 东亚 | 17 | 12 | 9 | – | 16 | 2 | – | 21 | 1 | 2 |
| 大洋洲 | 10 | – | 1 | – | 5 | 2 | 12 | – | <0.5 | 1 |
| 南亚 | 12 | 40 | 2 | 60 | 2 | 12 | <0.5 | 13 | 21 | 33 |
| 东南亚 | 7 | 12 | 16 | 17 | 18 | 1 | 9 | 10 | 10 | 8 |
| **欧洲** | **16** | **6** | **32** | **–** | **16** | **7** | **30** | **12** | **21** | **18** |
| 欧盟 | 15 | <0.5 | 31 | – | 13 | 5 | 9 | <0.5 | 21 | 14 |
| **中东** | **28** | **10** | **17** | **5** | **17** | **50** | **23** | **9** | **23** | **13** |
| **其他** | **1** | **–** | **–** | **–** | **–** | **–** | **–** | **–** | **<0.5** | **1** |

– = 无转让

**资料来源：**SIPRI 武器转让数据库，网址：〈http：//www.sipri.org/databases/armstransfers〉。

**表 5.2　2009—2013 年 50 个主要武器最大供应国**

该表包括所有 2009—2013 时段出口武器的国家和非国家行为体。其中数据系 SIPRI 趋势指示值（TIVs）。因四舍五入，数据与百分比累加可能无法契合。

| 排名 | | 供应国 | 出口量（TIV，百万） | | 2009—2013 年份额（%） | 2004—2008 年以来变化 |
|---|---|---|---|---|---|---|
| 2009—2013 | 2004—2008[a] | | 2013 | 2009—2013 | | |
| 1 | 1 | 美国 | 6153 | 39080 | *29* | *11* |
| 2 | 2 | 俄罗斯 | 8283 | 36243 | *27* | *28* |
| 3 | 3 | 德国 | 972 | 8800 | *7* | *–24* |
| 4 | 8 | 中国 | 1837 | 7379 | *6* | *212* |
| 5 | 4 | 法国 | 1489 | 7211 | *5* | *–30* |
| 6 | 5 | 英国 | 1394 | 5515 | *4* | *6* |
| 7 | 10 | 西班牙 | 605 | 3986 | *3* | *81* |
| 8 | 12 | 乌克兰 | 589 | 3503 | *3* | *72* |
| 9 | 7 | 意大利 | 801 | 3480 | *3* | *29* |
| 10 | 9 | 以色列 | 773 | 3155 | *2* | *39* |
| 11 | 11 | 瑞典 | 505 | 2786 | *2* | *37* |
| 12 | 6 | 荷兰 | 302 | 2474 | *2* | *–31* |

| 排名 | | 供应国 | 出口量（TIV，百万） | | 2009—2013 年份额（%） | 2004—2008 年以来变化 |
|---|---|---|---|---|---|---|
| 2009—2013 | 2004—2008[a] | | 2013 | 2009—2013 | | |
| 13 | 15 | 韩国 | 307 | 1320 | *1* | *66* |
| 14 | 13 | 瑞士 | 205 | 1211 | *1* | *-21* |
| 15 | 14 | 加拿大 | 199 | 1199 | *1* | *-7* |
| 16 | 20 | 白俄罗斯 | 338 | 735 | *1* | *110* |
| 17 | 22 | 挪威 | 64 | 684 | *1* | *153* |
| 18 | 17 | 南非 | 76 | 666 | *<0.5* | *21* |
| 19 | 30 | 乌兹别克斯坦 | - | 627 | *<0.5* | *382* |
| 20 | 34 | 澳大利亚 | 63 | 438 | *<0.5* | *306* |
| 21 | 18 | 比利时 | 52 | 436 | *<0.5* | *-11* |
| 22 | 19 | 芬兰 | 94 | 346 | *<0.5* | *-7* |
| 23 | 24 | 土耳其 | 82 | 296 | *<0.5* | *33* |
| 24 | 23 | 巴西 | 36 | 288 | *<0.5* | *22* |
| 25 | 16 | 波兰 | 131 | 252 | *<0.5* | *-57* |
| 26 | 47 | 罗马尼亚 | 108 | 220 | *<0.5* | *412* |
| 27 | 29 | 伊朗 | 12 | 197 | *<0.5* | *44* |

| 排名 | | 供应国 | 出口量（TIV，百万） | | 2009—2013 年份额（%） | 2004—2008 年以来变化 |
|---|---|---|---|---|---|---|
| 2009—2013 | 2004—2008[a] | | 2013 | 2009—2013 | | |
| 28 | 40 | 约旦 | 1 | 152 | <0.5 | 75 |
| 29 | 42 | 新加坡 | 1 | 145 | <0.5 | 110 |
| 30 | 51 | 阿联酋 | 43 | 119 | <0.5 | 240 |
| 31 | 26 | 奥地利 | 1 | 111 | <0.5 | −40 |
| 32 | 35 | 爱尔兰 | 1 | 78 | <0.5 | −22 |
| 33 | 25 | 丹麦 | 9 | 76 | <0.5 | −63 |
| 34 | 64 | 新西兰 | – | 75 | <0.5 | 7400 |
| 35 | 21 | 利比亚 | – | 60 | <0.5 | −78 |
| 36 | 53 | 沙特 | – | 59 | <0.5 | 228 |
| 37 | 45 | 塞尔维亚 | 9 | 56 | <0.5 | 2 |
| 38 | 27 | 捷克 | 7 | 55 | <0.5 | −70 |
| 39 | 33 | 印度 | 10 | 50 | <0.5 | −55 |
| 40 | 38 | 葡萄牙 | – | 46 | <0.5 | −54 |
| 41 | 56 | 委内瑞拉 | – | 40 | <0.5 | 264 |
| 42 | 62 | 叙利亚 | – | 40 | <0.5 | 1233 |

| 排　名 | | 供应国 | 出口量（TIV，百万） | | 2009—2013 年份额（%） | 2004—2008 年以来变化 |
|---|---|---|---|---|---|---|
| 2009—2013 | 2004—2008[a] | | 2013 | 2009—2013 | | |
| 43 | 32 | 保加利亚 | 6 | 35 | <0.5 | -72 |
| 44 | 43 | 摩尔多瓦 | – | 31 | <0.5 | -55 |
| 45 | .. | 文莱 | – | 24 | <0.5 | .. |
| 46 | 31 | 朝鲜 | – | 20 | <0.5 | -84 |
| 47 | 28 | 黑山 | – | 18 | <0.5 | -90 |
| 48 | .. | 中国台湾地区 | – | 18 | <0.5 | .. |
| 49 | .. | 波黑 | – | 14 | <0.5 | .. |
| 50 | 48 | 印尼 | – | 4 | <0.5 | -90 |
| | | 其他（28） | 7 | 71 | <0.5 | .. |
| **总计** | | | **25564** | **133921** | ***100*** | ***14*** |

– = 无转让

**注：**SIPRI 的武器转让数据与主要武器的实际交付有关。为了便于不同武器的交付之间的比较并判明趋势，SIPRI 使用了趋势指示值（TIV）。这一数值只是表明国际武器转让量的一个指数，不代表实际转让的金额。因此它与其他经济统计数据如国内生产总值或进出口值不具备可比性。计算 TIV 的方法在“资料来源与方法”中予以说明。

a 2004—2008 年的排序因随后的修正而与《SIPRI 年鉴 2009》中的数据有所不同。

**资料来源：**SIPRI 武器转让数据库，网址：〈http：//www. sipri. org/databases/armstransfers/〉。

可的部门。[6] 同时，美国几家武器生产商宣布，它们将大幅扩大出口武器在其整个生产中的份额。[7] 减少自身及盟国的采购预算，还使得加拿大集中于开拓新的市场，主要是在发展中国家。[8]

其他国家也在寻找进一步的开发手段来增进武器出口。英国政府2013 年宣布将武器出口作为优先事项，促进武器销售，并规划了一个政府对政府的军售制度，类似于美国的“对外军售”（FMS）计划。[9] 法国也规划了一个支持武器出口的制度，包括创立一个类似的“对外军售”计划。[10] 为了推动对那些资金有限的国家进行武器出口，法国正考虑一个武器租借的方案（就像把 FREMM 护卫舰租给希腊那样）。[11] 西班牙国防部在 2012 年建立的促进武器出口的机构在 2013 年包括出口多余装备的军售中发挥了积极作用。[12] 此外，西

〔6〕 D. Wasserbly、M. Malenic 和 B. Moores：“美国出口管制改革措施收到成效”，《简氏防务周刊》，2013 年 10 月 23 日，第 20 页。

〔7〕 M. Smith：“洛马公司介绍其国际市场的重点”，《简氏防务周刊》，2013 年 3 月 13 日，第 21 页；G. Jennings：“波音公司希望提升 BDS 出口”，《简氏防务周刊》2013 年 5 月 29 日，第 8 页；D. Wasserbly：“Thomas Culligan 访谈”，《简氏防务周刊》，2013 年 6 月 19 日，第 34 页；“波音公司接近实现国防出口目标”，《简氏防务周刊》，2013 年 12 月 18 日，第 22 页。

〔8〕 L. Berthiaume：“加拿大计划向发展中国家出售枪支和军事设备以维持其国内军工工业”，《国家邮报》（多伦多），2014 年 1 月 5 日。

〔9〕 R. Norton-Taylor：“国防大臣：对外出售武器是英国的优先事项”，《卫报》，2013 年 9 月 10 日；G. Anderson：“英国考虑美国类型的 FMS 制度”，《简氏防务周刊》，2013 年 8 月 21 日；A. Chuter：“英国考虑调整对外军售框架以适应出口需要”，《防务新闻》，2013 年 11 月 18 日。政府间的军售，购买国从出售国购买装备和服务，出售国控制着与其军工企业签订的合同。它在合同的安全和条件上具有优势。通常情况下，出售方政府在合同上会加一些“费用”。然而，出售国也存在着风险，特别是在购买方取消合同的情况下，政府就可能需要承担取消合同的费用。

〔10〕 “法国将从‘对外军售’中吸取灵感以促进其武器销售”，Opex360. com，2013 年 10 月 9 日，网址：〈http://www.opex360.com/2013/10/09/la-france-va-sinspirer-de-laprocedure-americaine-des-foreign-military-sales-pour-favoriser-ses-ventes-darmes/〉。

〔11〕 T. L. Valmas 和 N. De Larrinaga：“希腊要求租借法国护卫舰和海上巡逻机”，《简氏防务周刊》，2013 年 2 月 27 日，第 14 页；M. Cabirol：“防务：法国为何希望通过租借出售武器”，《论坛报》，2013 年 9 月 17 日。

〔12〕 西班牙国防部：“标准，国防部官方公报”2013 年 5 月 3 日，第 9421—9423 页。

班牙开始采用政府对政府协议的方式。[13] 意大利也在考虑同样的方案。[14] 2013 年，瑞士也开始放松出口管制，放松了先前禁止向冲突国家和严重违反人权的国家出口武器的禁令。[15]

作为制定欧盟军工政策相关工作（主要是要减少欧盟内部的竞争）的一部分，欧盟委员会在 2013 年 7 月指出，它也应该寻找能使欧盟各机构支持其军工工业占领国际市场的各种途径。[16] 然而，该想法遭到英国反对，直至 2014 年初，欧盟理事会在这一问题上没有采取任何步骤。[17]

日本因自我限制一直没有成为主要的武器和技术出口国。即便如此，日本也通过了一系列政策来支持其武器工业，它是全球重要的先进武器及其部件的生产者。2011 年，日本改变政策，允许出口非致命性军事装备，如发动机和海上巡逻机等。改变后的政策还允许与其他国家合作生产新装备，如 2013 年与英国达成协议，拟合作生产非特定装备。[18] 日本的推进系统还将被用于装备澳大利亚计划制造的 12 艘潜艇。[19]

---

〔13〕 D. Ing：“西班牙重又推动其防务出口”，《简氏防务周刊》，2013 年 5 月 8 日，第 21 页；《西班牙法律》，第 12/2012 号，12 月 26 日，“关于开放贸易和特定服务的紧急措施”，《国家官方公报》，2012 年 12 月 27 日，第 311 期。

〔14〕 G. Forrester：“大臣确认英国正在考虑对外军售制度”，《简氏防务周刊》，2013 年 11 月 27 日，第 23 页。

〔15〕 “联邦委员会支持武器工业”，《晨报》（洛桑），2013 年 9 月 26 日；R. Smith：“瑞士低调提升武器出口”，Inter Press Service，2014 年 3 月 13 日，网址：〈http：//www. ipsnews. net/2014/03/swiss-step-armsexports-peacefully/〉。

〔16〕 欧盟委员会与欧洲议会、理事会和经社委员会及地区委员会之间的通信，“为使防务和安全部门更加具有竞争力和高效而努力”，2013 年 7 月 27 日，COM（2013）542，网址：〈http：//ec. europa. eu/enterprise/sectors/defence/files/communication _ defence _ en. pdf〉。

〔17〕 Norton-Taylor（同注释〔9〕）；欧洲理事会：“欧洲理事会，2013 年 12 月 19/20 日”，EUCO 217/13，布鲁塞尔，2013 年 12 月 20 日，网址：〈http：//www. consilium. europa. eu/uedocs/cms_ data/docs/pressdata/en/ec/140245. pdf〉。

〔18〕 “日本打算与土耳其联合开发主战坦克引擎”，Army Recognition，2014 年 1 月 7 日，网址：〈http：//www. armyrecognition. com/january_ 2014_ global_ defense_ security_ news_ industry/japan_ is_ looking_ to_ develop_ an_ engine_ for_ main_ battle_ tank_ in_ collaboration_ with_ turkey_ 0701143. html〉。

〔19〕 J. Grevatt：“澳大利亚希望与日本进行潜艇合作”，《简氏防务周刊》，2013 年 12 月 18 日，第 15 页。

长期以来，俄罗斯政府通过其官办国防出口公司积极支持武器出口，该公司垄断全俄大部分武器出口。俄罗斯现正在寻求直至2016年增加其武器出口的途径，其后再稳定到2020年。[20] 然而，俄国防出口公司出口的装备往往低于俄国防部的采购价。这导致了俄罗斯政府内部的异议，因此在2013年，俄国防部与联邦军事技术合作公司商定，未来出口到海外的军事装备价格不得低于俄政府的采购价。[21]

**美国**

美国是2009—2013时段最大的主要武器出口国，占全球武器转让量的29%。与2004—2008五年相比，2009—2013年美国的武器出口增长了11%。签署的合同以及原则上或达成的交易显示，美国在未来仍将长期保持第一大武器出口国的地位。2009—2013年，亚洲和大洋洲地区占据美国武器出口量的45%，其次是中东地区（见表5.1）。与2004—2008年时段相比，2009—2013年对亚洲和大洋洲的武器转让量增加了46%。而且，最近这五年，五个最大的武器进口国中有四个都在亚洲和大洋洲，它们是：澳大利亚（美国出口的10%）、韩国（10%）、新加坡（6%）和巴基斯坦（5%）。

中东是从美国进口武器的第二大地区，占2009—2013年美国武器出口总量的28%，但与2004—2008年相比，总量下降了21%。预计2015年总量将再次上升。最近几年美国同意了沙特、阿联酋和其他海湾国家的大额主要武器订单。2013年，美国同意向沙特出售远程空地导弹，这是第一次向该地区出售这一武器（见第二节）。不过，由于2013年7月埃及的军事政变，2013年10月对埃及的一些特定主要武器的转让被取消。埃及是美国在中东地区的重要伙伴，美国军方对埃及的援助是埃及与以色列1979年和平协议的有机组成部分。自1983年以来，美国军方对埃及的援助每年约13亿美元（大多列在美国对外军事资助项目之下）。[22] 不过，美国法律禁止大部分此类援

〔20〕“俄罗斯国防出口公司将努力稳定军售”，《简氏防务周刊》，2013年11月27日，第23页。

〔21〕G. Anderson：“俄罗斯将制止装备出口的打折行为”《简氏防务周刊》，2013年3月20日，第22页。

〔22〕J. M. Sharp：“埃及：背景情况及与美关系”，国会研究部（CRS），对国会的报告7—5700（美国国会，CRS：华盛顿DC，2014年1月20日），第18—19、49页。

助提供给通过军事政变上台的政府。[23] 美国宣称，它将不会转让“某些大宗军事系统”，如 F－16 战斗机和 M－1A1 坦克等，但将继续转让美制装备的零件，援助埃及的反恐与边界管理活动。[24] 埃及政府对此表示震惊，并批评美国“在埃及反恐的关键时刻”采取这样的行动。[25] 以色列也对援助的取消表示关切，担心这一行动会危及 1979 年的《埃以和约》。[26]

美国在 2009—2013 年的武器出口中，飞机占了 61%，252 架飞机占据了转让的大部分。未来 F－35（联合攻击机）的出售有可能强化这一趋势。现在已有首批 5 架 F－35 转让给了英国和荷兰，2013 年新的 F－35 生产计划业已宣布。这包括 2015 财年的约 70 个单元以及随后的每年 100 个单元，其中包括每年 30—40 架用于出口。[27] 然而开发计划仍面临一些技术问题，导致成本上升和延期，而与此同时欧洲的买主却在降低采购预算。有些国家已经取消或正在考虑取消、减少或延期 F－35 的采购计划。例如，荷兰于 2013 年决定，只订购 37—40 架 F－35A，而不是原定的 85 架，其主要原因就是费用问题。[28] 不过，在韩国选择 F－35A 作为 2013 年的首批订货后，已经

〔23〕 J. Binnie：“埃及政变威胁到美国的军事资助”，《简氏防务周刊》，2013 年 7 月 10 日，第 4 页；Sharp（同注释〔22〕），第 33—34 页。

〔24〕 美国国务院：“美国对埃及的援助”，新闻稿，2013 年 10 月 9 日，网址：〈http：//www. state. gov/r/pa/prs/ps/2013/10/215258. htm〉；K. Osborn：“美国削减对埃及的军援”，DoD Buzz，2013 年 10 月 9 日，网址：〈http：//www. dodbuzz. com/2013/10/09/us-cuts-military-aid-to-egypt/〉；D. Wasserbly：“美国削减援助，中止向埃及交付武器”，《简氏防务周刊》，2013 年 10 月 16 日，第 5 页。

〔25〕 A. Allam：“埃及可能转向俄罗斯以应对美国援助的削减”，《监督者》（Al-Monitor），2013 年 10 月 14 日；M. Fick：“动荡中的埃美关系：埃及外长”，路透社，2013 年 10 月 16 日。

〔26〕 J. Lis：“不顾游说，华盛顿削减对埃及的援助”，《国土报》（Haaretz），2013 年 10 月 10 日。

〔27〕 C. Lee：“国防部拟在 2015 财年将 F－35 产量提升至 70 架”，《简氏防务周刊》2013 年 11 月 6 日，第 12 页。

〔28〕 E. Outeren：“国防部拟采购 37 架联合攻击机：多余的买卖”，NRC（阿姆斯特丹），2013 年 9 月 17 日，网址：〈http：//www. nrc. nl/nieuws/2013/09/17/minimaal－34－jsfs-extra-ontslagen-bij-defensie/〉。

有 9 个国家订购了总计 590 架的 F－35A。[29]

**俄罗斯**

俄罗斯占 2009—2013 年全球武器出口量的 27%。与 2004—2008 年相比，俄罗斯在 2009—2013 年的武器出口增长了 28%。俄罗斯武器出口的 65% 在亚洲和大洋洲地区，然后依次是非洲和中东。俄罗斯武器出口的国家有 52 个，但出口对象非常集中，其中的两个客户——印度和中国——占其总出口量的一半（见表 5.1）。

印度仍然俄罗斯的最大武器进口国。2013 年的转让包括航空母舰（“戈尔什科夫”号，重新命名为“维克拉马蒂亚”号），该交易延期了五年，售价从 9.47 亿美元（1994 年商定）增加到 23 亿美元。[30] 2013 年，印度和俄罗斯同意“进一步推动高技术领域的联合制造”，其中军事装备是主要内容。据称，新合资企业如果在印度政府的招标中被选中标，将会在印度生产 Ka－226 轻型直升机和“伊尔－112”中型运输机。[31] 现有的许可生产 T－50 战斗机和“伊尔－214”运输机的合作项目仍然有效。[32] 不过，两个项目均进展缓慢，前途难料。印度尚未实际订购 T－50，且在 2012 年将计划订购的数量从 200 架削减至 144 架，关于推进联合研发的决定也被推迟到 2014 年才能作出。[33] 印度还再度推迟了采购“伊尔－214”运输机的决定。[34]

俄罗斯与中国之间的武器转让关系对两国依然重要，但缺乏透明

---

〔29〕 T. Kim：“韩国决定购买 40 架 F－35 战机”，《朝鲜时报》（Korea Times），2012 年 11 月 22 日。

〔30〕 “俄罗斯在 5 年延期后向印度交付改装航母”，俄罗斯国际新闻通讯社（RIA Novosti），2013 年 11 月 16 日，网址：〈http：//en. ria. ru/military _ news/20131116/184748992/〉。

〔31〕 数家欧洲和美国的设计加入了竞争。J. Grevatt：“俄罗斯和印度借航空航天合作探讨防务合作关系”，《简氏防务周刊》，2013 年 10 月 2 日，第 22 页；R. Bedi：“西进：印度直升机进入新时代”，《简氏防务周刊》，2013 年 10 月，第 28—29 页。

〔32〕 T－50 在俄罗斯也称为 PAKFA，在印度称为 FGFA；“伊尔－214” 在印度称为 MTA。

〔33〕 G. Luthra：“印度空军决定购买 144 架第五代战机”，《印度战略》，2012 年 10 月；R. Bedi：“印度空军首脑计划购买更多 C－17，承认 FGFA 延期交付”，《简氏防务周刊》，2013 年 10 月 16 日，第 18 页。

〔34〕 Bedi（同注释〔31〕）。

度。有关中国谈判采购苏－35 的报道已有时日。2013 年初曾有报道称协议已经签署，但后来又有报道说只可能在 2014 年完成谈判。延期的原因可能是价格，俄罗斯不愿出售超过 24 架的飞机，而中国则希望将维护中心也纳入合同。[35] 其他可能的大宗订单，包括中国感兴趣的俄罗斯常规潜艇等，情况依然不明。

俄罗斯对中东地区的武器出售只取得了有限的成功。2013 年俄主要的中东客户是叙利亚。[36] 埃及是俄罗斯在该地区的第二大客户。自 20 世纪 90 年代后期以来，俄罗斯对埃及的武器出口数量有限，主要有米－17 运输直升机和地对空导弹。2013 年 10 月美国中止对埃及武器转让后，俄罗斯迅速行动，推动俄罗斯武器成为它的替代选项，短短数月就与埃及达成了新的大宗武器出口的原则协议。俄罗斯另外还向埃及提供直升机和防空系统，以及战斗机及其生产许可。[37] 报道称，俄罗斯与埃及在 2014 年初就这些武器达成了金额高达 30 亿美元的交易。[38]

俄罗斯还支撑着若干盟友邻国的军事力量。俄继续向白俄罗斯提供地对空导弹系统作为联合防空网的一部分。俄罗斯还担心危险的阿富汗安全局势在 2014 年大部分外国军队撤出后会恶化，这将加剧该地区的不稳定局势。[39] 除了通过美国向阿富汗出售米－17 直升机

---

〔35〕“俄罗斯承包商称今年不可能签署苏－25 合同”，《中国时报》（台湾地区），2013 年 11 月 20 日；R. F. Johnson：“关于向中国出售苏－35 的报道遭质疑”，《简氏防务周刊》，2013 年 9 月 18 日，第 14 页。

〔36〕见本卷第一章第二节和第十章第二节。

〔37〕“俄罗斯向埃及提供直升机和防空系统”，俄罗斯国际新闻通讯社（RIA Novosti），2013 年 11 月 15 日，网址：〈http：//en. ria. ru/military_ news/20131115/184738028/Russia-Offers-Egypt-Helicopters-Air-Defense-Systems. html〉。

〔38〕“报道称俄罗斯和埃及初步达成 30 亿美元交易”，俄罗斯国际新闻通讯社（RIA Novosti），2014 年 2 月 14 日，网址：〈http：//en. ria. ru/russia/20140214/187524953/Russia-Egypt-Reach-Initial－3－Bln-Arms-Deal-Report. html〉。

〔39〕“俄罗斯军方官员称北约从阿富汗撤军‘太匆忙’”，俄罗斯国际新闻通讯社（RIA Novosti），2013 年 8 月 14 日，网址：〈http：//en. ria. ru/world/20130814/182761135/NATO-Pullout-from-Afghanistan-Too-Hasty-Russian-Defense-Official. html〉；Z. Baizokova 和 R. McDermott：“邻国观察”（Neighbourhood watch），《简氏情报评论》，2013 年 12 月，第 40—43 页。

外，俄罗斯还向阿富汗提供有限的军事援助。[40] 俄罗斯还可能与其他“集体安全组织”（CSTO）成员合作，向塔吉克斯坦提供直升机，用以维护其与阿富汗的边界。[41] 俄罗斯计划分别向塔吉克斯坦和吉尔吉斯斯坦提供 2 亿美元和 11 亿美元的军事援助。[42]

**德国**

尽管仍然是世界第三大武器出口国，德国的主要武器出口从 2004—2008 年到 2009—2013 年下降了 24%。自 2000 年以来签订的重要订单，特别是大额的海军武器订单表明，德国仍将在未来的武器出口中名列前茅。特别是，德国是世界上潜艇的主要出口国。2009—2013 年，德国出口了 6 艘新的潜艇和 2 艘剩余的潜艇。到 2013 年底，有 25 艘潜艇已确定转让，订单横跨 2014 年到 2020 年。

德国武器出口中的一种常态是，尽管其潜艇和其他海上舰只出售到世界各地，而坦克则主要在欧洲或北约成员内部出售。但这一状况在 2004—2013 年间发生了显著变化，德国仅次于俄罗斯成为第二大坦克出口国，转让或同意提供坦克给巴西、智利、印度尼西亚、卡塔尔和新加坡。德国长期拒绝向阿拉伯国家出售坦克，主要是担心该地区局势不稳，坦克有可能被用于攻击以色列。然而，现在德国强调的是，接受国（特别是沙特）在该地区的稳定作用以及与伊朗的关系是考虑决定武器出口的决定性因素。[43] 在这一背景下，2013 年出现了两大事件：卡塔尔订购 62 辆“豹 - 2A7”坦克，以及继续与沙特

---

〔40〕 美国采购 86 架米 - 17 用于阿富汗战场，但在 2013 年下半年称阿富汗的需求已解决，取消了再订购 15 架的决定。C. Lee：“国防部撤回为空军再采购 15 架直升机的决定”，《简氏防务周刊》，2013 年 11 月 20 日，第 8 页。

〔41〕 “以俄罗斯为首的集团协助塔吉克斯坦加强阿富汗的边界防御”，俄罗斯国际新闻通讯社（RIA Novosti），2013 年 11 月 20 日，网址：〈http://en.ria.ru/world/20131120/184810184/Russia-Led-Bloc-to-Help-Tajikistan-Boost-Afghan-Border-Defenses.html〉；“普京下令在美军撤出阿富汗后支持塔吉克军方”，俄罗斯国际新闻通讯社（RIA Novosti），2013 年 8 月 1 日，网址：〈http://en.ria.ru/world/20130801/182533633/Putin-Orders-Support-of-Tajik-Military-After-US-Pullout-From-Afghan.html〉；Baizokova 和 McDermott（同注释〔39〕），第 41 页。

〔42〕 Baizokova 和 McDermott（同注〔39〕），第 40—43 页。

〔43〕 关于德国坦克出口政策的演变参见 V. Simmel：“德国武器出口政策的变化”，2013 年 10 月 13 日；De Maiziere：“为武器出口计划寻找正当理由”，《南德日报》（Suddeutsche Zeitung），2012 年 9 月 21 日。

谈判许可出售在西班牙组装的德国豹-2坦克。

出口坦克，特别是向阿拉伯国家和印度尼西亚出口坦克，被认为是德国武器出口政策向务实方向转变的一个信号。根据以德国总理默克尔为名的“默克尔”学说，武器出口政策松动，武器出口日益成为默克尔基民盟领导下的德国对外政策工具之一。[44] 2013年新的联合政府成立后这一趋势如何发展尚不明朗。新政府中的少数派社民党（SPD）在2013年的选举中承诺推动克制的武器出口政策；2014年初，政策变化的第一个迹象似乎是社民党极力反对向沙特出口豹-2坦克。[45]

**中国**

从2004—2008年到2009—2013年，中国的主要武器出口增加了212%，其在全球武器出口的份额从2%上升到6%。这使得中国成为与德法比肩的武器出口国。[46] 中国武器出口的几个最重要的接受国都是邻国。2009—2013年，巴基斯坦占中国武器出口量的47%，其后是孟加拉国（13%）和缅甸（12%）。这三个国家与中国都签订有大宗订单，这在印度看来是中国对其实施战略包围和强化对印度洋军事介入的重要努力。[47]

中国正稳定扩展其在全球军火市场上的存在。2012年和2013年，中国在与俄罗斯、欧洲国家等其他供应国的直接竞争中成功赢得了几笔重要合同。最大的订单包括向阿尔及利亚出口三艘F-22护卫舰。2013年末，土耳其开始与中国谈判采购HQ-9/FD-2000防空

---

〔44〕 M. Brzoska：“出口马里和沙特的武器”，2013年2月，第52—60页；“德国出口世界的武器：默克尔的学说是如何改变柏林政策的”，《镜报在线》（Spiegel Online），2012年12月3日，网址：〈http：//www. spiegel. de/international/germany/german-weapons-exports-on-the-rise-as-merkel-doctrine-takeshold-a-870596. html〉。

〔45〕 “乌克兰调停：施泰因梅尔赞扬俄罗斯”，《镜报》，2014年2月22日；德国社民党：“‘我们’决定2013—2017年的政府计划”，网址：〈http：//www. spd. de/95466/regierungsprogramm_ 2013_ 2017. html〉，第110—111页。

〔46〕 中国也是轻小武器的重要供应国。见M. Bromley和P. Duchatel：“中国的轻小武器出口”，《SIPRI政策报告》第38期（SIPRI：斯德哥尔摩，2013年10月）。

〔47〕 A. Krishnan：“中国进入最大武器出口国俱乐部”，《印度》，2013年3月19日；H. Shivananda：“中缅军事合作及其对印度的影响”，《国防研究学刊》（Journal of Defence Studies），IDSA，第5卷第3期（2011年7月），第117-126页。

系统的合同。与土耳其的交易是中国首次在高科技武器领域、在一个北约成员国成功地与欧美供应国竞争的案例。美国担心中国会借这笔交易获得北约敏感的军事技术，试图迫使土耳其放弃选择中国的系统。[48]

对中国获得敏感技术的担忧，以及对政治和人权的总体考虑是美国和欧洲国家拒绝向中国出售多类军事装备的原因。然而，这并没有妨碍欧美公司与中国合作向第三国出售武器。例如，过去 20 年来，中国出口装备有格里弗（Grifo）雷达的 F－7 战斗机、装备有美国发动机的 K－8 教练/战斗机，以及许可生产的法国 AS－365 直升机。阿尔及利亚于 2012 年订购的三艘 F－22 护卫舰将装备来自荷兰的雷达及其他系统。[49]

**法国**

从 2004—2008 年到 2009—2013 年，法国的主要武器出口下降了 30%，被作为第四大武器出口国的中国略微超越。

2009—2013 年，中国是法国主要武器的最大接受国，占法国总转让量的 13%。大部分转让属于依据 20 世纪七八十年代达成的协议在华许可生产。最主要的是直升机生产，这占 2013 年法国对华武器转让的 71%，包括 AS－365 的生产（中国称“直－9”）。该机成为中国武装力量标准的轻型直升机，也被认为是中国最重要的军用直升机。[50]

法国把支持武器出口置于优先地位，特别是推动拉法叶战机的出口，因为 2014—2019 年的军事开支严重依赖其出口状况。法国计划在 2014—2019 年采购 26 个单元，但生产商达索公司每年需要至少生产 11 架飞机才能维持其生产线。如果外国订货不足（2014—2019 年

〔48〕“遭美国制裁的中国公司赢得土耳其导弹防御系统竞标”，路透社，2013 年 9 月 26 日；“对土耳其选择中国导弹的疑惑”，《自由报》（土耳其），2013 年 10 月 3 日；J. Kucera：“土耳其处理中国反导系统难题”，《简氏防务周刊》，2013 年 11 月 20 日，第 8 页。

〔49〕外贸开发合作与外交事务大臣：荷兰议会第二院，文件号 22054，海牙，2013 年 8 月 13 日。

〔50〕R. Hewson：“未实现的雄心：中国直升机计划尚待升温”，《简氏国际防务评论》，2013 年 10 月，第 52—57 页。

只订了40架战斗机)，法国政府则有义务通过合同弥补空缺。[51] 拉法叶在最近的几场采购竞标中失败，最近一次是在2013年末，巴西选择了瑞典的Gripen-E。[52] 此外，印度在2012年决定采购126架拉法叶，但直到2014年初合同尚未签订。[53]

法国国防部长让-伊夫-勒德里安在2012年5月就职后，对军售谈判采取了新的外交策略，同那些特定的、有购买前景的国家发展新的“战略伙伴”关系。在中东，该策略因法国在伊朗核问题和叙利亚冲突问题上采取了与海湾国家相近的政策而收到成效。[54] 2013年7月，其与阿联酋签订了购买两颗侦察卫星的“鹰眼”合同，价值7亿欧元（9.3亿美元)，是国家关系促进军售的榜样。[55] 订单内容包括法国军方支持阿联酋军方进行图像分析和情报分享。[56]

强化国家关系在与沙特的军售谈判中也产生了效果。2013年，沙特将“LEX”合同授予法国公司，以对四艘护卫舰和两艘支援舰进行现代化改造。[57] 2013年，法国还与沙特达成了关于“米卡”（VL

---

〔51〕 M. Cabirol：拉法叶拯救不了国防预算，《论坛报》，2012年10月24日；A. Ruello：“意外之财与拉法叶的出口：10亿美元赌注以平衡预算”，《回声》，2013年8月2日。

〔52〕 Saab：“巴西政府选择Gripen”，新闻稿，2013年12月18日，网址：〈http://www.saabgroup.com/en/Air/Gripen-Fighter-System/Gripen-News/〉。

〔53〕 R. Pandit和I. Bagchi：“勿要为求拉法叶交易提供担保：法国”，《印度时报》2014年4月1日。

〔54〕 M. Cabirol：“法国在中东（1/5)：外交好，一切都好”，《论坛报》，2013年11月22日；N. Guibert：“武器与外交政策：巴黎与利雅得关系良好”，《世界报》，2013年10月8日；UPI：“与伊朗的交易搁浅后，法国可能加紧对武器交易的掌控”，2013年11月12日；C. Ayad：“法国：沙特在黎巴嫩和叙利亚的最佳盟友”，《世界报》，2013年12月28日。

〔55〕 P. B. De Selding：“期待多年的阿联酋侦察卫星合同最终花落阿丽亚娜阿斯特里姆公司（Astrium Thales Alenia)”，《航天新闻》（Spacenews)，2013年7月22日，网址：〈http://www.spacenews.com/article/military-space/36389military-spacequarterly-long-anticipated-uae-spy-sat-contract-goes-to〉。

〔56〕 M. Cabirol：“法国是如何将两颗技术先进的观测卫星出售给阿联酋的”，《论坛报》，2013年7月23日。

〔57〕 LEX合同正式签署，《海洋》（Mer et Marine)，2013年10月10日，网址：〈http://www.meretmarine.com/fr/content/arabie-saoudite-le-contrat-lex-officialise〉；P. Tran 和 C. P. Cavas：“法国、美国致力于沙特海军装备交易”，《防务新闻》，2012年10月29日。

Mica）防空系统的交易。[58] 不过，尽管法国政府作出重大努力，但更大一笔交易——对沙特“沙欣”（Shahine）防空系统进行现代化改造的“Mark 3”合同直到2013年末尚未签署，虽然在同年签署了“响尾蛇”（Crotale）防空系统的维护合同后希望较大。[59]

## 主要接受国情况

2009—2013年，亚洲和大洋洲是主要武器最大的进口地区，占全球进口量的47%。其次是中东（19%）、欧洲（14%）、美洲（10%）和非洲（9%）。与2004—2008年相比，亚洲和大洋洲（原为40%）以及非洲（原为7%）的所占份额有了显著增加。欧洲的份额明显下降（原为21%）。对中东和美洲的转让绝对量有所增加，但低于全球14%的增长率，因而2009—2013年它们在全球的份额略有下降。

五个最大主要武器接受国中有三个在亚洲——印度、中国和巴基斯坦（见表5.3和5.4）。几个东亚和南亚国家在过去几年的武器进口一直高居前列。其中，中国、韩国和新加坡在2009—2013年位居前十，其他亚洲国家通常只能依靠进口，要么已经增加了武器采购，要么计划在未来几年进行采购。采购增加的一个重要推手是中国在东海和南海与其他沿岸国家之间日益紧张的局势。[60] 2013年，中国开始利用其新的航空母舰（乌克兰提供，2012年服役）以及单方面宣布涵盖海上领土（日本和韩国也声称拥有主权）的“防空识别区”，局势因此进一步紧张。[61] 在此之前，日本和美国表现出向东亚和南亚国家提供武器和援助的强烈意愿。2012年以来，美国已经承诺向东南亚国家提供1.56亿美元的“海上安全援助”，包括向越南海岸

---

〔58〕 M. Cabirol：“MBDA加强其作为欧洲第一的地位”，《论坛报》，2013年11月27日。

〔59〕 M. Cabirol：“Thales在沙特获得新的Crotale导弹分合同”，《论坛报》，2013年3月26日。

〔60〕 S. T. Wezeman：“2007—2011年对东南亚地区的海上武器转让”，《SIPRI年鉴2012》。另见本卷第四章第三节。

〔61〕 见P. Holtom等：“2012年武器转让新发展”，《SIPRI年鉴2013》，第259页及本卷第四章第三节。

**表 5.3　2009—2013 年 10 大主要武器接受国及其供应国**

表中数据系接受国在各国进口武器总量中所占百分比。该表只有份额在 1% 以上的接受国或进口总量占前十的接受国的数据。较小的接受国包括在“其他”一栏。因四舍五入，数据累加可能无法契合。

| 供应国 | 接受国 | | | | | | | | | |
|---|---|---|---|---|---|---|---|---|---|---|
| | 印度 | 中国 | 巴基斯坦 | 韩国 | 新加坡 | 阿尔及利亚 | 澳大利亚 | 美国 | 阿联酋 | 沙特 |
| 澳大利亚 | <0.5 | — | — | — | 2 | — | .. | 3 | — | — |
| 白俄罗斯 | — | 3 | — | — | — | — | — | — | — | — |
| 比利时 | — | — | — | — | — | — | — | — | — | 1 |
| 加拿大 | <0.5 | — | — | — | — | — | — | 16 | 1 | 2 |
| 中国 | — | .. | 54 | — | — | <0.5 | — | — | — | 1 |
| 法国 | 1 | 15 | 1 | 3 | 16 | 3 | 7 | 5 | 8 | 6 |
| 德国 | 1 | <0.5 | <0.5 | 12 | 11 | — | 2 | 12 | 1 | 4 |
| 爱尔兰 | — | — | — | — | — | — | 1 | — | — | — |
| 以色列 | 6 | — | — | 1 | 5 | — | 1 | 1 | — | — |
| 意大利 | 2 | — | 3 | <0.5 | 4 | 1 | — | 6 | 6 | 1 |
| 利比亚 | — | — | <0.5 | — | — | — | — | — | 1 | — |
| 荷兰 | <0.5 | — | — | <0.5 | — | — | — | 1 | — | 1 |

| 供应国 | 接受国 | | | | | | | | | |
|---|---|---|---|---|---|---|---|---|---|---|
| | 印度 | 中国 | 巴基斯坦 | 韩国 | 新加坡 | 阿尔及利亚 | 澳大利亚 | 美国 | 阿联酋 | 沙特 |
| 新西兰 | — | — | — | — | — | — | — | 1 | — | — |
| 挪威 | — | — | — | — | — | — | 1 | 10 | — | — |
| 波兰 | — | — | — | — | — | — | — | 3 | — | — |
| 俄罗斯 | 75 | 64 | 1 | — | — | 91 | — | <0.5 | 12 | — |
| 南非 | <0.5 | — | — | — | — | <0.5 | — | 5 | <0.5 | <0.5 |
| 西班牙 | — | — | <0.5 | — | — | — | 10 | <0.5 | 5 | 7 |
| 瑞典 | — | — | 6 | 1 | 5 | — | 1 | <0.5 | 3 | 3 |
| 瑞士 | — | 5 | 1 | — | — | — | — | 8 | 2 | 2 |
| 土耳其 | — | — | 1 | — | — | — | — | — | <0.5 | — |
| 乌克兰 | 1 | 11 | 4 | — | — | 1 | — | — | — | — |
| 英国 | 3 | 3 | — | — | — | 2 | 3 | 22 | 1 | 44 |
| 美国 | 7 | — | 27 | 80 | 57 | 1 | 70 | .. | 60 | 29 |
| 乌兹别克斯坦 | 3 | — | — | — | — | — | — | — | — | — |
| 其他 | — | — | 1 | — | <0.5 | — | — | <0.5 | <0.5 | <0.5 |

**资料来源：**SIPRI 武器转让数据库，网址：〈http：//www. sipri. org/databases/armstransfers〉。

**表 5.4 2009—2013 年 50 个主要武器接受方**

该表包括所有 2009—2013 时段进口武器的国家和非国家行为体，按照 2009—2013 年总进口量排序。其中数据系 SIPRI 趋势指示值（TIVs）。因四舍五入，数据与百分比累加可能无法契合。

| 排名 | | 供应国 | 出口量（TIV，百万） | | 2009—2013 年份额（%） | 2004—2008 年以来变化 |
|---|---|---|---|---|---|---|
| 2009—2013 | 2004—2008[a] | | 2013 | 2009—2013 | | |
| 1 | 2 | 印度 | 5581 | 18564 | *14* | *111* |
| 2 | 1 | 中国 | 1534 | 6581 | *5* | *-51* |
| 3 | 10 | 巴基斯坦 | 1002 | 6426 | *5* | *119* |
| 4 | 3 | 阿联酋 | 2245 | 5777 | *4* | *-18* |
| 5 | 18 | 沙特 | 1486 | 5231 | *4* | *154* |
| 6 | 7 | 美国 | 759 | 5074 | *4* | *45* |
| 7 | 11 | 澳大利亚 | 303 | 5027 | *4* | *83* |
| 8 | 4 | 韩国 | 188 | 4753 | *4* | *-30* |
| 9 | 14 | 新加坡 | 142 | 4439 | *3* | *76* |
| 10 | 12 | 阿尔及利亚 | 336 | 4221 | *3* | *55* |
| 11 | 8 | 土耳其 | 604 | 3976 | *3* | *25* |
| 12 | 65 | 摩洛哥 | 43 | 2596 | 2 | *1154* |

| 排名 | | 供应国 | 出口量（TIV，百万） | | 2009—2013 年份额（%） | 2004—2008 年以来变化 |
|---|---|---|---|---|---|---|
| 2009—2013 | 2004—2008[a] | | 2013 | 2009—2013 | | |
| 13 | 34 | 越南 | 369 | 2359 | *2* | *182* |
| 14 | 19 | 委内瑞拉 | 476 | 2327 | *2* | *20* |
| 15 | 9 | 埃及 | 501 | 2293 | *2* | *－27* |
| 16 | 20 | 英国 | 438 | 2284 | *2* | *23* |
| 17 | 27 | 伊拉克 | 203 | 2220 | *2* | *83* |
| 18 | 61 | 阿富汗 | 216 | 2190 | *2* | *805* |
| 19 | 49 | 阿塞拜疆 | 921 | 2179 | *2* | *378* |
| 20 | 24 | 马来西亚 | 113 | 2098 | *2* | *35* |
| 21 | 5 | 希腊 | 66 | 2049 | *2* | *－57* |
| 22 | 30 | 印度尼西亚 | 774 | 1901 | *1* | *93* |
| 23 | 36 | 缅甸 | 362 | 1677 | *1* | *120* |
| 24 | 17 | 日本 | 145 | 1622 | *1* | *－30* |
| 25 | 22 | 挪威 | 53 | 1555 | *1* | *－8* |
| 26 | 50 | 叙利亚 | 361 | 1549 | *1* | *240* |
| 27 | 40 | 葡萄牙 | 27 | 1512 | *1* | *132* |

| 排名 | | 供应国 | 出口量（TIV，百万） | | 2009—2013 年份额（%） | 2004—2008 年以来变化 |
|---|---|---|---|---|---|---|
| 2009—2013 | 2004—2008[a] | | 2013 | 2009—2013 | | |
| 28 | 25 | 中国台湾地区 | 633 | 1470 | *1* | *-5* |
| 29 | 33 | 巴西 | 254 | 1407 | *1* | *65* |
| 30 | 13 | 智利 | 53 | 1237 | *1* | *-54* |
| 31 | 32 | 荷兰 | 252 | 1156 | *1* | *20* |
| 32 | 54 | 孟加拉国 | 672 | 1153 | *1* | *217* |
| 33 | 28 | 德国 | 129 | 1070 | *1* | *-8* |
| 34 | 26 | 加拿大 | 191 | 1052 | *1* | *-27* |
| 35 | 52 | 哥伦比亚 | 163 | 1052 | *1* | *142* |
| 36 | 60 | 泰国 | 373 | 1046 | *1* | *315* |
| 37 | 6 | 以色列 | 348 | 1017 | *1* | *-78* |
| 38 | 23 | 西班牙 | 120 | 1012 | *1* | *-38* |
| 39 | .. | 卡塔尔 | 71 | 903 | *1* | .. |
| 40 | 41 | 苏丹 | 345 | 842 | *1* | *35* |
| 41 | 43 | 约旦 | 100 | 806 | *1* | *38* |
| 42 | 21 | 意大利 | 52 | 805 | *1* | *-54* |

| 排名 | | 供应国 | 出口量（TIV，百万） | | 2009—2013 年份额（%） | 2004—2008 年以来变化 |
|---|---|---|---|---|---|---|
| 2009—2013 | 2004—2008[a] | | 2013 | 2009—2013 | | |
| 43 | 91 | 乌干达 | 20 | 770 | *1* | *1228* |
| 44 | 15 | 波兰 | 152 | 765 | *1* | *-68* |
| 45 | 42 | 阿曼 | 490 | 752 | *1* | *24* |
| 46 | 51 | 墨西哥 | 76 | 736 | *1* | *62* |
| 47 | 16 | 南非 | 2 | 654 | *<0.5* | *-72* |
| 48 | 56 | 瑞典 | 52 | 559 | *<0.5* | *68* |
| 49 | 46 | 芬兰 | 212 | 445 | *<0.5* | *-21* |
| 50 | 77 | NATO[b] | – | 442 | *<0.5* | *281* |
| | | 其他（108） | 1563 | 10310 | *8* | .. |
| **总计** | | | **25564** | **133921** | ***100*** | ***14*** |

– = 未交付；NATO = 北大西洋公约组织；.. = 未获得数据

**注：** SIPRI 的武器转让数据与主要武器的实际交付有关。为了便于不同武器的交付之间的比较并判明趋势，SIPRI 使用了趋势指示值（TIV））。这一数值只是表明国际武器转让量的一个指数，不代表实际转让的金额。因此它与其他经济统计数据如国内生产总值或进出口值不具备可比性。计算 TIV 的方法在“资料来源与方法”中予以说明。

*a* 2004—2008 年的排序因随后的修正而与《SIPRI 年鉴 2009》中的数据有所不同。

*b* 对国际组织的转让只包括对国际组织自身的转让，而非对该组织所有成员转让的总量。

**资料来源：** SIPRI 武器转让数据库，网址：〈http：//www.sipri.org/databases/armstransfers/〉。

警卫队提供5艘巡逻艇，总价值0.18亿美元。[62] 另外还包括承诺向菲律宾提供0.4亿美元援助，用以从美国采购两艘护卫舰。[63] 2013年，日本向菲律宾海岸警卫队出售了10艘大型巡逻艇，通过日本政府的“软贷款”解决。[64] 日本采取同样的方式向越南提供10艘巡逻艇，2013年讨论，2014年签约。[65]

阿联酋和沙特重回武器进口国的前五名。沙特首次进入前五是在1997—2001年。中东地区许多国家，特别是伊拉克和海湾阿拉伯国家（巴林、科威特、阿曼、沙特、卡塔尔和阿联酋）最近几年都有大量订单，还有更多在规划当中。

非洲武器进口量增长53%，主要是由于北非国家的进口增长了122%。与2004—2008年相比，撒哈拉以南地区国家在2009—2013年的武器进口略有增加。不过，对东非国家和非洲之角国家的武器转让增加更多，而尼日利亚由于国内冲突和石油收入增加，也开始履行大量采购的计划。

2009—2013年对东欧国家转让的减少（比2004—2008年总量下降25%）很大程度上可以视为金融危机和财政紧缩的结果。[66] 虽然欧洲国家有采购新武器的宏大计划，但很多此类计划都因资金原因被推迟、压缩或取消。

## 资料来源与统计方法

SIPRI武器转让项目维持着SIPRI武器转让数据库，网址：〈http://www.sipri.org/databases/armstransfers/〉。它包含了从1950年到2013年对国家、国际组织和非国家武装团体转让武器的信息。数据的搜集与分析是一个连续的过程：一旦有新的数据，数据库就进行更

〔62〕 M. Lee和M. Pennington：“美国提升对东南亚的援助，批评中国”，美联社，2013年12月17日。

〔63〕 “面临中国威胁，菲律宾寻求更多的美国海军舰船”，法新社，2014年1月15日。

〔64〕 J. E. Esplanada：“日本巡逻船将于2015年开始到货”，《菲律宾每日问讯报》，2014年3月31日。

〔65〕 S. Cheney-Peters：“日本明年将向越南提供巡逻船”，USNI News，2014年6月2日。网址：〈http://news.usni.org/2014/06/02/japan-provide-vietnam-patrol-boats-next-year〉。

〔66〕 见本卷第四章第一节。

新，每年发布一套新的数据。因此，各版的《SIPRI 年鉴》或其他 SIPRI 出版物中的数据不宜相联或比较。[67] 对数据库涵盖范围的调整涉及数据库所涵盖的整个时期。

**资料来源与估计**

武器转让的数据来自多种渠道。公开性是所有这些来源的共同标准，即它们或是公布了的，或是可以从公开渠道获得的。不过，这样的公开信息无法提供一个世界武器转让的整体画面。各种来源常常只能提供部分信息，相互之间不一致是常见现象。鉴于公开可获得的信息不足以跟踪所有武器和军事装备，SIPRI 只涉及“主要武器”。订货和交付的确切日期（甚至包括武器的类型），或提供方和接受方的身份等并不总是清楚的。因此，谨慎地进行判断和估计对于 SIPRI 转让数据库非常重要。

**转让的类型**

SIPRI 对武器转让的定义包括武器的销售（含许可制造）、援助、赠予以及大多数信贷或租借。武器的接受者必须是一个国家、非国家武装团体或国际组织的武装部队、准军事化部队或情报机构。在可以确知交付发生但无法确知供应方和接受方的情况下，该转让被登记为来自“未知供应方”或交付“未知接受方”。

**武器类型：主要武器**

SIPRI 武器转让数据库只包括“主要武器”，这里界定为：(*a*) 大部分飞机（含无人机），(*b*) 大部分装甲车，(*c*) 100 毫米口径以上的火炮，(*d*) 传感器（雷达、声呐和许多被动式电子传感器），(*e*) 防空系统和大型高射机枪，(*f*) 导弹，鱼雷，炸弹与炮弹，(*g*) 大部分军舰，(h) 作战飞机及其他大型飞机、战舰和大型支援舰以及装甲车的引擎，(*i*) 大部分装甲车和军舰炮塔，(*j*) 侦察卫星，(*k*) 空中加油系统。

转让项目必须具有军事用途。如果传感器、炮塔或再加油系统（d 项和 k 项）安装在平台（车辆、飞机和舰船）上，而它们又分别来自不同的供应方，转让则作为分列项录入。

〔67〕 对涵盖范围的修订适用于数据库所涵盖的以前所有时间段。

**SIPRI 趋势指示值**

SIPRI 拟定了一个独特的系统以便用一个共同的单位——趋势指示值（TIV）来衡量主要常规武器的转让量。TIV 基于现有的单位，即一个武器系统核心部分的生产费用，以此代表军事资源的转让，而不是转让的金额。如果武器的生产费用不详，就与核心武器相比较：尺寸和性能特征（重量、速度、射程、载荷）；电子设备类型；装填与卸载、发动机、履带或轮式车轮，军械及材料；武器生产的年份。在部队服役的武器相当于该型新武器价值的40%；用过的武器，如果做了重大的现代化改造，相当于同样新武器价值的66%。

SIPRI 用 TIV 和转让的武器及武器系统的数量来估算某一年各国间武器的转让量。数量数据旨在提供一个通用的单位，来衡量一段时间内流向特定国家或地区的趋势。因此，重点是确保衡量体系长时间的连续性，且引入的任何变化均可以回溯。

SIPRI 的 TIV 数值不代表武器转让的售价，因此不能与国内生产总值、军事开支、售价或许可出口的金额相比较来衡量武器出口方的经济利益或进口方的经济负担。最好是将其作为一种原始数据，来衡量一段时间内武器转让的趋势、供应方和接受方的全球份额，以及特定国家武器进出口的百分比。

（翟玉成　译）

# 第二节　远程导弹的转让

皮埃特·D·魏泽曼

相当多的国家已获得或正寻求获得导弹，它们可以从远距离发射，使得作战人员或发射导弹的高价值作战平台（如飞机、地基发射器或舰船）能够躲避火力打击。不论其具体的设计——火箭助推和无翼弹道导弹或装备吸气式发动机的巡航导弹——这些导弹一般都能够以较高的精度攻击目标，且难于防御。这类远程导弹的军事意义在实际使用中得以凸显，如美、英、法 2003 年在伊拉克的使用，意大利和阿联酋 2011 年在利比亚的使用。[1]

对于什么叫作远程制导导弹并无一致的意见。本节讨论导弹防扩散问题，重点是以某种方式制导、射程超过 200 公里、装有常规载荷的导弹的转让问题。虽然设定射程范围没有严格的标准，但可以说明国际上对于此类常规远程导弹的广泛需求，以及国际转让是如何满足这类需求的。在 2004—2013 年，16 个国家从国外进口或订购了 200 公里射程以上的导弹，8 个国家出口了这类导弹（见表 5.5）。[2] 尽管无人作战飞行器（UCAV）拥有导弹的优势，能够避免使作战人员和高价值发射平台处于敌人的打击范围之内，但直到 2013 年底，只有少量转让无人作战飞行器的案例，此处不予讨论。[3] 下面是一些有关朝鲜半岛、中东和南亚的相关动态，说明了远程导弹国际转让的趋势，也包括对导弹扩散、供应者行为的动机和关切的分析。

---

〔1〕 R. Hewson：“精确性压倒一切”，《RUSI 防务系统》，2011 年夏季刊，第 60 页；D. Barrie：“欧洲有可能赢得阿联酋供应战机合同”，国际战略研究所（IISS），IISS 之声，2013 年 12 月 10 日，网址：〈http：//www. iiss. org/en/iiss% 20voices/blogsections/2012 - 6d11/december - 2012 - a370/europe-uae-fighters - 163c〉；C. Kopp：“伊拉克自由：制导弹药”，《澳大利亚航空》，2003 年 6 月。

〔2〕 200 公里射程以下制导导弹和炸弹需求也十分广泛，见 SIPRI 武器转让数据库，网址：〈http：//www. sipri. org/databases/armstransfers/〉。

〔3〕 关于完全武装并赋予作战使命的无人作战飞行器（UCAV），唯一可确认的转让是 2007 年至 2013 年间美国向英国转让 11 架捕食者。对于类似于 UCAV 之类自动武器的管制见本卷第九章第二节。

**表 5.5 2004—2013 年对带有常规弹头和地面攻击能力的射程超过 200 公里的导弹转让情况**

| 接受方 | 供应方 | 订购数量 | 名称 | 性质 | 最大射程（公里） | 订购时间 | 交付时间 |
|---|---|---|---|---|---|---|---|
| 澳大利亚 | 美国 | （260） | AGM－158A JASSM | 空射巡航导弹 | 370 | 2006 | 2011—2013 |
| 巴林 | 美国 | （30） | MGM－140B ATACMS | 陆基弹道导弹 | 270 | 2011 | （2013） |
| 中国 | 俄罗斯 | （150） | 3M－54 Klub | 海射巡航导弹 | 300 | （2002） | （2005—2009） |
| 芬兰 | 美国 | （70） | AGM－158A JASSM | 空射巡航导弹 | 370 | 2012 | - |
| 德国 | 以色列 | .. | Harop | 陆射巡航导弹 | 1000 | （2013） | - |
| 希腊 | 法国 | （56） | Storm Shadow/SCALP | 空射巡航导弹 | >250 | 2001 | （2007） |
| 印度 | 以色列 | （50） | Harop | 陆射巡航导弹 | 1000 | 2009 | （2013） |
| | 俄罗斯 | （178） | 3M－54 Klub | 海射巡航导弹 | 300 | （1998） | （2001—2009） |
| | 俄罗斯 | （866） | PJ－10 BrahMos | 陆海空射巡航导弹 | 270 | 1998 | 2006—2013 |
| 意大利 | 英国 | 200 | Storm Shadow/SCALP | 空射巡航导弹 | >250 | 1999 | 2004—2008 |
| 韩国 | 美国 | （47） | AGM－84H SLAM-ER | 空射巡航导弹 | 280 | 2003 | 2006—2008 |
| | 德国 | （177） | Taurus KEPD－350MR | 空射巡航导弹 | >250 | 2013 | - |
| 巴基斯坦 | 中国 | （50） | CM－400AKG | 空射巡航导弹 | 240 | （2010） | 2012—2013 |

| 接受方 | 供应方 | 订购数量 | 名称 | 性质 | 最大射程（公里） | 订购时间 | 交付时间 |
|---|---|---|---|---|---|---|---|
| 沙特 | 英国 | （350） | Storm Shadow/SCALP | 空射巡航导弹 | >250 | 2009 | 2011—2013 |
| | 美国 | （650） | AGM－84H SLAM-ER | 空射巡航导弹 | 280 | （2013） | － |
| 西班牙 | 德国 | 43 | Taurus KEPD－350 | 空射巡航导弹 | >500 | 2005 | 2007—2010 |
| 叙利亚 | 朝鲜 | （100） | Scud Mod-D | 陆基弹道导弹 | 800 | （1996） | （2000—2009） |
| 土耳其 | 美国 | 48 | AGM－84H SLAM-ER | 空射巡航导弹 | >280 | 2006 | 2012—2013 |
| 阿联酋 | 法国 | （600） | Storm Shadow/SCALP | 空射巡航导弹 | >250 | 1998 | 2003—2008 |
| | 美国 | （100） | MGM－140B ATACMS | 空射巡航导弹 | 270 | 2011 | （2013） |
| | 美国 | （300） | AGM－84H SLAM-ER | 空射巡航导弹 | >280 | （2013） | － |
| 英国 | 美国 | （68） | BGM－109 Tomahawk | 潜射巡航导弹 | 1700 | 2004 | 2007—2013 |

（）指数据不确定或 SIPRI 的估计；.. 指未获得数据；－指尚未交付

**资料来源：** SIPRI 武器转让数据库，网址：〈http：//www. sipri. org/databases/armstransfers/〉。

## 朝鲜半岛

基于20世纪七八十年代进口的技术，朝鲜建立起来规模不详的导弹库。该国其他武器大多数陈旧过时，由于联合国的武器禁运，也无法获得新的装备。[4] 导弹自然成为其常规武库的重点，也是潜在的核弹投掷工具。[5]

为了应对朝鲜导弹库的扩张，韩国于2012年宣布建立所谓“杀伤链”——一套包含武器和传感器在内的综合系统，用于提前探知并摧毁朝鲜即将发射的导弹和核武器。杀伤链拟与导弹防御系统结合使用，如果“杀伤链”没有奏效，则依靠导弹防御。[6] 海基、陆基和空射导弹在“杀伤链”中居于核心地位。自20世纪70年代以来，美国（向韩国提供大量军援）一直向韩国施压，限制其导弹射程，担心远程导弹会打破半岛的稳定。然而，2012年韩国与美国达成了协议，宣布其将在五年内发展和部署射程为800公里、载荷为500公斤的弹道导弹。此间，韩国已经部署了射程为300公里、载荷为500公斤的Hyunmo－2弹道导弹。韩国从未克制其巡航导弹的部署，并在2012年开发和部署了海射和陆射型Hyunmo－3A和Hyunmo－3B巡航导弹，射程分别为500公里和1000公里。[7]

虽然美国在2013年接受了韩国F－35战机和“全球鹰”远程无人侦察机（UAV）的订单，但报道称美仍然拒绝向韩国出售射程在370公里、用于装备美制F－15K战机的AGM－158 JASSM巡航导

---

〔4〕 关于联合国的武器禁运，见本卷第十章第二节以及SIPRI武器禁运数据库，网址：〈http：//www. sipri. org/databases/embargoes〉。

〔5〕 关于朝鲜导弹发展概况，见M. Fitzpatrick：“朝鲜扩散的挑战：欧盟的作用”，欧盟不扩散报告，第18期，欧盟不扩散研究联合机构，2012年6月，网址：〈http：//www. nonproliferation. eu/activities/activities. php〉。关于朝鲜军事核能力，见本卷第六章第九节。

〔6〕 K. Kim：“首尔扩大其导弹防御以回应朝鲜核试验”，Hankyoreh，2013年2月14日；J. Choi：“‘杀伤链’的政治”，Hankyoreh，2013年10月22日。

〔7〕 D. Pinkston：“新的韩国导弹指导原则与地区稳定前景”，强盛博客（Strong & Prosperous blog），国际危机集团，2012年10月25日，网址：〈http：//www. crisisgroup-blogs. org/strongandprosperous/2012/10/25/〉。

弹。[8] 作为替代，韩国在 2013 年选购了德国—瑞典联合制造的 Taurus KEPD－350 巡航导弹，射程至少为 250 公里。德国和瑞典此前从未向欧洲以外国家出售过射程超过 200 公里的导弹。

## 伊朗、沙特和阿联酋

伊朗基于 20 世纪八九十年代从中国和朝鲜引入的技术，以及通过违反联合国制裁获得的部件和材料，生产射程接近 2000 公里的弹道导弹。[9] 联合国的禁运意味着伊朗和朝鲜的情况一样，无法进口现代化的像战斗机这样的远距离攻击武器。这样，本国生产的弹道导弹在其武器库中就占据了核心地位。[10]

部分是作为对伊朗潜在威胁的回应，海湾地区另外两个大国沙特和阿联酋进口了若干型号的远程导弹。报道显示，沙特从中国进口了 2500 公里射程的东风－3（DF－3）导弹（1988 年从中国采购），而且在 2007 年前后从中国获得了新的更加精确的东风－21 或其他弹道导弹，尽管双方均未确认。[11] 1998 年，阿联酋从法国订购了射程至少为 250 公里的“黑沙欣”（Black Shaheen）空射巡航导弹；2009 年，沙特从英国订购了相似的“暴风之影”巡航导弹。在这两个案例中，美国均拒绝提供同样的导弹，虽然它向两个国家出口了其他的先进武器。美国的拒绝，一方面与保持以色列对阿拉伯国家在武器质量上的优势相关，另一方面是担心这类交易有悖于“导弹及其技术控制制度”（MTCR）的精神，该机制旨在防止能够投掷大规模杀伤性武器的导弹的扩散。[12] 然而，美国在 2013 年的立场发生重大转

---

〔8〕“韩国拟购买欧洲导弹”，法新社，2013 年 6 月 19 日。

〔9〕国际战略研究所（IISS）：“伊朗的弹道导弹能力评估”（IISS：伦敦，2010 年 5 月）；联合国安理会根据 2013 年 6 月 3 日第 1929（2010）号决议（S/2013/331 附件，2013 年 6 月 5 日，第 23 页）设立的专家组最终报告。

〔10〕S. Delory：“中东北非导弹扩散动态”，背景报告，欧盟不扩散联合研究机构，2011 年 7 月，第 15 页。

〔11〕S. O'Connor：“沙子的秘密”，《简氏情报评论》2013 年 8 月，第 10—13 页；J. Stein：“中情局系沙特的个人顾主”，《新闻周刊》，2014 年 1 月。

〔12〕D. M. Gormley：“导弹传染病：巡航导弹扩散及其对国际安全的威胁”（Praeger 国际安全，西港，CT，2008），第 56—57 页。关于 MTCR 的介绍和其他细节见本卷附件 B 第三部分。关于 MTCR 的最新发展与出口控制机制见本卷第十章第三节。

变，同意向沙特和阿联酋提供射程约 280 公里的 AGM－84H 空射巡航导弹。官方的说法是，此笔交易旨在增强沙特和阿联酋两国应对地区威胁的能力。[13] 此举被广泛解释为在面对伊朗威胁的情况下，这是美国试图以此安抚海湾地区盟国，重申其对这些国家的安全承诺，加强这些国家军事的力量努力的一部分。[14]

## 印度和巴基斯坦

印度和巴基斯坦采购了各类远程弹道导弹和巡航导弹，以加载常规弹头和核弹头。[15] 两国之间的紧张关系是它们武器采购的主要动因。[16]

两国都依靠本国的武器工业研发和生产弹道导弹和巡航导弹，并辅以不同程度的外来支持。据信，巴基斯坦在 20 世纪八九十年代从中国和朝鲜获得了弹道导弹技术。[17] 一般怀疑，巴基斯坦巡航导弹的开发，是利用了来自中国、乌克兰或南非的技术。[18] 不过，尚不清楚巴基斯坦当前导弹生产对国外技术的依赖程度。

过去 10 年来，印度是最大的导弹技术进口国，它与俄罗斯合作生产射程为 270 公里的陆、海、空射型“布拉莫斯”（BrahMos）精确超音速巡航导弹。印度进口的射程最远的导弹是以色列生产的“哈罗普”（Harop）导弹。虽然被生产者标榜为“盘旋弹药”，但“哈罗普”本质上属于低空飞行导弹，射程为 1000 公里，可以在大范围盘旋飞行，寻找攻击目标。为了因应印度采购计划的扩大，欧洲和以色列的军火公司提供了空射巡航导弹，以满足印度已提出的或所

〔13〕 防务安全合作局（DSCA）：“沙特——各种弹药与支持”，新闻稿，2013 年 10 月 15 日；防务安全合作局（DSCA）：“阿联酋——各种弹药与支持”，新闻稿，2013 年 10 月 15 日。

〔14〕 A. Mehta 和 A. Mustafa：“海湾国家瞄上攻击能力”，《防务新闻》，2013 年 11 月 18 日。

〔15〕 关于印度和巴基斯坦的核导弹能力见本卷第六章第六节和第七节。

〔16〕 P. Holtom 等：“国际武器转让”，《SIPRI 年鉴 2011》，第 278—285 页。

〔17〕 詹姆斯马丁防扩散研究中心：“国别情况：巴基斯坦”，核威胁倡议，2013 年 2 月，网址：〈http://www.nti.org/country-profiles/pakistan/〉。

〔18〕 Gormley（同注释〔12〕），第 73—74 页；R. Hewson：“巡航导弹技术扩散已经开始”，《简氏情报评论》，2005 年 10 月，第 41—42 页。

期待的需求。[19] 印度的“尼尔比希”（Nirbhay）导弹于 2012 年首次测试，有报道说是用了从俄罗斯进口的发动机。[20]

## 结语

远程导弹的扩散引发了一些忧虑。上述案例中，进口那些可以更精确地打击敌方纵深目标、大大降低，甚至消除己方操作人员风险的武器，将导致使用武力门槛的降低。这有可能打破地区常规武器和核武器的平衡，加剧军备竞赛，导致军事升级，恶化国家间的危机，增加战争的风险。[21] 有些供应国将其他国家部署远程导弹视为潜在的威胁。特别是，美国把导弹扩散看作是对自己及其盟国的“重大”和“不对称”威胁。[22] 34 个国家加入了“导弹及其技术控制制度”（MTCR），同意对本国的导弹出口进行限制，防止其被用作大规模杀伤性武器的投掷系统。[23] 联合国对于向伊朗和朝鲜转让导弹技术的制裁也是出于同样的目的。虽然存在这些担心，但向国家关系紧张的地区和拥有核武器的国家转让远程导弹及其关键技术的情况依然时有发生。即使是经常对导弹扩散表达关切的美国，在过去 12 年里也放松了对导弹出口的限制。无人作战飞行器的出现又增加了问题的复杂性。

（翟玉成　译）

---

〔19〕“MBDA 重申其与印度的关系”，《印度战略》，2012 年 3 月；W. Minnick：“以色列在最大的展商之列”，《防务新闻》，2009 年 12 月 2 日。

〔20〕S. Jha：“成为举足轻重的大国”，《地缘政治》，2013 年 3 月，第 5 页；“Sub Rosa subsonic”，《航空航天技术周刊》，2012 年 7 月 2 日，第 24 页。

〔21〕J. Scheffran：“冲突中的导弹：导弹问题的复杂性”，《裁军论坛》2007 年第 1 期，第 19 页。

〔22〕美国空军与国家航空航天情报中心：《弹道导弹与巡航导弹威胁》，NASIC－1031－0985－13（NASIC：Wright-Patterson AFB，OH，2013），第 3—4 页。

〔23〕MTCR：“与导弹相关的敏感转让指南”，网址：〈http：//www. mtcr. info/english/guidetext. html〉。

# 第三节　武器转让的透明度

西蒙·T·魏泽曼　露西·贝罗—苏德罗

武器转让的公开数据对于评估一个国家的武器出口、采购和国防政策十分重要。但是公布军售以及武器采购数据对几乎所有国家都是一个敏感的问题。本节分析近期国际、地区以及国家报告制度的新发展。这些制度旨在整体或部分地增加公开可获得的军售信息的质量与数量。[1]

## 联合国常规武器登记册

自1992年建立以来，联合国常规武器登记册（UNROCA）一直是国际武器进出口透明的重要机制。每年联合国会员国都按要求，在自愿的基础上向联合国常规武器登记册报告其上一年中七类武器的进出口情况，并鼓励报告轻小武器（SALW）的转让信息。[2]

报告武器转让的国家数量从2010年的87个锐减至2011年的57个，系历史最低水平。2012年的报告数量稍好。截至2014年4月，72个国家提交了2012年度的武器转让情况（见表5.6）。2008—2012年这五年中，仅有不到半数的联合国会员国提供了武器转让信息。2009—2013年这五年里，SIPRI记载的十大主要武器供应国也是经常向联合国常规武器登记册进行报告的国家。不过，其中的三个国家在过去的五年内均有一年没有报告：2012年的以色列、2008年的法国和2010年的乌克兰。在十大进口国中，阿联酋、沙特和阿尔及利亚

---

〔1〕本节不涉及政府间的秘密进行的武器转让信息交换，比如发生在欧安会内部、美洲国家组织、瓦森纳安排成员国之间的信息交换。国际武器贸易的另一信息来源来自联合国商品贸易统计数据库的海关数据。商品贸易数据这里不做讨论，因为它本来就不是也没有打算将其作为工具，以此来增加国际武器转让公开可获得的信息。商品贸易数据包括在“挪威小武器转让倡议”的小武器转让数据库中，（NISAT）Small Arms Trade Database，网址：〈http://www.prio.no/NISAT/Small-Arms-Trade-Database/〉。

〔2〕7个类别分别是：（a）坦克，（b）装甲战车，（c）大口径火炮系统，（d）作战飞机，（e）攻击直升机，（f）战舰，（g）导弹与导弹发射器。

在 2008—2012 年间从未报告；印度在 2011 年以及 2012 年没有报告；其余六国均逐年报告。

**表 5.6　2008—2012 年向联合国常规武器登记册提交的报告数（按地区分类）**

年份系指报告所涵盖的时间，而非提交的时间。比例（%）系指提交报告的联合国会员国的百分比。

| 地区 | 2008 | | 2009 | | 2010 | | 2011 | | 2012 | |
|---|---|---|---|---|---|---|---|---|---|---|
| | 国家数 | % | 国家数 | % | 国家数 | % | 国家数 | % | 国家数 | % |
| 非洲 | 4 | 8 | 4 | 8 | 2 | 4 | 2 | 4 | 3 | 6 |
| 美洲 | 15 | 43 | 10 | 29 | 18 | 51 | 7 | 20 | 11 | 31 |
| 亚洲和大洋洲 | 19 | 44 | 22 | 51 | 19 | 44 | 11 | 26 | 14 | 33 |
| 欧洲 | 39 | 81 | 39 | 81 | 45 | 94 | 36 | 75 | 43 | 90 |
| 中东 | 3 | 20 | 2 | 13 | 3 | 20 | 1 | 7 | 1 | 7 |
| 共计[a] | 80 | 42 | 77 | 40 | 87 | 45 | 57 | 30 | 72 | 37 |

a联合国在 2008—2010 年共有 192 个会员国。2011 年南苏丹成为第 193 个联合国会员国。

**资料来源：** 联合国常规武器登记册数据库，网址：〈http://www.un-register.org/〉.

除了报告国家少外，实际的报告有时不够完整、清晰，或包含了无关内容。有些国家一直报告哪些用于展览、民用和零碎的武器转让信息。例如 2012 年英国提交的 57 条出口信息中，只有 2 项看似是对于军事用户的转让。与此同时，英国却未将出口沙特的远程空对地导弹包含其中。联合国常规武器登记册的“导弹及导弹发射架”条目问题依旧格外严重。一些国家（例如澳大利亚和瑞典）也许是因为导弹被视为弹药，与其他武器相比，对于维持战争能力更具指标意义，拒绝提供该类进出口数量的数据。

2013 年达成的《武器贸易条约》（ATT），有可能在 2014 年就生效，这使得联合国常规武器登记册的未来更加不确定。[3]《武器贸易条约》有独立并强制性的报告规定，要求缔约国每年报告联合国常规武器登记册所含的 7 类武器以及若干轻小型武器的年度进出口情

〔3〕 关于《武器贸易条约》的谈判，见本卷第十章第一节。

况。很有可能有关国家只选择向《武器贸易条约》秘书处报告。但是，与联合国常规武器登记册不同，《武器贸易条约》的报告制度是不公开的，不向联合国常规武器登记册报告将是一个严重的损失。

### 国家和地区的武器出口报告

自20世纪90年代以来，越来越多的国家发布国家报告，公布各自的武器出口的细节。[4] 截至2014年1月，35个国家自1990年以来至少发布了一份武器出口国家报告，其中有32个国家是在近5年(2009—2013）发布的，有23个国家在发布了首份国家报告后便连续发布年度报告。[5] 2013年，没有新增发布报告的国家。在十大主要武器供应国中，中国、以色列和俄罗斯从未发布过武器出口国家报告。

透明度仍有改进的余地，即便是那些长期发布国家武器出口报告的国家也是如此。近年来，一些国家在其报告中建议进一步加强透明度。德国2013年大选后，基民盟和社民党同意在它们的联合执政计划中，增进德国的武器出口透明度，发布联邦安全委员会（一个内阁下属的委员会）所做的武器出口许可最终决定，但不包含对于许可证发放的最初建议。两党还同意年度报告应按时发布，数据半年一发布。[6] 2012年5月上任不久，法国国防部长勒德里昂本人于2013年7月向法国议会提交武器出口年度报告。这是前所未有的。法国的年度报告还丰富了数据，而且努力提前提交报告。[7] 然而，相关信

---

〔4〕 公布报告的数据库由SIPRI保留在〈http：//www. sipri. org/research/armaments/transfers/transparency/national_ reports〉网址里。

〔5〕 3个自1990年以来至少发布过1份报告但2009年以来从未发布的国家是澳大利亚、白俄罗斯和波黑。

〔6〕“武器出口应当更加透明”，《商业日报》（Handelsblatt)，2013年11月7日；“创造德国的未来：CDU、CSU和SPD联盟协定”（Union Betriebs：Rheinbach，2013年12月14日)，第13页。

〔7〕 P. Leymarie：“法国军火商情绪低落”，《世界外交》，2013年8月5日，网址：〈http：//blog. mondediplo. net/2013 - 08 - 05 - Les-vendeurs-darmes-francais-en-petite-forme〉；法国国防部：“2013年提交议会的武器出口报告”，2013年7月23日，网址：〈http：//www. defense. gouv. fr/actualites/articles/publication-du-rap port-au-parlement-sur-les-exportations-d-armement - 2013〉。

息的重要细节仍有缺漏，包括转让物项的类型、规格以及最终用户的性质等。[8]

**表 5.7　2003—2012 年成员国向欧盟武器出口年度报告提交信息的情况**

| 年度报告 | 涵盖年份 | 提交国数量 | 全面申报国数量[a] | 全面申报国占比（%） |
|---|---|---|---|---|
| 第 15 次 | 2012 | 27[b] | 20 | *74* |
| 第 14 次 | 2011 | 27 | 18 | *67* |
| 第 13 次 | 2010 | 27 | 17 | *63* |
| 第 12 次 | 2009 | 27 | 17 | *63* |
| 第 11 次 | 2008 | 27 | 19 | *70* |
| 第 10 次 | 2007 | 27 | 16 | *59* |
| 第 9 次 | 2006 | 25 | 16 | *64* |
| 第 8 次 | 2005 | 25 | 17 | *68* |
| 第 7 次 | 2004 | 25 | 13 | *52* |
| 第 6 次 | 2003 | 22[c] | 6 | *27* |

*a* "全面申报" 的数据基于发放的出口许可和实际出口的武器金额，并按目的地和欧盟通用军事清单类别细分。

*b* 克罗地亚，2013 年加入欧盟，2012 年没有义务提交数据。

*c* 由于第六份年度报告涵盖 2003 年发放的出口许可和实际出口，2004 年加入欧盟的 10 个成员国没有义务提交数据。不过，它们应邀提交 2003 年的数据，如果是有的话。其中 7 个提交了数据。

**资料来源：** 欧盟年度报告，见欧盟理事会 "武器出口控制"，网址：〈http://www.eeas.europa.eu/non-proliferation-and-disarmament/arms-export-control〉。

在出现要求信息自由的请愿和法院判决之后，以色列政府公布了一份 2011 年和 2012 年军售接受国清单，尽管该清单尚不完整。[9] 瑞士政府在一份报纸提出透明度的问题后，2013 年也发布了 "特定军用货物" 出口的补充信息。新的数据显示了 2012 年瑞士的出口数

---

〔8〕 Z. Behalal："法国武器出口：勒德里昂引入改革但仍然任重道远"，《新观察家》，2013 年 9 月 11 日。

〔9〕 G. Cohen："以色列透露武器贸易不止 70 亿美元，但项目名称不多"，《国土报》（Haaretz），2014 年 1 月 9 日。

量比以前公布的数据高了四倍。[10]

欧盟通过立法，要求成员国每年交换批准的出口许可和实际出口金额数据，以及拒绝许可出口的情况。[11] 第 15 份年度报告于 2014 年 1 月发布，涵盖了 2012 年的转让情况。此报告中，27 个欧盟成员国中有 20 个提交了全面报告，比如，包含了发放的许可证数量、许可出口和实际出口的金额，按目的地和欧盟军品清单进行分类（见表 5.7）。[12]

（翟玉成　译）

〔10〕“Sonntagszeitung 迫使 Seco 公布特定军用货物的出口情况”，Le Temps（日内瓦）；and B. Tuchschmid and B. Sporri，“装备特殊案例，瑞士”，《星期日报》（苏黎世），2013 年 11 月 24 日。

〔11〕“理事会关于界定有关军事技术和装备出口控制一般规则的共同立场”（2008/944/CFSP），2008 年 12 月 8 日，《欧盟官方公报》，L335，2008 年 12 月 13 日。

〔12〕欧盟理事会：根据理事会关于界定有关军事技术和装备出口控制一般规则的共同立场（2008/944/CFSP）第 8（2）条所提交的第 15 份年报，《欧盟官方公报》，C18，2014 年 1 月 21 日。

# 第四节　各国武器出口的金额

马克·布罗姆利　露西·贝罗—苏德罗

表 5.8 表明了 2003—2012 年各国官方的武器出口金额。表中所包含的国家是那些提供了武器出口、出口许可或武器出口协议金额官方数据的国家，它们 10 年间至少提供了 6 年数据，平均金额超过 1000 万美元。数据来自公开报道、直接引用，或与有关国家或官方工业实体直接联系取得。数据涵盖范围援用原始出处的措辞。虽然该领域的国家实践各异，但“武器出口许可证”一般是指国家出口许可部门批准的出口许可的金额。许可证和协议均不一定代表着实际交货，且报道的金额有可能被高估。此外，即使实际交付，也有可能分多年完成。所以，一年内出口许可或协议出口金额的高低（例如 2012 年美国的协议金额很高）也不一定意味着趋势的改变。

根据 SIPRI 武器转让数据库，提供武器出口金额官方数据的国家占整个主要常规武器转让总量的 90%。通过叠加表 5.8 中的数据，可以得到全球武器贸易金额的粗略估计。然而，这样利用数据仍有很大的局限。第一，这些数据基于不同的定义和方法，不可以直接相互比较。[1] 第二，一些国家（包括英国）没有发布“武器出口”的数据，而另一些国家（包括中国），无论是武器出口、许可出口，还是武器出口协议，均未发布数据。不过，把那些提供“武器出口”金额国家的数据相加，还是有可能估计出 2012 年全球武器贸易的总量至少为 580 亿美元。真实的数据有可能更高。[2]

---

〔1〕 对于何为“武器”或“军火”，国际上没有一致的定义，各国政府在搜集和报告武器出口金额的数据时采用不同的清单。而且，对于如何收集和报告这样的数据也没有标准的方法。例如，一些国家在搜集“武器出口”数据时使用出口许可信息，而另一些国家则使用从海关采集而来的数据。

〔2〕 需要指出的是该数字指出口货物的货币价值总额，某些可能会重复计算。特别是，许多货物以部件的方式出口，而后与更大的武器系统组合，然后向其他地区再出口。

**表 5.8 依据国家政府和工业部门统计的 2003—2012 年各国武器出口额**

表中数字系 2012 年固定美元（百万）。利用报告年份的市场汇率和美国消费者价格指数（CPI）做了转换。

如无特别说明，表中年份系日历年份。

| 国家 | 2003 | 2004 | 2005 | 2006 | 2007 | 2008 | 2009 | 2010 | 2011 | 2012 | 数据涵盖内容 |
|---|---|---|---|---|---|---|---|---|---|---|---|
| 澳大利亚 | 163 | 6 | 165 | 207 | 188 | 328 | 517 | 520 | 610 | 585 | 出口 |
| | 346 | 24 | 374 | 437 | 2090 | 1477 | 3344 | 2465 | 2315 | 1997 | 出口许可 |
| 比利时 | 938 | 821 | 374 | 1256 | 1364 | 2085 | 1638 | 1398 | 1184 | 1246 | 出口许可 |
| 波黑 | .. | 53 | 94 | 71 | 58 | 91 | 68 | 39 | .. | .. | 出口许可 |
| 巴西 | 61 | 346 | 335 | 401 | 177 | 41 | 106 | .. | .. | .. | 出口 |
| 保加利亚 | .. | .. | 208 | 160 | 224 | 234 | 216 | 360 | 328 | 281 | 出口 |
| | .. | .. | 466 | 627 | 573 | 742 | 470 | 413 | 316 | 449 | 出口许可 |
| 加拿大 | 645 | 602 | 312 | 361 | 336 | 558 | 507 | 418 | 655 | .. | 出口[a] |
| 捷克 | 117 | 136 | 129 | 133 | 264 | 297 | 260 | 303 | 260 | 352 | 出口 |
| | 149 | 187 | 177 | 260 | 723 | 331 | 580 | 629 | 491 | 341 | 出口许可 |
| 丹麦 | 113 | 152 | 130 | 186 | 297 | 255 | 375 | 524 | 336 | 285 | 出口许可 |
| 爱沙尼亚 | .. | – | 1 | – | 5 | 9 | 12 | 3 | 496 | 4 | 出口许可 |
| 芬兰 | 69 | 63 | 151 | 76 | 114 | 145 | 129 | 82 | 138 | 152 | 出口 |
| | 144 | 495 | 64 | 123 | 86 | 526 | 278 | 85 | 261 | 73 | 出口许可 |

| 国家 | 2003 | 2004 | 2005 | 2006 | 2007 | 2008 | 2009 | 2010 | 2011 | 2012 | 数据涵盖内容 |
|---|---|---|---|---|---|---|---|---|---|---|---|
| 法国 | 6049 | 10491 | 5426 | 5682 | 6846 | 4905 | 5486 | 5164 | 5173 | 4298 | 出口 |
| | 5942 | 5102 | 6014 | 8219 | 8576 | 10283 | 12135 | 7136 | 9244 | 6320 | 出口许可 |
| 德国 | 1877 | 1704 | 2383 | 1963 | 2288 | 2229 | 1990 | 2954 | 1823 | 1216 | 出口[b] |
| | 6850 | 5745 | 6163 | 5984 | 5558 | 9039 | 7496 | 6628 | 7680 | 6046 | 出口许可 |
| 希腊 | 158 | 23 | 42 | 126 | 50 | 75 | 337 | 411 | 321 | 437 | 出口许可 |
| 匈牙利 | 15 | 14 | 18 | 23 | 26 | 23 | 25 | 26 | 26 | 35 | 出口 |
| | 69 | 60 | 47 | 89 | 145 | 186 | 189 | 192 | 221 | 347 | 出口许可 |
| 印度 | 118 | 85 | 68 | 108 | 92 | 211 | 73 | .. | .. | .. | 出口[c] |
| 爱尔兰 | 49 | 41 | 44 | 66 | 50 | 48 | 67 | 33 | 38 | 60 | 出口许可 |
| 以色列 | 2932 | 3160 | 3056 | 3416 | .. | .. | 7383 | 7580 | 7143 | 7470 | 出口 |
| | 3744 | 4497 | 4114 | 5580 | 6200 | 6745 | 7918 | 7685 | .. | .. | 出口协议 |
| 意大利 | 887 | 724 | 1215 | 1386 | 1920 | 2775 | 3278 | 859 | 1451 | 3869 | 出口 |
| | 1805 | 2248 | 1989 | 3131 | 7188 | 8841 | 9949 | 4533 | 7465 | 5347 | 出口许可 |
| 韩国 | 301 | 508 | 308 | 288 | 936 | 1099 | 1248 | 1251 | 2431 | 2353 | 出口协议 |

| 国家 | 2003 | 2004 | 2005 | 2006 | 2007 | 2008 | 2009 | 2010 | 2011 | 2012 | 数据涵盖内容 |
|---|---|---|---|---|---|---|---|---|---|---|---|
| 立陶宛 | .. | .. | .. | 6 | 67 | 48 | 65 | 21 | 68 | 24 | 出口 |
| | .. | 5 | 7 | 11 | 95 | 73 | 117 | 32 | 72 | 26 | 出口许可 |
| 荷兰 | .. | .. | 997 | 1154 | 1324 | 781 | 843 | 943 | 1095 | 1057 | 出口 |
| | 1621 | 942 | 1718 | 1607 | 1086 | 1965 | 1955 | 1273 | 590 | 1210 | 出口许可 |
| 挪威 | 533 | 363 | 448 | 518 | 604 | 736 | 766 | 639 | 651 | 667 | 出口 |
| 波兰 | 258 | 397 | 424 | 393 | 435 | 575 | 2068 | 637 | 1204 | 814 | 出口许可 |
| 葡萄牙 | 35 | 18 | 10 | 1 | .. | 111 | 24 | 28 | 35 | 40 | 出口 |
| | 44 | 26 | 18 | 1 | 41 | 119 | 42 | 29 | 44 | 67 | 出口许可 |
| 罗马尼亚 | 86 | 51 | 54 | 114 | 93 | 88 | 105 | 129 | 134 | 83 | 出口 |
| | .. | .. | 116 | 125 | 187 | 127 | 177 | 160 | 188 | 179 | 出口许可 |
| 俄罗斯 | 6988 | 7024 | 7201 | 7401 | 8193 | 8903 | 9095 | 10527 | 13979 | 15200 | 出口 |
| 斯洛伐克 | .. | 30 | 31 | 46 | 56 | 59 | 65 | 21 | 14 | 32 | 出口 |
| | 54 | 98 | 73 | 91 | 112 | 111 | 159 | 81 | 43 | 94 | 出口许可 |
| 南非 | 511 | 515 | .. | 488 | 629 | 761 | 986 | 1198 | 1291 | 1292 | 出口许可 |
| 西班牙 | 539 | 613 | 612 | 1207 | 1414 | 1459 | 2002 | 1573 | 3448 | 2510 | 出口 |
| | 376 | 664 | 1798 | 1851 | 2973 | 3945 | 4746 | 3120 | 4072 | 10238 | 出口许可 |
| 瑞典 | 1000 | 1206 | 1357 | 1601 | 1573 | 2054 | 1896 | 2008 | 2186 | 1441 | 出口 |
| | 1392 | 1073 | 2382 | 2320 | 1119 | 1554 | 1552 | 1932 | 1713 | 1171 | 出口许可 |

| 国家 | 2003 | 2004 | 2005 | 2006 | 2007 | 2008 | 2009 | 2010 | 2011 | 2012 | 数据涵盖内容 |
|---|---|---|---|---|---|---|---|---|---|---|---|
| 瑞士 | 351 | 393 | 244 | 361 | 429 | 711 | 716 | 647 | 1003 | 747 | 出口 |
| 土耳其 | 413 | 238 | 396 | 401 | 465 | 614 | 717 | 667 | 834 | 1390 | 出口 |
| 乌克兰 | 624 | . . | . . | . . | 775 | 853 | 856 | 1007 | 1024 | 1204 | 出口 |
| 英国 | 9946 | 10115 | 8525 | 11580 | 21379 | 8540 | 12086 | 9482 | 8828 | 13894 | 出口订单[d] |
| | 6322 | 4489 | 4409 | 3405 | 1988 | 3851 | 5146 | 3955 | 9934 | 3424 | 出口许可 |
| 美国 | 12146 | 13850 | 13091 | 13107 | 13779 | 12569 | 17455 | 13840 | 14071 | 15819 | 出口[e] |
| | 15789 | 16512 | 10254 | 19859 | 19000 | 29880 | 31472 | 22854 | 26680 | 62996 | 出口协议[e] |

*a* 加拿大的数字不含对美国的出口。

*b* 这些数字只涵盖德国国内法所规定的“战争武器”。

*c* 2002—2008 年印度的数字涵盖时段起止日期是 4 月 1 日至 3 月 31 日。2009 年数字的起止日期是 4 月 1 日至 12 月 31 日。

*d* 这些数字涵盖了防务设备以及航空航天装备和服务。

*e* 美国的数字涵盖时段起止日期是 10 月 1 日至 9 月 30 日（例如 2012 年的数字起止日期是 2011 年 9 月 30 日至 2012 年 9 月 30 日）。美国的数字只涵盖政府对外军售协议下的武器出售。美国工业界根据“直接商业出售”协议直接对外国政府的出售不含其中。

**资料来源：**公布的信息或与政府或官方工业实体的通信。关于资料来源的全部清单以及所有现有的武器出口的数据见网址：〈http://www.sipri.org/research/armaments/transfers/measuring/financial_values〉。

（翟玉成　译）

# 第六章　世界核力量

## 概　　述

香农·**N**·基尔　汉斯·**M**·克里斯滕森

2014年初，九个国家——美国、俄罗斯、英国、法国、中国、印度、巴基斯坦、以色列和朝鲜——拥有约16350枚核武器，其中的4150枚是部署的或一接到通知就准备使用的（见表6.1）。这些武器中的大约1800枚处于高度作战戒备状态。

核弹头总体库存正在下降，这主要是由于俄罗斯和美国根据其2010年《关于进一步削减和限制进攻性战略武器的措施的条约》（新START）及单边削减继续裁减其核武库。但是，削减的速度与十年前相比似乎正在放缓。与此同时，所有的核武装国家正在对其剩余核力量进行现代化，似乎决心继续保留相当大的核武库，直到可预见的未来。

美国和俄罗斯正在对其剩余的核运载系统、弹头和生产设施（见本章第一节和第二节）进行大规模的现代化计划。其他核武装国家的核武库相当小（见第三节至第四节），但是它们要么正在发展，要么正在部署新的武器，或已宣布打算这样做。中国、印度、朝鲜和巴基斯坦是唯一正在扩大其核武库的核武器国家。

关于核武装国家的核武库和能力情况，所获得的可靠信息极其不同。美国已披露了关于其库存和力量的大量信息，法国和英国也已公布了一些信息。俄罗斯拒绝透露根据新START条约所计数的力量的详细数据（即使它与美国分享这些信息），而美国政府已停止发布关于中国和俄罗斯核力量的详细信息。印度和巴基斯坦政府提供有关其一些导弹试验的声明，但没有关于其核武库状况或规模的信息。以色列采取不评论其核武库的政策，而朝鲜不提供有关其核能力的信息。

虽然朝鲜到目前为止拥有最小的核弹头库，但是它在 2013 年通过进行第三次核试验爆炸展示了继续发展其核武器计划的意图，这使自 1945 年以来所记录的核爆炸总数达到 2055 次（见第十一节）。朝鲜在爆炸装置中是使用了高浓铀（HEU）还是如其前两次试验那样使用了钚，目前还不清楚。高浓铀和钚是最常用的裂变材料，对于所有类型的核爆炸装置是必不可少的。中国、法国、俄罗斯、英国和美国已生产了既使用高浓铀又使用钚的核武器；印度和以色列已生产了主要使用钚的核武器；巴基斯坦已生产了主要使用高浓铀的核武器（见第十节）。

**表 6.1　2014 年 1 月世界核力量**

所有数字都是大约数。这里所作出的估计是基于公开信息，存在某些不确定性，如表 6.1—6.9 的注释中所反映的那样。

| 国家 | 第一次核试验年份 | 部署的弹头[a] | 其他的弹头[b] | 总数 |
|---|---|---|---|---|
| 美国 | 1945 | ~2100[c] | 5200 | ~7300[d] |
| 俄罗斯 | 1949 | ~1600[e] | ~6400[f] | ~8000[g] |
| 英国 | 1952 | 160 | ~65 | ~225 |
| 法国 | 1960 | 290 | ~10 | ~300 |
| 中国 | 1964 | – | ~250 | ~250 |
| 印度 | 1974 | – | 90—110 | 90—110 |
| 巴基斯坦 | 1998 | – | 100—120 | 100—120 |
| 以色列 | .. | – | ~80 | ~80 |
| 朝鲜 | 2006 | – | .. | 6—8 |
| **总计** | | **~4150** | **~12200** | **~16350** |

.. =没有可用或适用的数据；– =零

*a*“部署的”是指安装在导弹上的弹头或放在有现役力量的基地的弹头。

*b* 这些是储备的、等待拆卸的或在它们成为实战部署之前需要一些准备（例如组装或装载在发射器上）的弹头。

*c* 除了战略弹头，这个数字还包括 184 枚部署在欧洲的非战略（战术）核武器。

*d* 这个数字包括美国国防部核武库的约 4785 个弹头。另外的约 2515 个退役弹头计划在未来十年拆卸。

*e* 这个数字体现了比《SIPRI 年鉴 2013》所发表的数字有所下降，并反映了以新START 条约综合数据、新闻媒体报道和轰炸机武器计数的调整为基础的重新计算。

*f* 这个数字包括约 700 个用于正在检修的核动力弹道导弹潜艇和轰炸机上的弹头，约 2000 枚由短程海军、空军和空防力量使用的非战略核武器和约 3700 个等待拆卸的退役弹头。

*g* 这个数字包括一个约 4300 个核弹头的军用武库和另外约 3700 个等待拆卸的退役弹头。

（田景梅　译）

# 第一节 美国核力量

汉斯·M·克里斯滕森

截至 2014 年 1 月，美国拥有一个约 4785 个核弹头的库存。[1] 这包括约 2100 个部署的核弹头，由约 1920 个战略和 184 个非战略弹头组成（见表 6.2）。除了这个部署的武库外，还有大约 2685 个弹头是储备待用的。另外约 2515 个退役弹头按计划拆卸，这使总数达到约 7300 个弹头。

美国在执行 2010 年《俄美关于进一步削减和限制进攻性战略武器的措施的条约》（新 START）方面进展缓慢。[2] 截至 2014 年 3 月 1 日，美国被计数有 1585 个战略弹头，配属于 778 个部署的导弹和轰炸机，与 6 个月前的 2013 年 9 月的计数相比小幅减少。[3] 自该条约在 2011 年 2 月生效以来，总共削减的战略弹头和发射器的数量分别为 215 个和 104 件。

然而，由于计数规则，这些数字并不能反映战略弹头和发射器的实际部署数量。这主要是因为每架轰炸机被计数为只携带 1 枚武器，即使它可以携带多达 20 枚核空射巡航导弹（ALCM），并且因为大量的不再被分配核武器的轰炸机仍被算作核发射器。

到目前为止，美国一直以这种方式执行新 START 条约，即主要通过削减所谓的虚幻武器，也就是不再被指派核武器任务但在该条约下仍被计数的发射器，因为它们继续携带与核有关的装备。目前，这正在改变。核发射器——B－52H 轰炸机——的第一次真正非核武器

---

〔1〕 美国国务院在 2014 年 4 月宣布，截至 2013 年 9 月美国核武器库存包括 4804 个核弹头。据这里估计，自这一日期后还有另外少量弹头退役。美国国务院，“美国核武器库存透明”，简报，2014 年 4 月 29 日，网址：〈http：//www.state.gov/t/avc/rls/225343.htm〉。

〔2〕 关于新 START 条约的概要和其他细节，参见本卷附件 A 第三部分。

〔3〕 美国国务院：“新 START 条约进攻性战略武器的总数”，简报，2014 年 4 月 1 日，网址：〈http：//www.state.gov/t/avc/rls/224236.htm〉。

化是在 2013 年 9 月进行。[4] 自 2015 年起，美国海军将开始把装载在每艘核动力弹道导弹潜艇（SSBN）上的导弹发射管的数量从 24 个减到 20 个，并且在以后的十年里美国空军（USAF）将把其洲际弹道导弹力量从 450 枚削减到 400 枚。美国空军还将去除其所有轰炸机的核能力，只保留 60 架。[5]

### 核现代化

在下一个十年里，美国政府计划斥资高达 3500 亿美元对其核力量进行现代化和维持其核力量。[6] 这包括设计新级别核动力弹道导弹潜艇、具有核能力的新型远程轰炸机和新型空射巡航导弹；研究下一代陆基洲际弹道导弹的选项；部署具有核能力的新型战术作战飞机；完成一种核弹头的全规模生产并开始对另外两种核弹头的现代化工作；建设新的核武器生产和模拟设施。

美国全部现有弹头型号预计在今后几十年进行广泛的延寿和现代化计划。大约 1200 个用于“三叉戟 II”（被称为 D5）潜射弹道导弹（SLBM）的 W76－1 弹头的全规模生产正在顺利进行，预计在 2019 年完成，总费用为 37 亿美元。[7] B61－12——精确制导核重力炸弹——的生产预计到 2025 年完成，并将耗资约 100 亿美元。[8] 发展用于新型空射巡航导弹——远程防区外导弹（LRSO）——的核弹

---

〔4〕 J. McCasland：“第一架 B－52H 成为符合新 START 条约的地面教练机”，巴克斯代尔空军基地，2013 年 9 月 20 日，网址：〈http：//www. barksdale. af. mil/news/story. asp?id＝123364035〉。

〔5〕 美国国防部：“关于执行 2012 财年国防授权法案第 1042 节所规定的新 START 条约所包含的核力量削减、限制，以及核查和透明措施的计划的报告”，2014 年 4 月，网址：〈http：//www. defense. gov/documents/New-START-Implementation-Report. pdf〉。

〔6〕 美国国会预算局：《2014 年至 2023 年美国核力量的预计费用》（美国国会：华盛顿特区，2013 年 12 月），表 1。

〔7〕 美国能源部、国家核安全管理局：《2015 财年武库维护与管理计划》，提交国会的报告（美国能源部：华盛顿特区，2014 年 4 月），第 8—13 页。

〔8〕 约 100 亿美元的费用包括，约 80 亿美元给国家核安全管理局和 2. 05 亿美元给国防部用于弹头部件，另外的 11 亿美元用于新型制导尾部套件，加上几个亿美元用于整合下一代远程轰炸机。美国能源部（同注释［7］），第 8—12 页；美国空军部，《国防部 2015 财年预算估计：研究、发展、试验和评估——空军》，第二卷（空军部：华盛顿特区，2014 年 3 月），第 626 页。

头到 2033 年将额外耗资 88 亿美元；把携带这种弹头的新型巡航导弹的费用列入进来，远程防区外导弹项目可能耗资高达 200 亿美元。[9]

国家核安全管理局（NNSA）还提出了一项所谓的“互用性”（以前被称为“通用性”或“适应性”）弹头——弹头家族的新成员——的计划，这种弹头既可以用于洲际弹道导弹又可以用于潜射弹道导弹。[10] 这些弹头的第一批将是基于 W78 和 W88 弹头的“互用性弹头 1”（IW1），生产多达 2039 个，这可能耗资 100 亿—150 亿美元。

2010 年美国《核态势审议》（NPR）报告承诺，美国“将不发展新型核弹头”，但考虑“全范围”的延寿计划选项，包括“现有弹头的翻新、来自不同弹头的核部件的再使用以及核部件的替换”。[11] 这是为了避免恢复核爆炸试验的需要和能够遵守 1996 年《全面禁止核试验条约》（CTBT）。[12] NPR 还决定，任何延寿计划“将只使用基于以前试验过的设计的核部件，将不支持……新的军事能力”。[13] 然而，这将取决于“新的”军事能力如何界定，因为在核炸药包之外增加新的或改进的功能也可以增强武器的军事能力。可以预料，为了使改进的弹头（提高性能裕度）降低当量，美国将通常寻求提高其核武器的精度。

### 核武器运用战略

期待已久的美国政府的核武器打击目标评估（以前被称为后 NPR 评估或 NPR 执行研究）已在 2013 年 6 月完成，同时发布了总统

---

〔9〕 J. B. Wolfsthal, J. Lewis and M. Quint,《万亿美元的核三位一体》（蒙特雷国际研究所，詹姆斯·马丁不扩散研究中心：蒙特雷，加利福尼亚，2014 年 1 月），第 11 页。

〔10〕 关于 3+2 计划的描述参见美国能源部（同注释［7］），第 1-2-1-4 页。

〔11〕 美国国防部：《核态势审议报告》（国防部：华盛顿特区，2010 年 4 月），第 xiv 页。

〔12〕 美国已签署但尚未批准《全面禁止核试验条约》。关于《全面禁止核试验条约》的概要和其他细节，参见本卷附件 A 第一部分。

〔13〕 美国国防部（同注释［11］），第 xiv 页。

核武器运用战略指南（被称为总统政策指令 24，PPD－24）。[14] 该指南包含有关军方应该如何为可能使用核武器制定计划的广泛指示。

PPD－24 重申了当前美国核战略的关键要素。它强调了保持洲际弹道导弹、潜射弹道导弹和战略轰炸机三位一体，辅以短程非战略核力量，以针对冷战时期就处于危险之中的相同目标类别执行打击军事目标的任务的重要性。事实上，该指南明确拒绝了把不那么雄心勃勃的最低威慑态势作为美国核战略的基础。此外，它拒绝了把威慑核攻击作为美国核武器的“唯一目的”，而继续让它们在威慑常规、生物和化学武器攻击方面发挥作用。

与此同时，PPD－24 包含了对修改美国现有核态势的三个方面的指导。第一，它确定美国用比新 START 条约允许的 1550 个核弹头少 1/3 的部署在陆基和海基弹道导弹上的弹头就能满足其国家安全承诺。然而，该指南并没有指示对核力量进行低于新 START 条约水平的任何削减，但为将于 2017 年 1 月上任的下一届总统保留了那样的选择。PPD－24 还采纳了一个修改的战略，该战略旨在确定非部署的储备（被称为“防范储备”）需要有多少核弹头，这将使未来削减防范储备成为可能。潜在的削减是以先建造新的弹头生产设施为条件。

第二，PPD－24 命令国防部（DOD）研究如何降低遇袭发射（LOA）战略——美国一有证据证明敌方导弹已朝它点火发射就发射导弹——在美国打击计划中所发挥的作用。这等于承认俄罗斯在可预见的情况下不太可能发动针对美国的解除对方武装的第一次打击。然而，该指南也下令军方保留遇袭发射的能力并保持目前核力量的戒备水平。

第三，该指南指示国防部研究如何通过提高常规武器在打击计划中发挥作用来降低核武器的作用。这项任务建立在自 20 世纪 70 年代就已出现并且在冷战结束后日益扩大的这种趋势的基础上，即越来越强大的常规武器在美国的威慑和实战任务中已经逐步承担了越来越大

---

〔14〕 美国国防部：“美国核运用战略报告”，2013 年 6 月 12 日，网址：〈http：//www. defense. gov/pubs/〉；白宫：“美国核武器运用战略”，简报，2013 年 6 月 19 日，网址：〈http：//www. whitehouse. gov/the-press-office/2013/06/19/fact-sheet-nuclear-weapons-employmentstrategy-united-states〉。

的作用。然而，该指南指出常规武器不能替代核武器。

PPD－24 中所包含的政策将被用于更新由国防部长拟定的核武器运用政策（NUWEP）和由参谋长联席会议主席拟定的联合战略能力计划（JSCP-N）的核补充。然后，这些文件将指导战略司令部（STRATCOM）对战略核战计划进行修改，战略核战计划现在被称为战略威慑和力量运用（或 OPLAN8010－12）。[15] 这些修改可能需要几年才能完成。[16]

### 轰炸机

美国空军目前拥有一个由 20 架“B－2”轰炸机和 93 架“B－52H”轰炸机组成的机群。其中，18 架“B－2”轰炸机和 76 架“B－52H”轰炸机具有核能力。[17] 大约 60 架轰炸机（16 架“B－2”轰炸机和 44 架“B－52H”轰炸机）被认为根据战略核战计划担负核任务。[18] 它们被部署在三个轰炸机联队中的七个轰炸机中队，这三个轰炸机联队驻扎在三个空军基地：在北达科他州的迈诺特空军基地（AFB）、在路易斯安那州的巴克斯代尔空军基地和在密苏里州的怀特曼空军基地。

每架“B－2”轰炸机能携带多达 16 个核炸弹（“B61－7”、“B61－11”和“B83－1”重力炸弹），每架“B－52H”轰炸机能携带多达 20 枚空射巡航导弹。据估计，1000 枚核武器，包括 528 枚空射巡航导弹，被分配给轰炸机。在正常情况下只有大约 300 枚核武器

---

〔15〕 关于战略核计划的情况，参见 H. M. 克里斯滕森：“美国核战计划在核政策评估中得到更新”，美国科学家联合会战略安全博客，2013 年 4 月 4 日，网址：〈http：//fas. org/blogs/security/2013/04/oplan8010－12/〉。

〔16〕 关于美国政府核武器运用战略的内容和影响的分析，参见 H. M. 克里斯滕森，“布拉格的缺憾：奥巴马核武器运用政策”，C. Murdock，“奥巴马的核武器政策内容很少，很难使人满意”、J. B. Wolfsthal：“调整美国核武库”，《今日军备控制》，第 43 卷，第 7 期（2013 年 9 月）。

〔17〕 第三架重型轰炸机“B－1B”不再具有核能力。

〔18〕 截至 2013 年 9 月 1 日，新 START 条约计数了 101 架核轰炸机，这是一个由计数了所谓的虚幻轰炸机所导致的异常现象，因为这些轰炸机不再担负核任务，但仍携带一些使它们在该条约下被计数为核发射器的设备。美国国务院：“新 START 条约进攻性战略武器的总数”，简报，2014 年 1 月 1 日，网址：〈http：//www. state. gov/t/avc/rls/219222. htm〉。

被部署在轰炸机基地，剩下的700枚核武器被放在位于新墨西哥州柯特兰空军基地的中央储存库里。

美国空军正在为新型轰炸机制定计划，以从21世纪20年代中期开始替换现有的轰炸机。美国空军预计耗资550亿美元，采购80—100架飞机，其中的一些飞机被设计为具有核能力。[19] 这种新型轰炸机，被称为远程打击轰炸机（LRSB）或简称为下一代轰炸机，将装备和投射新型“B61－12”精确制导炸弹（将替换所有其他重力炸弹）和先进远程防区外（LRSO）巡航导弹（将替换空射巡航导弹）。

目前的空射巡航导弹正在进行延寿计划以确保它服役到2030年。由于美国政府已经承诺它将不会生产“新型”核弹头，所以先进远程防区外导弹可能要么使用空射巡航导弹的“W80－1”弹头的延寿型，要么使用退役的“W84”弹头的延寿型（一旦该弹头装备地射巡航导弹）。先进远程防区外导弹所计划生产的数量还没有公布，它可能是400—500枚。

### 陆基弹道导弹

美国空军拥有450枚井基“民兵III”洲际弹道导弹，它们被平分在三个空军联队：在怀俄明州的F. E. 沃伦空军基地、在北达科他州的迈诺特空军基地、在蒙大拿州的马姆斯特罗姆空军基地。每个联队有三个中队，每个中队拥有50枚由5个发射控制中心控制的导弹。根据新START条约的数据，448枚“民兵III”导弹在2013年9月1日处于实战部署状态，另外的256枚导弹处于储备状态。[20]

每枚“民兵III”导弹或携带335千吨当量的W78弹头或携带300千吨当量的W87弹头。剩下的几枚带有分导式多弹头的“民兵III”导弹卸载为单弹头结构的工作预计在2014年完成。尽管进行了卸载，但是数百个核弹头被储存起来，并且洲际弹道导弹力量将继续保留“重新进行分导式多弹头化”的能力以增加弹头装载，如果需要作出这样选择的情况出现的话。

---

〔19〕 J. Gertler，“预算重点：空军远程打击轰炸机”，美国国会，国会研究部，2014年7月2日，网址：〈http://fas.org/sgp/crs/weapons/IN10095.html〉。

〔20〕 美国国务院（同注释［18］）。

根据新 START 条约，美国计划将洲际弹道导弹力量削减到 400 枚部署的导弹，以满足该条约到 2018 年不超过 700 枚部署的核导弹和重型轰炸机的限制。但是，美国空军计划把这种削减扩大到所有三个空军基地，而不是消除一个中队的 50 枚导弹。此外，50 个空的发射井也不会被销毁，而是将其留作潜在重装导弹之用。“削减”的洲际弹道导弹将不会被销毁，而是将其储存起来：新 START 条约执行报告列出了“民兵 III”导弹在 2014 年和 2018 年相同的数量：454 枚部署和非部署的导弹。[21]

一项耗资数十亿美元、历时十年之久的“民兵 III”导弹的服役寿命延长到 2030 年的现代化计划预计在 2015 年完成。尽管美国没有正式部署新型洲际弹道导弹，但是升级的“民兵 III”导弹“除了外壳以外基本上是新型导弹”。[22]

美国空军正在为 2030 年开始部署的替代洲际弹道导弹研究选项，这种导弹被称为陆基战略威慑力量（GBSD）。一项替代导弹分析研究预计在 2014 年拿出最初决定，在 2016 年拟定设计方案。[23] 选项范围从“民兵 III”导弹的服役寿命再延长 20 年（超过 2030 年）到部署全新的机动洲际弹道导弹。

“民兵 III”导弹在 2013 年 5 月 22 日、9 月 22 日和 12 月 27 日进行了三次飞行试验。后两次试验包括分别从沃伦空军基地和马姆斯特罗姆空军基地发射井发射的导弹。

### 弹道导弹潜艇

美国海军所有 14 艘“俄亥俄”级核动力弹道导弹潜艇（8 艘位于太平洋，6 艘位于大西洋）都携带“三叉戟 II”（D5）潜射弹道导弹。在正常情况下，其中的 12 艘潜艇被认为是现役的，第 13 艘和第 14 艘潜艇在任何给定时间处于检修状态。根据非保密的新 START 条约的综合数据，只有不到 12 艘核动力弹道导弹潜艇通常装载满负荷

---

〔21〕 美国国防部（同注释［5］），第 3 页。

〔22〕 C. 潘帕：“延寿计划使导弹进入未来”，美国空军全球打击司令部，2012 年 10 月 24 日，网址：http：//www. afgsc. af. mil/news/story. asp？ id = 123323606〉。

〔23〕 美国空军部（同注释［8］），第 129—131 页。

导弹。例如，截至 2013 年 9 月 1 日，只有 260 枚导弹被计数为部署的，比 12 艘潜艇的载弹量少 28 枚，所以在计数时最多有 10 艘核动力弹道导弹潜艇携带所有的导弹。[24] 从 2015 年开始，每艘“俄亥俄”级核动力弹道导弹潜艇上导弹发射管的数量将减少 4 个，从 24 个减到 20 个。这种减少是为了把部署的潜射弹道导弹的数量在任何给定时间减到不超过 240 枚，以满足新 START 条约为 2018 年所设定的部署的战略运载工具的限制。

部署的潜射弹道导弹的弹头载荷在新 START 条约的综合数据中没有具体说明。事实上，这些导弹可能携带 3—6 个核弹头，这取决于根据作战计划所分配的特别打击计划的需求。装载更少的弹头增加了导弹的射程。

在这些潜射弹道导弹上部署了两种基本类型的三个型号的核弹头：100 千吨的 W76 - 0，100 千吨的 W76 - 1 和 455 千吨的 W88。W76 - 1 是 W76 - 0 的翻新型，具有与 W76 - 0 相同的当量，但是 W76 - 1 加装了双强链接引爆控制装置。此外，新的解保、引信和点火装置（AF&F）正被安装在再入体（MK4A）上，作为 W76 - 1 延寿计划的一部分，提高了打击目标的能力。估计 1200 个 W76 - 1 核弹头的全规模生产正在德克萨斯州的潘太克斯工厂进行，预计持续到 2019 年。W76 - 1 - MK4A 组合也正被提供给英国，以用于其核动力弹道导弹潜艇上（见下面第三节）。[25]

核动力弹道导弹潜艇舰队每年进行的威慑巡逻的年次数已经下降超过 56%，从 1999 年的 64 次巡逻减少到 2013 年的 28 次。尽管十年前核动力弹道导弹潜艇从 18 艘减到 14 艘，但是与十年前每艘进行威慑巡逻的时间由每年的 60%—70% 减到了现在的不足半年——这正是它建造的目的。事实上，对于“俄亥俄”级核动力弹道导弹潜艇，现今的巡逻率是有史以来最低的。每次巡逻平均持续 70 天，但是持续时间可能大大不同，从 30 天到 100 多天。60% 以上的巡逻在太平

---

〔24〕 美国国务院（同注释［18］）。

〔25〕 H. M. 克里斯滕森：“英国的潜艇获得了美国升级的核弹头”，美国科学家联合会战略安全博客，2011 年 4 月 1 日，网址：〈http：//www. fas. org/blog/security/2011/04/britishw76 - 1/〉。

洋进行，这表明核战计划具有针对中国、朝鲜和俄罗斯东部地区之意。[26]

美国海军从事一项雄心勃勃的现代化计划，用新设计的潜艇替代“俄亥俄”级核动力弹道导弹潜艇。新设计的潜艇比“俄亥俄”级潜艇大2000吨，但装配16个而不是24个导弹发射管。[27] 美国海军计划建造12艘替代核动力弹道导弹潜艇（暂时被称为SSBNX），与目前14艘舰队相比少了2艘，估计耗资904亿美元。[28] 第一艘潜艇的采购预计在2021年进行，其威慑巡逻预计从2031年开始进行。

在其服役期的第一个十年，新型SSBNX将装备现在的“三叉戟II”（D5）潜射弹道导弹的延寿型（D5LE），这种导弹装有一个新的制导系统以“提供灵活性来支持新的任务”，并使导弹“更加精确”。[29] 从2017年开始，D5LE也将被回装到现有的“俄亥俄”级核动力弹道导弹潜艇上，直到潜艇的剩余服役期结束（直到2042年）。D5LE也将被部署在英国的核动力弹道导弹潜艇上。

2013年，“三叉戟II”（D5）潜射弹道导弹从2艘潜艇上进行了8次试射。第一次齐射在四月份进行，当时美国“宾夕法尼亚”号潜艇（SSBN－735）发射4枚导弹，包括用于D5LE的新的MK6Mod1制导系统的第二次飞行试验。

## 非战略核武器

美国在其武库中有一种类型的非战略核武器——B61重力炸弹。

---

〔26〕 关于美国核动力弹道导弹核潜艇巡逻的分析，参见H. M. 克里斯滕森：“威慑巡逻的下降表示太多的核动力弹道导弹核潜艇”，美国科学家联合会战略安全博客，2013年4月30日，网址：〈http：//www. fas. org/blog/security/2013/04/ssbnpatrols/〉。

〔27〕 关于SSBNX计划的概要，参见W. J. 布鲁厄姆，美国海军，“‘俄亥俄’级替代计划”，在2012年海军潜艇联盟的演讲，2012年10月18日，网址：〈http：//news. usni. org/news-analysis/documents/ohio-replace-ment-program〉；R. O’Rourke，《海军“俄亥俄”级替代（SSBN［X］）弹道导弹潜艇计划：背景和问题》，国会研究所提交国会的报告R41129（美国国会，国会研究所：华盛顿特区，2012年12月10日）。

〔28〕 R. O’Rourke（同注释［27］），第13页。

〔29〕 “使‘三叉戟’随时保持准备状态”，德雷珀实验室，《探索》，2006年春，第8页；“水下奇迹，潜艇：一个强大的威慑力量”，海军水面战中心，克莱恩分部，《作战人员的解决方案》，2008年秋，第14页。

该武器有三种改造型（B61－3、B61－4 和 B61－10）。据这里估计，在武库里仍有大约 500 个 B61 所有型号的战术炸弹。其中的 180 个多一点（B61－3 和 B61－4）被部署在五个欧洲国家的六个空军基地：比利时、德国、意大利、荷兰和土耳其。比利时、荷兰和土耳其空军（用“F－16”战斗机）与德国和意大利空军（用 PA－200“旋风式”战斗机）被指派使用美国的核武器担负核打击任务，但是这些武器处于美国空军人员的控制之下，直到战争中由美国总统授权并经北约批准它们才能使用。

储存在美国的少量剩余非战略核武器是供美国战斗轰炸机的潜在使用，以支持欧洲之外的盟国，包括在中东和东北亚的盟国。

北约已经批准了通过在下一个十年初部署“B61－12”制导核重力炸弹对欧洲核态势进行现代化。[30] 新型“B61”炸弹将使用“B61－4”炸弹的核炸药包，它具有约 50 千吨的最大当量，并将被安装一个制导尾部组件以提高其精确度。“B61－12”将能使“B61－3 或－4”无法摧毁的坚硬目标处于危险中，并将使打击计划的制定者们能够对现有目标选择更低的当量以减少附带损伤。此外，几个现在担负核打击任务的北约盟国计划将其战斗轰炸机升级为美国制造的隐形“F－35A”（联合攻击战斗机）战斗机。在新型飞机造好以前，“B61－12”将被加装在现有的“F－15E”、“F－16”和“旋风式”飞机上。[31] “B61－12”与“F－35A”的结合显示美国在欧洲的非战略核态势的显著增强。[32]

---

〔30〕 美国政府审计署，《核武器》，GAO－11－387（政府审计署：华盛顿特区，2011 年 5 月），第 13 页。

〔31〕 H. M. 克里斯滕森：“‘B61－12’核炸弹在 2015 年开始整合在北约飞机上”，美国科学家联合会战略安全博客，2014 年 3 月 13 日，网址：〈http：//www. fas. org/blog/security/2014/03/b61－12integration/〉。

〔32〕 关于增强的“B61－12”的军事影响的分析，参见 H. M. 克里斯滕森：“‘B61－12’核炸弹设计特点”，美国科学家联合会战略安全博客，2014 年 4 月 14 日，网址：〈http：//www. fas. org/blog/security/2014/04/b61－12features/〉；H. M. 克里斯滕森：“‘B61’延寿计划：提高北约核能力和精确低威力打击”，美国科学家联合会战略安全博客，2011 年 6 月 15 日，网址：〈http：//www. fas. org/blog/security/2011/06/b61－12/〉。

**表 6.2 2014 年 1 月美国核力量**

| 型号 | 名称 | 部署数量[a] | 首次部署年份 | 射程（公里）[b] | 弹头×当量 | 弹头数量 |
|---|---|---|---|---|---|---|
| **战略力量** | | | | | | **~1920** |
| 轰炸机[c] | | 89/60 | | | | 300 |
| B-52H | Stratofortress | 78/44 | 1961 | 16000 | 空射巡航导弹 5—150kt[d] | 200 |
| B-2A | Spirit | 11/16 | 1994 | 11000 | B61-7，B61-11，B83-1 炸弹[e] | 100 |
| 洲际弹道导弹 | | 448/450 | | | | 470 |
| LGM-30G | 民兵 III[f] | | | | | |
| | MK-12A | 200 | 1979 | 13000 | 1-3×335kt | 220 |
| | MK-21 SERV | 250 | 2006 | 13000 | 1×300kt | 250 |
| 核动力弹道导弹潜艇/潜射弹道导弹[g] | | 260/288 | | | | 1151 |
| UGM-133A | 三叉戟 II（D5）[h] | | | | | |
| | MK-4 | .. | 1992 | 〉7400 | 4×100 kt | 267 |
| | MK-4A | .. | 2008 | 〉7400 | 4×100 kt | 500 |
| | MK-5 | .. | 1990 | 〉7400 | 4×475 kt | 384 |
| **非战略力量** | | | | | | **~184** |
| B61-3，B61-4 炸弹 | | .. | 1979 | .. | 0.3-170 kt | ~184[i] |
| **部署的弹头总数** | | | | | | **~2100** |
| 储备的弹头 | | | | | | ~2685 |
| **军用武库总数** | | | | | | **~4785** |
| 退役等待拆卸的弹头 | | | | | | ~2515 |
| **库存总数** | | | | | | **~7300[j]** |

.. = 没有可用或适用的数据；ALCM = 空射巡航导弹；ICBM = 洲际弹道导弹；kt = 千吨；SERV = 安全加强型再入飞行器；SLBM = 潜射弹道导弹；SLCM = 海射巡航导弹；SSBN = 核动力弹道导弹潜艇。

[a]在“部署数量”栏里的第一个数字是根据新 START 条约被计数为部署的数量。第二个数字是被指派担负核任务的数量。

[b]飞机的航程只用于说明的目的；真正的作战航程根据飞行轨迹和武器载荷将有所不同。

[c]“B－52H”轰炸机的总数是93架，“B－2A”轰炸机的总数是20架。

[d]“B－52H”也能携带“B61－7”和“B83－1”重力炸弹，但目前只被计划发射空射巡航导弹。空射巡航导弹的总数已削减到528枚。新 START 条约规定每架飞机只被计数为携带1枚武器，对储存在轰炸机基地的武器不计数。

[e]战略重力炸弹只计划由“B－2A”轰炸机投掷。

[f]根据2010年《核态势审议》报告决定去掉“民兵 III”导弹的分导式多弹头，但保留如果需要重新在这些导弹上安装分导式多弹头的上载能力。

[g]在14艘核动力弹道导弹潜艇中，在正常情况下两艘或更多潜艇在任何给定时间都在检修。它们携带的导弹和弹头不包括在部署的总数里。

[h]尽管根据 START 条约“D5”导弹被计数为每枚携带8个弹头，但是据估计美国海军已经将每枚导弹卸载到平均携带4—5个弹头。

[i]自2001年以来，部署在欧洲的“B61”炸弹的数量已单方面削减了近2/3，从480个削减到约184个。另外的弹头是备用的。

[j]除了这些约7300个完整的弹头外，另有约20000个钚芯储存在得克萨斯州的潘特克斯工厂，或许还有5000个铀次级储存在田纳西州橡树岭的 Y－12 厂。

**资料来源**：美国国防部，各种预算报告和新闻稿；美国能源部，各种预算报告和计划；美国国防部，根据信息自由法案所获得的各种档案文件；美国空军、美国海军和美国能源部，个人通信；“核笔记本”，《原子科学家公报》，各期；作者的评估。

（田景梅　译）

# 第二节 俄罗斯核力量

汉斯·M·克里斯滕森

截至 2014 年 1 月，俄罗斯保持一个由约 4300 个派给现役力量的核弹头组成的武库。在这些弹头中，约 2300 个是战略核弹头，其中包括 1600 个部署在弹道导弹上和轰炸机基地的弹头以及 700 个储存起来用于轰炸机和潜艇的弹头。俄罗斯还拥有约 2000 个非战略（战术）核弹头。另有 3700 个核弹头已退役或等待拆卸，这使总库存达到约 8000 个核弹头（见表 6.3）。

俄罗斯在 2012 年就满足了 2010 年《俄美关于进一步削减和限制进攻性战略武器的措施的条约》（新 START）所要求的 1550 个部署的弹头的上限，这比该条约所设定的时间提前了 6 年。[1] 截至 2013 年 9 月 1 日，俄罗斯被计数为总共 1400 个部署的核弹头，它们配属在 473 件被条约计数的战略发射器上，包括洲际弹道导弹（ICBM）、潜射弹道导弹（SLBM）和重型轰炸机。[2] 这表示自 2012 年 9 月 1 日以来俄罗斯已削减了 99 个部署的核弹头和 18 件被计数的发射器。[3]

俄罗斯战略力量的减少是由于所有苏联时代导弹的逐步退役，它们正被现代化的系统取代，尽管这种取代不是在一对一的基础上进行。由于这种情况在未来十年还会持续下去，俄罗斯战略力量的总规模可能会进一步下降，即使没有后续的武器削减条约。然而，俄罗斯的战略现代化并不是完全被替代老旧系统的需要所驱动——其他的动机还包括保持与美国的大致整体对等、提高武器的生存能力和有效性

〔1〕 关于新 START 条约的概要和其他细节，参见本卷附件 A 第三部分。

〔2〕 美国国务院：“新 START 条约进攻性战略武器的总数”，简报，2013 年 10 月 1 日，网址：〈http：//www. state. gov/t/avc/rls/201216. htm〉。根据新 START 条约的规定，每架重型轰炸机被计数为只携带一个弹头，即使该飞机能够携带更大载荷的核巡航导弹或核重力炸弹。

〔3〕 俄罗斯继续不公开发布根据新 START 条约所交换的全部非密数据，包括在各个基地部署和非部署的导弹和轰炸机以及归属它们的弹头的细目。

以及国家威望。

为促进向后苏联时期战略武库的过渡，俄罗斯已增加了导弹生产。2012 年 2 月，俄罗斯总理弗拉基米尔·普京（现任总统）表示，俄军在未来十年将得到“400 多枚先进的陆基和海基洲际弹道导弹”，或每年平均 40 枚导弹。[4] 大部分是生产潜射弹道导弹和更换试射的导弹。

俄罗斯政府已经承诺为核现代化提供坚实的财政和组织支持，但是这项努力将会与俄罗斯的常规军事现代化争夺资金，它的常规力量仍以苏联时期的装备为主。俄罗斯新闻媒体在 2012 年报道称，俄罗斯计划在 2013—2015 年在核武器方面平均每年花费 340 亿卢布（10 亿美元）。[5] 根据俄罗斯国家杜马（俄罗斯议会下院）国防委员会所说，2016 年俄罗斯在核武器系统方面将斥资 460 亿卢布（14 亿美元），这是在 2013 年 290 亿卢布（8.88 亿美元）基础上的提高。[6] 现在还不清楚这些数字包含了哪些内容，但是它们只占美国每年花费在维护其核武库上的大约 230 亿美元的一小部分。[7]

### 战略轰炸机

俄罗斯远程航空兵司令部大约拥有 13 架“图 – 160”（海盗旗）、30 架“图 – 95MS16”和 29 架“图 – 95MS6”（熊式）轰炸机。这些轰炸机的最大载弹量大约为 810 枚核武器，其中的大约 200 枚可能储存在两个战略轰炸机基地。所有“图 – 160”轰炸机和大约 15 架“图 – 95”轰炸机部署在俄罗斯西部萨拉托夫附近的恩格斯空军基

〔4〕 V. 普京：“强大：俄罗斯国家安全保证”，《俄罗斯报》，2012 年 2 月 20 日，英译本，网址：〈http://rt.com/politics/official-word/strong-putin-military-russia – 711/〉。

〔5〕 “俄罗斯在核武器方面耗资 1000 亿”，《真理报》，2012 年 10 月 18 日，网址：〈http://english.pravda.ru/news/russia/18 – 10 – 2012/122499 – russia_ nuclear_ weapons – 0/〉。

〔6〕 “俄罗斯到 2016 年增加 50% 的核武器费用”，俄新社，2013 年 10 月 8 日，网址：〈http://en.ria.ru/military _ news/20131008/184004336/RussiatoUpNuclearWeaponsSpending50by2016.html〉。关于俄罗斯军事预算、现代化计划和执行挑战，参见 Perlo-Freeman, S.，“俄罗斯军费开支、改革和重组”，《SIPRI 年鉴 2012》。

〔7〕 美国国会预算局：《2014 年至 2023 年美国核力量的预计费用》（美国国会：华盛顿特区，2013 年 12 月），第 2 页。

地。剩余的图 –95 轰炸机部署在俄罗斯东部别洛戈尔斯克附近的乌克拉因卡空军基地。

每架“图 –160”可携带多达 12 枚 AS –15B“肯特”（Kh –55）远程巡航导弹。“图 –95MS16”可携带多达 16 枚 AS –15A 远程巡航导弹，“图 –96MS6”可携带 6 枚 AS –15A 远程巡航导弹。对于这些轰炸机是否仍被装备携带核重力炸弹，存在一些不确定性。

老化的“图 –160”和“图 –95MS”轰炸机的现代化正在顺利进行，几架改进的轰炸机已经部署。在剩余的 59 架“图 –95MS”飞机中只有“数十架”将进行现代化，剩下的飞机将退役，而同时“至少有 10 架”“图 –160”飞机将在 2020 年之前进行现代化。[8] 除了升级改造老化的设备，“图 –160”的现代化还增添了常规武器的能力。

被称为 PAK – DA 的下一代轰炸机的研发已经开始，该合同在 2014 年 2 月已给了图波列夫公司。[9] 新的亚音速飞翼式轰炸机计划从 21 世纪 20 年代中期开始替代“图 –160”和“图 –95”轰炸机。

自 2004 年以来，俄罗斯已重新启动了一项部署轰炸机进行远程巡逻和偶尔到其他国家基地的训练计划。俄罗斯的“图 –95”定期执行飞越挪威海和大西洋、日本海，以及西太平洋和东太平洋的任务。2013 年 10 月，两架“图 160”从科拉半岛北部的恩格斯空军基地飞往加勒比海，在飞到尼加拉瓜之前降落在委内瑞拉的迈克蒂亚机场。[10]

### 陆基弹道导弹

截至 2014 年 1 月，俄罗斯战略火箭军（SRF）——掌控俄罗斯洲际弹道导弹的武装力量的分支——由 12 个导弹师（组成 3 个导弹集团军）组成，部署了总共 304 枚 6 个不同类型和改型的洲际弹道导

---

〔8〕 A. 米哈伊洛夫：“‘熊’式战略轰炸机留下来服役”，《消息报》，2012 年 9 月 20 日（俄文）；“俄罗斯到 2020 年升级 10 多架‘图 –160’”，俄新社，2012 年 2 月 7 日，网址：〈http：//en. rian. ru/mlitary_ news/20120207/171200584. html〉。

〔9〕 “图波列夫开发俄罗斯下一代远程轰炸机”，国际文传电讯社 – AVN，2014 年 2 月 13 日，译自俄文，英国广播公司监听台。

〔10〕 D. C. Isby：“‘海盗旗’回到委内瑞拉”，《国际航空》，2013 年 12 月，第 13 页。

弹。洲际弹道导弹力量携带将近 1000 个弹头，几乎占了俄罗斯部署的战略弹头的三分之二。

由于苏联时期的导弹的逐渐退役和新型（但较少）洲际弹道导弹的引入，洲际弹道导弹力量正在经历快速转型。到 2016 年，“RS－20V”（被北约称为 SS－18），“RS－18”（SS－19）和“RS－12M 白杨”（SS－25）导弹将占洲际弹道导弹力量的不足一半，到 2024 年它们将不复存在。考虑到目前俄罗斯军方宣布的计划，洲际弹道导弹力量在未来十年可能降到大约 280 枚导弹。为了与美国较大规模的洲际弹道导弹力量（计划根据新 START 条约保持在 400 枚导弹的水平，见第一节）保持大致相等，俄罗斯军方正在优先考虑在其新型洲际弹道导弹上部署多弹头。到 21 世纪 20 年代初，井基和公路机动导弹的比例将保持大致相同，但是带有分导式多弹头的机动导弹将携带较大部分的洲际弹道导弹弹头（51% 对今天的 28%）。在 2010 年前，俄罗斯所有公路机动导弹都是单弹头的武器。

液体燃料、井基的“RS－20V”装载 10 个弹头，携带部署在洲际弹道导弹力量上的弹头的大约一半。从 10 年前 108 枚减至目前的大约 46 枚导弹仍部署在两个导弹阵地：28 枚导弹部署在克拉斯诺亚尔斯克边疆区乌茹尔的四个团，18 枚导弹部署在奥伦堡州杜巴罗夫斯基的三个团。[11] 战略火箭军司令谢尔盖·卡拉卡耶夫上将在 2012 年 12 月表示，“RS－18”的服役寿命将延长至 2019 年，“RS－20V”的服役寿命将延长至 2022 年。[12]

液体燃料、井基的“RS－18”仍然保留大约 30 枚。据估计每枚导弹携带 6 个弹头，这使携带的弹头总计 180 个。从 10 年前的 130 枚降至现在的 30 枚，最后一枚“RS－18”预计到 2019 年退役。在剩余的 30 枚“RS－18”导弹中，据估计 20 枚部署在卡卢加州科泽利斯克，另外 10 枚也许部署在萨拉托夫州塔吉谢沃的第 60 导弹师。

第三种苏联时期的洲际弹道导弹—固体燃料公路机动“RS－

---

〔11〕 有可能在杜巴罗夫斯基的第四团仍在服役，在这种情况下携带 520 个弹头的 52 枚“RS－20V 已部署。

〔12〕“俄罗斯的‘Voyevoda’洲际弹道导弹仍再服役 10 年——司令”，国际文传电讯社－AVN，2012 年 12 月 15 日，译自俄文，英国广播公司监听台国际报道。

12M 白杨”，也在迅速削减。从 10 年前的 315 枚往下削减，现在剩下约 117 枚“RS－12M”。该导弹预计到 2021 年退役。[13] “RS－12M”在最近几年的几次中远程试射可能与研发新型洲际弹道导弹的有效载荷有关，可能旨在规避弹道导弹防御系统。

固体燃料、单弹头的“RS－12 白杨－M”（SS－27Mod1）导弹已部署了公路机动（RS－12M1）和井基（RS－12M2）两种类型。“RS－12M2”导弹的部署于 1997 年在塔吉谢沃开始进行，这一部署在 2012 年 60 枚导弹被安装后完成。“RS－12M1”的部署随后在 2007—2010 年在莫斯科东北部捷伊科沃进行。

洲际弹道导弹的弹头有效载荷根据 1991 年《削减和限制进攻性战略武器条约》（START 条约）不能改变，但是当条约在 2009 年到期失效时俄罗斯开始部署“RS－24 亚尔斯”（SS－27Mod2），该导弹是“白杨－M”（SS－27Mod1）的分导式多弹头化的改进型。[14] “RS－24”的公路机动型在 2010 年开始在捷伊科沃部署，现在正在被引入新西伯利亚和塔吉尔，在那里第一批“RS－24”导弹在 2013 年 12 月继续进行“实验性战斗值班”。[15]

第一批井基的“RS－24”导弹已开始装备驻扎在科泽利斯克的第 28 近卫导弹师。准备工作在 2012 年开始，用 10 枚导弹装备第一个团在 2014 年初开始。[16] 现在还不知道有多少枚“RS－24”导弹将安装在科泽利斯克，但似乎可能有至少 30 枚。

俄罗斯已开始发展“白杨－M”的第三个改进型，它被称为“RS－26”（工作名称）。类似于“白杨”，“RS－26”导弹已进行了洲际和较短射程的试射。据卡拉卡耶夫说，“RS－26”是“基于‘亚尔斯’和‘白杨－M’的公路机动的原型洲际弹道导弹”，但是

〔13〕“战略火箭军将装备苏联的弹道导弹直到 2021 年”，新闻—太空，2013 年 12 月 17 日，网址：〈http：//novosti-kosmonavtiki. ru/news/14702/〉（俄文）。

〔14〕关于 START 的概要和其他细节，参见本卷附件 A 第三部分。

〔15〕到 2013 年 12 月底 15 枚机动“RS－24”处于“试验性战斗值班”（实际上到 12 月 25 日），包括在新西伯利亚的 1 个完整的团（9 个发射器）和在塔吉尔的 1 个团的一部分（6 个发射器）。“战略火箭军司令：导弹部队正处于集中重新装备的过程中”，俄通社—塔斯社，2013 年 12 月 18 日，网址：〈http：//itar-tass. com/politika/841474〉（俄文）。

〔16〕“俄罗斯战略导弹部队为到 2018—2020 年部署新型洲际弹道导弹做准备”，国际文传电讯社，2014 年 3 月 28 日，译自俄文，英国广播公司监听台。

其重量较轻（约 80 吨，而“RS－24”则重约 120 吨）以提高在战场部署中的机动性。[17] 据卡拉卡耶夫说，“其越野能力将会更好，其尺寸将会更小，它将具有更强的生存能力，而且它该有更小的伪装箱”。

新的“重型”洲际弹道导弹的研发已经开始。新型液体燃料、井基的分导式多弹头导弹被称为“萨尔马特”，其目的是替代“RS－20V”。新的导弹在 2012 年被授权开发，部署 100 吨重的导弹打算在 2020 年前后开始进行。“萨尔马特”将首先部署在杜巴罗夫斯基，可能稍后还部署在乌茹尔。

俄罗斯导弹工业也正在对带有分导式多弹头的铁路机动导弹进行概念研究，它比已在 2005 年退役的“RT－23”（SS－24）更轻和更短。关于是否发展和部署铁路机动导弹，尚未作出决定。

### 弹道导弹潜艇和海射弹道导弹

截至 2014 年 1 月，俄罗斯海军共有 9 艘核动力弹道导弹潜艇。另外 3 艘新型核动力弹道导弹核潜艇正处于完工的不同阶段，1 艘较旧的核动力弹道导弹核潜艇被用于潜射弹道导弹的试射。

3 艘“667BDR 卡尔马型”（被北约称为“德尔塔 III”级）潜艇配给了太平洋舰队，每艘潜艇携带 16 枚“RSM－50 波浪”（SS－N－18M1）潜射弹道导弹。液体燃料的“RSM－50”导弹装备 3 个分导式弹头。

目前俄罗斯核动力弹道导弹潜艇舰队的支柱由 6 艘配给北方舰队的“667BDRM 海豚型”（德尔塔 IV 级）潜艇组成，每艘潜艇携带 16 枚“RSM－54 深蓝”（SS－N－23M1）潜射弹道导弹。每枚液体燃料的“RSM－54”导弹携带 4 个分导式弹头。“深蓝”导弹在 2007 年至 2012 年间已取代了原来的“RSM－54”（SS－N－23 轻舟），并且该导弹的第三个改进型，被称为“拉涅尔”，目前正被引入。有关发

---

〔17〕“俄罗斯正在设计‘新型’铁路机动洲际弹道导弹系统，部队正在获得新型导弹”，国际文传电讯社，2013 年 12 月 18 日，译自俄文，开放资源中心。

展把有效载荷增加到 10 个较小弹头的传言已经广泛散布。[18] 发展如此大的弹头载荷，如果部署的话，将使俄罗斯的战略力量超过新 START 条约设定的弹头限制。其他的传言显示，该改进是“适度的”，并且有效载荷的变化可能更多地是要提高导弹穿透导弹防御系统的能力。[19]

为替换苏联时期的核动力弹道导弹潜艇，俄罗斯正在建造 8 艘“北风之神”级核动力弹道导弹潜艇。第一艘“北风之神”级核动力弹道导弹潜艇 K－535“尤里·多尔戈鲁基”号在 2013 年 1 月交付北方舰队。第二艘潜艇 K－550“亚历山大·涅夫斯基”号随后在 2013 年 12 月交付服役，而第三艘“弗拉基米尔·莫诺马赫”号正在进行海试。第一艘“北风之神”级潜艇将配给北方舰队，而后两艘潜艇将配给太平洋舰队，在那里它们将替代最后一艘旧的“卡尔马型”核动力弹道导弹潜艇。第四艘和随后的“北风之神”级潜艇的船体将是一种改进的设计，被称为 955A 型。第一艘改进的“北风之神”级潜艇的建造始于 2012 年 7 月。

固体燃料的“RSM－56 布拉瓦－30”（SS－N－32）潜射弹道导弹的技术问题已使“北风之神”级潜艇的服役部署无限期地推迟。技术困难已经阻碍了该导弹的发展：将近一半的试射失败了。在 2013 年最近的试射失败后，该导弹计划在 2014 年底再进行两次试射。[20] 每艘“北风之神”级核动力弹道导弹潜艇都装备 16 个用于发射“布拉瓦”导弹的发射管，其中的每枚导弹据估计携带 4 个分导式弹头。未经证实且自相矛盾的传言称，每艘改进的“北风之神”级核动力弹道导弹潜艇将装备 20 枚导弹。

---

〔18〕“为节省资金而设计‘拉涅尔’”，《消息报》，2012 年 2 月 17 日，译自俄文，公开资源中心。

〔19〕参见例如“俄罗斯海军使‘拉涅尔’洲际弹道导弹开始服役”，国际文传电讯社，2014 年 4 月 2 日，译自俄文，英国广播公司监听台。

〔20〕关于“布拉瓦”导弹飞行试验的概述，参见 P. Podvig：“‘布拉瓦’导弹试验历史”，俄罗斯战略核力量，2013 年 9 月 7 日，网址：〈http：//russianforces. org/navy/slbms/bulava. shtml〉。

### 非战略核武器

关于俄罗斯非战略核武库的规模、构成和地点存在相当大的不确定性。这里所作的估计是，俄罗斯军队现有约2000个弹头，还有许多退役和等待拆卸的弹头（见表6.3）。作出这一估计的根据是，以前对苏联非战略弹头库的估计、关于1991—1992年苏联或俄罗斯与美国总统核倡议所发布的信息、俄罗斯官员关于在总统核倡议下非战略武器削减的进展所作的说明，以及对俄罗斯作战序列和额定发射平台弹头载荷的分析。[21] 这个估计与美国国防部2011年11月的声明是一致的，该声明估计俄罗斯武库有约2000—4000枚非战略核武器。[22]

俄罗斯非战略核武库的绝大部分是由苏联时期发展和部署的武器系统组成，而且许多在未来十年可能退役。然而，与其他大多数核武装国家不同，俄罗斯继续重视非战略核武器，作为对常规力量劣势的部分弥补。因此，有好几个非战略核武器系统还在进行现代化。

现代化包括"伊斯坎德尔－M"（SS－26）短程弹道导弹，它正在取代在10个导弹旅中的"圆点"（SS－21）短程弹道导弹。"伊斯坎德尔－M"导弹的部署在2004年开始，目前正在装备主要位于西部军区的5个旅。有关"伊斯坎德尔－M"已部署在加里宁格勒州的

---

〔21〕 关于更多的信息，参见H. M. 克里斯滕森：《非战略核武器》，美国科学家联合会专题报告3号（美国科学家联合会：华盛顿特区，2012年5月），第51—65页。还参见H. M. 克里斯滕森：《削减过剩的核武器：进一步削减美国和俄罗斯核力量的选项》，美国科学家联合会专题报告5号（美国科学家联合会：华盛顿特区，2012年12月）第26—27页。

〔22〕 詹姆斯·米勒，美国国防部负责政策的副部长，在美国众议院武装力量委员会的陈述，2011年11月2日，网址：〈http：//armedservices. house. gov/index. cfm/2011/11/the-current-status-and-future-direction-for-us-nuclear-weapons-policy-and-posture〉，第2页；S. N. 基尔等："俄罗斯核力量"，《SIPRI年鉴2012》，第321页。在2012年发表的另一项研究认为，俄罗斯"实战分配的"非战略核弹头的数量可能低至约1000个，这使总库存为约1900个。这项研究假设，非战略核弹头不是配给单个运载工具，而是给具有核能力的部队，这使分配给它们的核弹头的数量是固定的。I. Sutyagin：《原子统计：俄罗斯非战略核力量的新估计》，临时报告（英国皇家联合军种研究所：伦敦，2012年11月），第2—3页。

传闻是不准确的。[23] 相反，“伊斯坎德尔－M”在西部军区的首次部署正在进行，装备驻扎在圣彼得堡南部卢加附近第26导弹旅。[24]

非战略核飞机的现代化包括升级旧的“图－22M3”（逆火）中程轰炸机，升级“苏－24M”（击剑手－D）战斗轰炸机和引入新型“苏－34”（后卫）战斗轰炸机。“苏－34”将最终取代“苏－24M”，正部署在西部军区并参加军事演习和操作。

新的885M型“亚森”级（“葛格兰尼”级）攻击型核潜艇正在建造，第一艘潜艇K－560“北德文斯克”号正在进行海试。俄罗斯计划到2020年至少建造6艘“亚森”级潜艇。“亚森”级潜艇据认为装备新型“口径”（SS－N－30）远程海射巡航导弹，该导弹可能具有核能力。现有的具有核能力的攻击型潜艇的现代化也正在进行，包括945型（塞拉级），949A型（奥斯卡II级）和971型（阿库拉级）。

在过去几年有广泛的传言说，俄罗斯违反了1987年《苏联和美国消除中程和中短程导弹条约》（《中导条约》），这是由于俄罗斯试验一种新型巡航导弹，可能是“R－500”，达到条约禁止的射程。[25] 美国政府已确认，它“对俄罗斯遵守《中导条约》存在担忧”，并且“不会对此问题置之不理，直到我们的担忧得到解决”。[26]

---

〔23〕 关于“伊斯坎德尔－M”导弹在加里宁格勒的传言和反驳，参见F. Solms-Laubach：“普京为核弹头部署导弹”，《图片报》，2013年12月14日；“普京说没有‘伊斯坎德尔’部署在加里宁格勒”，俄新社，2013年12月19日，网址〈http：//en. ria. ru/military_ news/20131219/185723285/Putin-Says-No-Iskanders-Deployed-in-Kaliningrad. html〉。

〔24〕 “在俄罗斯西部的部队在2014年获得‘伊斯坎德尔－M’导弹”，国际文传电讯社，2014年1月14日，译自俄文，英国广播公司监听台。

〔25〕 M. R. Gordon：“美国说俄罗斯试验导弹，尽管有条约”，《纽约时报》，2014年1月29日。关于《中导条约》的概要和其他细节，参见本卷附件A第三部分。

〔26〕 A. E. Friedt，代理助理国务卿，美国国务院，军控、核查与履约局，“美—俄核军备控制谈判：乌克兰及其之外”，在美国众议院外交事务委员会联合小组委员会作证，2014年4月29日，网址：〈http：//www. state. gov/t/avc/rls/2014/225530. htm〉。

**表 6.3　2014 年 1 月俄罗斯核力量**

| 型号/俄罗斯名称（北约名称） | 部署数量 | 首次部署年份 | 射程（公里）[a] | 弹头载荷 | 弹头数量（部署的/指定的）[b] |
|---|---|---|---|---|---|
| **战略进攻力量** | | | | | **~1600/ ~2300[c]** |
| 轰炸机 | 60/72[d] | | | | 60/810[e] |
| 图 –95MS6（熊式 – H6） | 24/29 | 1981 | 6500—10500 | 6 × AS –15A 空射巡航导弹，炸弹 | 24/174 |
| 图 –95MS16（熊式 – H16） | 25/30 | 1981 | 6500—10500 | 16 × AS –15A 空射巡航导弹，炸弹 | 25/480 |
| 图 –160（海盗旗） | 11/13 | 1987 | 10500—13200 | 12 × AS –15B 空射巡航导弹或 AS –16 短程空射导弹，炸弹 | 11/156 |
| 洲际弹道导弹 | 304 | | | | 967/967 |
| RS –20V（SS –18 撒旦） | 46[e] | 1992 | 11000—15000 | 10 ×500 –800 千吨 | 460/460[f] |
| RS –18（SS –19 匕首） | 30 | 1980 | 10000 | 6 ×400 千吨 | 180/180 |
| RS –12M 白杨（SS –25 镰刀） | 117 | 1985 | 10500 | 1 ×800 千吨 | 117/117 |
| RS –12M2 白杨 – M（SS –27） | 60 | 1997 | 10500 | 1 ×800 千吨 | 60/60 |
| RS –12M1 白杨 – M（SS –27） | 18 | 2006 | 10500 | 1 ×（800）千吨 | 18/18 |
| RS –24（SS –27 Mod 2） | 33 | 2010 | 10500 | 4 ×（100 千吨） | 132/132 |
| RS –24（SS –27 Mod 2/井基） | – | (2014) | 10500 | 4 ×（100 千吨） | –/– |
| 潜射弹道导弹 | 144 | | | | 416/528[g] |
| RSM –50 波浪（SS – N –18M1 黄貂鱼） | 48 | 1978 | 6500 | 3 ×50 千吨 | 96/144 |

| 型号/俄罗斯名称（北约名称） | 部署数量 | 首次部署年份 | 射程（公里）[a] | 弹头载荷 | 弹头数量（部署的/指定的）[b] |
|---|---|---|---|---|---|
| RSM－54 蓝天（SS－N－23M1） | 96 | 1986/2007 | 9000 | 4×100 千吨 | 320/384 |
| RSM－56 布拉瓦（SS－NX－32） | （48） | （2015） | >8050 | 6×（100 千吨） | －/（192） |
| **非战略力量** | | | | | **－/（～2000）**[h] |
| 反弹道导弹，空中/沿海防御[i] | ～1100 | | | | －/（～425） |
| 53T6（SH－08，Gazelle） | 68 | 1986 | 30 | 1×10 千吨 | －/（68） |
| S－300（SA－10/12/20） | 1000 | 1980 | .. | 1×不足千吨 | －/（～340） |
| SSC－1B（Sepal） | 34 | 1973 | 500 | 1×350 | －/（～17） |
| 空军武器[j] | 430 | | | | －/（～730） |
| 图－22M3（逆火式－C） | 150 | 1974 | .. | 3×空对地导弹，炸弹 | －/（～450） |
| 苏－24M/M2（Fencer-D） | 260 | 1974 | .. | 2×炸弹 | －/（～260） |
| 苏－34（Fullback） | 20 | 2006 | .. | 2×炸弹 | －/（～20） |
| 陆军武器 | 170 | | | | －/（～170） |
| Tochka（SS－21 Scarab） | 140 | 1981 | 120 | （1×10 千吨） | －/（～140） |
| Iskander（SS－26 Stone） | 30 | 2005 | 500 | （1×10 千吨） | －/（～30） |
| 海军武器 | | | | | －/（～700） |
| 潜艇/水面舰艇/空中 | 海射巡航导弹，反潜战武器，地对空导弹，深水炸弹，鱼雷[k] | | | | |

| 型号/俄罗斯名称（北约名称） | 部署数量 | 首次部署年份 | 射程（公里）[a] | 弹头载荷 | 弹头数量（部署的/指定的）[b] |
|---|---|---|---|---|---|
| 部署的/指定的弹头总数 | | | | | **~1600/4300** |
| 退役等待拆卸的弹头总数 | | | | | ~3700 |
| **库存总数** | | | | | **~8000** |

.. = 没有可用或适用的数据；( ) = 不确定的数字；ABM = 反弹道导弹；ALCM = 空射巡航导弹；ASM = 空对地导弹；ASW = 反潜战武器；ICBM = 洲际弹道导弹；kt = 千吨；NATO = 北大西洋公约组织；SAM = 地对空导弹；SLBM = 潜射弹道导弹；SLCM = 海射巡航导弹；SRAM = 进攻性短程导弹。

*a* 飞机的航程只用于说明的目的；真正的作战航程根据飞行轨迹和武器载荷将有所不同。

*b* 在这一栏里，第一个数字是根据新 START 条约归属轰炸机类的部署弹头的估计数，第二个数字是指定给运载系统的弹头的估计数。

*c* 部署的数量是根据新 START 条约对部署在弹道导弹上的弹头的估计计数加上被认为放在轰炸机基地但没有被条约计数的大约 200 枚轰炸机武器。指派的数量——在第二栏里——是据估计指派给特定的运载系统的弹头总数。这包括 700 个战略弹头，据估计这些弹头储备起来以供核动力弹道导弹潜艇和轰炸机使用。该表没有计数所谓的虚幻轰炸机——没有被指派核任务但仍携带根据条约使它们被计数的电子设备。

*d* 第一个数字是据估计根据新 START 条约计数的轰炸机的数量，第二个数字是库存中的轰炸机的总数。

*e* 在据估计被指派给远程轰炸机的 810 枚武器中，只有 300 枚据认为是放在轰炸机基地。剩余的武器据认为储存在中央储存设施里。

*f* 这个数字假设在 7 个导弹团有 46 枚导弹。有可能第八导弹团仍在服役，在这种情况下"RS－20V"的数量将是 52 枚，携带 520 个弹头。

*g* 核动力弹道导弹潜艇中的两艘或三艘在任何给定时间都在检修，不携带指派给它们的核导弹和核弹头。

*h* 据俄罗斯政府所说，所有非战略核弹头都是储备的，它们未被计入部署的弹头总数里。

*I* 在莫斯科周围的 A－135 反导系统正在升级。"S－300"系统据认为具有某种核能力，但是对于哪类和多少拦截器（SA－10 Grumble，SA－12 Gargoyle，SA－12A Gladiator，SA－12B Giant）具有核能力，存在不确定性。

*j* 这些数字假设只有一半的陆基攻击机担负核任务。

*k* 水面舰艇不被认为分得了核鱼雷。

**资料来源：** 俄罗斯国防部新闻稿；美国国务院，START 条约谅解备忘录，1990—2009

年 7 月；新 START 条约综合数据发布，各年；美国空军，国家航空航天情报中心（NASIC），《弹道和巡航导弹威胁》（国家航空航天情报中心：赖特—帕特森空军基地，俄亥俄州，2013 年 5 月）；英国广播公司监听台；俄罗斯新闻媒体；俄罗斯战略核力量，网址：〈http：//www. russian forces. org/〉；国际战略研究所，《军事力量对比》（劳特利奇出版社：伦敦，各年）；T. B. Cochran 等：《核武器数据手册第四卷：苏联核武器》（哈柏和罗出版公司：纽约，1989 年）；《简氏战略武器系统》，各期：《会议录》，美国海军研究所，各期；“核笔记本”，《原子科学家公报》，各期；作者的评估。

（田景梅　译）

# 第三节 英国核力量

香农·N·基尔 汉斯·M·克里斯滕森

英国的核威慑力量仅由海基力量组成：装备“三叉戟II”（被称为D5）潜射弹道导弹及相关弹头的“前卫”级“三叉戟”核动力弹道导弹潜艇，及其支持性基础设施。英国拥有一个由约160个实战部署的核弹头组成的武库，这些弹头提供给由4艘“三叉戟”核动力弹道导弹潜艇组成的舰队使用，潜艇的基地位于苏格兰西部的法斯莱恩（见表6.4）。在“资产混合拥有”的体系下，英国从美国海军租借了58枚“三叉戟II”（D5）潜射弹道导弹。

每艘“前卫”级核动力弹道导弹潜艇装备16枚“三叉戟II”导弹，每枚导弹携带3个弹头，这使其携带弹头的总数达48个。该弹头类似于美国的“W76”弹头；它已用美国生产的解保、引信和点火系统进行了升级，以适用于“三叉戟II”的MK－4A再入飞行器，这增加了该导弹的精确度和提高了其摧毁硬目标的能力。[1] 2006年，英国参加了由美国领导的使“D5”导弹的服役寿命从2028年延长至2042年的计划。2013年有媒体报道称随着该计划进入主要的采购阶段其每年耗资已大幅攀升之后，“D5”导弹的延寿项目遭到公众的批评。[2]

据认为，许多“D5”导弹只带一个弹头，而且弹头可能减小了爆炸当量。这反映了英国国防部在1998年所做的决定：赋予“三叉戟”舰队“次级战略”或有限打击任务，以提高核打击目标选择的灵活性——尤其是“不会自动导致全面核冲突的有限打击的选

---

〔1〕 一些报道说，英国正在为其“三叉戟”导弹采购美国生产的“W76－1”弹头。H. M. 克里斯滕森：“英国潜艇获得美国升级的核弹头”，战略安全，美国科学家联合会，2011年4月1日，网址：〈http：//blogs. fas. org/security/2011/04/britishw76－1/〉。

〔2〕 R. Edwards：“三叉戟费用超过火箭费用600%以上”，《先驱报》，2013年11月24日。

择”。[3] 2002 年的报告把核武器的作用扩大到包括威慑“受关切国家的领导人和恐怖主义组织”。[4]

在被称为“持续海上威慑”的态势下，英国总有一艘核动力弹道导弹潜艇在任何时候都在巡逻。尽管第二艘和第三艘核动力弹道导弹潜艇也能够迅速地下海巡逻，但是第四艘潜艇则因为其全面的检修和维护周期而需要较长的时间。自冷战结束以来，巡逻中的核动力弹道导弹潜艇一直保持在降低了的戒备水平上，其导弹不瞄准目标并且“从接到命令到开火”需要数天时间。[5]

在 2010 年《战略防务与安全审议》报告中，英国政府承诺将继续保留潜基核威慑力量，直到无限的未来。[6] 国防部目前计划用新型潜艇替代 4 艘从 2024 年开始服役期满的“前卫”级核动力弹道导弹潜艇，新型潜艇将装备改进的“三叉戟 II”（D5）潜射弹道导弹，以 2006 年的价格计算估计最初费用将达 200 亿英镑（310 亿美元）。[7] 作为一项节省开支的措施，它们将有一个与美国联合设计的较小导弹舱，装备 8 个发射管，携带不超过 40 个弹头。[8]《战略防务与安全审议》报告把“最终定案”的决定——何时敲定后续潜艇的详细采购计划、设计和数量——推迟到 2016 年。

2013 年 7 月，英国政府公布了始于 2011 年的《“三叉戟”替代方案评估》的结果。该项研究的目的是“确定是否其他方式或武器系统可以提供核威慑的可靠替代方案”，这种方案在危机期间仍然“能够以适当规模和信心十足地在短时间内对各种目标进行核打

---

〔3〕 英国国防部：《战略防务评估：适应现代世界的现代化力量》，Cm3999（文书局：伦敦，1998 年 7 月），第 63 段。

〔4〕 英国国防部：《战略防务评估：一个新篇章》，Cm5566，第 1 卷（文书局：伦敦，2002 年 7 月），第 21 段。

〔5〕 英国国防部和英国外交和联邦事务部，《英国核威慑的未来》，Cm6994（文书局：诺维奇，2006 年 12 月），第 13 页。

〔6〕 英国国防部，《确保英国在一个不确定的时代的安全：战略防务与安全审议》，Cm7948（文书局：伦敦，2010 年 10 月），第 3.8—3.9 段。

〔7〕 英国国防部（同注释［6］），第 3.10 段。

〔8〕 英国国防部（同注释［6］），第 3.11—3.12、3.14 段。

击”。[9] 这项研究的启动，源自执政联盟内部对用新的相似类型的潜艇替换现有“三叉戟”潜艇的预计费用的批评。[10]

《“三叉戟”替代方案评估》考虑了各种核态势替代方案，包括核动力弹道导弹潜艇非持续海上巡逻，以降低作战戒备水平。它将这些方式用到许多力量规划方案，例如在飞机、水面舰艇和多用途潜艇上部署核巡航导弹（而不是弹道导弹）。这项研究承认，有目前态势的替代方案，该方案能使英国对侵略者造成“重大损伤”而慑止他们。然而，它得出的结论是，正在考虑的其他核态势没有一个能够提供像持续海上威慑那样的“相同程度的应变力”或保证“在所有情况下作出迅速反应”。[11] 这项研究得出的结论还有，“三叉戟”等比更换计划的所有替代方案将会更加昂贵，因为它们需要研发和生产新型弹头、导弹、发射平台和支持性基础设施。[12]

由于“三叉戟”更换计划受到批评，这项研究的结论是有争议的。一些人认为，建造和运行新型潜艇的实际费用在以后许多年可能比国防部的估计高很多——可能超过 1000 亿英镑（1550 亿美元）。[13] 其他人批评这项研究基本上是不合时宜的，因为它只注重核威慑和持续海上威慑的实战能力，而忽视更适合于应对当前和未来安全挑战的各种选项，包括非核态势。[14]

2010 年《战略防务与安全审议》报告披露了削减英国核武库规模的计划。实战部署的核弹头库在以后几年将从不到 160 个削减到不足 120 个，其中的 40 个将在任何给定时间在巡逻。同样地，核库存的总体规模，包括非部署的武器，到 21 世纪 20 年代中期将从目前的

---

〔9〕 英国内阁办公室，《“三叉戟”替代方案评估》（内阁办公室：伦敦，2013 年 7 月 16 日），第 3 和 14 页。

〔10〕 N. Hopkins：“‘三叉戟：不需要等比替换，丹尼·亚历山大说”，《卫报》，2013 年 1 月 23 日。

〔11〕 英国内阁办公室（同注释〔9〕），第 10 页。

〔12〕 同上书，第 11 页。

〔13〕 核裁军运动（CND）：《真正的替代方案：政府的“三叉戟”替代方案评估不会告诉你什么》（核裁军运动：伦敦，2013 年 6 月），页 5 页。

〔14〕 E. M. Grossman：“英国真的需要自己的核武库吗?”，全球安全新闻专线，2013 年 10 月 11 日，网址：〈http：//www. nti. org/gsn/article/does-britain-really-need-its-own-nuclear-arsenal/〉。

225 个弹头削减到不超过 180 个弹头。〔15〕 2013 年，国防部透露了在位于英格兰东南部巴勒菲尔德的原子武器研究所拆卸“三叉戟”弹头的计划。〔16〕 一些弹头已经变得不可用，而另外一些被确定为不再需要服役的弹头已经储存起来。

**表 6.4 2014 年 1 月英国核力量**

| 型号 | 名称 | 部署数量 | 首次部署年份 | 射程（公里） | 弹头 × 当量 | 弹头数量 |
|---|---|---|---|---|---|---|
| 潜射弹道导弹 | | | | | | |
| 三叉戟 II | D－5 | 48 | 1994 | >7400 | 1－3×100 千吨 | 225[a] |

[a] 不到 160 个弹头是实战部署的，约 144 个弹头装配在 4 艘中的 3 艘核动力弹道导弹潜艇上的 48 枚导弹上。只有 1 艘潜艇在任何时候都在巡逻，携带 48 个弹头。2010 年，英国决定，实战部署的弹头的数量将削减至 120 个，其中的 40 个将在任何给定时间都在巡逻。到 21 世纪 20 年代中期库存将削减到不超过 180 个。

**资料来源**：英国国防部，白皮书、新闻稿和网站，网址：〈http：//www.gov.uk/goverment/organizations/ministry-of-defence〉；英国下议院，《英国议会议事录》，各期；R. S. 诺里斯等：《核武器数据手册第五卷：英国、法国和中国的核武器》（Westview 出版公司：博尔德，科罗拉多州，1994 年），第 9 页；“核笔记本”，《原子科学家公报》，各期；作者的评估。

（田景梅 译）

〔15〕 英国国防部（同注释［6］），第 3.11 段。

〔16〕 R. Edwards：“英国的核武器根据裁军义务正在拆卸”，《卫报》，2013 年 8 月 11 日。

# 第四节　法国核力量

菲利普·巴顿·舍尔　汉斯·M·克里斯滕森

法国的核武库由约300个弹头组成，这些弹头由潜射弹道导弹和空射巡航导弹发射（见表6.5）。[1] 4艘“凯旋”级核动力弹道导弹潜艇组成法国核威慑力量的支柱，辅之以具有核能力的作战飞机。

法国保持一艘核动力弹道导弹潜艇在任何时候都在巡逻。虽然第二艘和第三艘核动力弹道导弹潜艇可以迅速下海，但是第四艘潜艇将需要更长的时间，因为其全面检修和维护周期。法国目前正在升级改造其核动力弹道导弹潜艇以适合配置新型“M51”潜射弹道导弹，替换老化的“M45”导弹。4艘潜艇的检修预计到2019年完成。[2] 截至2014年初，两艘潜艇各自装备16枚“M51.1”潜射弹道导弹。后两艘潜艇将装备“M51.2”潜射弹道导弹，该导弹是“M51.1”导弹的改进型。后两艘潜艇的第一艘在2013年夏天已经开始进行装备，预计在2016年恢复服役。[3] “M51.2”导弹被设计携带新型的150千吨当量的海基核弹头（TNO）。[4] 法国还在发展“M51”潜射弹道导弹的未来型“M51.3”。[5]

政府文件显示，法国正在开始进行第三代核动力弹道导弹潜艇的初步研发工作，其目标是到2030年拥有“凯旋级”核动力弹道导弹

---

〔1〕 关于法国核力量的深入评估，参见T. Patton、P. Podvig和P. Schell：《一种核裁军新START透明模式：单个国家报告》（联合国裁军研究所：日内瓦，2013年），第17—23页。

〔2〕 法国参议院，《代表外交、国防和武装力量委员会提交的关于2014财政法案的意见》，第八卷，《国防：装备武装力量》，第158号（法国参议院：巴黎，2013年11月21日），第51—52页；D. Lennox（编辑），《简氏战略武器系统》，第54期（HIS环球有限公司：科尔斯登，2011），第51页。

〔3〕 “‘凯旋’号核动力弹道导弹潜艇在检修”，Mere et Marine，2013年9月20日，网址：〈http：//www. meretmarine. com/fr/content/le-snle-le-triomphant-en-refonte〉。

〔4〕 法国参议院（同注释［2］）；Lennox（同注释［2］），第50页。

〔5〕 关于2014—2019年军事计划和其他国防和国家安全规定的2013年12月18日的第2013—1168号法国法律（1），2014年1月1日，网址：〈http：//www. legifrance. gouv. fr/affichTexte. do;？ cidTexte = JORFTEXT000028338825〉（法文）。

潜艇的现役后继型。[6]

2013 年 5 月 5 日，“M51. 1” 潜射弹道导弹的试射失败，导弹在从法国西北部布列塔尼附近的奥迪尔恩海湾发射后不久自毁。法国国防部对失败的原因并未透露任何信息，但强调这起事故没有对法国核威慑力量的可靠性产生疑问，而且“M51. 1” 导弹以前所有五次试射都是成功的。[7]

法国核力量的空基部分由具有核能力的两种陆基类型（“幻影 2000N” 和 “阵风 CF3”）和一种海基类型（“阵风 MF3”）作战飞机组成。“幻影 2000N” 飞机预计在 2019 年由 “阵风 B” 飞机取代。该飞机装备改进的中程空对地导弹（ASMP-A）。“ASMP-A” 导弹的服役中期翻新计划预计在 2022 年开始。[8] 该导弹携带可选当量达 300 千吨的空基核弹头（TNA）。

**表 6.5 2014 年 1 月法国核力量**

| 型号 | 部署数量 | 首次部署年份 | 射程（公里）[a] | 弹头 × 当量 | 弹头数量 |
| --- | --- | --- | --- | --- | --- |
| 陆基飞机 | | | | | |
| 幻影 2000N | ~20 | 1988 | 2750 | 1 ×300 千吨空基核弹头 | ~20 |
| 阵风 CF3 | ~20 | 2010—2011 | 2000 | 1 ×300 千吨空基核弹头 | ~20 |
| 航母飞机 | | | | | |
| 阵风 MF3 | ~10 | 2010—2011 | 2000 | 1 ×300 千吨空基核弹头 | ~10 |
| 潜射弹道导弹[b] | | | | | |

〔6〕 第 2013—1168 号法国法律（同注释［5］）；“法国核力量的现代化”，Mere et Marine，2013 年 8 月 5 日，网址：〈http：//www. meretmarine. com/fr/content/la-modernisation-des-forces-nucleaires-francaises〉。

〔7〕 “‘凯旋’号核动力弹道导弹潜艇在检修”（同注释［3］）。

〔8〕 法国参议院（同注释［2］），第 52 页。

| 型号 | 部署数量 | 首次部署年份 | 射程（公里）[a] | 弹头×当量 | 弹头数量 |
|---|---|---|---|---|---|
| M45 | 16 | 1996 | 6000[c] | 4-6×100千吨 TN-75弹头 | 80[d] |
| M51.1 | 32 | 2010—2011 | 6000 | 4-6×100千吨 TN-75弹头 | 160[d] |
| M51.2 | - | （2015） | 6000 | 4-6×150千吨 海基核弹头 | - |
| M51.3 | - | .. | .. | .. | - |
| 总数 | | | | | ~290[e] |

（）=不确定的数字；kt=千吨；TNA=空基核弹头；TNO=海基核弹头。

[a]飞机的航程只用于说明的目的；真正的作战航程根据飞行轨迹和武器载荷将有所不同。

[b]法国保持足够装备3艘现役核动力弹道导弹潜艇的潜射弹道导弹，第四艘核动力弹道导弹潜艇在检修。

[c]"M45"导弹的射程在2001年法国国民议会国防委员会的报告中被列为只有4000公里。

[d]虽然潜射弹道导弹具备携带6个核弹头的能力，但是希拉克总统在2006年宣布在一些潜射弹道导弹上的核弹头的数量已经减少以提高针对地区大国的目标打击的灵活性。

[e]法国没有储备的弹头，但可能有少量的备份弹头，整个武库约有300个弹头。

**资料来源**：尼古拉·萨科齐，法国总统，关于防务与国家安全的演讲，凡尔赛宫，巴黎，2008年6月17日；尼古拉·萨科齐，法国总统，"'可畏'号核动力弹道导弹潜艇下水仪式"，演讲，瑟堡，2008年3月21日；雅克·希拉克，法国总统，在访问战略部队时的演讲，Landivisiau-L'Ile Longue，布雷斯特，2006年1月19日；法国国防部，各种出版物，网址：〈http：//www. defense. gouv. fr/〉；法国国民议会，各种国防法案；R. S. 诺里斯等，《核武器数据手册第五卷：英国、法国和中国的核武器》，（Westview出版公司：博尔德，科罗拉多州，1994年），第10页；《空军动态》，各期；《航空与空间技术周刊》，各期；"核笔记本"，《原子科学家公报》，各期；作者的评估。

（田景梅　译）

# 第五节　中国核力量

菲利普·巴顿·舍尔　汉斯·M·克里斯滕森

据估计中国的总库存约有250个核弹头，中国正在小幅和缓慢地增加其库存。[1] 人们普遍认为，中国在平时将其核弹头储存在储存设施里，核弹头与其运载工具分开存放，它们没有准备立即发射。[2] 在其计划的陆、空和海三位一体核力量中，只有陆基弹道导弹和核配置的飞机目前被认为是实战部署的：约180个弹头配给了这些力量。没有一个被部署在运载系统上——相反，它们据认为是在中央储存设施里。剩余的弹头配给了非实战部署的力量，包括正在研发的新系统和今后在数量上将有所增加的实战系统和备用系统（见表6.6）。

中国人民解放军第二炮兵通过集中管理系统保持对中国核武库和陆基导弹的控制。导弹部队似乎由六个分布在不同地理区域的基地和一个中央储存设施组成。[3] 第二炮兵直接向中国政府中央军事委员

〔1〕 这一估计与与美国政府的估计是一致的。2012年，美国战略司令部司令罗伯特·凯勒上将军指出，“中国的核武库是在几百个核弹头范围之内”。美国中央情报局（CIA）估计中国库存的规模在1996年为200—300个核弹头，1993年为200—250个核弹头。H. M. 克里斯滕森：“战略司令部司令不同意高估中国的核武库”，战略安全，美国科学家联合会，2012年8月22日，网址：〈http://blogs.fas.org/security/2012/08/china-nukes/〉；美国中央情报局，情报处，《扩散摘要》，DIPD96-003CX，1996年3月29日，网址：〈http://www.foia.cia.gov/sites/default/files/document_conversions/89801/DOC_0000996348.pdf〉；美国中央情报局，情报处，科学和武器研究办公室，“中国的核武器试验：面临全面禁止核试验的前景”，情报备忘录，1993年9月30日，网址：〈http://www.foia.cia.gov/sites/default/files/document_conversions/89801/DOC_0000996367.pdf〉，第3页。

〔2〕 参见H. Zhang，“中国”，R. Acheson（编辑），《保证永远摧毁：全世界核武器现代化》（Reaching Critical Will：纽约，2012年），第17页；M. A. Stokes，《中国的核弹头储存和管理系统》（2049项目研究所：阿灵顿，弗吉尼亚州，2010年3月12日）。

〔3〕 Stokes（同注释〔2〕），第7页。

会报告，委员会由习近平主席主持。[4]

据中国高级官员所说，正在进行的中国核武库现代化是长远计划的一部分，该计划可能与其他国家正在改进先进的进攻性和防御性非核武器系统有关，因为这些系统可能威胁中国的核力量。中国核力量的现代化旨在发展更具生存能力的力量和增强其核报复能力。为了实现这些目标，中国正专注于质量上的现代化，而不是核武器数量的简单增加。[5]

2013 年 4 月发表的最新的中国两年一次《国防白皮书》重复了第二炮兵建设成为一支“精干有效的力量”的原则，但没有明确提及中国长期坚持的不首先使用承诺。[6] 这在中国专家和官员之中引起了关于是否这表示中国可能改变其核武器立场的争论。[7] 然而，中国高级军事代表和其他西方专家澄清说，“不首先使用”仍是中国核政策的基础。[8] 中国官员在国际论坛如裁军谈判会议上的发言中，也重申了中国一贯坚持的“不首先使用”政策。[9]

2013 年底和 2014 年初，中国政府的新闻媒体报道了几次涉及核能力的武器系统的演习和演练。2013 年 10 月，中国中央电视台播放了海军实战演习的视频，包括中国人民解放军海军（中国海军）的

---

〔4〕 B. Gill 和 E. S. Medeiros，“中国”，H. Born、B. Gill 和 H. Hanggi（编辑），SIPRI，《管控炸弹：核武器的文官控制和民主问责》（牛津大学出版社：牛津，2010 年），第 147 页。

〔5〕 参见 S. Hu，“中国核武器之路”，《环球科学》，第 12 期（2007 年）。

〔6〕 中国国务院，《中国武装力量的多样化运用》，国防白皮书（国务院新闻办公室：北京，2013 年 4 月），第二章。

〔7〕 J. M. Acton：“中国正在改变其核武器立场吗?”，《纽约时报》，2013 年 4 月 8 日。

〔8〕 参见 Y. Yao：“中国将不会改变其核政策”，《中美焦点》，2013 年 4 月 22 日，网址：〈 http：//www. chinausfocus. com/peace-security/china-will-not-change-its-no-first-use-policy/〉；M. T. Fravel：“中国还没有改变其核武器立场”，外交家，2013 年 4 月 22 日，网址：〈http：//thediplomat. com/2013/04/china-has-not-yet-changed-its-position-on-nuclear-weapons/〉；J. M. Acton：“辩论中国的不首先使用承诺：James Acton 回应”，卡内基国际和平基金会，2013 年 4 月 22 日，网址：〈http：//carnegieendowment. org/2013/04/22/debating-china-s-no-first-use-commitment-james-acton-responds/g0lx〉。

〔9〕 H. Wu，中国常驻代表，在裁军谈判会议上的发言，日内瓦，2013 年 3 月 26 日，网址：〈http：//www. reachingcriticalwill. org/images/documents/Disarmament-fora/cd/2013/Statements/26March_ China. pdf〉。

核动力弹道导弹潜艇的新老片段镜头。[10] 2014 年 1 月，一个中国人民解放军附属网站贴出了由第二炮兵进行的“东风 -21”（DF -21）发射训练的照片。[11] 尽管中国媒体认为这些展示是为满足西方对军事透明度的要求，但是其他人认为中国可能利用这种有选择的透明来彰显其军事实力。[12]

据估计中国拥有五个法律上承认的核武器国家中最小的军用高浓铀和钚库存（见下面第十节）。尽管中国官方从未宣布正式暂停用于军事目的的裂变材料的生产，但是据认为它在 1987 年和 1989 年间的某个时间已经停止军用高浓铀的生产，在 1991 年已经停止军用钚的生产。现在的库存意味着在不重新启动军用裂变材料生产的情况下，中国不可能大幅度扩大其核弹头库。

### 陆基弹道导弹

中国正在对其陆基弹道导弹进行现代化，并用更新型公路机动和固体燃料的导弹替换老化的液体燃料的导弹。

中国的具有核能力的弹道导弹库由约 140 枚七种类型的导弹组成。中国最老的弹道导弹之一，液体燃料、单级的“东风 -3A”，似乎已被更新型公路机动、固体燃料、两级的“东风 -21”中程弹道导弹所取代，用作地区核威慑力量。此外，中国部署了公路机动、固体燃料、三级的“东风 -31”洲际弹道导弹，该导弹能够打到美国西部的阿拉斯加、俄罗斯和欧洲。“东风 -31”洲际弹道导弹正在替

---

〔10〕“秘密的中国海军核潜艇力量首次展示”，中国中央电视台，2013 年 10 月 27 日，网址：〈http://www.chinanews.com/shipin/2013/10-27/news316598.shtml〉（中文）；“秘密的中国海军核潜艇力量首次展示”，新华社，2013 年 10 月 28 日，网址：〈http://news.xinhuanet.com/mil/2013-10/28/c_125612654.htm〉（中文）。

〔11〕“第二炮兵某部”，2014 年 1 月 21 日，网址：〈http://photo.chinamil.com.cn/pla/2014-01/21/content_5743847.htm〉（中文）。

〔12〕关于前者的观点，参见“揭秘核潜艇是一个值得欢迎的举动”，《环球时报》，2013 年 10 月 29 日，网址：〈http://www.globaltimes.cn/content/820956.shtml〉。关于后者的观点，参见 R. Weltz，“全球洞察：核展示表明中国已学会爱原子弹”，《世界政治评论》，2013 年 11 月 19 日，网址：〈http://www.world politicsreview.com/articles/13389/global-insights-nuclear-displays-show-that-china-has-learned-to-love-the-bomb〉；M. Chan：“中国的核导弹演习被视为警告美国不要干预地区”，《南华早报》，2014 年 1 月 23 日。

换老化的液体燃料、两级的“东风－4”弹道导弹。

据估计，液体燃料、两级的“东风－5A”和公路机动、固体燃料、三级的“东风－31A”具有超过11000公里的射程，是中国打击范围最远的洲际弹道导弹。第二炮兵是用“东风－31A”替代老化的、最近已被升级改造的“东风－5A”，还是两种导弹都保留，仍不清楚。

美国国防部估计，“中国也可能正在发展新型公路机动洲际弹道导弹，该导弹也许能够携带分导式多弹头”，并装备突防装置。[13] 美国空军国家航空航天情报中心（NASIC）已作出同样的估计。[14] 中国几十年来一直在研究分导式多弹头，并且多年来已具有在“东风－5A”导弹上部署多弹头的能力，但一直没有这样做。部署公路机动、固体燃料、具有核能力的洲际弹道导弹的不懈努力，反映了第二炮兵对提高其核力量的生存能力和机动性的重视。然而，据美国国防部说，第二炮兵在管理机动导弹巡逻方面的经验相对有限，这可能会对中国现在的指挥和控制结构形成严重的挑战。[15]

中国还在扩大其常规弹道导弹计划。双重能力（即常规能力和核能力）的“东风－15”短程弹道导弹自20世纪90年代中期已经部署。“东风－21”的两种常规型号“东风－21C”和“东风－21D”反舰导弹正进行部署。常规导弹和核导弹的混合构成了一场冲突错误升级的重大危险，因为对手将无法确定已发射的导弹是装备了常规弹头还是核弹头。[16]

---

〔13〕 美国国防部，《2013年度中华人民共和国军事和安全发展》，提交国会的年度报告（国防部：华盛顿特区，2013年5月），第6页。该报告的2012年版没有重申这种看法。媒体和专家的报告经常把可能的下一代洲际弹道导弹称作“东风－41”。

〔14〕 美国空军，国家航空航天情报中心，《弹道和巡航导弹威胁》，NASIC－1031－0985－13（国家航空航天情报中心：赖特—帕特森空军基地，2013年7月），第19页。

〔15〕 美国国防部（同注释［13］），第32页。

〔16〕 一些分析家也认为，核和常规的“东风－21”导弹混合放在同一基地。J. W. Lewis和L. Xue：“制定中国的核战争计划”，《原子科学家公报》，第68卷，第5期（2012年9月/10月）。其他的分析家认为，核和常规导弹部署在不同的基地。

## 弹道导弹潜艇

中国在发展海基核威慑力量方面遇到了相当大的困难。[17] 中国人民解放军海军已建造了一艘 092 型（被北约称为“夏”级）核动力弹道导弹潜艇，该潜艇装备 12 枚固体燃料、两级的“巨浪 - 1”潜射弹道导弹。“巨浪 - 1”是“东风 - 21”的海基型。该潜艇从未进行过威慑巡逻，不被认为已完全服役，尽管进行了几次整修。

中国人民解放军海军已发展了下一代 094 型（被北约称为“晋”级）核动力弹道导弹潜艇。据美国国防部说，三艘 094 型核动力弹道导弹潜艇正在服役（没有导弹），它预测中国人民解放军海军将建造五艘。[18] 一艘据认为已加入中国人民解放军海军北海舰队，其母港在青岛附近的姜各庄，还有至少一艘加入了南海舰队，其母港在海南岛的榆林。[19] 中国打算建造多少艘 094 型核动力弹道导弹潜艇，仍不清楚。正在建造第四艘潜艇的证据可能已由 2013 年 10 月拍摄的商业卫星图像提供，该图像显示在辽宁省葫芦岛渤海造船厂（中国的潜艇生产厂）的干船坞有一艘 094 型核动力弹道导弹潜艇。[20] 然而，这也许是前三艘核动力弹道导弹潜艇中的一艘。

094 型核动力弹道导弹潜艇可以装备 12 枚三级、固体燃料的“巨浪 - 2”潜射弹道导弹（“东风 - 31”的海基型）。2014 年 3 月，美国海军太平洋司令部司令萨缪尔 · J · 洛克利尔海军上将预测，094 型潜艇与“巨浪 - 2”导弹的结合可能在 2014 年年底前得以实现。[21]

---

〔17〕 关于中国潜艇基地和设施的全面概述，参见 T. Patton、P. Podvig 和 P. Schell：《一种核裁军新 START 透明模式：单个国家报告》（联合国裁军研究所：日内瓦，2013 年），第 13—16 页。

〔18〕 美国国防部（同注释［13］），第 4、6 页。

〔19〕 R. Wu：“中国海基核力量的生存能力”，《科学和全球安全》，第 19 卷，第 2 期（2011 年），第 94—96 页。

〔20〕 H. M. 克里斯滕森：“中国核动力弹道导弹潜艇舰队正做准备，但为了什么呢?”，战略安全，美国科学家联合会，2014 年 4 月 25 日，网址：〈http：//fas. org/blogs/security/2014/04/chinassbnfleet/〉。

〔21〕 S. J. Locklear（上将），在美国参议院军事委员会上关于美国太平洋司令部态势的声明，2014 年 3 月 25 日，网址：〈http：//www. armed-services. senate. gov/hearings/14 - 03 - 25 - us-pacific-command-and-us-forces-korea〉，第 10 页。

“巨浪-2”项目在过去由于技术上的困难已推迟了几次。据未经证实的报道，“巨浪-2”的最后一系列飞行试验可能在2012年1月和8月从094型核动力弹道导弹潜艇进行发射的。[22]

中国的核动力弹道导弹潜艇还没有进行威慑巡逻，但在不久的将来可以这样做。中国是否将派遣带有安装在“巨浪-2”潜射弹道导弹上的核弹头的核动力弹道导弹潜艇出海，还有待观察。中央军事委员会在平时不愿把核弹头交给各军种。另一种态势可能是，中国在危机以前将部署不带核导弹的核动力弹道导弹潜艇，而为部署弹头留下选择自由。

虽然中国现在和将来核动力弹道导弹潜艇舰队的未来作用和任务仍不确定，但是美国国防部已重申其担忧，即中国海基核力量的进展也将对中国人民解放军海军的现有指挥和控制结构带来挑战，因为它在管理核动力弹道导弹潜艇巡逻方面没有实战经验。[23]

### 飞机和巡航导弹

中国人民解放军空军被认为拥有少量的重力炸弹，它们由“轰-6”中程轰炸机，并可能还由短程战斗机投掷。然而，中国人民解放军空军据认为不拥有主要任务是投掷核炸弹的机队。[24]

中国人民解放军拥有几种类型的巡航导弹。然而，只有地射的“东海-10”（“DH-10”，也被称为“长剑-10”、“CJ-10”）已据报道可能具有核能力。[25] 关于“东海-10”的技术特点相对来说知

〔22〕 D. Richardson：“中国海军进行了一系列‘巨浪-2’潜射弹道导弹的发射”，《简氏导弹与火箭》，第16卷，第3期（2012年3月），第10页；B. Gertz：“准备发射”，华盛顿自由灯塔，2012年8月21日，网址：〈http：//freebeacon. com/ready-to-launch/〉。

〔23〕 美国国防部（同注释［13］），第32页。

〔24〕 美国国家安全委员会，“向国会提交的有关中国、印度和巴基斯坦核和弹道导弹计划的报告”，1993年7月28日，由美国科学家联合会根据美国信息自由法案获得，网址：〈http：//fas. org/irp/threat/930728-wmd. htm〉。

〔25〕 美国空军把“DH-10”称作“常规的或核的”，与俄罗斯“AS-4”和巴基斯坦“巴布尔”和“拉阿德”一样的称谓，它们被认为是两用能力的。美国空军，国家航空航天情报中心（同注释［14］），第29页。

之甚少，关于其衍生和分类的看法也不一致。[26] 据 2012 年未经证实的媒体报道，“东海－10”的海射型也似乎正在发展中，尽管没有任何已知资料证明，该海射型具有潜在的核能力。[27]

中国还在研发被一些信息来源称为“长剑－20”（CJ－20）的空射对地攻击巡航导弹，它是“东海－10”的衍生品，可能由“轰－6”飞机的升级版发射。[28] 美国空军全球打击司令部在 2013 年发布的一份司令部简报把“长剑－20”列为具有核能力，但是美国空军国家航空航天情报中心的 2013 年报告根本就没有列出该导弹。[29]

**表 6.6　2014 年 1 月中国核力量**

| 型号/中国名称（美国名称） | 部署数量 | 首次部署年份 | 射程（公里）[a] | 弹头载荷 | 弹头数量 |
|---|---|---|---|---|---|
| 陆基导弹 | ~150[b] | | | | ~140 |
| 东风－3A（CSS－2）[c] | .. | 1971 | 3000 | 1×3.3 百万吨 | .. |
| 东风－4（CSS－3） | ~10－15 | 1980 | 5500 | 1×3.3 百万吨 | ~10－15 |
| 东风－5A（CSS－4） | 20 | 1981 | 13000 | 1×4－5 百万吨 | 20 |
| 东风－15（CSS－6Mod1） | .. | 1994 | 600 | 1×10－15 千吨 | .. |

〔26〕 I. Easton：“雷达下的刺客：中国的‘DH－10’巡航导弹计划”，Futuregram no. 09005，2049 项目研究所，2009 年 10 月 1 日，网址：〈http：//project2049. net/publications. html〉；D. M. Gormley、A. S. Erickson 和 J. Yuan：《低能见度力量倍增器：评估中国的巡航导弹雄心》（国防大学出版社：华盛顿特区，2014 年）。

〔27〕 W. Minnick：“中国新战机加剧传言一瞥”，《防务新闻》，2012 年 8 月 5 日。

〔28〕 “军事实力：中国发展其战略导弹系统”，《简氏情报评论》，2013 年 8 月 1 日。

〔29〕 詹姆斯·M. 科瓦尔斯基中将，司令员，美国空军全球打击司令部，《空军全球打击司令部》，演讲，巴克斯代尔空军基地，2013 年 5 月 7 日，网址：〈http：//fas. org/blogs/security/2013/05/afgsc-brief 2013/〉；美国空军，国家航空航天情报中心（同注释[14]）。

| 型号/中国名称（美国名称） | 部署数量 | 首次部署年份 | 射程（公里）[a] | 弹头载荷 | 弹头数量 |
|---|---|---|---|---|---|
| 东风－21（CSS－5Mods1，2） | 〈100 | 1991 | 2100[d] | 1×200－300 千吨 | ~80 |
| 东风－31（CSS－10Mod1） | ~5－10 | 2006 | >7200 | 1×200－300 千吨 | ~5－10 |
| 东风－31A（CSS－10Mod2） | ~20 | 2007 | >11200 | 1×200－300 千吨 | ~20 |
| 新型洲际弹道导弹（..） | – | .. | .. | 1×..[e] | .. |
| 潜射弹道导弹 | (48) | | | | (48) |
| 巨浪－1（CSS－N－3） | (12) | 1986 | >1700 | 1×200－300 千吨 | (12) |
| 巨浪－2（CSS－NX－14） | (36) | (2014) | >7000 | (1×200－300 千吨) | (36) |
| 飞机[f] | ~20 | | | | (~40) |
| 轰－6（B－6） | ~20 | 1965 | 3100 | 1×炸弹 | (~20) |
| 攻击机（..） | .. | 1972.. | .. | 1×炸弹 | (~20) |
| 巡航导弹 | 150－350 | | | | .. |
| DH－10 地射巡航导弹[g] | 150－350 | 2007 | >1500 | 1×.. | .. |
| (CJ－20 空射巡航导弹)[h] | .. | (2014) | >1500 | 1×.. | .. |
| **总数** | | | | | **(~250)**[i] |

.. = 没有可用或适用的数据； – = 零；（） = 不确定的数字；ALCM = 空射巡航导弹；GLCM = 地射巡航导弹；ICBM = 洲际弹道导弹；kt = 千吨；Mt = 百万吨；SLBM = 潜射弹道导弹。

[a] 飞机的航程只用于说明的目的；真正的作战航程将有所不同。

[b] 一些发射器可能有 1 个或多个重载的导弹。

[c] 装备“东风－3A”的最后一个旅似乎已被转换为“东风－21”。

[d] “东风－21”改进型（CSS－5 Mods1 和 2）的射程据认为比通常报道的 1750 公里长。

[e] 据美国国防部说，“中国也可能正在发展一种新型公路机动洲际弹道导弹，也许能携带分导式多弹头”。中国几十年来一直研究分导式多弹头，单弹头的“东风－5A”多年来

一直据认为是一个潜在的载体。

[f]飞机的数字仅指核配置的飞机。飞机的核任务是不确定的，如果它存在的话，只是一个次要任务。

[g]美国空军国家航空航天情报中心把“DH－10”列为“常规的或核的”巡航导弹，与用于俄罗斯“AS－4”和巴基斯坦“巴布尔”和“拉阿德”具有核能力的巡航导弹一样的使命。

[h]美国空军全球打击司令部把“CJ－20”列为具有核能力；国家航空航天情报中心没有这样做。

[i]据认为现在储存或生产的还有一些弹头，用以装备未来的“东风－31A”和“巨浪－2”导弹以及巡航导弹。整个武库据认为由约250个弹头组成，并正在缓慢地增加。

**资料来源**：美国国防部，《中华人民共和国军事和安全发展》，各年；美国国防部，《中华人民共和国军事力量》，各年；美国空军，国家航空航天情报中心（NASIC），《弹道和巡航导弹威胁》，各年；美国空军全球打击司令部；美国中央情报局，各种文件；H. M. 克里斯滕森、R. S. 诺里斯和 M. G. 麦克金兹，《中国的核力量与美国的核战计划》（美国科学家联合会和自然资源保护委员会：华盛顿特区，2006年11月）；R. S. 诺里斯等，《核武器数据手册第五卷：英国、法国和中国的核武器》（Westview 出版公司：博尔德，科罗拉多州，1994年）；“核笔记本”，《原子科学家公报》，各期；谷歌地球；作者的评估。

（田景梅　译）

# 第六节 印度核力量

香农·N·基尔和汉斯·M·克里斯滕森

据估计印度拥有一个90—110枚核武器的武库。这个数字是基于对印度武器级钚库存以及对现役核运载系统数量的估算。

印度的核武器被认为是以钚为基础的。据估计，截至2013年印度武器级钚库存是360—780公斤（见下面第十节）。钚是由在2010年年底关闭的40兆瓦热（MW（t））CIRUS重水反应堆和100兆瓦热Dhruva重水反应堆生产的，它们位于马哈拉施特拉邦孟买附近的巴巴原子研究中心（BARC）。为了替代CIRUS反应堆，一座新的更高功率的“多用途高通量反应堆”正在安得拉邦港口城市维萨卡帕特南（也被称为Vizag）附近的新的BARC综合体建造，该反应堆与Dhruva反应堆相似。它预计在2017—2018年开始运行。[1]

印度计划建造6座快中子增殖反应堆，这将大大提高其生产用于武器的钚的能力。一座1250兆瓦热原型快中子增殖反应堆在位于泰米尔纳德邦卡尔帕卡姆的英迪拉·甘地原子研究中心综合体正接近建成，这里还有一个未接受国际原子能机构保障监督的后处理设施。它预计在2014年期间首次达到临界状态，随后延长试验周期。[2] 以75%的运行功率来算，这座未受保障监督的液态钠冷式反应堆可能每年生产大约140公斤武器级钚，足够制造28—35枚核武器，这取决于武器设计和制造技能。[3]

---

〔1〕 TNN，“巴巴原子研究中心在维萨卡帕特南建立中心”，《印度时报》，2009年7月24日；S. Jha，“浓缩能力足够向核潜艇提供燃料”，IBNLive，2011年11月26日，网址：〈http://ibnlive.in.com/news/enrichment-capacity-enough-to-fuel-nuke-subs/206066-61.html〉；国际裂变材料小组，《全球裂变材料报告2011年：核武器和裂变材料库存和生产》（国际裂变材料小组：普林斯顿，新泽西州，2011年）。

〔2〕 “在卡尔帕卡姆的原型快中子增殖反应堆在一年内将进入临界”，《印度教徒报》，2013年9月15日。

〔3〕 T. B. Cochran等：《快中子增殖反应堆计划：历史和现状》，国际裂变材料小组研究报告第8号（国际裂变材料小组：普林斯顿，新泽西州，2010年2月），第41、45页。

印度目前正在扩大其铀浓缩能力，主要生产高浓铀以用作海军反应堆燃料。它在卡纳塔克邦迈索尔附近的 Rattehalli 稀有材料厂的小型离心设施中继续浓缩铀。[4] 2013 年，非政府分析家基于商业卫星图像得出结论，印度似乎正在稀有材料厂建造第二个设施，它可以容纳越来越多的离心机以用于铀浓缩。[5] 此外，印度已就建设一个新的工业规模的离心浓缩厂——特种材料浓缩厂——开始了初步工作，该厂位于卡纳塔克邦吉德勒杜尔加地区的一个地点，它将不置于国际原子能机构的保障监督之下。[6] 虽然印度离心浓缩能力的扩大出于建造新的海军用反应堆的计划的驱动，但是潜在的能力过剩，也可能预示着它将通过目前钚武库与高浓铀次级品的结合走向热核武器的意图。[7]

印度的核学说是基于最低可靠威慑和不首先使用核武器的原则。[8] 没有任何官方声明具体说明“最低可靠威慑”所需的武库的规模。然而，根据印度国防部所说，它包括“陆基、海上和空中能力的混合”。[9] 据报道，印度领导人已决定优先全面发展此种三位一体核力量，作为国家威慑态势的基础。[10]

核指挥机构（NCA）全面负责印度的核威慑力量。核指挥机构由总理主持的政治委员会和由总理的国家安全顾问主持的执行委员会组成。政治委员会是唯一可以授权使用核武器的机构。核指挥机构的指令由战略部队司令部（SFC）执行，战略部队司令部是负责行使管

〔4〕 R. Kelley 和 B. Cloughey：“核选项：印度提高其铀浓缩计划”，《简氏情报评论》，2014 年 7 月，第 8—15 页。

〔5〕 D. Albright 和 S. Kelleher-Vergantini：“在稀有材料厂建成的可能是新的印度离心设施”，科学与国际安全研究所（ISIS）图像简报，2013 年 12 月 4 日，网址：〈http：//isis-online. org/isis-reports/detail/construction-finishing-of-likely-newindian-centrifuge-facility-at-rare-mat/〉。

〔6〕 Albright 和 Kelleher-Vergantini（同注释［5］）。

〔7〕 Kelley 和 Cloughey（同注释［4］）。

〔8〕 印度对外事务部，“国家安全顾问委员会关于印度核学说的报告草案”，1999 年 8 月 17 日，网址：〈http：//www. mea. gov. in/mystart. php? id = 51515763〉。

〔9〕 印度国防部，《2004—2005 年度报告》（国防部：新德里，2005 年），第 14 页。

〔10〕 R. Pandit：“总理估计国家的核武库”，《印度时报》，2012 年 6 月 14 日。

理、指挥和控制印度核力量的机构。[11]

### 飞机

飞机构成了印度核打击能力的最成熟部分（见表6.7）。据报道，印度空军已对用来投掷核重力炸弹的“幻影2000H”多用途战斗机进行了认证。印度空军的“美洲虎IS”和“苏霍伊苏-30MKI”战斗机也被提到可能担负核任务。

### 陆基导弹

“大地”（Prithvi）短程弹道导弹是多年来印度唯一实战部署的弹道导弹。150公里射程的“大地-1”导弹是单级、公路机动、液体燃料的导弹，在1994年交付印度陆军后开始服役，人们普遍认为它已被改进为可担负核发射任务。2013年6月，国防研究与发展组织（DRDO）宣布，“大地-1”将要退役，并由新型固体燃料的“普拉哈尔”战术弹道导弹取代，该导弹可以从一个发射器以齐射方式发射。[12] 150公里射程的“普拉哈尔”是否担负核武器发射任务，目前还不清楚。已宣布担负核任务的、射程更远的“大地-2”导弹，在2003年交付印度陆军和空军开始服役。[13]

印度的陆基核弹道导弹发展现在由射程更远的“烈火”（Agni）弹道导弹家族主导。同“大地”导弹一样，“烈火”导弹也是由国防研究与发展组织研发，作为其综合制导导弹发展计划的一部分。公路机动的“烈火-1”是单级、固体燃料的短程弹道导弹，在2007年开始服役。据估计，20个发射器已部署给一个或两个导弹团。

铁路机动、两级的“烈火-2”中程弹道导弹（MRBM），经过一些推迟在2011年开始服役。据估计，10个发射器已部署在一个导

---

〔11〕 S. Saran：“印度的核武器不是为了国家尊严”，《论坛报》（昌迪加尔），2013年5月9日；W. P. S. Sidhu，“印度”，H. Born、B. Gill和H. Hanggi（编辑），SIPRI，《管控炸弹：核武器的文官控制和民主问责》（牛津大学出版社：牛津，2010年），第180—181页。

〔12〕 印度报业托拉斯，“‘大地’导弹将被更有能力的‘普拉哈尔’取代：国防研究与发展组织”，《印度斯坦时报》，2013年6月30日。

〔13〕 印度新闻信息局，“‘大地’再做一次，”2013年10月8日，网址：〈http：//pib. nic. in/newsite/pmreleases. aspx？mincode = 33〉。

弹团。2013 年 4 月 7 日，陆军用户战备状态飞行试验在位于奥里萨邦沿海的惠勒岛的综合试验场进行。[14]

两级、固体燃料、铁路机动的“烈火 – 3”中远程弹道导弹（IRBM）正处在交付印度陆军的最后阶段。最近的飞行试验——据报道是战略部队司令部对该导弹的第二次用户试验——在 2013 年 12 月 23 日进行。[15]“烈火 – 3”是印度第一个能够从印度领土打到中国北京的具有核能力的导弹。它预计在不久的将来开始服役。

国防研究与发展组织一直在发展“烈火 – 4”中远程弹道导弹，该导弹是“烈火 – 2”的改进型，以前被称为“超级烈火 – 2”。据国防研究与发展组织官员说，两级的“烈火 – 4”吸纳了几项技术革新，包括复合火箭发动机、改进的级间分离和一个最先进导航系统。[16] 在 2014 年 1 月 20 日成功试射后，国防研究与发展组织宣布它已批准开始该导弹的批量生产。[17]

为了能够从基地、进一步从印度与中国边界打击所有中国境内目标，国防研究与发展组织正在研发三级的具有 5000 公里接近洲际射程的“烈火 – 5”导弹。据印度政府说，与其他“烈火”导弹不同，“烈火 – 5”被设计成可以储存在新型机动罐装系统中，并可从中发射，以达到提高武器的“战备水平”等目的。[18] 由于印度的导弹在平时不是处于戒备状态，提高战备水平在危机时可以减少使导弹处于戒备状态所需的时间。[19] 国防研究与发展组织声称“烈火 – 5”将到 2015 年部署，这种说法可能在太靠谱。[20]

〔14〕 印度新闻信息局，“‘烈火 – 2’发射：准确击中目标区”，2013 年 4 月 7 日，网址：〈http：//pib. nic. in/newsite/erelease. aspx？ relid = 94527〉。

〔15〕 印度新闻信息局，“‘烈火 – 3’发射：一个完美的任务”，2013 年 12 月 23 日，网址：〈http：//pib. nic. in/newsite/erelease. aspx？ relid = 102101〉。

〔16〕 R. Pandit：“时刻把中国记在心里，印度试验具有高‘杀伤效率’的新一代‘烈火’导弹”，《印度时报》，2011 年 11 月 16 日。

〔17〕 T. S. Subramanian，“‘烈火 – 4’成功试射”，《印度教徒报》，2014 年 1 月 20 日。

〔18〕 印度新闻信息局，“‘烈火 – 5’成功地第二次试射”，2013 年 9 月 15 日，网址：〈http：//pib. nic. in/newsite/pmreleases. aspx？ mincode = 33〉。

〔19〕 S. Aroor，“印度军事研究综合体的新任领导透露勇敢的新任务”，《今日印度》，2013 年 7 月 13 日。

〔20〕 Y. Mallikarjun，“没有任何东西能够拦截‘烈火 – 5’”：钱德尔，《印度教徒报》，2013 年 9 月 18 日。

国防研究与发展组织官员公开说，印度将在一些远程导弹上部署多弹头，包括“烈火－5”和未来的具有更远射程的“烈火－6”。然而，印度政府在这个时候是否已授权发展分导式多弹头再入飞行器，目前还不清楚。而国防研究与发展组织官员（有时是同一批人），则公开说尚无关于“烈火－5”最终携带分导式多弹头的计划。〔21〕

除了弹道导弹，印度也已开始研制一种被称为“无畏”的新型亚音速地射巡航导弹。“无畏”巡航导弹在2013年3月12日试射失败，当时它偏离轨道并坠毁。〔22〕该导弹具有700—1000公里的射程，似乎与巴基斯坦的“巴布尔”巡航导弹和美国的“战斧式”巡航导弹相似。据盛传它具有核能力，但官方没有确认这种能力。

### 海基导弹

印度继续发展其三位一体核力量中的海基部分。根据始于20世纪70年代的先进技术舰艇（ATV）计划，印度第一艘国产核动力潜艇“歼敌者”号（INS Arihant）经过多次推迟后于2009年下水。“歼敌者”号的82兆瓦热的压水反应堆在2013年8月10日首次实现临界状态。〔23〕该潜艇可能在2014开始海试。〔24〕据说，第二艘“歼敌者”级核潜艇正在建造，第三艘潜艇的建造工作处在早期阶段。〔25〕

国防研究与发展组织正在研制一种被命名为“K－15”（或“B－05”）的两级导弹，以部署在“歼敌者”级核动力弹道导弹潜艇上。〔26〕有关“K－15”的能力仍有一些不确定性，但据估计它具

---

〔21〕 Mallikarjun（同注释［20］）。

〔22〕 “‘无畏’巡航导弹的发射和坠毁”，《经济时报》（孟买），2013年3月13日，网址：〈http：//economictimes. indiatimes. com/slideshow/18948444. cms〉。

〔23〕 T. S. Subramanian：“印度第一次，核潜艇的反应堆启动”，《印度教徒报》，2013年8月11日。

〔24〕 R. Pandit：“印度的第一艘核潜艇在2—3月出发海试”，《印度时报》，2013年12月4日。

〔25〕 “印度的核潜艇力量开始形成”，防务新闻，2013年5月18日，网址：〈http：//www. defencenews. in/defence-news-internal. aspx？ id = UkatsKbOlb4 = 〉。

〔26〕 一些消息人士已把该导弹称为“萨加里卡”，这是国防研究与发展组织研发项目的名称。S. Unnithan：“秘密的‘K’导弹家族”，《今日印度》，2010年11月20日；T. S. Subramanian，“国防研究与发展组织计划再进行一次‘K－15’导弹的发射”，《印度教徒报》，2011年1月28日。

有 700 公里的射程。每艘核动力弹道导弹潜艇将能携带 12 枚“K－15”导弹。[27]

据未经证实的印度媒体报道，国防研究与发展组织正在研发“K－15”潜射弹道导弹的陆基型，它被称为“Shourya”，有人说它可能具有核能力。[28] 据报道，该机动导弹在 2008 年和 2011 年进行了试射。

由于其相对较短的射程，“K－15”在计划的第二次核打击任务中的实用性将受到限制。因此，国防研究与发展组织正在研制一种被称为“K－4”的射程较远的潜射弹道导弹，它将具有大约 3000 公里的射程。[29] 在 2014 年 3 月 24 日从水下平台进行的第一次试射已经国防研究与发展组织官员证实，但没有印度政府的正式宣布。[30] 从印度洋北部的发射位置，“K－4”将能打到巴基斯坦的全境和中国的大部分地区。每艘“歼敌者”级潜艇被设计携带 4 枚这种导弹。

为“歼敌者”级潜艇建设海军基地的工作，已在印度东海岸的维萨卡帕特南以南约 50 公里的拉姆比里附近开始进行，在那里第一艘核动力弹道导弹潜艇正在装配。该基地目前处在建设的早期阶段。[31]

“丹努什”导弹是“大地－2”的海基型，从安装在水面舰船上的稳定平台发射，已交付印度海军开始服役。据报道，它能携带 500 公斤的弹头，达到 400 公里的最大射程，并且被设计成能够打击海基和岸基目标。2013 年 11 月 23 日，一枚“丹努什”导弹从部署在奥

〔27〕 美国空军，国家航空航天情报中心，《弹道和巡航导弹威胁》，NASIC－1031－0985－13（国家航空航天情报中心：赖特—帕特森空军基地，俄亥俄州，2013 年 7 月），第 25 页。

〔28〕 T. S. Subramanian 和 Y. Mallikarjun：“印度成功地试射‘Shourya’导弹”，《印度教徒报》，2011 年 9 月 24 日。

〔29〕 D. Isby：“印度的‘K－4’潜射弹道导弹等待首次发射”，《简氏导弹与火箭》，2013 年 8 月 28 日；H. K. Rout：“最远射程的弹道导弹为水下发射准备就绪”，《新印度快报》，2013 年 12 月 10 日。

〔30〕 T. S. Subramanian：“初次水下发射导弹获得成功”，《印度教徒报》，2014 年 5 月 8 日。

〔31〕 R. Pandit：“印度准备高科技海军基地，以监视中国”，《印度时报》，2013 年 3 月 26 日。

里萨邦海岸附近的军舰上成功发射，作为海军用户试验的一部分。[32]

**表 6.7　2014 年 1 月印度核力量**

| 型号 | 射程（公里）[a] | 有效载荷（公斤） | 状况 |
| --- | --- | --- | --- |
| 飞机[b] | | | |
| 幻影 2000H | 1850 | 6300 | 据报道已经过投掷核重力炸弹的认证 |
| 美洲虎 IS | 1400 | 4760 | 4 个飞行中队的有些中队可能担负核发射任务 |
| 陆基弹道导弹 | | | |
| 大地 -2 | 350 | 500 | 2003 年交付战略部队司令部；由于“烈火”的引入，短程弹道导弹的核任务可能正在减少；部署不到 50 个“大地”发射器；最近的飞行试验是在 2014 年 1 月 7 日进行 |
| 烈火 -1[c] | ~700 | 1000 | 最近的印度陆军实战试验是在 2013 年 11 月 7 日进行；部署在印度陆军第 334 导弹团 |
| 烈火 -2 | 〉2000 | 1000 | 可能服役；2013 年 4 月 7 日试射 |
| 烈火 -3 | 〉3200 | 1500 | 交付军队但未完全服役；2013 年 12 月 23 日试射 |
| 烈火 -4 | 〉3500 | 1000 | 正在发展；2014 年 1 月 20 日进行第四次试射，其后国防部表示该导弹“现在正准备交付，其批量生产现将开始” |
| 烈火 -5 | >5000 | （1000） | 正在发展；2013 年 9 月 15 日试射 |
| 海基弹道导弹 | | | |
| 丹努什 | 400 | 500 | 正在交付但可能未服役；2013 年 11 月 24 日试射 |
| K-15（B-05） | 700 | 500—600 | 正在发展；2013 年 1 月 27 日从水下浮筒试射；2014 年或 2015 年将能从“歼敌者”号潜艇试射 |

〔32〕 H. K. Rout：“‘丹努什’击中目标”，《新印度快报》，2013 年 11 月 24 日。

| 型号 | 射程（公里）[a] | 有效载荷（公斤） | 状况 |
| --- | --- | --- | --- |
| K－4 | ~3000 | .. | 正在发展；据报道在 2014 年 3 月 24 日从水下平台试射 |

.. ＝没有可用或适用的数据；（）＝不确定的数字；MOD＝国防部；SRBM＝短程弹道导弹。

[a]飞机的航程只用于说明的目的；真正的作战航程根据飞行轨迹和武器载荷将有所不同。为达到最大射程，导弹的有效载荷可能不得不减小。

[b]其他的可能担负次要核任务的战斗轰炸机包括“苏－30MKI”。

[c]最初的“烈火－1，现在被称为“烈火”，是在 1996 年结束的技术演示弹计划。印度国防部把现在的“烈火－1”称作“A1”。

**资料来源**：印度国防部，年度报告和新闻稿；国际战略研究所，《2010 年军事力量对比》（罗德里奇出版社：伦敦，2010 年）；美国空军，国家航空航天情报中心（NASIC），《弹道和巡航导弹威胁》（国家航空航天情报中心：赖特—帕特森空军基地，俄亥俄州，2013 年 7 月）；印度新闻媒体报道；“核笔记本”，《原子科学家公报》，各期；作者的评估。

（田景梅　译）

# 第七节　巴基斯坦核力量

菲利普·巴顿·舍尔　汉斯·M·克里斯滕森

据估计巴基斯坦拥有100—120枚核武器，它们由飞机和陆基导弹发射（见表6.8）。人们普遍认为，巴基斯坦在平时把核弹头和其运载工具分开储存。根据一些报道，也有可能弹头是以拆开的形式储存的。[1] 然而，管理巴基斯坦核力量的战略计划部（SPD）从未证实这种说法。2013年，巴基斯坦继续发展和测试目前正在服役或仍在发展的大部分具有核能力的导弹类型。

巴基斯坦的目前弹头设计据认为使用高浓铀。巴基斯坦继续生产用于军事目的的高浓铀，其库存据估计在2013年已达3吨（见下面第十节）。据认为，浓缩工作是在位于旁遮普省卡胡塔和加德瓦尔的铀离心设施进行。

巴基斯坦钚生产能力的扩大，以及研发较小型具有核能力的弹道导弹和巡航导弹，可能表明巴基斯坦朝着部分基于钚的武库方向发展。使用钚的弹头可能比使用高浓铀的弹头更轻和更小以达到同样的威力。然而，到目前为止，基于钚的弹头设计是否进行了成功试验，尚未得到证实。

巴基斯坦正在扩大位于旁遮普省胡沙布的主要钚生产综合体。该综合体目前由3座重水反应堆和一个重水生产厂组成。第四座重水反应堆的建造正在进行，可能接近完成。[2] 人们普遍认为，4座反应堆中每座的容量为40兆—50兆瓦热。在这一地点的第一座反应堆“胡沙布-1”自1998年以来一直在运行，据估计每年生产6—12公斤钚（取决于运行效率），足够制造1—3个核弹头（取决于弹头设计和制

---

〔1〕参见B. Tertrais：“巴基斯坦的核和大规模杀伤性武器计划：状况、演变和危险”，防扩散文件第19号，欧盟防扩散联盟，2012年7月，网址：〈http://www.nonproliferation.eu/activities.activities.php〉，第5页。

〔2〕D. Albright和R. Avagyan：“在胡沙布核场地的第四座重水反应堆建造进展顺利”，科学与国际安全研究所图像简报，2012年5月21日，网址：〈http://isis-online.org/isis-reports/detail/construction-progressing-rapidly-onthe-fourth-heavy-water-reactor-at-the-k/〉。

造技能)。[3] 第二座反应堆“胡沙布－2”可能在2009年年底或2010年已经开始运行。在胡沙布的第三座反应堆的建造在2005年或2006年开始进行，似乎在2011年年底已经完成。[4] 基于卫星图像的分析，“胡沙布－3”似乎在2012年年底或2013年年初已经开始运行。另外的商业卫星图像的分析表明，胡沙布反应堆的冷却能力有所提高。这可能使反应堆的运行能力有所提高，生产的钚比以前的估计稍微多些。[5]

胡沙布核综合体，加上巴基斯坦继续高浓铀生产，可使巴基斯坦每年核弹头生产能力提高几倍。然而，这将取决于该国具有对乏燃料进行后处理的足够能力和拥有供给“胡沙布”反应堆的铀的充足供应。

## 陆基导弹

巴基斯坦正在扩大其具有核能力的导弹库。战略计划部目前部署了“加纳维”（Hatf－3）和“沙欣1”（Hatf－4）固体燃料、公路机动的短程弹道导弹。“沙欣1”的射程延长型“沙欣1A”似乎正在发展。

巴基斯坦拥有两种类型的中程弹道导弹：据认为基于朝鲜“劳动”导弹的液体燃料、公路机动的“高里1”（Hatf－5）；两级、固体燃料、公路机动的“沙欣2”（Hatf－6）。

“沙欣2”的状况不确定。该导弹在2004年和2008年间试射了6到7次，其中包括2008年两次陆军试验，这表明该武器正在交付军队。美国空军国家航空航天情报中心（NASIC）在2013年称，“沙欣2”导弹“可能不久将会部署”，但是自2008年以来一直没有该导弹

[3] 国际裂变材料小组，“国家：巴基斯坦”，2013年2月3日，网址：〈http://fissilematerials.org/countries/pakistan.html〉。

[4] 国际裂变材料小组，《2011年全球裂变材料报告：核武器和裂变材料库存和生产》（国际裂变材料小组：普林斯顿，新泽西州，2011年），第19页；S. Kelleher-Vergantini和R. Avagyan，“关于在胡沙布核场地的第四座重水反应堆的进一步建设进展”，科学与国际安全研究所图像简报，2013年12月20日，网址：〈http://isis-online.org/isis-reports/detail/further-construction-progress-on-thefourth-heavy-water-reactor-at-khushab－/〉。

[5] T. Patton：“卫星图像与3D绘图工具相结合用于防扩散分析：巴基斯坦胡沙布钚生产反应堆的个案研究”，《科学与全球安全》，第20卷，第2—3期（2012年）。

飞行试验的报道。[6] 这可能表明该计划遇到了严重的技术困难。在2012年进行试验的射程延长的“沙欣1”意在暂时填补这一空白，直到“沙欣2”开始服役，这是可能的但尚不知悉。

巴基斯坦还在发展几种具有核能力的短程弹道导弹，它们似乎用于执行战场任务。据巴基斯坦军方说，短程的“阿卜达力”（Hatf-2）导弹“给巴基斯坦的战略力量提供了实战层面的能力”，它在2013年2月15日进行了试射。[7] “阿卜达力”自2002年以来至少进行了6次飞行试验，但是该导弹未被美国空军国家航空航天情报中心列出。

同样地，巴基斯坦军方把60公里射程、公路机动的“纳赛尔”（Hatf-9）短程弹道导弹说成是一个“快速反应系统”，它给“在较短距离范围内”出现的情形“增加了威慑价值”，以“慑止不断变化的威胁”。[8] 该导弹从移动式多筒发射器发射，该发射器能“齐射4枚导弹”。[9] 核齐射武器的发展可能是要用来打击大规模敌军编队，如果印度入侵巴基斯坦的话。

巴基斯坦的导弹研发机构——国家工程与科学委员会——还在研发两种类型具有核能力的巡航导弹：地射的“巴布尔”（Hatf-7）和空射的“拉阿德”（Hatf-8）。

新型的具有核能力的短程弹道导弹和巡航导弹的发展，可能表明巴基斯坦的战略计划已演变为要应对包括可以使用核武器的更广泛的突发事件，也许这是为了回应印度陆军的“冷启动”学说。根据该学说，印度可以利用前沿部署的力量对巴基斯坦领土进行快速但有限的常规攻击。它进一步表明，巴基斯坦对能够对抗印度常规力量优势

---

〔6〕 美国空军，国家航空航天情报中心，《弹道和巡航导弹威胁》，NASIC-1031-0985-13（国家航空航天情报中心：赖特—帕特森空军基地，俄亥俄州，2013年7月），第15页。

〔7〕 巴基斯坦三军公共关系办公室，新闻稿PR20/2013-ISPR，网址：〈http：//www. ispr. gov. pk/front/main. asp？ o = t-press_ release&id = 2242〉。

〔8〕 巴基斯坦三军公共关系办公室，新闻稿PR94/2011-ISPR，2011年4月19日，网址：〈http：//www. ispr. gov. pk/front/main. asp？ o = t-press_ release&id = 1721〉。

〔9〕 巴基斯坦三军公共关系办公室，“关于对抗简易爆炸装置战略的跨机构会议”，新闻稿PR17/2013-ISPR，网址：〈http：//www. ispr. gov. pk/front/main. asp？ o = t-press_ release&id = 2240〉。

和刚刚发展的弹道导弹防御系统的担忧日益增加。短程、次战略核力量的发展增加了核武器在印巴战争中可能被抢先使用并引发升级到使用更远射程导弹的危险。

### 飞机

巴基斯坦在20世纪80年代中期从美国采购了40架“F－16A/B”战斗机。人们认为，这些飞机中的一些被分配了核武器发射任务。这些“F－16”战斗机中剩下的大约30架，连同美国在2005年和2008年间交付的另外几架，正在中期寿命升级（MLU）中进行全面升级。[10] 美国积极参与了中期寿命升级，这是通过美国对外军售计划由巴基斯坦从美国采购的。一名美国高级官员在2006年曾说，“这些‘F－16’战斗机明确地将不会出售给巴基斯坦用来携带核武器”。[11] 然而，一旦“F－16”战斗机抵达巴基斯坦，巴基斯坦政府就可以选择它用该飞机做什么。

巴基斯坦空军的“幻影5”战斗机更可能担负核发射任务。“幻影3”已被用来试射具有核能力的“拉阿德”空射巡航导弹的事实，可以被看作是“幻影5”携带核重力炸弹担负潜在打击任务的一个逻辑延伸。巴基斯坦已发展了维护和改装这些飞机的强大自主能力，以使它们继续可以使用，并且为远程精确打击任务全面升级了这一系统，包括专门的夜袭。由于巴基斯坦空军发展了利用“Il－78”飞机空中加油的能力，“幻影”飞机的航程已被扩大。

“幻影5”飞机正在变老，巴基斯坦正在获取中国设计的“JF－17”来代替它。有传言说，“拉阿德”巡航导弹可能被装配在“JF－

〔10〕 巴基斯坦空军，“巴基斯坦‘F－16 Block 15’飞机在中期寿命升级后抵达”，2012年2月12日，网址：〈http：//www. paf. gov. pk/F－16_ Mid_ life_ upgrade. html〉。

〔11〕 J. Hillen，助理国务卿，美国国务院，政治军事事务局，在美国众议院国际关系委员会“拟向巴基斯坦出售‘F－16’飞机和武器系统”听证会上的演讲，2006年7月20日，网址：〈http//commdocs. house. gov/committees/intlrel/hfa28787. 000/hfa28787_ 0f. htm〉。

17 雷电”飞机上或甚至在“F-16”上，但这仍未得到确认。[12]

**表 6.8　2014 年 1 月巴基斯坦核力量**

| 型号 | 射程（公里）[a] | 有效载荷（公斤） | 状况 |
| --- | --- | --- | --- |
| 飞机 | | | |
| F-16A/B | 1600 | 4500 | 约 30 架飞机，部署在 3 个飞行中队 |
| 幻影 5 | 2100 | 4000 | 幻影 3 在 2012 年被用来试射“拉阿德” |
| JF-17 | .. | .. | 据传被装备携带“拉阿德”空射巡航导弹；这是否表示担负核发射任务，还不清楚 |
| 陆基弹道导弹 | | | |
| 阿布达力（Hatf-2） | 180 | 200—400 | 正在研发；2013 年 2 月 15 日试射 |
| 加纳维（Hatf-3） | 290[b] | 500 | 2004 年在巴基斯坦陆军开始服役；部署不足 50 个发射器；最近的试射是在 2014 年 4 月 22 日和 5 月 8 日进行 |
| 沙欣 1（Hatf-4） | 750 | 750—1000 | 2003 年在巴基斯坦陆军开始服役；部署不足 50 个发射器；最近的试射是在 2013 年 4 月 10 日进行；射程明显被延长[c] |
| 沙欣 2（Hatf-6） | 2000 | （~1000） | 正在研发；已知的最后一次试射是在 2008 年 4 月 21 日进行；可能不久开始部署 |
| 高里（Hatf-5） | 1250 | 700—1000 | 2003 年在巴基斯坦陆军开始服役；部署不足 50 个发射器；最后一次试射是在 2012 年 11 月 28 日进行 |

〔12〕 U. Ansari：“尽管导弹整合，但是巴基斯坦的‘JF-17’担负核任务是不太可能的”，《防务新闻》，2013 年 2 月 7 日；G. Waldron，“巴基斯坦试验具有核能力的‘拉阿德’空射巡航导弹”，《环球飞行》，2012 年 6 月 6 日；“巴基斯坦试飞新型‘拉阿德’空射巡航导弹”，全球航空报告，2011 年 4 月 30 日，网址：〈http://www.aviationreportglobal.com/2011/04/30/pakistan-test-flight-ofnew-raad-air-launched-cruise-missile/〉。

| 型号 | 射程（公里）[a] | 有效载荷（公斤） | 状况 |
| --- | --- | --- | --- |
| 纳赛尔（Hatf－9） | 60 | .. | 正在研发；2013 年 11 月 5 日试射 |
| 巡航导弹 | | | |
| 巴布尔（Hatf－7） | 350[d] | 400—500 | 正在研发；2012 年 9 月 17 日试射；最初是地射型，但是海射和空射型据报道也在研发 |
| 拉阿德（Hatf－8） | 350 | .. | 正在研发；空射型；最近的试射是在 2012 年 5 月 31 日进行 |

.. ＝没有可用或适用的数据；（） ＝不确定的数字。

[a] 飞机的航程只用于说明的目的；真正的作战航程根据飞行轨迹和武器载荷将有所不同。为达到最大射程，导弹的有效载荷可能不得不减小。

[b] 美国国家航空航天情报中心估计射程为 250 公里。

[c] 巴基斯坦军方报道“沙欣 1”的延长射程是 900 公里，但美国国家航空航天情报中心 2009 年报告认为其射程为 >450 公里加长至 750 公里。

[d] 巴基斯坦军方报道射程为 700 公里。

**资料来源：** 巴基斯坦国防部；美国空军，国家航空航天情报中心，《弹道和巡航导弹威胁》（国家航空航天情报中心：赖特—帕特森空军基地，俄亥俄州，2013 年 5 月）；美国中央情报局，“提交国会的有关获取大规模杀伤性武器和先进常规武器相关技术的非密报告，2002 年 1 月 1 日至 6 月 30 日”，2003 年 4 月；美国国家情报委员会，《到 2015 年国外导弹发展和弹道导弹威胁》（非密摘要），2001 年 12 月；国际战略研究所，《2006—2007 年军事力量对比》（罗德里奇出版社：伦敦，2007 年）；“核笔记本”，《原子科学家公报》，各期；作者的评估。

（田景梅　译）

# 第八节　以色列核力量

菲利普·巴顿·舍尔　汉斯·M·克里斯滕森

以色列继续坚持其长期奉行的核模糊政策：既不正式肯定也不正式否定它拥有核武器。[1] 据这里估计，以色列拥有约80枚完整的核武器，其中的50枚是由“杰里科2”中程弹道导弹发射，30枚是由飞机投掷的重力炸弹（见表6.9）。射程较远的“杰里科3”弹道导弹的部署状况不得而知。2013年7月12日，以色列进行了一次“火箭推进系统”的发射试验，这似乎是“杰里科3”弹道导弹的一次试射。[2]

以色列被普遍认为已经生产了钚，用于迪莫纳附近内盖夫核研究中心的未申报的核武器计划。据估计，截至2013年，以色列拥有730—990公斤武器级钚（见下面第十节）。然而，在这些钚中，只有部分钚可能已被用于生产核武器。

持续有传言说，以色列可能正在用海射核巡航导弹装备其目前的800型“海豚”级柴电动力潜艇舰队，该导弹可能是以色列制造的“水手涡轮”导弹的扩展型。[3] 以色列一直否认这些报道。负责建造潜艇的德国公司蒂森克虏伯也指出，在潜艇交付后，改装该潜艇以装备这种导弹系统在技术上是不可能的。[4] 以色列计划建设一支由6艘“海豚”级潜艇组成的舰队。

---

〔1〕 关于这项政策在以色列国家安全决策中的作用，参见A. Cohen，“以色列”，H. Born、B. Gill和H. Hanggi（编辑），SIPRI，《管控核武器：核武器的文官控制和民主问责》（牛津大学出版社：牛津，2010年）。

〔2〕 A. Ben David：“以色列试验加强的弹道导弹”，《航空和空间技术周刊》，2013年7月29日；法新社，“政府部门：以色列试验火箭系统”，《防务新闻》，2013年7月12日。

〔3〕 Von Bergman等人，“德国制造”，《明镜周刊》，2012年6月4日（德文）。

〔4〕 “蒂森克虏伯”，Devianzen，2013年1月21日，网址：〈http://www.devianzen.de/2012/01/21/thyssenkrupp/〉。

## 表 6.9 2014 年 1 月以色列核力量

| 型号 | 射程（公里）[a] | 有效载荷（公斤） | 状况 |
|---|---|---|---|
| 飞机[b] | | | |
| F－16 | 1600 | 5400 | 在武库里有 205 架；有些被认为已进行核武器发射认证 |
| 弹道导弹[c] | | | |
| 杰里科 2 | 1500—1800 | 750—1000 | 约 50 枚导弹；1990 年首次部署；2001 年 6 月 27 日试射 |
| 杰里科 3 | >4000 | 1000—1300 | 可能正在研发；基于沙维特运载火箭；2013 年 7 月 12 日试射；状况不详 |
| 巡航导弹 | | | |
| 水手涡轮 | .. | .. | 据传这是用于“海豚”级柴油潜艇的核版本；被以色列官方否认 |

[a] 飞机的航程只用于说明的目的；真正的作战航程将有所不同。为达到最大射程，导弹的有效载荷可能不得不减小。

[b] 以色列 25 架“F－15I”飞机中的一些也可能担负远程核发射任务。

[c] 沙维特运载火箭，如果转变为弹道导弹，可以将 775 公斤的有效载荷发射到 4000 公里的距离。

**资料来源**：A. Cohen，《最糟糕的保密工作：以色列与核武器交易》（哥伦比亚大学出版社：纽约，2010 年）；A. Cohen 和 W. Burr，“以色列跨过核门槛”，《原子科学家公报》，第 62 卷，第 3 期（2006 年 5 月和 6 月）；A. Cohen，《以色列与核武器》（哥伦比亚大学出版社：纽约，1998 年）；D. Albright、F. Berkhout 和 W. Walker，SIPRI，《1996 年钚和高浓铀：世界总量、能力和政策》（牛津大学出版社：牛津，1997 年）；《简氏战略武器系统》，各期；S. Fetter，“以色列的弹道导弹能力”，《物理学与社会》，第 19 卷，第 3 期（1990 年 7 月）—关于更新的分析，参见未发表的“弹道导弹入门”，网址：〈http：//faculty. publicpolicy. umd. edu/fetter/pages/publications〉；“核笔记本”，《原子科学家公报》，各期；作者的评估。

（田景梅 译）

# 第九节　朝鲜军事核能力

香农·N·基尔　菲利普·巴顿·舍尔
汉斯·M·克里斯滕森

朝鲜拥有一个活跃的但高度不透明的核武器计划。对朝鲜核武库规模的估计存在很大的不同。这些估计主要是基于对朝鲜可能已经从乏燃料分离的钚的数量的计算和对朝鲜武器设计和制造技能的假设，这些乏燃料由宁边5兆瓦石墨慢化研究反应堆生产。[1] 这里的估计是，朝鲜拥有8枚初级的核武器，假设每枚使用5公斤武器级钚。[2]

2013年2月12日，朝鲜宣布它在东北部丰溪里试验场已经进行了第三次地下核试验爆炸（见下面第十一节）。据该公告所说，通过使用比在2006年和2009年核试验爆炸中所使用的核装置更小和更轻的核装置（具有更大的爆炸力），这次试验已使朝鲜的核威慑力量"多样化"。[3] 这种说法无法得到独立的核实。[4] 小型化装置的发展，标志着朝鲜走向制造小和轻到足以适合远程弹道导弹的弹头的一个重要技术进步（能够携带这种弹头的导弹如下所述）。

2013年，朝鲜开始了整修和更新其钚生产能力的重要工作。4月3日，朝鲜原子能总局宣布，它打算"重新调整"和重新启动宁边核设施，包括失能的5兆瓦反应堆。[5] 12月，两位非政府专家根据商业卫星图像作出评估称，朝鲜在广泛的整修后似乎已经开始生产燃料

〔1〕 D. Albright 和 C. Waldron："朝鲜钚和武器级铀库存的估计"，（科学与国际安全研究所：华盛顿特区，2012年8月16日）。

〔2〕 关于这一估计的细节，参见 S. N. Kile："朝鲜的军事核能力"，《SIPRI 年鉴 2013》，第324页。

〔3〕 朝鲜中央通讯社（朝中社），"朝鲜中央通讯社关于成功的第三次地下核试验的报道"，2013年2月12日。朝鲜中央通讯社是朝鲜的国家新闻机构；其声明可在东京的朝鲜新闻社的网站上获得，网址：〈http://www.kcna.co.jp/〉。

〔4〕 W. J. Broad："一个神秘的国家给专家很少线索来判断其核计划"，《纽约时报》，2013年2月12日。

〔5〕 朝中社，"朝鲜调整现有核设施的使用"，2013年4月2日。

棒，用于最近重新启动的宁边反应堆。[6] 据估计，该反应堆每年能够生产大约 6 公斤钚。[7]

已有相当多的猜测说，朝鲜正在寻求使用高浓铀作为裂变材料来制造核武器，可能已经从巴基斯坦核工程师阿巴杜·卡迪尔·汗那里获得了秘密的基于铀的武器设计帮助。[8] 通过生产用于核武器的高浓铀，朝鲜有可能克服由其有限的武器级钚库存所造成的限制。还一直有猜测说，朝鲜可能试图制造助爆型裂变装置或者甚至可能热核武器，这在武器设计中将需要既使用高浓铀又使用钚。[9] 朝鲜被认为拥有一个铀浓缩计划，包括一个表面上用于民用目的的宁边离心浓缩厂。然而，朝鲜是否已经生产了军事目的的高浓铀，目前仍不清楚。在 2013 年 2 月核试验爆炸后的空中放射性核素取样，在确定该核装置是否使用了高浓铀作为裂变材料而不是钚（朝鲜被认为在前两次试验中已经使用）方面，尚无定论（见第十一节）。[10]

## 弹道导弹

朝鲜的核武器计划的主要目标被普遍认为是研制能够由远程导弹发射的核弹头。然而，既没有公开证据表明朝鲜为此目的已研制出足够小型的核弹头，又没有携带它的导弹再入飞行器，尽管朝鲜有雄心

〔6〕 N. Hansen："重大发展：反应堆燃料制造设施被确定在宁边核综合体"，北纬 38 度，美国—韩国研究所，约翰·霍普金斯大学，2013 年 12 月 23 日，网址：〈http：//38north. org/2013/12/yongbyon122313/〉。

〔7〕 N. Hansen 和 J. Lewis，"朝鲜重启其 5 兆瓦反应堆"，北纬 38 度，美国—韩国研究所，约翰·霍普金斯大学，2013 年 9 月 11 日，网址：〈http：//38north. org/2013/09/yongbyon091113/〉。

〔8〕 S. S. Hecker："从朝鲜核试验期望什么?"，《外交政策》，2013 年 2 月 4 日。还参见联合国，安理会，根据 1874 号（2009）决议设立的专家组的报告，2012 年 5 月 11 日，S/2012/422 附件，2012 年 6 月 14 日，第 26 页。

〔9〕 J. Lewis："为朝鲜核试验设定预期"，Arms Control Wonk，2013 年 1 月 29 日，网址：〈 http：//lewis. armscontrolwonk. com/archive/6200/setting-expectations-for-a-dprk-test 〉；Y. Makino："朝鲜可能试验能够打到美国的助爆型裂变弹"，亚洲日本观察，《朝日新闻》，2013 年 1 月 25 日，网址：〈 http：//ajw. asahi. com/article/asia/korean _ peninsula/AJ201301250058〉。

〔10〕 C. Schneidmiller："可能的朝鲜核试验辐射被确定"，全球安全新闻专线，2013 年 4 月 23 日，网址：〈http：//www. nti. org/gsn/article/possible-north-korea-nuke-test-emissionsidentified/〉。

勃勃的弹道导弹计划。2013 年，美国国家情报总监詹姆斯·R·克拉珀重申，美国情报界的普遍看法是朝鲜尚未表现出拥有核导弹所必需的全方位的能力。[11]

众所周知，朝鲜的弹道导弹库包括九种类型的国产制导弹道导弹，人们认为这来自老式苏联导弹设计和来自由朝鲜进行逆向工程的技术。[12] 朝鲜经常被一些公开文献援引为共有各类弹道导弹 800—1000 枚，但这些估计是非常不确定的。[13] 关于朝鲜弹道导弹力量的可靠性和作战戒备状态，也存在着相当大的不确定性。与其他国家的导弹计划相比，朝鲜在宣布导弹服役前只进行了自产导弹的少量试验和培训发射。[14]

假设朝鲜确实在发展小型核弹头，一些观察家作出评估说，“劳动”导弹的规模、射程和作战状态使它成为最可能被赋予核发射任务的导弹系统（见表 6. 10）。[15] 其他候选导弹包括“舞水端”（也被称为“BM - 25”）、“化城 - 13”（被称为“KN - 08”）和“大浦洞 - 2”。[16]

---

〔11〕 J. R. 克拉珀，美国国家情报总监，“国家情报总监关于朝鲜核能力的声明”，新闻声明，2013 年 4 月 11 日，网址：〈http://www.dni.gov/index.php/newsroom/press-releases/191 - press-releases - 2013/839 - dni-statement-on-north-korea-snuclearcapability〉；T. Shanker、D. E. Sanger 和 E. Schmitt：“五角大楼发现朝鲜核进步”，《纽约时报》，2013 年 4 月 11 日。

〔12〕 这些包括包括 4 种短程导弹：化城 - 5（被北约称为“飞毛腿 B”），化城 - 6（“飞毛腿 C”），化城 - 7（“飞毛腿 D”）和 Toksa（被美国称为“KN - 02”）导弹；5 种远程导弹：劳动，舞水端，化城 - 13，大浦洞 - 1 和大浦洞 - 2。关于朝鲜导弹计划的详细历史，参见 J. D. Pollack：《没有出口：朝鲜、核武器和国际安全》（劳特利奇：阿宾顿，2011 年）；J. S. Bermudez：《朝鲜弹道导弹发展史》，第 2 号临时论文（蒙特雷国际研究所，不扩散研究中心：蒙特雷，加利福尼亚州，1999 年）。

〔13〕 M. Schiller：“描述朝鲜核导弹威胁的特点”，（兰德公司：圣莫尼卡，加利福尼亚州，2012 年），第 XV 页。

〔14〕 Schiller（同注释［13］）第 11—13，34—36 页。

〔15〕 参见 M. Fitzpatrick：“朝鲜核试验暂停?”，香格里拉之声，国际战略研究所，2014 年 5 月 27 日，网址：〈http://www.iiss.org/en/shangri-lavoices/blogsections/2014 - 363a/north-korea-nuclear-test-on-hold - 8fec〉。

〔16〕 关于朝鲜弹道导弹计划的全面技术分析，参见 Schiller（同注释［13］）。还参见 M. Fitzpatrick（编辑），《朝鲜安全挑战：一个基本评估》（国际战略研究所：伦敦，2011 年 7 月），第 129—160 页。

“劳动”导弹是一种公路机动、单级的中程弹道导弹（MRBM），据估计具有 1000—1250 公里的最大射程。[17] 朝鲜在 1993 年第一次试射该导弹，并在 2006 年和 2009 年再次试射该导弹。最近的试射在 2014 年 3 月 26 日进行，当时朝鲜人民军战略火箭军司令部（朝鲜的陆军）从移动式发射架发射了两枚“劳动”导弹，该导弹飞行 650 公里后落入日本海。[18]

据报道，“舞水端”导弹是一种公路机动、单级的中远程弹道导弹（IRBM）。大多数分析家在公开文献中得出了如下结论：其设计是基于俄罗斯的“R－27”（SS－N－6）潜射弹道导弹。“舞水端”导弹在 2010 年的阅兵式上首次亮相。[19] 该导弹从未进行过试验，不被认为是实战部署的。

“化城－13”作为一种公路机动、洲际射程的导弹，在 2012 年 4 月的阅兵式上被朝鲜首次展出。有关该导弹的情况鲜为人知，它还没有进行过飞行试验。据克拉珀说，朝鲜对于部署“化城－13”已经采取了“初步步骤”。[20] 然而，一些非政府分析家认为，在 2012 年和 2013 年的阅兵式上展示的这种导弹只是实物模型，因为它们具有许多设计异常现象，这令人对该系统是否真实存在产生了疑问。[21]

“大浦洞－2”被认为是一种两级或三级的弹道导弹，预计为洲际射程，尽管对此的估计存在很大的不同。在 2006 年进行的首次试

〔17〕 Fitzpatrick（同注释［16］），第 134—135 页。

〔18〕“朝鲜试验两枚弹道导弹”，韩国联合通讯社，2014 年 3 月 26 日，网址：〈http://english.yonhapnews.co.kr/national/2014/03/26/65/0301000000AEN20140326000500315F.html〉。

〔19〕 J. Lewis：“‘舞水端’中远程弹道导弹的起源”，Arms Control Wonk，2012 年 6 月 11 日，网址：〈http://lewis.armscontrolwonk.com/archive/5337/origins-of-the-musudan-irbm〉。

〔20〕 J. R. 克拉珀，美国国家情报总监，“美国情报界的全世界威胁评估”，记录归档的声明，美国参议院，情报委员会，2014 年 1 月 29 日，网址：〈http://www.dni.gov/index.php/newsroom/testimonies/203 – congressional-testimonies – 2014/1005-statement-for-the-record-worldwide-threat-assessment-of-the-us-intelligence-community〉，第 6 页。

〔21〕 D. Richardson：“朝鲜为了‘KN－08’的部署已采取步骤”，《简氏导弹与火箭》，2014 年 2 月 7 日；M. Schiller 和 R. H. Schmucker：“假设的‘KN－08’技术”，Arms Control Wonk，2012 年 4 月 26 日，网址：〈http://lewis.armscontrolwonk.com/archive/5205/addendum-on-kn08〉。

射失败了，随后在2009年（“银河－2”号运载火箭的变体）和2012年4月（“银河－3号”运载火箭的变体）使用运载火箭的变体进行的两次尝试也失败了。[22] 朝鲜在2012年12月成功地使用“银河－3”号运载火箭把一颗卫星送入轨道。[23] 尽管通过卫星发射证明三级分离技术的成功应用，但是分析家指出朝鲜从来没有证明其制造远程弹道导弹所需的制导和再入能力。[24]

**表6.10　2014年1月朝鲜具有潜在核能力的力量**

没有公开的证据表明朝鲜已经研制和试验旨在携带弹道导弹上的核弹头的再入飞行器。下表列出可能担负这项任务的弹道导弹。

| 型号 | 射程（公里） | 有效载荷（公斤） | 状况 |
|---|---|---|---|
| 劳动 | 1250 | 750—1000 | 不足50个发射器；[a]1990年首次部署；最近的试射是在2014年3月26日进行 |
| 舞水端（BM－25） | >3000 | ~1000 | 正在发展；尚未试射 |
| 化城－13（KN－08） | >5500 | .. | 正在发展；尚未试射 |
| 大浦洞－2 | >5500 | .. | 正在发展；2006年试射失败；3级运载火箭变体，“银河－3号”运载火箭，2012年12月把卫星送入轨道 |

[a] 导弹总数可能比发射器的数量多，发射器可能被重复利用发射另外的导弹。

**资料来源：** 美国空军，国家航空航天情报中心，《弹道和巡航导弹威胁》（国家航空航天情报中心：赖特—帕特森空军基地，俄亥俄州，2013年5月）；《简氏战略武器系统》，各期；“核笔记本”，《原子科学家公报》，各期；作者的评估。

（田景梅　译）

〔22〕 T. A. Postol：“‘银河－2号’运载火箭的发射后检验”，《原子科学家公报》2009年6月29日，网址：〈http：//thebulletin. org/post-launch-examination-unha－2〉。2009年发射的“银河－2号”运载火箭与2006年发射的“大浦洞－2”是否是同类火箭，还不清楚。

〔23〕 D. Richardson：“‘银河－3号’运载火箭主要是朝鲜制造”，《简氏导弹与火箭》，2013年3月，第4—6页；D. Wright：“Markus Schiller关于朝鲜‘银河－3号’运载火箭发射器的分析”，所有核事情，忧思科学家联盟，2013年2月22日，网址：〈http：//allthingsnuclear. org/markusschillers-analysis-of-north-koreas-unha－3－launcher/〉。

〔24〕 M. Elleman：“洲际弹道导弹的序曲？把朝鲜的‘银河－3号’运载火箭射入环境”，《今日军备控制》，第43卷，第2期（2013年3月）。

# 第十节 全球裂变材料的库存和生产

国际裂变材料专家组
亚历山大·格拉泽 齐亚·米安

各类核爆炸物都离不开可持续进行爆炸式裂变链式反应的材料，从第一代裂变武器到后来高级的热核武器概莫如此。这些裂变材料当中，最普遍的是高浓缩铀（高浓铀，HEU）和几乎各种钚同位素。本节详述目前浓缩铀的库存量（见表6.11）和分离钚的库存量（见表6.12），其中包括核武器里的这些材料，以及当前生产这些材料的能力（分别列于表6.13和表6.14）。这几个表的信息是依据《2013年全球裂变材料报告》中的数据得来的[1]。

**表6.11 2013年全球高浓缩铀库存量**

| 国家 | 库存量国家（吨）[a] | 生产状况 | 说明 |
|---|---|---|---|
| 中国 | 16 ±4 | 1987—1989年停产 | |
| 法国 *b* | 30 ±6 | 1996年停产 | 包括已宣布的4.7吨民用铀 |
| 印度 *c* | 2.7 ±1.1 | 继续生产 | |
| 以色列 *d* | 0.3 | – | |
| 巴基斯坦 | 3.1 ±0.4 | 继续生产 | |
| 俄罗斯 *e* | 666 ±120 | 1987—1989年停产 | 包括50吨据称是为海军和研究用反应堆保留的燃料 |
| 英国 *f* | 21.2 | 1962年停产 | 包括1.4吨宣布为民用 |
| 美国 *g* | 532 | 1992年停产 | 包括152吨留作海军反应堆燃料，20吨用作其他高浓铀反应堆燃料；不包括准备稀释为废弃物处理的61吨 |

〔1〕 国际裂变材料专家组（IPFM），《2013年全球裂变材料报告：提高核弹头及裂变材料库存量的透明度作为实现裁军的一个步骤》（IPFM：普林斯顿，新译西州2013年）。

| 国家 | 库存量国家（吨）[a] | 生产状况 | 说明 |
|---|---|---|---|
| 其他国家 h | ~15 | | |
| 总量 | ~1285 | | 四舍五入到最接近 5 吨数；不包括准备稀释的 61 吨 |

a 这些材料的大部分是含量为 90%—93% 的浓缩铀 - 235，通常被认为武器级。对一些重要的例外情况作了注明，俄罗斯和美国截至 2013 年底分别稀释（即降低铀 - 235 的浓度）的过剩武器级高浓铀已计算在内。

b 截至 2012 年底，法国向国际原子能机构宣布了 4.74 吨民用高浓缩铀。此处认为这些是浓度为 93% 的武器级高浓缩铀，虽然其中有些材料是已被辐照的形态。只是对 26 吨军用库存的估量有不确定性，而对已宣布的 4.74 吨存量并无不确定的问题。

c 印度生产的高浓缩铀（浓缩至 30%—45% 浓度）据认为是用作海军反应堆的燃料。此处是按浓缩至 30% 的高浓缩铀估量。

d 以色列可能是在 1965 年或之前从美国获得了 300 千克武器级高浓铀。

e 俄罗斯为海军反应堆保留的核燃料量是作者根据俄罗斯舰队的规模估算出的。据报道俄罗斯已恢复小规模间歇性生产高浓铀供出口民用。

f 英国宣布，截至 2002 年 3 月 31 日其高浓铀存量为 21.9 吨，平均浓度不详。估计此后消耗了 0.7 吨用作海军反应堆燃料。截至 2012 年底，英国向国际原子能机构宣布了 1.4 吨民用高浓铀存量。

g 美国高浓铀的数量是实际吨量，并非 93% 浓缩当量。美国宣布，截至 1996 年 9 月 30 日，其高浓缩铀库存量是 741 吨，包含 620 吨铀 - 235。截至 2012 年底，美国已把 143 吨过剩高浓缩稀释；然而，这些高浓铀中极少是武器级的。2012 年，美国从已宣布的过剩军用库存中提出 24 吨高浓铀准备稀释；这批材料现在保留作为海军燃料，使这类高浓铀的总量达到 152 吨武器级高浓铀。另有至少有 100 吨是辐照过的海军燃料。

h 国际原子能机构 2012 年年度报告列出截至 2012 年底在无核武器国家有 212 项数量可观的高浓铀接受全面安全保障监督。这些材料大部分是研究性反应堆燃料，为反映其浓缩程度的不确定性，估算其总量为 15 吨。其中约有 10 吨在哈萨克斯坦并已被辐照；其初始状态稍高于 20% 浓缩燃料。

**表 6.12 2013 年全球分离钚的存量**

| 国家 | 截至 2013 年的军用存量（吨） | 军用生产状况 | 除非另注明，截至 2012 年底的民用存量（吨）[a] |
|---|---|---|---|
| 中国 | 1.8 ±0.8 | 1991 年停产 | 0.01 |
| 法国 | 6 ±1.0 | 1992 年停产 | 57.5（不包括外国拥有的 22.8 吨） |

| 国家 | 截至 2013 年的军用存量（吨） | 军用生产状况 | 除非另注明，截至 2012 年底的民用存量（吨）[a] |
| --- | --- | --- | --- |
| 德国[b] | — | — | 3.4（存放在法国、德国和英国） |
| 印度[c] | 0.57 ±0.21 | 继续生产 | 5.24（包括不受保障监督的 5 ±0.4 吨） |
| 以色列[d] | 0.86 ±0.13 | 继续生产 | — |
| 日本 | — | — | 44.2（包括存放在法国和英国的 35 吨） |
| 朝鲜[e] | 0.03 | 停产 | — |
| 巴基斯坦[f] | 0.17 ±0.02 | 继续生产 | — |
| 俄罗斯[g] | 128 ±8（申报 34 吨过剩量） | 停产 | 50.7 |
| 英国[h] | 3.2 | 1995 年停产 | 97.3（包括在国外的 0.9 吨但不包括外国拥有的 27.9 吨） |
| 美国[i] | 82.9（申报 49 吨过剩量） | 1988 年停产 | — |
| 其他国家[j] | — | — | 10（外国拥有而存放在法国和英国） |
| **总量** | **~224（83 吨为申报过剩** | | **~268** |

a 有些国家拥有的民用钚存放在境外，大部分在法国和英国，但并不按国际原子能机构 INFCIRC/549 文件申报。这些国家包括澳大利亚、意大利及荷兰。

b 此估量可能偏高，因为德国显然申报的是未经辐照混合氧化物燃料（MOX）中的钚，即使这些燃料已经在反应堆内开始进行辐照了。

c 作为印度—美国 2005 年民用核合作倡议的一部分，印度把从本国核电反应堆乏燃料分离出的钚大部分纳入军用存量。此处虽把这些钚列为民用，因为是拟用作增殖反应堆的燃料，但这批钚未置于印度政府与国际原子能机构 2009 年 2 月 2 日签署的“印度特例”保障协定之下。这是截至 2013 年底的估量。

d 据信以色列仍在运行迪摩纳钚生产堆，但可能主要用以生产氚。这是截至 2013 年底的估量。

e 据报道朝鲜于 2008 年 6 月宣称生产了 31 公斤钚；2006 年和 2009 年进行了核试验；并于 2009 年恢复生产，增加了 8 至 10 公斤。2013 年 2 月，它又进行一次核试验，并于 4 月宣称打算恢复生产钚。

f 巴基斯坦正在运行胡沙布 1 号、2 号和 3 号钚反应堆。该地还在建造另一座钚生产反应堆。这是截至 2013 年底的估量。

g 俄罗斯未将其按 INFCIRC/549 文件规定公布的过剩钚包括在内。此军用库存包括 1994 年至 2010 年期间生产的 6 吨武器级钚，这些钚既不是已申报的过剩量组成部分，也不在已宣布的民用库存量内。

h 截至 2012 年底，英国宣布有 97.3 吨民用钚（不包括外国拥有而放在英国的 23.8 吨钚）。其中包括申报为过剩的 4.4 吨军用钚，这些钚接受欧洲原子能共同体（Euratom）的保障监督，并指定接受国际原子能机构的保障监督。

i 美国向国际原子能机构所作的 INFCIRC/549 申报宣称，截至 2012 年底有 49 吨未经辐照的钚（已经分离并形成混合氧化物状态，MOX）为军用过剩量。另有 4.4 吨已送往新墨西哥州的废料隔离中间试验厂处理。

j 其中包括意大利的 4.5 吨钚放在法国 La Hague 地区。

**表 6.11 资料来源**：国际裂变材料专家组（IPFM），《2013 年全球裂变材料报告：提高核弹头及裂变材料库存量的透明度作为实现裁军的一个步骤》（IPFM：普林斯顿，NJ. 2013 年 10 月出版）。**法国**：国际原子能机构（IAEA），法国关于其钚管理政策的来文，第 INFCIRC/549/Add. 5/17 号文件，2013 年 8 月 28 日；，**以色列**：Myers，H.，"以色列首批裂变材料的真正来源"，《今日军备控制》，第 37 卷，第 8 期（2007 年 10 月），第 56 页；另见 Gilinsky，V. 和 Mattson，R. J.，"重温 NUMEC 事件'，《原子科学家公报》第 66 卷，第 2 期（2010 年 3/4 月）；**俄罗斯**：美国浓缩企业，"百万吨级到百万瓦"，网址：〈http：//www. usec. com/russian-contracts/megatons-megawatts〉；**英国**：英国国防部，"英国军用高浓缩铀史记"，2006 年 3 月，网址：〈http：//webarchive. nationalarchives. gov. uk/ + /http：/www. mod. uk：80//defenceinternet/aboutdefence/corporatepublications/healthandsafetypublications/uranium/〉；以及国际原子能机构（IAEA），大不列颠和北爱尔兰联合王国关于其钚管理政策的来函，第 INFCIRC/549/Add. 8/16 号文件，2013 年 7 月 18 日；**美国**：美国能源部（DOE）："高度浓缩铀，实现平衡：关于美国自 1945 年至 1996 年 9 月 30 日高浓铀生产、获得和使用活动的历史报告"（美国能源部，华盛顿特区，2001 年）；以及美国核安保管理署，"美国高浓铀处置方案"，网址〈http：//nnsa. energy. gov/aboutus/ourprograms/dnn/fmd/heu〉；**无核武器国家**：国际原子能机构 2012 年年度报告（IAEA：维也纳，2013 年）附件，表 A. 4 第 99 页。

**表 6.12 资料来源**：国际裂变材料专家组（IPFM），《2013 年全球裂变材料报告：提高核弹头及裂变材料库存量的透明度作为实现裁军的一个步骤》（IPFM：普林斯顿，NJ. 2013 年 10 月）；**美国**：国家核安全管理署（NNSA），《1944 年至 2009 年美国的钚衡算》（NNSA，华盛顿特区，2012 年 6 月）；以及国际原子能机构（IAEA），美国关于其钚管理政策的来函，第 INFCIRC/549/Add. 6/16 号文件，2014 年 4 月 2 日；**民用库存（印度除外）**：各国按照第 INFCIRC/549 文件规定向国际原子能机构所作的宣布，网址：〈http：//www. iaea. org/Publications/Documents/〉；**朝鲜**：Kessler，G.，"朝鲜核宣布传达给美国的信息"，《华盛顿邮报》，2008 年 7 月 2 日；**俄罗斯**：俄罗斯—美国关于管理和处置不再用于防务目的的钚和相关合作的协定（俄——美钚管理和处置协定），2000 年 8 月 29 日和 9 月 1 日签订，2010 年 4 月修订，并于 2011 年 7 月生效，网址：〈http：//www. state. gov/t/isn/trty/〉；**无核武器国家**：《阿海珐公司博蒙阿盖设施对外国乏燃料进行后处理的情况，2012 年报告》（阿海珐公司：博蒙阿盖地区，2013 年）。

**表 6.13　2013 年全球主要铀浓缩设施和能力**

| 国家 | 设施名称或所在地 | 类别 | 状况 | 浓缩程序[a] | 浓缩能力（千 SWU/年）[b] |
|---|---|---|---|---|---|
| 阿根廷 | 皮尔卡尼耶乌[c] Resuming operationGD20 - 3000 | 民用 | 恢复运行 | GD | .. |
| 巴西 | 雷森迪浓缩厂 | 民用 | 在建 | GC | 115—200 |
| 中国 | 兰州 | 民用 | 运行 | GC | 500 |
| | 兰州（新） | 民用 | 运行 | GC | 1000 |
| | 陕西 | 民用 | 运行 | GC | 1000 |
| 法国 | 乔治·贝斯 II 浓缩厂 | 民用 | 运行 | GC | 7500—11000 |
| 德国 | Urenco Gronau | 民用 | 运行 | GC | 4100—4500 |
| 印度 | Rattehalli | 军用 | 运行 | GC | 15—30 |
| 伊朗 | 纳坦兹 | 民用 | 在建 | GC | 8—120 |
| | 库姆 | 民用 | 在建 | GC | 5—10 |
| 日本 | 六所村[d] | 民用 | 恢复运行 | GC | 75—1500 |
| 朝鲜 | 宁边[e] | .. | .. | GC | 8 |
| 荷兰 | Urenco Almelo | 民用 | 运行 | GC | 5400—6000 |
| 巴基斯坦 | 加德瓦尔 | 军用 | 运行 | GC | .. |
| | 卡胡塔 | 军用 | 运行 | GC | 15—45 |
| 俄罗斯[f] | 安加尔斯克 | 民用 | 运行 | GC | 2200—5000 |
| | 新乌拉尔斯克 | 民用 | 运行 | GC | 13300 |
| | 谢维尔斯卡 | 民用 | 运行 | GC | 3800 |
| | 泽列诺戈尔斯克 | 民用 | 运行 | GC | 7900 |
| 英国 | 卡本赫斯特 | 民用 | 运行 | GC | 5000 |
| 美国 | 阿海珐 Eagle Rock | 民用 | 暂停 | GC | 3300—6600 |
| | 帕迪尤卡[g] | 民用 | 关闭 | GD | 11300 |
| | 俄亥俄州派克顿 | 民用 | 暂停 | GC | 3800 |
| | Urenco Eunice | 民用 | 运行中 | GC | 3200—5900 |

*a* 气体分离（GC）是用于提高铀中的铀 235 含量的主要同位素分离技术，取代先前使用的气体扩散技术（GD）。

*b* SWU/yr 是一年的分离功；一个分离功单位是计量浓缩设施中把一定量的铀 235 分离成高低两种浓度铀 235 所作的功。表中标出能力范围是表示该设施在扩大能力，或表示估

量有不确定性。

*c* 2010 年阿根廷宣布重启皮尔卡尼耶乌气体分离铀浓缩厂。此厂曾于 20 世纪 90 年代关闭。原先预期它在 2014 年开始运行。

*d* 六所村离心机厂正进行新离心技术改装，以极低能力运行。

*e* 2010 年披露的宁边浓缩设施运行状况不详。

*f* 安加尔斯克以前称为安加尔斯克 – 10。新乌拉尔斯克以前称为斯维尔德洛夫斯克 – 44；谢维尔斯卡以前称为托木斯克 – 7。泽列诺戈尔斯克以前称为克拉斯诺亚尔斯克 – 45；将开始一系列高浓铀生产用作快堆和研究堆的燃料。

*g* 帕迪尤卡气体扩散于 2013 年 5 月关闭。

**资料来源：** 浓缩能力数据是根据国际原子能机构的“核燃料循环综合信息系统”（INFCIS），网址：〈http：//www-nfcis. iaea. org/〉；国际裂变材料研究小组（IPFM）的《2013 年全球裂变材料报告：提高核弹头及裂变材料库存量的透明度作为实现裁军的一个步骤》（IPFM：普林斯顿，新泽西州，2013 年 10 月）。

## 表 6.14　2013 年全球主要后处理设施

除标出外，所有设施均处理轻水堆燃料

| 国家 | 设施名称或所在地 | 类别 | 状况 | 设计能力（tHM/yr）[a] |
|---|---|---|---|---|
| 中国 | 兰州试验厂 | 民用 | 投产 | 50—100 |
| 法国 | La Hague UP2Operational1000 | 民用 | 运行中 | 1000 |
| | La Hague UP3 | 民用 | 运行中 | 1000 |
| 印度[b] | 卡尔巴卡姆（重水堆燃料） | 两用 | 运行中 | 100 |
| | 塔拉普尔（重水堆燃料） | 两用 | 运行中 | 100 |
| | 特罗贝（重水堆燃料） | 军用 | 运行中 | 50 |
| 以色列 | 迪莫纳（重水堆燃料） | 军用 | 运行中 | 40—100 |
| 日本 | JNC 东海 | 民用 | 暂关闭 | 200 |
| | 六所村 | 民用 | 开始运行 | 800 |
| 朝鲜 | 宁边 | 军用 | 待命 | 100—150 |
| 巴基斯坦 | 杰什瑪（重水堆燃料?） | 军用 | 在建 | 50—100 |
| | Nilore（重水堆燃料） | 军用 | 运行中 | 20—40 |
| 俄罗斯 | 奥焦尔斯克市马亚克 RT – 1[c] | 民用 | 运行中 | 200—400 |
| 英国 | BNFL B205 镁诺克斯反应堆 | 民用 | 将关闭 | 1500 |
| | BNFL 塞拉菲尔德，索普 | 民用 | 将关闭[d] | 1200 |
| 美国 | H-canyon，萨凡纳河工厂 | 民用 | 运行中 | 15 |

*a* 设计能力系指该后处理厂按设计要求能够处理的最大乏燃料量，是以一年的重金属

吨位（tHM/yr）计量，tHM 是乏燃料中重金属数量的计量单位，在此处的重金属是铀。实际产量往往是设计产能的小部分，例如，俄罗斯 RT－1 厂的后处理从未超过 130tHM，法国因其与外国的合同不能续签，不久每年将只能处理 850 tHM。轻水堆乏燃料中约含 1% 钚，重水堆和石墨堆燃料中约有 0.4% 钚。

*b* 根据 2005 年签订的《印—美民用核合作倡议》，印度决定它所有的后处理厂不受国际原子能机构的保障监督核查。

*c* 马亚科 RT－1 以前称为车里雅宾斯克－65。

*d*2012 年 7 月英国核停运清理管理局（Nuclear Decommissioning Authority，NDA）宣布将于 2018 年关闭其位于塞拉菲尔德的索普后处理厂，预期届时该厂将完成目前的后处理合同。

**资料资源：**设计能力的数据系根据国际原子能机构的“核燃料循环综合信息系统”（INFCIS），网址：〈http：//www-nfcis. iaea. org/〉；以及国际裂变材料研究小组（IPFM）的《2012—2013 年全球裂变材料报告：提高核弹头及裂变材料库存量的透明度作为实现裁军的一个步骤》（IPFM：普林斯顿，新泽西州，2013 年 10 月）。

高浓铀和钚的生产都是从天然铀开始。天然铀的成分几乎全是不能进行链式反应的铀－238 同位素，只有约 0.7% 的铀－235，但铀－235 的浓度可通过浓缩法提高，通常是使用气体离心机。经过浓缩的铀，若铀－235 的含量低于 20%（通常是 3%—5%），称为低浓铀，适用于核电反应堆。铀－235 的含量至少达到 20% 的浓缩铀称为高浓铀，一般认为这是可用于武器的最低浓度。然而，为最大限度压缩核爆炸物的质量，武器级铀通常要浓缩到含 90% 以上的铀－235。钚的生产是在反应堆里通过中子辐照铀－238，然后以化学后处理办法将其从乏燃料里分离出来。钚的形态是多种同位素混合体，其中大部分可用于武器。武器设计师更愿使用主要含钚－239 的混合体，因为它的中子和伽马射线自发放射较低，其放射性衰变产生的热量较少。武器级钚通常含有 90% 以上的钚－239 同位素。核电反应堆乏燃料里的钚（反应堆级钚）一般含 50%—60% 的钚－239，但已可用于武器，甚至第一代核武器的设计就是如此。

1968 年《核不扩散条约》的五个核武器缔约国，即中国、法国、俄罗斯、英国和美国均生产高浓铀和钚。印度、以色列和朝鲜主要生产钚，巴基斯坦主要生产高浓铀用于核武器。拥有民用核工业的所有国家都具有一定的裂变材料生产能力。

（李长和　译）

# 第十一节　1945—2013年核爆炸

维达利·费琴科

2013年2月，朝鲜民主主义人民共和国进行了第三次核爆炸试验，前两次特别是在2006年10月和2009年4月进行的〔1〕。这次试验使1945年以来有记录的核爆炸总数为2055次。

## 朝鲜核试验

2013年1月24日，朝鲜官方新闻通讯社——朝鲜中央通讯社（KCNA，朝中社）发表声明称朝将进行“一次更高水平的核试验”，以回应联合国安全理事会谴责朝违背联合国制裁进行火箭发射活动。〔2〕

2月12日，世界标准时02：57（当地时间11：57）出现一次爆炸事件。几小时后，朝中社宣布这是朝鲜成功进行的第三次地下核试验，“试验在更高水平上安全、完美地进行，采用了不同于以往试验的轻型和小型原子弹，但爆炸力更强”。〔3〕公告还说“试验对周边生态环境未产生任何不利影响”。

对于朝鲜的这些说法必须通过现有的技术进行验证。验证地下核试验的技术有地震学、放射性核素监测和卫星图像分析。〔4〕爆炸后，一些国际组织、国家和多个研究机构联合采用这些技术验证是否确实

〔1〕关于以前的试验，参见V. Fedchenko和R. Ferm Hellgren的“1945年至2006年的核爆炸”，《SIPRI年鉴2007》；以及V. Fedchenko的“1945年至2009年的核爆炸”，《SIPRI年鉴2010》。

〔2〕朝鲜中央通讯社（朝中社），“朝鲜国防委员会誓言展开全面行动捍卫国家主权”，2013年1月24日。朝中社的声明见于东京朝鲜新闻社，网址：〈http://www.kcna.co.jp/〉。要了解这次核爆炸的政治背景可参见本卷第七章第二节。

〔3〕朝鲜中央通讯社（朝中社），“朝中社关于第三次成功进行地下核试验的报道”，2013年2月12日。

〔4〕美国国家科学院，“与全面禁止核试验条约相关的技术问题”（国家科学院刊物：华盛顿哥伦比亚特区，2002年），第39—41页；以及O. Dahlman等人的“探测与威慑：各国能对禁核试进行验证吗?”（施普林格；多德勒支，2011年），第29—76页。

有此爆炸活动，如是，其特点，例如地点、当量和性质如何。

1996 年全面禁止核试验条约（禁核试条约，CTBT）是多边条约，它禁止进行任何核爆炸。[5] 国际上已成立了全面禁止核试验条约组织（核禁试组织，CTBTO）筹备委员会，为条约生效作准备，包括通过建立国际监测系统（IMS）侦测核爆炸。虽然这次爆炸发生时已有 159 个国家批准此条约，但在 44 个拥有某些核设施的国家批约之前这一条约尚不能生效。朝鲜是这 44 个国家之一，它未签约，也就不参加国际监测系统。

全球各地监测站记录的地震资料可用来判断地震事件的时间、位置和程度（见表 6. 15）。上述爆炸发生后不到两小时，国际监测系统即向核禁试组织成员国发出第一次报告。[6] 从记录到的地震波模式、震动深度（不到 1 千米）及其方位非常接近 2006 年和 2009 年核试验地点看，都表明 2013 年的事件确实是爆炸而不是地震。[7]

**表 6. 15　朝鲜 2013 年 2 月 12 日核爆炸数据**

| 信息来源[a] | 发震时间（UTC） | 纬度 | 经度 | 误差[b] | 体波震级[c] |
|---|---|---|---|---|---|
| IDC[d] | 02：57：51 | 41. 3005°N | 129. 0652°E | ±8. 1 km[e] | 4. 9 |
| CEME（俄罗斯） | 02：57：49. 4 | 41. 31° N | 129. 1° E | .. | 5. 3 |
| IGGCAS（中国） | 02：57：51. 3 | 41. 2927° N | 129. 0730° E | .. | 4. 93 ±0. 21 |
| NEIC（美国） | 02：57：51 | 41. 308° N | 129. 076° E | ±11. 2 km[f] | 5. 1 |
| NORSAR（挪威） | 02：57：51 | 41. 28° N | 129. 07° E | · | 5. 0 |

UTC 为协调世界时；km 为千米；.. 为无数据

a 由于各种估计存在差异，尤其是爆炸确切地点的不同说法，兹提供五个信息来源以作比较，即一个国际认可的机构和四个国家机构：IDC = 全面禁核试条约组织（CTBTO）的国际数据中心，维也纳；CEME = 俄罗斯科学院地球物理所中央实验系统考察，奥布宁

---

〔5〕 关于 CTBT 的概要和其他细节，参见本卷附件 A 第一部分。

〔6〕 CTBTO，“关于 CTBTO 在朝鲜的侦测活动”，新闻发布，2013 年 2 月 12 日，网址：http：//www. ctbto. org/press-centre/press-releases/2013/on-the-ctbtos-detection-in-north-korea/。

〔7〕 P. Richards，“地震侦测工作：CTBTO 监测系统对朝鲜第三次核试验的侦测‘相当有效’”，CTBTO 系列文章，第 20 期（2013 年 7 月）第 22 页。

斯克，卡卢加州；IGGCAS = 中国科学院，地质与地球物理研究所，北京；NEIC = 美国地质研究所，国家地震信息中心，丹佛，科罗拉多州；NORSAR = 挪威地震台阵，卡拉绍克。

b 误差范围系由数据来源界定。

c 体波震级表明事件规模。为了对一次地下爆炸当量作出合理正确的估计，需要有精细的信息（例如发生爆炸地区的地质条件）。因此，体波震级是明确地下爆炸规模的一种方式。

d IDC“仅在测试和临时运行状态”，CTBTO 国际监测系统的监测站只有大约 85% 在事件发生时提供数据。

e 这个数字是置信椭圆半长轴的长度。

f 这个数字是水平位置误差，定义为“在一个水平面上三个主要误差的最大投影长度”。

**资料来源**：全面禁核试组织国际数据中心，“CTBTO 对朝鲜宣布的核试验调查结果更新”，新闻发布，2013 年 2 月 15 日，网址：〈http：//www. ctbto. org/press-centre/highlights/2013/update-on-ctbto-findings-related-to-the-announced-nuclear-test-by-north-korea/〉，以及挪威地震台阵，“对朝鲜宣布 2013 年 2 月 12 日核试验的侦测及定位”，挪威地震台阵科学报告第 2 - 2012 号（2013 年 6 月）第 26 页；俄罗斯科学院地球物理所中央实验系统考察：“关于朝鲜 2013 年 2 月 12 日进行地下核爆炸的信息报告”，［无日期］，网址：〈http：//www. ceme. gsras. ru/cgi-bin/info_ quakee. pl？ mode = 1&id = 204〉；中国科学院地质与地球物理研究所：Feng，X. 等人，“2013 年 2 月 12 日朝鲜地下核试验的初步调查结果”，IGGCAS，2013 年 2 月 13 日，网址：〈http：//www. igg. cas. cn/xwzx/zhxw/201302/t20130213_ 3763392. html〉（中文）；以及 Feng，X. 等人，“2013 年 2 月 12 日朝鲜地下核试验的高精度定位”，IGGCAS，2013 年 2 月 28 日，网址：〈http：//www. igg. cas. cn/xwzx/zhxw/201302/t20130228_ 3783953. html〉（中文）；美国地质研究所国家地震信息中心，“震级 5. 1——吉州郡丰溪里东北偏东 24 千米，朝鲜（测试）”，美国《地质研究》，2009 年 8 月 7 日，网址：〈http：//comcat. cr. usgs. gov/eartquakes/eventpage/usc000f5t0#scientific_ summary〉。挪威地震台阵：NORSAR，“朝鲜核爆炸，2013 年 2 月 12 日：观察、震级和地点估计”，新闻发布，网址：，〈http：//www. norsar. no/norsar/about-us/News/2013/NuclearExplosionDPRK12Feb2013〉。

根据地震数据、卫星图像和前两次试验的信息，对这次爆炸当量的大部分判断介于 5 到 16 千吨之间，约为 2009 年试验当量的 2. 5 到 3 倍（也就是 2006 年试验的 12. 5 到 15 倍）。[8]

〔8〕 Richards（同注释〔7〕）；及 M. Zhang 和 L. Wen，“朝鲜 2013 年核试验高精度方位和量级”，地球物理学研究通讯第 40 卷第 12 期（2013 年 6 月 28 日）。2006 年核爆炸的当量估计小于 1 千吨，2009 年核试验的当量估计为 2 至 7 千吨，Fedchenko 和 Ferm Hellgren（同注释〔1〕），第 553 页；及 Fedchenko（同注释〔1〕），第 373 页。

仅有地震数据还不足以确定地下爆炸是核爆炸。朝鲜的 2006 年试验之后，其性质是核爆炸的判断是由于在空气采样中检测到放射性氙痕迹（即核爆炸时散发出的氙放射性同位素）[9]。2009 年的爆炸后没有报告称发现了放射性氙痕迹或其他放射性碎片。[10]

2013 年 4 月 23 日，核禁试组织宣布它位于日本高崎市和俄罗斯乌苏里斯克的两座监测站当月初曾侦测到的两种放射性氙同位素——氙－131m 和氙－133，这可作为“精密计时器”判定产生这些同位素的时间。[11] 这些同位素在空气采样中的浓度比符合核裂变事件被侦测到之前 50 多天的状况（在日本侦测到的氙是发生在这次爆炸的 55 天之后）。核禁试组织所作的大气传输建模确认氙排放的源头可能就是前两次的核试验场地。由于放射性氙是在事后很晚才侦测到，所以不可能断定是铀裂变还是钚裂变产生的。[12] 因此，也就是说，这无法断定朝鲜是否在爆炸装置里使用了高浓铀（见前面第九节）。

### 1945—2013 年核爆炸次数估计

1945 年以来，已知的核爆炸有 2055 次，是由 8 个国家进行的，即美国、苏联、英国、法国、中国、印度、巴基斯坦和朝鲜（见表 6.16）。这一总数包括在核武器试验计划当中进行的核试验、为和平目的进行的爆炸及 1945 年 8 月在广岛和长崎投放的两颗核炸弹。这一总数还包括法国、苏联和美国为安全目的进行的试验，无论是多大的当量或是否产生核爆炸。[13] 这些次数不包括次临界试验（即不持续核链式反应）。美国自 1963 年和苏联自 1965 年进行的同步爆炸，

---

〔9〕 Fedchenko 和 Ferm Hellgren（同注释〔1〕)，第 553 页。

〔10〕 R. G. Pearce 等人，“2009 年 5 月 25 日宣布的朝鲜核试验”，CTBTO 刊物第 13 号(2009 年 9 月)，第 28—29 页。

〔11〕 CTBTO，“CTBTO 侦测到放射性情况符合 2 月 12 日宣布的朝鲜核试验”，新闻发布，2013 年 4 月 23 日，网址：〈http：//www. ctbto. org/press-centre/press-releases/2013/ctbto-detects-radioactivity-consistent-with – 12 – february-announced-north-korean-nuclear-test/〉。

〔12〕 “侦测到符合朝鲜试验的放射性气体凸显 CTBTO 监测系统的强大有力”，CTBTO 刊物第 20 号（2013 年 7 月)，第 26 页。

〔13〕 在安全性实验中把基本已完全开发的核装置置于模拟事故的条件下，用不会释放裂变能量的常规炸药损毁核武器核心部分。英国也进行过多次安全性试验，但未包括在表 6.16 内，因为其次数甚多。

也称作齐射爆炸主要是出于经济原因。[14] 苏联的核试验当中20%是齐射试验，美国的试验里有5%是这类试验。

**表6.16　1945—2013年核爆炸次数估计**

a为大气层核爆炸（或少量水下核爆炸）　u为地下核爆炸[a]

| 年份 | 美国[b] | | 俄罗斯/苏联 | | 英国[b] | | 法国 | | 中国 | | 印度 | | 巴基斯坦 | | 朝鲜 | | 合计 |
|---|---|---|---|---|---|---|---|---|---|---|---|---|---|---|---|---|---|
| | a | u | a | u | a | u | a | u | a | u | a | u | a | u | a | u | |
| 1945 | 3 | — | — | — | — | — | — | — | — | — | — | — | — | — | — | — | 3 |
| 1946 | 2[c] | — | — | — | — | — | — | — | — | — | — | — | — | — | — | — | 2 |
| 1947 | — | — | — | — | — | — | — | — | — | — | — | — | — | — | — | — | — |
| 1948 | 3 | — | — | — | — | — | — | — | — | — | — | — | — | — | — | — | 3 |
| 1949 | — | — | 1 | — | — | — | — | — | — | — | — | — | — | — | — | — | 1 |
| 1950 | — | — | — | — | — | — | — | — | — | — | — | — | — | — | — | — | — |
| 1951 | 15 | 1 | 2 | — | — | — | — | — | — | — | — | — | — | — | — | — | 18 |
| 1952 | 10 | — | — | — | 1 | — | — | — | — | — | — | — | — | — | — | — | 11 |
| 1953 | 11 | — | 5 | — | 2 | — | — | — | — | — | — | — | — | — | — | — | 18 |
| 1954 | 6 | — | 10 | — | — | — | — | — | — | — | — | — | — | — | — | — | 16 |
| 1955 | 17[c] | 1 | 6[c] | — | — | — | — | — | — | — | — | — | — | — | — | — | 24 |
| 1956 | 18 | — | 9 | — | 6 | — | — | — | — | — | — | — | — | — | — | — | 33 |
| 1957 | 27 | 5 | 16[c] | — | 7 | — | — | — | — | — | — | — | — | — | — | — | 55 |
| 1958 | 62[d] | 15 | 34 | — | 5 | — | — | — | — | — | — | — | — | — | — | — | 116 |
| 1959 | — | — | — | — | — | — | — | — | — | — | — | — | — | — | — | — | — |
| 1960 | — | — | — | — | — | — | 3 | — | — | — | — | — | — | — | — | — | 3 |
| 1961 | — | 10 | 58[c] | 1 | — | — | 1 | 1 | — | — | — | — | — | — | — | — | 71 |
| 1962 | 39[c] | 57 | 78 | 1 | — | 2 | — | 1 | — | — | — | — | — | — | — | — | 178 |
| 1963 | 4 | 43 | — | — | — | — | — | 3 | — | — | — | — | — | — | — | — | 50 |

〔14〕 1975年8月23日和1990年10月24日苏联进行的同步试验包含多达8个装置，10月24日也是苏联最后一次试验。

| | 美国[b] | | 俄罗斯/苏联 | | 英国[b] | | 法国 | | 中国 | | 印度 | | 巴基斯坦 | | 朝鲜 | | |
|---|---|---|---|---|---|---|---|---|---|---|---|---|---|---|---|---|---|
| 年份 | a | u | a | u | a | u | a | u | a | u | a | u | a | u | a | u | 合计 |
| 1964 | — | 45 | — | 9 | — | 2 | — | 3 | 1 | — | — | — | — | — | — | — | 60 |
| 1965 | — | 38 | — | 14 | — | 1 | — | 4 | 1 | — | — | — | — | — | — | — | 58 |
| 1966 | — | 48 | — | 18 | — | — | 6 | 1 | 3 | — | — | — | — | — | — | — | 76 |
| 1967 | — | 42 | — | 17 | — | — | 3 | — | 2 | — | — | — | — | — | — | — | 64 |
| 1968 | — | 56 | — | 17 | — | — | 5 | — | 1 | — | — | — | — | — | — | — | 79 |
| 1969 | — | 46 | — | 19 | — | — | — | — | 1 | — | — | — | — | — | — | — | 67 |
| 1970 | — | 39 | — | 16 | — | — | 8 | — | 1 | — | — | — | — | — | — | — | 64 |
| 1971 | — | 24 | — | 23 | — | — | 5 | — | 1 | — | — | — | — | — | — | — | 53 |
| 1972 | — | 27 | — | 24 | — | — | 4 | — | 2 | — | — | — | — | — | — | — | 57 |
| 1973 | — | 24 | — | 17 | — | — | 6 | — | 1 | — | — | — | — | — | — | — | 48 |
| 1974 | — | 22 | — | 21 | — | 1 | 9 | — | 1 | — | — | 1 | — | — | — | — | 55 |
| 1975 | — | 22 | — | 19 | — | — | — | 2 | — | 1 | — | — | — | — | — | — | 44 |
| 1976 | — | 20 | — | 21 | — | 1 | — | 5 | 3 | 1 | — | — | — | — | — | — | 51 |
| 1977 | — | 20 | — | 24 | — | — | — | 9 | 1 | — | — | — | — | — | — | — | 54 |
| 1978 | — | 19 | — | 31 | — | 2 | — | 11 | 2 | 1 | — | — | — | — | — | — | 66 |
| 1979 | — | 15 | — | 31 | — | 1 | — | 10 | 1 | — | — | — | — | — | — | — | 58 |
| 1980 | — | 14 | — | 24 | — | 3 | — | 12 | 1 | — | — | — | — | — | — | — | 54 |
| 1981 | — | 16 | — | 21 | — | 1 | — | 12 | — | — | — | — | — | — | — | — | 50 |
| 1982 | — | 18 | — | 19 | — | 1 | — | 10 | — | 1 | — | — | — | — | — | — | 49 |
| 1983 | — | 18 | — | 25 | — | 1 | — | 9 | — | 2 | — | — | — | — | — | — | 55 |
| 1984 | — | 18 | — | 27 | — | 2 | — | 8 | — | 2 | — | — | — | — | — | — | 57 |
| 1985 | — | 17 | — | 10 | — | 1 | — | 8 | — | — | — | — | — | — | — | — | 36 |
| 1986 | — | 14 | — | — | — | 1 | — | 8 | — | — | — | — | — | — | — | — | 23 |
| 1987 | — | 14 | — | 23 | — | 1 | — | 8 | — | 1 | — | — | — | — | — | — | 47 |
| 1988 | — | 15 | — | 16 | — | — | — | 8 | — | 1 | — | — | — | — | — | — | 40 |
| 1989 | — | 11 | — | 7 | — | 1 | — | 9 | — | — | — | — | — | — | — | — | 28 |
| 1990 | — | 8 | — | 1 | — | 1 | — | 6 | — | 2 | — | — | — | — | — | — | 18 |

| | 美国[b] | | 俄罗斯/苏联 | | 英国[b] | | 法国 | | 中国 | | 印度 | | 巴基斯坦 | | 朝鲜 | | |
|---|---|---|---|---|---|---|---|---|---|---|---|---|---|---|---|---|---|
| 年份 | a | u | a | u | a | u | a | u | a | u | a | u | a | u | a | u | 合计 |
| 1991 | — | 7 | — | — | — | 1 | — | 6 | — | — | — | — | — | — | — | — | 14 |
| 1992 | — | 6 | — | — | — | — | — | — | — | 2 | — | — | — | — | — | — | 8 |
| 1993 | — | — | — | — | — | — | — | — | — | 1 | — | — | — | — | — | — | 1 |
| 1994 | — | — | — | — | — | — | — | — | — | 2 | — | — | — | — | — | — | 2 |
| 1995 | — | — | — | — | — | — | — | 5 | — | 2 | — | — | — | — | — | — | 7 |
| 1996 | — | — | — | — | — | — | — | 1 | — | 2 | — | — | — | — | — | — | 3 |
| 1997 | — | — | — | — | — | — | — | — | — | — | — | — | — | — | — | — | — |
| 1998 | — | — | — | — | — | — | — | — | — | — | — | 2[e] | — | 2[e] | — | — | 4 |
| 2006 | — | — | — | — | — | — | — | — | — | — | — | — | — | — | — | 1 | 1 |
| 2009 | — | — | — | — | — | — | — | — | — | — | — | — | — | — | — | 1 | 1 |
| 2013 | — | — | — | — | — | — | — | — | — | — | — | — | — | — | — | 1 | 1 |
| 小计 | 217 | 815 | 219 | 496 | 21 | 24 | 50 | 160 | 23 | 22 | — | 3 | — | 2 | 3 | | |
| **总计** | **1032** | | **715** | | **45** | | **210** | | **45** | | **3** | | **2** | | **3** | | **2055** |

a “地下核试验”由苏美1974年限当量试验条约（TTBT）的1990年议定书定义为“在一个试验场进行的单一核爆炸，或在直径两千米圈地域内一个试验场，总时长0.1秒以内进行的两次或两次以上核爆炸”（第一节第二段）。“地下核爆炸”由苏美1976年和平核爆炸条约（PNET）定义为“任何用于和平目的的单个或一组地下核爆炸”（第二条a款）。“组合爆炸”定义为“两个或两个以上的单个爆炸，其连续单独爆炸的时间间隔不超过五秒，所有爆点位置可由直线线段相互连接，每个线段连接两个位置，其距离不超过40千米”（第二条c款）。

b 1962年以后英国的全部核试验是与美国共同在美国内华达试验场进行的，但此表只列在“英国”名下。因此，美国试验次数多于表内所列数目。此表不包括英国的安全性试验。

c 这些试验中有一次在水下进行。

d 这些试验中有两次在水下进行。

e 印度1998年5月11日和13日的爆炸列为每天各一次试验。巴基斯坦1998年5月28日进行的爆炸也作为一次列在表内。

**资料来源**：N. －O. Bergkvist 和 R. Ferm，《核爆炸1945—1998》（瑞典国防研究所/SIPRI：斯德哥尔摩，2000年7月）；瑞典国防研究署（FOI），各种估计，包括来自全面禁核试组织国际数据中心的信息及瑞典国家数据中心2007年2月和2009年10月向作者提供

的信息；澳大利亚地震学中心的报告，澳大利亚地质研究组织，堪培拉；美国能源部（DOE），美国核试验：1945 年 7 月至 1992 年 9 月（DOE：华盛顿特区，1994）；R. S. Norris，A. S. Burrows 和 R. W. Fieldhouse，自然资源防护理事会，核武器数据手册，第五卷，英国、法国和中国的核武器（Westview：Boulder，CO，1994）；法国核试验指挥中心（DIRCEN）和原子能委员会（CEA），评估法国核试验（DIRCEN 和 CEA：巴黎，1998 年）；俄罗斯原子能部和国防部，苏联核武器试验及和平核爆炸，1949 年至 1990 年（俄罗斯联邦核中心（VNIIEF）：萨洛夫，1996 年）；及自然资源防护理事会，“核数据档案”，网址：〈http：//www. nrdc. org/nuclear/nudb/datainx. asp〉。

曾有几次既是自愿也是法定的履行暂停试。苏联、英国和美国从 1958 年 11 月至 1961 年 9 月遵守暂停核试验。1963 年缔结的《部分禁核试条约》（PTBT）禁止在大气层、外层空间和水底的核爆炸，条约于 1963 年 10 月 10 日生效。[15] 苏联从 1985 年 8 月至 1987 年 2 月单方面执行暂停核试验。苏联及后来的俄罗斯从 1991 年 1 月，美国从 1992 年 10 月都暂停核试验，直到它们于 1996 年 9 月 24 日签署《全面禁核试条约》。法国从 1992 年 4 月到 1995 年 9 月执行类似的暂停试。尚未生效的《全面禁核试条约》要禁止进行任何核爆炸。[16]

（马治功　赵丽霞　译）

〔15〕缔约国包括印度、巴基斯坦、俄罗斯、英国和美国。全部名单参见本卷附件 A 第一部分。

〔16〕签约国包括中国、法国、俄罗斯、英国和美国。全部名单参见本卷附件 A 第一部分。

# 第三部分

# 2013年不扩散、军控与裁军

# 第七章 核军备控制与不扩散

## 概 述

香农·N·基尔

2013 年，为解决伊朗核计划范畴和性质方面的长期争论而进行的国际努力取得了令人鼓舞的进展（见本章第一节）。11 月，伊朗与“五常 +1 国家”（中国、法国、俄罗斯、英国、美国五个联合国安理会常任理事国加上德国）经谈判签署了一项时效为六个月的临时协议，该协议是达成旨在确保伊朗核计划和平性质的更长期限全面协议的第一步。根据协议，伊朗同意采取一系列实际行动限制其铀浓缩计划和重水核反应堆计划，以换取美国和欧洲联盟（欧盟）有限度地放松对其实施的金融和贸易制裁。

11 月早些时候，伊朗与国际原子能机构（IAEA）签署合作增加该国核计划透明度的框架协议。协议规定，伊朗要采取一系列初步行动为 IAEA 提供更多关于该国核场所及设施的信息并允许 IAEA 更多地进入其核场所及设施。这一涉及互信和透明度措施的协定，可被看作是为 IAEA 对伊朗被指称违反其对 1968 年《不扩散核武器条约》（NPT）承诺、进行可能用于军事用途的核活动开展调查做好准备。

这两套分开进行但紧密相关的谈判所取得的暂时突破，并未解决在伊朗根据 NPT 利用核能权利的性质以及该国在进行敏感核燃料循环活动的前景问题上所产生的根本性分歧。谈判也无法帮助阻止某些国家，特别是以色列可能优先考虑法律之外的手段，甚至寻求预防性使用军事力量来应对伊朗被怀疑拥有的核武器计划。协议还会强化包括联合国安理会制裁在内的国际法律手段的公信力，这些手段被用来处理一些国家被疑或已确定的违反重要军控条约义务和规则的行为。

2013 年，由朝鲜民主主义共和国（DPRK 或称朝鲜）核武器计划引发的紧张局势骤然升温后又逐渐冷却（见本章第二节）。2 月，朝鲜进行了第三次核试验，朝方宣称通过这次试验验证了一种更轻、更小型的核弹头设计。朝鲜抗议联合国安理会对其进行核试验的指责，此后又采取了一系列挑衅行动，这加剧了该国与美国及韩国发生军事冲突的危险。在这一年中，朝鲜领导人重申为应对不确定的将来而保有核武器的意图，将其作为“先军”政策的核心要素，还提出旨在扩充改善该国核力量的长期战略。2013 年结束时，重启停滞中的六方会谈前景渺茫，六方会谈的目标是引导朝鲜放弃其核武库以换取国际援助。

在其他方面，俄罗斯和美国达成双边协议，以取代现有的“减少威胁合作计划”（CTR）规定的落实核安全及在俄境内进行协助裁军活动的法律框架（见本章第三节）。美国资助的 CTR 于 1992 年生效，多年来在俄从事拆除战略核武器、销毁苏联时期化学武器以及确保核材料安全及保管安全等范围广泛的活动。随着主要的 CTR 活动在俄缩减或结束，新条约反映出俄美关系向更平衡伙伴关系演变的趋势。

这一年中，由于推动多边核裁军进程进展不大，国际社会面临更多挫折。多边进程中还有很多未竟事宜，特别是重启长期搁置的《禁止生产核武器裂变材料条约》（FMCT）以及促使 1996 年《全面禁止核试验条约》（CTBT）生效的谈判。国际社会推动就核裁军问题开展另一类型对话的努力在这一年中取得了进展（见本章第四节），该对话的核心议题是核武器的人道主义影响。另外，2013 年联合国大会召开了第一次无期限工作组（OEWG）会议，为推进多边核裁军谈判提供建议。

最后，建立中东无核及其他大规模杀伤性武器区的国际会议在 2013 年仍处于争议中。2010 年 NPT 审议大会决定，要依照 1995 年 NPT 审议和延期大会通过的关于中东问题的决议召开国际会议。但直到 2012 年年底仍未能召开此会议，让该地区和其他地区不少国家感到失望。由于 2013 年仍未能打破僵局定下会议日期，埃及代表团在 2015 年 NPT 审议大会筹备会上以中途退场的方式表示抗议。

埃及方面的行动使 NPT2010—2015 审议周期行动计划的公信力受到质疑。

（王　羽　译）

# 第一节　伊朗与核扩散关切

香农·N·基尔

2013 年，解决伊朗核计划范畴和性质方面争论的外交努力取得突破。争论始于 2002 年，当时关于伊朗未申报核设施的证据第一次遭到曝光，引起国际社会对伊朗是否遵守其对 1968 年《不扩散核武器条约》（《不扩散核武器条约》，NPT）承诺的关切。[1] 联合国安理会随后通过五项决议，要求伊朗停止其铀浓缩计划，中止重水核反应堆及相关项目的建设，批准并执行国际原子能机构（IAEA）全面保障监督协议的附加议定书。[2] 自 2006 年起，伊朗与“五常 +1 国家”（安理会的五个常任理事国——中国、法国、俄罗斯、英国和美国再加上德国）零星举行过几次会谈。2013 年 11 月，双方达成一项临时协议，为长期全面解决围绕伊朗核计划存在已久的分歧指明路径。

通过分开但平行进行的谈判，2013 年伊朗与 IAEA 达成关于未来合作的框架协议，以解决 IAEA 对伊朗过去和当前核行动的质疑。除了其他规定外，该协议还包含实际的透明和核查措施，旨在能为 IAEA 提供更多关于伊朗核设施和核行动的信息。

## 就伊朗核计划重新进行国际谈判

2013 年，伊朗与“五常 +1 国家”为达成解决伊朗核计划关切的长期协议重新进行谈判。2 月 26—27 日，在中断 8 个月之后，各

---

〔1〕 关于前几年的情况，参见 S. N. 基尔，“伊朗及核扩散关切”，《SIPRI 年鉴 2013》；以及 SIPRI 年鉴的其他相关几卷。NPT 条约的内容概要及其他详细内容，见本卷附件 A 第一部分。

〔2〕 联合国安理会第 1737 号决议，2006 年 12 月 23 日；第 1747 号决议，2007 年 3 月 24 日；第 1803 号决议，2008 年 3 月 3 日；第 1835 号决议，2008 年 9 月 27 日；第 1929 号决议，2010 年 6 月 9 日。

方在哈萨克斯坦阿拉木图举行会谈。[3]“五常 +1 国家”提出了 2012 年提议的修改方案，该方案开出削减伊朗铀浓缩计划的临时措施，以此为谈判长期协议留出时间。[4] 3 月 18 日，各方在土耳其伊斯坦布尔举行专家级会谈，讨论“五常 +1 国家”提案中建立互信措施的技术问题。[5] 4 月 5—6 日，各方在阿拉木图再次会面，进行新一轮谈判。此轮会议未取得成果，在缩小双方对核协议期待及优先次序方面的重大分歧问题上几乎没有进展。[6]

重新进行谈判的政治氛围后来得以改善。2013 年 6 月，曾担任伊朗最高国家安全委员会秘书和首席核谈判代表的哈桑·鲁哈尼在总统选举中胜出。新总统承诺，在保护伊朗人民权利的同时，采取务实措施处理国际社会对伊朗核计划的关切。[7] 据报道，鲁哈尼获胜后，伊朗高层与美国官员之间密集开展双边秘密会晤，为随后伊朗和“五常 +1 国家”的谈判取得进展奠定了基础。[8]

2013 年 10 月 15—16 日，会谈继续在瑞士日内瓦举行。据报道，伊朗提出具体建议，列出关于解决其核计划外交僵局全面协议的框

---

〔3〕“伊朗核危机：贾利利称谈判是‘积极步骤’”，BBC 新闻，2013 年 2 月 27 日，网址：〈http：//www. bbc. co. uk/news/world-middle-east－21598792〉。

〔4〕 L. Rozen，“文件显示，‘五常 +1 国家’在阿拉木图向伊朗提出核问题方案”，The Back Channel，Al-Monitor. com，2013 年 6 月 9 日，网址：〈http：//backchannel. al-monitor. com/index. php/2013/06/5444/p51 － almaty-confidence-building-proposal-to-iran/# more －5444〉。

〔5〕“欧盟发言人高级代表阿什顿在‘欧盟三国’专家与伊朗方面 2013 年 3 月 18 日在伊斯坦布尔会谈后发表的讲话”，欧盟新闻稿 A 144/13，2013 年 3 月 19 日，网址：〈http：//www. consilium. europa. eu/press/press-releases/latest-press-releases/newsroomrelated? grp = 22862〉。

〔6〕 J. Pawlak 和 Y. Torbati，“各大国与伊朗未能在阿拉木图结束核问题僵局”，路透社，2013 年 4 月 6 日。

〔7〕“伊朗当选总统称获胜将意味着变革”，《卫报》，2013 年 6 月 29 日；“伊朗在核谈判中寻求共赢”，伊朗新闻电视台，2013 年 8 月 6 日，网址：〈http：//www. presstv. com/detail/2013/08/06/317502/iran-seeks-winwin-game-in-nissue/〉。

〔8〕 M. Lee、B. Klapper 和 J. Pace，“美国与伊朗秘密谈判促成核协议”，美联社，2013 年 11 月 24 日；“伊朗核问题：奥巴马和鲁哈尼进行电话交谈”，BBC 新闻，2013 年 9 月 28 日，网址：〈http：//www. bbc. co. uk/news/world-middle-east　24304088〉。

架。[9] 10 月 30—31 日，各方又就伊朗建议中包括的建立互信和透明度措施进行了专家级的技术讨论。[10] 11 月 7—10 日，在媒体越来越多猜测会立即达成协议的氛围中，各方在日内瓦重开会谈。[11]

“五常 +1 国家”坚持的主要目标包括，实施一套各方同意的旨在延长伊朗“突破”NPT 束缚所需时间的技术措施和限制手段。所谓的“突破”行为是指伊朗在 IAEA 或国家情报机构来不及发现、反应之前，能够迅速生产或转移足够制造出一枚武器的武器级裂变材料。然而，在即将开始日内瓦谈判之时，美国和“欧盟三国”（法国、德国和英国）提出，由于当前伊朗核计划取得技术进步，特别是安装更多的第一代离心机、引进更多先进离心机以及建设重水反应堆的工作还在继续进行，需要对“五常 +1 国家”的阿拉木图建议加以升级并扩大。[12] 建议的重点是关闭位于库姆市福尔多的地下浓缩设施，阻止伊朗生产和储存 20% 丰度浓缩铀 -235（U -235），即使伊朗声称是为了生产医用同位素。[13] 在日内瓦进行的新一轮谈判中，“五常 +1 国家”争取达成更大的一揽子措施，以实现联合国安理会决议要求的暂时中止伊朗所有铀浓缩活动及重水反应堆项目。

伊朗新的核谈判团队中的官员公开声称，原则上不排除接受对该国铀浓缩计划的限制。然而，伊朗评论者强调，在伊朗实施技术和透明度措施的同时，“五常 +1 国家”必须实质性地减轻对伊制裁，这是达成任何协议所需的条件。[14] 另外，鲁哈尼总统及其他高层官员

---

〔9〕 M. R. Gordon 和 T. Erdbrink，“伊朗向大国提出核计划”，《纽约时报》，2013 年 10 月 15 日；J. Reynolds，“阿什顿称伊朗核检查第一次如此详细”，BBC 新闻，2013 年 10 月 16 日，网址：〈http：//www. bbc. co. uk/news/world-middle-east -24542216〉。

〔10〕 F. Dahl，“伊朗强化核外交，德黑兰拒绝停止铀浓缩”，路透社，2013 年 10 月 30 日。

〔11〕 G. Dyer 等人，“伊朗与美国接近临时协议”，《金融时报》，2013 年 11 月 8 日。

〔12〕 R. Einhorn，“即将到来的日内瓦‘五常 +1 国家’谈判：探索的时机”，布鲁金斯学会萨班中东政策中心，2013 年 10 月 11 日，网址：〈http：//www. brookings. edu/blogs/iran-atsaban/posts/2013/10/11 -geneva-nuclear-talks-iran-einhorn〉。

〔13〕 将天然铀提纯到纯度为 20% 的铀 -235 远比随后将之浓缩为武器级铀（通常浓缩到 90% 以上）耗时、耗能。要制造一枚核武器所需的武器级铀，需将 240—250 千克的 20% 浓缩铀进行进一步提纯。

〔14〕 S. H. Mousavian，“如果取消制裁，胜利就在眼前”，《中东日报》（伦敦），2013 年 11 月 6 日。

依然坚持，所有相关方都必须承认伊朗根据 NPT 第四条享有为和平目的发展包括铀浓缩在内的全套核燃料循环的“合法权利”。〔15〕美国一贯反对伊朗宣称 NPT 给予该国或其他缔约国寻求浓缩技术的合法权利。在日内瓦谈判的发言中，一位美政府高级官员重申，既然第四条“未提及此问题”，美政府相信 NPT 既不承认也不否认铀浓缩是“不可剥夺的”权利。〔16〕

### 伊朗与“五常 +1 国家”的联合行动计划

2013 年 11 月 24 日，伊朗新任外交部长贾瓦德·扎里夫与代表“五常 +1 国家”发言的欧盟外交与安全政策高级代表凯瑟琳·阿什顿在日内瓦宣布，各方达成了“为长期全面解决伊朗核计划争议提供路径的联合行动方案”。〔17〕这个宣布是“五常 +1 国家”的外交部长和司长在 11 月 20 日开始的谈判几天后发表的。

这一具有政治约束力的联合行动计划提出了两个步骤来实现伊朗与“五常 +1 国家”“达成一个双方同意的长期全面解决方案”以“确保伊朗核计划只为和平目的”，同时“使伊朗能够完全享有根据 NPT 相关条款和平利用核能的权利并遵守其义务”。〔18〕运行目标是要实施“双方认定的”伊朗铀浓缩计划，通过“实际限制和透明度措施”来为其和平性质提供担保，换取分阶段解除所有由单个国家、

---

〔15〕“鲁哈尼称伊朗拥有浓缩权利没有讨论余地”，《德黑兰时报》，2013 年 10 月 2 日。伊朗坚持该国根据 NPT 第四条享有浓缩技术的权利，NPT 第四条规定，只要各参与国遵守条约义务，就享有为和平目的获得核技术的权利。

〔16〕F. Dahl，“问与答：是否存在铀浓缩的‘权利’？伊朗说有，美国说没有”，路透社，2013 年 11 月 22 日；K. J. Heller，“为什么‘五常 +1 国家’与伊朗达成的新协议并非一纸空文?”，Opinio Juris，2013 年 11 月 24 日，网址：〈http：//opiniojuris. org/2013/11/24/npt/〉。

〔17〕欧盟外交与安全政策高级代表阿什顿与伊朗外交部长扎里夫在日内瓦发表的联合声明，2013 年 11 月 24 日，网址：〈http：//www. eeas. europa. eu/statements/docs/2013/131124_ 02_ en. pdf〉。

〔18〕日内瓦“联合行动计划”，2013 年 11 月 24 日，网址：〈http：//eeas. europa. eu/statements/docs/2013/131124_ 03 _ en. pdf〉，第 1 页。关于行动计划法律地位的讨论，D. Hollis，“伊朗新协议似乎不具法律效力。要紧吗?”，Opinio Juris，2013 年 11 月 24 日，见网址：〈http：//opinionjuris. org/2013/11/24/new-us-Iran-deal-doesnt-look-legally-binding-matter/〉。

欧盟以及联合国安理会实施的核问题相关制裁。另外，各方承诺处理相关的安理会决议，以期以令人满意的方式结束安理会对该事项的审议。[19]

联合行动计划列出一系列要执行的自愿的相互措施，作为达成全面协议的第一步。初始阶段为期六个月，“可经双方同意延期”。各方同意成立联合委员会来“监督近期措施的落实并处理可能出现的问题”，该委员会的构成尚未明确。[20]

**伊朗的承诺**

在“联合行动计划”初始阶段，伊朗承诺不再进一步推进其敏感核燃料循环活动。各种承诺包括伊朗暂停或限制浓缩铀生产和储备。

对离心机的限制。伊朗同意通过停止三座浓缩设施安装及运行更多离心机来冻结其铀浓缩能力。它承诺只用同一型号的离心机来替代现有的离心机，只为替换损坏的离心机才生产离心机。伊朗还承诺不向未进行过铀浓缩的离心机中注入六氟化铀（UF6）气体。[21] 但伊朗官员随后强调，按照协议伊朗将继续研发新一代更有效的离心机并且不会拆除现有的离心机。[22]

对铀浓缩的限制。伊朗同意停止将六氟化铀浓缩生产 20% 丰度的铀 - 235，并削减其当前的材料储备。一半的储备将被转化为铀的氧化物（U3O8）粉末，在德黑兰法研究反应堆燃料组件中使用；其余的将被稀释为包含不超过 5% 丰度铀 - 235 的六氟化铀。伊朗承诺不再新建生产线将氧化铀再转化为六氟化铀。[23]

对低浓铀库存的限制。伊朗同意将其六氟化铀气体储备限制在 5% 铀 - 235 的浓度。为实现此目的，它将相当于新生产材料量的部分现有库存转化为二氧化铀（UO2）。2014 年将建成用以将浓缩六氟

---

〔19〕“联合行动计划”（同注释［18］），第 1 页。

〔20〕同上。

〔21〕“联合行动计划”（同注释［18］），第 1—2 页。六氟化铀是为了生产核反应堆燃料和核武器而进行铀浓缩步骤中所使用的气态原料。

〔22〕“萨利希称伊朗尚未将新离心机投入运行”，《德黑兰时报》，2013 年 12 月 29 日；“扎里夫指控美国试图曲解伊朗作出的日内瓦承诺”，新闻电视台（伊朗），2014 年 1 月 23 日，网址：〈http：//www. presstv. ir/detail/2014/01/23/347243/iran-not-dismantling-nequipment-zarif/〉。

〔23〕“联合行动计划”（同注释［18］），第 2 页。

化铀气体转化为二氧化铀的新设施。[24]

公开“联合行动计划”中关于限制伊朗铀浓缩计划的临时措施，是与 IAEA 总干事向该机构理事会提交一系列关于伊朗执行保障措施情况的报告同时进行的。[25] 该报告称，自 2013 年发布前一份报告以来，伊朗未拓展其铀浓缩能力，其浓缩铀库存大体没有变化（见表 7.1）。

**表 7.1　2012—2013 年伊朗铀浓缩计划总体情况**

| 计划组成 | 2012 年 11 月 | 2013 年 2 月 | 2013 年 5 月 | 2013 年 8 月 | 2013 年 11 月 |
|---|---|---|---|---|---|
| 浓缩离心机数量[a] | | | | | |
| 已安装的 IR－1 型离心机 | 13198 | 15376 | 16593 | 18454 | 18458 |
| 运行中的 IR－1 型离心机 | 9852 | 9688 | 9688 | 9860 | 9860 |
| 已安装的 IR－2m 型离心机[b] | – | 180 | 689 | 1008 | 1008 |
| 当前浓缩铀库存（千克）[C] | | | | | |
| 低于 5% 丰度 | 5303 | 5974 | 6357 | 6774 | 7153 |
| 19.75% 丰度 | 134.9 | 167 | 182 | 185.8 | 196 |
| 生产的浓缩铀总量（千克） | | | | | |
| 低于 5% 丰度 | 7611 | 8271 | 8960 | 9704 | 10357 |
| 19.75% 丰度 | 232 | 280 | 324 | 372 | 410 |

a 该数据是纳坦兹燃料浓缩中试厂（PFEP）和燃料浓缩厂（FEP）以及福尔多地下燃料浓缩厂（FFEP）的离心机数量。

b 该数据是 FEP 安装的离心机数量；2013 年 11 月没有离心机在运行。伊朗在 PFEP 装配了更先进的离心机用于研发。

c 库存为六氟化铀气体形式。

**资料来源**：国际原子能机构理事会，“伊朗伊斯兰共和国执行 NPT 全面保障监督协议和安理会决议相关规定的情况”，2012 年 11 月 26 日、2013 年 2 月 21 日、2013 年 5 月 22 日、2013 年 8 月 28 日以及 2013 年 11 月 14 日的总干事报告。

---

〔24〕 F. Dahl，“尽管与大国达成协议，伊朗核储备仍可能暂时增加”，路透社，2014 年 1 月 22 日。

〔25〕 国际原子能机构理事会，“伊朗伊斯兰共和国执行 NPT 全面保障监督协议和安理会决议相关规定的情况”，总干事报告，GOV/2013/56，2013 年 11 月 14 日。

阿拉克重水反应堆施工中止。伊朗承诺停止中央省阿拉克附近在建的 IR－40 重水反应堆的工作。它还保证不再向该反应堆运送核燃料或重水，不生产或试验其他燃料，也不安装剩下的反应堆部件。[26] 另外，伊朗重申，该国也不打算建设从反应堆乏燃料中分离钚的设施。[27]

重水反应堆产生富含钚的乏燃料，为伊朗提供另一种生产核武器的可能，阿拉克项目因此引起国际关切。[28] 在印度、以色列、朝鲜和巴基斯坦都有类似的名义上为了研究实际被用来生产核武器所用钚的反应堆。对伊朗核意图持怀疑态度的人士表示，一旦阿拉克反应堆投入运行，就无法通过军事打击来捣毁，因为打击可能会导致危险的放射性物质散播出来。[29]

2013 年 11 月初，阿拉克反应堆项目成为争议焦点。据报道，伊朗和“五常＋1 国家”之间备受期待的协议由于法国的反对受阻，法国认为该协议不足以应对反应堆带来的扩散风险。[30] 然而，有些专业评论者并不将这些关切当回事，认为反应堆不会在短期内造成扩散威胁，可以在全面协议的最终阶段处理此问题。[31]

加强 IAEA 核查和监督安排。伊朗承诺为 IAEA 提供更多关于核设施的信息并允许 IAEA 对核设施加强监督。尤其是，伊朗保证允许 IAEA 核查人员每日而不仅是每周对伊斯法罕省纳坦兹以及福尔多的燃料浓缩厂进行监督并获取系统监视记录。借此，IAEA 迅速侦测未申报活动的能力得以强化。伊朗还同意 IAEA 核查人员“受监管地进

〔26〕 对“联合行动计划”的批评指出，该计划并未禁止伊朗在设施之外生产可以在阿拉克安装的反应堆部件。J. Borger 和 S. K. Dehghan，“伊朗核谈判处于讨论阿拉克反应堆的关键节点”，《卫报》，2013 年 11 月 9 日。

〔27〕 “联合行动计划”（同注释［18］），第 2 页。

〔28〕 B. Ravid，“以色列要求‘五常＋1 国家’应对伊朗核计划的军事用途”，《国土报》，2013 年 11 月 23 日。

〔29〕 M. Landler 和 M. R. Gordon，“与伊朗谈判未能达成核协议”，《纽约时报》，2013 年 11 月 10 日。

〔30〕 Landler 和 Gordon（同注释［29］）。

〔31〕 Borger 和 Dehghan（同注释［26］）；S. Petersen，“伊朗阿拉克核反应堆是绝对不能通融的问题还是不相干的问题?”，《基督教科学箴言报》，2013 年 11 月 18 日。

入”其离心机生产和组装车间、离心机存储设施以及铀矿和加工厂。[32] 另外，伊朗同意提供给 IAEA 阿拉克反应堆升级后的设计信息，并允许 IAEA 对设施进行更频繁的核查。

**“五常 +1 国家”的承诺**

“五常 +1 国家”同意采取一套临时措施，减轻针对核计划对伊朗实施的部分国际制裁。自 2010 年欧盟和美国收紧在能源、保险、运输、银行业及其他涉及伊朗业务方面的限制，制裁已造成伊朗国家收入损失约 1200 亿美元。[33] 协议的批评者认为，向伊朗提供约 70 亿美元的制裁救济款，西方是在削弱迫使伊朗作出重大妥协的力度。[34] 然而，美国政府为协议进行辩护，强调协议只给伊“有限、暂时、有针对性并可逆”的松绑，而对该国最关切的商业、金融和石油领域的多数制裁措施依然如故。这意味着欧盟和美国在谈判长期协议的过程中仍保留着实质的影响手段。[35]

按照明确步骤，“五常 +1 国家”同意推迟使用进一步削减伊朗原油销售的手段，允许买方按照目前购入原油的平均额度进行采购。伊朗被允许将外国账户中的 42 亿美元石油销售所得转回国内，欧盟和美国暂停对销售相关保险和运输服务的制裁。[36]

欧盟和美国还承诺暂停制裁，允许伊朗恢复石油化工产品的销售，恢复黄金和其他贵金属的交易，以及与伊朗汽车行业与相关外国公司的交易。美国政府估算，在 6 个月的临时协议期间停止这些方面的制裁，将有望使伊朗获得约 15 亿美元的收入。[37]

“联合行动计划”规定，只要伊朗遵守其承诺，欧盟和联合国安

〔32〕“联合行动计划”（同注释［18］），第 2 页。2006 年伊朗拒绝遵守全面保障监督协议附加议定书后，IAEA 核查人员就未能进入这些场所。

〔33〕I. A. R. Lakshmanan，“根据协议减轻制裁可使伊朗获得 70 亿美元”，Bloomberg News，2013 年 11 月 24 日。

〔34〕T. Cohen，“反对伊朗核协议批评的五种理由”，CNN 新闻，2013 年 11 月 26 日，网址：〈http：//edition. cnn. com/2013/11/25/politics/iran-deal-opponents - 5 - things/〉。

〔35〕“对伊朗伊斯兰共和国核计划的初步理解”，《白宫情况简报》，2013 年 11 月 23 日，网址：〈http：//www. whitehouse. gov/the-press-office/2013/11/23/factsheet-first-step-understandings-regarding-islamic-republic-iran-s-n〉。

〔36〕白宫（同注释［35］）。

〔37〕同上。

理会就不会在 6 个月过渡期限内对伊实施新的针对核问题的制裁。美国政府将“与总统和国会一致行动”，也不会实施新制裁。[38]

美方承诺的措辞反映出美国会中两党对核协议的态度主流是质疑。2013 年 12 月，美参议院提出立法草案，一旦美总统不能定期向国会证实伊朗在全面执行日内瓦临时协议并支持美反恐行动，美国将针对伊朗石油出口实施新一轮制裁。该立法草案还为最终协议设置了苛刻的条件。[39] 伊朗外交部长扎里夫对美法案作出回应，警告一旦美国在过渡期实施新制裁，“整个协议就完了”。[40]

**对临时协议的反应**

国际社会对“联合行动计划”有支持和质疑两种态度。欧美很多评论者赞扬协议，称协议一旦全面实施，将会是迟滞伊朗生产核武器的技术能力、提高国际社会对伊朗核活动扩散关切的监督能力所必要的第一步。然而，也有人批评协议未能充分限制伊朗当前核计划，可能导致其他国家和外国企业忽略国际制裁。[41]

在伊朗，公众对协议表示欢迎，因为协议使日益严重的制裁有所放松并且为结束伊朗面临的国际孤立指明了道路。[42] 伊朗领导人将协议定义为伊朗的胜利，理由是其他国家已经明确承认该国继续进行浓缩计划的权利并将此作为最终协议的一部分。[43] 发表这一言论的

---

〔38〕“联合行动计划”（同注释［18］），第 3 页。

〔39〕M. Landler，“对伊朗实施新制裁的参议院法案可能遭到白宫否决”，《纽约时报》2013 年 12 月 19 日。

〔40〕R. Wright，“伊朗外交部长称制裁会毁掉核协议”，《时代周刊》，2013 年 12 月 9 日。

〔41〕P. Hafezi 和 J. Pawlak，“突破性协议控制伊朗核活动”，路透社，2013 年 11 月 24 日；M. E. Petersen，“对伊朗核协议的初步反应”，欧洲议会研究机构，2013 年 12 月 9 日，网址：〈http：//epthinktank. eu/2013/12/09/first-reactions-to-the-iran-nuclear-deal/〉；K. Katzman 和 P. K. Kerr，“伊朗核计划临时协议”，美国国会研究部向国会提交的第 R43333 号报告（美国国会研究部：华盛顿特区，2013 年 12 月 11 日）。

〔42〕A. Baker，“伊朗庆祝签署核协议”，《时代周刊》，2013 年 11 月 24 日；S. K. Dehghan，“伊朗领导人和民众庆祝签署日内瓦核协议”，《卫报》，2013 年 11 月 24 日。

〔43〕K. Ziabari，“历史性的核协议：伊朗精妙外交的艺术性”，《德黑兰时报》，2013 年 11 月 26 日；美国和平研究所，“日内瓦协议 III：伊朗的反应”，伊朗读物，2013 年 11 月 24 日，网址：〈http：//iranprimer. usip. org/blog/2013/nov/24/geneva-deal-iii-iranian-reaction〉。

背景是，伊朗议会的一些保守议员批评协议对伊朗核活动限制过宽，可能最终中止其核计划。[44]

美国在中东的盟友对签署临时协议反应并不积极。以色列总理内塔尼亚胡谴责协议是“历史错误”，理由是协议让伊朗保留完整的敏感核燃料循环设施。[45] 沙特政府分析人士对美国和伊朗关系可能解冻将对中东政治和安全平衡产生的影响表示不安。[46]

**临时协议的执行**

“联合行动计划”并未明确协议的起始日期，这需由专家级技术谈判制定执行条款的有效方式。12 月 12 日，在美国宣布在已有核制裁基础上将 19 家伊朗公司或个人拉入黑名单后，伊朗暂时停止谈判“需再商量”。[47]

此后在奥地利维也纳密集进行了几轮磋商来处理众多争议性问题，包括伊朗计划继续离心机研发工作。1 月 12 日，各方宣布就执行“联合行动计划”达成一系列技术谅解。[48] 临时协议于 2014 年 1 月 20 日生效。[49]

**伊朗浓缩计划的前景**

在“联合行动计划”中，各国承诺在签署日内瓦文件后的一年内达成长期全面协议。很多评论者认为伊朗浓缩计划的前景是要在后

---

〔44〕 A. A. Dareini，“伊朗强硬派批评日内瓦协议”，美联社，2013 年 22 月 27 日。

〔45〕 Hafezi 和 Pawlak（同注释［41］）。

〔46〕 “德黑兰条约：日内瓦核协议的成功者和失败者”，《明镜在线》，2013 年 12 月 2 日，网址：〈http：//www. spiegel. de/international/world/how-the-nuclear-deal-with-tehran-could-change-the-worlda－936620. html〉。

〔47〕 F. Dahl 和 A. Croft，“伊朗对美制裁愤怒，核谈判受阻”，路透社，2013 年 12 月 13 日。

〔48〕 “伊朗与世界大国同意于 1 月 20 日执行日内瓦协议”，法尔斯通讯社，2014 年 1 月 12 日，网址：〈http：//english. farsnews. com/newstext. aspx？ nn＝13921022001533〉；白宫，“关于伊朗伊斯兰共和国核计划‘联合行动计划’执行相关技术谅解的情况”，2014 年 1 月 16 日，网址：〈http：//www. whitehouse. gov/the-press-office/2014/01/16/summary-technical-understandings-related-implementation-joint-plan-actio〉。

〔49〕 “伊朗核协议生效”，《德黑兰时报》，2014 年 1 月 20 日；“伊朗核问题：开始对铀浓缩进行限制”，BBC 新闻，2014 年 1 月 20 日，网址：〈http：//www. bbc. co. uk/news/world-middleeast－25805209〉。

续谈判中处理的主要争议问题之一。[50] 尽管临时协议并未明确认可伊朗有权进行铀浓缩，但该协议确实承认，伊朗的铀浓缩计划可以继续并成为任何全面协议的一部分。"联合行动计划"要求最后步骤包括"共同确认的（伊朗）浓缩计划"以及"与实际需要相符的、各方约定的对浓缩活动范围和水平、能力……以及浓缩铀库存的限制"。[51] 伊朗官员将此解读为，美国和其他大国已经同意伊朗继续无限期地进行浓缩活动。[52]

"联合行动计划"并未指明未来伊朗核计划的最终状态。确切地说，行动计划规定，全面协议将"认定一个较长的期限"，在此后"将以对待 NPT 任何无核武器成员国一样的方式来对待伊朗核计划"。[53] 部分临时协议的批评者抱怨称，这一"日落条款"为某一天伊朗浓缩能力不受制裁也不受特别约束做了准备；那时，伊朗就能建设作为"正常"NPT 无核武器成员国所拥有的工业化铀浓缩能力。[54]

## 伊朗与 IAEA 签署的框架协议

2013 年 11 月 11 日，IAEA 总干事天野之弥与伊朗原子能组织（AEOI）主席萨利希在德黑兰签署协议，提出旨在加强"确保伊朗核计划和平性质"的框架。[55] 10 月 28—29 日，伊朗和 IAEA 官员在维也纳举行会谈，之后达成该协议。[56] 此前自 2012 年 1 月以来，伊朗与 IAEA 已进行十次接触，但未能就 IAEA 对伊朗未申报核活动进

〔50〕 例如，见 D. G. Kimball，"伊朗协议第一阶段之后"，《今日军控》，第 43 卷，第 10 期（2013 年 12 月）。

〔51〕 "联合行动计划"（同注释［18］），第 4 页。

〔52〕 "扎里夫称协议认可伊朗浓缩计划"，新闻电视台（伊朗），2013 年 11 月 24 日，网址：〈http：//www. presstv. com/detail/2013/11/24/336364/iran-right-to-enrich-recognized-zarif/〉。

〔53〕 "联合行动计划"（同注释［18］），第 4 页。

〔54〕 M. B. Reiss 和 R. Takeyh，"不要被伊朗欺骗"，《外交》杂志，2014 年 1 月 2 日。

〔55〕 国际原子能机构，"IAEA 与伊朗就合作框架签署联合声明"，新闻稿，2013/21，2013 年 11 月 11 日，见网址：〈http：//www. iaea. org/newscenter/pressreleases/2013/prn201321. html〉。

〔56〕 "伊朗与 IAEA 称谈判'富有成效'"，新闻电视台（伊朗），2013 年 10 月 29 日，网址：〈http：//www. presstv. com/detail/2013/10/29/331924/iraniaea-talks-very-productive/〉。

行核查的范围和次序达成一致。在新协议中，双方承诺将“进一步就 IAEA 进行的核查活动开展合作以解决当前和过去的问题”。[57]

框架协议的附件列出伊朗在三个月内将进行的六个初始步骤。这些步骤包括，伊朗承诺允许 IAEA 核查人员自 2005 年以来第一次进入霍尔木兹甘省阿巴斯港附近的加钦铀矿，并为核查人员提供关于该地自然铀储量的更多信息。伊朗还同意该组织核查人员进入阿拉克附近未受监督核查的重水生产厂。[58] 12 月 8 日，核查人员自 2011 年以来第一次进入该工厂，提取了设施中生产的重水样本。[59] 萨利希强调，根据与 IAEA 签署的监督保障协定，伊朗并无义务允许这样的核查行动，该国同意这么做是为解决核计划争议释放的“善意”。[60]

除了这些步骤，伊朗在附件中同意向 IAEA 提供该国计划为生产医用同位素建设的 4 个新研究反应堆以及指定用于未来建设核电站的 16 个场所的相关信息。伊朗还承诺澄清先前几份关于计划生产更多离心浓缩装置的声明以及 2010 年宣布发展激光浓缩技术的总统声明。[61]

框架协定并未明确提及 IAEA 正在对伊朗核计划“可能的军事目的”进行核查。伊朗被指称进行的武器相关活动包括：与研发核武有关的高能爆炸试验；中子源点火器和引爆器试验；将核弹头安装到导弹上；装备、发射、引爆装置的研发工作；以及被指称弹头研究的采购活动。多数被指称的武器相关活动发生在 2003 年之前，但 IAEA 怀疑有些活动延续至今。[62] 伊朗对上述指控进行驳斥，称其毫无根据，是敌对的外国情报部门伪造、捏造出来的。

在天野之弥 2013 年 11 月提交给 IAEA 理事会的关于伊朗监督保

---

〔57〕 国际原子能机构（同注释［55］）。

〔58〕 工厂生产的重水将被用于运行正在同一地点建设的 IR－40 反应堆。

〔59〕 “联合国核查人员抵达伊朗核计划相关场所”，路透社，2013 年 12 月 8 日。

〔60〕 “伊朗与 IAEA 就未来合作‘路线图’达成一致”，《德黑兰时报》，2013 年 11 月 11 日。

〔61〕 国际原子能机构（同注释［55］）。关于 2010 年的总统声明，参见“伊朗在激光技术方面的最新进展”，伊朗新闻电视台，2010 年 2 月 8 日，网址：〈http://www.youtube.com/watch? v＝8snVEsyzvK4〉。

〔62〕 IAEA 的关切由该机构理事会提出，“伊朗伊斯兰共和国执行 NPT 全面保障监督协议和安理会决议相关规定的情况”，总干事报告，GOV/2011/65，2011 年 11 月 8 日。

障协议执行情况的报告中，他解释称，“合作框架协议附件中列入的实际措施所未解决的突出问题，包括此前总干事向理事会提交报告中认定的问题，将在后续步骤中处理”。[63] 一些分析家认为，这反映出 IAEA 的战术变化，该机构决定从争议性较小的透明度问题入手，在下一阶段处理伊朗核计划可能具有军事意图的主要关切。[64] 在需要处理的争议问题中，还包括该机构要求进入位于德黑兰附近帕琴的大型军事生产基地。IAEA 从成员国获得的信息断定，在帕琴的某一设施被用来进行高爆试验，有些试验使用了铀，与发展核武器的计划有关。[65]

12 月 11 日，来自 IAEA 和伊朗的官员在维也纳见面，审议执行框架协议初始步骤的进程。IAEA 官员称，双方将在 2014 年初启动会谈，就根据框架协议进行一系列后续步骤进行磋商，包括讨论该机构对伊朗核计划可能用于军事目的关切。[66]

### 通往全面解决

2013 年伊朗与“五常 + 1 国家”谈判取得的进展标志着这两套平行进行但相互分开的谈判路径在成效方面的汇合。两套谈判都有助于另一套谈判推出实用的透明性及建立互信措施。然而，这两套谈判都留下未解决的重要问题和挑战，其中有两个问题最突出：划定伊朗核计划可被允许的范围，这一范围可消除对该国生产核武器的关切；指明消除对伊朗核活动可能用于军事意图质疑的条件。

---

〔63〕 国际原子能机构，GOV/2013/56（同注释［25］），第 11 页。

〔64〕 D. Albright 和 A. Stricker，“伊朗与 IAEA 的谈判轨迹”，科学和国际安全研究所（ISIS）报告，2013 年 11 月 26 日，网址：〈http://isis-online.org/isis-reports/category/iran/#2013〉。

〔65〕 关于批评帕琴是进行秘密核活动的地点，参见 R. Kelley，“国际原子能机构和帕琴：疑问与关切”，SIPRI Expert Comment，2003 年 1 月 18 日，网址：〈http://www.sipri.org/media/expert-comments/18jan2013_IAEA_Kelley〉。

〔66〕 “伊朗和 IAEA 举行富有成效的核谈判，下一次会议将在 1 月 21 日举行”，路透社，2013 年 12 月 11 日。

双方能否克服相互猜疑并消除在某些情况下目标和优先考虑的不一致，以取得通往最终解决伊朗核争议的建设性进展。在这一年结束时，对此仍有相当大的疑问。

（王忠友　译）

# 第二节 朝鲜核计划

香农·N·基尔

2013 年 2 月 12 月，朝鲜民主主义人民共和国（DPRK 或称朝鲜）宣布，该国已在位于东北地区的咸镜北道丰溪里的坑道内成功进行了第三次地下核试验。朝方公告称，与 2006 年和 2009 年进行的两次核爆试验相比，此次试验使用的核装置更小更轻却爆炸力更强。[1] 无法独立证实朝鲜声称的试验了小型化核设施，[2] 也无法根据试验后收集的放射性气体样本来判定此次核装置是使用高浓铀作为裂变材料，还是该国先前两次试验被认为使用的钚。[3]

据朝鲜官方通讯社报道，实施此次试验是为了“保护国家安全和主权”，反对“美国通过凶恶的敌对行动肆意破坏（朝鲜）为和平目的发射卫星的合法权利”。[4] 朝方是指美国发起并于 2013 年 1 月 22 日通过联合国安理会第 2087 号决议，该决议谴责朝鲜在前一个月发射远程火箭将卫星送入轨道的行为。[5] 朝鲜重申其享有根据国际法为和平目的利用外空的权力，对于将科学卫星发射诬陷为远程弹道

---

〔1〕 朝鲜中央通讯社（KCNA），“朝鲜中央通讯社对成功进行第三次地下核试验的报道”，2013 年 2 月 12 日；“朝鲜进行最大一次核试验”，BBC 新闻，2013 年 2 月 12 日，网址：〈http：//www. bbc. co. uk/news/world-asia－21421841〉。朝鲜中央通讯社是朝鲜国家新闻机构，其报道可在驻东京的朝鲜通讯社的网站上找到，网址：〈http：//www. kcna. co. jp/〉。

〔2〕 W. J. Broad，“藏而不露的国家让专家无法得到线索来判断其核计划”，《纽约时报》，2013 年 2 月 12 日。

〔3〕 关于此次核试验的详细内容，参见本卷第六章第六节。关于 2006 年 10 月和 2009 年 5 月进行的前两次核试的情况，参见 V. Fedchenko 和 R. Ferm Hellgren，“1945 年至 2006 年的核爆试验”，《SIPRI 年鉴 2007》；V. Fedchenko，“1945 年至 2009 年的核爆试验”，《SIPRI 年鉴 2010》。

〔4〕 朝鲜中央通讯社（同注释［1］）。

〔5〕 联合国安理会第 2087 号决议，2013 年 1 月 22 日；联合国安理会，“安理会第 2087 号决议（2013）谴责朝鲜民主主义人民共和国使用弹道导弹技术发射”，Press Release SC/10891，2013 年 1 月 22 日，网址：〈https：//www. un. org/News/Press/docs/2013/sc10891. doc. htm〉。

导弹试验这一“双重标准的极端做法”，朝鲜不予理睬。[6] 1 月 24 日，朝鲜国防委员会警告称，为回应“非法决议”，该国将发射“各种卫星和远程火箭”并实施“更高水平的”核试验，但朝方未给出行动日期。[7] 在 2006 年和 2009 年，朝鲜曾以类似的表述回应联合国安理会对其远程火箭发射的谴责并最终进行了核试验。

## 对朝鲜核计划的反应及其后果

尽管朝鲜进行第三次核试验并非意料之外，但其公告引起国际社会的强烈谴责。朝鲜最重要的盟友中国也发表了抗议，要求朝鲜“停止任何可能导致局势恶化的言辞和行动，尽快回到对话和磋商的正确轨道上来”。[8]

经过多日讨论，2013 年 3 月 7 日联合国安理会一致通过了第 2094 号决议，要求朝鲜“以完全、可核查、不可逆的方式放弃所有核武器及已有的核计划”，并停止进行新的核试验或弹道导弹试验，以无核武器国家的身份重返 1968 年《不扩散核武器条约》(NPT)。[9] 新决议是安理会第五次对朝鲜核计划和弹道导弹计划实施制裁（见表 7.2）。决议设定了进一步封锁用以支持朝鲜非法活动的金融交易和大宗现金转移的手段，还加强各国检查可疑货物的权利，以及禁止与朝鲜有关联的货轮停泊港口和货运飞机飞越领空的权利。

---

〔6〕 朝鲜中央通讯社（KCNA），“朝鲜外交部长反驳联合国安理会禁止朝鲜进行卫星发射的‘决议’”，2013 年 1 月 23 日。联合国安理会决议禁止朝鲜进行类似的发射行动，因为卫星发射所使用的技术可以直接用于发展弹道导弹。

〔7〕 朝鲜中央通讯社（KCNA），“朝鲜国防委员会发表声明反驳联合国安理会决议”，2013 年 1 月 24 日。

〔8〕 D. Chance 和 J. Kim，“朝鲜核试验引发包括中国在内的各国的愤怒”，路透社，2013 年 2 月 12 日。对中国反应的综合性分析，参见 M. Duchâtel 和 P. Schell，“中国对朝政策：经济接触及核裁军”，《SIPRI 政策报告》，第 40 号（SIPRI：斯德哥尔摩，2013 年 12 月）。

〔9〕 联合国安理会第 2094 号决议，2013 年 3 月 7 日；联合国安理会，“安理会通过强化对朝鲜民主主义人民共和国的制裁来回应 2 月 12 日的核试验”，新闻稿 SC/10934，2013 年 3 月 7 日，网址：〈http://www.un.org/News/Press/docs/2013/sc10934.doc.htm〉。NPT 条约的内容概要及其他详细内容，见本卷附件 A 第一部分。

**表 7.2 联合国安理会对朝鲜核及弹道导弹活动施加制裁的决议**

| 日期 | 决议 | 主要条款 |
|---|---|---|
| 2006 年 7 月 15 日 | 1695 号 | 谴责朝鲜于 2006 年 7 月 5 日发射多枚导弹；禁止会员国向朝鲜出售或转让弹道导弹材料和技术或大规模杀伤性武器相关物项 |
| 2006 年 10 月 14 日 | 1718 号 | 谴责朝鲜于 2006 年 10 月 9 日进行的核试验；呼吁会员国对进出朝鲜的被怀疑非法贩运核、生物或化学武器及其相关材料的货物进行检查；对与朝鲜核计划有关联的实体实施贸易和金融限制；禁止向朝鲜出口某些奢侈品；禁止向朝鲜出售、供应或转让军舰、作战坦克、作战飞机、攻击直升机、大口径火炮、导弹或导弹运载系统；设立制裁委员会来监督或评估制裁并定期向安理会报告 |
| 2009 年 6 月 12 日 | 1874 号 | 谴责朝鲜于 2009 年 5 月 25 日进行的核试验；将制裁范围扩大到禁止朝鲜所有武器出口和除小武器外的进口；禁止为提供、制造、维护或使用大规模杀伤性武器和导弹系统而进行的金融交易、技术培训或援助；设立一个七人专家小组来协助第 1718 号决议成立的制裁委员会工作 |
| 2013 年 1 月 22 日 | 2087 号 | 谴责朝鲜于 2012 年 12 月 12 日进行的远程火箭发射；为此前安理会通过的制裁措施设定新的目标 |
| 2013 年 3 月 7 日 | 2094 号 | 谴责朝鲜于 2013 年 2 月 12 日进行的第三次核试验；更新受制裁的设备和技术清单以及个人和实体清单；授权各国检查所有在该国领土范围内或经过其领土的进出朝鲜的货物 |

**资料来源**：联合国对朝鲜问题文件，联合国安理会决议，安理会报告，网址：〈http：//www. securitycouncilreport. org/un-documents/dprk-north-korea/〉。

朝鲜驳斥第 2094 号决议是又一次“骗局”，认为联合国安理会被“滥用来实施美国的敌对政策”，以损害朝鲜及其政治制度。[10] 3 月 8 日，朝鲜国家通讯社发布的一份声明宣布了一系列反制措施，包括军队最高司令部宣称 1953 年签署的朝鲜停战协定及所有与韩国签

〔10〕 朝鲜中央通讯社（KCNA），“外交部抨击联合国安理会追加‘制裁决议’”，2013 年 3 月 9 日。

署的不侵犯协定“完全无效”。[11] 朝鲜声明还表示，作为两国之间最后联系的军事热线将被立即切断。[12]

朝鲜宣布采取报复性措施的背景是，美国韩国开始年度联合军事演习所造成的紧张局势升温。2013 年 3 月 29 日，美国战略轰炸机飞过韩国上空被报道后，朝鲜国家媒体称，该国领袖金正恩指示导弹进入射击待命状态，随时攻击包括美国本土和美军在太平洋基地在内的美国目标以及韩国。[13] 尽管军事分析人员不认为朝鲜有能力使用弹道导弹攻击美国本土，但并未排除朝鲜攻击附近目标的可能性。[14] 作为回应，美国在关岛部署末段高空区域防御系统（THAAD）机动导弹拦截系统来加强其在地区的导弹防御能力。[15] 美政府已在 3 月早些时候宣布，计划在 2017 年之前在阿拉斯加和加利福尼亚的两个基地部署更多陆基导弹拦截器。美官员表示这一决定在某种程度上是一种政治信息，目的是向东北亚的盟友保证，美愿意投入重要防卫资源来制止朝鲜的“不理性行动”。[16]

### 朝鲜核武器作用增大

4 月 2 日，朝鲜原子能总局宣布将“重新调试并重新启动所有位于平安北道宁边的主要核设施的设备”。[17] 重启宁边设施似乎反映出朝鲜领导人决定优先考虑将核武器作为该国防卫计划和国家安全战略

〔11〕 朝鲜中央通讯社（KCNA），“朝鲜和平统一委员会：保卫国家主权、尊严及国家最高利益的重要手段”，2013 年 3 月 8 日。朝鲜分别在 1994 年、2003 年和 2009 年作出了类似声明。

〔12〕 朝鲜中央通讯社（同注释［11］）。

〔13〕 朝鲜中央通讯社（KCNA），“金正恩召集作战会议，最后检查批准火力攻击计划”，2013 年 3 月 29 日。

〔14〕 J. Mullen 和 C. E. Shoichet，“国家媒体称朝鲜准备好火箭攻击美国目标”，CNN 国际新闻频道，2013 年 3 月 29 日，网址：〈http：//edition. cnn. com/2013/03/28/world/asia/northkorea-us-threats/index. html〉。

〔15〕 “朝鲜威胁：美国将导弹防御移向关岛”，BBC 新闻，2014 年 4 月 4 日，网址：〈http：//www. bbc. co. uk/news/world-us-canada－22021832〉。

〔16〕 T. Shanker、D. Sanger 和 M. Fackler，“美国支持导弹防御以威慑朝鲜”，《纽约时报》，2013 年 3 月 15 日。

〔17〕 朝鲜中央通讯社（KCNA），“朝鲜要调试已有核设施”，2013 年 4 月 2 日。关于宁边设施的情况，见本卷第六章第九节。

的核心要素。[18] 朝鲜宣称这一行动的目的是“发展自力更生的能源产业”来发电，同时“从质量和数量两方面加强核武装力量”。[19] 这种双重目的符合该国新“战略路线”，即所谓的“并进路线”，该路线是金正恩 3 月 31 日在朝鲜劳动党中央委员会全体会议讲话时提出的。[20] 新路线要求在建设国家经济的同时建设核力量，作为该国所谓“先军”政策的核心。金正恩解释称，这种同步方式将“在不增加国家防务预算的情况下以很小花费进一步强化国家的防御能力，同时花大力气进行经济建设来改善人民生活水平”。[21] 金正恩强调，朝鲜的核武器是阻止美国侵略不可或缺的，核武器“不是用作换取美元或旨在迫使（朝鲜）解除武装的谈判桌上的政治筹码”。[22]

金正恩的讲话凸显出朝鲜与美国、日本、韩国之间就旨在缓解朝鲜半岛紧张局势开展对话的范围和步骤顺序问题上存在巨大分歧。4 月 14 日，美国国务卿约翰·克里指出，美国及其盟友愿意与朝鲜举行会谈，但同时重申朝鲜必须首先停止制造威胁并采取切实步骤证实该国认真对待无核化。[23]

除了其他试图缓解紧张的迹象，朝鲜也并未排斥美国提议的对话。[24] 然而，4 月 18 日朝鲜国防委员会发表声明称，要求朝鲜在任何谈判开始之前“展示‘无核化意愿’”是“愚蠢且强盗式的”做法。[25] 声明提出了朝鲜接受对话的条件，包括要求联合国安理会必

---

〔18〕 Duchâtel 和 Schell（同注释［8］），第 1—2 页。

〔19〕 朝鲜中央通讯社（同注释［17］）。

〔20〕 “2013 年 3 月 31 日金正恩在朝鲜劳动党中央委员会全体会议上的报告和讲话”，North Korea Leadership Watch，网址：〈http：//nkleadershipwatch. wordpress. com/kim-jong-un/kim-jong-uns-report-and-remarks-at-kwp-central-committee-meeting－31－march－2013/〉。关于“并进路线”，见 Duchâtel 和 Schell（同注释［8］），第 21 页。

〔21〕 “2013 年 3 月 31 日金正恩在朝鲜劳动党中央委员会全体会议上的报告和讲话”（同注释［20］）。

〔22〕 朝鲜中央通讯社（KCNA），“对朝鲜劳动党中央委员会全会的报道”，2013 年 3 月 31 日。

〔23〕 A. Mohammed 和 K. Takenaka，“克里说美国准备好向朝鲜‘伸出手’”，路透社，2013 年 4 月 14 日。

〔24〕 S.－H. Choe 和 R. Gladstone，“朝鲜放缓语气，给对话带来希望”，《纽约时报》，2013 年 4 月 18 日。

〔25〕 朝鲜中央通讯社（KCNA），“朝鲜国防委员会政策局发表声明”，2013 年 4 月 18 日。

须取消对于过去朝鲜核活动和导弹活动进行的制裁。另外，美国必须从该地区撤走所有的“核战争工具”并停止与韩国进行联合军演。朝鲜提出的条件立即遭到美国和韩国的拒绝。[26]

### 政治和外交进展

2013 年下半年，由于朝鲜和韩国都转向平息那种会担心会爆发武力冲突的日益紧张对抗，双方关系逐步改善。6 月，韩国接受朝鲜就一系列合资项目举行高级别对话的提议，这将是 6 年来朝韩之间首次进行此类对话。[27] 尽管由于双方在具体安排上产生分歧，朝鲜取消了对话，但两国都表示有兴趣重建合作。[28]

同时，韩国和美国加强军事合作来应对朝鲜核武器及弹道导弹能力造成的威胁。10 月 2 日，两国签署针对朝鲜的双边“特制威慑”战略协议。[29] 据报道，新战略要求一旦有明显迹象表明朝鲜即将发动核攻击，美韩就应采取大规模先发制人打击。[30] 然而，韩国媒体报道称，韩国因中国强烈反对而拒绝美国在境内部署先进陆基导弹拦截器和 X 波段雷达系统。[31]

2013 年下半年，为重启六方会谈进行的国际努力收效甚微。中国带头与各方进行一系列讨论来探索重启会谈的选项和条件。[32] 据报道，中国压朝鲜重返谈判，同时在实施联合国针对朝鲜金融交易制

---

〔26〕 H. – W. Jung，“朝鲜对谈判开出强硬条件”，法新社，2013 年 4 月 18 日。

〔27〕 S. – H. Choe，“韩国和朝鲜同意在边境见面”，《纽约时报》，2013 年 6 月 7 日。

〔28〕 “朝鲜取消了边境会谈”，《朝鲜日报》，2013 年 6 月 12 日，网址：〈http：//english. chosun. com/site/data/html_ dir/2013/06/12/2013061200901. html〉。

〔29〕 K. Parrish，“美韩宣布‘特制威慑’战略”，美国国防部，美军新闻局，2013 年 10 月 2 日，网址：〈http：//www. defense. gov/news/newsarticle. aspx? id = 120896〉。

〔30〕 D. Alexander 和 J. Kim，“美韩签署新协议来制止朝鲜核威胁”，路透社，2013 年 10 月 2 日。

〔31〕 “韩美联盟受到地区利益压力”，《朝鲜日报》，2013 年 10 月 2 日，网址：〈http：//english. chosun. com/site/data/html_ dir/2013/10/02/2013100201496. html〉。

〔32〕 Y. Zhang，“外交部长提议重启六方会谈”，《中国日报》，2013 年 9 月 19 日；“谈判代表试图就朝鲜核计划重启六方会谈”，Japan Daily Press，2013 年 11 月 8 日，网址：〈http：//japandailypress. com/negotiators-trying-to-restart-six-party-talks-for-north-koreas-nuclearprogram – 0839225/〉。六方会谈始于 2003 年 8 月，是针对朝鲜核计划的多边谈判平台。六方包括中国（主持谈判）、日本、朝鲜、韩国、俄罗斯和美国。

裁方面加大力度。[33] 然而，没有一方表现出要改变现有立场来重启多边谈判实现朝鲜无核化。[34]

## 僵局持续

2013 年，朝鲜领导人重申，持有核武器是为应对第三次核试验后紧张局势升温引起的未来的不确定性。朝领导人还明确提出了从数量和质量上增强该国核力量，同时结合经济重建的长期战略。在这一年中，日本、韩国和美国都强调不接受朝鲜自称的合法核武器拥有国的定位，也不同意在没有明确的朝鲜无核化承诺的前提下重启六方会谈。这一年结束时，针对朝鲜核计划的外交僵局依然没有取得突破的预期。

（苏晓晖　译）

〔33〕“中国称朝鲜寻求对其核计划的新的谈判”，Bloomberg News，2013 年 6 月 20 日。

〔34〕K. Davenport，“朝鲜提出对话条件”，《今日军控》，第 43 卷，第 9 期（2013 年 11 月）。关于各方在六方会谈中主要目标和优先安排的情况，见 J. Bajoria 和 B. Xu，“朝鲜核问题六方会谈”，Backgrounder，美国对外关系委员会，2013 年 9 月 30 日，网址：〈http：//www. cfr. org/proliferation/six-party-talks-north-koreasnuclear-program/p13593〉。

# 第三节　俄美合作降低核风险

香农·N·基尔

2013 年，俄罗斯和美国对构成两国冷战后共同控制或销毁苏联大规模杀伤性武器、相关材料和运载工具基础的法律安排进行了调整。两国还彻底完成了一份 20 年期限的具有重大影响的削减俄罗斯超额储存武器用高浓铀（HEU）的协议。

## “减少威胁合作计划”的变化

通常被称为“纳恩—卢格计划”的“减少威胁合作计划”（CTR），是根据美参议员萨姆·纳恩和理查德·卢格于 1992 年共同发起最初的授权法案而命名的。该计划在美政府减少伴随苏联解体产生的大规模杀伤性武器相关危险的工作中发挥了中心作用。[1] 该计划由美国国防部（DOD）赞助进行，其直接目标是由美国为白俄罗斯、哈萨克斯坦、俄罗斯和乌克兰提供双边的财政及其他援助，来强化这些国家的核材料安全。此后，在核心的 CTR 计划之外又增加了各种不同的全球相关计划，旨在降低化学、生物、放射性和核（CBRN）武器传播的风险，并防止这些武器落入恐怖分子手中。几大主要倡议目前由美国能源部、国务院和国土安全部管理。[2] 近年来，CTR 计划的重点是减少生物威胁。[3]

---

〔1〕 关于该计划的文献历史，见 T. Blanton、S. Savranskaya 与 A. Melyakova 编，“再看纳恩—卢格计划”，National Security Archive Electronic Briefing Book no. 447，2013 年 11 月 22 日，网址：〈http://www2.gwu.edu/~nsarchiv/NSAEBB/NSAEBB447/〉。关于该项目起源和发展的情况，见 D. Lockwood，“核军控”，《SIPRI 年鉴 1993》，第 566—571 页；I. Anthony 和 V. Fedchenko，“国际不扩散与裁军援助”，《SIPRI 年鉴 2005》。

〔2〕 对美国 CTR 计划活动的综述，见 M. Nikitin 和 A. Woolf，“合作减少威胁的演变：国会面临的问题”，美国国会研究部向国会提交的第 R43143 号报告（美国国会研究部：华盛顿特区，2013 年 7 月 8 日）。

〔3〕 A. F. Woolf、P. K. Kerr 和 M. B. D. Nikitin，“军控和不扩散：条约和协议目录”，美国国会研究部向国会提交的第 RL33865 号报告（美国国会研究部：华盛顿特区，2013 年 7 月 15 日），第 22 页。同时参见本卷第八章第四节。

2013 年6 月14 日，俄罗斯和美国宣布，自1992 年起为在俄实施CTR 计划行动提供了财政和法律框架的“一揽子协议”将被允许到期。[4] 该协议将会被2003 年《俄罗斯联邦核环境多边计划框架协议》（MNEPR）新的议定书取代。[5] MNEPR 曾为各国支持俄罗斯保证乏燃料安全和进行放射性废料管理提供法律框架。[6]

美国国务院称，新框架授权俄罗斯和美国继续在“一系列核安全和不扩散领域”开展工作。[7] 这些领域包括促进核及放射性材料安全、将使用高浓铀的研究反应堆转换为使用低浓铀的反应堆、拆解核潜艇等方面的项目。[8]

新框架并未延续所有的CTR 计划下的活动。特别是，俄罗斯将“在没有美进一步援助的情况下，承担开支并实施”双边合作的两个关键领域：消除弹道导弹和销毁化学武器。这两个领域的项目曾经是美国国防部在俄开展CTR 计划时的资助重点和优先工作。项目为联合消除过剩和废弃的战略攻击武器，以及为销毁苏联时期的化学武器所要建造的设备提供必要支持。这一工作近年来规模缩减，因为关键性的目标和标准已经达到。[9] 俄罗斯和美国承诺“继续讨论销毁化学武器方面开展技术合作的可能性”，但规定这种合作将在新协议之

---

〔4〕 白宫，“美国和俄联邦签署新的双边减小威胁框架协议”，Fact sheet，2013 年6 月17 日，网址：〈http://www.whitehouse.gov/the-press-office/2013/06/17/factsheet-united-states-and-russian-federation-sign-new-bilateral-frame〉。

〔5〕 美国国务院，“美俄核不扩散及核安全合作的新法律框架”，Fact sheet，2013 年6 月19 日，网址：〈http://www.state.gov/r/pa/prs/ps/2013/06/210913.htm〉；《俄罗斯联邦核环境多边计划框架协议》于2003 年5 月21 日签署，2007 年7 月26 日生效，网址：〈http://www.oecd-nea.org/law/mnepr-ratification.html〉。

〔6〕 谈判MNEPR 是为了允许欧洲伙伴根据八国集团“全球伙伴关系”向俄境内的不扩散和放射性净化项目提供资助。

〔7〕 美国国务院（同注释［5］）。

〔8〕 美国国务院（同注释［5］）；D. P. Guarino，“专家认为新美俄安全协定极大缩减规模”，Global Security Newswire，2013 年6 月18 日，网址：〈http://www.nti.org/gsn/article/new-us-russian-security-deal-greatly-scales-back-scope-experts-say/〉。

〔9〕 例如，2014 年美国国防部为消除战略进攻性武器申请的预算大幅降低，因为多数消除活动是2010 年《新削减战略武器条约》的要求，已经完成。Nikitin 和Woolf（同注释［2］），第19—20 页。关于《新削减战略武器条约》的内容概要及其他详细内容，见本卷附件A 第三部分。关于销毁化学武器的情况，见本卷第八章第二节。

外进行。[10]

除了改变计划，俄罗斯推动签署新协定背后还有一个重要因素，就是该国长期对 1992 年一揽子协议包含的责任条款不满。[11] 这些规定保护美国政府及其承包商在俄进行 CTR 计划工作出现事故时不承担俄司法制度下的财政和法律责任。[12] 对比之下，俄美于 6 月 14 日签署的 MNEPR 议定书就减少威胁工作规定了更多的有限责任保护，并通过更强有力的条款来保证俄罗斯政府能够取得法律赔偿。[13]

在一些观察者眼中，减少威胁活动的新双边框架反映出俄美关系自冷战结束后的变化，即向着更平衡的伙伴关系方向发展。[14] 2012 年 10 月，俄罗斯表示不愿意继续 CTR 协议，部分原因是该国不再需要美国提供财政援助来在其领土上实施计划活动，也不希望被看作国际援助的接受者。俄官员也越来越不愿因让美接触防卫相关设施和人员而冒敏感信息泄露的风险。[15]

### 俄美高浓铀协议

冷战结束后，高浓铀的处置成为美俄需要优先处理的问题，两个国家都持有超出防卫需要的材料储备。由于苏联解体，处置俄罗斯核武器复合体中的高浓铀变得格外紧迫。1993 年，俄罗斯和美国签署重要的《高浓铀采购协议》来应对这一挑战，有时这一协议被称为“兆吨换兆瓦”计划。[16]

《高浓铀采购协议》被认为是冷战后旨在减少可用于核武器的核

---

〔10〕 美国国务院（同注释［5］）。

〔11〕《俄联邦和美国关于安全可靠运输、储存和销毁武器及防止武器扩散的协定》（合作减少威胁一揽子协议），1992 年 6 月 17 日签署，2013 年 6 月 17 日到期。

〔12〕 Woolf、Kerr 和 Nikitin（同注释［3］）。双方在美承包商在俄享受免税待遇这一操作层面存在分歧。

〔13〕 Nikitin 和 Woolf（同注释［2］），第 12 页；D. Horner 和 T. Z. Collina，“纳恩—卢格计划规模缩减”，《今日军控》，第 43 卷，第 6 期（2013 年 7/8 月）。

〔14〕 Horner 和 Collina（同注释［13］）。

〔15〕 D. P. Guarino，“专家称，尽管俄罗斯反对，纳恩—卢格计划仍可以延续”，Global Security Newswire，2012 年 10 月 11 日，网址：〈http://www.nti.org/gsn/article/ctr-program-could-survivedespite-russian-objections-experts-say/〉。

〔16〕《俄美有关处置俄罗斯核武器中提炼的高浓缩铀的协议》，1993 年 2 月 18 日签署并生效，网址：〈http://www.armscontrol.ru/start/docs/hcu93t.htm〉。

材料被非法转移风险的合作成果中最成功的。根据协议条款，俄罗斯同意在 20 年时间内将其核武器中的 500 吨高浓铀稀释成低浓铀并送往美国，这些低浓铀被用作美核电站的燃料。该协议由美国铀浓缩公司（USEC）和俄罗斯国有核能公司俄罗斯国家原子能公司的子公司俄罗斯技术装备出口公司（Tenex）签署合同执行，这两个公司的角色是美国和俄罗斯政府的执行机构。2002 年，对合同的原始条款作出调整，以纳入更灵活的以市场为基础的定价机制。[17] 完成协议的总金额约为 170 亿美元。[18]

2013 年 12 月，最后一批来自俄罗斯技术装备出口公司位于克拉斯诺雅尔斯克边疆区兹列诺格尔斯克浓缩厂的经稀释的低浓铀运抵美国，协议执行完成。燃料被送往美国铀浓缩公司在肯塔基州帕杜卡的气体扩散厂，以将其加工成美国核电站使用的燃料组件。自 1995 年起，美国铀浓缩公司购买了超过 1.4 万吨此类低浓铀，相当于削减约 2 万枚核弹头，从俄罗斯进行了 250 多次运送。自那时起，几乎一半的美国核能发电设施都使用过来自俄罗斯的经过稀释的铀燃料，占美国发电量的近 10%。[19]

高浓铀协议结束并不意味着俄美核燃料采购的商业安排中止。2011 年，美国铀浓缩公司与俄罗斯技术装备出口公司签署了直至 2022 年的俄低浓铀供应多年期合同，约为高浓铀协议规定的俄公司供应水平的一半。然而，与高浓铀协议不一样，新协议供应的燃料将来自俄罗斯商业浓缩活动而不是稀释俄武器材料。[20] 美国不承诺将本国库存中等量的高浓铀进行稀释，俄因此拒绝了美国延长高浓铀协议的提议。俄官方声明显示，根据协议消除的 500 吨高浓铀几乎相当

---

〔17〕“‘兆吨换兆瓦’计划结束”，World Nuclear News，2013 年 12 月 11 日，网址：〈http：//www. world-nuclear-news. org/ENF-Megatons-to-Megawatts-program-concludes－1112134. html〉。

〔18〕 J. P. Scoblic，“美俄批准新的‘高浓铀协议’合同”，《今日军控》，第 32 卷，第 6 期（2002 年 7/8 月）。

〔19〕 美国铀浓缩公司，“最后一批‘兆吨换兆瓦’计划燃料运送结束该历史性项目”，新闻稿，2013 年 12 月 10 日，网址：〈http：//www. usec. com/news/final-megatons-megawatts-shipment-completes-historicprogram〉；“‘兆吨换兆瓦’2.0 版：俄罗斯关注与美国能源产业达成新核项目”，RT. com，2013 年 12 月 11 日，网址：〈http：//rt. com/news/heu-leu-agreement-over－037/〉；“‘兆吨换兆瓦’计划结束”（见注释［17］）。

〔20〕 美国铀浓缩公司（同注释［19］）。

于苏联时期储量的一半。[21]

（王忠友　译）

〔21〕 S. Gutterman，“铀运输标志着美俄核协议结束”，路透社，2013 年 11 月 14 日。对俄罗斯与美国民用和军用高浓铀储量的估测，见本卷第六章第十节。

# 第四节　核军控与不扩散多边条约及倡议的进展

香农·N·基尔

尽管国际社会实现核裁军的努力受到重视，但近年来，不少政府和民间社会团体仍表现出对裁军谈判会议（裁谈会）及其他机构在推动多边核裁军进程方面缺乏进展越来越不能忍受。[1] 推动召开另外的核裁军对话的努力在2013年取得进展，首次召开了关于核武器造成的人道主义影响的国际会议。联合国大会也成立了新的无期限工作组（OEWG）来推动促进多边核裁军谈判方面的倡议。[2] 在1968年《不扩散核武器条约》（NPT）2015年审议大会筹备委员会2013年届会上，除了更多传统议程议案，上述类似问题也被提出。[3]

在这一年中，国际社会还将重点放在寻找方式来加强、鼓励旨在防止大规模杀伤性武器传播的多边倡议。这包括召开高级别会议来纪念“防扩散安全倡议”（PSI）提出十周年，在会期期间，参与国对PSI过去十年反扩散活动的功过进行考量。

## 关于核武器造成的人道主义影响的国际会议

2013年3月4—5日，首届关于核武器造成的人道主义影响的会议召开，来自127国政府以及几家联合国机构、国际红十字会和民间

〔1〕 关于裁谈会，见R. Acheson和A. Dalbert，“裁谈会提到奥斯陆会议：是‘分散注意力’还是有力的机遇?”，Reaching Critical Will，2013年3月5日，网址：〈http://www.reachingcriticalwill.org/disarmament-fora/cd/2013/reports/7467 - the-cd-addresses-oslo-a-distraction-or-a-dynamic-opportunity〉。关于裁谈会成员国的名单，见本卷附件B第一部分。

〔2〕 无期限工作组系根据联合国大会第67/56号决议成立，2012年12月3日，第一次会议于2013年3—8月在日内瓦举行。见联合国大会，“针对实现并维护无核武器世界、推动核裁军多边谈判的提议”，联合国秘书长的记录，A/68/514，2013年10月9日；联合国大会第68/46号决议，2013年12月5日。

〔3〕 NPT条约的内容概要及其他详细内容，见本卷附件A第一部分。

社会团体的代表与会。[4] 此次会议由挪威提议、资助，并在奥斯陆举行。

会议的目的是，审议发生事故或故意使用核武器造成的人道主义和环境后果，着眼于在陷入僵局的外交论坛之外为核裁军注入新的动力。这一重点反映出2010年NPT审议大会最终文件的成果，该文件表达了各方对任何情况下使用核武器产生的“灾难性人道主义后果”的深切关注，并重申“需要所有国家始终遵守适用的国际法，包括国际人道主义法”。[5]

会议实质性讨论集中在三个议题上：核武器爆炸产生的直接人道主义影响、更大范围和长期的影响以及核爆炸后人道主义危机防范和响应能力。各节会议的总体结论是，国际社会没有办法为任何规模的核武器使用所产生的影响做好充分的应对准备，因此必须加倍努力剥夺使用核武器的权力并消除核武器。[6] 会议结束时，墨西哥宣布将于2014年主办第二届关于核武器造成的人道主义影响的会议。[7]

五个NPT条约承认的核武器国家——中国、法国、俄罗斯、英国和美国拒绝派出代表参加2013年的会议。3月5日，这些国家在裁谈会发表声明，对设立新的裁军进程表示关切，认为此举会分散对裁谈会正在进行的核裁军工作的注意力和资源投入，并使即将举行的2015年NPT审议大会筹备委员会会议复杂化。[8]

### 2015年《不扩散核武器条约》审议大会筹备委员会会议

2015年NPT审议大会筹备委员会第二届会议于2013年4月22

〔4〕 挪威外交部，“挪威外交大臣埃斯彭·巴特·艾德主持了2013年3月4—5日举行的关于核武器造成的人道主义影响的国际会议”，2013年3月11日，网址：〈http://www.regjeringen.no/en/dep/ud/selected-topics/humanitarian-efforts/humimpact_2013.html〉。

〔5〕 2010年NPT审议大会最终文件，NPT/CONF.2010/50（Vol. I），2010年6月18日，第80段，第19页。

〔6〕 A. Schmitt，“讨论了核武器使用的影响”，《今日军控》，第43卷，第3期（2013年4月）；国际废除核武器运动，“核武器的人道主义影响”，2013年5月4日，网址：〈http://www.icanw.org/action/humanitarian-impact-of-nuclear-weapons-4-5-march/〉。

〔7〕 墨西哥外交部，“第二届关于核武器造成的人道主义影响的会议”，2013年11月30日，网址：〈http://www.sre.gob.mx/en/index.php/humanimpact-nayarit-2014〉。

〔8〕 Acheson和Dalbert（同注释〔1〕）。

日至5月3日在瑞士日内瓦召开，会议主席是来自罗马尼亚的科尔内尔·费鲁塔大使。筹备委员会届会在五年一次的审议大会召开前的三年每年举行一次。此次届会的目标是“审议各项原则、目标和方法，以推动《条约》充分执行，并就此向审议大会提出建议”。[9] 在2013年的会议中，各方审查了2010年NPT审议大会作出承诺的执行情况，并就与NPT三大支柱——核能、核裁军和不扩散相关的广泛问题进行讨论。

会议发表的很多声明都反映出，核武器和裁军的人道主义意义受到更多重视。4月24日，80个无核武器国家组成的一个新成立的名为“人道主义行动”的集团发表了一份联合声明，对核武器灾难性人道主义影响表示深刻关切，并要求把他们的认识“视为一种根本性和全球性的关切，它必须成为所有关于核裁军和核武器不扩散审议中的核心”。[10] 2012年召开的筹备委员会会议也发表了类似的声明，但只吸引了16国签署。[11]

筹备委员会会议中，各方一直就无法召集一次会议讨论建立中东无大规模杀伤性武器（WMD）区进行争论。保证在2012年年底之前召开该会议的承诺，是2010年NPT审议大会最终文件中行动计划的关键内容。[12] 然而，2012年11月，会议召集方——俄罗斯、英国和美国宣布推迟举行会议。[13] 主要障碍在于，以色列和阿拉伯国家在召开无大规模杀伤性武器区会议的条款和条件问题上存在未决分歧。推迟后，也没有为重新安排或举行会议设置截止期限。

4月29日，埃及宣布在筹备委员会会议上中途退场，以此“强

---

〔9〕 1995年NPT审议和延长大会最终文件，1995年5月11日，NPT/CONF. 1995/32 (Part I)，决定1附件。

〔10〕 2015年NPT审议大会筹备委员会第二届会议，关于核武器人道主义影响的联合声明，由南非常驻联合国日内瓦办事处代表明蒂大使发出，2013年4月24日。筹备委员会会议的文件和声明，网址：〈https://www.un.org/disarmament/WMD/Nuclear/NPT2015/PrepCom2013/〉。

〔11〕 2015年NPT审议大会筹备委员会第一届会议，关于核裁军人道主义意义的联合声明，瑞士联邦对外事务部Benno Laggner大使，日内瓦，2013年4月24日，网址：〈https://www.un.org/disarmament/WMD/Nuclear/NPT2015/PrepCom2012/statements.html〉。

〔12〕 2010年NPT审议大会（同注释［5］），第29—31页。

〔13〕 J. Hart，“化学武器军控及裁军”，《SIPRI年鉴2013》，第370页。

烈表示对重新安排中东无核武器区会议不够认真的不满”。[14] 这是NPT 历史上第一次出现此种情况下代表团退场。埃及一直是建立地区无核武器区的主要支持者之一。2013 年早些时候，阿拉伯国家联盟声称，如果不能很快确定会议日期，将考虑抵制即将举行的筹备委员会会议，但没有其他代表团效仿埃及的做法。[15] 然而，很多阿拉伯国家支持埃及的要求，认为未能重新安排会期明显违背 2010 年行动计划，也未能履行 NPT 重要承诺。[16]

### “防扩散安全倡议”峰会

2013 年 5 月 28 日，来自 70 多国政府的代表在波兰华沙举行高级别政治会议，以纪念“防扩散安全倡议”（PSI）10 周年。[17] 该倡议于 2003 年 5 月由时任美国总统的乔治·W·布什宣布发起，包括一套共同原则，参与国可依据这些原则对装载可疑货物的飞机和船只进行搜查，截获非法武器、导弹以及核技术。PSI 有时被认为是“一种行动而不是一个组织”，截至 2013 年底已有 102 个参与国，但尚未设立组织机构或拥有固定人员。[18]

此次高级别会议的主要目标之一是在过去十年经验教训基础上，考虑强化和激发 PSI 在打击大规模杀伤性武器扩散方面作用的方式。[19] 参与国批准了四份提出进一步发展该倡议的实际步骤的联合声明。这些声明包括：通过更常态化和更强有力地执行 PSI 来阻止扩

---

〔14〕 2015 年 NPT 审议大会筹备委员会第二届会议，埃及外交部助理部长 Hisham Badr 大使的发言，日内瓦，2013 年 4 月 29 日。

〔15〕 E. M. Grossman，“针对未能召开中东大规模杀伤性武器峰会，埃及上演中途退场”，Global Security Newswire，2013 年 4 月 30 日，网址：〈http：//www. nti. org/gsn/article/egypt-stages-walkout-over-failure-convene-mideast-wmd-summit/〉。

〔16〕 R. Johnson，“NPT‘不可接受却又持续不断’的失败：埃及中途离场”，Acronym Institute for Disarmament Policy，2013 年 5 月 1 日，网址：〈http：//www. acronym. org. uk/articles-and-analyses/npt-s-unacceptable-and-continuous-failure-egypt-walks-out〉。

〔17〕 美国国务院，“防扩散安全倡议 10 周年高级别政治会议成果”，2013 年 5 月 28 日，网址：〈http：//www. state. gov/r/pa/prs/ps/2013/05/210010. htm〉。

〔18〕 参加国名单见本卷附件 B 第三部分。

〔19〕 对倡议面临的操作、政治和法律挑战的分析，见 A. Dunne，“‘防扩散安全倡议’：法律考虑和操作现实”，《SIPRI 政策报告》第 36 期（SIPRI：斯德哥尔摩，2013 年 5 月）。

散；谈判具有法律约束力的国际条约来对利用商用船只和飞机进行大规模杀伤性武器国际非法交易定罪；分享专业技术和资源来建设拦截能力和实践；拓展到新的国家和公众以扩大 PSI 的全球影响力。依照执行这些步骤，美国和五个其他国家同意在亚太地区轮流进行 PSI 年度演习，以帮助强化伙伴国拦截大规模杀伤性武器相关货物的能力。[20]

在美国，国会批评政府容许 PSI“丧失活力”，证据是自 2009 年以来该倡议拦截活动减少。在此背景下，上述步骤获得批准。[21] 然而，一些观察者指出，由于 PSI 行动具有保密性质，常常涉及敏感情报合作，因此很难判断该倡议的特殊贡献，也难以可靠地评估其总体成本效益。[22]

（苏晓晖　译）

〔20〕 美国国务院（同注释［17］）。

〔21〕 I. Williams，“十年来的‘防扩散安全倡议’”，Arms Control Now，2013 年 5 月 28 日，网址：〈http：//armscontrolnow. org/2013/05/28/proliferation-security-initiative-ten-years-on/〉。

〔22〕 见 Dunne（同注释［19］）；R. Oswald，“共和党议员认为，美国主导的禁止大规模杀伤性武器计划可以做得更多”，Global Security Newswire，2013 年 3 月 14 日，网址：〈http：//www. nti. org/gsn/article/us-ledwmd-interdiction-program-could-do-more-gop-critics-say/〉。

# 第八章　降低源于化学品和生物材料的安全威胁

## 概　　述

约翰·哈特

2013年，各国继续制订战略，防止并解决有毒化学品和生物材料滥用造成的后果。上述部分活动是在环境和人类健康框架内开展的，其他活动则是在安保和防务领域展开。针对化学和生物战的主要法律文书是1993年的《化学武器公约》（CWC）和1972年的《生物及毒素武器公约》（BTWC）。上述公约影响着关于生化武器威胁的相关考虑和应对措施、对过往计划的理解、生物或化学武器使用的指称、可能的备用计划的性质，以及旨在确保科学技术不被误用于敌对目的或战争手段的努力。

2013年间源于化学品或生物材料威胁的最重大情况与叙利亚有关（见本章第一节）。继叙利亚政府于2012年承认拥有化学武器后，2013年一系列更为严重的指称、军事干预的威胁以及试图中的国际调查，最终导致一支在联合国秘书长指导下工作的国际视察组进入叙利亚。视察组的报告确认内战中使用了化学武器，但未明确何方使用。这一报告是叙利亚成为《化学武器公约》缔约国的原因之一。

作为《化学武器公约》缔约国，叙利亚就其化学武器库存作出正式申报，并就将化学武器剂及其前体运出叙领土销毁达成协议。在联合国裁军事务办公室（UNODA）、禁止化学武器组织（OPCW）、世界卫生组织（WHO）和包括国家实验室在内的其他机构的合作安排框架内，一项涉及多个方面且不断发展的视察和核查工作得以展开。然而，叙利亚政府继续否认其曾使用化学武器，在其初始申报中未提及任何国际视察员确认曾在8月21日胡塔使用的2种化学武器。

《化学武器公约》第三次审议大会和第十八届缔约国大会受到国际社会的极大关注，部分原因缘于对叙利亚持续冲突的关注，以及美国政府决定不因叙利亚使用化学武器而发动攻击，以此换取其经核查的化学武器裁军（见第二节）。美国政府在此前数月曾多次表示冲突中使用化学武器将构成“红线”，并导致“严重后果”，这被广泛理解为军事卷入。2013 年，禁化武组织因其“为消除化学武器作出的巨大努力”而赢得诺贝尔和平奖。

2013 年，《生物和毒素武器公约》缔约国两次召开会议。这是 2011 年第七次审议大会同意举行的专家和缔约国四次会间会的第二部分。会议集中讨论了科技发展、建立信任措施，特别是是否及如何确定缔约国遵约（见第三节）。

生命科学双用途研究的发展，即具有军事使用潜力的科学研究，包括终止俄美之间长期开展的合作减少威胁项目——该项目近来的重点是减少生物威胁（见第四节）。发现一种新的肉毒神经毒素的研究人员决定，考虑到该毒素对公众健康构成的严重威胁，在未研发有效的毒素抗体之前，不向公开的核苷酸序列存储库提交该毒素的排序数据。一项研发 3D 打印机之生物对应计划的公告，说明了公众可获得这一核苷酸序列所构成的威胁，即这类数据可用于对病毒性质微生物进行排序。

（沈　桦　译）

# 第一节　化学和生物武器计划

约翰·哈特

2013 年关于化学和生物武器计划的怀疑和使用，集中于叙利亚的化学武器相关动态。然而，美国的两个法律案例说明了国内立法在履行国际禁用此类武器方面的范畴和适用性。此外，伊拉克于 6 月宣布其发现了一个基地组织旨在制造硫芥气、沙林，并在欧洲和美国展开攻击的化学武器计划。[1]

## 叙利亚

2013 年，在不断恶化的武装冲突背景下，叙利亚出现了各种与化学武器相关的事件和指控。叙利亚冲突的化学武器问题在负责国际和平与安全的各种机构和框架内——包括联合国、联合国大会人权理事会、国际刑事法庭、禁止化学武器组织、世界卫生组织和国家安全及防务系统（即实验室、情报机构，以及化学武器探测、防护和响应网络以及相关能力）——成了重要和公开的关注点。尽管各方试图把保持高层政治讨论与技术和操作问题分开，特别是对化学武器与化学武器降解产物样品的采集和分析，但这些努力并不都是成功的。

禁化武组织与联合国安理会和世界卫生组织在过去一年中制订的综合性合作安排，始于 3 月在联合国秘书长权限下制定的调查化学武器指称使用的视察行动。由于在视察授权上的分歧，上述行动直到 8 月 18 日才得以进入叙利亚。政治局势在 8 月 21 日发生转变。据广泛且可信的报道，当天在大马士革附近的胡达发生的一次攻击中，超过 1000 人被一种未知的化学剂感染。继联合国行动报告结论中认定叙

〔1〕 伊拉克发现基地组织“化学武器阴谋”，英国广播公司，2013 年 6 月 1 日，网址：〈http：//www. bbc. co. uk/news/world-middle-east－22742201〉；M. al-Qisi，“伊拉克安全部队关闭基地组织化武工厂”，al-Shorfa. com，2013 年 6 月 12 日，网址：〈http：//al-shorfa. com/en_ GB/articles/meii/features/2013/06/12/feature－02〉；以及 R. Saeed，“叙利亚化武构成地区威胁：分析”，al-Shorfa. com，2013 年 8 月 6 日，网址：〈http：//al-shorfa. com/en_ GB/articles/meii/features/2013/08/06/feature－01〉。

利亚境内使用化学武器后，在纽约联合国总部和海牙禁化武组织总部同步进行的程序也在相关国家中（包括叙利亚、俄罗斯和美国）达成了一致的协议。9 月 12 日，叙利亚同意加入 1993 年的《化武公约》；9 月 27 日，禁化武组织执行理事批准一份销毁计划，呼吁叙利亚在 2014 年 6 月 30 日前销毁其库存。[2] 视察行动由此正式转化为禁化武组织和联合国的销毁行动。

一年中，国际社会（特别是法国、英国和美国）一直在辩论如何应对叙利亚局势，以及是否进行军事干预。然而，到 9 月份在确定化学武器的使用后，关于如何做的讨论则因叙利亚加入《化武公约》而转变（即，转为确认叙利亚向禁化武组织的申报是否完整和准确，以及如何以可核查的方式销毁该国的化学武器计划和库存）。

值得一提的是，尽管叙利亚政府申报拥有化学武器，但却否认曾使用化武。[3] 俄罗斯在联合国、禁化武组织执行理事会及其他场合均支持叙政府上述立场。最终，叙利亚政府对于其向禁化武组织提供的保密申报内容被其他缔约国引用，并由此导致本应是技术问题的核查和销毁程序被政治化，表示遗憾。[4]

**指称和评估**

继叙利亚政府 2012 年 7 月承认拥有化学武器后，2012 年结束时，国际社会的讨论集中于在巴沙尔总统政权万一垮台的情况下如何确保化学武器库和设施的安全。[5] 2013 年 1 月，以色列据称袭击了位于大马士革北部的叙利亚科学学习和研究中心，该中心曾被怀疑与化学和生物武器计划有关而受到国际制裁。[6]

---

〔2〕 欲了解《禁止发展、生产、储存和使用化学武器及其销毁的公约》的概述和其他细节，请见本卷附件 A 第一部分。与化武公约相关的文件可以在禁止化学武器组织的网页上获取，网址：〈http：//www. opcw. org/documents-reports/〉。

〔3〕 叙利亚（12 月）在禁化武组织的声明说明了这一点。缔约国第 18 次大会，叙利亚阿拉伯共和国，2013 年 12 月 2 至 6 日，网址：〈http：//www. opcw. org/index. php?eID = dam_ frontend_ push&docID = 16905〉（阿拉伯文）。

〔4〕 禁化武组织（同注释〔3〕）。

〔5〕 关于 2012 年的情况，见 J. Hart，“化学和生物武器计划”，《SIPRI 年鉴 2013》，第 376—380 页。

〔6〕 D. E. Sanger、, E. Schimitt 和 J. Rudoren，“以色列对叙利亚攻击的面纱一点点被揭开”，《国际先驱论坛报》，2013 年 2 月 4 日，第 1、4 页。

整个2013年，指称使用化学武器录像的数量和化学武器指称的相关评论一直在增加。[7] 3月12日，美国国家情报总监克莱普在美国国会情报专门委员会表示，“据我们评估，叙利亚拥有一个非常活跃的化学战计划，并保有硫芥气、沙林和VX。据我们评估，叙利亚拥有的可用于投送化学武器毒剂的武器包括导弹、空投炸弹，还可能包括火箭”。他还表示，“叙利亚可能具备有限的毒剂生产能力。尚不知道叙利亚是否在有效的投送系统中成功将生物剂武器化，但叙拥有的常规和化学武器系统可以改装用于生物剂的投送”。[8]

3月19日，有指称表示叙利亚政府军或者反政府军使用了化学武器。俄罗斯外交部表示，一枚装填有不明化学剂的化学弹药爆炸，造成16人死亡，约100人受伤。[9] 反政府军据称表示，化学武器曾在Khan al-Assal（位于北部的阿勒颇省）和Ataybah地区（大马士革郊区）使用过。[10] 以色列内阁的两名成员据称曾于3月20日表示发生了化学武器使用情况，但据一位未披露姓名的美国高级官员表示，以色列总理内塔尼亚胡在他与美国总统奥巴马举行的私下会晤中“尚未拿出袭击的结论性证据”。当时奥巴马正在以色列进行国事访问。[11]

3月20日，联合国秘书长潘基文收到叙利亚政府关于调查一例3月19日发生于Khan al-Assal的指称化武使用的申请。[12] 3月21日，联合国宣布将与禁化武组织和世界卫生组织合作启动调查，即联合国

---

〔7〕 频道集锦见“叙利亚频道清单”，Brown Moses的博客，2013年3月11日，网址：〈http://brown-moses.blogspot.com/2012/06/syrian-channel-listings.html〉。

〔8〕 J. R. Clapper，美国国家情报总监，美国情报总监办公室，“美国情报部门对全球威胁的评估”，声明纪录，美国参议院，情报委员会，2013年3月12日，网址：〈http://www.dni.gov/index.php/newsroom/testimonies/194 - congressional-testimonies - 2013/816 - statement-for-the-record-world wide-threat-assessment-of-the-u-s-intelligence-community〉，第8页。

〔9〕 俄罗斯外交部，“俄罗斯外交部新闻和信息司关于叙利亚非法武装组织使用化武的评论”，声明534—19—03—2013，网址：〈http://www.mid.ru/brp_4.nsf/newsline/956AFD3F61A3A6EA44257B33004BDE03〉（俄文）。

〔10〕 M. Landle和R. Gladstone，“奥巴马说化学品将成为叙利亚的游戏改变者”，《纽约时报（国际版）》2013年3月20日。

〔11〕 Landle和Gladstone（同注释〔10〕）。

〔12〕 禁化武组织执行理事会，“总干事在执行理事会第32次会议上的声明”，EC－M－32/DG.1，2013年3月27日，第二段。

调查在叙利亚指称使用化武行动，“调查由叙利亚政府提请秘书长注意的一例具体事件”。[13] 上述行动由一名瑞典化学武器专家艾克·塞尔斯物伦领导。此项行动的基地位于塞浦路斯，并由联合国裁军事务办公室执行，但大部分成员是禁化武组织视察员，以及世界卫生组织的人员。在是否仅调查叙利亚政府的指控还是也调查叙利亚反政府组织的其他指控问题上，联合国安理会成员意见不一致。法国和英国政府要求秘书长应调查在叙利亚境内其他数个地点遭指控的化学武器使用。[14]

4 月，奥巴马总统指示美国情报机构“寻找可靠的和经证实的情报，并在一定把握的基础上确定事实”。[15] 4 月 30 日，他表示“我们现在掌握的是叙利亚境内化学武器被使用的证据，但我们不清楚化武是如何使用的、使用的时间以及谁使用了化武。如果我们在没有确切有效的证据前匆忙作出结论，我们会陷入不能得到国际社会支持我们行动的境地”。[16]

4 月末，未具名的情报评估报道，叙利亚拥有 100—200 个装填沙林的飞毛腿弹头，以及“数千”枚装填沙林和 VX（单独装填）的炮弹。阿勒颇外的 al-Safira 镇据怀疑建有叙利亚生产包括沙林化学武器的主要设施，据称 4 月袭击上述设施的反政府武装中包括叙利亚人民支持阵线部队。[17]

---

〔13〕 联合国，“潘基文：关于叙利亚政府要求的新闻直击”，联合国网络电视，2013 年 3 月 21 日，网址：〈http：//webtv. un. org/topics-issues/un-secretary-general/watch/ban-ki-moon-pressencounter-on-syrian-government-request/2241903792001〉。联合国秘书长关于成立此类调查团的授权部分基于两份决议：联大决议 42/37，1987 年 11 月 30 日；联合国安理会决议 620，1988 年 8 月 26 日。3 月 27 日，禁化武组织总干事授权“将禁化武组织的资源交由秘书长”，以支持调查。禁化武组织执行理事会“执行理事会在理事会 2013 年 3 月 27 日会议后的声明”，EC－M－32/2/Rev. 1，2013 年 3 月 27 日。

〔14〕 禁化武组织，EC－M－32/DG. 1（同注释〔12〕）。

〔15〕 白宫，“负责战略沟通的国家安全副顾问 Ben Rhodes 关于叙利亚化武使用的声明”，2013 年 6 月 13 日，网址：〈http：//www. whitehouse. gov/the-pressoffice/2013/06/13/statement-deputy-national-security-advisor-strategic-communications-ben－〉。

〔16〕 白宫，“总统新闻发布会”，新闻吹风，2013 年 4 月 30 日，网址：〈http：//www. whitehouse. gov/the-press-office/2013/04/30/news-conference-president〉。

〔17〕 C. 弗里曼，“叙利亚：基地组织为控制阿萨德化武工厂的战斗”，《每日电讯报》，2013 年 4 月 27 日。

5月，联合国人权事务委员会于2011年8月设立的调查叙利亚独立国际委员会成员卡拉·德尔·蓬特告诉瑞士媒体，相关证词表明反政府成员曾在冲突中使用沙林，她亦未排除叙利亚政府军曾使用化学武器的可能性。[18] 5月31日，俄罗斯外长拉夫罗夫敦促对叙利亚化学武器使用问题做出全面、公开说明。[19]

6月，调查叙利亚独立国际委员会记录了“化学剂使用”。尽管委员会表示叙利亚政府拥有化学武器，但亦承认反政府武装“可能获得并使用化学武器”。[20] 据报道，法国、英国和美国向联合国提供了美国保有的“大量证据，包括多个血液、人体组织和土壤样品”，“证明叙利亚部队在战场上使用了沙林”。[21] 6月，法国政府表示其掌握沙林曾在叙利亚使用的结论性证据。[22] 6月4日，法国外长法比尤斯公开了分析结果，“表明沙林存在于我们掌握的数个样品中，这些样品是于4月12—14日间在Jobar和4月29日在Saraqib的攻击后收集的”。[23] 法国将上述信息提供给了塞尔斯特伦，并致函联合国秘书长要求相关行动的授权应包括Jobar和Saraqib事件。[24] 英国也作

〔18〕 联合国的德尔·蓬特称证据表明叙利亚叛军“使用了沙林”，英国广播公司新闻，2013年5月6日，网址：〈http://www.bbc.com/news/world-middle-east-22424188〉。

〔19〕 俄罗斯外交部，“俄罗斯外交部长在关于部长委员会副主席与波斯尼亚及黑塞哥维那外交部长谈判结果的新闻招待会上针对公众媒体提问的介绍和回答”，新闻稿1105—31—05—2013，2013年5月31日，网址：〈http://www.mid.ru/brp_4.nsf/newsline/644C2B9832AEB07F44257B7C004049A4〉（俄文）。

〔20〕 联合国，大会，人权委员会，针对叙利亚阿拉伯共和国的独立国际调查委员会的报告，A/HRC/23/58，未经编辑的样本，2013年6月4日，第1页和第138段。

〔21〕 C. Lynch和J. Warrick，“在叙利亚化武的声索中对缺乏透明的批评”，《华盛顿邮报》，2013年6月21日。

〔22〕 S. Erlanger和N. Cumming-Bruce，“法国提供了在叙利亚‘多次’使用神经毒气”的证据，《纽约时报（国际版）》，2013年6月4日；以及法国外交部，“叙利亚化学武器，法比尤斯的声明（2013年6月4日）”，网址：〈http://www.diplomatie.gouv.fr/fr/dossiers-pays/syrie/la-france-et-la-syrie/evenements-4439/article/syrie-armes-chimiques-declaration。并见法国政府“叙利亚化学计划：当局过去使用化学剂的案例，当局2013年8月21日进行的化学攻击”，解密的国家情报总结，2013年9月2日，网址：〈http://www.diplomatie.gouv.fr/fr/dossiers-pays/syrie/la-france-et-la-syrie/actualites-2013/article/renseignementdeclassifie-attaque〉。

〔23〕 禁化武组织，执行理事会，“法国：对禁化武组织总干事关于在叙利亚化武问题声明的回应”，EC-73/NAT.13，2013年7月16日。

〔24〕 禁化武组织，EC-73/NAT.13（同注释〔23〕）。

出了类似的评估。[25]

6 月 13 日，美国政府“非常自信地”表示：

> 我们的情报机构评估认为，阿萨德政权去年在对付反政府力量时数次小规模使用了包括神经毒剂的化学武器。情报机构评估认为，叙利亚迄今约有 100 至 150 人在检测到的化学武器攻击中死亡。我们认为，阿萨德政权仍控制着这些武器。我们没有可靠、经证实的报告表明叙利亚反对派获得或者使用了化学武器。[26]

两名不透露姓名的美国官员后来表示，上述结论是基于对跨时数月的多次攻击的作证样品进行的科学评估。[27]

6 月 14 日，在一份致联合国秘书长的函中，美国强调了其最新的情报评估，并要求塞尔斯特伦的行动调查指称化学武器使用的具体事件。[28]

7 月 9 日，俄罗斯向联合国秘书处提供了一份由俄专家准备的关于俄对在 Khan al-Assal 采集的样品分析结果的详细报告。俄罗斯表示“在采集和运输样品过程中，特别关注了确保样品的监管链”。[29] 俄上述报告亦提供给了塞尔斯特伦。

在 7 月 16 至 19 日举行的禁化武组织执行理事会上，澄清化学武器使用问题未列入议程。会间，美国表示：

> 叙利亚的化学武器使用未列入执行理事会议程这一事实反映

---

〔25〕 英国联合情报组织，“叙利亚：报道的化武使用”，2013 年 8 月 29 日，网址：〈 https://www.gov.uk/government/publications/syria-reported-chemical-weapons-use-joint-intelligence-committee-letter〉。

〔26〕 白宫（同注释〔15〕）。

〔27〕 Lynch 和 Warrick（同注释〔21〕）。

〔28〕 禁化武组织，执行理事会，“美国：Robert Mikulak 大使，美国代表团在执行理事会第 73 次会议上关于在叙利亚使用化武的声明”，EC－73/NAT.5，2013 年 7 月 16 日，第 1 页。

〔29〕 禁化武组织，执行理事会，“俄罗斯联邦：俄罗斯联邦代表团在执行理事会第 73 次会议上在议题 3 项下的声明”，EC－73/NAT.17，2013 年 7 月 16 日，第 1 页。

了执行理事会和禁化武组织作为一个整体的糟糕表现。该组织是由决心防止化学武器被使用的国家建立的。我们应该讨论关于化学武器使用的报告。禁化武组织和《化武公约》未来保持其关联性和信誉正面临着风险。

美国还表示：一些国家可能会认为所谓的“政治问题”应交由联合国安理会，禁化武组织的决策机构（比如执行理事会）仅被授权处理技术问题。一些国家会认为，在一个非缔约国领土上发生的事件与执行理事会无关。我们从根本上不同意执行理事会仅限于处理技术问题。发生在任何地方的一切化学武器使用的报道都与《化武公约》的宗旨与目标相关，因此也与禁化武组织决策机构的工作相关。[30]

在其官方声明中，俄罗斯未表明其是否相信在叙利亚使用了化学武器，以及如曾使用、谁应为此负责。俄罗斯也批评禁化武组织试图在叙利亚尚不是《化武公约》缔约国的情况下卷入叙事务。俄特别表示：

数个代表团在其声明中用大量篇幅谈及联合国调查的授权应该是什么。他们是真的认为禁化武组织，或者甚至个别代表团已具有相关的经验、知识，甚或专业技能，从而能对这些问题作出具有深远意义的结论吗？这些问题根本与禁化武组织的能力无关。此外，上述代表团中的某一个代表团建议“禁化武组织应提醒叙利亚在化学武器方面负有的国际义务”。很明显，此类训诫远远超出了公约的职权范围，因为叙利亚作为一个非缔约国，不在公约下承担义务。禁化武组织也不是对其他国际条约负有责任的机构。[31]

提及的“其他国际条约”是指 1925 年日内瓦议定书。叙利亚是

〔30〕 禁化武组织，EC－73/NAT.5（同注释〔28〕）。
〔31〕 禁化武组织，EC－73/NAT.17（同注释〔29〕）。

该议定书的长期缔约方。[32]

**“红线”和武力威胁**

国际社会是否应该以及如何对叙利亚冲突作出反应的讨论（包括通过使用军事力量），其初期在很大程度上是由关于不同的“红线”是否已被跨过的评估所主导的。

根据一份 2012 年的声明，美国的红线之一是使用化学武器。美国官员强调使用化学武器不可接受，暗示如果表明发生了化武使用情况，美国将使用军事手段。[33] 其他国家不一定要同意美国上述立场。但是在其 2013 年 9 月对瑞典的访问中，美国总奥巴马表示世界已经将化学武器使用设定为红线。[34]

联合国 20 世纪 90 年代关于伊拉克大规模杀伤性武器的特别委员会（UNSCOM）主席罗尔夫·埃克尤斯批评美国将化学武器使用设定为红线，称“如果你是反对派并知道这项政策，你就会愿意造成一些化学武器曾被使用的印象”。[35] 与红线相关的未完全澄清的问题包括，奥巴马是否会移动红线，以及美国的门槛是否有别于以及如何区别于其他的国际红线。此外，奥巴马是否有意在 2012 年和 2013 年使用军事力量，法国的压力在何种程度上可能迫使美国立场更接近于实施军事力量这一选项亦不清楚。

3 月，有指称说美国正在准备一份多国行动计划，旨在销毁叙利亚的化学武器库存。参与者据说包括以色列、约旦和土耳其。[36]

英国政府于 2013 年 7 月 10 日宣布，正在“探讨”向叙利亚反对

---

〔32〕 获取关于禁止使用窒息性、有毒性和其他气体，以及生物战方法的议定书（1925 日内瓦议定书），请见本卷附件 A，第一部分。

〔33〕 白宫，“总统对白宫记者团的讲话”，新闻吹风副本，2012 年 8 月 20 日，网址：〈http：//www.whitehouse.gov/the-press-office/2012/08/20/remarks-presidentwhite-house-press-corps〉。

〔34〕 获取红线性质及其演变的概述，请见 G. Kessler，“奥巴马总统和关于叙利亚化武的红线”，《华盛顿邮报》，2013 年 9 月 6 日。

〔35〕 Lynch 和 Warrick（同注释〔21〕）。

〔36〕“奥巴马将就叙利亚化武采取行动：忍无可忍，美国、北约、以色列、土耳其和约旦准备对叙利亚采取行动”。《DEBKA 网络周利》，第 13 卷，581 号（2013 年 3 月 29 日）；以及路透社，“美国官员：保证叙利亚化武的安全需要数千部队”，《Haaretz 报》，2012 年 8 月 16 日。

派提供化学和生物武器防护装备的“可能性”。[37] 英国外交大臣威廉·黑格表示“我们计划向温和的武装反对派提供5000副逃脱面具、神经毒剂预治疗片剂（NAPS）和化武探测纸”。他还称上述价值65.6万英镑（合102.5万美元）的赠予将提供给叙利亚革命反对派力量全国联盟（叙利亚全国联盟），英国承认这一组织为“叙利亚人民的唯一合法代表”。[38]

2013年7月19日，美国参谋长联席会议主席邓普西将军致信美国参议院军事力量委员会主席列文，列举了在叙利亚冲突中使用美国军事力量的五种选项，即（一）“训练、咨询并协助反对派”；（二）开展有限的防护性攻击；（三）设立禁飞区；（四）设立缓冲区；（五）控制化学武器。最后一个选项是指：

> 使用致命性力量防止化学武器的使用和扩散。具体手段包括销毁叙利亚庞大库存的一部分，拦截其转运和投送，或者夺取并确保其计划组份的安全。该选项将至少需要设立禁飞区并需数百架战机、军舰、潜艇及其他力量的空中及导弹打击。将需要数千名特种部队和其他地面部队攻击并确保要害地点的安全。每月平均花费将达超过10亿美元。其结果将能控制部分而非全部化武，并将有助于防止化武进一步扩散至极端组织手中。我们无力全面控制叙利亚的储存和投送系统，这也会使得极端份子更容易接触化武。风险与禁飞区相似，附加风险是美国的地面部队。[39]

8月21日，一次对胡达（大马士革附近）的攻击据报道使1000

〔37〕 W. Hague，英国外交大臣，“向叙利亚反对派捐赠化武防护设备”，英国外交和联邦事务办公室对的书面声明，网址：〈https：//www. gov. uk/government/speeches/gifting-of-chemical-weapons-protectiveequipment-to-the-syrian-opposition〉。

〔38〕 Hague（同注释〔38〕）。关于向冲突方提供军事装备见本书第一章第二节。

〔39〕 M. E. Dempsey，美国参谋长联席会议主席，2013年7月19日致美国参议院武装力量委员会主席 C. Levin 的信，网址：〈http：//www. levin. senate. gov/newsroom/press/release/gen-dempsey-responds-to-levins-request-for-assessment-of-options-for-use-of-us-militaryforce-in-syria〉。

多人受感染。上述人群出现了与有机磷中毒类似的症状。[40] 法国、英国和美国称叙政府对攻击负责，并威胁立即采取报复性军事打击。[41] 8 月 27 日，阿拉伯国家联盟理事会也称叙政府对攻击负责，并呼吁联合国安理会同意采取行动，但并未建议采取军事行动。[42]

8 月 29 日，在联合国安理会讨论联合国调查团报告之后，英国下议院（英国议会下院）投票否决了一项政府支持英国在叙采取军事行动的动议。[43] 此前，某种军事干预一直存在可能性。法国政府仍承诺作出军事反应。[44] 虽然美国参议院外交委员会于 9 月 4 日通过了美国政府关于在叙使用武力的要求，但美政府要求引发的国内辩论表明，美国国会和公众舆论强烈反对使用武力。[45] 9 月 5—6 日举行的 2013 年 20 国集团财长和央行行长峰会没有就叙利亚达成一致语言，但其中 11 国在峰会上发表了一份共同声明，呼吁采取“强有力

〔40〕 叙利亚冲突，“化学攻击杀死数百人”，英国广播公司新闻，2013 年 8 月 21 日，网址：〈http：//www. bbc. co. uk/news/world-middle-east – 23777201〉；以及，Lynch 和 Warrick（同注释〔21〕）。再见叙利亚内战，“活着的线索：来自胡达东部的大量视频指称 SAA 化武攻击”，reddit. com，网址：〈http：//www. reddit. com/r/syriancivilwar/comments/1kry33/live_ thread_ stream_ of_ videos_ coming_ out_ of/〉；以及无题网络摄像视频，Bambuser，2013 年 8 月 21 日，网址：〈http：//bambuser. com/v/3832579〉。

〔41〕 T. Reals，“阿萨德应为叙利亚化武攻击负责，但证据何在”？哥伦比亚广播公司新闻，2013 年 8 月 30 日，网址：〈http：//www. cbsnews. com/news/syria-chemical-weapons-attack-blamed-onassad-but-wheres-the-evidence〉。

〔42〕 路透社，“阿拉伯联盟称阿萨德应为化学攻击负责”，《每日之星》（贝鲁特），2013 年 8 月 27 日；以及阿拉伯国家联盟，理事会 7651 号决议，2013 年 8 月 27 日，网址：〈http：//lasportal. org/wps/wcm/connect/7fb4fe0040e61714bd2abf5cbcbea77a/las + res + syria + 7651. pdf？MOD = AJPERES〉（阿拉伯文）。

〔43〕 英国下议院，“事务顺序”，2013 年 8 月 29 日，网址：〈http：//www. publications. parliament. uk/pa/cm201314/cmagenda/ob130829. htm〉；和“叙利亚危机：卡梅伦丢失了下议院关于叙利亚行动的投票”，2013 年 8 月 30 日，网址：〈http：//www. bbc. com/news/uk-politics – 23892783〉。

〔44〕 H. Ridgwell，“法国政府推动对叙利亚的反应”，美国之音，2013 年 9 月 4 日，网址：〈http：//www. voanews. com/content/french-government-pushes-for-syria-response/1743543. html〉。

〔45〕 美国参议院，外交关系委员会，公务会议，2013 年 9 月 4 日，网址：〈http：//www. foreign. senate. gov/hearings/2013/09/04/business – meeting〉；和 M. Landler，J. Weisman 和 M. R. Gordon，“分裂的参议院委员会批准在叙利亚问题给奥巴马有限授权”，《纽约时报（国际版）》，2013 年 9 月 4 日。

的国际反应”。[46]

**国际视察和核查活动及结果**

在反复敦促给予联合国调查团全面和不受限准入后，联合国秘书长办公室于7月31日宣布，“根据行动评估的最新信息和与叙利亚政府达成的谅解，调查团将尽快进入叙利亚，对三个报道事件的调查同时进行，其中包括 Khan al-Assal”。[47] 同日，据报道联合国已经收到了叙利亚境内13例使用化武的报告。[48] 这其中包括3月19日 Khan al-Assal（阿勒颇省）和 Uteibah（大马士革）事件，4月13日的 Sheikh Maqsood 居民区（阿勒颇省）事件和4月29日的 Saraqib（伊德利卜省）事件。[49]

由塞尔斯特伦领导的联合国调查团于8月18日进入叙利亚。几天后对胡达的攻击表明调查团的授权已经转向调查这一新发生的事件。此次攻击的范围超出了此前任何指称。攻击发生的时间，引发了指称攻击的目的是与视察团抵达在时间上契合的推测。

联合国调查团在两份报告中提供了集中于两种弹药类型指称使用的调查情况。[50] 一种为非制式、“家庭改装”的火箭发动机，其前端焊接了容量5—6升的钢瓶。另一种为由苏联在上世纪50年代设计并生产的口径144毫米火箭，可用于常规、发烟和化学武器。据医学专家报告，胡达攻击受害者的症状包括意识丧失、呼吸短促、视觉模糊和呕吐。联合国调查团发现经其诊断的14%的人员发生了缩瞳。禁化武组织与“数个伙伴实验室”合作进行了300多次分析，以支

〔46〕 澳大利亚、加拿大、法国、意大利、日本、韩国、沙特阿拉伯、西班牙、土耳其、英国和美国关于叙利亚的联合声明，2013年9月6日，网址：〈http：//www. white-house. gov/the-pressoffice/2013/09/06/joint-statement-syria〉。

〔47〕 联合国，秘书长办公室，“关于叙利亚通信的通知”，2013年7月31日，网址：〈http：//www. un. org/sg/offthecuff/index. asp? nid =2908〉。

〔48〕 “叙利亚允许联合国武器视察员访问疑似化学攻击地点”，《每日邮报》，2013年7月31日。

〔49〕 联合国，A/HRC/23/58（同注释〔20〕）。

〔50〕 联合国大会和安理会，联合国调查在叙利亚阿拉伯共和国指称使用化武调查团关于2013年8月21日在大马士革胡达地区指称使用化武的报告，A/67/997 - S/2013/553，2013年9月16日；和联合国大会和安理会，联合国调查在叙利亚共和国指称使用化武调查团最后报告，A/68/663 - S/2013/735的附件，2013年12月13日。

持联合国调查团的调查。[51] 联合国调查团注意到在胡达抽选的火箭的弹道，并通过估算认为火箭的飞行距离约为 1 公里。[52] 9 月 25—29 日，调查团还针对 Ashrafiah Sahnaya，Bahhariye，Jobar，Khan al-Assal，Saraqib 和 Sheikh Maqsood 的指称化武使用进行了实地调查活动。后一项活动还包括在大马士革一所军用医院进行人员访谈，提取血样和 DNA 样品。

调查团的结论认为，有"明确和可信服的证据"表明在胡达使用了化武。在其他地点，调查团还"采集了证实 Khan al-Assal 指称的可靠信息"，"采集了与在 Jobar 的可能使用相一致的证据"，"采集了表明化武曾在 Saraqib 和 Ashrafiah Sahnaya 使用的证据"，但因"不掌握任何阳性血液样品"，"不能证实"Bahhariye 的指称，"在不掌握与事件相关的进一步信息"的情况下，也"不能证实"Sheikh Maqsood 的指称。[53]

最直接相关的各方在联合国、禁化武组织和其他地方进行了紧张的国际谈判和磋商后，叙利亚加入《化武公约》的模式得以确定。9 月 12 日，叙利亚同意加入《化武公约》，并于 10 月 14 日成为缔约方。[54] 9 月 14 日达成的美俄框架谅解明确，叙利亚必须在一周内提交一份全面的化学武器清单；用于生产、混合和装填化武的设备须于 2013 年 11 月前销毁；叙利亚的化武材料和设备须在 2014 年 6 月 30 日前销毁。[55] 禁化武组织修订了叙利亚的销毁计划草案（该草案是通过与执行理事会成员和技术秘书处的技术专家磋商的基础上制订的），并依据执行理事会于 9 月 27 日通过的一项决定，在与联合国官

---

〔51〕 禁化武组织，缔约国大会第 18 次会议，总干事的开幕致词，C－18/DG. 17，2013 年 12 月 2 日，第 76 段。

〔52〕 见 Gwyn Winfield 在"现代战争"节目中对 Ake Sellström 的访谈，《CBRNe 世界》（2014 年 2 月），第 11—12 页。

〔53〕 联合国，A/68/663－S/2013/735（同注释〔50〕），第 19—21 页。

〔54〕 禁化武组织，"禁化武组织即将审议叙利亚的请求"，2013 年 10 月 13 日，网址：〈http：//www. opcw. org/news/article/opcw-to-review-request-from-syria/ >；和禁化武组织，"叙利亚加入化武公约生效"，2013 年 10 月 14 日，网址：〈http：//www. opcw. org/news/article/syriasaccession-to-the-chemical-weapons-convention-enters-into-force/〉。

〔55〕 俄罗斯和美国关于消除叙利亚化武的框架（协议），2013 年 9 月 14 日，网址：〈http：//www. state. gov/r/pa/prs/ps/2013/09/214247. htm〉。

员及其他各方磋商的基础上，制订了核查计划。[56] 计划预计有毒化学品的销毁将在地中海一艘专门改装的船上进行。同日，联合国安理会通过决议，鼓励联合国成员国“提供支持，包括人员、技术、专业技能、信息、设备和财政及其他资源和协助”。[57]

叙利亚于9月19日和10月4日分别向禁化武组织宣布拥有硫芥气、沙林前体和VX前体。叙宣布拥有位于23个地点的41个设施，18个化武生产设施、12个化武储存设施、8个移动式装填单元、3个化武相关设施、1000吨第一类化学品（主要是前体）、290吨第二类化学品、1230件未装填的弹药，以及2个叙政府不承认但可能装有化学武器的钢瓶。叙政府还提供了化学武器储存设施的场址示意图。[58]

值得注意的是，叙向禁化武组织提交的宣布中未包括国际视察员于8月在胡达检测的两种武器类型。除硫芥气外，所宣布的化武都是有机磷神经毒剂前体。在9月一次接受美国电视频道采访中，阿萨德总统表示他没有授权使用化武。[59] 德国情报渠道同意上述表态。[60] 各方也在议论，所称的受害者之早期录像是否是在8月21日攻击前录制的。[61]

---

〔56〕 禁化武组织执行理事会，“销毁叙利亚化武”，决议，EC－M－33/DEC. 1，2013年9月27日。

〔57〕 联合国安理会第2118号决议，2013年9月27日。

〔58〕 禁化武组织执行理事会，“叙利亚消除化武计划进展”，总干事的通知，EC－M－34/DG. 1，2013年10月25日。关于叙利亚库存和基础设施的进一步信息可从禁化武组织关于私营公司表达处理有毒化学品意向的公开招标中获得。即，禁化武组织，“禁化武组织与两家公司签署销毁叙利亚化学品和排放废水的合同”，2014年2月14日，网址：〈http://www.opcw.org/news/article/opcw-awards-contracts-to-two-companies-for-destruction-of-syrian-chemicals-andeffluents〉。

〔59〕 访谈叙利亚总统巴沙尔阿萨德，“Charlie Rose 节目”，公共广播电台，2013年9月9日，网址：〈http://www.charlierose.com/watch/60263639〉。如需文字记录，见叙利亚阿拉伯新闻局（SANA），“阿萨德总统接受美国哥伦比亚广播公司采访”，2013年9月10日，网址：〈http://sana.sy/eng/21/2013/09/10/501729.htm〉。还可见 D. Rushe，“阿萨德的化武访谈是 Chalie Rose 节目的最新独家新闻”，《卫报》，2013年9月8日。

〔60〕 S. Tisdall 和 J. Le Blond，“德国报纸称阿萨德没有下令叙利亚化武攻击”，《卫报》，2013年9月9日。

〔61〕 关于此类录像的深刻评论，请见 Brown Moses 的博客，网址：〈http://brown-moses.blogspot.com/〉。

10 月 16 日，联合国调查团正式转换为禁化武组织与联合国销毁叙利亚化武联合项目。该项目由荷兰外交官西格丽德·卡格作为特别协调员牵头。[62] 视察和核查工作（因叙国内缺乏有效的安保措施而受阻）的重头戏集中于确保宣布的完整和准确、在 2013 年完成空炮弹、容器及类似物品的销毁，以及为把有毒化学品转运至地中海的一个船载水解法单元作出安排。[63] 丹麦和挪威同意将有毒化学品从叙拉塔基亚港转运，美国则提供了一艘专门配备有一个化学武器销毁的水解法单元的船只。化学剂水解后产生的降解产物，又称水解盐，将在禁化武组织公开招标中中标的私营公司用于和平目的。

优先化学品运离叙的运输工作于 2014 年 1 月 7 日启动。[64]

### 美国国内法律案例

两个美国案例中的第一个与执行国际禁止化武相关，第二个与生物武器有关。

第一个案例，即邦德对美国，美国最高法院讨论关于美国刑法第 229 节第 18 条（此条将 1998 年化武公约实施法案纳入美国法律）是否可以解释为不涵盖“一般性中毒案件”问题，[65] 并决定将案件交由一个低级法院审理。2006 年，卡罗尔·安妮·邦德毒害其前友（后来成为其丈夫的情妇）米尔琳达·海内斯未遂。邦德试图在海内斯接触的物体上（包括后者的邮箱、房门把手和车门把手）放置 10 – 氯酚亚胂和重铬酸钾。美国法院关注的潜在重要法律问题是，如将

---

〔62〕 禁化武组织与联合国消除叙利亚阿拉伯共和国化武计划的联合行动，“联合国秘书长和禁化武组织总干事任命西格丽德·卡格为特别协调员”，新闻稿，2013 年 10 月 16 日，网址：〈http：//opcw. unmissions. org/CommunicationsCentre/Newsroom/PressReleasesand-Bulletins/tabid/193/ctl/Details/mid/635/ItemID/157/Default. aspx〉。

〔63〕 美国国防部，“在哈格尔的鼓励下，Cape Ray 奔赴叙利亚行动”，美国部队新闻，2014 年 1 月 28 日，网址：〈http：//www. defense. gov/news/newsarticle. aspx？ id = 121548〉。

〔64〕 禁化武组织，“总干事：优先化学品运出叙利亚标志着联合行动进入新的重要阶段”，2014 年 1 月 8 日，网址：〈http：//www. opcw. org/news/article/director-generalremoval-of-priority-chemicals-in-syria-marks-important-new-phase-in-work-of/〉。

〔65〕 美国法典第 18 条，犯罪和刑事程序（美国政府印刷办公室：华盛顿哥伦比亚特区，2014 年度月 8 日），第 11B 章“化学武器”，第 229 至 229F 节；以及 1998 年化武公约履行法案，美国公共法第 105 到 227 号，1998 年 10 月 21 日签署成为法律，网址：〈http：//www. cwc. gov/cwc_ authority_ legislation. html〉。

此类案件排除在化武公约实施法案的起诉范畴外,[66] 行政部门签署和实施条约的权限是否及如何会遭到损害。

第二项起诉源于在 4 月寄给美国总统奥巴马、美国参议员罗格尔·沃克和一位密西西比法官萨迪·霍兰的三封信件上沾染了蛋白蓖麻毒素。4 月 17 日，联邦调查局（FBI）在其位于密西西比科林特的家中逮捕了保尔·凯文·柯蒂斯。[67] 但是，此人随后被释放，而名为埃弗里特·杜奇克的另一人被逮捕。上述两人长期有个人争执，后来发现后者曾试图陷害前者。杜奇克于 2012 年 12 月在 eBay 这一网上市场上订购了 50 粒蓖麻子。他还拥有一个咖啡粉碎机，在其电脑上还存有加工蓖麻的信息。美国当局根据美国刑法第 175 节（A）第 18 条，起诉 Dutshke 企图使用生物武器。该条文如下：

> 任何人有意发展、生产、储存、转让、获取、保留或拥有任何用作武器的生物剂、毒素或投送系统，或者有意协助外国或任何组织从事上述活动，或者试图、威胁或同谋从事上述活动，应依据此条处以罚款，或终身或任何期限的监禁，或者两者并处。联邦司法的境外管辖还适用于美国公民从事的或针对美国公民的触犯此条的行为。[68]

美国当局未来是否会使用那些实施国际禁止化学和生物武器义务的法律来起诉非政治动机的杀人行为尚不确定。尽管上述案例属美国

〔66〕 获取适用化武公约履行法案的法律总结（正反面），见 C. A. 邦德和 P. D. 克莱曼"美国政府能否援引化武公约起诉常规的国内犯罪？正方，最高法院辩论"，正反方月刊，第 16 册第 9 号（2013 年 12 月），第 23 至 43 段；以及 D. B. Verrill，"美国政府能否援引化武公约起诉常规的国内犯罪？反方，最高法院辩论"，正反方月刊，第 16 册第 9 号（2013 年 12 月），第 13—22 段。

〔67〕 美国联邦调查局，"在可疑信件调查中实施了逮捕"，新闻稿，2013 年 4 月 17 日，网址：〈http：//www. fbi. gov/jackson/press-releases/2013/arrest-made-in-suspiciousletters-investigation－1〉。

〔68〕 美国地区法院，密西西比北区，"詹姆斯·埃弗里特·杜奇克的刑事上诉和逮捕令的应用，支持刑事上诉的口供"，案件 3：13－mj－00020－SAA，文件号：1—1，2013 年 4 月 26 日提出；以及美国法典，第 18 条（同注释〔65〕），第 10 章"生物武器"，第 175 节，第 40 页。

特有，但有可能影响其他国家如何理解并在国内实施对此类武器的禁止。

（沈　桦　译）

# 第二节　化学武器军备控制和裁军

约翰·哈特

2013 年，有数个因素提升了禁止化学武器组织的影响。尤其是对叙利亚的化武指称使用，以及叙利亚和联合国安理会未能就联合国叙利亚化武指称使用调查团的授权达成一致（见上述第 1 节），都突出了 2013 年第三次化武公约审议大会和当年 12 月第 18 届缔约国大会在政治上的重要意义和受到的国际关注。联合国秘书长潘基文出席了审议大会，这是联合国秘书长首次出席化武公约缔约国的会议。潘表示“对所有严肃的指证的调查应该是毫无耽搁的、无条件的和没有例外的”。[1] 秘书长与会表明了支持，并促进了关于联合国视察行动核查程序的磋商，以及行动的支持机制（指现场人员能够得到国别专家和组织性专业技能的建议和其他支持），上述支持多来自于禁化武组织。最后，禁化武组织因“为消除化学武器所做的大量工作”而在 12 月获得诺贝尔和平奖。[2]

截至 2013 年 12 月 31 日，190 个国家成为 1993 年化武公约的缔约国；2 个国家签约但未批约；4 个国家既未签约亦未批准公约。[3] 2 个国家于 2013 年加入公约，即索马里和在内战及化武指称使用情况下的叙利亚。[4]

---

〔1〕 联合国，“秘书长在化武公约缔约国第三次审议大会的致词”，新闻稿，2013 年 4 月 8 日，网址：〈http：//www. un. org/sg/statements/index. asp? nid =6722〉。

〔2〕 禁化武组织，“禁化武组织总干事关于 2013 年诺贝尔和平奖的声明”，新闻稿，2013 年 10 月 11 日，网址：〈http：//www. opcw. org/news/article/statement-by-the-opcw-director-generalon-the – 2013 – nobel-prize-for-peace – 1/〉。

〔3〕 以色列和缅甸签署但未批准化武公约。4 个既未签约亦未批约的联合国成员国是安哥拉、埃及、朝鲜和南苏丹。

〔4〕 禁化武组织，“索马里加入化武公约”，新闻稿，2013 年 5 月 31 日，网址：〈http：//www. opcw. org/news/article/somalia-joins-the-chcmical-weapons-convention/〉。

## 主要情况

### 第三次审议大会

4 月 8—19 日举行的第三次审议大会对公约和禁化武组织的运行进行了有组织的系统性审议，但并未就相关问题作出决策。禁化武组织技术秘书处发布了一份可采取行动的模型，以协助缔约国选出优先项目并制定审议大会的决定。[5]

审议大会的最后文件可用于禁化武组织权限内各活动的平衡和范围，有助于影响该机制战略走向的未来磋商，并强调了缔约国支持该机制的政治承诺。[6] 然而，审议大会没有改变公约实施的战略走向。[7] 在成员国就所有的化学武器基本销毁完成后该机制的走向达成协商一致之前，缔约国需要进行更多概念性的讨论和非正式谅解。[8]

12 月，第 18 届缔约国大会以鼓掌方式再次通过了禁化武组织总干事尤祖姆居的第二个（也是最后一个）四年任期。[9]

### 科学咨询委员会

禁化武组织科学咨询委员会（SAB）在确定并说明科技发展，帮助确保禁化武组织的核查机制保持其能力和关联性方面发挥着重要作用。

科学咨询委员会下设的关于生物和化学融合临时工作组在 2013 年继续开展工作，包括通过举行非正式会议和与 1972 年《生物和毒

---

〔5〕 禁化武组织执行理事会，“第三次审议大会确认的可采取行动的模型”，技术秘书处通知，EC－73/S/2，2013 年 6 月 4 日。

〔6〕 禁化武组织，第三次审议大会，“缔约国审议化武公约执行情况第三次特别大会的报告”，RC－3/3，2013 年 4 月 19 日。

〔7〕 关于审议大会面临的选择，见 M. Daoudi 等人，“化武公约的未来：政策和规划方面”，斯德哥尔摩国际和平研究所政策文件第 35 号（SIPRI：斯德哥尔摩，2013 年 4 月）。

〔8〕 见 Daoudi 等人（同注释〔7〕）第 32 段。

〔9〕 禁化武组织缔约国第 18 次大会，“再次任命总干事”，决定，C－18/DEC. 9，2013 年 12 月 4 日。

素武器公约》（BTWC）机制的磋商。[10] 根据该工作组的估算，到2020年，10%的化学生产将采用生物介质工序。[11] 这表明，化武公约的例行宣布和视察机制可能最终将覆盖生命科学的部分工业和研究活动。如是，化武公约缔约国可能不得不改变他们限制公约例行核查机制费用、范围和入侵性水平的广泛和普遍的偏好。这一讨论与一个长期性的化武公约实施问题有关，即公约关于“通过合成生产”的条款是否应涵盖生物和生物介质的工序（即通过使用酶为催化剂）。[12]

工作组还认为，采用生物技术生产出列入化武公约化学品附表1和附表2的有毒化学品的潜能仍然是有限的。[13]

**地域分组的修改**

与其他联合国性质的组织一样，化武公约缔约国通常在五个地区组内进行磋商并达成立场。这五个组是非洲、亚洲、东欧、拉美和加勒比以及西欧和其他国家。巴基斯坦代表亚洲组寻求修改地域分组，这是化武公约机制内的首次尝试，在联合国性质的组织内也是一次非同寻常的要求。[14] 禁化武组织执行理事会未能就此问题协商一致。[15]

---

〔10〕 科学咨询委员会的另两个临时工作组是关于教育和外联，以及核查。获取关于《禁止发展、生产、储存病毒性和毒素武器及其销毁的公约》概要和其他具体情况，见本书附件A。又见下面第三节。

〔11〕 禁化武组织，科学咨询委员会，关于化学与生物融合临时工作组第三次会议的报告，SAB－20/WP.3，2013年4月11日，第6段。

〔12〕 见化武公约（同注释〔3〕），核查附件第9部分。

〔13〕 S. Mogol，“禁化武组织科学咨询委员会临时工作组：化学和生物学融合，授权完结报告”，向生物和毒素武器公约缔约国会议的介绍，2013年12月10日，网址：〈http://www.unog.ch/80256EDD006B8954/(httpAssets)/F1E3C6301EB76635C1257C3D005FC261/$ file/BWC_MSP_2013－Presentation－131210－OPCW_SAB_TWG_Convergence.pdf〉，幻灯片5。化武公约化学品附件（同注释〔3〕）由3个“附表”组成。附表1化学品包括认定几乎没有任何和平用途的化学品及其前体。列入附表2、3的化学品有广泛的和平包括商业用途。

〔14〕 关于要求执理会议程中纳入这一问题的请求，以及相关的解释性说明提交给了禁化武组织执理会，“关于要求在执理会第71次会议临时议程中纳入一项议题的要求”，2013年2月19至22日”，总干事的主通知，EC－71/Rev.1/Add.1，2013年2月8日。

〔15〕 禁化武组织执理会，第71次会议报告，EC－71/3，2013年2月21日，第2.1段。该议题的名称为“地区组在执理会代表性的合理性”。

缔约国也非正式要求澄清化武公约谈判者是如何在裁军谈判会议上决定地区性地域分组的。特别是一些非西方国家希望减少或取消东欧组，而增加亚洲组的代表性。东欧组的存在体现了在公约形成和达成中发挥主要作用的两个冷战集团，但不再能反映数个东欧国家的政治结盟。

公约生效以来，很多化武公约代表团的立场是，坚持应根据其自身条款来理解相关协议，而不是根据谈判者的意图。[16] 虽然已经对禁化武组织中央分析数据库作出了调整，但成员国反对修改化学品附表或在非“实质性”问题（即行政和程序性问题）上以多数票作出决定。改变地域分组的要求也反映出经济和政治影响力方面的更广泛的国际变化。

**其他动向**

2013 年，禁化武组织参加了在援助和防护领域的 26 次能力建设演练。[17] 自 2007 年 12 月投入使用到 2013 年 6 月，浏览禁化武组织援助与防护数据库的次数已达到 1644 次，其中包括 2012 年 5 月 22 日至 2013 年 5 月 31 日间的 349 次。[18]

一份禁化武组织技术秘书处的背景文件列举了缔约国根据化武公约第 6 条所做宣布和化学工业视察结果的差异。差异大致分为以下几类：（一）缔约国宣布的特定有机化学品厂家的数量与现场核查厂家数量的差异；（二）缔约国宣布的产品分组代码与现场核查的分组代码的差异（至少已经对产品分组的次代码作出了一项修改）；（三）禁化武组织视察组建议使用或修改产品分组次代码的事例；（四）现场发现的缔约国宣布的生产范围与现场核查的生产范围的差异；（五）厂区名称、拥有者和地域与现场核查结果的差异。[19]

---

〔16〕 关于谈判历史，见 W. Krutzsch，E. Myjer 和 R. Trapp（编辑），《化武公约：一项评论》（牛津大学出版社：牛津，2014 年）。又见 I. R. Krnyon 和 D. Feakes（编辑），《创立禁化武组织：一个政府间组织诞生的案例分析》（T. M. C. Asser 出版社：海牙，2007 年）。

〔17〕 禁化武组织，缔约国第 18 次大会，总干事开幕致词，C－18/DG. 17，2013 年 12 月 2 日，第 108 段。

〔18〕 禁化武组织执理会，“援助与防护数据库的内容及其使用”，技术秘书处的通知，EC－73/S/3，2013 年 6 月 10 日，第 12 段。

〔19〕 禁化武组织技术秘书处，“改进视察以提高第六条核查体系的一致性、有效性和效率”，技术秘书处通知，S/1066/2013，2013 年 2 月 11 日，第 8 段。

## 化学武器的销毁

截至 2013 年 12 月 31 日，58528 吨一类化学武器已被销毁（占化武公约缔约国宣布的 72532 吨的 81%）。[20] 截至同一时间，14 个国家宣布了 96 个前化学武器生产设施，其中 43 个已被销毁，22 个被转用于和平目的。[21] 8 个国家向禁化武组织宣布了化武库存，即阿尔巴尼亚、印度、伊拉克、韩国、利比亚、叙利亚、俄罗斯和美国。阿尔巴尼亚、印度和韩国已经完成了库存销毁。

伊拉克于 2009 年宣布前萨达姆·侯塞因政权在两个地堡中存有化学武器。[22] 该国向禁化武组织提交了化学武器相关设施的信息，并协助制订销毁计划，但 2013 年未开展销毁工作。[23]

截至 10 月 31 日，利比亚已经销毁了 22.3 吨一类化学武器（占总量的 85%），以及 555.7 吨二类化武（占总量的 40%）。[24] 2013 年 5 月，利比亚完成了储存在 Ruwagha 的散装硫芥气。[25] 基于利比亚不完整的初始化武宣布，禁化武组织技术秘书处发布了关于处理以前未宣布的附表一设施及活动的程序。[26] 利比亚的一类化武原预计于 2013 年底完成销毁，实际完成时间是 2014 年 1 月。[27] 利比亚的二类化武销毁计划于 2016 年 12 月完成。[28]

---

〔20〕 化武类别的定义部分基于一个化学品列入哪一个附表（见注释〔13〕），可见化武公约（同注释〔3〕）核查附件第 4（A）部分第 16 段。

〔21〕 禁化武组织，“非军事化”，网址：〈http：//www. opcw. org/our-work/demilitarisation/〉。

〔22〕 获取更多信息，见《SIPRI 年鉴》往年版本。

〔23〕 禁化武组织，C－18/DG. 17（同注释〔17〕），第 31 段。

〔24〕 禁化武组织，C－18/DG. 17（同注释〔17〕），第 28 段。

〔25〕 禁化武组织，“利比亚完成销毁其硫芥气散装库存”，新闻稿，2013 年 5 月 6 日，网址：〈http：//www. opcw. org/news/article/libya-completes-destruction-of-its-bulk-sulfur-mustardstockpile/〉。

〔26〕 禁化武组织执理会，“技术秘书处关于处理以前未宣布的附表 1 设施和活动情况的程序”，总干事通知，EC－72/DG. 6，2013 年 4 月 24 日。关于利比亚不完整宣布的情况，见 J. Hart，“化武军备控制和裁军”，《SIPRI 年鉴 2013》，第 373 页。

〔27〕 利比亚于 2014 年 1 月 26 日完成销毁。禁化武组织，“利比亚完成其一类化武销毁”，新闻稿，2014 年 2 月 4 日，网址：〈http：//www. opcw. org/news/article/libyacompletes-destruction-of-its-category－1－chemical-weapons/〉。

〔28〕 禁化武组织，C－18/DG. 17（同注释〔17〕）第 30 段。

截至 10 月 31 日，俄罗斯已经销毁了 30795 吨一类化武（占总量的 77%）。[29] 2013 年，位于 Kizner、Leonidovka、Maradykovsky、Pochep 和 Shchuchye 的 5 个化武销毁设施在运转。Kizner 化武销毁设施于 12 月 19 日开工。[30] 俄罗斯重申其计划在 2015 年 12 月前完成化武库存的销毁。[31] 官方测算称，结束于 2013 年的“减少威胁合作”项目向阿尔巴尼亚和俄罗斯销毁 4018.6 吨化武提供了支持。[32]

截至 10 月 31 日，美国销毁了 24924 吨一类化武（占总量的 90%）。剩余的美国库存位于肯德基州布卢格拉斯和科罗拉多州普韦布洛，分别储存着占原有总量 1.7% 和 8.5%。[33] 普韦布洛的销毁计划于 2015 年 12 月启动，布卢格拉斯的销毁工作将于 2020 年 4 月开始。[34] 美国预计将于 2023 年 9 月完成全部库存化武的销毁。[35]

截至 2013 年 12 月 31 日，叙利亚宣布的化武生产设施已经全部销毁，其宣布的化武库存正在转运至境外，销毁工作计划于 2014 年完成（见第一节）。

## 老化武、遗弃化武和海底化武

截至 2013 年 12 月 31 日，4 个国家宣布在其领土上有遗弃化武（ACW），15 个国家宣布自化武公约生效以来拥有老化武。[36] 2013

---

〔29〕 禁化武组织，C－18/DG. 17（同注释〔17〕）第 25 段。俄罗斯销毁了所有二类和三类化武。

〔30〕 禁化武组织，“新的化武销毁设施在俄罗斯联邦 Kizner 开工”，2013 年 12 月 20 日，网址：〈http：//www. opcw. org/news/article/new-chemical-weapons-destruction-facility-opensat-kizner-in-the-russian-federation/〉。

〔31〕 禁化武组织缔约国第 18 次大会，“执理会关于 2012 年 7 月 16 日至 2013 年 7 月 19 日期间的工作的报告”，C－18/2，2013 年 10 月 9 日，第 2. 10（B）段。

〔32〕 T. Blanton，S. Savanskaya 和 A. Melyakova（编辑）“重新审视纳恩—卢加”，国家安全档案电子简报书第 447 号，乔治华盛顿大学，2013 年 11 月 22 日，网址：〈http：//www2. gwu. edu/～nsarchiv/NSAEBB/NSAEBB447/〉，“纳恩—卢加合作减少威胁的得分表”。关于合作减少威胁项目的终结，见下面第 4 节以及本卷第 7 章第三节。

〔33〕 A. T. Hopkins，“美国化学非军事化项目”，负责核、化学和生物防护项目的助理国防部长首席帮办在缔约国第 18 次会议上的情况介绍，海牙，2013 年 12 月，幻灯片 2。

〔34〕 禁化武组织，C－18/DG. 17（同注释〔17〕），第 21 段。

〔35〕 禁化武组织，C－18/DG. 17（同注释〔17〕），第 20 段。

〔36〕 禁化武组织（同注释〔21〕）。

年，禁化武组织在5个国家对老化武地点进行了6次视察。[37]

中日对日本在第二次世界大战期间遗弃在中国的化武的联合调查始于1991年，而挖掘和回收工作则在2000年启动。自1991年以来，已在50个地点进行了超过110次作业。自2012年12月以来，位于吉林省哈尔巴岭的一座固定式化武销毁设施一直在运行。[38] 2座分别位于北方和南方的移动式销毁设施已经开始工作。南方移动式设施已经完成了在江苏省南京的销毁工作，目前在湖北省武汉使用，其后将移至广东省广州。北方移动式设施现位于河北省石家庄，其后将移至黑龙江省哈尔滨。分散的回收作业将把遗弃化武运至固定式设施或者2个移动式设施中的一个，目前计划将1700件遗弃化武运至石家庄销毁。截至2013年5月，已宣布了49682件遗弃化武（包括已销毁的）。[39] 随着挖掘工作在各已知和尚待发现的地点展开，弹药会继续被回收。

波罗的海海洋环境保护委员会MUNI特别工作组（即赫尔辛基委员会）于12月发表了最后报告。此报告更新了赫尔辛基委员会于1994年发表的关于倾倒在波罗的海的化武主要报告。报告中建议不进行化学弹药的回收工作。在修改后的报告中，除其他事项外，相关各方“被建议从现有国际法律文书条款中借鉴程序和经验，派遣响应小组，并根据小组的建议考虑将转移化学弹药作为可接受的一项应急措施”。[40] 此类回收工作应视地点的具体情况而定，而且要在技术上合理、可行。在赫尔辛基委员会于2013年设立在已经存在的该委员会“响应”（小组）下面的“淹没问题工作组”指导下进行是可能的。

---

〔37〕 这些国家是比利时、加拿大、德国、荷兰和英国。禁化武组织，C－18/DG.17（同注释〔17〕），第51段。

〔38〕 禁化武组织第18次缔约国大会，“日本：在中国的遗弃化武：2013年的进展”，海报会议，海牙，2013年12月2至5日。

〔39〕 禁化武组织执理会，“日本：根据执理会决定（（EC－67/DEC.6）提交的关于在中国的遗弃化武作业现状的报告（报告期：2013年4月1日至5月31日）”，EC－73/NAT.2，2013年6月14日，第3.1（b）（iii）段，第3.3（b）段。

〔40〕 T. Knobloch 等人，《倾倒在波罗的海的化学弹药》，更新和审议波罗的海倾倒化学弹药现有信息专门专家组的报告（赫尔辛基委员会MUNI特别工作组），波罗的海环境诉讼第142号（波罗的海海洋环境保护委员会：赫尔辛基，2013），第8页。

联合国大会未经投票批准了一项关于合作评估倾倒于海中的化武废物的环境影响并提高认识的决议。[41] 该决议邀请联合国成员国提供协助，分享经验，以建设评估、监测、收集信息的能力，并提升风险防范和响应。决议还邀请联合国秘书长与联合国成员国磋商，目的在于在联合国系统内“最适合的机制性框架中”建立一个数据库。它包含有与倾倒地点位置相关的和自愿分享的信息、化学弹药的种类、数量，以及在可能的情况下，其现状及记录到的对环境的影响。

联合国最近关于倾倒化武的讨论，三年前最初是在第一委员会（裁军和国际安全委员会）进行的。然而，讨论改在第二委员会（经济和财经委员会）是为了更多地从环境而非国际和平与安全问题角度对待此问题。这样做的目的是为了降低可能导致与倾倒化武相关的具有法律约束力的承诺的讨论的政治敏感度。这同时也反映了化武应作为环境威胁考虑的观点。决议的措辞反映出一些成员国不希望将强制要求国家回收或解决倾倒化武问题（或者，更泛泛地包括了倾倒的常规弹药）的进程机制化。这样做有可能会导致不知范围、期限的财政承诺，并引发法律责任相关的难题。

许多公司继续研发、测试用于鉴定、回收或处理倾倒弹药（包括化学弹药）的技术。[42] 叙利亚化武前体和硫芥气在位于地中海一艘船上的销毁于2014年开始，这也增添了这一领域的经验。在技术上可行，且具备政治意愿和资源的前提下，上述工作也使得未来更系统地开展此类工作在政治上更易被接受。

（孔 君 译）

---

〔41〕 联合国大会决议68/208，2013年12月20日。

〔42〕 例如，关于水下弹药的国际对话，网址：〈http：//underwatermunitions. org/〉；and Chemical Munitions Search & Assessment（CHEMSEA），〈http：//www. chemsea. eu/〉。

# 第三节 生物武器军备控制和裁军

约翰·哈特

2013 年生物军备控制的主要活动是与专家组会议（8 月 12 至 16 日）和 1972 年《生物和毒素武器公约》[1] 第三次会间会进程参与方会议（12 月 9—13 日）进行的相关工作。会议三个常设议题是（1）合作与援助；（2）科技回顾；（3）加强国家履约。[2] 两年一议的题目在 2013 年是，讨论如何促进更广泛的参与机制中不具备法律约束力的建立信任措施（CBM）。数个国家在两次会议上都在“我们需要谈论遵约”这一题目下提交了文件。这引发了关于生物武器公约框架内“遵约”一词含义的讨论和磋商（即程序上、结构上，以及特定的公约遵约关切）。[3] 同往年一样，会间会主要是在三人组成的履约支持单位（ISU）的支持下交流看法和背景文件。此外，与会方目前只能在五年举行一次的审议大会上作出决策。下次审议会定于 2016 年召开。[4]

2013 年，喀麦隆、圭亚那、马拉维和瑙鲁四个国家加入公约。

---

〔1〕 欲了解关于禁止发展、生产和储存病毒性和毒素武器及其销毁的公约的概要和其他详细内容，见本卷附件 A。与生物和毒素武器公约相关的文件可从网页〈http://www.unog.ch/bwc〉上获得。获取会议的每日概要，见生物武器防止计划（BWPP），“生物武器公约会议每日报告”，网址：〈http://bwpp.org/reports.html〉。

〔2〕 生物和毒素武器公约第七次审议大会，最后文件，BWC/CONF. VII/7，2012 年 1 月 13 日，第 8 段。

〔3〕 见生物和毒素武器公约，缔约国会议，“澳大利亚：生物武器公约遵约——一个概念性的讨论：澳大利亚的初步看法”，BWC/MSP/2013/MX/WP. 2，2013 年 7 月 29 日。

〔4〕 获取履约支持机构（ITU）和生物和毒素武器公约会议的官方文件，见联合国日内瓦办公室（UNOG），“裁军：履约支持机构”，网址：〈http://www.unog.ch/bwc/isu/〉。如获审议大会授权，会间会可以作出决定或起草具有法律约束力的承诺。

另有 10 国家签署但未加入公约，16 国既未签署亦未批准公约。[5]

## 建立信任措施

8 月专家会讨论了政治上具有约束力的信息交流信任措施可否被视为强制性的（即具有法律约束力而不是自愿性）。英国认为遵守生物武器公约应被部分理解为年度提交信息，其中包括“附加的关于任何过去的进攻性和防御性生物战计划的解密材料”。[6] 南非认为，对国家和在缔约国间建立信任而言，年度建立信任措施宣布意义有限。[7] 瑞士提交了如何对现有建立信任措施进行修订的建议，旨在使其更集中在促进遵约评估。[8] 日本建议遵约应在以下框架内考虑：(1) 全面支持和实施生物武器公约禁止生物战（即第一条中明确的）条款的监管和法律措施；(2) 全面的国家出口管制；(3) 适当的生物安全和生物安保措施；(4) 为实现上述目标设立并实施有效的系统。日本还表示支持“双方均同意的对有遵约关切的地点的访问”，并强调了支持联合国秘书长对指称使用化武或生武的调查机制的重要性。[9] 2013 年有 65 份建立信任措施回馈，较 2012 年的 69 份略少。[10]

在关于建立信任措施的讨论中，各方普遍避免使用“核查”一

---

〔5〕 签约但未批约的国家是中非共和国、科特迪瓦、埃及、海地、利比里亚、缅甸、尼泊尔、索马里、叙利亚和坦桑尼亚。既未签约亦未批约的联合国成员国是安道尔、安哥拉、乍得、科摩罗、吉布提、厄立特里亚、圭亚那、以色列、基里巴斯、毛里塔尼亚、密克罗尼西亚、纳米比亚、瑙鲁、萨摩亚、南苏丹和图瓦卢。缔约方的完整清单见本卷附件 A 第一部分。

〔6〕 生物和毒素武器公约缔约国会议，“英国：我们需要讨论遵约，对 BWC/MSP/2012/WP. 11 的回应”，BWC/MSP/2013/MX/WP. 1，2013 年 7 月 2 日，第 11（c）段。工作文件阐述了在澳大利亚、加拿大、日本、新西兰和瑞士共同工作文件中提及的问题，即呼吁举行关于何种行为构成遵守生物和毒素武器公约的初步概念性讨论。

〔7〕 生物和毒素武器公约缔约国会议，“南非：在南非履行生物和毒素武器公约”，BWC/MSP/2013/MX/WP. 10，2013 年 8 月 7 日，第 17 段。

〔8〕 生物和毒素武器公约缔约国会议，“瑞士：建立信任措施促进更全面参与”，BWC/MSP/2013/MX/WP. 13，2013 年 8 月 9 日。

〔9〕 生物和毒素武器公约缔约国会议，“日本：关于名为‘我们需要讨论遵约’文件的初步看法”，BWC/MSP/2013/MX/WP. 18，2013 年 8 月 13 日，第 5 段，第 3 至 4 段。

〔10〕 联合国日内瓦办公室（UNOG），“裁军：建立信任措施回馈”，网址：〈http://www.unog.ch/bwc/cbmsreturns〉。

词，部分原因是一些国家和观察员坚持，在多边生物军控框架内，要以高度的可信来确认生物武器公约的遵约情况，一般情况下在技术上是不可行的。在操作层面，很多代表团都避免使用上述用词，因为特别是美国代表团不支持包含此用词的案文。

### 合作与援助活动

专家会议还分享了合作与援助活动的经验和观点。这些活动在不同程度上被理解为是在生物武器公约第六条（涵盖经济合作和发展）条款下的活动。[11]

不结盟运动和其他缔约国组认为，以促进援助和合作（即列举并配对各方的供应与需求）为目的，全面实施根据 2011 年第七次审议大会决定成立的履约支持单元数据库仍未实现。[12]

欧盟总结了其化学、生物、放射性和核（CBRN）示范中心倡议，其宗旨是促进其他国家在减轻 CBRN 风险方面的机制能力。耗费总计 4000 万欧元（5300 万美元）的至少 34 个项目正在全世界展开或签约。[13]

在缔约方会议上，美国总结了对美"特选剂条例"作出的生物安保方面的修订。这是一个对于防止对生物特选剂和毒素未经授权准入的措施进行管理的条例。[14] 法国报告了一例由 9 个国家代表参与的"同行评估进程"，该进程旨在促进生物武器公约实施的最佳规

---

〔11〕 专家会议的最后报告总结了会间会的授权，并提供了所表达观点的摘要。生物和毒素武器公约专家会报告，BWC/MSP/2013/MX/3，2013 年 9 月 11 日。

〔12〕 生物和毒素武器公约缔约国会议，"不结盟运动和其他缔约国组：全面、有效和非歧视性履行第 10 条的措施"，BWC/MSP/2013/MX/WP. 17，2013 年 8 月 13 日。

〔13〕 生物和毒素武器公约专家会，"欧盟：欧盟常驻联合国代表团公使衔参赞 Andras Kos 先生的发言"，2013 年 8 月 12 日，第 3 段，以及欧盟，CBRN 示范中心（COE），网址：〈http：//www. cbrn-coe. eu/〉。区域间犯罪和司法研究所（UNICRI）是东南亚示范中心的地区协调方。见对 Maria Eugenia de los Angeles Rettorri 在 G. Winfield 的访谈，"亚洲摇篮：欧盟和 UNICRI 的亚洲示范中心"，《CBRNE 世界》，2013 年 12 月，第 12、14 页。

〔14〕 生物和毒素武器公约专家会，"美国：对美国特选剂条例做出的关键生物安保相关变更"，BWC/MSP/2013/MX/WP. 4，2013 年 7 月 29 日。

范。[15] 加拿大、捷克共和国和瑞士报告了遵约评估实验性项目的现状。[16]

（孔 君 译）

〔15〕 生物和毒素武器公约专家会，“法国：法国常驻日内瓦裁军谈判会议代表 M. Jean-Hugues Simon Michel 大使的发言”，日内瓦，2013 年 12 月 9 日，第 2 段。

〔16〕 生物和毒素武器公约缔约国会，“捷克共和国”，日内瓦，2013 年 12 月 9 日。缔约方会议的最后报告包含了会间会进程授权和活动的事实性总结，一个关于“基于代表团所做的与专家会讨论题目相关的情况介绍、声明、工作文件和发言整理出的讨论、经验、前景、建议、结论和提议的集成”，以及一份会间会文件的正式清单。生物和毒素武器公约缔约国会议报告，BWC/MSP/2013/5，2013 年 12 月 24 日。

# 第四节　对生命科学双用途研究的监管

彼得·克莱夫斯蒂格　约翰·哈特

## 俄罗斯与美国在生命科学领域的合作

2013 年 6 月，1992 年《俄罗斯与美国之间关于减少威胁合作计划覆盖性协议》有效期满。[1] 近年来减少威胁合作计划，以及《八国集团反对大规模杀伤性武器和材料全球伙伴计划》近年来的重点，就是减少生物威胁。[2] 在 2014 财年美国预算中，“生物武器接触计划”在减少威胁合作中的份额不足 60%，而生物安保则在 2012 年瑞典斯德哥尔摩八国集团会议上被视为值得关注的领域。[3] 2013 年 9 月 26—28 日，减少威胁合作计划的前参与方和学者在美国乔治亚州圣西蒙岛举行会议，讨论并分析减少威胁合作计划的结果。[4]

俄罗斯也表示打算终止其在国际资助的国际科技中心的工作。该中心的授权是帮助确保具有双用途专业技能的科学家继续被有益雇用，而不会从事支持可能的武器计划的工作。2013 年 2 月，一个俄罗斯—美国专家组建议两国联合资助生命科学研究。[5]

## 新的肉毒神经毒素的发现

2013 年 10 月，“传染病期刊”发表了两篇论文描述一种由一个

〔1〕 A. F. Woolf，P. K. Kerr 和 M. B. D. Nikitin，“军备控制与不扩散：条约和协议目录”，国会研究部（CRS）为国会 RL33865 提供的报告（美国国会，CRS：华盛顿哥伦比亚特区，2013 年 7 月 15 日），第 12 页。关于 CTR 有效期满，可见本卷第 7 章第 3 节。

〔2〕 截至 2013 年 1 月，全球伙伴计划成员有 25 国：澳大利亚、比利时、加拿大、捷克共和国、丹麦、欧盟、芬兰、法国、德国、爱尔兰、意大利、日本、哈萨克斯坦、墨西哥、荷兰、新西兰、挪威、波兰、俄罗斯、韩国、瑞典、瑞士、乌克兰、英国和美国。

〔3〕 Woolf（同注释〔1〕），第 22、26 页。

〔4〕 T. Blanton，S. Savranskaya 和 A. Melyakova（编辑），“回顾纳恩—卢加”，国家安全档案电子简报书第 447 号，乔治华盛顿大学，2013 年 11 月 22 日，网址：〈http：//www2. gwu. edu/ ~ nsarchiv/NSAEBB/NSAEBB447/〉。

〔5〕 美国—俄罗斯评估生物接触发展、安保和合作委员会，在生物科学和生物技术领域独特的美国—俄罗斯关系：最近经验和未来方向（国家学院出版社：华盛顿哥伦比亚特区，2013 年）。

感染婴儿肉毒菌的儿童身体上分离的新的肉毒杆菌病毒株。这一新的病毒株产出了一个以往未见描述的肉毒神经毒素。第一篇论文描述了神经毒素 H 型肉毒杆菌的产出，这一毒素是与此 B 型神经毒素一同产出的，且采用位于乔治亚州亚特兰大的美国疾病控制和预防中心提供的已有的单价抗血清抗毒素不能中和。[6] 随后的第二篇论文解释了研究人员是如何对这一新的病毒株进行神经毒素基因组进行排序，并确认其有别于以往鉴定的肉毒杆菌。[7] 这是上一次发现新的肉毒杆菌以来已经有 40 年了。[8]

当这些住在美国的作者了解到现有的抗毒素不能中和 H 型肉毒杆菌，且其他人很可能不了解这一新知识后，他们与美国官员进行了磋商，并选择在研发出有效的抗毒素之前，将排序数据提交给“基因库”（GenBank）———一家美国公众核苷酸排序存储库。[9]

在一篇传染病期刊的评论中，美国国家生物安保科学咨询委员会成员、斯坦福大学的戴维·A·雷尔曼写道，“在 H 型肉毒杆菌抗毒素制造出来且被证实有效并投入使用之前，病毒株及毒素的排序（借此很容易制造出重组细胞）对公众健康构成严重风险，因为对上述两种物品的误用会造成异常严重和广泛的危害”。[10]

雷尔曼还引用了美国国家科学院科学通讯与国家安全小组 20 世

---

〔6〕 使用字母“H”是因为这是第 8 个描述的肉毒神经毒素。此前描述的肉毒神经毒素为：A，B，C1，C2，D，E，F 和 G. J. R. Barash 和 S. S. Arnon，“能产生 B 类和 H 类肉毒毒素的一种新型的肉毒杆菌病株”，《传染病杂志》第 209 期第 02 号（2014 年 1 月），第 183—191 页。

〔7〕 N. Dovel 等人，“对一种新型肉毒神经毒素 H 型基因的分子描述”，《传染病杂志》第 209 期第 2 号（2014 年 1 月），第 192—202 页。

〔8〕 M. R. Popoff，“肉毒神经毒素：越来越多样化和迷人的毒素蛋白”，《传染病杂志》第 209 期第 2 号（2014 年 1 月 15 日），第 168—169 页。

〔9〕 咨询过的美国联邦机构包括陆军传染病实验室、国土安全部和疾病控制与预防中心。基因库，“基因库概述”，网址：〈http：//www. ncbi. nlm. nih. gov/genbank/〉。又见 D. Mackenzia，“新型肉毒杆菌素超级毒素的细节被审查”，《新科学家》，2013 年 10 月 14 日。

〔10〕 D. A. 雷尔曼，在追求科学知识和公众健康过程中的“不方便的真理”，《传染病杂志》第 209 期第 2 号（2013 年 10 月 7 日）。他的评论援引了 S. S. Arnon 的文章“作为一种生物武器的肉毒毒素：医学和公众健康管理”，《美国医学协会杂志》第 285 期第 8 号（2001 年 2 月 28 日），第 1059—1070 页。

纪80年代的一项研究。[11] 该研究分析了科学公开性和国家安全关切之间的大量的论述。小组确定了不应保密但应受限制的研究活动“灰色区域”。要划归此区域应符合所有以下条件：（1）具有双用途或军事应用的研究；（2）短时间内即可付诸应用的研究；（3）传播可能会给敌人短期优势的研究；（4）包含据信敌人尚未拥有的信息的研究。[12] 雷尔曼强调了这一“灰色区域”并指出，“这些论文的作者认为H型肉毒杆菌的排序信息对社会构成直接和异常严重的风险，且那些试图制造危害的人掌握此信息的可能不大，因此决定采取自愿的发表前控制，没有发表这一信息”。[13]

**脱氧核糖核酸（DNA）复制**

在2013年10月的一次访谈中，美国著名生物学家及数个以基因排序和合成工作为重点的公司的创始人J. 克雷格·文特尔讨论了为通过所谓数字生物转换器复制而下载并分享DNA信息问题。此类转换器等同于生物方面的3D打印机。文特尔还将生命形容为“受DNA软件驱动”。[14]

3D打印机最终的广泛应用有可能导致某些防扩散工作的关联性减弱，包括那些旨在在少量具备高度安保水平的设施中整合病原体毒株，以及确保传统病原体毒株式的位置分享仅用于和平目的的工作。

（孔　君　译）

〔11〕 科学通讯和国家安全小组，科学通讯和国家安全（国家学院出版社：华盛顿哥伦比亚特区，1982年）。

〔12〕 科学通讯和国家安全小组（同注释〔11〕）。

〔13〕 雷尔曼（同注释〔10〕）。

〔14〕 对J. 克雷格·文特尔的访谈，《Charlie Rose节目》，2013年10月21日，网址：〈http：//charlierose. com/watch/60285321〉。又再见J. C. Venter，“光速生命：从双螺旋到数字生命的破晓”（VIKING出版社：纽约，2013年）。

# 第九章 常规军备控制和建立军事信任措施

## 概　　述

伊恩·安东尼

军备控制一直在不断适应安全环境的变化并作出反应，包括需规范和限制非国家行为体的行为以及新出现的技术。法律限制措施的应用范围现已远远超出传统上被定义为武器的物品。同样，各种现有和新兴的限制框架也不仅仅限于条约和公约。例如，新的创新包括具有政治约束力的旨在推动负责任地使用信息和通信技术的建立信任措施（CBMs），以及旨在指导有关新技术和新兴技术在人工智能和机器人领域潜在滥用思维的一个共同伦理规范。

如何规范各种不同种类的武器以确保符合国际人道主义法已成为军备控制的一个重要议题（见本章第一节）。首先，参加现有被认为是人道主义军备控制条约的国家远未普及。此外，这些条约的缔约国在履约方面仍有很多工作要做。

一些 1997 年禁止《杀伤人员地雷公约》的缔约国仍不履行公约。还有一些缔约国要求延长其履约的最后期限。2013 年，加入《集束弹药公约》（CCM）的国家继续增加，有 5 个国家加入了这一 2008 年的公约，另有 7 个国家承诺一旦完成国家履约程序也将加入。

减少简易爆炸装置（IEDs）威胁是一个巨大挑战，传统的军备控制方法难以适用。然而，简易爆炸装置的滥用造成了严重的人道主义后果。在 1981 年特定常规武器（CCW）公约框架下，各国继续讨论如何防止非国家行为体获取制造简易爆炸装置所需的关键材料和元件。

2013 年 9 月，联合国安理会通过了第 2117 号决议，这是安理会专门对小武器和轻武器问题通过的第一个的文件。秘书长潘基文在介绍该决议时强调了小武器的人道主义影响，参加辩论的许多国家和国际组织在发言中都认同这一观点。

各国已开始讨论如何规范新技术和新兴技术，以确保它们不会对人道主义法或人权法有关原则构成不可接受的风险。2013 年，特别是这两种新技术和新兴技术是讨论的重点：全自主武器和网络战武器。

是否对全自主武器作出限制，以及如果要限制，如何限制的问题在特定常规武器公约和联合国大会人权理事会框架下进行了讨论(见第二节)。2013 年年底，特定常规武器公约缔约国同意自 2014 年起重点讨论与全自主武器的有关问题，并正式将其作为工作计划的一部分。

2013 年 12 月，欧洲安全与合作组织（OSCE）成员国同意制定一系列建立信任措施，以减少将网络空间的可疑行为误解为敌对行为的危险（见第三节）。欧洲安全与合作组织制定的将建立信任措施用于信息和通信技术（ICTs）领域的协议是世界上第一个此类协议。欧洲安全与合作组织成员国的最终目标是为网络空间的负责任国家行为原则和加强国际法规则达成国际谅解和协议作出贡献。与此同时，许多欧洲安全与合作组织成员国继续发展本国实施网络空间战的能力。

在欧洲，人们对 20 世纪 90 年代达成的常规军控条约以及相关具有政治约束力的建立信任和安全措施是否仍在确保军事行为的可预见性和增进信任（即武装部队的存在仅用于正当防卫目的）方面发挥主要作用表示担忧（见第四节）。2013 年，北大西洋公约组织(NATO）成员国以及俄罗斯和其他欧洲国家发现了一个风险，在靠近北约盟国、俄罗斯和白俄罗斯共同边境举行的军事演习可能对当前军事计划趋向的含义提出新的问题。对新型军事演习是否符合使欧洲更加安全和更加和平这一共同目标的进一步讨论就是在这一背景下进行的。

（牟长林　译）

# 第一节 各种人道主义军备控制方案

莉娜·格里普

2013 年，2008 年集束弹药公约（CCM）、1997 年杀伤人员地雷公约（APM）和 1981 年特定常规武器公约（CCW）缔约国继续努力限制一些武器对平民的影响。[1] 这些公约的最大成绩是减少了新的使用和清理土地上战争遗留爆炸物（ERW），使平民的伤亡大大减少。值得注意的是，原集束弹药主要生产国英国于 2013 年宣布，已全部销毁其库存的集束弹药。这些武器面临的最大挑战是，非公约缔约国和非国家行为体违反这些新兴的国际规范。

## 集束弹药公约

集束弹药公约的目标是禁止使用、生产、转让和储存对平民造成不可接受伤害的集束弹药，以及建立一个合作和援助的框架，以确保对受害者提供足够的护理和康复、清理污染区、进行减少风险教育和销毁库存。集束弹药公约并不适用于地雷（禁止杀伤人员地雷公约部分涵盖了地雷）。

2013 年缔约国会议的主题是普遍性，即集束弹药公约缔约国不断扩大并走向全球参与，因为该公约是进展最慢的一个公约。截至 2013 年底，共有 84 个国家参加了集束弹药公约，另有 29 个国家签署了公约但尚未批准。每年都有一些签约国批准公约。2013 年，安道尔、玻利维亚、乍得、伊拉克、列支敦士登、瑙鲁、圣基茨和尼维斯成为集束弹药公约的正式成员国。然而，自从集束弹药公约 2010 年 8 月生效以来，只有 5 个国家加入该机制。值得注意的是，柬埔寨、埃塞俄比亚、加蓬、蒙古、巴勒斯坦和南苏丹 6 个非签约国，其中一些国家受到集束弹药污染的影响，在 2013 年的会议上宣布，它

---

〔1〕 了解《集束弹药公约》、《关于禁止使用、储存、生产和转让杀伤人员地雷及销毁此种武器的公约》和《禁止或限制使用某些可被认为具有过分伤害力或滥杀滥伤作用的常规武器公约》及其议定书的概 s 和其他细节，见本卷附件 A 第一部分。

们准备加入集束弹药公约。[2] 所有集束弹药主要生产国都游离于集束弹药公约之外，其中包括俄罗斯和美国。

叙利亚不是集束弹药公约成员国，在2013年继续广泛使用集束弹药。人权观察（HRW）确认，在2012年7月至2013年6月期间，叙利亚政府在152个不同地点使用了至少204枚集束弹药，还有更多的攻击无据可查。[3] 这些攻击遍及叙利亚，多个地点反复受到攻击。集束弹药公约的核心目标是建立一个谴责使用集束弹药的全球规范，此外，公约特别要求每一缔约国“尽最大努力劝阻非公约缔约国不要使用集束弹药”。[4] 因此，虽然叙利亚不是集束弹药公约成员国，但其使用集束弹药仍对执行公约提出一个挑战。

2013年11月，123个国家对谴责叙利亚冲突持续升级的联大决议投了赞成票，包括叙利亚当局对平民滥用集束弹药。[5] 许多对决议投赞成票的国家都是集束弹药公约非缔约国，这一事实很容易让人理解为，这些赞成票表明集束弹药公约建立规范的效果已超出其成员国范围。然而，情况并非如此，因为对平民滥用任何武器已被国际人道主义法所禁止。联大决议特别提出，集束弹药（与其他许多类型武器一起）只是集束弹药公约一个很小的胜利，但这被叙利亚政府继续违反国际人权法和国际人道主义法的阴影所笼罩。

2013年，集束弹药联盟发表的一份报告记录了缅甸和苏丹使用集束弹药的未经证实的报道。[6]

积极的方面是，智利和英国2013年完成了销毁其储存的集束弹药。英国集束弹药的储量在所有集束弹药公约缔约国中最多。丹麦曾计划在2013年底前销毁其储存的集束弹药，但这只在2014年初才得

---

〔2〕 人权观察，“集束弹药：叙利亚继续使用，但随着许多国家销毁储存，公约显示取得进展”，2013年9月4日，网址：〈http://www.hrw.org/news/2013/09/04/cluster-munitionssyria-use-persists〉。

〔3〕 人权观察（同注释〔2〕）。

〔4〕 集束弹药公约（同注释〔1〕），第21条（2）。

〔5〕 联大决议68/182，2013年12月18日。

〔6〕 集束弹药联盟，《集束弹药监督2013》（国际禁止地雷运动—集束弹药联盟：日内瓦，2013年9月）。

到官方的确认。[7]

## 杀伤人员地雷公约

除其他方面外，杀伤人员地雷公约禁止使用、研发、生产和转让杀伤人员地雷。截至 2013 年底，该公约拥有 161 个缔约国。杀伤人员地雷公约在减少地雷造成的人员伤亡和清理受地雷污染土地方面继续取得丰硕成果。[8]

目前，非国家武装团体比政府更多地使用地雷。2012 年，8 个国家的非国家武装团体（阿富汗、哥伦比亚、缅甸、巴基斯坦、叙利亚、泰国、突尼斯和也门）使用了地雷，这是 5 年中使用数量最多的。[9] 除缅甸、巴基斯坦和叙利亚外，所有这些国家都是杀伤人员地雷公约缔约国，这表明非国家行为体获取和使用地雷对公约的履行构成严重挑战。“日内瓦呼吁遵守全面禁止杀伤人员地雷公约和地雷行动合作承诺契约”是建立在杀伤人员地雷公约外的另一个机制，该机制准许非国家团体正式承诺遵守与杀伤人员地雷公约相关的人道主义规范。[10] 虽然已有 43 个非国家武装团体签署了契约，但 2013 年，在受非国家行为体使用地雷影响的 8 个国家中，有 7 国没有一个武装团体签署禁雷公约。这表明了非国家武装团体在承诺与行动之间的潜在关联性。

白俄罗斯、希腊和乌克兰未能全部销毁其储存的杀伤人员地雷，未能履行公约的义务。对白俄罗斯和希腊规定的 4 年期限是 2008 年，对乌克兰规定的期限是 2010 年。[11] 2013 年，乍得、尼日尔、莫桑比克、塞尔维亚、苏丹和土耳其提出要求并获得同意，延长它们根据公

---

〔7〕 丹麦外交部，“丹麦引领全球裁军，销毁集束弹药”，2014 年 3 月 20 日，网址：〈http：//um. dk/en/news/newsdisplaypage/? newsID = 7ABB4C60 - A861 - 49C1 - B727 - 76FDBC4EDA09〉。

〔8〕 国际禁止地雷运动，《地雷监督 2013》（国际禁止地雷运动—集束弹药联盟：日内瓦，2013 年 11 月），第 1—2 页。

〔9〕 国际禁止地雷运动（同注释〔8〕），第 1 页。

〔10〕 获取“日内瓦呼吁遵守全面禁止杀伤人员地雷公约承诺和地雷行动的承诺契约”样本，以及已签署的非国家武装团体名单，见日内瓦呼吁，“禁止地雷”，网址：〈http：//www. genevacall. org/Themes/Landmines/landmines. htm〉。

〔11〕 国际禁止地雷运动（同注释〔8〕），第 7 页。

约第 5 条规定的销毁期限。[12]

### 特定常规武器公约

在 2013 年缔约国大会上，特定常规武器公约缔约国继续讨论除杀伤人员地雷外的地雷问题（反车辆地雷），但未取得任何明显进展。[13] 缔约国对限制反车辆地雷紧迫性的对立观点阻碍了讨论。[14] 报告第五议定书（关于战争遗留爆炸物）的年度专家会议未能将反车辆地雷列入其 2013 年技术讨论中。专家小组在反车辆地雷问题上缺乏准备使得在后续谈判中推进讨论更为困难。

2013 年，特定常规武器公约第二修正议定书（有关使用地雷、陷阱和其它装置）缔约国继续讨论简易爆炸装置的人道主义影响。非国家武装团体全年频繁使用简易爆炸装置，经常在人口稠密地区杀死大量平民。2012 年（最新可用数据的一年），最普遍使用简易爆炸装置的地区是伊拉克（占使用简易爆炸装置案例的 39%）、巴基斯坦（15%）、叙利亚（15%）、阿富汗（12%）和尼日利亚（6%）。[15]

2009 年以来，专家组一直讨论第二修正议定书中的简易爆炸装置问题。[16] 他们的活动包括在外部专家帮助下描绘出简易爆炸装置的人道主义影响，信息共享和“编辑现有的指导原则、最佳做法和提出其他旨在解决转移或非法使用可用于制造简易爆炸装置材料的建议”。[17] 2013 年，专家组曾考虑建立一个信息交换数据库，作为改进有关转移和非法使用（包括走私）可用于制造简易爆炸装置材料

---

〔12〕 杀伤人员地雷公约缔约国第 13 次会议，日内瓦，2013 年 12 月 2—5 日，最后报告，APLC/MSP. 13/2013/6，2013 年 12 月 16 日，第 21 段。

〔13〕 特定常规武器公约缔约国 2013 年大会，日内瓦，2013 年 11 月 14—15 日，最后报告，CCW/MSP/2013/10，2013 年 12 月 6 日。

〔14〕 有关特定常规武器公约关于反车辆地雷讨论的演变，见 L. 格里普和 T. 巴顿“人道主义军备控制建议”，《SIPRI 年鉴 2013》。

〔15〕 J 宾尼和 J. 赖特，“地狱机器：简易爆炸装置”，《小武器概览 2013》，《天天危险》（小武器概览：日内瓦 2013），第 224 页；H. 多德和 R. 帕金斯：《爆炸性局势：2012 年爆炸性暴力监测》（对武装暴乱的行动：伦敦，2013 年 3 月），第 25 页。

〔16〕 特定常规武器公约第二修正议定书缔约国第 15 次年会，简易爆炸装置报告，CW/AP. II/CONF. 15/3)，2013 年 9 月 4 日，第 1 页。

〔17〕 特定常规武器公约第二修正议定书缔约国第 15 次年会，CCW/AP. II/CONF. 15/3（注 16），第 4 页。

的信息共享的工具，以及减少此类武器威胁的其他方法的工具。由于用于合法目的的简易爆炸装置组件到处都有，根据特定常规武器公约采取的限制简易爆炸装置的法律措施被认为是极为困难的。[18]

（牟长林　译）

〔18〕 特定常规武器公约第二修正议定书缔约国第15次年会，CCW/AP. II/CONF. 15/3（注16），第6—7页。

# 第二节 自主武器的治理

伊恩·安东尼 克里斯托夫·霍兰

早在20世纪80年代，美国军队所有4个军种都看到提高武器战场自主性的优势。如果没有人工操作就无需车载生命支持系统，更无需建立一支用于救援和撤运人员的干预部队。这种系统应该体积更小、速度更快，可减轻人的负担，减少对高宽带通信的需求，在人类无法控制的困难环境中获取更大能力，不易受到信号干扰或被劫持，巡逻时间更长以及可能比有人操作系统更便宜。[1]

2013年，几个国际论坛严格审查了自主武器与国际人权法和国际人道主义法的关联性。核心问题是是否和如何将现有的法律、指导原则和法规应用于武器系统日益自动化的趋势，以及目前和可预见未来的发展（特别是与无人机相关的发展），是否需要制定新的规则。

## 关于自主武器造成潜在问题的讨论

2013年7月，联合国秘书长裁军事务咨询委员会提出对战争日趋自动化趋向和全自主武器系统研发的关注。对于致命自主机器人，咨询委员会提到的担心是：

> 全自主系统能力是否符合现有法律（包括国际人道主义法、人权法或一般国际法）；与设计未来可能需采取裁军行动的全自

---

〔1〕 M. 盖特林："致命自主武器：道义和教义影响"，美国海军战争学院，联合军事行动部，纽波特，罗德岛，2005年2月14日，网址：〈http：//www. dtic. mil/cgi-bin/GetTRDoc？ AD = ADA464896〉。20世纪80年代研发的AGM-136A沉默彩虹巡航导弹就是这一武器的一个例子，与有人驾驶飞机相比，它执行任务的时间更长、价格更低。美国空军国家博物馆，"诺斯罗普AGM-136A沉默彩虹"，资料，2011年8月3日，网址：〈http：//www. nationalmuseum. af. mil/factsheets/factsheet. asp？ id =418〉。

主武器相关的潜在问题，或机器人自主决定一个人死活的道德界限。[2]

因此提出的问题包括：首先，全自主武器（假定这些武器可以研发出来）基于其技术特点是否应被认为是非法的；第二，（假定这些武器是合法的）如何减少这些武器非法使用的风险。在新的辩论中，对讨论的各种条款的理解都不是最终的。目前，许多基本定义问题需在制定规则取得进展前达成一致。也就是说，没有自主武器的标准定义。国际红十字委员会（ICRC）已注意到，“虽然在这个问题上有许多专著，但好像使用的术语缺乏连贯性”。[3] 结果，一件武器是否属于自主武器主要取决于“自主”的定义。争议的问题集中在武器根据紧急情况随意做出决定的适应能力，与这些决定相关的是，如果和在什么时候，一件武器是处于人的监督之下。

美国军队的每个军种都独自研发、试验、采购和部署武器系统，随着时间的推移，每个军种都制定了有关自主武器的词语。试图协调和融合自主武器发展的努力（例如，通过国防部机器人系统联合项目办公室）由于做法不同受到阻碍，因此认识到对定义和术语需要更加统一的做法。

国防部 2012 年的一份指令对“自主武器系统”术语的含义进行了广义的定义，以获得更多自主权。定义的第一部分包括，“一个武器系统一旦被激活，便能够在没有操作人员进一步干预情况下选择和打击目标”。[4] 许多现有武器都具有这些特点，例如枪炮和导弹旨在通过在来袭导弹攻击的末端将其击落，为军舰和车辆提供最后一道防线。一旦被激活，这些武器将向进入其火力范围的任何目标开火。从

---

〔2〕 联合国，大会：“裁军事务咨询委员会工作”，秘书长的报告，A/68/206，2013 年 7 月，第 42 段。

〔3〕 K. 劳兰德：国际红十字委员会武器小组负责人，“全自主武器系统”，在法国常驻裁军谈判会议代表团全自主武器系统研讨会的发言，日内瓦，2013 年 11 月 25 日，网址：〈http：//www. icrc. org/eng/resources/documents/statement/2013/09 – 03 – autonomous-weapons. htm〉。

〔4〕 美国国防部：“武器系统的自主性”，指令 3000. 09，2012 年 11 月 21 日，第 13 页。

这些武器根据特定标准（如侦测雷达辐射）、在无需操作人员同意情况下按照预先编好的程序打击目标这个意义上讲，这些武器是“自主的”。

在定义的第二部分，国防部也包括了允许有限人为干预的系统：“受人监督的自主武器系统”。这些武器“旨在不可接受的损害程度发生前，或包括一旦武器系统出现故障，为操作人员提供干预和终止交战的能力”。[5] 这类“受人监督的自主武器系统”看起来与许多非政府专家对“自主武器”的定义非常接近。[6]

国防部对“自主”定义的两个方面与传统上称为“自动”或“半自主”的武器非常贴近，国际红十字委员会明确将这类武器排除在自主武器这个词的含义之外。国际红十字委员会的一个资深专家认定，国防部第一组武器处于自动化的低端，这些武器“在明确界定和控制的环境中，精确地按照预先编好的程序或排序实施行动”。第二组武器被认为是“实战中真人闭合操作的高自动化系统”。[7] 按照这种分类方法，两组武器都不被视为是自主的。

国际红十字委员会将自主武器定义为“经过编程记忆或在其部署的环境中调整其功能，以便对变化的情况作出反应的武器”。[8] 它保留“全自主武器”这个词用以描述目前尚不存在的一类武器，称：

> 真正的自主武器系统是在没有任何人为干预或控制的情况下，能够搜索、识别和对目标施用致命武力，包括人体目标（敌方战斗人员）。
>
> 这一定义意味着带有某种人工智能的机动系统，能够在无人控制的动态环境中操作。

---

〔5〕 美国国防部（同注释〔4〕），第14页。

〔6〕 例如，在2013年3月举行的帕格沃什研讨会上，与会者将自主武器定义为“发射后在无人为干预情况下选择和攻击目标的武器”。“向世界科学知识与技术伦理委员会提交的现代机器人在监视、警务和战斗中的伦理问题研讨会报告”，SHS/EGC/COMEST2013/EN/9，世界科学知识与技术伦理委员会“科学与技术领域新兴伦理问题”后续会议工作文件，布拉迪斯拉娃，2013年5月30—31日，网址：〈http：//unesdoc. unesco. org/Ulis/cgi-bin/ulis. pl？ catno =226478〉。

〔7〕 劳兰德（同注释〔3〕）。

〔8〕 同上。

> 需要强调的是，这种“完全”自主武器仍处于研发阶段，尚未研发出来，更未在武装冲突中部署过。然而，这方面的技术能力正取得飞速进展。[9]

国际红十字委员会使用“自主武器”这个术语与联合国法外处决、即决处决和任意处决特别报告员克里斯托夫·海恩斯使用的术语非常接近，他将“致命武装机器人”这类武器定义为“一旦激活，能够在没有操作人员进一步干预情况下选择和打击目标的武器系统”。重要之处在于，机器人在选择一个目标和使用致命武力时拥有自主“选择”权。[10]

美国国防部在其2013—2038年无人系统一体化路线图中也选择使用了这个概念，路线图将自主系统称为能够“自我决定”如何自我运行以及“不受与人互动的限制”的一种系统。[11] 文件中这种不像指令那样具有权威性的用法，增加了美国在使用的定义的复杂性。

人权观察和国际人权诊所一份具有影响的非政府报告认为，从自主不断演变的角度进行思考可能更为准确，而不应从物品固定分类的角度考虑。继续改进现有武器会增加其复杂性，使之成为通向未来全自主武器的一个途径。[12] 这一见解与国际红十字委员会的看法相似，认为自主武器处在一直发展的武器自动化程度不断提高的连续体或频谱的末端。美国国防部国防科学委员会也注意到，对自主更有益的思维方式可能应集中于将其视为“能使大型人—机系统完成特定任务的一种能力（或一系列能力）”，而不是对个别武器持更狭窄的见解。[13]

---

〔9〕 劳兰德（同注释〔3〕）。

〔10〕 联合国，大会，人权理事会，联合国法外处决、即决处决和任意处决特别报告员克里斯托夫·海恩斯报告，A/HRC/23/47，2013年4月9日，第38段。

〔11〕 美国国防部，《无人系统一体化路线图，2013—2038财年》，14－S－0553（国防部：华盛顿，DC，2013年12月23日），第67页。

〔12〕 人权观察（HRW）和哈佛大学法学院国际人权诊所（IHRC），《丧失人性：反对杀人机器人的案例》（人权观察：剑桥，马萨诸塞州，2012年11月）。

〔13〕 美国国防科学委员会，《自主在国防部系统的作用》（DSB：华盛顿，DC，2012年7月），第21页。

**国际人权法和人道主义法的适用性**

国际人权法和国际人道主义法是国际公法的独立和独特范例。国际人权法适用于武装冲突范围之外的情况。国际人道主义法则适用于武装冲突这类情况。

国际法院和联合国人权机构已确认，国际人权法提供的保护在武装冲突时仍在继续（除非通过允许减损某些权利的条约条款的影响）。[14] 原则上讲，虽然国际人权法规则适用于武装冲突，但在这两种范例重叠情况下的相关分析则取决于适用的国际人道主义法。

是国际非政府团体最先提高了对自主武器研发和使用可能产生的潜在危险的意识。2009 年，数名专家成立了机器人军备控制国际委员会，集中讨论这一议题。2013 年，新成立的停止杀人机器人运动发出呼吁，预先禁止研发、生产和使用全自主武器。[15]

**国际人权法**

国际人权法的基石是，每当合法使用武力不可避免时，在使用这种武力中应全力保持克制，采取的行动应与要取得合法目标相称，应尽最大可能保护人的生命。

2010 年，联合国大会人权理事会授权联合国法外处决、即决处决和任意处决特别报告员菲利普·奥尔斯顿调查新技术对法外处决、即决处决和任意处决的影响。在 2010 年 8 月提交的临时报告中，奥尔斯顿发现“虽然机器人或无人武器技术正以惊人的速度发展，但对其使用产生的法律、伦理道德问题的公共辩论仍处于初始阶段，一点也没有考虑必须处理其所造成问题的国际法律框架”。[16] 奥尔斯顿的报告建议：

---

〔14〕 国际法院，“在巴勒斯坦被占领土修建隔离墙的法律后果”，咨询意见，2004 年 7 月 9 日，第 106 段。另参见联合国，公民权利和政治权利国际惯例（CCPR），“CCPR 一般性评论第 29 号：文章 4：紧急状态期间的减损”，CCPR/C/21/Rev. 1/Add. 11，2001 年 8 月 31 日，第 3 段。

〔15〕 停止杀人机器人运动，“我们第一年的运动”，2013 年 12 月 20 日，网址：〈http：//www. stopkillerrobots. org/2013/12/first-year-of-campaigning/〉。

〔16〕 联合国，大会：法外处决、即决处决和任意处决特别报告员临时报告，A/65/321，2010 年 8 月 23 日，第 29 段。

> 急需考虑研发和使用机器人技术产生的法律、伦理问题和道德影响，特别是但又不限于将其用于战争。重点不仅是这种技术进步构成的挑战，也包括采取积极步骤确保充分利用其能力推动更有效地符合国际人权法和人道主义法。[17]

2010 年 8 月，海恩斯取代奥尔斯顿成为特别报告员，随后被赋予具体调查研发致命性自主机器人产生的问题的任务。2013 年 4 月，他发表一份关于致命性自主机器人和保护生命的报告，报告发现：

> 致命性自主机器人对在战争和和平时期保护生命问题提出了影响深远的担忧。这包括它们在多大程度上编程以达到国际人道主义法以及根据国际人权法保护生命的标准的要求。此外，由于难以制定足够的法律问责系统和机器人不应对人类拥有生死决定权，因此，部署致命性自主机器人是不可接受的。[18]

人权理事会讨论了这个报告，参加讨论的许多国家也提出了不受人控制的机器人实施的致命行动如何能够问责或是符合伦理的问题。[19]

作为特别报告员，海恩斯建议各国“暂停（致命性自主机器人）”各方面的工作，呼吁建立一个高级别小组，“就这一问题为国际社会制定一个政策”。[20]

**国际人道主义法**

国际人道主义法基于两个核心原则：区别原则和相称性原则。[21]区别原则将民用和军事目标区别开来，禁止针对平民的攻击。相称性

---

〔17〕 联合国：A/65/321（同注释〔16〕），第 48 段。

〔18〕 联合国：A/HRC/23/47（同注释〔10〕），第 1 页。

〔19〕 “各国讨论联合国关于致命性自主机器人专家报告”，第 36 条，2013 年 6 月 1 日，网址：〈http：//www. article36. org/weapons-review/states-discuss-un-expert-report-on-lethal-autonomousrobotics/〉。

〔20〕 联合国，A/HRC/23/47（同注释〔10〕），第 1 页。

〔21〕 区别对待和相称性原则被编入 1949 年日内瓦公约的关于保护国际武装冲突受害者的第一附加议定书（1977 年），特别是第 57 条。议定书概述和详情，见本卷附件 A 第一部分。

原则禁止可预料到会对平民造成意外死伤，或预期的具体和直接的军事优势可能对民用目标造成过度破坏的军事行动。

区别原则和相称性原则的运用需根据具体的军事行动作出判断。虽然战场指挥官在约定的交战规则范围内指挥作战，但每次都要征求法律部门的意见以确保计划中的行动符合人道主义法。如果断定一项行动符合人道主义法，负责执行此项任务的人必须根据已确定的规则判定其具体行为是否合法。许多非政府观察家都提出这样的问题，全自主武器是否能够具有人类的特点、作出判断，以及使用全自主武器是否能一直与负责任的军事行动相一致。〔22〕

2013 年 9 月，法国在担任 1980 年特定常规武器公约缔约国大会主席国期间，主持召开了一次研讨会，在国际人道主义法框架下，讨论了有关全自主武器问题。〔23〕 随后，11 月举行的特定常规武器公约缔约国大会也讨论了这个问题，并作出决定，2014 年继续召开专家会议，以便更加深入地探讨什么是全自主武器系统、“自主”的含义是什么、这种武器可能对国际人道主义法提出什么挑战以及各国能够采取什么行动应对这一领域的发展。〔24〕

### 无人机

在全面讨论全自主武器的过程中，无人驾驶武装飞行器不断变化的作用和任务问题日益突出。无人机已承担了多种军事任务。当装有照相机、雷达和信息及通信技术等载荷时，无人机可承担战术侦察、通信，以及为火炮和有人驾驶飞机的打击获取目标的任务。它们也承担其他任务，如有人驾驶飞机的研发和防空系统的试验与评估。无人

---

〔22〕 例如，B. 芬，禁止杀人机器人运动，在人权理事会上的发言，日内瓦，2013 年 5 月 30 日，网址：〈http：//webtv. un. org/search/clustered-id-on-executions-and-idps-contd – 10th-meeting – 23rd-regular-session-of-human-rights-council/2419860367001？term = 10th meeting〉。

〔23〕 法国常驻裁军谈判会议代表团，“全自主武器研讨会”，日内瓦，2013 年 9 月 3 日，网址：〈http：//www. delegfrance-cd-geneve. org/03 – 09 – 2013 – Seminaire-sur-les，692〉。《禁止或限制使用某些可被认为具有过分伤害力或滥杀滥伤作用的常规武器公约》及其议定书的概述和详情，见本卷附件 A 第一部分。

〔24〕 联合国日内瓦办公室，“裁军：致命的自主武器”，网址：〈https：//www. unog. ch/80256EE600585943/（httpPages）/6CE049BE22EC75A2C1257C8D00513E26〉。

机日益被用于与安全相关的非军事任务，如边境监视与巡逻及警察行动。无人机也被用于交通控制等民用用途。

有一类无人机装备有致命武器，通常是射程非常短的防区外导弹。无人机机上无人、带来的风险降低、相对少的费用导致世界各国军队部署的无人机数量剧增，包括武装无人机的数量。

使用武装无人机是否构成威胁以及是否应根据特定规则加以控制是一个广泛讨论的议题，如联合国秘书长裁军问题咨询小组 2013 年进行的讨论。咨询小组的结论是：

> 现有的武装无人机都处于操作人员的实时遥控。它们本身并不是不加以区别的，国际社会表达的担忧主要涉及其运作方式的政治、法律或安全方面的问题，而不是设计方面问题。因此，对无人机使用的担忧主要是一个无人机的应用和对现行法律尊重的问题。[25]

在所谓的目标杀伤中使用武装无人机一直是一个特别关注的重点。现有人权法对使用武装无人机的适用性一直在联合国大会人权理事会的主持下，从两个不同方面加以考虑和评估。如上所述，几任法外处决、即决处决和任意处决特别报告员已解决了机器人武器问题。武装无人机使用问题是在这些调查中凸显出来的。然而，人权理事会也任命了另一个不同的特别报告员，任命本·埃默森为在打击恐怖主义的同时促进和保护人权和基本自由问题特别报告员，解决武装无人机问题。

埃默森的授权是，根据有关使用武力的国际法原则以及国际人道主义和人权法，考虑在反恐作战中使用武装无人机问题。在决定应用哪些现有法律时，他提出了“非国际冲突是什么时候开始存在的，以及在这种情况下武装冲突法适用的地理局限性（如果有的话）是

〔25〕 联合国，A/68/206（同注释〔2〕），第 40 段。

什么的问题”。[26]

答案可为将平民伤亡减少到最低限度的挑战提供指导，现有法律要求是埃默森调查的一个重点。他明确指出，当对非国家武装团体的攻击发生在平民附近时，这些平民被认为是自愿或非自愿地通过向目标提供不同程度的支持参与了敌对行动，因此要指挥官清楚地确定平民伤亡的意义无疑是一个挑战。埃默森认为，“根据国际人道主义法，什么形式的行动属于直接参与敌对行动的不同观点将几乎不可避免地导致对平民伤亡水平的不同评估。[27] 他的建议也是对现行法律的适用性寻求更加清晰的解释。

在他们各自的报告中，海恩斯和埃默森都得出结论说，现有法律主体适用于武装无人机在任何情况下的使用，武装无人机不是非法的，不需要新的法律对其进行规范。[28] 然而，两个特别报告员都认为，有充分理由要求对现有法律如何适用于武装无人机的使用作出澄清。他们都认为，日益增加的信息和透明度对于更加广泛的国际社会判断在使用武装无人机的作战中，是否恰当地应用了现有法律是十分必要的。[29]

2013 年 12 月 10 日，联合国大会一致呼吁所有国家“在使用包括远程遥控飞机在内的一切措施或手段打击恐怖主义中，应确保符合其根据国际法应承担的义务，包括联合国宪章、人权法和国际人道主义法，特别是区别原则和相称性原则”。[30]

---

〔26〕 联合国，大会，“在第三委员会听取更多专家有关人权义务的发言时，代表们考虑性使用无人机技术问题的致命”，新闻发布，GA/SHC/4078，2013 年 10 月 25 日，网址：http：//www. un. org/News/Press/docs/2013/gashc4078. doc. htm。

〔27〕 联合国，GA/SHC/4078（同注释〔26〕）。

〔28〕 联合国，大会，“法外处决、即决处决和任意处决”，法外处决、即决处决和任意处决特别报告员报告，A/68/382，2013 年 9 月 13 日；和联合国，大会，“在打击恐怖主义的同时促进和保护人权和基本自由”，在打击恐怖主义的同时促进和保护人权和基本自由问题特别报告员报告，A/68/389＊，2013 年 9 月 18 日。

〔29〕 海恩斯在其报告中呼吁“寻求一个达成共识过程，以便就正确解释和既定国际标准适用于无人机的使用作出决定，这些标准平等地适用于所有国家”。联合国，A/68/382（同注释〔28〕），第 117 段。

〔30〕 联合国大会决议 68/178，2013 年 12 月 18 日，第 6 段（s）。

## 结语

国际社会、世界各国及其武装部队面临两个挑战：一是确保现有正在使用的武器，特别是武装无人机，符合法律；二是随着技术的发展，特别是武器自主水平的提高，武器开始作出目前由人作出的选择，确保法律框架也得到充分的发展。

（牟长林　译）

## 第三节　信息和通信技术领域建立信任措施

伊恩·安东尼

由于其发展速度、范围和性质，信息和通信技术（ICTs）的国际治理极具挑战性。各种论坛继续讨论许多重要问题，如利用互联网从事犯罪活动和保护私人机密数据。[1] 在这一问题领域，已达成数套准则和一些国际法律。[2]

北约网络防御合作示范中心最近发表的一份研究报告认为，"原来认为完全是技术和组织性挑战"的网络安全观已经发生变化：

> 网络安全已成为国家安全不可分割的一部分，正如2008年以来发表的许多国家网络安全战略所表明的，因此它也是一个国际和平与安全的问题。
>
> 一些国家强调网络工具的潜在致命特点，以及网络空间转变为全球新战场的风险。确实，一些国家的军队倾向于把网络空间视为战争的第五维战场。[3]

信息和通信技术的经济、政治和战略重要性以及不同行为体共用某些基础设施，意味着对其规范很难以地理、军民和公私界线加以限定。然而，本节讨论的范围仅限于信息和通信技术对国际和平与安全构成的风险，重点是联合国、欧洲安全与合作组织（OSCE）以及俄

〔1〕 E. 提克，《国际网络安全框架》，（北约网络防御合作示范中心：塔林，2010年5月）。

〔2〕 例如，在欧洲理事会框架下谈判达成的2001年网络犯罪公约（布达佩斯公约），被认为是与网络相关的此类最先进的国际协议。公约要求签约国在国内法中明确一系列犯罪行为，包括非法进入计算机数据和系统、非法拦截非公共计算机数据传输和故意妨碍计算机运行等犯罪行为。网络犯罪公约2001年11月23日开放供签署，2004年7月1日生效，网址：〈http://www.coe.int/t/DGHL/cooperation/economiccrime/cybercrime/default_en.asp〉。

〔3〕 K. 齐奥尔科夫斯基："网络空间建立信任措施：法律影响"，（北约网络防御合作示范中心：塔林2013），第6页。

罗斯与美国之间进行的讨论。

## 联合国论坛的进展

1998 年以来，联合国一直在讨论信息安全问题，但未达成任何协议。[4] 2011 年，中国、俄罗斯、塔吉克斯坦和乌兹别克斯坦向联合国秘书长提交一份行为准则草案，要求其在联合国大会下一次会议上散发。[5] 虽然没有行为准则获得通过，但该建议草案确实推动了进一步的分析和讨论。

联合国大会 2011 年授权成立了从国际安全角度看信息和电信领域发展的政府专家组，该小组于 2013 年 6 月提交报告。报告的结论之一是，“自愿建立信任措施（CBMs）能够增进各国间的信任和安全保证，有助于通过增加可预测性和减少误解降低冲突的风险”。[6] 专家们也鼓励在双边和多边安排中，包括地区组织中讨论建立信任措施问题。

## 欧洲安全与合作组织的进展

2013 年 12 月，欧安组织成员国就一套初步的建立信任措施达成协议，以降低使用信息和通信技术可能产生的冲突风险。[7] 各国达成协议的主要目的是防止可疑的恶性事件升级为一场严重危机。在欧安组织内，各国确定了一个异常网络事件可能被误解为敌对行动的危险，特别是在高度紧张时期，在极端情况下这可能增加公开冲突的可

〔4〕 联合国大会决议 53/70，1998 年 12 月 4 日。

〔5〕 中国外交部，“中国、俄罗斯和其他国家向联合国提交信息安全国际行为准则文件”，2011 年 9 月 13 日，网址：〈http：//www. fmprc. gov. cn/mfa_ eng/wjb_ 663304/zzjg_ 663340/jks_ 665232/kjfywj_ 665252/t858978. shtml〉。

〔6〕 联合国，大会：从国际安全角度看信息和电信领域发展政府专家组报告，A/68/98，2013 年 6 月 24 日，第 26 段。

〔7〕 欧安组织，常设委员会：“欧安组织初步建立信任措施，以降低使用信息和通信技术可能产生的冲突风险”，第 1106 号决议，PC. DEC/1106，2013 年 12 月 3 日。简介及欧安组织成员国名单见本卷附件 B 第二部分。

能性。[8]

欧安组织制定了一系列自愿建立信任措施，旨在减少意识到的风险。这些措施要求成员国启动集中对话，以使这些措施更成熟、更具操作性。

根据该协议，欧安组织成员国将对信息和通信技术面临的威胁以及使用信息和通信技术各方面提出看法。他们将在国家主管机构间开展合作，开始交换信息和进行协商，以降低误解的风险。信息共享应包括对国家机构、战略、政策和计划进行解释，成员国承诺任命联系人和提供联系数据以加快进程。

欧安组织成员国为自己规定的一个特殊任务是，将各国在信息和通信技术安全领域使用的术语列成一个表，以建立一个欧安组织共同使用的词汇表。

作为建立信任措施协议的一部分，欧安组织成员国同意共享的一揽子信息包应包括各国对确保具有开放性、可相互操作、安全和可靠互联网采取的措施作出的解释。欧安组织常设委员会一致通过了建立信任措施，因此这些措施受到全体成员国的支持。然而，当作出决定时，只有俄罗斯一国提交了一份解释性声明，指出俄罗斯在支持的同时，认为该协议在实施过程中应坚定地承诺不干涉别国内政、各国在互联网治理中平等、各国对其信息空间的互联网治理拥有主权等原则，遵守国际法和尊重基本人权和自由。[9] 有分析指出，俄罗斯对网络安全的看法含有网络空间主权的观念：

> 俄与许多持相同看法的国家（如独联体、集体安全条约组织和上海合作组织成员国），都强烈支持国家应控制其物理边界

---

〔8〕 近年来已报道了许多针对欧安组织国家政府的看上去非常严重和经过协调的网络攻击，如爱沙尼亚和格鲁吉亚。M. 特里科夫斯基，“对爱沙尼亚的网络攻击：对国际和波兰安全的影响”，《波兰国际事务季刊》，2007 年第 3 期；和美国网络影响部门，“美国网络影响部门对 2008 年 8 月针对格鲁吉亚网络攻击的评估”，2009 年 8 月，网址：〈http://www.registan.net/wpcontent/uploads/2009/08/US-CCU-Georgia-Cyber-Campaign-Overview.pdf〉。

〔9〕 欧安组织，常设委员会，俄罗斯联邦代表团解释性声明，根据欧安组织程序和规则 IV.1（A）第 6 段，第 1106 号决议，PC.DEC/1106 附件，2013 年 12 月 3 日。

内所有互联网资源的观点，以及互联网适用于国内立法等相关看法。[10]

欧安组织成员国开展的工作不应被视为是孤立的，而是就信息和通信技术安全进行更加广泛和深入国际讨论的一部分。正如德国提交的一份背景文件明确阐述的，最终目标应是多边框架下的合作与协作，通过同意什么是负责任的行为，实现国际网络空间稳定。[11] 如上所述，有关信息和通信技术安全的磋商继续在联合国框架下进行，其他行为体也在这方面提出一些建议。

在 2013 年 2 月发表的网络安全战略中，欧盟（EU）承诺支持推进有关信息和通信技术的建立信任措施。[12] 在向欧安组织年度安全审议会议提交的报告中，欧盟赞同和支持欧安组织在这一领域的活动。[13]

### 俄美关系的发展

2013 年 6 月，俄美同意在在双边总统委员会下就网络问题成立一个工作小组。该小组 11 月首次会面。[14] 基于交换有关国家对网络空间立场的白皮书，俄罗斯和美国于 2013 年 6 月同意双边建立三项

---

〔10〕 K. 吉尔斯，“俄罗斯在网络空间问题上的公开立场”，C. 佐塞克、R. 奥提斯和 K. 焦乌科夫斯基编辑，《第四届网络冲突国际会议文件汇编》（北约网络防御合作示范中心：塔林，2012 年），第 65 页。简介和独联体、集体安全条约组织和上海合作组织成员国名单见本卷附件 B 第二部分。

〔11〕 “欧安组织成员国同意一套初步建立信任措施，以降低使用信息与通信技术可能产生的冲突风险”，背景文件，2013 年 12 月 3 日。

〔12〕 欧洲委员会，欧洲对外行动局，“欧盟网络安全战略：一个开放、保险和安全网络空间”，欧洲议会联合通信，欧洲理事会，欧洲经济和社会委员会及地区委员会，JOIN（2013）1 final，布鲁塞尔，2013 年 2 月 7 日，第 16 页。

〔13〕 欧盟，欧盟第一工作会议声明：跨国威胁和挑战，欧安会 2013 年度安全审议会议，PC. DEL/538/13，维也纳，2013 年 6 月 21 日。

〔14〕 美国国务院，“美俄双边总统委员会”，网址：〈http://www.state.gov/p/eur/ci/rs/usrussiabilat/index.htm〉；和白宫，“美俄双边总统委员会关于信息和通信技术在国际安全中的威胁及使用工作小组成立会议联合声明”，2013 年 11 月 22 日，网址：〈http://www.whitehouse.gov/the-press-office/2013/11/22/joint-statement-inauguralmeeting-us-russia-bilateral-presidential-commi〉。

信任措施。第一，在俄美计算机应急反应小组之间建立联系，这些机构将就发现的看上去源于对方领土的恶意软件交换信息。第二，俄美现有的减少核威胁中心将被用于澄清可能被解读为故意的恶意行为的事件。第三，在现有白宫与克里姆林宫之间的直通保密通信系统（所谓的热线）内增设一条保密语音通信线路，在美国网络安全协调员和俄罗斯安全会议副秘书长之间建立直接联系。这条热线将在信息和通信技术相关的危机情况需要管理时使用。[15]

2013 年，俄罗斯建议将网络安全纳入北约和俄罗斯理事会工作计划，作为俄美双边对话的补充，但这一建议未被北约所采纳。[16]

这些论坛 2013 年进行的讨论表明，信息和通信技术的国际治理仍在不断变化之中。规范仍在制定之中，现在就预测其最终形式以及平衡点在哪里还为时过早，如网络空间在国家控制和国际合作之间的平衡点。

（牟长林 译）

〔15〕 白宫："美俄信息和通信安全合作"，资料，2013 年 6 月 17 日，网址：〈http：//www. whitehouse. gov/the-press-office/2013/06/17/fact-sheet-us-russiancooperation-information-and-communications-technol〉。

〔16〕 俄罗斯外交部，"俄罗斯外交部长谢尔盖·拉夫罗夫接受今日俄罗斯电视频道采访"，新闻发布 no. 2606 – 24 – 12 – 2013，2013 年 12 月 24 日。网址：〈http：//www. mid. ru/brp_ 4. nsf/0/E76E9D275ED12CBF44257C5B001DF024〉。北约—俄罗斯理事会简介见本卷，附件 B 第二部分。

# 第四节　欧洲关于常规军备控制的争论和讨论

伊恩·安东尼

2010 年，北约—俄罗斯理事会里斯本会谈后，北约代表和俄罗斯发表一份共同声明，其中包括强烈支持“欧洲常规军控机制重新振兴和现代化”。[1] 随后进行的讨论强调北约为一方，俄罗斯为另一方，双方在如何启动重新振兴和现代化问题上存在根本分歧。

欧洲当前军事约束机制主要基于三大支柱。1990 年的《欧洲武装力量条约》（CFE 条约）对特定装备规定了具有法律约束力的限制。1990 年的维也纳建立信任与安全措施文件（CSBMs）为欧洲安全与合作组织成员国相互通报重大军事情况确定了具有政治约束力的承诺，以使计划更加透明和可预测。1992 年的《开放天空条约》为成员国向非武装的空中观察飞行开放其领土确定了具有法律约束力的义务，这可提供有关地面军事行动的信息。[2] 这些文件被认为是相互补充但不可相互替换的，比如，这意味着制定建立信任与安全措施不能被视为可取代军备控制的持续努力。[3]

## 欧洲常规武装力量条约

过去，俄罗斯官员总是认为，目前欧洲常规武器的限额使对俄极为不利的不平衡军力态势以法律形式确定下来。在相当长的时间里，俄罗斯称，现有的法律框架可作为欧洲进一步开展常规军控的一个平台，但只能是在 1999 年欧洲常规武装力量条约修改条约生效后。[4]

---

〔1〕 北约—俄罗斯理事会，联合声明，里斯本，2010 年 11 月 20 日，网址：〈http：//www.nato-russia-council.info/en/documents-glossaries/〉，第 3 页。北约及北约—俄罗斯理事会简介和成员国名单，见本卷附件 B 第二部分。

〔2〕 欧洲常规武装力量条约、维也纳文件和开放天空条约简况及其他详细情况，见本卷附件 A 第二部分。

〔3〕 G. 德劳伊：“增进欧洲安全合作”，发言，工作会议（III）：军备控制和建立信任与安全措施，2013 年欧洲安全与合作组织年度安全审议会议，维也纳，2013 年 6 月 20 日，网址：〈http：//www.state.gov/t/avc/rls/2013/211055.htm〉。

〔4〕 欧洲常规武装力量条约修改条约简介和其他详细情况，见本卷附件 A 第二部分。

到2013年，俄罗斯高级官员认为，推进现有军控条约的前景已错过了使其现代化的时机。俄国防部副部长阿纳托利·安东诺夫称，“基于冷战原则达成的欧洲常规武装力量条约及其有关安排已完全过时了。至少俄罗斯永远不会再重新回到这些条约。”[5] 俄罗斯官员将现有条约视为过去时，如安东诺夫称，“原来的欧洲常规武装力量条约已经死亡。它已用尽其潜力。其条款不能再作为确保欧洲—大西洋地区安全未来机制的基础。”[6]

安东诺夫指出，一个有意义的常规军控框架需考虑目前尚未受到控制的作战能力对作战行动的重要作用，在这方面，他点出武装无人机、导弹防御和太空武器。安东诺夫还指出，需摆脱基于划定区域的限制的做法（如欧洲常规武装力量条约采取的做法），例如，特种部队虽规模较小但可快速部署，应考虑其对作战行动所起的重要作用。

相比之下，北约国家则习惯强调需继续讨论如何保持和加强现有的常规军控条约。在2013年举行的北约—俄罗斯理事会会议上，美国代表罗斯·戈特莫勒指出：

> 十年前的欧洲比现在更具可预测性。这是错误的方向，我们需要改变它。
>
> 现有的机制为欧洲可预测性提供了关键的基础，这是为什么美国不能同意欧洲常规武装力量条约已经死亡的原因。[7]

在土耳其官员的讲话中也发现了相同的逻辑，虽然讨论未来常规军控的前进之路值得欢迎，但“我们应谨慎行事，不要取代现有的机制”。[8]

---

〔5〕 A. 安东诺夫，俄罗斯国防部副部长，在“核裁军的下一步：我们从这里走向何处？”小组讨论会发言要点，2013年国际安全论坛，日内瓦，2013年4月24日，网址：〈http://eng.mil.ru/en/science/publications/more.htm?id=11730484@cmsArticle〉。

〔6〕 A. 安东诺夫，俄罗斯国防部副部长，发言记录，北约—俄罗斯理事会，2013年7月24日，网址：〈http://www.missiontonato.ru/en/news/219/〉。

〔7〕 R. 戈特莫勒，在北约—俄罗斯理事会大使日程的讲话，布鲁塞尔，2013年7月24日，网址：〈http://www.state.gov/t/us/212489.htm〉。

〔8〕 T. 伊尔顿，土耳其常驻代表回应欧安组织轮值主席的发言，特别常设理事会，PC.DEL/11/13，维也纳，2013年1月17日，网址：〈http://www.osce.org/pc/98845〉。

## 维也纳文件和开放天空条约

与在常规武器限制问题上存在不同观点相比，对维也纳文件和开放天空条约仍在发挥有价值作用方面还存在广泛共识。然而，对于是否需进一步发展欧洲建立信任与安全措施还存在不同观点。

俄罗斯的看法是，现有的 2011 年维也纳文件为了解军事基础设施状况、军队部署和欧洲常规部队行动提供了足够水平的监督。而美国方面则主张利用定期修改维也纳文件“调整”部分内容，如“通过降低军事行动通报的门槛”，以“使文件适合当前较小的军事力量”。[9]

作为更新维也纳文件进程的一部分，降低军事行动通报门槛的问题在 2011 年进行了广泛的讨论。[10] 赞成者认为，由于通报和观摩军事行动的门槛仍停留在 1992 年的水平，各国必须通报的军事演习的数量（它们有义务邀请观察员观摩这些演习）已经大为减少。大部分预先通报的军事行动都是在自愿基础上进行的，而不是反映维也纳文件规定的具有政治约束力的承诺。

2013 年，北约和俄罗斯都在较为接近共同边界的地区进行了实弹演习，双方在 7 月北约—俄罗斯理事会上介绍了演习的内容和形式。[11] 尽管自愿公开了演习信息，但演习的影响好像证实了一个专家在欧安组织安全日做出的评估，即“在欧安组织区域的战略层次再次出现了实质性和令人担忧的不信任”，“高战备部队编成和大规模演习将在中、东欧引起极大不安”。[12]

在对北约 2013 年“坚定爵士乐”演习作出回应时，安东诺夫评论说：

---

〔9〕 德劳伊（同注释〔3〕）。

〔10〕 H. J. 施密特和 W. 泽尔纳，“建立信任与安全措施”，《SIPRI 年鉴 2012》，第 448—450 页。

〔11〕 安东诺夫（同注释〔6〕）。

〔12〕 P. 舒尔特，“开发常规军控的新方法”，欧洲未来常规军控小组会上的讲话，欧安组织安全日，维也纳，2013 年 5 月 4 日，网址：〈http://www.osce.org/secretariat/100454〉。

> 我毫不掩饰这样的事实，即声称演习的目的是为了准备援引华盛顿条约第5条对针对波兰的侵略做出反应，这使俄罗斯国防部官员们皱起眉头。一股冷战的凉风正在从这一演习中悄悄吹来。这些步骤怎能促进北约与俄罗斯之间增加信任？[13]

2013年9月，俄罗斯与白俄罗斯举行了“西方－2013”演习。安东诺夫在北约—俄罗斯理事会上解释说，演习的目的是演练应对恐怖分子或非法武装团伙入侵白俄罗斯或俄罗斯领土的应急事态。2013年2月，俄罗斯总统弗拉基米尔·普京解释说，演习是建立保持常备状态满编常规力量进程的一部分。普京说，作战训练应强调“在陌生领土作战，快速远程机动和参演部队不同军兵种之间的战斗协调。‘西方－2013’战略演习的组织就是遵循这一理念”。[14]

许多欧洲国家对白俄罗斯—俄罗斯演习是否与其声称的想定完全一致提出质疑。例如，立陶宛国防部长约萨斯·奥雷卡斯要求俄罗斯对演习想定提供更明晰的信息，他指出，“他们宣布是一次反恐行动，这似乎很奇怪，因为演习有坦克和航空兵部队参加”。[15]

在“西方－2013”演习期间，白俄罗斯和俄罗斯两次通报了演习行动，但每次行动规模都低于要求国外观摩演习的门槛（这样做的费用非常大并需演习东道国作出很大努力）。这两次行动同时发生并处于联合指挥之下表明，有必要澄清根据维也纳文件这类演习将如何进行通报。

## 北约和北约—俄罗斯理事会

1986年，北约建立了常规军备控制高级别工作组，该小组成为北约成员国讨论常规军备控制政策的论坛。小组在讨论中，向成员国通报在北约—俄罗斯理事会框架下提出的建议和采取的行动。北约—

〔13〕 安东诺夫（同注释〔6〕）。

〔14〕 俄罗斯总统，“国防部委员会扩大会议”，2013年2月27日，网址：〈http：//eng. kremlin. ru/transcripts/5050#sel＝33：44，34：11〉。

〔15〕 “立陶宛缺少俄罗斯—白俄罗斯‘西方－2013’军事演习的透明度”，《立陶宛论坛报》，2013年9月21日，网址：〈http：//www. lithuaniatribune. com/51277/lithuania-lacks-transparency-in-russiabelarus-war-exercise-zapad－2013－201351277/〉。

俄罗斯理事会有许多附属机构，包括防务透明、战略和改革（DTSR）工作组。

防务透明、战略和改革工作组被视为北约和俄罗斯探讨如何“增加信息共享和务实合作的一个论坛”。[16] 为此，德国和俄罗斯2013年就题为“迈向共同信任空间”的德国文件进行了双边讨论，讨论集中于军事演习。该文件列出了各种增加透明度的措施，包括事先通报和提前讨论计划进行的军事演习。一些其他国家加入了这些讨论，讨论扩大为由7—8个国家组成的一个小组（包括俄罗斯）。[17] 然而，即使是对有限的信任措施也无法达成一致，例如承诺在不对等情况下自愿通报演习等。对“迈向共同信任空间”建议的讨论预计将成为防务透明、战略和改革工作组2014年工作计划的一部分，但重点是演习后的信息交换和分析，而不是事先通报。

虽然欧洲常规武装力量条约机制已冻结，但聚焦于军事演习的相关合作与讨论2013年仍在欧洲建立信任与安全措施框架内进行。然而，2013年的发展更加证实了这一结论：后者无法完全取代前者，需要就欧洲军备控制机制达成一致。

（牟长林　译）

---

〔16〕 戈特莫勒（同注释〔7〕）。

〔17〕 E. 契尔年科，“我们可开始建立一个联合导弹防御系统”，采访亚力山大·弗什鲍，北约副秘书长，《生意人报》，2013年4月1日，（俄语）。英文译文见网址：〈http://www.nato-russia-council.info/media/94306/_translated__interview_with_deputy__secretary_general_ambassador_alexander_vershbow_for_kommersant__1_april_2013.pdf〉。

# 第十章　双用途物项和武器的贸易管制

## 概　述

西比勒·鲍尔

2013 年，全球加强常规武器贸易管制的工作取得显著进展，在历经 6 年的谈判后，联合国大会于 4 月通过《武器贸易条约》(ATT)。双用途贸易管制的多边努力虽然没有取得类似的里程碑意义的进展，但也沿续了近年来的渐进式发展。

关于《武器贸易条约》的协议是致力于就一项国际条约达成协商一致的全球努力的结果，其目的在于为“常规武器转让设立最高的国际标准”。尽管伊朗、朝鲜和叙利亚在 2013 年 3 月的《武器贸易条约》最后大会上阻挡了协商一致，但随后联合国大会还是通过了条约。条约于 6 月 3 日开放签署（见本章第一节）。

《武器贸易条约》是第一个涵盖常规武器的中介、转口和出口的国际条约协定。条约的章节也适用于部件、组件和弹药。《武器贸易条约》要求就武器贸易的各个方面进行信息交流，尽管准确的范围和机制尚待明确。条约规定的义务还包括报告国家履约机制，转让由联合国常规武器登记册（UNROCA）确定的七大类常规武器，以及轻小武器的转让。将报告轻小武器进出口规定为强制性义务而非自愿，使得《武器贸易条约》与联合国登记册区分开来。但是，《武器贸易条约》的范围比瓦森纳安排的弹药清单窄，且不包括具有常规武器用途的双用途物项。

《武器贸易条约》的支持者寻求强化现存于地区和国家范畴的一些常规武器贸易协定的原则和标准。专门提及将基于性别的暴力作为一项准则，超出了大多数国家和地区性协定，包括欧盟关于武器出口的共同立场，尽管后者隐含了类似准则。关于《武器贸易条约》的妥协协议，寻求排解相当一部分联合国成员国关于国家安全特权与人生安全考虑之间关系的立场，包括在国际人道主义和人权法的义务，以及进出口商的利益。这就为国家在将条约转化为法律、政策和实践过程中如何解释条约语言留下了空间。

在武器禁运领域，因未能就联合国对叙利亚的武器禁运达成一致，且在此问题上扮演重要角色的联合国安理会五个常任理事国存在分歧，成果尚不清晰。阿拉伯联盟对叙利亚的禁运仍有效，但2013 年6 月，由于其成员国在是否延长或调整禁运的问题上缺乏一致意见，特别是应否允许向反对派提供武器，欧盟允许其 2011 年的禁运到期失效。4 月，欧盟同意向叙利亚反对派部队提供特定的非致命性装备，但仍继续禁止向叙利亚政府提供用于监控通信的设备和软件。8 月，欧盟成员国中止向埃及提供任何可能用于国内镇压的设备，尽管这未能转化为一项具有法律约束力的禁运。2013 年，联合国安理会采取了一项新的针对中非共和国的武器禁运。同往年一样，受命监控联合国武器禁运的专家组报告了违禁行为。

四个非正式的、不具法律约束力的机制，即澳大利亚集团、导弹技术控制制度、核供应国集团和关于常规武器和双用途物资及技术的瓦森纳安排，继续在协商一致作出决策的基础上，加强战略贸易控制（见第三节）。这些多边机制照常更新受控物项清单，但未能就类似中介、转口和转运等出口相关活动的新指导准则和原则达成一致。墨西哥于 2013 年加入澳大利亚集团，并已于 2012 年加入了核供应国集团和瓦森纳安排。印度加入上述机制的兴趣仍在引发大量讨论，但尚无结论。澳大利亚集团覆盖了可用于生物和化学武器的物项，其关联性和重要性因叙利亚化学武器使用问题而凸显。中国继续向巴基斯坦提供核反应堆，这在核供应国集团内外均引发争议。

在双用途领域，旨在履行地区性和国际义务的能力建设仍在继续，而鉴于《武器贸易条约》中包括的技术援助内容，事关常规武器的工作在未来有望增加。2013 年 12 月，欧盟设立了一项支持国家履行《武器贸易条约》工作的项目。对双用途物项和常规武器控制而言，包括制裁和禁运，有效执法仍是各国面临的共同挑战，也会是《武器贸易条约》面临的重大挑战。

（孔　君　译）

# 第一节 武器贸易条约

保尔·霍尔托姆

历经六年谈判后，《武器贸易条约》作为一项具有法律约束力、旨在建立规范国际武器贸易标准的协定最终达成并于 2013 年开放供签署。[1]《武器贸易条约》的宗旨是防止非法武器贸易，以为和平、安全和稳定作出贡献；减少人员伤害；促进武器贸易方面的合作、透明和负责任行为。

联合国谈判《武器贸易条约》的进程于 2006 年启动，汇集了联合国成员国、公民社会组织和武器工业的代表。[2] 联合国内的谈判原有望于 2012 年联合国《武器贸易条约》大会完结。但是，大会结束时未能就条约草案达成一致。联合国大会于 2012 年 12 月同意于 2013 年 3 月举行《武器贸易条约》最后大会，作为 2012 年 7 月大会的延续，但由澳大利亚彼得·伍尔科特大使作为大会新主席。最后大会报告应提交给“2013 年 3 月 28 日后尽早举行的联大会议”。[3]

联合国关于《武器贸易条约》的最后大会未能就条约案文达成一致，联合国大会于 2013 年 4 月 2 日以投票方式通过条约。此节纪录了联合国《武器贸易条约》的最后大会、2013 年条约通过、以及为其生效所做的一些准备工作情况。

## 2013 年联合国最后大会

尽管休会了数月并更换了一位新的大会主席，但 2012 年和 2013 年大会进程仍保持了相当程度的延续性。2012 年大会的最后条约草案被用作 2013 年大会的谈判基础，且在整个 2013 年大会期间，“改

〔1〕 欲了解《武器贸易条约》概述和其他具体情况，包括截止到 2013 年 12 月 31 日的签约国和批约国名单，见本卷附件 A 第一部分。

〔2〕 关于联合国进程的背景情况，见 P. Holtom 和 M. Bromley，“武器贸易条约谈判”，《SIPRI 年鉴 2013》；以及 P. Holtim 和 S. T. Wezeman，“朝向一份武器贸易条约”，《SIPRI 年鉴 2007》。

〔3〕 联合国大会 67/234 号决议，2012 年 12 月 24 日。

革派”国家（这些国家寻求促进一项有力和可运作的武器贸易条约，并特别重视防止武器转让对国家和人身安全的消极影响）和“怀疑派”国家（这些国家寻求的条约范围有限，并能避免“主观”的评估标准）继续在同样的问题立场分歧。[4]

大会第一天，108 个改革派国家呼吁“大幅改进”2012 年的条约草案，特别是条约应涵盖弹药、细化与防止转用相关的条款，并加强出口风险评估的标准。[5] 印度作为最直言不讳的怀疑派国家，呼吁条约明确处理向恐怖分子和“其他未经授权”或非法的非国家行为体走私问题，最关键的是，要平衡出口和进口商承担的义务。[6] 联合国安理会五个常任理事国，即中国、法国、俄罗斯、英国和美国，主要采取了务实态度，呼吁条约应“简单、简短且易于实施”，并敦促所有国家降低期望值，以实现“协商一致”这一共同目标，并承认 2012 年草案“包括有一些必须保留的妥协”。[7]

伍尔科特指定了 11 名协调员，就条约草案中的主要分歧点进行非正式会议。[8] 尽管上述会议覆盖了条约草案的大多数问题，但各国的主要精力都放在《武器贸易条约》的范围、禁止条款、出口评估标准、转用和与其他国际协定的关系上。伍尔科特表示在某些情况下，协调员“重写了”条约，而在其他情况下，“确定在一个特定问题上已不会再有进一步的发展”。[9] 美国继续在阻止明文禁止向未授

〔4〕 M. Bromley，N. Cooper 和 P. Holtom，“联合国武器贸易条约：武器出口控制，人身安全议程和历史教训”，《国际事务》第 88 期第 5 号（2012 年 9 月），第 1040—1044 页。

〔5〕 联合国，关于《武器贸易条约》的最后联合国大会，墨西哥代表 108 国所做声明，纽约，2013 年 3 月 18 日。此声明及其他声明可在网址：〈http：//www. un. org/disarmament/ATT/statements/〉获取。

〔6〕 联合国，关于《武器贸易条约》的最后联合国大会，印度常驻裁军谈判会议代表 Sujata Mehta 的声明，纽约，2013 年 3 月 18 日。

〔7〕 联合国，关于《武器贸易条约》的最后联合国大会，法国常驻裁军谈判会议代表 Jean-Hughes Simon-Michel 阁下代表中国、俄罗斯、英国、美国和法国所做的声明，纽约，2013 年 3 月 18 日。

〔8〕 联合国大会，关于《武器贸易条约》最后联合国大会的报告，A/CONF. 217/2013/2，2013 年 4 月 2 日。

〔9〕 P. 伍尔科特，“一次多边谈判：完成武器贸易条约案文”，在日内瓦论坛 SIPPI 和 Friedrich-Stiftung 关于“武器贸易条约：过去、现在和未来”讨论会上的发言，日内瓦，2013 年 6 月 20 日。

权的非国家行为体转让的呼声，并反对将弹药从一项专门条款中移至关于条约范围的第 2 条（1）（这样将导致弹药适用于出口风险评估、防止转用措施和《武器贸易条约》的报告要求）。上述立场有一大批支持者。中国继续推动阻止地区组织成为《武器贸易条约》缔约方，并继续将此问题与欧盟对中国的武器转让禁运挂钩。

对 2012 年条约草案的大多数修改都是对内容进行重新安排，或者无关紧要的修订和调整（如将条约生效所需的缔约国数量从 65 调低至 50）。重要的修改体现在两个方面。

第一，2012 年条约草案的漏洞，即《武器贸易条约》“不应被引用为废止防止合作协定约定义务的理由”，通过删除“约定义务”和将段落其余部分移至事关条约“与其他国家协议关系”的第 26 条得以弱化。〔10〕第 26 条（1）强调了其他“国际协定”内包含的义务应与《武器贸易条约》中的义务一致，确保了防务合作协议不能成为逃避条约义务这一漏洞。〔11〕这一修改越过了印度划定的一条“红线”，迫使印谈判首席代表几乎反对通过《武器贸易条约》。

第二，2012 年条约草案第 4 条列举的关于“国家评估”的双层次风险评估被 2013 年条约案文的以下内容取代：（1）一个单一层次的涵盖与国际人道主义法、国际人权法或与恐怖主义相关的国际公约或议定书，以及与跨国有组织犯罪相关的国际公约或议定书的风险评估；（2）创立了一项新的专门处理转用的条款；（3）关于考虑基于性别的暴力或针对妇女和儿童的严重暴力行为的风险的要求。〔12〕墨西哥作为转用问题非正式组的协调员，在将 2012 年条约草案中的一行扩展为处理国家在防止转用方面应采取的措施的单独一条方面发挥了关键作用，这一条鼓励与此相关的信息分享。〔13〕然而，2012 年条约草案中关于缔约国应在授权一项武器出口前考虑腐败行为及对发展的影响的明确要求被删除。考虑基于性别的暴力和针对妇女和儿童的

---

〔10〕联合国大会，“武器贸易条约草案”，2012 年 7 月 26 日，A/CONF. 217/CRP. 1，第 5（2）款。

〔11〕武器贸易条约（同注释〔1〕），第 26 款。

〔12〕联合国大会（同注释〔10〕），第 4 款；以及武器贸易条约（同注释〔1〕），第 7、11 款。

〔13〕武器贸易条约（同注释〔1〕），第 11 款。

严重暴力行为得以保留，其主要原因是公民社会组织的有效游说，而这一主张最终被100个国家采纳。[14]

因此，在联合国关于《武器贸易条约》最后大会最后一天提交给联合国成员国的条约案文，与2012年草案在数个地方有所不同。但是，上述案文仍保留了数年来谈判妥协成果造成的建设性模糊，且未详细说明缔约国为履行《武器贸易条约》必须采取的措施。Woolcott表示“最终案文不可能更强有力，且能将房间内的不同利益揉合在一起”，在大会最后一天前的预备阶段，“存在着有可能达成一项协商一致成果的情绪”。[15]

### 协商一致和通过《武器贸易条约》

2013年3月28日，联合国大会未能以协商一致方式通过《武器贸易条约》。在主席进行了经过最后一刻的磋商和反复的澄清要求后，伊朗、朝鲜民主人民共和国（DPRK，朝鲜）和叙利亚三国以条约案文缺乏进口商与出口商的权利平衡，以及其建议未在条约中得到充分为由，反对通过条约案文。阿尔及利亚、亚美尼亚、白俄罗斯、玻利维亚、古巴、印度、印度尼西亚、尼加拉瓜、巴基斯坦、俄罗斯、苏丹、委内瑞拉和阿拉伯组虽然没有否决案文，但表示不会通过现有案文。[16] 印度表示接近于反对通过案文，其理由类似与伊朗、朝鲜和叙利亚表述。

墨西哥试图说明没有“协商一致”的定义，并呼吁不经投票通过案文，但此主张遭到中国、印度、伊朗和俄罗斯的反对。[17] 大会闭会后，肯尼亚代表2006年联大武器贸易条约原始决议的7个共提国，即阿根廷、澳大利亚、哥斯达黎加、芬兰、日本、肯尼亚和英国，以及墨西哥、尼日利亚、挪威和美国，提出了一项由联合国大会

---

〔14〕“100个国家支持加强防止基于性别的暴力的标准”，《武器贸易条约监控》第6期第8号（2013年3月27日），第5页。

〔15〕伍尔科特（同注释〔9〕）。

〔16〕R. Acheson，“协商一致的失败”，《武器贸易条约监控》第6期第10号（2013年3月29日），第1—2页。

〔17〕联合国，关于《武器贸易条约》最后联合国大会，墨西哥代表团团长Juan Manuel Gomez Robledo的声明，纽约，2013年3月28日。

通过案文的决议草案。[18] 2013 年 4 月 2 日，联大开会讨论上述决议草案，并以 155 票赞同、3 票反对、22 票弃权投票通过《武器贸易条约》。[19] 条约于 2013 年 6 月 3 日开放供签署。

伍尔科特曾试图说明，尽管最后大会“未能以正式方式达成一项有效实质意义的成果”，但这一以协商一致为指导的、旨在达成协商一致结果的进程最终制定了一项条约，且 193 个联合国成员国中只有 3 个国家公开反对。在他看来，当协商一致方式已经穷尽后，召开 2013 年最终大会的联大决议给各国提供了将条约案文合法交由联大投票这一选项。[20] 对此进程的这一观点遭到中国和俄罗斯的反对，并解释称他们投弃权票的关键原因之一就是反对在联大以多数票通过《武器贸易条约》。[21] 中国对为其他军控谈判设定先例表示关切，尽管仍有人希望中国仍可能签署《武器贸易条约》。[22] 相比之下，俄罗斯即使经过了研究也不太可能签署《武器贸易条约》。[23]

### 为《武器贸易条约》生效做准备

《武器贸易条约》于 2013 年 6 月 3 日开放供签署，首日即有 67 个国家签约。[24] 截至 2013 年 12 月 31 日，共有包括美国在内的 115

---

〔18〕 联合国大会，《武器贸易条约》，决议草案 A/67/L. 58，2013 年 4 月 1 日。

〔19〕 在记录的 2013 年 4 月 2 日的投票中，154 个国家赞成，3 国反对，23 个弃权。安哥拉一开始投弃权票，但后来对条约案文投了赞成票。J. Abramson，“特别报道：联合国大会以压倒多数投票通过武器贸易条约”，《今日军备控制》第 43 期第 4 号（2013 年 5 月）。

〔20〕 伍尔科特（同注释〔9〕）；以及联合国大会决议 67/234（同注释〔3〕），第 7 执行段。

〔21〕 “中国：联合国《武器贸易条约》应通过协商一致达成”，新华社，2013 年 4 月 3 日；以及“俄罗斯警告将不会签署具有里程碑意义的联合国武器条约”，莫斯科时报，2013 年 4 月 4 日。

〔22〕 M. Bromley，M. Duchâtal 和 P. Holtom，中国的轻小武器出口，SIPRI 政策报告第 38 号（SIPRI：斯德哥尔摩，2013 年 10 月），第 11 页。

〔23〕 R. Pukhov，“俄罗斯对武器贸易条约的特别观点”，VALDAI 讨论俱乐部，2013 年 4 月 17 日，网址：〈http：//valdaiclub. com/defense/57540/print_ edition/〉。

〔24〕 “超过 65 个国家签署了里程碑式的条约规范数以十亿美元计的全球武器贸易”，美联社，2013 年 6 月 3 日。

国已经签署《武器贸易条约》，其中9国已经批约。[25] 这一数字有望在2014年内增长，届时欧盟成员国将在欧洲议会审议及欧盟委员会通过决定后完成其批约程序。[26] 条约将在50个国家批准的90天后生效，生效时间预计为2014年年底前。

要建立一套规范国际武器转让并防止转用的条约机制，以确保实现《武器贸易条约》关于确保国家安全和人身安全的目标，面临数项挑战。首先，作为批约进程的一部分，各国将审议其武器转让控制体系，这一过程可能会面临将条约中的建设性模糊转化为法律、政策与实践这一挑战。例如，现行的地区性、国际和多边协议及案文对条约中的关键名词，如“转让”、“首要风险”、“授权时掌握的情况”和“缓解措施”等有不同的释义。

其次，一些支持《武器贸易条约》目标的国家缺乏为满足条约要求而建立有效的转让控制体系的法律基础和能力。尽管如《武器贸易条约》第16条列举出对缔约国的国际援助条款，但却在条约生效前不会为实现履约承诺而向建立体系提供援助。然而，2012年大会已经意识到这一挑战，联合国裁军事务办公室（UNODA）与澳大利亚、丹麦、德国、荷兰和西班牙一道设立了联合国武器管理支持合作委托设施（UNSCAR），为武器贸易条约的早期批约和生效提供支持。[27] 各国、地区性组织和非政府组织也在条约生效前向有关国家提供协助。[28] 例如，欧盟于2013年12月设立了一个履行《武器贸易条约》支持的专门项目，以支持各国的履约工作。[29]

第三，《武器贸易条约》未来秘书处的地点已经在条约进程中形

〔25〕 欲了解签约国和批约国的名单，见本卷附件A第一部分。

〔26〕 理事会2014年3月3日决定2014/165/EU，授权成员国根据欧盟的利益批准《武器贸易条约》，欧盟官方期刊L89/44，2014年3月25日。

〔27〕 联合国裁军办公室，“UNSAR：联合国武器管理支持合作委托设施”，网址：〈http：//www. un. org/disarmament/UNSCAR/〉。

〔28〕 M. Bromley和P. Holtom，“武器贸易条约援助：确定欧盟的作用”，欧盟不扩散联合体，讨论文件，2014年2月，网址：〈http：//www. nonproliferation. eu/activities/activities. php〉，第3页。

〔29〕 委员会2013年12月16日关于欧盟在欧洲安全战略框架内支持履行《武器贸易条约》活动的决定2013/768/CFSP，欧盟官方期刊L341，2013年12月18日；以及Bromley和Holtom（同注释〔28〕）。

成的北南双方的改革派国家同盟中引起分裂，特立尼达和多巴哥与奥地利和瑞士竞争秘书处东道国。与此形成对比的是，墨西哥关于其主办缔约国首次大会的提议得到广泛支持。

（孔　君　译）

# 第二节　多边武器禁运

皮埃特·D·魏泽曼　诺埃尔·凯利

2013 年，多边武器禁运出现数个实质性动向。特别是限制向叙利亚交战各方提供武器的问题继续造成国际间分歧。2013 年还报告了数个值得注意的违反联合国禁运事例，凸显了实施武器禁运的难度。

2013 年内有效力的多边武器禁运共有 36 项，其中联合国实施的有 14 项，欧盟的有 21 项，阿拉伯国家联盟的有 1 项（见表 10.1）。〔1〕 在欧盟的 21 项禁运中，10 项是直接履行联合国决定，3 项是实施对范围及覆盖面进行修订后的联合国禁运，其他 8 项则在联合国内没有对等禁运。〔2〕 阿拉伯联盟的禁运（针对叙利亚）在联合国内亦无对等禁运。

2013 年，联合国安理会为应对中非共和国的暴力实施了一项新的武器禁运。欧盟实施了 2 项新的禁运，一项是为实施联合国禁运而对中非共和国实施的禁运，一项是在埃及军事政变后对其实施的禁运。与 2012 年一样，尽管冲突剧烈及使用了化武，安理会仍未能就制裁叙利亚达成一致。欧盟内部在是否向叙利亚义军提供武器问题上的争议导致其在 2013 年取消了欧盟 2011 年对叙武器禁运的大多数内容。

---

〔1〕 此外，2013 年还有 1 项自愿实施的武器禁运仍有效：1999 年，欧洲安全与合作会议（CSCE，现更名为欧洲安全与合作组织）要求所有参与国对亚美尼亚和阿塞拜疆参与 Nagorno-Karabakh 地区战斗的部队实行武器禁运。这一要求再未重申，但一些欧安组织参与国自 1992 年以来向亚美尼亚和阿塞拜疆提供了武器。欧洲安全与合作会议高级官员委员会声明，委员会第 7 次会议期刊第 2 号附件 1，布拉格，1992 年 2 月 27—28 日。又见 P. Holtom，“对亚美尼亚和阿塞拜疆的武器转让，2007—2011 年”，《SIPRI 年鉴 2012》，第 282—292 页。

〔2〕 与对等的联合国禁运不同的 3 项是针对伊朗和朝鲜，其比联合国禁运涵盖了更多的武器种类，以及针对苏丹，其涵盖了整个国家，而联合国的禁运仅适用于达尔富尔地区。8 项没有联合国对等禁运的是针对白俄罗斯、中国、几内亚、缅甸、南苏丹、叙利亚和津巴布韦，以及一项针对埃及的部分禁运。欧盟对中国和埃及的禁运系政治承诺，而其他 6 项则具备法律约束力。10 项执行联合国禁运的列在表 10.1 中。

**表 10.1　2013 年期间执行的多边武器禁运**

| 被禁运方[a] | 最早实施禁运的日期 | 决定或修订禁运的主要文书[b] | 2013 年的主要变动 |
|---|---|---|---|
| **联合国的武器禁运** | | | |
| “基地”组织及相关个人和实体 | 2002 年 1 月 16 日 | SCRs 1390，1989 | |
| 中非共和国（NGF） | 2013 年 12 月 5 日 | SCR 2127 | 新禁运 |
| 刚果民主共和国（NGF） | 2003 年 7 月 28 日 | SCRs 1493，1596，1807，2078 | |
| 科特迪瓦（NGF） | 2004 年 11 月 15 日 | SCRs 1572，1946，2045 | 由 2013 年 4 月 25 日 SCR 第 2101 号决议延长至 2014 年 4 月 30 日 |
| 厄立特里亚 | 2009 年 12 月 23 日 | SCR 1907 | |
| 伊朗 | 2006 年 12 月 23 日 | SCRs 1737，1747，1929 | |
| 伊拉克（NGF） | 1990 年 8 月 6 日 | SCRs 661，1483，1546 | |
| 朝鲜 | 2006 年 7 月 15 日 | SCRs 1695，1718，1874 | |
| 黎巴嫩（NGF） | 2006 年 8 月 11 日 | SCR 1701 | |
| 利比里亚（NGF） | 2003 年 12 月 22 日[c] | SCRs 1521，1683，1903，2079 | 由 2013 年 12 月 10 日 SCR 第 2128 号决议延长至 2014 年 12 月 10 日 |
| 利比亚（NGF） | 2011 年 2 月 26 日 | SCRs 1970，1973，2009 | 由 2013 年 3 月 14 日 SCR 第 2095 号决议修订[d] |
| 索马里（NGF） | 1992 年 1 月 23 日 | SCRs 733，1725 | 由 2013 年 3 月 6 日 SCR 第 2093 号决议和 2013 年 7 月 24 日 SCR 第 2111 号决议修订[e] |

| 被禁运方[a] | 最早实施禁运的日期 | 决定或修订禁运的主要文书[b] | 2013 年的主要变动 |
|---|---|---|---|
| 苏丹（达尔富尔） | 2004 年 7 月 30 日 | SCRs 1556，1591，1945 | |
| **欧盟的武器禁运** | | | |
| “基地”组织、塔利班及相关个人和实体 * | 1996 年 12 月 17 日 | CPs 96/746/CFSP，2001/154/CFSP，2002/402/CFSP | |
| 白俄罗斯 | 2011 年 6 月 20 日 | CDs 2011/357/CFSP，2012/642/CFSP | 由 2013 年 10 月 29 日 CD 2012/534/CFSP 延长至 2014 年 10 月 31 日 |
| 中国 | 1989 年 6 月 27 日 | 欧洲理事会声明 | |
| 中非共和国（NGF） * | 2013 年 12 月 23 日 | CD 2013/798/CFSP | 新禁运 |
| 刚果民主共和国（NGF） * | 1993 年 4 月 7 日 | 声明，CPs 2003/680/CFSP，2005/440/CFSP，2008/369/CFSP | |
| 科特迪瓦 * | 2004 年 12 月 13 日 | CPs 2004/852/CFSP，2010/656/CFSP，CD2012/371/CFSP | |
| 埃及 | 2013 年 8 月 21 日 | 欧盟理事会决定 | 新禁运 |
| 厄立特里亚 * | 2010 年 3 月 1 日 | CD 2010/127/CFSP | |
| 几内亚 | 2009 年 10 月 27 日 | CPs 2009/788/CFSP，2009/1003/CFSP | 2013 年 10 月 21 日由 CD 2013/515/CFSP 延长至 2014 年 10 月 27 日 |
| 伊朗 | 2007 年 2 月 27 日 | CPs 2007/140/CFSP，2007/246/CFSP，CD2012/168/CFSP | |

| 被禁运方[a] | 最早实施禁运的日期 | 决定或修订禁运的主要文书[b] | 2013 年的主要变动 |
|---|---|---|---|
| 伊拉克（NGF）＊ | 1990 年 8 月 4 日 | 声明，CPs2003/495/CFSP，2004/553/CFSP | |
| 朝鲜 | 2006 年 11 月 20 日 | CPs 2006/795/CFSP，2009/573/CFSP | |
| 黎巴嫩（NGF）＊ | 2006 年 9 月 15 日 | CP 2006/625/CFSP | |
| 利比里亚（NGF）＊ | 2001 年 5 月 7 日 | CPs 2001/357/CFSP，2004/137/CFSP，2006/518/CFSP，2010/129/CFSP | |
| 利比亚（NGF）＊ | 2011 年 2 月 28 日 | CDs2011/137/CFSP，CD 2011/625/CFSP | |
| 缅甸 | 1991 年 7 月 29 日[f] | GAC 声明，CPs 96/635/CFSP，2003/297/CF-SP，2010/232/CFSP | 由 2013 年 4 月 22 日 CD 2013/184/CFSP 延长至 2014 年 4 月 30 日 |
| 索马里（NGF）＊ | 2001 年 12 月 10 日 | CPs2002/960/CFSP，009/138/CFSP，2010/231/CFSP | |
| 南苏丹 | 2011 年 7 月 18 日 | CD 2011/423/CFSP | |
| 苏丹 | 1994 年 3 月 15 日 | CPs 94/165/CFSP，2004/31/CFSP，2005/411/CFSP，2011/423/CFSP | |
| 叙利亚 | 2011 年 5 月 9 日 | CD 2011/273/CFSP，CR36/2012，CR509/2012，CD2012/420/CFSP CD2012/739/CFSP | 由 2013 年 5 月 31 日 CD 2013/255/CFSP 解除 |

| 被禁运方[a] | 最早实施禁运的日期 | 决定或修订禁运的主要文书[b] | 2013 年的主要变动 |
|---|---|---|---|
| 津巴布韦 | 2002 年 2 月 18 日 | CP 2002/145/CFSP | 由 2013 年 2 月 18 日 CD2013/89/CFSP 延长至 2014 年 2 月 20 日 |
| **阿拉伯联盟的武器禁运** | | | |
| 叙利亚[g] | 2011 年 12 月 3 日 | 理事会声明，理事会第 7446 号决议 | |

* 为欧盟执行联合国禁运的禁运；CD 为理事会决定；CP 为理事会共同立场；CR 为理事会规章；GAS 为总务理事会；NGF 为非政府武装；SCR 为联合国安理会决议。

a 自最早实施此项制裁以来，被制裁方可能发生了变化。此处所列的被制裁方系 2013 年底状况。

b 较早的文书可能已被后来的文书修订或撤销。

c 利比里亚自 1992 年以来就被联合国为了相关但不同的目标实施武器禁运。

d 2013 年 3 月 14 日联合国安理会第 2095 号决议解除了一项要求，即如果提供为人道主义保护用的非致命军事装备以及向利比亚政府提供非致命军事装备及技术、财政援助和训练，则无需通知制裁委员会。

e 2013 年 3 月 6 日联合国安理会第 2093 号决议修订了向索马里政府提供武器的相关限制和程序。2013 年 7 月 24 日联合国安理会第 2111 号决议进一步澄清了地 2093 号决议中的决定。根据这些决议，在一年内（至 2014 年 3 月 6 日）对索马里的武器禁运继续允许向索联邦政府的安全部队提供武器。但某些类别的军事装备作为例外，必须事先获得制裁委员会批准后才能向索马里政府提供。

f 欧盟及其成员国最早于 1990 年对缅甸实行武器禁运。

g 理事会第 7446 号决议可解释为允许向叙利亚反对派提供武器。

**资料来源**：联合国安理会，“联合国安理会各制裁委员会”，网址：〈http：//www. un. org/sc/committees/〉；以及欧盟对外活动，“制裁或限制措施”，2013 年 1 月 18 日，网址：〈http：//eeas. europa. eu/cfsp/sanctions/index_ en. htm〉。

**叙利亚**〔3〕

继 2011 年的相关努力失败后，2012 年或 2013 年亦未能向联合国安理会提交对叙利亚威胁实施或实施武器禁运的决议草案。特别是联合国安理会 2013 年 9 月 27 日对叙利亚化武使用通过的决议也未明确包含实施武器禁运的内容。〔4〕

2013 年 2 月，欧盟决定将其在 2011 年 5 月对叙利亚实施的武器禁运延期 3 个月，并将其修订为可为保护平民目的提供更多非致命性支持和技术援助。法国和英国认为欧盟的武器禁运应进一步修订为为其向反对派武装提供武器的选项。但是，大多数欧盟成员国反对上述举动。〔5〕 由于法国和英国不愿意保持一项禁止在所有情况下向叙利亚叛军提供武器的禁运，现行的对叙武器禁运在 2013 年 6 月失效，未得以再次延期。〔6〕 欧盟对叙利亚的制裁继续包括禁止提供叙利亚政府用于监控通讯的设备和软件，以及可能用于国内镇压的某些设备。

欧盟委员会强调，欧盟成员国继续承诺，将依据欧盟关于武器出口的共同立场做出对叙武器出口的决定。〔7〕 它未在向叙提供武器方面设置具体条件。但是，委员会以前的一项宣言提及欧盟成员国承诺，向叙提供的武器将提供给“叙利亚革命与反对力量全国同盟”（即叙全国同盟），目的在于保护平民，但成员国不能马上开始提供。委员会宣布将在 2013 年 8 月 1 日前审议其立场。〔8〕 但是，到 2014 年年底这一审议仍未进行。

---

〔3〕 关于支持和反对各种形式的对叙利亚武器禁运的理由，见本卷第 1 章第 2 节。

〔4〕 联合国安理会决议 2118 号，2013 年 9 月 27 日。关于在叙利亚的化武使用，见本卷第 8 章第 1 节。

〔5〕 关于英国和法国理由以及欧盟内后续讨论的描述，见本卷第 1 章第 2 节。

〔6〕 委员会 2013 年 5 月 31 日关于针对叙利亚的限制性措施的决定 2013/255/CFSP，欧盟官方期刊 L147，2013 年 6 月 1 日。

〔7〕 委员会 2008 年 12 月 8 日共同立场 2008/944/CFSP，界定管理军事技术和装备出口管制的共同准则，欧盟官方期刊 L335，2008 年 12 月 8 日。

〔8〕 欧盟委员会，委员会关于叙利亚的宣言，第 3241 次外交委员会会议，2013 年 5 月 27 日，网址：〈https：//www. consilium. europa. eu/uedocs/cms_ Data/docs/pressdata/EN/foraff/137315. pdf〉。

## 埃及

埃及的政治暴力在2013年年中升级。8月的第二周有数百人被杀害，其中很多人都是在埃及安全部队的行动中遇害的。[9] 2013年8月21日，欧盟外交委员会宣布埃及安全部队的行动不相称，宣布欧盟成员国已经同意（1）暂停向埃及出口任何可能用于国内镇压的设备的许可，（2）重新评估对埃及的军事装备出口许可，审议其对埃及的安全援助。[10]

与其他多数欧盟关于对特定国家限制武器出口相比，委员会未对此情况发表决定或法规。因此，部分武器禁运不具备法律约束力，而是一项与欧盟对中国武器禁运相类似的政治承诺。[11]

委员会既没有就限制设定时限，亦未澄清“暂停”或“可能用于国内镇压设备”的定义。后者可以假定为包括某些种类的武器和军事装备，如埃及安全部队在2013年8月的致命暴力中使用的小武器和装甲车。但是，这也可能包括不在欧盟通用军事清单中描述的“武器和军事装备”的其他物项，如装配水枪的车辆、设计用于运送犯人的车辆和铁丝网。[12]

## 中非共和国

2013年11月，为应对中非共和国内的法律和秩序崩溃、暴力升级和普遍存在的践踏人权情况，法国提出的一项联合国安理会决议于12月5日得到一致通过。

该决议实行了数条措施，包括关于为期一年的向中非境内非国家行为体提供武器、军事装备和相关援助的禁运。决议允许并联合在国

---

〔9〕 人权观察，“埃及：安全部队滥用致命武力”，2013年8月19日，网址：〈https：//www. hrw. org/news/2013/08/19/egypt-security-forces-used-excessive-lethal-force〉。

〔10〕 欧盟委员会，委员会关于埃及的结论，外交委员会会议，2013年8月21日，网址：〈https：//www. consilium. europa. eu/uedocs/cms_ data/docs/pressdata/EN/foraff/138599. pdf〉。

〔11〕 SIPRI武器禁运数据库，网址：〈http：//www. sipri. org/databases/embargoes/〉。

〔12〕 欧盟委员会，委员会总秘书处，“在欧盟共同外交和安全政策框架内的实施和评估限制性措施（制裁）的指导原则”，11205/12，2012年6月15日，第28—29页和附件二。

根据决议设立的制裁委员会事先批准的情况下向中非共和国安全部队提供武器。[13]

## 索马里

2013 年 3 月，联合国安理会修订了关于向索马里政府提供武器的限制和程序，同时维持对其境内非国家行为体的全面武器禁运。[14] 决议案文中一些含义模糊的部分在 2013 年 7 月得以澄清。两份决议规定，一年内“对索马里的武器禁运将不适用于仅用于发展索马里联邦政府安全部队的武器、军事装备、援助或训练的供货，并为索马里人民提供安全”。[15]

索马里政府和非洲联盟都呼吁完全取消向索马里政府提供军用物资的限制。但是，根据 2013 年决议，联合国安理会索马里制裁委员会继续有权停止武器供应。[16]

联合国安理会引入了数种军事装备的清单，向索马里政府提供清单内的物项需由制裁委员会在逐项事先批准。[17] 这些物项是：地对空导弹（SAM）；口径大于 12.7 毫米的枪支、榴弹炮和加农炮及其弹药和组件；口径大于 82 毫米的迫击炮；反坦克制导武器；含有高能材料的军用炸药和装置；具有夜视功能的武器瞄准器。[18] 决议没有说明为何选择上述而不是其他物项。例如，虽然清单包括了枪支、榴弹炮和加农炮，却遗漏了功能和破坏效果方面相似的火箭发射筒。在制裁委员会没有否定性决定的情况下，允许提供仅为协助发展索里安全机构的未列入清单的武器和军事装备。

两份决议与联合国安理会此前决议不同之处在于，由索马里政府而不是由供货方负责确保对制裁委员会向索马里安全部队供应武器、军事装备、援助和训练至少提前 5 天告知。

---

〔13〕 L. Thomas 和 J. Penney，“法国将在联合国的支持下加强中非军队”，路透社，2013 年 11 月 26 日；以及联合国安理会决议 2127 号，2013 年 12 月 5 日。

〔14〕 联合国安理会决议 2093 号，2013 年 3 月 6 日。

〔15〕 联合国安理会决议 2111 号，2013 年 7 月 24 日。

〔16〕 P. D. Wezeman 和 C. Buchhold，“多边武器禁运”，《SIPRI 年鉴 2013》，第 435 页。

〔17〕 联合国安理会决议 2111 号（同注释〔15〕），附件。

〔18〕 同上。

两份决议禁止索马里政府向任何不服务于其安全部队的实体或个人转让武器。决议未澄清“为其安全部队服务”的含义是有问题的，因为政府和武装民兵之间存在非正式的关系。但是，决议的确强制要求索马里政府向联合国安理会报告其安全部队的结构，以及确保其武器库安全的基础设施和程序。

### 其他欧盟禁运

尽管自2009年对圭亚那实施禁运以来，圭政治局势已有大幅改进并于2010年回归平民统治，欧盟仍在2013年10月将对圭亚那的禁运延期一年，且未做公开说明。[19]

2013年4月，欧盟取消了除武器禁运外所有针对缅甸的制裁。禁运被延期一年，亦无公开的进一步说明。[20]

### 违反联合国禁运

与往年一样，2013年也报告有违反联合国武器禁运和关于实施禁运方面的关切。上述报告主要来自于监控禁运的联合国专家组。[21]最值得注意的案例与运入及输出苏丹达尔富产地区、刚果民主共和国、伊朗、朝鲜民主人民共和国（朝鲜）、利比亚、索马里和厄利特里亚相关。

往年关于评估违反武器禁运的趋势曾因联合国安理会成员国阻挠或推迟公开发表联合国专家组报告而受阻。[22] 但2013年所有新报告均向公众发布。

---

〔19〕 委员会2013年10月21日决定2013/515/CFSP，修订关于针对几内亚共和国的限制性措施的决定2010/638/CFSP，欧盟官方期刊L280，2013年10月22日。

〔20〕 委员会2013年4月22日关于针对缅甸的限制性措施的决定2013/184/CFSP，欧盟官方期刊L111，2013年4月23日。

〔21〕 2013年，除那些针对伊拉克和黎巴嫩的非政府武装的武器禁运外，其他的都设立的专家组。专家组的报告可在联合国安理会制裁委员会网页〈http://www.un.org/sc/committees/〉上获取。

〔22〕 关于更改或阻止2010—2013年报告的情况，见P. D. Wezeman和N. Kelly，“多边武器禁运，2010年”，《SIPRI年鉴2011》，第449—451页；以及Wezeman和Buchhold（同注释〔16〕），第437—438页。

## 达尔富尔

联合国苏丹专家组报告，苏丹政府继续向达尔富尔地区转移武器和军事装备，包括近年来合法进口至苏丹的战斗机、炸弹和弹药。[23] 这些转移违反了联合国禁运，并与苏丹政府关于提供的保证相违背。

## 伊朗

联合国伊朗专家组发现的证据表明，伊朗仍维持着一个覆盖面很宽的采购网络，以绕开联合国关于出口武器或双用途物项的禁运。专家组的结论认为伊朗在用于其弹道导弹计划的技术、部分组件和原材料方面仍继续依赖国外供货方。[24] 伊朗还违反了联合国对其武器出口的禁运，2013 年甚至还更新伊朗国防工业组织（DIO）网页上的销售信息。[25]

专家组调查了一项具体的伊朗武器出口指称，在也门领海被也门海岸警卫队和美国海军拦截的一艘船只上发现了怀疑源自伊朗的武器，包括便携式防空系统（MANPADS）、122 毫米火箭、榴弹发射筒和爆炸物。[26] 专家组在此案例上意见分歧，其中 5 名专家组成员认定上述已构成违反对伊武器出口的禁运，而另外 3 名专家则认为只是可能违反而已。[27] 也门当局怀疑上述武器的目的地为也门北部的胡塞叛军。[28]

2013 年，专家组调查但未能证实所有关于伊朗向科特迪瓦、巴勒斯坦加沙地带、肯尼亚、索马里、苏丹和叙利亚出口武器的指称。[29] 所有上述个案说明了在确认违反联合国制裁伊朗武器出口事

---

〔23〕 联合国安理会，根据 1591 号决议（2005 年）成立的苏丹专家组于 2013 年 1 月 22 日致根据关于苏丹的 1591 号决议（2005 年）成立的安理会委员会主席的信函，S/2013/79，2013 年 2 月 12 日，第 3 页；以及联合国安理会，根据关于苏丹的 1591 号决议（2005 年）成立的专家组致根据关于苏丹的第 1591 号决议（2005 年）成立的安理会委员会主席的信函，S/2014/87，2014 年 2 月 11 日，第 12—45 页。

〔24〕 联合国安理会，根据第 1929 号决议（2010 年）成立的专家组的最后报告，S/2013/331 的附件第 23 页，2013 年 6 月 5 日。

〔25〕 国防工业组织，网址：〈http：//www. diomil. ir/〉。

〔26〕 联合国安理会，根据安理会决议第 2060 号（2012 年）成立的索马里和厄里特立亚监控小组的报告：索马里，S/2013/413 附件第 28、313—314 页，2013 年 7 月 12 日。

〔27〕 联合国，S/2013/331（同注释〔24〕），第 14—15 页。

〔28〕 联合国，S/2013/413（同注释〔26〕），第 278—285 页，第 292 页。

〔29〕 联合国，S/2013/331（同注释〔24〕），第 24—25 页。

实的难度。

**朝鲜**

联合国朝鲜专家组报告了2008—2013年间一系列违反联合国武器禁运的朝鲜武器出口个案。[30]

2013年7月在对巴拿马一艘朝鲜船只的搜查中，有关当局发现了隐藏在糖下面的不同种类的军事装备，包括2架米格21战斗机、15台米格21战斗机引擎、SAM系统的部件和弹药。这一个案件再次确认了违反禁运的事实。[31] 武器来源被溯源至古巴。古巴在发现后数日内宣布“船上发现的过期防御性武器是运往朝鲜进行维修，并会归还古巴”。[32] 对古巴声明的疑问依然存在，并怀疑朝鲜是为自己使用而获得了上述装备。[33] 无论哪一种情况都违反了联合国关于禁止向朝鲜提供所有大型武器和朝鲜出口所有武器及相关维护或服务的禁运。[34] 古巴没有因为违反对朝鲜的武器禁运而遭到公开谴责或制裁。如果上述武器是运往朝鲜的，那这些武器的年限已约40年这一事实表明，武器禁运给朝鲜为其武装部提供现代化装备制造了困难。

**利比亚**

联合国利比亚专家组注意到，利比亚大多数的武器库存均不在国家控制之下，利比亚当局仍在重建边境控制。结果是武器可以从利比亚扩散并加剧其他地方的冲突。专家组调查了指称的和文件记录的从利比亚到阿尔及利亚、乍得、埃及、巴勒斯坦加沙地带、马里、尼日尔、尼日利亚、索马里、叙利亚和突尼斯的武器走私情况。[35]

---

〔30〕 联合国安理会，根据1874号决议（2009年）成立的专家组协调员致安理会主席的信函，S/2013/337附件第4页，2013年6月11日。

〔31〕 联合国安理会，根据1874号决议（2009年）成立的专家组协调员于2014年3月3日致安理会主席的信函，S/2014/147附件第26—31页，2014年3月6日。

〔32〕 古巴外交部关于朝鲜船只Chang Chon Gang号在巴拿马运河被没收的声明，2013年7月16日，网址：〈http://www.cubaminrex.cu/en/statement-ministry-foreign-affairs-6〉。

〔33〕 T. Johnson，“巴拿马称，朝鲜船上载有古巴的武器是‘大宗交易’的一部分”，McClatchyDC，2013年10月10日，网址：〈http://www.mcclatchydc.com/2013/10/10/205036/cuban-weaponsaboard-n-korean.html〉。

〔34〕 联合国，S/2014/147（同注释〔31〕），第29页。

〔35〕 联合国安理会，根据第1973号决议成立的利比亚专家组于2013年2月15日致安理会主席的信函，S/2013/99第24—38页，2013年3月9日。

专家组尽管在数个案例中能用文件证明这些违反联合国禁运的武器是如何运抵利比亚的，但强调要确定它们违反 2011 年联合国武器禁运的事实有困难。专家组在其结论中特别指出，尽管卡塔尔和阿联酋向反对卡扎菲政权的部队提供了武器，但他们从未通报联合国制裁委员会，因此违反了 2011 年联合国对利比亚的武器禁运。〔36〕

**索马里和厄立特里亚**

联合国索马里和厄立特里亚监控小组认定，2013 年对索马里非国家实体，特别是对青年圣战者运动的武器走私仍在继续。尽管监控小组能够详细记录 2012 年中至 2013 年中发生的几件个案，但不能确定涉及的数量。

也门被认为是走私进入索马里的武器和弹药的主要来源。在此期间截获的运往索马里的最大批武器包括 220 枚火箭推进榴弹和 137 公斤黄色炸药。〔37〕尽管有可靠报告称 2013 年上半年已有交货，但小组报告说索马里政府没有向制裁委员会通报任何接收到的武器。〔38〕

小组还确认，厄立特里亚继续从国外接收维护军事装备的援助，并进口了数架由其部队使用的民用飞机。〔39〕

（孔　君　译）

〔36〕 联合国，S/2013/99（同注释〔35〕），第 15—23 页。

〔37〕 联合国，S/2013/413（同注释〔26〕），第 278—285 页。

〔38〕 联合国，S/2013/413（同注释〔26〕），第 30 页。

〔39〕 联合国安理会，根据安理会第 2060 号决议（2012 年）成立的索马里和厄立特里亚监控小组报告：厄立特里亚，S/2013/440 附件，第 25—26 页，2013 年 7 月 25 日。

# 第三节　出口控制机制

西比勒·鲍尔　伊万娜·米契奇

2013 年期间，四个以协商一致为基础的自愿出口控制机制——澳大利亚集团、导弹技术控制制度（MTCR）、核供应国集团（NSG）以及从事常规武器及双用途货物和技术出口控制的瓦森纳安排在它们各自专门领域开展工作，以加强贸易管控。[1] 虽然出口控制依然是这些机制的主要组织原则，但相关的贸易活动正日渐成为控制重点。然而，2013 年期间关于扩大受控活动和物项范围的持续讨论，尤其是对中介、运输、转运及无形技术转让的控制问题并未以形成新文件的方式取得具体成果。

关于印度加入这些机制，特别是加入核供应国集团的讨论在 2013 年继续进行。同时，巴基斯坦与瓦森纳安排于 2012 年会谈之后，巴方于 2013 年 1 月在土耳其安卡拉会见了核供应国集团的“三驾马车”（由前任、现任和侯任主席组成），还于 2 月接受了澳大利亚集团和导弹技术控制制度的外联访问。[2]

## 澳大利亚集团

澳大利亚集团成员国致力于通过协调贸易控制防止研发或获取化学或生物武器，包括共同制订须接受国家许可证管理的物项清单。[3]

2013 年 1 月，澳大利亚集团发表声明对叙利亚局势和可能使用化学武器问题表示关切。[4] 集团重申“全体 41 个成员国在向叙利亚

---

〔1〕 关于这些机制的概况和加入国名单，参见本卷附件 B 第三部分。

〔2〕 巴基斯坦外交部，“巴基斯坦与多边出口控制机制接触”，新闻发布，2013 年 2 月 20 日，网址：〈http：//www. mofa. gov. pk/secdiv/pr-details. php？ prID = 1431〉；Hussain，S.，“巴基斯坦关注 MTCR 成员身份，以得到承认为核国家”，2013 年 2 月 20 日《今日巴基斯坦》。

〔3〕 关于澳大利亚集团概况和加入国名单，参见本卷附件 B 第三部分。

〔4〕 澳大利亚集团，“澳大利亚集团声明关切叙利亚化学武器问题”，2013 年 1 月 28 日，网址：〈http：//www. australiagroup. net/en/syria_ statement. html〉。

出口双用途物项方面采取警惕立场，澳大利亚集团成员国向叙利亚的出口实行特别严格的审查”，呼吁叙利亚冲突各方不得使用化学或生物武器，并要求消除这类武器。[5] 到 2013 年 6 月集团举行全体大会时，在叙利亚使用化学武器的证据越来越多，这进一步影响到相关的讨论。全会后，集团重申 1 月声明内容，强烈要求支持联合国对叙利亚国内使用化学武器的指控进行调查。[6]

鉴于新兴技术用于化学武器和生物武器的潜在可能性，全会继续关注化学制剂、生命科学和纳米技术的发展及化学和生物生产设备。[7] 像以往各届全会一样，澳大利亚集团与 2013 年全会之前的几个工作组举行会晤。例如，许可证和执法官员具体讨论了实施和执法问题，并分享他们在防止转让敏感双用途化学和生物物项方面的经验（即在军事和非军事上均可应用的物项）。此外，技术专家还开会审议化学和生物物项清单。2013 年 3 月，他们修订了澳大利亚集团的“双用途化学生产设施和设备及相关技术和软件控制清单”和“生物制品出口控制清单”。[8] 6 月和 7 月，就“双用途生物设备和相关技术及软件控制清单”、“动物病原体清单的出口控制核心清单”发布了生物设备和动物病原体更新内容。[9]

全会继续前一年的讨论，即如何在“签证审查办法、执行全面控制规定的经验，以及其他增强本集团效能的措施”方面加强合作和信息共享。[10] 与会国重申承诺与工业界和学术界开展联系，以提

---

〔5〕 关于叙利亚境内使用使用化学武器问题，参见本卷第一章第三节和第八章第一节。

〔6〕 澳大利亚集团，媒体发布，全体会议，巴黎，2013 年 6 月 7 日，网址：〈http：//www. australiagroup. net/en/media_ june2013. html〉。

〔7〕 澳大利亚集团（同注释〔6〕）。

〔8〕 澳大利亚集团，“双用途化学生产设施和设备及相关技术和软件的控制清单”，2013 年 3 月，网址：〈http：//www. australiagroup. net/en/dual_ chemicals. html〉；澳大利亚集团，“生物制剂出口控制清单”，2013 年 3 月，网址：〈http：//www. australiagroup. net/en/biological_ agents. html〉。

〔9〕 澳大利亚集团，“双用途生物设备与相关技术和软件控制清单”，2013 年 6 月，网址：〈http：//www. australiagroup. net/en/dual_ biological. html〉；澳大利亚集团，“出口控制核心清单的动物病原体清单”，2013 年 7 月，网址：〈http：//www. australiagroup. net/en/animal. html〉。

〔10〕 澳大利亚集团（同注释〔6〕）。

高对中介活动实行管控的认识（2012年曾就此达成新准则），以及对无形技术转让控制的认知（诸如通过电子邮件或技术援助进行的技术转让）。

澳大利亚集团继续与非成员国接触。墨西哥于2013年8月成为集团的第42个成员国，这是克罗地亚2007年加入集团以来首个成为集团成员的国家。此前，墨西哥在2012年加入瓦森纳安排和核供应国集团。[11] 全会期间40个成员国和欧洲委员会一致赞同墨西哥的加入申请，表示“强力支持”墨西哥的成员地位。[12] 墨西哥获准加入集团后做出回应声明，突出其防扩散承诺，并强调出口控制可以使墨西哥工业“通过强化对优势技术可持续和可控发展的保障而得到更大的安全和竞争力，尤其是在利用集团管控的化学品、生物制剂和技术方面更是如此”。[13] 其他几个加入申请尚待议定，包括智利、哈萨克斯坦、俄罗斯和塞尔维亚的申请。[14] 一直讨论的是印度考虑把加入机制作为一揽子交易，或者至少想在加入澳大利亚集团之前看到加入导弹技术控制制度和核供应国集团的路线图。[15]

---

〔11〕 关于墨西哥的出口控制制度和墨西哥加入出口控制机制的背景，参见C. E. H. Ochoa和P. F. G. Morales“墨西哥出口控制进展的里程碑”，1540指南第三期（2013年春季），第22页至25页。

〔12〕 澳大利亚集团，“新闻发布，墨西哥加入澳大利亚集团”，2013年8月12日，网址：〈http：//www. australiagroup. net/en/mexico_ statement. html〉。

〔13〕 墨西哥外交部和经济秘书处，“墨西哥正式迈入澳大利亚集团”，联合声明，2013年8月12日，网址：〈http：//www. australiagroup. net/en/joint_ sre_ se_ statement. html〉。

〔14〕 关于集团扩大成员国的动态情况，参见S. Bauer和Mićić的“管控与安全相关的国际转让”，《SIPRI年鉴2010》第457—458页；及美国国务卿H. 克林顿，“澳大利亚集团：对澳大利亚集团全会的补充导向，2009年9月21—25日”，发给美国驻堪培拉大使馆和驻巴黎大使馆的第09STATE97434号电报，2009年9月18日，网址：〈http：//wikileaks. org/plusd/cables/09STATE97434_ a. html〉。

〔15〕 R. Nayan，“接受一个核印度”，外交家，网址：〈http：//thediplomat. com/2011/06/accepting-a-nuclear-india/1/〉，2011年6月5日；R. Nayan和I. Stewart，“出口控制和印度”，国王大学科学与安全研究中心不定期论文集第2013/1期，2013年8月，网址：〈http：//www. kcl. ac. uk/sspp/departments/warstudies/research/groups/csss/pubs/India-export-control. pdf〉。

## 导弹技术控制制度

导弹技术控制制度（MTCR）的建立是要防止扩散能够投送大规模杀伤性武器（WMD）的无人操控系统。[16] 这一机制 2013 年 10 月在罗马举行的全体会议由意大利第二次担任轮值主席。[17]

MTCR 成员国讨论了自 2012 年在德国柏林召开的全会以来导弹扩散问题的现状和前景。会议具体提及伊朗和朝鲜，同时也对“会加剧其他地区导弹扩散活动的中东、东北亚和南亚正在进行的导弹计划”表示关切[18] MTCR 成员国确认承诺执行具体列出的联合国安理会决议。全会开始前，照例举行该机制的技术专家组、许可证和执法专家组和信息互通专家组会议。议题包括重大技术趋势及采购的活动和方法。会议还讨论了导弹防扩散机制的内部运行，包括“关于 MTCR 主席制度的可持续性和有效性问题。”[19]

全会讨论了成员加入问题，但未接受新成员。成员国赞同“加倍努力向愿意支持导弹防扩散并支持 MTCR 宗旨和目标的伙伴方提供信息和援助”。[20] 2013 年开展的外联活动包括 2 月份德国任主席国期间对巴基斯坦和阿拉伯联合酋长国（阿联酋）的访问。[21] 此外，会议鼓励“继续进行个别的、集体的和地区的工作”，帮助各国“执行（联合国安理会）1540 号决议授权的导弹出口控制”，并强调 MTCR 控制清单和准则可“为导弹相关物项出口控制实施最佳方案提供一个国际基准”。[22]

---

〔16〕 关于 MTCR 概况和加入国名单，参见本卷附件 B 第三部分。

〔17〕 导弹技术控制制度，新闻发布，全体会议，罗马，2013 年 10 月 14—18 日，网址：〈http：//www. mtcr. info/english/press/Italy2013. html〉；意大利外交部，“Bonino：‘从罗马向导弹开战’”，2013 年 10 月 15 日，网址：〈http：//www. esteri. it/MAE/EN/Sala_stampa/ArchivioNotizie/Interviste/2013/10/20131015_ BoninoMTCR. htm〉。1988 年意大利首次担任 MTCR 主席，2014 年由挪威接任，尔后 2015 年由乌克兰继任主席。

〔18〕 导弹技术控制制度（同注释〔17〕）。关于远程导弹的国际转让问题，参见本卷第五章第二节。

〔19〕 导弹技术控制制度（同注释〔17〕）。

〔20〕 同上。

〔21〕 S. Bauer 和 A. Viski，“出口控制机制”，《SIPRI 年鉴 2013》。

〔22〕 导弹技术控制制度（同注释〔17〕）。

起源于 MTCR 的 2002 年“防止弹道导弹扩散的海牙行为准则”（HCOC）已发展成单独的导向方案，并对 MTCR 有所补充。[23] 2013 年 1 月在奥地利维也纳举行了 HCOC 十周年纪念活动。[24]

从大韩民国（韩国）回收到朝鲜发射的导弹可以看到朝鲜的采购和生产情况，并表明出口控制在遏制导弹扩散方面的重要性和局限性。据报道，这个导弹的一些构件“通常来自中国和其他四个国家”，而大部分构件产于朝鲜本国。[25] 据韩国国防开发署分析，外国制造的部件包括转换器、温度传感器和其他电子装置产自五个国家。由于这些都是“日常用途”，故不在 MTCR 清单之列。开发署认为“虽然国际社会通过制裁限制技术引进和获取部件，但朝鲜能够通过许多试验改进其远程导弹技术”。[26]

MTCR 还修订和更新了控制清单，并在其网站公布了带有改动痕迹的版本，以便于未参加会议的国家遵守清单。[27]

成员国政府在 2013 年全会声明中强调“高度关注中介活动、过境和转运问题，以及企图利用这些环节逃避出口控制的重要性”，但并未提及就这些问题制订准则或最佳做法方面取得什么进展。[28] 与此对照的是，澳大利亚集团在 2012 年发布了中介活动准则。[29]

### 核供应国集团

核供应国集团（NSG）旨在通控制核及核相关的材料、设备、软

---

〔23〕 关于 HCOC 概况及签署国名单，参见本卷附件 B 第三部分。2013 年有两个国家，即安提瓜巴布达和多米尼加加入 HCOC，使签署国数目达到 136 个。HCOC 年度大会在维也纳举行。2013 年 5 月大会由日本担任主席。2014 年大会主席国是秘鲁。

〔24〕 欧盟对外活动署，驻维也纳国际组织代表团，“HCOC 纪念活动”，2013 年 1 月 29 日，网址：〈http://eeas.europa.eu/delegations/vienna/press_corner/news_un/2013/hcoc_2_en.htm〉。

〔25〕 K. Kim，“12 月导弹的大部分是朝鲜国内制造”，《韩民族日报》，2013 年 1 月 22 日，网址：〈http://english.hani.co.kr/arti/english_edition/e_northkorea/570753.html〉。

〔26〕 Kim，同（注释〔25〕）。

〔27〕 导弹技术控制制度，“设备。软件和技术附件”，2013 年 10 月 17 日，网址：〈http://www.mtcr.info/english/MTCR-TEM-Technical_Annex_Track_Changes_2013-10-17_from_2012-10-23.pdf〉。

〔28〕 导弹技术控制制度（同注释〔17〕）。

〔29〕 Bauer 和 Viskı，（同注释〔21〕），第 447—48 页。

件和技术转让防止核武器扩散，而“不妨碍和平利用核能的合法贸易及国际合作”。[30] 2013 年 6 月，该集团在捷克共和国布拉格举行全体会议，聚集 48 个加入国，包括首次与会的墨西哥和塞尔维亚，以及欧盟委员会和桑戈委员会主席国（二者皆是常设观察员）。[31]

NSG 与其他几个机制相似，力图同技术发展和安全挑战与时俱进。对 NSG 控制清单进行根本性的审查，始于 2010 年在新西兰克莱斯特彻奇召开的全体会议，完成于 2013 年全会。[32] 这次修订考虑到涉及加工、使用或生产特种裂变材料和设计、试验及研制核爆炸装置应用的材料、设备和技术。NSG 清单并不包括可用于核武器相关活动的所有物项，但各个国家可通过“全面控制”规定管控附加的物项，界定对未列入清单物项的许可证要求。NSG 不把某个物项列入管控清单可能出于各种原因，譬如在修改清单时未能达成一致，或者对合法贸易可能有所影响，或者避免宣扬某些物项可能会用于核武器。[33]

全会就许可证和执法问题进行了信息和实践的年度交流，包括对扩散活动的关切，尤其是伊朗和朝鲜问题。全会声明明确地提及朝鲜 2013 年 2 月进行的核试验，以及 NSG 支持联合国安理会和国际原子

---

〔30〕 核供应集团（NSG），公开声明，全体会议，布拉格，2013 年 6 月 13—14 日，网址：〈http：//www. nuclearsuppliersgroup. org/en/nsg-documents〉。关于 NSG 的概况和加入国名单，参见本卷附件 B 第三部分；另可参见 S. Bauer，“核供应集团发展动态”，《SIPRI 年鉴 2012》；和 A. Viski，“经修订的核供应集团准则：欧盟观点”，欧盟防扩散联合体，防扩散文件第 15 号，2012 年 5 月，网址：〈http：//www. nonproliferation. eu/activities/activities. php〉。

〔31〕 关于桑戈委员会概况和成员国名单，参见本卷附件 B 第三部分。

〔32〕 一如 NSG 的所有公开文件，修订后的触发清单和双用途清单由国际原子能机构（IAEA）以信息通告方式发布。国际原子能机构（IAEA），捷克共和国常驻国际原子能机构代表团关于一些成员国出口核材料、设备和技术准则的来函，第 INFCIRC/254/Rev. 12/Part 1 文件，2013 年 11 月 13 日；以及国际原子能机构（IAEA），捷克共和国常驻国际原子能机构代表团关于一些成员国转让与核相关的两用设备、材料、软件及相关技术准则的来函，第 INFCIRC/254/Rev. 9/Part 2 号文件，2013 年 11 月 13 日。

〔33〕 关于清单外物项在核武器计划当中的作用，参见 D. Albright，A. Stricker 和 H. Wood，“非法核贸易的未来世界：降低威胁”（科学与国际安全研究所）：华盛顿，2013 年 7 月。

能机构理事会各自关于伊朗的决议和联合国安理会关于 NSG 的决议。〔34〕 NSG 还对准则进行了修改，以包括国际原子能机构就实物保护问题提出的建议。〔35〕 NSG 还一致赞同更新公众网站，用多种语言提供信息。

NSG 成员国继续就 2008 年关于与印度民用核合作声明的执行情况和 NSG 与印度的关系进行讨论。〔36〕 澳大利亚外交部长朱莉·毕晓普 2013 年 11 月访问新德里期间声称，澳大利亚将支持印度取得 NSG 正式成员资格。〔37〕 2013 年 3 月在维也纳举行的一次非正式会议后，据报道法国、俄罗斯、英国和美国支持印度争取加入 NSG 的努力，但中国持反对态度。另据报道日本和一些欧洲国家，包括荷兰、瑞士和爱尔兰都"不太支持印度"，但并不公开表示打算阻挠印度的申请。〔38〕 土耳其外长艾哈迈德·达武特奥卢会见印度外长时表示支持印度的申请，但又说应当首先解决印度加入 1968 年核不扩散条约（NPT）问题〔39〕美国公开表示支持印度加入所有四个出口控制机制，包括 NSG，而且这个问题还在 2013 年 4 月美国国会出口控制改革听

〔34〕 核供应国集团（同注释〔30〕）。关于伊朗和朝鲜问题，参见本卷第六章第九节和第十节，及第七章第一节和第二节。

〔35〕 国际原子能机构（IAEA），第 INFCIRC/254/Rev. 12/Part 1 文件（同注释〔32〕），第 3（a）段和附件 C。关于实物保护和核安保，参见 I. Anthony，"打击核恐怖主义的措施"，《SIPRI 年鉴 2013》。

〔36〕 2008 年声明的发布是作为国际原子能机构收到的德国常驻机构代表团 2008 年 9 月 10 日函件"关于与印度民用核合作的声明"，第 INFCIRC/734（更正）号文件，2009 年 9 月 19 日。关于印度与 NSG 的关系，参见 Bauer（同注释〔30〕），第 382—384 页；及 Bauer 和 Viski（同注释〔21〕），第 454—455 页。

〔37〕 A. Hodge，"澳大利亚支持印度取得核监督机构的正式成员资格"，《澳大利亚人报》，2013 年 11 月 19 日。

〔38〕 D. Painter，"核供应国集团处于十字路口"，《外交家》，2013 年 6 月 10 日，网址：〈http://thediplomat.com/2013/06/the-nuclear-suppliers-group-at-the-crossroads/〉。

〔39〕 土耳其外长说："土耳其不反对印度加入 NSG"，《自由日报新闻》，2013 年 7 月 24 日。关于 1968 年《不扩散核武器条约》（核不扩散条约，NPT）概况和细则，参见本卷附件 A 第一部分。

政会上进行了讨论。[40]

与此同时，中国在 2013 年中期同意向巴基斯坦供应两座新型 ACP－1000 压水反应堆，此前中国自 20 世纪 90 年代中期以来已经向巴基斯坦提供过四座核电反应堆。人们关切的是虽然这些反应堆拟为民用，但可能“有助于巴基斯坦的核武器计划，增加该地区的扩散风险”，而且这“可能是策划用来向 NSG 成员国施加压力，为巴基斯坦打开通道获取全球核市场准入，类似印度 2008 年得到的那种收获”。[41] 这两座反应堆的销售再次激发了 NSG 内外对所谓“祖父条款”的热议：中国争辩称这笔交易属于中巴双方 2003 年双边协定范畴，中方 2004 年加入 NSG 时即向后者做了通报。[42]

在外联方面，全会向 NSG 主席国提交了追加准则，其中就中介和过境活动问题提及联合国安全理事会 1540 委员会。[43]

## 瓦森纳安排

澳大利亚集团、导弹技术控制制度和核供应国集团都是着眼于大规模杀伤性武器及其运载系统，而瓦森纳安排则是谋求防止国家在常规武器和相关双用途货物和技术方面“影响稳定的积累”，并防止恐

---

〔40〕 美国国会，众议院外交事务委员会，“听证会：出口控制改革：面临的日程”，2013 年 4 月 24 日，网址：〈http：//foreignaffairs. house. gov/hearing/hearing-export-control-reform-agenda-ahead〉；“美国重申支持印度加入多边机制”，《出口控制与合规》刊物（WorldECR），（未注明日期），网址：〈http：//www. worldecr. com/u-s-reiterates-support-for-indias-multilateral-regimes-membership/〉；以及“核供应国集团（NSG）和全球核不扩散机制”，Observatoire de la Non-prolifération，第 85 期（2013 年 10 月）。

〔41〕 M. Hibbs，“动力循环：中国向巴基斯坦提供核反应堆”，《简氏情报评估》，2014 年 1 月。关于中国和巴基斯坦之间核贸易与 NSG 的关系及就此关于所谓祖父条款的应用问题见 Bauer（同注释〔30〕），第 384—385 页。

〔42〕 关于反对意见，例如 M. Vaid 表示，“中国向巴基斯坦销售的反应堆：核失误?”，观察员研究基金会，2013 年 12 月 16 日，网址：〈http：//orfonline. org/cms/sites/orfonline/modules/analysis/AnalysisDetail. html？cmaid＝60664&mmacmaid＝60665〉；G. Balachandran 和 K. Patil，“中国向巴基斯坦销售反应堆：已知的未知”，《印度全球事务评论》，2013 年 11 月 16 日，网址：〈http：//www. irgamag. com/component/k2/item/5870－china% E2% 80% 99s-reactor-sale-to-pakistan-the-known-unknownsmistake?〉；及 M. Hibbs，“巴基斯坦下一个中国反应堆”，军控迷，2013 年 9 月 28 日，网址：〈http：//hibbs. armscontrolwonk. com/archive/2248/pakistans-next-chinese-reactor〉。

〔43〕 核供应国集团（同注释〔30〕）。

怖主义集团、组织和个人获得这些物项。[44] 它促进公开透明，在转让信息和想法方面互通交流，鼓励负责任的行为支持地区和国际安全与稳定。[45]

联合国大会2013年4月通过《武器贸易条约》（ATT）后，瓦森纳安排发表声明称，其他国家可采用有效执行出口控制的工具和准则，譬如瓦森纳安排的控制清单和最佳实践手册，瓦森纳安排参加国“做好准备与其他国家分享自己的经验和专门知识”。[46] 2013年12月3—4日瓦森纳安排在维也纳举行全会期间再次欢迎《武器贸易条约》获得通过，强调条约的目标与瓦森纳安排的目标并行不悖，其成员国准备与其他国家分享自己的经验和专门知识。[47] ATT对瓦森纳安排的影响将在全会结束后数月予以讨论。[48]

2013年，丹麦担任全体会议轮值主席，瓦森纳安排工作小组也举行例会。瓦森纳安排还举行了年度“地区观点讨论会”，交流关于向特定地区转让武器和常规双用途物项的风险信息。成员国还继续讨论了在最终用途、最终用户保证、过境、转运、中介活动、转口、对非清单物项的全面控制规定、接触工业界以及国际合规项目等方面的国家实践和经验。[49]

该机制重申通过双边会议与非成员国进行接触（例如与印度），提供关于修订控制清单的集体和技术性通报，并与工业界互动交流。[50] 瓦森纳安排与相关的地区和国际组织保持联系，与核供应国集团就特定控制清单问题继续非正式沟通。2013年虽然审议了一些

---

〔44〕 关于瓦森纳安排概况和参加国名单，参见本卷附件B第三部分。

〔45〕 瓦森纳安排，“准则和程序，包括初始考虑”，2011年12月，网址：〈http：//www. wassenaar. org/guidelines/〉。

〔46〕 瓦森纳安排，“关于武器贸易条约（ATT）的公开声明”，2013年6月3日，网址：http：//www. wassenaar. org/publicdocuments/index_ PS_ Other. html。关于ATT的概要和其他细则，参见本卷附件A第一节。关于ATT获得通过，参见以上第一节。

〔47〕 瓦森纳安排，公开声明，全体会议，维也纳，2013年12月3—4日，网页：〈http：//www. wassenaar. org/publicdocuments/index_ PS_ PS_ Other. html/〉。

〔48〕 “采访：与菲利普·格里菲斯就出口控制问题的谈话”《出口控制与合规》刊物（WorldECR），第26期（2013年10月）第13—14页。

〔49〕 瓦森纳安排（同注释〔47〕）。

〔50〕 瓦森纳安排（同注释〔47〕）。关于与印度的外联活动参见“采访：‘与Philip Griffiths就出口控制问题的谈话’”（同注释〔48〕）。

要求加入的申请，但并未接受新成员。[51] 成员国重申瓦森纳安排"遵循协定的标准"对新成员是开放的，表示已经着手讨论关于将来加入此机制的战略性问题。[52]

全会还决定2016年进行内部评估，回顾和评价机制的总体运行状况，提升其有效性和效率。最近一次评估是2011年进行的。[53]

瓦森纳安排控制清单的修订是在每年收到的各国提出的大量建议基础上对条目进行澄清、删除和添加。2013年成员国澄清了目前对惯性测量设备的控制，放宽了对诸如计测磁带记录器和数字计算机等物项的控制。[54]

**监控技术控制**

鉴于目前对使用监控技术的关切，瓦森纳安排赞同对入侵软件和互联网监控系统予以控制。[55] 在英国和法国建议的基础上，对瓦森纳安排控制清单增加了一些物项，包括"监控和执法/情报收集工具"和"在某种情况下可能有损于国际和地区安全与稳定的互联网协议（IP）网络监控系统或设备"。[56]

自2011年"阿拉伯之春"事件以来，政府、议会和非政府组织从人权角度对监控技术出口产生的风险进行反思，并探讨通过出口控制措施解决这些关切的办法。传统上双用途物项出口控制的基本理由是防止大规模杀伤性武器扩散，或是因为这些物项可用于常规军事项目。虽然人权关切在审批许可证的标准中有一定作用，但把物项列入控制清单的基本考虑依然是其可能用于军事。可用于刑讯设备的物项

〔51〕"采访：'与Philip Griffiths就出口控制问题的谈话'"（同注释〔48〕）。

〔52〕瓦森纳安排（同注释〔47〕）。

〔53〕M. Bromley和G. McDonald，"限制其他方面的军事能力：武器出口控制动态"，《SIPRI年鉴2012》，第426页。

〔54〕瓦森纳安排（同注释〔47〕）；及瓦森纳安排，"变动概要：两用途货物清单及技术和弹药清单"，2013年12月4日，网址：〈http：//www. wassenaar. org/controllists/〉。

〔55〕瓦森纳安排（同注释〔54〕）。

〔56〕瓦森纳安排（同注释〔47〕）；及E. Omanovic，"国际达成协议控制出口大规模入侵性监控技术"，国际隐私博客，2013年12月9日，网址：〈https：//www. privacyinternational. org/blog/international-agreement-reached-controlling-export-of-mass-and-intrusive-surveillance〉。

是在欧盟（EU）法律框架内通过另外控制措施予以处理。[57]

英国下议院武器出口控制委员会主席约翰·斯坦利说，应当经常地更新需要许可证的设备清单。他强调这正成为更重大的问题，因为在我们日益深入地进入电子时代之际，各种类型国家，民主的不民主的国家，都在拥有空前的监控能力。[58]

在2013年的一次采访中，瓦森纳安排秘书处总干事菲利普·格里菲斯被问及他是否“预期双用途控制会扩展到可用于监控的电信通讯和其他种类技术”，他给予肯定回答，强调控制清单上已有许多种类相关物项（例如电子产品、计算机、电讯和信息安全产品）。他解释说对物项“要基于各国建议和对新技术及国际趋势的集体评估进行定期审议，以确定是否增添到双用途清单上”。[59]

## 结语

虽然多年来核武器在防止大规模杀伤性武器扩散日程的出口控制机制方面占据主要地位，但2013年发生的情况把人们的关注重新聚焦到化学武器问题上。各出口控制机制与非成员国的接触显示出它们的活力，正如瓦森纳安排表示愿意协助履行新产生的《武器贸易条约》所彰显的动力。机制的活力还表现在它们大多努力保持与工业界的外联接触，与时俱进地修订控制清单的方式以适应令人关切的新兴技术（例如监控技术），以及它们在研究和创新方面的进展。出口控制机制2013年在这些方面的工作表明它们继续发挥作用的意义。

（李长和 译）

〔57〕 理事会规章（欧盟理事会）第1236/2005号，2005年6月27日，关于某些货物贸易可能用于酷刑或其他残酷、不人道或侮辱人格行为或惩罚，欧盟官方日志，L300（2005年7月30日）第1—19页。

〔58〕 N. Hopkins 和 M. Taylor，“委员会主席称，必须评估间谍系统贸易”，《卫报》2013年11月19日。

〔59〕 “采访：与菲利普·格里菲斯就出口控制问题的谈话”（同注释〔48〕）。

# 附　件

# 附件A　军控与裁军协定

南尼·博德尔

本附件罗列了与军控和裁军相关的多边和双边条约、公约、议定书和协定。除非另外注明，本附件罗列的协定及其缔约国和签约国为截至 2014 年 1 月 1 日的情况。

**注释**

1. 协定被划分为普遍性条约（即对所有国家开放的多边条约——第一部分）、区域性条约（即对特定区域国家开放的多边协定——第二部分）和双边条约（第三部分）。在每部分内，各项协定按其通过、签署或开放供签署日期（多边协定）或签署日期（双边协定）的顺序排列。协定生效日期及多边协定的保存人也一并列出。

2. 资料主要来自条约保存方提供的签约国和缔约方名单。2013 年批准、加入、继承或签署协定的签约国、缔约国或成员国名单以斜体字标明。

3. 国家和组织按照批准国、加入国或继承国的顺序排列。原非自治领地在获得国家地位后，有时会申明其前殖民国家所签署的所有协定继续有效。本附件只列出那些对协定继续生效作出无争议声明或已通知协定保存方要继承协定的新国家。俄罗斯联邦继承苏联承担的国际义务。塞尔维亚继承前塞尔维亚和黑山联邦的国际义务。

4. 除非另外注明，本附件所列的多边协定向所有国家或相关地区（或区域）内的所有国家开放签署、批准、加入或继承。本附件所列签约国或缔约方并不都是联合国会员国。由于国际社会不承认台湾地区为主权国家，它仅被列为其所批准的协定的缔约方。

5. 本附件尽可能提供精确的条约副本的获取地址（出版物和在线网址）。提供者主要是条约的保存方，与条约相关的机构或秘书处，或者是《联合国条约集》（见网址〈http：//treaties. un. org/〉）。

# 第一部分 普遍性条约

## 禁止在战争中使用窒息性、毒性或其他气体及细菌作战方法的议定书（1925 年日内瓦议定书）

1925 年 6 月 17 日在日内瓦签署，1928 年 2 月 8 日生效，由法国政府保存。

议定书宣告缔约国同意遵守禁止在战争中使用窒息性、毒性活其他气体武器及细菌作战方法的义务。议定书保留国际上禁止使用化学武器和生物武器的根本依据。议定书的原则、目标和义务得到了 1972 年《禁止生物武器公约》和 1993 年《禁止化学武器公约》的明确支持。

**缔约国（139 个）：**阿富汗、阿尔巴尼亚、阿尔及利亚、安哥拉、安提瓜和巴布达、阿根廷、澳大利亚、奥地利、巴林、孟加拉国、巴巴多斯、比利时、贝宁、不丹、玻利维亚、巴西、保加利亚、布基纳法索、柬埔寨、喀麦隆、加拿大、佛得角、中非共和国、智利、中国、哥斯达黎加、科特迪瓦、克罗地亚、古巴、塞浦路斯、捷克共和国、丹麦、多米尼加共和国、厄瓜多尔、埃及、萨尔瓦多、赤道几内亚、爱沙尼亚、埃塞俄比亚、斐济、芬兰、法国、冈比亚、德国、加纳、希腊、格林纳达、危地马拉、几内亚比绍、梵蒂冈、匈牙利、冰岛、印度、印度尼西亚、伊朗、伊拉克、爱尔兰、以色列、意大利、牙买加、日本、约旦、肯尼亚、朝鲜、韩国、科威特、老挝、拉脱维亚、黎巴嫩、莱索托、利比里亚、利比亚、列支敦士登、立陶宛、卢森堡、马达加斯加、马拉维、马来西亚、马尔代夫、马耳他、毛里求斯、墨西哥、摩尔多瓦、摩纳哥、蒙古、摩洛哥、尼泊尔、荷兰、新西兰、尼加拉瓜、尼日尔、尼日利亚、挪威、巴基斯坦、巴拿马、巴布亚新几内亚[1]、巴拉圭、秘鲁、菲律宾、波兰、葡萄牙、卡塔尔、罗马尼亚、俄罗斯、卢旺达、圣基茨和尼维斯、圣卢西亚、圣文森特和格林纳丁斯、沙特阿拉伯、塞内加尔、塞尔维亚和黑山、塞拉利昂、斯洛伐克、斯洛文尼亚、所罗门群岛、南非、西班牙、斯里兰卡、苏丹、斯威士兰、瑞典、瑞士、叙利亚、中国台湾地区、坦桑尼亚、泰国、多哥、汤加、特立尼达和多巴哥、突尼斯、土耳其、乌干达、英国、乌克兰、乌拉圭、美国、委内瑞拉、越南、也门。

**注：**加入本议定书时，有些国家有所保留，表示将对不遵守本议定书的非国家行为体、含有不遵守本议定书的非国家行为体的联盟以及使用本议定书所禁止武器的违约国，保留使用化学或生物武器还击的权利。其后，特别是 1972 年《禁止生物武器公约》和 1993 年《禁止化学武器公约》后，因为保留内容和公约的义务相矛盾，许多国家撤销了保留。

除了这种“明确”保留以外，有些国家在独立后发表声明继承各自前殖民国家的议定书时，“含糊”地有所保留。例如，从法国和英国独立的国家，在英法撤销或修改其保留之前就有过这种“含糊”保留。加入（而不是继承）议定书的国家不通过此方式继承“保留”。

议定书文本：见法国外交部网址：〈http://www.diplomatie.gouv.fr/traites/affichetraite.do?accord=TRA19250001〉。

## 关于防止和惩治灭绝种族罪公约（种族灭绝公约）

1948 年 12 月 9 日在巴黎召开的联合国大会上通过，1951 年 1 月 12 日生效，由联合国秘书长保存。

根据该公约，任何意在全部或部分消灭一个民族、部族、种族或宗教团体的行为都是应按国际法进行惩治的罪行。

**缔约国（144 个）：**阿富汗、阿尔巴尼亚*、阿尔及利亚*、安道尔、安提瓜和巴布达、阿根廷*、亚美尼亚、澳大利亚、奥地利、阿塞拜疆、巴哈马、巴林*、孟加拉国*、巴巴多斯、白俄罗斯*、比利时、伯利兹、玻利维亚、波黑、巴西、保加利亚*、布基纳法索、布隆迪、柬埔寨、加拿大、佛得角、智利、中国*、哥伦比亚、科摩罗、刚果民主共和国、哥斯达黎加、科特迪瓦、克罗地亚、古巴、塞浦路斯、捷克共和国、丹麦、厄瓜多尔、埃及、萨尔瓦多、爱沙尼亚、埃塞俄比亚、斐济、芬兰、法国、加蓬、冈比亚、格鲁吉亚、德国、加纳、希腊、危地马拉、几内亚、*几内亚比绍*、海地、洪都拉斯、匈牙利*、冰岛、印度*、伊朗、伊拉克、爱尔兰、以色列、意大利、牙买加、约旦、哈萨克斯坦、朝鲜、韩国、科威特、吉尔吉斯斯坦、老挝、拉脱维亚、黎巴嫩、莱索托、利比里亚、利比亚、列支敦士登、立陶宛、卢森堡、前南斯拉夫马其顿共和国、马来西亚*、马尔代夫、马里、墨西哥、摩尔多瓦、摩纳哥、蒙古*、黑山*、摩洛哥*、莫桑比克、缅甸*、纳米比亚、尼泊尔、荷兰、新西兰、尼加拉瓜、尼日利亚、挪威、巴基斯坦、巴拿马、巴布亚新几内亚、巴拉圭、秘鲁、菲律宾*、波兰*、葡萄牙*、罗马尼亚*、俄罗斯*、卢旺达*、圣文森特和格林纳丁斯、*圣马力诺*、沙特阿拉伯、塞内加尔、塞尔维亚*、塞舌尔、新加坡*、斯洛伐克、斯洛文尼亚、南非、西班牙*、斯里兰卡、苏丹、瑞典、瑞士、叙利亚、坦桑尼亚、多哥、汤加、特立尼达和多巴哥、突尼斯、土耳其、乌干达、英国、乌克兰*、阿拉伯联合酋长国、乌拉圭、美国*、乌兹别克斯坦、委内瑞拉*、越南*、也门*、津巴布韦。

* 批准、加入和继承时表示有所保留和/或发表声明。

**注：** 截至 2014 年 1 月 1 日有 144 个缔约国，此外，巴勒斯坦于 2014 年 4 月 2 日，马耳他于 2014 年 6 月 6 日加入公约。

**签署但未批约国（1 个）：** 多米尼加共和国

**公约文本：** 见联合国条约汇编，网址：〈http://treaties.un.org/Pages/CTCTreaties.aspx?id=4〉。

## 关于战争时期保护平民的日内瓦第四公约

1949 年 8 月 12 日在日内瓦签署，1950 年 10 月 21 日生效，由瑞士联邦委员会保存。

公约规定了在战争地区和被占领土保护平民的原则。公约在 1949 年 4 月 21 日到 8 月 12 日召开的外交会议上制定。（同时，其他三个公约相继出台。第一公约旨在改善战地武装部队伤者、病者境遇；第二公约旨在改善海上武装部队伤者、病者及舰艇失事人员的境遇；第三公约涉及战俘待遇）。

**缔约国（195 个）：** 阿富汗、阿尔巴尼亚*、阿尔及利亚、安道尔、安哥拉*、安提瓜和巴布达、阿根廷、亚美尼亚、澳大利亚*、奥地利、阿塞拜疆、巴哈马、巴林、孟加拉国*、巴巴多斯*、白俄罗斯、比利时、伯利兹、贝宁、不丹、玻利维亚、波黑、博茨瓦纳、巴西、文莱、保加利亚、布基纳法索、布隆迪、*佛得角*、柬埔寨、喀麦隆、加拿大、佛得角、中非共和国、乍得、智利、中国*、哥伦比亚、科摩罗、刚果民主共和国、刚果共和国、库克群岛、哥斯达黎加、科特迪瓦、克罗地亚、古巴、塞浦路斯、捷克共和国*、丹麦、吉布提、多米尼克、多米尼加共和国、厄瓜多尔、埃及、萨尔瓦多、赤道几内亚、爱沙尼亚、厄立特里亚、埃塞俄比亚、斐济、芬兰、法国、加蓬、冈比亚、格鲁吉亚、德国*、加纳、希腊、格林纳达、危地马拉、几内亚、几内亚比绍*、圭亚那、海地、梵蒂冈、洪都拉斯、匈牙利、冰岛、印度、印度尼西亚、伊朗*、伊拉克、爱尔兰、以色列*、意大利、牙买加、日本、约旦、哈萨克斯坦、肯尼亚、基里巴斯、朝鲜*、韩国*、科威特*、吉尔吉斯斯坦、老挝、拉脱维亚、黎巴嫩、莱索托、利比里亚、利比亚、列支敦士登、立陶宛、卢森堡、前南斯拉夫马其顿共和国*、马达加斯加、马拉维、马来西亚、马尔代夫、马里、马耳他、马绍尔群岛、毛里塔尼亚、毛里求斯、墨西哥、密克罗尼西亚、摩尔多瓦、摩纳哥、蒙古、黑山、摩洛哥、莫桑比克、缅甸、纳米比亚、瑙鲁、尼泊尔、荷兰、新西兰*、尼加拉瓜、尼日尔、尼日利亚、挪威、阿曼、巴基斯坦*、帕劳、巴拿马、巴布亚新几内亚、巴拉圭、秘鲁、菲律宾、波兰、葡萄牙*、卡塔尔、罗马尼亚、俄罗斯*、卢旺达、圣基茨和尼维斯、圣卢西亚、圣文森特和格林纳丁斯、萨摩亚、圣马力诺、圣多美和普林西比、沙特阿拉伯、塞内加尔、塞尔维亚、塞舌尔、塞拉利昂、新加坡、斯洛伐克、斯洛文尼亚、所罗门群岛、索马里、南非、西班牙、斯里兰卡、苏丹、苏里南*、斯威士兰、瑞典、瑞士、叙利亚、塔吉克斯坦、坦桑尼亚、泰国、东帝汶、多哥、汤加、特立尼达和多巴哥、突尼斯、土耳其、土库曼斯坦、图瓦卢、乌干达、英国*、乌克兰*、阿拉伯联合酋长国、乌拉圭*、美国*、乌兹别克斯坦、瓦努阿图、委内瑞拉、越南*、也门*、赞比亚、津巴布韦。

*批准、加入或继承时表示有所保留和/或发表声明。

**注：**截至 2014 年 1 月 1 日有 195 名缔约国。此外，2014 年 4 月 2 日巴勒斯坦加入公约。1989 年，巴勒斯坦解放组织（PLO）通知公

约保存方已决定遵守四项日内瓦公约和 1977 年的两个议定书。

公约文本：见瑞士联邦外交部网站：〈http：//www. eda. admin. ch/eda/fr/home/topics/intla/intrea/chdep/warvic/gvaciv. html〉。

## 1949 年日内瓦公约关于保护国际性武装冲突受害者的附加议定书 I

## 1949 年日内瓦公约关于保护非国际性武装冲突受害者的附加议定书 II

1977 年 12 月 12 日在伯尔尼开放供签署，1978 年 12 月 7 日生效。由瑞士联邦委员会保存。

议定书确保了成员国在卷入国际性武装冲突和非国际性武装冲突中，选择作战方法和手段不是无限制的，禁止使用引起过分伤害和不必要痛苦的武器和作战方法。

**议定书 I （173 个）和议定书 II （167 个）的缔约国：**阿富汗、阿尔巴尼亚、阿尔及利亚*、安哥拉[1]*、安提瓜和巴布达、阿根廷*、亚美尼亚、澳大利亚*、奥地利*、巴哈马、巴林、孟加拉国、巴巴多斯、白俄罗斯*、比利时*、伯利兹、贝宁、玻利维亚*、波斯尼亚和黑塞哥维那*、博茨瓦纳、巴西*、文莱、保加利亚*、布基纳法索*、布隆迪、柬埔寨、喀麦隆、加拿大*、佛得角*、中非共和国、乍得、智利*、中国*、哥伦比亚*、科摩罗、刚果民主共和国*、刚果共和国、库克群岛*、哥斯达黎加*、科特迪瓦、克罗地亚、古巴、塞浦路斯*、捷克共和国*、丹麦*、吉布提、多米尼克、多米尼加共和国、厄瓜多尔、埃及*、萨尔瓦多*、赤道几内亚、爱沙尼亚、埃塞俄比亚、斐济、芬兰*、法国*、加蓬、冈比亚、格鲁吉亚、德国*、加纳、希腊*、格林纳达、危地马拉、几内亚*、几内亚比绍、圭亚那、海地、梵蒂冈、洪都拉斯、匈牙利*、冰岛*、伊拉克[1]、爱尔兰*、意大利*、牙买加、日本*、约旦、哈萨克斯坦、肯尼亚、朝鲜[1]、韩国*、科威特、吉尔吉斯斯坦、老挝*、拉脱维亚、黎巴嫩、莱索托、利比里亚、利比亚、列支敦士登*、立陶宛*、卢森堡*、前南马其顿共和国*、马达加斯加*、马拉维、马尔代夫、马里*、马耳他*、毛里塔尼亚、毛里求斯*、墨西哥[1]、密克罗尼西亚、摩尔多瓦、摩纳哥、蒙古*、黑山、摩洛哥、莫桑比克、纳米比亚*、瑙鲁、荷兰*、新西兰*、尼加拉瓜、尼日尔、尼日利亚、挪威*、阿曼、帕劳、巴拿马*、巴拉圭*、秘鲁、菲律宾*、波兰*、葡萄牙*、卡塔尔*、罗马尼亚*、俄罗斯*、卢旺达*、圣基茨和尼维斯、圣卢西亚、圣文森特和格林纳丁斯、萨摩亚、圣马力诺、圣多美和普林西比、沙特阿拉伯*、塞内加尔、塞尔维亚*、塞舌尔*、塞拉利昂、斯洛伐克*、斯洛文尼亚*、所罗门群岛、南非、*南苏丹*、西班牙*、苏丹、苏里南、斯威士兰、瑞典*、瑞士*、叙利亚*[1]、塔吉克斯坦*、坦桑尼亚、东帝汶、多哥*、汤加*、特立尼达和多巴哥*、突尼斯、土库曼斯坦、乌干达、英国*、乌克兰*、阿拉伯联合酋长国*、乌拉圭*、乌兹别克斯坦、瓦努阿图、委内瑞拉、越南[1]、也门、赞比亚、津巴布韦。

＊批准、加入或继承时表示有所保留和/或发表声明。

1. 只是议定书 I 的缔约国。

**注：**截至 2014 年 1 月 1 日有上述缔约国。此外，2014 年 4 月 2 日巴勒斯坦加入议定书Ⅰ。

**议定书文本：**见瑞士联邦外交部网站：〈http://www.eda.admin.ch/eda/fr/home/topics/intla/intrea/chdep/warvic.html〉。

## 南极条约

**1959 年 12 月 1 日在华盛顿签署，1961 年 6 月 23 日生效，由美国政府保存。**

条约宣布南极地区只能用于和平目的。禁止在南极地区采取任何有军事性质的措施，诸如建立军事基地和要塞，进行军事演习或任何种类武器的试验。条约禁止在南极进行任何核爆炸和抛置放射性废料。条约赋予对南极所有站点，和设施进行现场视察的权利，以确保对条约规定的遵守。

根据条约第 9 条规定，定期举行会议交换信息，就有关南极问题进行磋商，为促进本条约的宗旨和目标向有关国家政府提出举措建议。

条约须经各签字国批准，向联合国会员国，或经有资格参加本条约第九条规定的磋商会议的所有缔约国同意而邀请加入本条约的任何其他国家开放入约。对南极感兴趣，在那里从事真实的科学研究的国家，如建立科学考察站和派遣探测队，都可以成为条约协商国。

**缔约国（50 个）**：阿根廷*、澳大利亚*、奥地利、白俄罗斯、比利时*、巴西*、保加利亚*、加拿大、智利*、中国*、哥伦比亚、古巴、捷克共和国、丹麦、厄瓜多尔*、爱沙尼亚、芬兰*、法国*、德国*、希腊、危地马拉、匈牙利、印度*、意大利*、日本*、朝鲜、韩国*、马来西亚、摩纳哥、荷兰*、新西兰*、挪威*、巴基斯坦、巴布亚新几内亚、秘鲁*、波兰*、葡萄牙、罗马尼亚、俄罗斯*、斯洛伐克、南非*、西班牙*、瑞典*、瑞士、土耳其、英国*、乌克兰*、乌拉圭*、美国*、委内瑞拉。

＊根据条约第九条有资格参加磋商会议的国家。

条约文本：见南极条约秘书处网站：〈http://www.ats.aq/e/ats.htm〉。

《南极条约环境保护议定书》（1991 年马德里议定书）于 1998 年 1 月 14 日生效。

议定书文本：见南极条约秘书处网站：〈http://www.ats.aq/e/ep.htm〉。

## 禁止在大气层、外层空间和水下进行核武器试验条约（部分禁试条约，PTBT）

1963 年 8 月 5 日三个原始缔约国在莫斯科签署，1963 年 8 月 8 日在伦敦、莫斯科和华盛顿对其他国家开放签署。条约于 1963 年 10 月 10 日生效，由英国、美国和俄罗斯三国政府保存。

条约禁止缔约方在下列地方进行任何核武器试验爆炸或任何其他核爆炸：

（一）在大气层；在它的范围以外，包括外层空间；或水下，包括领海水域或公海。

（二）在任何其他环境中，如果这种爆炸所产生的放射性尘埃出现于在其管辖或控制下进行这种爆炸的缔约方领土界限以外的地方。

**缔约国（126 个）**：阿富汗、安提瓜和巴布达、阿根廷、亚美尼亚、澳大利亚、奥地利、巴哈马、孟加拉国、白俄罗斯、比利时、贝宁、不丹、玻利维亚、波黑、博茨瓦纳、巴西、保加利亚、加拿大、佛得角、中非共和国、乍得、智利、哥伦比亚、刚果民主共和国、哥斯达黎加、科特迪瓦、克罗地亚、塞浦路斯、捷克共和国、丹麦、多米尼加共和国、厄瓜多尔、埃及、萨尔瓦多、赤道几内亚、斐济、芬兰、法国、加蓬、冈比亚、德国、加纳、希腊、危地马拉、几内亚比绍、洪都拉斯、匈牙利、冰岛、印度、印度尼西亚、伊朗、伊拉克、爱尔兰、以色列、意大利、牙买加、日本、约旦、肯尼亚、韩国、科威特、老挝、黎巴嫩、利比里亚、利比亚、卢森堡、马达加斯加、马拉维、马来西亚、马耳他、毛里塔尼亚、毛里求斯、墨西哥、蒙古、黑山、摩洛哥、缅甸、尼泊尔、荷兰、新西兰、尼加拉瓜、尼日尔、尼日利亚、挪威、巴基斯坦、巴拿马、巴布亚新几内亚、秘鲁、菲律宾、波兰、罗马尼亚、俄罗斯、卢旺达、萨摩亚、圣马力诺、塞内加尔、塞尔维亚、塞舌尔、塞拉利昂、新加坡、斯洛伐克、斯洛文尼亚、南非、西班牙、斯里兰卡、苏丹、苏里南、斯威士兰、瑞典、瑞士、叙利亚、中国台湾地区、坦桑尼亚、泰国、多哥、汤加、特立尼达和多巴哥、突尼斯、土耳其、乌干达、英国、乌克兰、乌拉圭、美国、委内瑞拉、也门、赞比亚。

**签署但未批约国（11个）：**阿尔及利亚、布基纳法索、布隆迪、喀麦隆、埃塞俄比亚、海地、马里、巴拉圭、葡萄牙、索马里、越南。

条约文本：见联合国《条约集》第480卷（1963年）。

## 关于各国探索和利用包括月球与其他天体在内的外层空间活动的原则条约（外空条约）

1967年1月27日在伦敦、莫斯科、华盛顿开放签署，1967年10月10日生效，由英国、俄罗斯和美国三国政府保存。

条约禁止在环绕地球的轨道放置任何载有核武器或任何其他种类的大规模杀伤性武器的物体，禁止以任何其他方式在天体上或外层空间安置此种武器。同时，也禁止在天体上建立军事基地、装置和要塞，或试验任何种类的武器和进行军事演习。

**缔约国（111个）：**阿富汗、阿尔及利亚、安提瓜和巴布达、阿根廷、澳大利亚、奥地利、巴哈马、孟加拉国、巴巴多斯、白俄罗斯、比利时、贝宁、巴西、文莱、保加利亚、布基纳法索、加拿大、智利、中国、古巴、塞浦路斯、捷克共和国、丹麦、多米尼克、多米尼加共和国、厄瓜多尔、埃及、萨尔瓦多、赤道几内亚、爱沙尼亚、斐济、芬兰、法国、德国、希腊、格林纳达、几内亚比绍、匈牙利、冰岛、印度、印度尼西亚、伊拉克、爱尔兰、以色列、意大利、牙买加、日本、哈萨克斯坦、肯尼亚、朝鲜、韩国、科威特、老挝、黎巴嫩、利比亚、立陶宛、卢森堡、马达加斯加、马里、毛里求斯、墨西哥、蒙古、黑山、摩洛哥、缅甸、尼泊尔、荷兰、新西兰、尼日尔、尼日利亚、挪威、巴基斯坦、巴布亚新几内亚、秘鲁、波兰、葡萄牙、罗马尼亚、俄罗斯、圣基茨和尼维斯、圣卢西亚岛、圣文森特岛和格林纳丁斯、圣马力诺、沙特阿拉伯、塞舌尔、塞拉利昂、新加坡、斯洛伐克、所罗门群岛、南非、西班牙、斯里兰卡、斯威士兰、瑞典、瑞士、叙利亚、中国台湾地区、泰国、多哥、汤加、突尼斯、土耳其、乌干达、英国、乌克兰、阿拉伯联合酋长国、乌拉圭、美国、委内瑞拉、越南、也门、赞比亚。

**签署但未批约国（27 个）：**玻利维亚、博茨瓦纳、布隆迪、喀麦隆、中非共和国、哥伦比亚、刚果民主共和国、刚果共和国、埃塞俄比亚、冈比亚、加纳、圭亚那、海地、梵蒂冈、洪都拉斯、伊朗、约旦、莱索托、卢森堡、前南斯拉夫马其顿共和国、马来西亚、尼加拉瓜、巴拿马、菲律宾、卢旺达、塞尔维亚、索马里、特立尼达和多巴哥。

条约文本：见联合国《条约集》第 610 卷（1967 年）。

## 不扩散核武器条约（核不扩散条约，NPT）

1968 年 7 月 1 日在伦敦、莫斯科、华盛顿开放签署，1970 年 3 月 5 日生效，由英、俄、美三国政府保存。

条约禁止核武器国家（在此条约中，界定为 1967 年 1 月 1 日以前制造并爆炸了核武器或其他核爆炸装置的国家）向任何接受者转让核武器或其他核爆炸装置，或此种武器或爆炸装置的控制权；禁止其协助、鼓励、诱导任何无核武器国家制造或以其他方法获得这种武器或装置；禁止无核武器国家从任何转让者获取此种武器；禁止无核武器国家制造或以其他方式获得核武器或其他核爆炸装置。

缔约方承诺为和平利用核能而进行设备、原料以及科技信息的交换提供便利，并确保条约的无核武器缔约方也能享有和平利用核爆炸带来的潜在好处。缔约方还承诺就早日停止核军备竞赛和进行核裁军的有效措施，以及就全面彻底裁军条约进行有诚意的谈判。

为了防止用于和平目的的核能转用于制造核武器或其他核爆炸装置，无核武器国家承诺与国际原子能机构签定保障监督协定。附加于该协定用于强化措施的议定书范本于1997年通过，附加保障监督议定书由各国分别与国际原子能机构签署。

1995年召开的不扩散核武器条约审议与延期大会决定，该条约无限期有效。

**缔约国（190个）**：阿富汗*、阿尔巴尼亚*、阿尔及利亚*、安道尔、安哥拉、安提瓜和巴布达*、阿根廷*、亚美尼亚*、澳大利亚*、奥地利*、阿塞拜疆*、巴哈马*、巴林、孟加拉国*、巴巴多斯*、白俄罗斯*、比利时*、伯利兹*、贝宁、不丹*、玻利维亚*、波黑*、博茨瓦纳、巴西*、文莱*、保加利亚*、布基纳法索*、布隆迪、柬埔寨*、喀麦隆*、加拿大*、佛得角、中非共和国、乍得、智利*、中国*+、哥伦比亚、科摩罗、刚果民主共和国*、刚果共和国、哥斯达黎加*、科特迪瓦*、克罗地亚*、古巴*、塞浦路斯*、捷克共和国*、丹麦*、吉布提、多米尼克*、多米尼加共和国*、厄瓜多尔*、埃及*、萨尔瓦多*、赤道几内亚、厄立特里亚、爱沙尼亚*、埃塞俄比亚*、斐济*、芬兰*、法国*+、加蓬、冈比亚*、格鲁吉亚、德国*、加纳*、希腊*、格林纳达*、危地马拉*、几内亚、几内亚比绍、圭亚那*、海地、梵蒂冈*、洪都拉斯*、匈牙利*、冰岛*、印度尼西亚*、伊朗*、伊拉克*、爱尔兰*、意大利*、牙买加*、日本*、约旦*、哈萨克斯坦*、肯尼亚、基里巴斯*、韩国*、科威特*、吉尔吉斯斯坦*、老挝*、拉脱维亚*、黎巴嫩*、莱索托*、利比里亚、利比亚*、列支敦士登*、立陶宛*、卢森堡*、前南斯拉夫马其顿共和国*、马达加斯加*、马拉维*、马来西亚*、马尔代夫*、马里*、马耳他*、马绍尔群岛、毛里塔尼亚、毛里求斯*、墨西哥*、密克罗尼西亚、摩尔多瓦、摩纳哥*、蒙古*、黑山、摩洛哥*、莫桑比克、缅甸*、纳米比亚*、瑙鲁*、尼泊尔*、荷兰*、新西兰*、尼加拉瓜*、尼日尔、尼日利亚*、挪威*、阿曼、帕劳、巴拿马、巴布亚新几内亚*、巴拉圭*、秘鲁*、菲律宾*、波兰*、葡萄牙*、卡塔尔、罗马尼亚*、俄罗斯*+、卢旺达、圣基茨和尼维斯*、圣卢西亚*、圣文森特和格林纳丁斯*、萨摩亚*、圣马力诺*、圣多美和普林西比、沙特阿拉伯、塞内加尔*、塞尔维亚*、塞舌尔*、塞拉利昂、新加坡*、斯洛伐克*、斯洛文尼亚*、所罗门群岛*、索马里、南非*、西班牙*、斯里兰卡*、苏丹*、苏里南*、斯威士兰*、瑞典*、瑞士*、叙利亚*、中国台湾地区、塔吉克斯坦*、坦桑尼亚*、泰国*、东帝汶、多哥、汤加*、特立尼达和多巴哥*、突尼斯*、土耳其*、土库曼斯坦、图瓦卢*、乌干达、英国*+、乌克兰*、阿拉伯联合酋长国*、乌拉圭*、美国*+、乌兹别克斯坦*、瓦努阿图、委内瑞拉*、越南*、也门*、赞比亚*、津巴布韦*。

*根据条约要求同国际原子能机构所签保障监督协定已生效的国家，或依据条约规定，在自愿基础上签署这种协定的核武器国家。

+核武器国家。

条约文本：见国际原子能机构 1970 年 4 月 22 日 INFCIRC140 号文件，网址〈http://www.iaea.org/Publications/Documents/Treaties/npt.html〉。

**保障监督附加议定书生效的缔约国（123 个）**：阿富汗、阿尔巴尼亚、安道尔、安哥拉、*安提瓜和巴布达*、亚美尼亚、澳大利亚、奥地利、阿塞拜疆、巴林、孟加拉国、比利时、*波黑*、博茨瓦纳、保加利亚、布基纳法索、布隆迪、加拿大、中非共和国、乍得、智利、中国、哥伦比亚、科摩罗、刚果民主共和国、刚果共和国、哥斯达黎加、克罗地亚、古巴、塞浦路斯、捷克共和国、丹麦[1]、多米尼加共和国、厄瓜多尔、萨尔瓦多、爱沙尼亚、欧洲原子能共同体、斐济、芬兰、法国、加蓬、冈比亚、格鲁吉亚、德国、加纳、希腊、危地马拉、海地、梵蒂冈、匈牙利、冰岛、印度尼西亚、伊拉克、爱尔兰、意大利、牙买加、日本、约旦、哈萨克斯坦、肯尼亚、韩国、科威特、吉尔吉斯斯坦、拉脱维亚、莱索托、利比亚、立陶宛、卢森堡、前南马其顿共和国、马达加斯加、马拉维、马里、马耳他、马绍尔群岛、毛里塔尼亚、毛里求斯、墨西哥、摩尔多瓦、摩纳哥、蒙古、黑山、摩洛哥、莫桑比克、纳米比亚、荷兰、新西兰、尼加拉瓜、尼日尔、尼日利亚、挪威、帕劳、巴拿马、巴拉圭、秘鲁、菲律宾、波兰、葡萄牙、罗马尼亚、俄罗斯、卢旺达、塞舌尔、新加坡、斯洛伐克、斯洛文尼亚、南非、西班牙、斯威士兰、瑞典、瑞士、塔吉克斯坦、坦桑尼亚、多哥、土耳其、土库曼斯坦、乌干达、英国、乌克兰、阿拉伯联合酋长国、乌拉圭、美国和乌兹别克斯坦、*瓦努阿图*、越南。

[1]2013 年 3 月 22 日附加议定书对丹麦属地格陵兰正式生效。

**注：**2007 年 2 月 6 日伊朗通知国际原子能机构，它不再执行其未批准的附加保障监督议定书的规定。中国台湾地区已同意采用 1997 年保障监督议定书范本中包含的措施。

**保障监督附加议定书范本：**见国际原子能机构 1997 年 9 月 INF-CIRC540 号文件（已修正），网址：〈http：//www. iaea. org/Pubilications/Factsheets/English/sg_ overview. html〉。

## 禁止在海床洋底及其底土安置核武器及其他大规模杀伤性武器条约（海床条约）

1971 年 2 月 11 日在伦敦、莫斯科和华盛顿开放签署，1972 年 5 月 18 日生效，由英国、俄罗斯和美国三国政府保存。

条约禁止在 12 海里（19 公里）海床区外部界限以外的海床、洋底及其底土安装或设置任何核武器和其他任何类型的大规模杀伤性武器，以及专为储存、试验或使用此种武器而设计的建筑物、发射装置或任何其他设备。

**缔约国（97 个）：**阿富汗、阿尔及利亚、安提瓜和巴布达、阿根廷、澳大利亚、奥地利、巴哈马、白俄罗斯、比利时、贝宁、波黑、博茨瓦纳、巴西*、保加利亚、佛得角、加拿大*、中非共和国、中国、刚果共和国、科特迪瓦、克罗地亚、古巴、塞浦路斯、捷克共和国、丹麦、多米尼加共和国、赤道几内亚、埃塞俄比亚、芬兰、德国、加纳、希腊、危地马拉、几内亚比绍、匈牙利、冰岛、印度*、伊朗、伊拉克、爱尔兰、意大利*、牙买加、日本、约旦、韩国、老挝、拉脱维亚、莱索托、利比亚、列支敦士登、卢森堡、马来西亚、马耳他、毛里求斯、墨西哥*、蒙古、黑山、摩洛哥、尼泊尔、荷兰、新西兰、尼加拉瓜、尼日尔、挪威、巴拿马、菲律宾、波兰、葡萄牙、卡塔尔、罗马尼亚、俄罗斯、卢旺达、圣基茨和尼维斯、圣文森特和格林纳丁斯、圣多美和普林西比、沙特阿拉伯、塞尔维亚*、塞舌尔、新加坡、斯洛伐克、斯洛文尼亚、所罗门群岛、南非、西班牙、斯威士兰、瑞典、瑞士、中国台湾地区、多哥、突尼斯、土耳其*、英国、乌克兰、美国、越南*、也门、赞比亚。

*批准、加入或继承时有所保留和/或发表声明。

**签署但未批约国（20个）：**玻利维亚、布隆迪、柬埔寨、喀麦隆、哥伦比亚、哥斯达黎加、冈比亚、几内亚、洪都拉斯、黎巴嫩、利比里亚、马达加斯加、马里、缅甸、巴拉圭、塞内加尔、塞拉利昂、苏丹、坦桑尼亚、乌拉圭。

条约文本：见联合国《条约集》第955卷（1974年）。

## 禁止细菌（生物）及毒素武器的发展、生产及储存以及销毁这类武器的公约（禁止生物武器公约，BTWC）

1972年4月10日在伦敦、莫斯科、华盛顿开放签署，1975年3月26日生效，由英国、俄罗斯、美国三国政府保存。

公约禁止发展、生产、储存或以其他方法取得或保有在类型和数量不能证明用于预防、保护或其他和平目的的微生物剂或生物战剂或毒素，不论其来源或生产方法如何。公约还禁止将生物战剂或毒素用于敌对目的或武装冲突而设计的武器、设备或运载工具。各缔约方应最迟于本公约生效后九个月内将其所拥有的物剂、毒素、武器、设备和运载工具销毁或转用于和平目的。

缔约国每年举行政治和技术年度会议，以加强履约工作。设在日内瓦的一个三人小组（履约支持小组）对各缔约国履约工作给予支持，包括为年度信任措施建立情况的收集和传播提供方便以及为争取实现公约普遍性的努力提供支持。

**缔约国（171个）：**阿富汗、阿尔巴尼亚、阿尔及利亚、安提瓜和巴布达、阿根廷、亚美尼亚、澳大利亚、奥地利*、阿塞拜疆、巴哈马、巴林*、孟加拉国、巴巴多斯、白俄罗斯、比利时、伯利兹、贝宁、不丹、玻利维亚、波黑、博茨瓦纳、巴西、文莱、保加利亚、布基纳法索、布隆迪、佛得角、柬埔寨、喀麦隆、加拿大、智利、中国*、哥伦比亚、刚果民主共和国、刚果共和国、库克群岛、哥斯达黎加、克罗地亚、古巴、塞浦路斯、捷克共和国*、丹麦、多米尼克、多米尼加共和国、厄瓜多尔、萨尔瓦多、赤道几内亚、爱沙尼亚、埃塞俄比亚、斐济、芬兰、法国、加蓬、冈比亚、格鲁吉亚、德国、加纳、希腊、格林纳达、危地马拉、几内亚比绍、*圭亚那*、梵蒂冈、洪都拉斯、匈牙利、冰岛、印度*、印度尼西亚、伊朗、伊拉克、爱尔兰*、意大利、牙买加、日本、约旦、哈萨克斯坦、肯尼亚、朝鲜、韩国*、科威特*、吉尔吉斯斯坦、老挝、拉脱维亚、黎巴嫩、莱索托、利比亚、列支敦士登、立陶宛、卢森堡、前南斯拉夫马其顿共和国、马达加斯加、*马拉维*、马来西亚*、马尔代夫、马里、马耳他、马绍尔群岛、毛里求斯、墨西哥*、摩尔多瓦、摩纳哥、蒙古、黑山、摩洛哥、莫桑比克、*瑙鲁*、荷兰、新西兰、尼加拉瓜、尼日尔、尼日利亚、挪威、阿曼、巴基斯坦、帕劳、巴拿马、巴布亚新几内亚、巴拉圭、秘鲁、菲律宾、波兰、葡萄牙、卡塔尔、罗马尼亚、俄罗斯、卢旺达、圣基茨和尼维斯、圣卢西亚、圣文森特和格林纳丁斯、圣马力诺、圣多美和普林西比、沙特阿拉伯、塞内加尔、塞尔维亚、塞舌尔、塞拉利昂、新加坡、斯洛伐克*、斯洛文尼亚、所罗门群岛、南非、西班牙、斯里兰卡、苏丹、苏里南、斯威士兰、瑞典、瑞士*、中国台湾地区、塔吉克斯坦、泰国、东帝汶、多哥、汤加、特立尼达和多巴哥、突尼斯、土耳其、土库曼斯坦、乌干达、英国*、乌克兰、阿拉伯联合酋长国、乌拉圭、美国、乌兹别克斯坦、瓦努阿图、委内瑞拉、越南、也门、赞比亚、津巴布韦。

* 批准、加入或继承时有所保留和/或发表声明。

**签署但未批约国（10 个）**：中非共和国、科特迪瓦、埃及、海地、利比里亚、缅甸、尼泊尔、索马里、叙利亚、坦桑尼亚。

条约文本：见联合国《条约集》第 1015 卷（1976 年）。

## 禁止为军事目的或任何其他敌对目的使用改变环境的技术的公约（禁止改变环境公约，Enmod 公约）

1977 年 5 月 18 日在日内瓦开放签署，1978 年 10 月 5 日生效，由联合国秘书长保存。

公约禁止为军事目的或其他任何敌对目的使用能造成广泛的、持久的或严重影响的改变环境的技术，作为给条约缔约方造成破坏、损害或伤害的手段。“环境改造技术”指用于以下目的的技术：通过故意改变自然进程改变地球的动态、组成和构造，包括其生物圈、岩石圈、水圈、大气层，或外层空间。通过谈判达成的但未写入公约的谅解对“广泛”、“持久”和“严重”等词作出解释。

**缔约国（76 个）**：阿富汗、阿尔及利亚、安提瓜和巴布达、阿根廷、亚美尼亚、澳大利亚、奥地利、孟加拉国、白俄罗斯、比利时、贝宁、巴西、保加利亚、喀麦隆、加拿大、佛得角、智利、中国*、哥斯达黎加、古巴、塞浦路斯、捷克共和国、丹麦、多米尼克、埃及、爱沙尼亚、芬兰、德国、加纳、希腊、危地马拉、洪都拉斯、匈牙利、印度、爱尔兰、意大利、日本、哈萨克斯坦、朝鲜、韩国*、科威特、立陶宛、老挝、马拉维、毛里求斯、蒙古、荷兰*、新西兰、尼加拉瓜、尼日尔、挪威、巴基斯坦、巴拿马、巴布亚新几内亚、波兰、罗马尼亚、俄罗斯、圣卢西亚、圣文森特和格林纳丁斯、圣多美和普林西比、斯洛伐克、斯洛文尼亚、所罗门群岛、西班牙、斯里兰卡、瑞典、瑞士、塔吉克斯坦、突尼斯、英国、乌克兰、乌拉圭、美国、乌兹别克斯坦、越南、也门。

* 批准、参加或继承时发表声明。

**签署但未批约国（16 个）**：玻利维亚、刚果民主共和国、埃塞俄比亚、梵蒂冈、冰岛、伊朗、伊拉克、黎巴嫩、利比里亚、卢森堡、摩洛哥、葡萄牙、塞拉利昂、叙利亚、土耳其、乌干达。

**公约文本**：见联合国条约汇编，网址：〈http：//treaties. un. org/Pages/CTCTreaties. aspx？id =26〉。

## 核材料的实物保护公约

原始公约于 1980 年 3 月 3 日在纽约和维也纳开放签署，1987 年 2 月 8 日生效，2005 年修订，由国际原子能机构总干事保存。

原始公约要求缔约国为用于和平目的的核材料的国际运输提供保护。

修订后的公约——核材料和核设施的实物保护公约——要求缔约国为用于和平目的的核设施和核材料的贮存和运输提供保护。修订后的公约将在 2/3 的原始公约缔约国批准、加入或批约后 30 天生效。

**原始公约缔约国（149 个）**：阿富汗、阿尔巴尼亚、阿尔及利亚*、安道尔*、安提瓜和巴布达、阿根廷*、亚美尼亚、澳大利亚、奥地利*、阿塞拜疆*、巴哈马、巴林*、孟加拉国、白俄罗斯、比利时*、玻利维亚、波黑、博茨瓦纳、巴西、保加利亚、布基纳法索、柬埔寨、喀麦隆、加拿大、佛得角、中非共和国、智利、中国*、哥伦比亚、科摩罗、刚果民主共和国、哥斯达黎加、科特迪瓦、克罗地亚、古巴*、塞浦路斯*、捷克共和国、丹麦、吉布提、多米尼克、多米尼加共和国、厄瓜多尔、萨尔瓦多*、赤道几内亚、爱沙尼亚、欧洲原子能联营*、斐济、芬兰*、法国*、加蓬、格鲁吉亚、德国、加纳、希腊*、格林纳达、危地马拉*、几内亚、几内亚比绍、圭亚那、洪都拉斯、匈牙利、冰岛、印度*、印度尼西亚*、爱尔兰*、以色列*、意大利*、牙买加、日本、约旦*、哈萨克斯坦、肯尼亚、韩国*、科威特*、老挝*、拉脱维亚、黎巴嫩、莱索托*、利比亚、列支敦士登、立陶宛、卢森堡*、前南斯拉夫马其顿共和国、马达加斯加、*马拉维*、马里、马耳他、马绍尔群岛、毛里塔尼亚、墨西哥、摩尔多瓦、摩纳哥、蒙古、黑山、摩洛哥、莫桑比克*、纳米比亚、瑙鲁、荷兰*、新西兰、尼加拉瓜、尼日尔、尼日利亚、纽埃、挪威*、阿曼*、巴基斯坦*、帕劳、巴拿马、巴拉圭、秘鲁*、菲律宾、波兰、葡萄牙*、卡塔尔*、罗马尼亚*、俄罗斯*、卢旺达、圣基茨和尼维斯、圣卢西亚*、沙特阿拉伯*、塞内加尔、塞尔维亚、塞舌尔、斯洛伐克、斯洛文尼亚、南非*、西班牙*、苏丹、斯威士兰、瑞典*、瑞士*、塔吉克斯坦、坦桑尼亚、多哥、汤加、特立尼达和多巴哥、突尼斯、土耳其*、土库曼斯坦、乌干达、英国*、乌克兰、阿拉伯联合酋长国、乌拉圭、美国、乌兹别克斯坦、越南*、也门。

*在批准、加入或继承时有所保留和/或发表声明。

**注：** 截至 2014 年 1 月 1 日有 149 个缔约国。此外，2014 年 7 月 7 日伊拉克加入公约。

**签署但未批约国（1 个）：** 海地。

公约文本：见国际原子能机构，1980 年 5 月 INFCIRC/274/Rev. 1 号文件，网址：〈http://www.iaea.org/Publications/Documents/Conventions/cppnm.html〉。

**提交修订后公约的批准、加入或批约的国家（71 个）：** *阿尔巴尼亚*、阿尔及利亚、安提瓜和巴布达、阿根廷、*亚美尼亚*、澳大利亚、奥地利、巴林、*比利时**、波黑、保加利亚、*加拿大**、智利、中国、克罗地亚、*古巴*、*塞浦路斯*、捷克共和国、丹麦*、*爱沙尼亚*、斐济、芬兰、*法国*、加蓬、格鲁吉亚、德国、加纳、希腊、匈牙利、印度、印度尼西亚、以色列*、约旦、哈萨克斯坦、肯尼亚、拉脱维亚、莱索托、利比亚、列支敦士登、立陶宛、卢森堡、前南斯拉夫马其顿共和国、马里、*马耳他*、毛里塔尼亚、墨西哥、摩尔多瓦、瑙鲁、荷兰、尼日尔、尼日利亚、挪威、波兰、葡萄牙、罗马尼亚、俄罗斯、圣卢西亚、沙特阿拉伯、塞舌尔、*斯洛伐克*、斯洛文尼亚、西班牙、瑞士、瑞典、突尼斯、土库曼斯坦、英国、乌克兰、阿拉伯联合酋长国、*乌兹别克斯坦*、越南。

*在批准、加入或继承时有所保留和/或发表声明。

**注：** 截至2014年1月1日有71个国家批准、加入或批约。此外，2014年1月10日牙买加、2014年6月27日日本和7月10日塔吉克斯坦相继加入修订后公约；2014年2月18日哥伦比亚、3月27日秘鲁、4月22日吉布提和5月29日韩国相继批准修订后公约。

修订后条约文本：见国际原子能机构理事会第GOV/INF/2005/10-GC（49）/INF/6号文件，2005年9月6日，网址：〈http://www.iaea.org/Publications/Documents/Conventions/cppnm.html〉。

## 禁止或限制使用某些可被认为具有过分杀伤力或滥杀滥伤作用的常规武器公约（特定常规武器公约，CCW）

公约及三个议定书于1981年4月10日在纽约开放签署，1983年12月2日生效，由联合国秘书长保存。

公约属“总的条约”，即可根据公约以议定书形式签订具体协议。要成为缔约国必须批准三个议定书中的两个。

修订的1981年公约原始条款I于2001年11月21日在日内瓦开放签署。它将公约的运用范围扩大到非国际间武装冲突。修订后的公约于2004年5月18日生效。

**议定书**I禁止使用其主要作用是碎片伤人且碎片在人体内无法用X射线检测的武器。

**议定书**II禁止或限制使用地雷、饵雷和其他装置。

修订后的议定书II进一步限制使用地雷。它于1998年12月3日生效。

议定书 III 限制使用燃烧武器。

议定书Ⅳ禁止使用能使人眼永久性失明的激光武器。1998 年 7 月 30 日生效。

议定书 V 于 2006 年 11 月 12 日生效。该议定书认为需要采取普遍性措施，将战争遗留爆炸物的危害和影响减到最小。

**原始公约和议定书的缔约国（117 个）：**阿尔巴尼亚、安提瓜和巴布达[1]、阿根廷*、澳大利亚、奥地利、孟加拉国、白俄罗斯、比利时、贝宁[2]、玻利维亚、波黑、巴西、保加利亚、布基纳法索、布隆迪[4]、佛得角、柬埔寨、喀麦隆、加拿大*、智利[2]、中国*、哥伦比亚、哥斯达黎加、克罗地亚、古巴、塞浦路斯*、捷克共和国、丹麦、吉布提、多米尼加共和国、厄瓜多尔、萨尔瓦多、爱沙尼亚[2]、芬兰、法国*、加蓬[2]、格鲁吉亚、德国、希腊、危地马拉、几内亚比绍、梵蒂冈*、洪都拉斯、匈牙利、冰岛、印度、爱尔兰、以色列*[2]、意大利*、牙买加[2]、日本、约旦[2]、哈萨克斯坦[2]、韩国[3]、科威特[2]、老挝、拉脱维亚、莱索托、利比里亚、列支敦士登、立陶宛[2]、卢森堡、前南斯拉夫马其顿共和国、马达加斯加、马尔代夫[2]、马里、马耳他、毛里求斯、墨西哥、摩尔多瓦、摩纳哥[3]、蒙古、黑山、摩洛哥[4]、瑙鲁、荷兰*、新西兰、尼加拉瓜[2]、尼日尔、挪威、巴基斯坦、巴拿马、巴拉圭、秘鲁[2]、菲律宾、波兰、葡萄牙、卡塔尔[2]、罗马尼亚*、俄罗斯、圣文森特和格林纳丁斯[1]、沙特阿拉伯[2]、塞内加尔[5]、塞尔维亚、塞舌尔、塞拉利昂、斯洛伐克、斯洛文尼亚、南非、西班牙、斯里兰卡、瑞典、瑞士、塔吉克斯坦、多哥、突尼斯、土耳其*[3]、土库曼斯坦[2]、乌干达、英国*、乌克兰、阿拉伯联合酋长国[2]、乌拉圭、美国*、乌兹别克斯坦、委内瑞拉、赞比亚。

*批准、加入或继承时有所保留和/或发表声明。

1. 只是 1981 年议定书 I 和 III 的缔约国。
2. 只是 1981 年议定书 I 和 II 的缔约国。
3. 只是 1981 年议定书 I 的缔约国。
4. 只是 1981 年议定书 II 的缔约国。
5. 只是 1981 年议定书 III 的缔约国。

**签署但未批准公约和原始议定书的国家（5 个）：**阿富汗、埃及、尼日利亚、苏丹、越南。

**修订后的公约和原始议定书的缔约国（79 个）：** 阿尔巴尼亚、阿根廷、澳大利亚、奥地利、*孟加拉*、白俄罗斯、比利时、波黑、巴西、保加利亚、布基纳法索、加拿大、智利、中国、哥伦比亚、哥斯达黎加、克罗地亚、古巴、捷克共和国、丹麦、多米尼加共和国、厄瓜多尔、萨尔瓦多、爱沙尼亚、芬兰、法国、格鲁吉亚、德国、希腊、危地马拉、几内亚比绍、梵蒂冈*、匈牙利、冰岛、印度、爱尔兰、意大利、牙买加、日本、韩国、*科威特*、拉脱维亚、利比里亚、列支敦士登、立陶宛、卢森堡、前南马其顿共和国、马耳他、墨西哥*、摩尔多瓦、黑山、荷兰、新西兰、尼加拉瓜、尼日尔、挪威、巴拿马、巴拉圭、秘鲁、波兰、葡萄牙、罗马尼亚、俄罗斯、塞尔维亚、塞拉利昂、斯洛伐克、斯洛文尼亚、南非、西班牙、斯里兰卡、瑞典、瑞士、突尼斯、土耳其、英国、乌克兰、乌拉圭、美国、*赞比亚*。

* 批准、加入或继承时有所保留和/或发表声明。

**修改后的议定书 II 的缔约国（100 个）：** 阿尔巴尼亚、阿根廷、澳大利亚、奥地利*、孟加拉国、白俄罗斯*、比利时*、玻利维亚、波黑、巴西、保加利亚、布基纳法索、柬埔寨、喀麦隆、加拿大、佛得角、智利、中国*、哥伦比亚、哥斯达尼加、克罗地亚、塞浦路斯、捷克共和国、丹麦*、多米尼加共和国、厄瓜多尔、萨尔瓦多、爱沙尼亚、芬兰*、法国*、加蓬、格鲁吉亚、德国*、希腊*、危地马拉、几内亚比绍、梵蒂冈、洪都拉斯、匈牙利*、冰岛、印度、爱尔兰*、以色列*、意大利*、牙买加、日本、约旦、韩国*、*科威特*、拉脱维亚、利比里亚、列支敦士登*、立陶宛、卢森堡、前南马其顿共和国、马达加斯加、马尔代夫、马里、马耳他、摩尔多瓦、摩纳哥、黑山、摩洛哥、瑙鲁、荷兰*、新西兰、尼加拉瓜、尼日尔、挪威、巴基斯坦*、巴拿马、巴拉圭、秘鲁、菲律宾、波兰、葡萄牙、罗马尼亚、俄罗斯*、圣文森特和格林纳丁斯、塞内加尔、塞尔维亚、塞舌尔、塞拉利昂、斯洛伐克、斯洛文尼亚、南非*、西班牙、斯里兰卡、瑞典、瑞士、塔吉克斯坦、突尼斯、土耳其、土库曼斯坦、英国*、乌克兰*、乌拉圭、美国*、委内瑞拉、*赞比亚*。

* 提交时有所保留和/或发表声明。

**议定书 IV 的缔约国（102 个）**：阿尔巴尼亚、安提瓜和巴布达、阿根廷、澳大利亚*、奥地利*、孟加拉国、白俄罗斯、比利时*、玻利维亚、波黑、巴西、保加利亚、布基纳法索、柬埔寨、喀麦隆、加拿大*、佛得角、智利、中国、哥伦比亚、哥斯达黎加、克罗地亚、古巴、塞浦路斯、捷克共和国、丹麦、多米尼加共和国、厄瓜多尔、萨尔瓦多、爱沙尼亚、芬兰、法国、加蓬、格鲁吉亚、德国*、希腊*、危地马拉、几内亚比绍、梵蒂冈、洪都拉斯、匈牙利、冰岛、印度、爱尔兰*、以色列*、意大利*、牙买加、日本、哈萨克斯坦、科威特、拉脱维亚、利比里亚、列支敦士登*、立陶宛、卢森堡、前南斯拉夫马其顿共和国、马达加斯加、马尔代夫、马里、马耳他、毛里求斯、墨西哥、摩尔多瓦、蒙古、黑山、摩洛哥、瑙鲁、荷兰*、新西兰、尼加拉瓜、尼日尔、挪威、巴基斯坦、巴拿马、巴拉圭、秘鲁、菲律宾、波兰*、葡萄牙、卡塔尔、罗马尼亚、俄罗斯、圣文森特和格林纳丁斯、沙特阿拉伯、塞尔维亚、塞舌尔、塞拉利昂、斯洛伐克、斯洛文尼亚、南非*、西班牙、斯里兰卡、瑞典*、瑞士*、塔吉克斯坦、突尼斯、土耳其、英国*、乌克兰、乌拉圭、美国*、乌兹别克斯坦。

*提交时有所保留和/或发表声明。

议定书 V 的缔约国（84 个）：阿尔巴尼亚、阿根廷*、澳大利亚、奥地利、孟加拉、白俄罗斯、比利时、波黑、巴西、保加利亚、布隆迪、喀麦隆、加拿大、智利、中国*、哥斯达黎加、克罗地亚、古巴、塞浦路斯、捷克国合国、丹麦、厄瓜多尔、萨尔瓦多、爱沙尼亚、芬兰、法国、加蓬、格鲁吉亚、德国、危地马拉、几内亚比绍、梵蒂冈*、洪都拉斯、匈牙利、冰岛、印度、爱尔兰、意大利、牙买加、韩国、科威特、老挝、拉脱维亚、利比里亚、列支敦士登、立陶宛、卢森堡、前南斯拉夫马其顿共和国、马达加斯加、马里、马耳他、摩尔多瓦、荷兰、新西兰*、尼加拉瓜、挪威、巴基斯坦、巴拿马、巴拉圭、秘鲁、波兰、葡萄牙、罗马尼亚、俄罗斯、圣文森特和格林纳丁斯、沙特阿拉伯、塞内加尔、塞拉利昂、斯洛伐克、斯洛文尼亚、南非、西班牙、瑞典、瑞士、塔吉克斯坦、突尼斯、土库曼斯坦、乌克兰、阿拉伯联合酋长国、乌拉圭、美国*、赞比亚。

*提交时有所保留和/或发表声明。

条约和议定书文本（原始和修订后）：见联合国条约汇编，网址：〈http：//treaties. un. org/Pages/CTCTreaties. aspx？ id =26〉。

## 关于禁止发展、生产、储存和使用化学武器及销毁此种武器的公约（禁止化学武器公约，CWC）

1993 年 1 月 13 日在巴黎开放签署，1997 年 4 月 29 日生效，由联合国秘书长保存。

公约禁止发展、生产、获得、转让、储存和使用化学武器。公约的精髓由四大支柱支柱构成：针对化学武器的裁军、防扩散、援助和防护，以及化学品和平利用的国际间合作。

各缔约国承诺在 2012 年 4 月 29 日之前销毁其化学武器库存。在此日期前，在 7 个已经宣布了化学武器库存的缔约国中，3 个国家已经销毁，伊拉克、利比亚、俄罗斯和美国在继续销毁。2013 年叙利亚成为缔约国后也在销毁。老的或者废弃的化学武器一旦发现，比如从原来战场发现的化学武器，将继续被销毁。

**缔约国（190 个）**：阿富汗、阿尔巴尼亚、阿尔及利亚、安道尔、安提瓜和巴布达、阿根廷、亚美尼亚、澳大利亚、奥地利、阿塞拜疆、巴哈马、巴林、孟加拉国、巴巴多斯、白俄罗斯、比利时、伯利兹、贝宁、不丹、玻利维亚、波黑、博茨瓦纳、巴西、文莱、保加利亚、布基纳法索、布隆迪、柬埔寨、喀麦隆、加拿大、佛得角、中非共和国、乍得、智利、中国、哥伦比亚、科摩罗、刚果民主共和国、刚果共和国、库克群岛、哥斯达黎加、科特迪瓦、克罗地亚、古巴、塞浦路斯、捷克共和国、丹麦、吉布提、多米尼克、多米尼加共和国、厄瓜多尔、萨尔瓦多、赤道几内亚、厄立特里亚、爱沙尼亚、埃塞俄比亚、斐济、芬兰、法国、加蓬、冈比亚、格鲁吉亚、德国、加纳、希腊、格林纳达、危地马拉、几内亚、几内亚比绍、圭亚那、海地、梵蒂冈、洪都拉斯、匈牙利、冰岛、印度、印度尼西亚、伊朗、爱尔兰、意大利、牙买加、日本、约旦、哈萨克斯坦、肯尼亚、基里巴斯、韩国、科威特、吉尔吉斯斯坦、老挝、拉脱维亚、黎巴嫩、莱索托、利比里亚、利比亚、列支敦士登、立陶宛、卢森堡、前南斯拉夫马其顿共和国、马达加斯加、马拉维、马来西亚、马尔代夫、马里、马耳他、马绍尔群岛、毛里塔尼亚、毛里求斯、墨西哥、密克罗尼西亚、摩尔多瓦、摩纳哥、蒙古、黑山、摩洛哥、莫桑比克、纳米比亚、瑙鲁、尼泊尔、荷兰、新西兰、尼加拉瓜、尼日尔、尼日利亚、纽埃、挪威、阿曼、巴基斯坦、帕劳、巴拿马、巴布亚新几内亚、巴拉圭、秘鲁、菲律宾、波兰、葡萄牙、卡塔尔、罗马尼亚、俄罗斯、卢旺达、圣基茨和尼维斯、圣卢西亚、圣文森特和格林纳丁斯、萨摩亚、圣马力诺、圣多美和普林西比、沙特阿拉伯、塞内加尔、塞尔维亚、塞舌尔、塞拉利昂、新加坡、斯洛伐克、斯洛文尼亚、所罗门群岛、*索马里*、南非、西班牙、斯里兰卡、苏丹、苏里南、斯威士兰、瑞典、瑞士、*叙利亚*、塔吉克斯坦、坦桑尼亚、泰国、东帝汶、多哥、汤加、特立尼达和多巴哥、突尼斯、土耳其、土库曼斯坦、图瓦卢、乌干达、英国、乌克兰、阿拉伯联合酋长国、乌拉圭、美国、乌兹别克斯坦、瓦努阿图、委内瑞拉、越南、也门、赞比亚、津巴布韦。

**签署但未批约国（2 个）**：以色列、缅甸。

条约文本：见联合国条约汇编，网址：〈http：//treaties. un. org/Pages/CTCTreaties. aspx？ iD＝26〉。

## 全面禁止核试验条约（CTBT）

1996 年 9 月 24 日在纽约开放签署，尚未生效，由联合国秘书长保存。

条约禁止进行任何核武器试验爆炸或任何其他核爆炸，敦促各缔约国防止在自己管辖或控制的任何地方进行任何核爆炸，并避免引发、鼓励或以任何方式参与任何核武器试验爆炸或其他核爆炸。

条约将在附录所列的 44 个国家交存批准书 180 天后生效。这 44 个国家都拥有核能反应堆和/或核研究反应堆。

**条约要生效必须得到下列 44 国的批准**：阿尔及利亚、阿根廷、澳大利亚、奥地利、孟加拉国、比利时、巴西、保加利亚、加拿大、智利、中国*、哥伦比亚、刚果民主共和国、埃及*、芬兰、法国、德国、匈牙利、印度*、印度尼西亚、伊朗*、以色列*、意大利、日本、朝鲜*、韩国、墨西哥、荷兰、挪威、巴基斯坦*、秘鲁、波兰、罗马尼亚、俄罗斯、斯洛伐克、南非、西班牙、瑞典、瑞士、土耳其、英国、乌克兰、美国*、越南。

* 尚未批约的国家。

**已交存批准书的 161 个国家：**阿富汗、阿尔巴尼亚、阿尔及利亚、安道尔、安提瓜和巴布达、阿根廷、亚美尼亚、澳大利亚、奥地利、阿塞拜疆、巴林、孟加拉国、巴巴多斯、白俄罗斯、比利时、伯利兹、贝宁、玻利维亚、波黑、博茨瓦纳、巴西、*文莱*、保加利亚、布基纳法索、布隆迪、柬埔寨、喀麦隆、加拿大、佛得角、中非共和国、*乍得*、智利、哥伦比亚、刚果民主共和国、库克群岛、哥斯达黎加、科特迪瓦、克罗地亚、塞浦路斯、捷克共和国、丹麦、吉布提、多米尼加共和国、厄瓜多尔、萨尔瓦多、厄立特里亚、爱沙尼亚、埃塞俄比亚、斐济、芬兰、法国、加蓬、格鲁吉亚、德国、加纳、希腊、格林纳达、危地马拉、几内亚、*几内亚比绍*、圭亚那、海地、梵蒂冈、洪都拉斯、匈牙利、冰岛、印度尼西亚、*伊拉克*、爱尔兰、意大利、牙买加、日本、约旦、哈萨克斯坦、肯尼亚、基里巴斯、韩国、科威特、吉尔吉斯斯坦、老挝、拉脱维亚、黎巴嫩、莱索托、利比里亚、利比亚、列支敦士登、立陶宛、卢森堡、前南斯拉夫马其顿共和国、马达加斯加、马拉维、马来西亚、马尔代夫、马里、马耳他、马绍尔群岛、毛里塔尼亚、墨西哥、密克罗尼西亚、摩尔多瓦、摩纳哥、蒙古、黑山、摩洛哥、莫桑比克、纳米比亚、瑙鲁、荷兰、新西兰、尼加拉瓜、尼日尔、尼日利亚、挪威、阿曼、帕劳、巴拿马、巴拉圭、秘鲁、菲律宾、波兰、葡萄牙、卡塔尔、罗马尼亚、俄罗斯、卢旺达、圣基茨和尼维斯、圣卢西亚、圣文森特和格林纳丁斯、萨摩亚群岛、圣马力诺、塞内加尔、塞尔维亚、塞舌尔、塞拉利昂、新加坡、斯洛伐克、斯洛文尼亚、南非、西班牙、苏丹、苏里南、瑞典、瑞士、塔吉克斯坦、坦桑尼亚、多哥、特立尼达和多巴哥、突尼斯、土耳其、土库曼斯坦、乌干达、英国、乌克兰、阿拉伯联合酋长国、乌拉圭、乌兹别克斯坦、瓦努阿图、委内瑞拉、越南、赞比亚。

**注：**截至 2014 年 1 月 1 日共有 161 个国家交存批准书。2014 年 3 月 4 日纽埃交存了批准书。

**签署但未批约国（21 个）：**安哥拉、中国、科摩罗、刚果共和国、埃及、赤道几内亚、冈比亚、伊朗、以色列、缅甸、尼泊尔、巴布亚新几内亚、圣多美和普林西比、所罗门群岛、斯里兰卡、斯威士兰、泰国、东帝汶、美国、也门、津巴布韦。

条约文本：见联合国条约汇编，网址：〈http：//treaties. un. org/Pages/CTCTreaties. aspx？ iD =26〉。

## 禁止使用、储存、生产和转让杀伤人员地雷及销毁此种地雷的公约（禁雷公约，APM）

1997 年 12 月 3—4 日在渥太华、1997 年 12 月 5 日在纽约开放签署，1999 年 3 月 1 日生效，由联合国秘书长保存。

公约禁用杀伤人员地雷（APMs），系指有人出现、接近或接触而爆炸并使一人或多人致残、致伤和致死的地雷。

每个缔约国承诺尽快并不晚于公约生效 4 年内销毁其储存的所有杀伤人员地雷。各缔约国还承诺在公约生效 10 年之内销毁部署在其管辖或控制的雷区内的杀伤人员地雷。

**缔约国（161 个）**：阿富汗、阿尔巴尼亚、阿尔及利亚、安道尔、安哥拉、安提瓜和巴布达、阿根廷*、澳大利亚*、奥地利*、巴哈马、孟加拉国、巴巴多斯、白俄罗斯、比利时、伯利兹、贝宁、不丹、玻利维亚、波黑、博茨瓦纳、巴西、文莱、保加利亚、布基纳法索、布隆迪、柬埔寨、喀麦隆、加拿大*、佛得角、中非共和国、乍得、智利*、哥伦比亚、科摩罗、刚果民主共和国、刚果共和国、库克群岛、哥斯达黎加、科特迪瓦、克罗地亚、塞浦路斯、捷克共和国*、丹麦、吉布提、多米尼克、多米尼加共和国、厄瓜多尔、萨尔瓦多、赤道几内亚、厄立特里亚、爱沙尼亚、埃塞俄比亚、斐济、芬兰、法国、加蓬、冈比亚、德国、加纳、希腊*、格林纳达、危地马拉、几内亚、几内亚比绍、圭亚那、海地、梵蒂冈、洪都拉斯、匈牙利、冰岛、印度尼西亚、伊拉克、爱尔兰、意大利、牙买加、日本、约旦、肯尼亚、基里巴斯、科威特、拉脱维亚、莱索托、利比里亚、列支敦士敦、立陶宛*、卢森堡、前南马其顿共和国、马达加斯加、马拉维、马来西亚、马尔代夫、马里、马耳他、毛里塔尼亚、毛里求斯*、墨西哥、摩尔多瓦、摩纳哥、黑山*、莫桑比克、纳米比亚、瑙鲁、荷兰、新西兰、尼加拉瓜、尼日尔、尼日利亚、纽埃、挪威、帕劳、巴拿马、巴布亚新几内亚、巴拉圭、秘鲁、菲律宾、波兰、葡萄牙、卡塔尔、罗马尼亚、卢旺达、圣基茨和尼维斯、圣卢西亚、圣文森特和格林纳丁斯、西萨摩亚、圣马力诺、圣多美和普林西比、塞内加尔、塞尔维亚*、塞舌尔、塞拉利昂、斯洛伐克、斯洛文尼亚、所罗门群岛、索马里、南非*、南苏丹、西班牙、苏丹、苏里南、斯威士兰、瑞典*、瑞士*、塔吉克斯坦、坦桑尼亚、泰国、东帝汶、多哥、特立尼达和多巴哥、突尼斯、土耳其、土库曼斯坦、图瓦卢、乌干达、英国*、乌克兰、乌拉圭、瓦努阿图、委内瑞拉、也门、赞比亚、津巴布韦。

*批准、加入或继承时有所保留和/或发表声明。

**签署但未批约国（1个）：**马绍尔群岛。

公约文本：见联合国条约汇编，网址：〈http://treaties.un.org/Pages/CTCTreaties.aspx?id=26〉。

## 集束弹药公约

2008年5月30日在都柏林通过，2008年12月3日在奥斯陆开放供签署，2010年8月1日生效。由联合国秘书长保存。

公约旨在禁止使用、制造、转让和储存对平民造成不可接受伤害的集束弹药；建立一个合作和援助框架来帮助受害人康复，清除受污染区域，进行降险教育和销毁所有库存集束弹。公约不适用于地雷。

**缔约国（84个）：**阿富汗、阿尔巴尼亚、*安道尔*、安提瓜和巴布达、澳大利亚、奥地利、比利时*、*玻利维亚*、波黑、博茨瓦纳、保加利亚、布基纳法索、布隆迪、佛得角、喀麦隆、*乍得*、智利、科摩罗、库克群岛、哥斯达黎加、科特迪瓦、克罗地亚、捷克共和国、丹麦、多米尼加共和国、厄瓜多尔、萨尔瓦多*、斐济、法国、德国、加纳、格林纳达、危地马拉、几内亚比绍、梵蒂冈*、洪都拉斯、匈牙利、*伊拉克*、爱尔兰、意大利、日本、老挝、黎巴嫩、莱索托、*列支敦士登*、立陶宛、卢森堡、前南斯拉夫马其顿共和国、马拉维、马里、马耳他、毛里塔尼亚、墨西哥、摩尔多瓦、摩纳哥、黑山、莫桑比克、*瑙鲁*、荷兰、新西兰、尼加拉瓜、尼日尔、挪威、巴拿马、秘鲁、葡萄牙、萨摩亚、*圣基茨和尼维斯*、圣文森特和格林纳丁斯、圣马力诺、塞内加尔、塞舌尔、塞拉利昂、斯洛文尼亚、西班牙、斯威士兰、瑞典、瑞士、多哥、特立尼达和多巴哥、突尼斯、英国、乌拉圭、赞比亚。

*批准、加入或继承时有所保留和/或发表声明。

**签署但未批约国家（29 个）：**安哥拉、贝宁、加拿大、中非共和国、哥伦比亚、刚果民主共和国、刚果共和国、塞浦路斯、吉布提、冈比亚、几内亚、海地、冰岛、印度尼西亚、牙买加、肯尼亚、利比里亚、马达加斯加、纳米比亚、尼日利亚、帕劳、巴拉圭、菲律宾、卢旺达、圣多美和普林西比、索马里、南非、坦桑尼亚、乌干达。

**公约文本：**见联合国条约汇编，网址：〈http：//treaties. un. org/Pages/CTCTreaties. aspx？ id =26〉。

## 武器贸易条约（ATT 条约）

**2013 年 4 月 2 日在纽约通过，2013 年 6 月 3 日在纽约开放供签署，由联合国秘书长保存。截至 2004 年 1 月 1 日尚未生效。**

条约的宗旨是建立尽可能高的通用国际标准来监管常规武器国际贸易；预防和消除常规武器的非法贸易以及预防武器转移。条约禁止缔约国批准为实施种族灭绝、反人类罪和战争罪等用途的武器转让。条约要求出口国评估每一批计划出口的武器破坏和平与安全，或被用来犯下严重违反国际人道主义法和国际人权法的潜在风险。条约要求每个缔约国每年提交关于授权或实际出口和进口常规武器的年度报告。条约将在第 50 个国家交存批准文书、加入或同意交存后 90 天生效。

**交存批准书的国家（9 个）：***安地瓜和巴布达、哥斯达黎加、格林纳达、圭亚那、冰岛、马里、墨西哥、尼日利亚、特立尼达和多巴哥。*

**注：**2013 年有 9 个国家交存了批准书。此外，2014 年 2 月 11 日巴拿马，2 月 12 日挪威，3 月 6 日马其顿，3 月 19 日阿尔巴尼亚，4 月 2 日保加利亚、克罗地亚、丹麦、萨尔瓦多、爱沙尼亚、芬兰、法国、德国、匈牙利、爱尔兰、意大利、拉脱维亚、马耳他、罗马尼亚、斯洛伐克、斯洛文尼亚、西班牙和英国，5 月 9 日日本，6 月 3 日澳大利亚、奥地利、比利时、布基纳法索、牙买加、卢森堡、萨摩亚、圣文森特和格林纳丁斯，6 月 16 日瑞典相继交存批准书。

**签署但未批约国（106 个）：***阿尔巴尼亚、安哥拉、阿根廷、澳大利亚、奥地利、巴哈马、巴林、孟加拉、巴巴多斯、比利时、伯利*

*兹、贝宁、波黑、巴西、保加利亚、布基纳法索、布隆迪、佛得角、柬埔寨、乍得、智利、哥伦比亚、科摩罗、刚果共和国、科特迪瓦、克罗地亚、塞浦路斯、捷克共和国、丹麦、吉布提、多米尼克、多米尼加共和国、萨尔瓦多、爱沙尼亚、芬兰、法国、加蓬、德国、加纳、希腊、危地马拉、几内亚、几内亚比绍、洪都拉斯、匈牙利、爱尔兰、意大利、牙买加、日本、基里巴斯、拉脱维亚、莱索托、利比里亚、利比亚、列支敦士登、立陶宛、卢森堡、韩国、马其顿、马达加斯加、马来西亚、马耳他、毛里塔尼亚、摩尔多瓦、蒙古、黑山、莫桑比克、瑙鲁、荷兰、新西兰、挪威、帕劳、巴拿马、巴拉圭、秘鲁、菲律宾、波兰、葡萄牙、罗马尼亚、卢旺达、萨摩亚、塞内加尔、塞尔维亚、塞舌尔、塞拉利昂、斯洛伐克、斯洛文尼亚、南非、西班牙、圣基茨和尼维斯、圣卢西亚、圣文森特和格林纳丁斯、苏里南、斯威士兰、瑞典、瑞士、坦桑尼亚、多哥、土耳其、图瓦卢、英国、阿拉伯联合酋长国、乌拉圭、美国、瓦努阿图、赞比亚。*

**注：**2013 年有 106 个国家签署了条约。此外，2014 年 1 月 9 日马拉维，3 月 21 日海地，3 月 24 日尼日尔相继签署了条约。

**公约文本：**见联合国条约汇编，网址：〈http：//treaties. un. org/Pages/CTCTreaties. aspx？ id = 26〉。

# 第二部分　区域性条约

## 拉丁美洲和加勒比地区禁止核武器条约（特拉特洛尔科条约）

原始条约于 1967 年 2 月 14 日在墨西哥联邦区开放签署，1968 年 4 月 22 日生效。1990 年、1991 年和 1992 年三次修改，由墨西哥政府保存。

条约禁止拉丁美洲和加勒比海国家通过任何方式试验、使用、制造、生产或获得，以及接受、储存、安置、部署或以任何形式拥有核武器。

缔约国应与国际原子能机构就其核活动签订保障监督协定。国际原子能机构享有进行特别视察的专有权。

条约向条约规定的拉丁美洲和加勒比地区的所有独立国家开放签署。

根据附加议定书I，在本地区拥有领土的国家（法国、荷兰、英国和美国）承诺使这些领土适用军事非核武化法规。

根据附加议定书II，公认的有核国家［中国、法国、俄罗斯(签署时为苏联)、英国和美国］承诺尊重拉丁美洲和加勒比海地区的军事非核武化法规，不从事违反条约的行为，也不对缔约国使用或威胁使用核武器。

**原始条约的缔约国（33个）：**安提瓜和巴布达、阿根廷[1]、巴哈马、巴巴多斯[1]、伯利兹[2]、玻利维亚、巴西[1]、智利[1]、哥伦比亚[1]、哥斯达黎加[1]、古巴[1]、多米尼克、多米尼加共和国[3]、厄瓜多尔[1]、萨尔瓦多[1]、格林纳达[4]、危地马拉[1]、圭亚那[1]、海地、洪都拉斯、牙买加[1]、墨西哥[1]、尼加拉瓜[3]、巴拿马[1]、巴拉圭[1]、秘鲁[1]、圣基茨和尼维斯、圣卢西亚、圣文森特和格林纳丁斯、苏里南[1]、特立尼达和多巴哥、乌拉圭[1]、委内瑞拉[1]。

[1]批准了1990年、1991年和1992年修改条约的国家。

[2]仅批准了1990年和1992年修改条约的国家。

[3]仅批准了1992年修改条约的国家。

[4]仅批准了1990年修改条约的国家。

**附加议定书I签署国（4个）：**法国*、荷兰、英国*、美国*。

**附加议定书II签署国（5个）：**中国*、法国*、俄罗斯*、英国*、美国*。

*批准、加入或继承时有所保留和/或发表声明。

原始条约文本：见联合国《条约集》第634卷（1968年）。

修改条约文本：见拉丁美洲和加勒比地区禁止核武器机构网站：〈http://www.poanal.org/opanal/Tlatelolco/P-Tlatelolco-i.htm〉。

## 南太平洋无核区条约（拉罗汤加条约）

1985年8月6日在库克群岛的拉罗汤加岛开放签署，1986年12月11日生效，由太平洋岛国论坛秘书处保存。

条约禁止缔约国在附录所述区域内外的任何地方制造或以其他方式获得任何核爆炸装置，或拥有或控制这类装置。缔约国还作出以下承诺：只有在符合国际原子能机构保障监督措施的前提下才提供核原料或设备；防止在其领土上安置或试验任何核爆炸装置；以及不向区域内的任何海域倾倒并防止倾倒放射性废料或其他放射性物质。每个缔约国保有允许外国船只或飞机停靠或过境的自由。

条约开放供太平洋岛国论坛的成员国签署。

**根据议定书Ⅰ**，法国、英国和美国承诺遵守条约关于禁止在位于区域内的三国负有国际责任的领土上生产、安置和试验核爆炸装置的规定。

**根据议定书Ⅱ**，中国、法国、俄罗斯、英国和美国承诺不对条约缔约国或议定书1的缔约国负有国际责任的、位于区域内的领土使用或威胁使用核爆炸装置。

**根据议定书Ⅲ**，中国、法国、英国、美国和俄罗斯保证不在区域内的任何地方试验任何核爆炸装置。

**缔约国（13个）**：澳大利亚、库克群岛、斐济、基里巴斯、瑙鲁、新西兰、纽埃、巴布亚新几内亚、萨摩亚、所罗门群岛、汤加、图瓦卢、瓦努阿图。

**议定书Ⅰ的缔约国（2个）**：法国、英国；签署但未批准国（1个）：美国。

**议定书Ⅱ的缔约国（4个）**：中国、法国*、俄罗斯、英国*；签署但未批准国（1个）：美国。

**议定书Ⅲ的缔约国（4个）**：中国、法国、俄罗斯、英国；签署但未批准国（1个）：美国。

*批准、加入或继承时有所保留和/或发表声明。

条约文本：见联合国《条约集》第1445卷（1987年）。

## 欧洲常规武装力量条约（欧常裁条约，CFE）

原始条约于1990年11月19日在巴黎签署，1992年11月9日生效，由荷兰政府保存。

条约为从大西洋到乌拉尔山脉区域（大西洋至乌拉尔区，ATTU区）五个种类的受条约限制的军备（作战坦克、装甲战斗车、口径不小于100mm的火炮、作战飞机和攻击直升机）规定了数量上限。

条约由华约（WTO）和北约成员国在欧洲安全与合作会议（从

1995 年起更名为欧洲安全与合作组织，OSCE）的框架内谈判达成协议并签署。

1992 年《塔什干协议》由领土位于 ATTU 区域内的各苏联共和国（爱沙尼亚、拉脱维亚和立陶宛除外）签署。1992 年签署的《奥斯陆文件》（CFE 条约缔约国非常会议最后文件）对条约作了修正，原因是苏联解体后出现了许多新国家。

**缔约国（30 个）**：亚美尼亚、阿塞拜疆、白俄罗斯、比利时[2]、保加利亚[2]、加拿大[2]、捷克共和国[2]、丹麦[2]、法国、格鲁吉亚、德国[2]、希腊、匈牙利[2]、冰岛[2]、意大利[2]、哈萨克斯坦、卢森堡[2]、摩尔多瓦[2]、荷兰[2]、挪威、波兰、葡萄牙[2]、罗马尼亚、俄罗斯[1]、斯洛伐克[2]、西班牙、土耳其[2]、英国[2]、乌克兰、美国[2]。

[1]2007 年 7 月 14 日，俄罗斯宣布有意暂停执行《欧洲常规武装力量条约》及相关的协定，并于 2007 年 12 月 12 日生效。

[2]2011 年 11—12 月，这些国家通知保存方，他们将停止履行条约规定下针对俄罗斯的义务。

1996 年召开的 CFE 条约首次审议会议，通过了《侧翼文件》。该文件从地理方面和数量上重新规划了侧翼区域，允许俄罗斯和乌克兰沿各自的边界少受约束情况下，部署更多受条约限制的军备。

原始（1990 年）条约文本：见欧洲安全与合作组织网站：〈http：//www. osce. org/library/14087〉。

加固条约（1993 年）文本：见荷兰外交部网站：〈http：//www. minbuza. nl/en/treaties/004285〉。

侧翼文件文本：见欧洲安全与合作组织网站：〈http：//www. osce. org/library/14099〉，附件 A。

## 关于欧洲常规武装力量员额谈判的结束文件（CFE－1A 协定）

1992 年 7 月 10 日在赫尔辛基由 CFE 条约缔约国签署，与 CFE 条约同时生效，由荷兰政府保存。

该协定具有政治约束力，规定了缔约国在 ATTU 区域内常规陆基武装部队的兵力最高限额。

协定文本：见欧洲安全与合作组织网站：〈http：//www.osce.org/library/14093〉。

## 欧洲常规武装力量条约修改协定

1999 年 11 月 19 日由欧洲常规武装力量条约的缔约国签署，尚未生效。由荷兰政府保存。

协定以区域军力平衡代替了 CFE 条约的集团对集团的军力平衡，在条约限制的军备问题上，建立了一个新的限额结构和新的军事灵活机制以及侧翼次限额，并提高了透明度。协定将 CEF 条约机制对所有欧洲国家开放。所有签约国都批准后，协定正式生效。1999 年的《最后文件》及其附件含有关于格鲁吉亚、摩尔多瓦和中欧地区有政治约束力的各项安排和从外国撤军的内容。

**修改协定批准书交存国（3 个）：** 白俄罗斯、哈萨克斯坦、俄罗斯*[1]

* 批准时有所保留和/或发表声明。

[1]2007 年 7 月 14 日，俄罗斯宣布有意暂停执行《欧洲常规武装力量条约》及相关的协定，并于 2007 年 12 月 12 日生效。

**注：** 乌克兰批准了 1999 年的修改协定，但尚未将批准书递交给保存国。

协定文本：见欧洲安全与合作组织网站：〈http：//www.osce.org/library/14108〉。

1999 年协定后条约修订文本：见《SIPRI 年鉴 2000》，第 627—642 页。

最后文件文本：见欧洲安全与合作组织网站：〈http：//www.osce.org/library/14114〉。

## 开放天空条约

1992 年 3 月 24 日在赫尔辛基开放签署，2002 年 1 月 1 日生效，由加拿大和匈牙利政府保存。

条约要求缔约国允许临时通知的、非武装的观察飞行穿越其领空。条约适用范围从加拿大的温哥华向东至俄罗斯的符拉迪沃斯托克。

条约由华约组织（WTO）和北约组织（NATO）的成员国谈判达成。条约供北约成员国和前华约成员国、苏联解体后成立的国家签署（爱沙尼亚、拉脱维亚、立陶宛除外）。条约生效6个月后，欧洲安全和合作组织的任何其他国家都可以申请加入该条约。从2002年7月1日起，任何国家都可以加入该条约。

**缔约国（34个）：** 白俄罗斯、比利时、波黑、保加利亚、加拿大、克罗地亚、捷克共和国、丹麦、爱沙尼亚、芬兰、法国、格鲁吉亚、德国、希腊、匈牙利、冰岛、意大利、拉脱维亚、立陶宛、卢森堡、荷兰、挪威、波兰、葡萄牙、罗马尼亚、俄罗斯、斯洛伐克、斯洛文尼亚、西班牙、瑞典、土耳其、英国、乌克兰、美国。

签署但未批约国（1个）：吉尔吉斯斯坦。

条约文本：见加拿大条约信息网站：〈http://www.treaty-accord.gc.ca/text-texte.asp?id=102747〉。

## 东南亚无核武器区条约（曼谷条约）

1995年12月15日在曼谷签署，1997年3月27日生效，由泰国政府保存。

条约禁止在本区域内外发展、制造、获得或试验核武器，并禁止在区域内或经过区域安置或运输核武器。每个缔约国自行决定是否允许外国船只和飞机停靠或过境。缔约国保证不向区域内的海域倾倒或向区域内的大气层排放任何放射性物质或废料，或在区域内陆地上抛置放射性物质。缔约国应与国际原子能机构达成协议，以为其和平利用核活动提供全面保障监督。

本区域不仅包括缔约国的领土，还包括其大陆架和专属经济区。

条约对所有东南亚国家开放签署。

根据条约一项议定书的规定，中国、法国、俄罗斯、英国和美国将承诺不对任何缔约国使用或威胁使用核武器。五国应进一步承诺不在东南亚无核区内使用核武器。议定书将在各缔约国交存批准书之时起生效。

**缔约国（10个）：** 文莱、柬埔寨、印度尼西亚、老挝、马来西亚、缅甸、菲律宾、新加坡、泰国、越南。

议定书：无签署国，无缔约国。

条约和议定书文本：见东南亚国家联盟秘书处网站，网址：〈http：//www. asean. org/news/item/treaty-on-the-southeast-asia-nuclear-weapon-free-zone〉。

## 非洲无核武器区条约（佩林达巴条约）

1996 年 4 月 11 日在开罗签署，2009 年 7 月 15 日生效，由非洲联盟秘书长保存。

条约禁止研究、发展、生产、获得、试验或安置核爆炸装置。每个缔约国有权允许外国船只和飞机停靠和过境的自由。条约还禁止对核设施的任何攻击。缔约国承诺不在区域内的任何地方倾倒或允许倾倒放射性废料和其他放射性物质。缔约国应同国际原子能机构（IAEA）就为和平利用核活动提供全面保障监督达成协议。

非洲无核区指非洲大陆、非洲联盟（AU）岛屿成员国和非洲联盟认为属于非洲的所有岛屿。

该条约向所有非洲国家开放签署。

**根据议定书 I**，中国、法国、俄罗斯、英国和美国应承诺不对缔约国使用或威胁使用核爆炸装置。

**根据议定书 II**，中国、法国、俄罗斯、英国和美国应承诺不在区域内任何地方试验核爆炸装置。

**根据议定书 III**，对区域内领土负有国际责任的国家应承诺执行条约中有关这些领土的规定。本议定书向法国和西班牙开放签署。

对已提交批准书的议定书签署国，议定书将与条约同时生效。

**缔约国（38 个）**：阿尔及利亚、贝宁、博茨瓦纳、布基纳法索、布隆迪、喀麦隆、*刚果共和国*、乍得、科摩罗、科特迪瓦、赤道几内亚、埃塞俄比亚、加蓬、冈比亚、加纳、几内亚、几内亚比绍、肯尼亚、莱索托、利比亚、马达加斯加、马拉维、马里、毛里塔尼亚、毛里求斯、莫桑比克、纳米比亚、尼日利亚、卢旺达、*阿拉伯撒哈拉民主共和国（西撒哈拉）*、塞内加尔、南非、斯威士兰、坦桑尼亚、多哥、突尼斯、赞比亚、津巴布韦。

**签署但未批约国（16 个）**：安哥拉、佛得角、中非共和国、刚果民主共和国、吉布提、埃及、厄立特里亚、利比里亚、摩洛哥、尼日尔、圣多美和普林西比、塞舌尔、塞拉利昂、索马里、苏丹、乌干达。

**议定书 I 批准国（4 个）：** 中国、法国*、俄罗斯*、英国*；签署但未批准国（1 个）：美国*。

**议定书 II 批准国（4 个）：** 中国、法国、俄罗斯*、英国*；签署但未批准国（1 个）：美国*。

**议定书 III 批准国（1 个）：** 法国。

* 批准、加入或继承时有所保留和/或发表声明。

条约文本：见非洲联盟网站，网址：〈http://au.int/en/treaties〉。

## 次区域军控协定（佛罗伦萨协定）

1996 年 6 月 14 日在佛罗伦萨签署并生效。

达成协定的谈判是根据 1995 年《波黑和平总框架协定》（《代顿协定》）附件 1－B 第四款在欧安组织（OSCE）主持下进行的。该协定为以下前交战国的军备数量规定了上限，所涉武器包括以下 5 个种类的重型常规武器：作战坦克、装甲战斗车、重型火炮（75 毫米及 75 毫米以上口径）、作战飞机和攻击直升机。截至 1997 年 10 月 31 日，已按照协定限额完成削减。到此日为止，共有 6580 件武器，或 1996 年 6 月前拥有武器量的 46%，已经被销毁。截至 2010 年 1 月 1 日，另有 2650 件武器已自愿销毁。

欧洲安全与合作组织轮值主席的私人代表、联络小组（法国、德国、意大利、俄罗斯、英国和美国）监督和帮助协定执行，履约行为也得到欧安组织其他国家的支持。根据 2009 年 11 月达成的两个阶段行动计划，履约的职责将在 2014 年底被移交到缔约国。

**缔约国（4 个）：** 波黑、克罗地亚、黑山、塞尔维亚。

协定文本：见欧洲安全与合作组织波黑特派团网站，网址：〈http://www.oscebih.org/Download.aspx?id=100〉。

## 美洲国家间关于反对非法生产和走私火器、弹药、爆炸物和其他相关材料公约（CIFTA）

1997 年 11 月 13 日在华盛顿通过，1997 年 11 月 14 日在华盛顿开放签署。1998 年 7 月 1 日公约生效，由美洲国家组织总秘书处保存。

公约的宗旨是：预防、反对和彻底制止非法生产、走私火器、弹药、爆炸物和其他相关材料；推动和促进缔约国之间的合作、信息和经验交流。

**缔约国（31 个）：** 安提瓜和巴布达、阿根廷*、巴哈马、巴巴多斯、伯利兹、玻利维亚、巴西、智利、哥伦比亚、哥斯达黎加、多米尼克、多米尼加共和国、厄瓜多尔、萨尔瓦多、格林纳达、危地马拉、圭亚那、海地、洪都拉斯、墨西哥、尼加拉瓜、巴拿马、巴拉圭、秘鲁、圣基茨和尼维斯、圣卢西亚、圣文森特和格林纳丁斯、苏里南、特立尼达和多巴哥、乌拉圭、委内瑞拉。

*批准、加入或继承时有所保留。

**签署但未批约国（3 个）：** 加拿大、牙买加、美国。

公约文本：见美洲国家组织网站，网址：〈http：//www. oas. org/juridico/english/treaties/a－63. html〉。

## 美洲国家间关于获取常规武器透明度公约

1999 年 6 月 7 日在危地马拉城通过，2002 年 11 月 21 日生效，由美洲国家组织总秘书处保存。

公约的宗旨是：为了促进美洲国家间的相互信任，通过交换关于获取常规武器的信息，有助于提高本地区在获取这类武器方面的公开性和透明度。

**缔约国（16）：** 阿根廷、巴巴多斯、巴西、加拿大、智利、*哥斯达黎加*、多米尼加共和国、厄瓜多尔、萨尔瓦多、危地马拉、*墨西哥*、尼加拉瓜、巴拉圭、秘鲁、乌拉圭、委内瑞拉。

**签署但未批约国（6 个）：** 玻利维亚、哥伦比亚、多米尼克、海地、洪都拉斯、美国。

公约文本：见美洲国家组织网站，网址：〈http：//www. oas. org/juridico/english/treaties/a－64. html〉。

## 南部非洲发展共同体（SADC）内关于管制火器、弹药和相关材料的议定书

2001 年 8 月 14 日在布兰太尔签署，2004 年 11 月 8 日生效。由

南部非洲发展共同体执行秘书处保存。

议定书的目标是在南部非洲发展共同体区域内防止、打击和根除火器、弹药和相关材料的非法生产，以及防止火器、弹药和相关材料过分地、不稳定地积累及非法交易、持有和使用。

**截至 2012 年 8 月的缔约国（9 个）**：博茨瓦纳、莱索托、马拉维、毛里求斯、莫桑比克、纳米比亚、南非、坦桑尼亚、赞比亚。

**签署但未批约的国家（2* 个）**：刚果民主共和国、塞舌尔**、斯威士兰***、津巴布韦***。

*两个南部非洲发展共同体国家——安哥拉和马达加斯加没有签署也没有批准议定书。

**2001 年塞舌尔签署了议定书，但直到其于 2004 年退出南部非洲发展共同体前也没有批约。2008 年它再次加入共同体。

***2006 年据报道斯威士兰和津巴布韦批准了议定书，但未交存批准文件。

议定书文本：见南部非洲发展共同体网址：〈http://www. sadc. int/documents-publications/show/796〉。

## 大湖区和非洲之角关于防止、管控和减少轻小武器的内罗毕议定书

2004 年 4 月 21 日在内罗毕签署，2006 年 5 月 5 日生效。由大湖区、非洲之角和接壤地区国家的小武器地区中心（RECSA）保存。

议定书目标是防止、打击和根除小武器和轻武器在次地区的非法生产、交易、拥有和使用。

**缔约国（9 个）**：布隆迪、刚果民主共和国、吉布提、厄立特里亚、埃塞俄比亚、肯尼亚、卢旺达、苏丹、乌干达。

**签署但未批约国（6 个）**：中非共和国、刚果共和国、塞舌尔、索马里、南苏丹、坦桑尼亚。

议定书文本：见大湖区、非洲之角和接壤地区国家小武器中心网站：〈http://www. recsasec. org/publications/Nairobi_ Protocal. pdf〉。

## 西非国家经济共同体关于小武器、轻武器及其弹药和相关材料公约

2006 年 6 月 14 日在阿布贾由西非国家经济共同体（ECOWAS）成员国通过。2009 年 9 月 29 日生效，由西非国家经济共同体委员会主席保存。

公约要求缔约国在西非国家经济共同体范围内防止和打击小武器和轻武器过量和失衡的积聚。公约从第九个批约书递交时开始生效。

**缔约国（11 个）：** 贝宁、布基纳法索、佛得角、加纳、利比里亚、马里、尼日尔、尼日利亚、塞内加尔、塞拉利昂、多哥。

**签约但未批约的国家（4 个）：** 科特迪瓦、冈比亚、几内亚、几内亚比绍。

公约文本：见联合国行动实施支撑系统项目，网址：〈http：//documentation. ecowas. int/legal-documents/protocols〉。

## 中亚无核武器区条约（塞米巴拉金斯克条约）

2006 年 9 月 8 日在塞米巴拉金斯克市签署，2009 年 3 月 21 日生效。由吉尔吉斯斯坦政府保存。

条约要求缔约国不再研究、发展、制造、储存或通过任何其他方式获得、拥有或控制任何核武器或核爆炸装置。

根据一项议定书的规定，中国、法国、俄罗斯、英国和美国承诺将不对任何缔约国使用或威胁使用核爆炸装置。议定书将在每个缔约国交存批准书之时起生效。

**缔约国（5 个）：** 哈萨克斯坦、吉尔吉斯斯坦、塔吉克斯坦、土库曼斯坦、乌兹别克斯坦。

**议定书：** 无签署国，无缔约国。

**注：** 2014 年 5 月 6 日，中国、法国、俄罗斯、英国和美国签署了议定书。

条约文本：见联合国裁军事务办公室，多边军备法规和裁军协定状况，网址〈http：//disarmament. un. org/treaties/t/canwfz/text〉。

## 中部非洲关于控制小武器和轻武器及其弹药以及所有能用于制造、修理和装配的零部件的公约（金沙萨公约）

2010 年 4 月 30 日在金沙萨通过，2010 年 11 月 19 日在布拉柴维尔开放签署，尚未生效，由联合国秘书长保存。

公约的目标是要在中部非洲（范围定义为中非经济共同体的十个成员国加卢旺达）防止、打击和根除小武器和轻武器（SALW，轻小武器）的非法贸易和走私，加强控制本地区轻小武器的制造、买卖、转让和使用，打击本地区由轻小武器引起的武装暴力活动，减轻人道主义苦难，以及促进缔约国之间的合作与信任。公约将在第六个国家的批准书提交保存之日的 30 天后生效。

**提交批约书的国家（4 个）：**中非共和国、乍得、刚果共和国、加蓬。

**签约但未批约国家（7 个）：**安哥拉、布隆迪、喀麦隆、刚果民主共和国、赤道几内亚、卢旺达、圣多美和普林西比。

条约文本：见联合国条约汇编，网址：〈http://treaties.un.org/Pages/CTCTreaties.aspx?id=26〉。

## 2011 年关于建立信任与安全措施的维也纳文件

2011 年 11 月 30 日在维也纳由欧洲安全与合作组织成员国通过，2011 年 12 月 1 日生效。

2011 年维也纳文件是在欧洲建立信任与安全措施（CSBMs）和裁军的 1986 年斯德哥尔摩文件，以及之前的三个维也纳文件（1990 年、1992 年和 1994 年）的基础上制定的。1990 年维也纳文件要求缔约国通报军事情报、军费预算、减少危险程序、建立直接通信网，并且每年举行一次会议评估信任与安全措施的执行情况。1992 年维也纳文件和 1994 年维也纳文件扩大了范围，对军事活动、防务计划和军事交流制定了新的机制和参数。1999 年维也纳文件提出了一些区域性措施，旨在双边、多边和地区层面上增加透明度和信任，并特别就约束措施提出了一些改进意见。

2011 年维也纳文件包含对核查活动时间和新型武器及装备系统展示等事宜的修订，建立了每五年更新维也纳文件的制度。

文件文本：见欧洲安全与合作组织网站：〈http://

www. osce. org/fsc/86597〉。

# 第三部分 双边条约

## 美苏关于限制反弹道导弹系统条约（反导条约，ABM）

美国和苏联于 1972 年 5 月 26 日在莫斯科签署，1972 年 10 月 3 日生效。2002 年 6 月 13 日失效。

缔约方——俄罗斯和美国——保证不建立全国性反弹道导弹防御系统，限制发展和部署得到允许的战略导弹防御系统。条约禁止为防空导弹、雷达和发射架提供反战略弹道导弹的技术能力，并禁止以战略反弹道导弹（ABM）模式对其进行试验。

1974 年签署的 ABM 条约议定书从数量上进一步限制了得到允许的弹道导弹防御系统。

1997 年白俄罗斯、哈萨克斯坦、俄罗斯、乌克兰和美国签署了一份谅解备忘录，指定白俄罗斯、哈萨克斯坦和乌克兰与俄罗斯一样作为苏联的继承者，成为条约的缔约国，并签署了一组协商一致的声明，明确区别条约不允许的战略导弹防御系统和条约允许的非战略或战区导弹防御系统的技术参数。2000 年 4 月俄罗斯批准了 1997 年签署的这些协定，但由于美国拒绝批准而使这些协定未能正式生效。2001 年 12 月 13 日，美国宣布退出反导条约（ABM），2002 年 6 月 13 日条约生效。

条约和议定书文本：见联合国《条约集》第 944 卷（1974 年）。

## 美苏限制地下核武器试验条约（限当量条约，TTBT）

美国和苏联于 1974 年 7 月 3 日在莫斯科签署，1990 年 12 月 11 日生效。

缔约国——俄罗斯和美国——承诺不进行任何爆炸当量超过 15 万吨的地下核试验。1990 年新的核查议定书替代了 1974 年核查议定书。

条约和议定书文本：见联合国《条约集》第 1714 卷（1993 年）。

## 和平利用地下核爆炸条约（和平核爆炸条约，PNET）

苏联和美国于1976年5月28日在莫斯科和华盛顿签署，1990年12月11日生效。

缔约国——俄罗斯和美国——承诺不进行任何用于和平目的、其爆炸当量超过15万吨的单个地下核爆炸，或任何其总当量超过15万吨的系列爆炸；不进行任何总当量超过150万吨的系列爆炸，除非其单个核爆炸根据已确立的核查程序能被识别和测量。1976年核查议定书被1990年新的议定书所取代。

条约文本：见联合国《条约集》第1714卷（1993年）。

## 销毁中短程导弹条约（中导条约，INF）

苏联和美国于1987年12月8日在华盛顿签署，1988年6月1日生效。

条约要求原始缔约国——美国和苏联——到1991年6月1日为止销毁所有的射程为500—5500公里的陆基导弹（射程1000—5500公里为中程导弹；射程500—1000公里为短程导弹）及其发射装置。到1991年5月为止，共销毁了2692枚导弹。1994年条约成员国扩大到包括白俄罗斯、哈萨克斯坦和乌克兰。1991年6月1日之后的10年内进行了现场核查以确认履约情况；2001年5月31日现场核查终止后，为收集相关数据，会继续使用侦察卫星。

条约文本：见联合国《条约集》第1657卷（1991年）。

## 美苏关于削减和限制进攻性战略武器条约（START I条约）

苏联和美国于1991年7月31日在莫斯科签署，1994年12月5日生效，2009年12月3日期满。

条约要求原始缔约国——美国和苏联——在7年内分阶段削减各自的进攻性战略核武器。条约规定了各自部署的洲际弹道导弹、潜射导弹和重型轰炸机等战略核运载工具及其携带核弹头的数量限制。在促进执行START条约的议定书（《1992年里斯本议定书》，1994年12月5日生效）中，白俄罗斯、哈萨克斯坦和乌克兰也继承了苏联承担的条约义务。

一项后续条约，即“新 START 条约”，于 2011 年 2 月 5 日生效。

条约和议定书文本：见美国国务院网站，网址：〈http：//www.state.gov/t/avc/trty/146007.htm〉。

## 美苏关于进一步削减和限制进攻性战略武器条约（START Ⅱ条约）

俄罗斯和美国于 1993 年 1 月 3 日在莫斯科签署，尚未生效。

条约要求缔约国在 2003 年 1 月 1 日以前销毁各自的多弹头分导式洲际弹道导弹，并将已部署的战略核弹头的数量，削减至不超过 3000—3500 枚（其中部署在潜射导弹上的核弹头不得超过 1750 枚）。1997 年 9 月 26 日，两国签署了该条约的议定书，将条约执行期限延长至 2007 年底。

**注：**美国参议院、俄罗斯杜马均批准该条约，但两国未交换批准文书，故条约从未生效。2002 年 6 月 13 日美国退出反导条约（ABM 条约）。作为回应，俄罗斯于 2002 年 6 月 14 日宣布不再受 START Ⅱ条约的约束。

条约和议定书文本：见美国国务院网站，网址：〈http：//www.state.gov/t/avc/trty/102887.htm〉。

## 美俄削减进攻性战略武器条约（SORT 条约、莫斯科条约）

2002 年 5 月 24 日俄罗斯和美国在莫斯科签署，2003 年 6 月 1 日生效。2011 年 2 月 5 日起不再有效。

条约要求缔约国削减各自实战部署的战略核弹头，截至 2012 年 12 月 31 日以前各自拥有的该类核弹头总数不超过 1700—2200 枚。2011 年 2 月 5 日，该条约被“新 START 条约”所取代。

条约文本：见联合国《条约集》第 2350 卷（2005 年）。

## 美俄关于进一步削减和限制进攻性战略武器条约（新 START 条约，布拉格条约）

2010 年 4 月 8 日俄罗斯和美国在布拉格签署，2011 年 2 月 5 日生效。

条约要求缔约国——俄罗斯和美国——各自将下列武器数目减至：（1）部署的洲际弹道导弹、潜射导弹和重型轰炸机不超过 700 件；（2）部署的洲际弹道导弹、潜射导弹安装的弹头数和部署的重型轰炸机携带的弹头数不超过 1550 枚；（3）部署的和非部署的洲际弹道导弹发射装置、潜射导弹发射装置和重型轰炸机不超过 800 件。截至 2018 年 2 月 5 日必须达到销减目标。一个双边顾问委员会将处理遵约和其他履约问题。条约的议定书包含了核查机制的问题。

条约承接《美苏关于削减和限制进攻性战略武器条约》（START I 条约），并取代《美俄削减进攻性战略武器条约》（SORT 条约）。除非期满之前有后续条约所取代，该条约将在 10 年内有效。

条约和议定书文本：见美国国务院网站，网址：〈http：//www.state.gov/t/avc/newstart/c44126.htm〉。

（琦　灵　译）

# 附件 B 国际安全合作机构

南尼·博德尔

本附件罗列了旨在促进安全、稳定、和平或军备控制的主要国际组织、政府间机构、履约机构和转让控制机制，所列的成员国或参加国为截至2014年1月1日的情况。这些组织机构被分成三部分：全球性机构及成员国（第一部分）、区域性的机构及成员国（第二部分）和战略贸易控制机制（第三部分）

联合国会员国和联合国系统内的组织被列在前面，其他组织依字母顺序排列在后。这些组织的成员国和参加国并非都是联合国会员国。2013年间加入或首次参加组织的国家用斜体字注明。各组织如有互联网网址，则提供于后。所提及的军备控制和裁军协议，参见本卷附件A。

## 第一部分 全球性机构及成员国

### 联合国（UN）

系世界范围的政府间组织。1945年通过《联合国宪章》，联合国宣告成立，总部设在美国纽约。它的6个主要机构分别是大会、安全理事会、经济和社会理事会、托管理事会（1994年暂停实际工作）、国际法院和秘书处。

联合国大会设有6个主要委员会：第一委员会（裁军和国际安全委员会）处理裁军和相关估计安全问题；第四委员会（特殊政治和非殖民化委员会）处理大量问题，包括非殖民化、巴勒斯坦难民以及人权、维和、排雷、外空、公共信息、原子能放射以及和平大学。

联合国裁军事务办公室是联合国秘书处的一个部门，目的是推动核武器、生物武器、化学武器和常规武器的裁军。联合国还包括许多专门机构和其他自治组织。

## 联合国会员国（193 个）及加入时间

阿富汗，1946；阿尔巴尼亚，1955；阿尔及利亚，1962；安哥拉，1976；安提瓜和巴布达，1981；阿根廷，1945；亚美尼亚，1992；澳大利亚，1945；奥地利，1955；阿塞拜疆，1992；巴哈马，1973；巴林，1971；孟加拉国，1974；巴巴多斯，1966；白俄罗斯，1945；比利时，1945；伯利兹，1981；贝宁，1960；不丹，1971；玻利维亚，1945；波斯尼亚和黑塞哥维那，1992；博茨瓦纳，1966；巴西，1945；文莱，1984；保加利亚，1955；布基纳法索，1960；布隆迪，1962；柬埔寨，1955；喀麦隆，1960；加拿大，1945；佛得角，1975；中非共和国，1960；乍得，1960；智利，1945；中国，1945；哥伦比亚，1945；科摩罗，1975；刚果民主共和国，1960；刚果共和国，1960；哥斯达黎加，1945；科特迪瓦，1960；克罗地亚，1992；古巴，1945；塞浦路斯，1960；捷克共和国，1993；丹麦，1945；吉布提，1977；多米尼克国，1978；多米尼加共和国，1945；厄瓜多尔，1945；埃及，1945；萨尔瓦多，1945；赤道几内亚，1968；厄立特里亚，1993；爱沙尼亚，1991；埃塞俄比亚，1945；斐济，1970；芬兰，1955；法国，1945；加蓬，1960；冈比亚，1965；格鲁吉亚，1992；德国，1973；加纳，1957；希腊，1945；格林纳达，1974；危地马拉，1945；几内亚，1958；几内亚比绍，1974；圭亚那，1966；海地，1945；洪都拉斯，1945；匈牙利，1955；冰岛，1946；印度，1945；印度尼西亚，1950；伊朗，1945；伊拉克，1945；爱尔兰，1955；以色列，1949；意大利，1955；牙买加，1962；日本，1956；约旦，1955；哈萨克斯坦，1992；肯尼亚，1963；基里巴斯，1999；朝鲜民主主义人民共和国，1991；大韩民国，1991；科威特，1963；吉尔吉斯斯坦，1992；老挝，1955；拉脱维亚，1991；黎巴嫩，1945；莱索托，1966；利比里亚，1945；利比亚，1955；列支敦士登，1990；立陶宛，1991；卢森堡，1945；前南斯拉夫马其顿共和国，1993；马达加斯加，1960；马拉维，1964；马来西亚，1957；马尔代夫，1965；马里，1960；马耳他，1964；马绍尔群岛，1991；毛里塔尼亚，1961；毛里求斯，1968；墨西哥，1945；密克罗尼西亚，1991；摩尔多瓦，1992；摩纳哥，1993；蒙古，1961；黑山，2006；摩洛哥，1956；莫桑比克，1975；缅甸，1948；纳米比亚，1990；瑙鲁，1999；尼泊尔，1955；荷兰，1945；新西兰，1945；尼加拉瓜，1945；尼日尔，1960；尼日利亚，1960；挪威，1945；阿曼，1971；巴基斯坦，1947；帕劳，1994；巴拿马，1945；巴布亚新几内亚，1975；巴拉圭，1945；秘鲁，1945；菲律宾，1945；波兰，1945；葡萄牙，1955；卡塔尔，1971；罗马尼亚，1955；俄罗斯，1945；卢旺达，1962；圣基茨和尼维斯，1983；圣卢西亚，1979；圣文森特和格林纳丁斯，1980；萨摩亚，1976；圣马力诺，1992；圣多美和普林西比，1975；沙特阿拉伯，1945；塞内加尔，1960；塞尔维亚，2000；塞舌尔，1976；塞拉利昂，1961；新加坡，1965；斯洛伐克，1993；斯洛文尼亚，1992；所罗门群岛，1978；索马里，1960；南非，1945；南苏丹，2011；西班牙，1955；斯里兰卡，1955；苏丹，1956；苏里南，1975；斯威士兰，1968；瑞典，1946；瑞士，2002；叙利亚，1945；塔吉克斯坦，1992；坦桑尼亚，1961；泰国，1946；东帝汶，2002；多哥，1960；汤加，1999；特立尼达和多巴哥，1962；突尼斯，1956；土耳其，1945；土库曼斯坦，1992；图瓦卢，2000；乌干达，1962；英国，1945；乌克兰，1945；阿拉伯联合酋长国，1971；乌拉圭，1945；美国，1945；乌兹别克斯坦，1992；瓦努阿图，1981；委内瑞拉，1945；越南，1977；也门，1947；赞比亚，1964；津巴布韦，1980。

网址：〈http://www.un.org〉。

## 联合国安全理事会

**常任理事国（P5）**：中国、法国、俄国、英国、美国。

**非常任理事国（10 个）**：阿根廷*、澳大利亚*、*乍得***、*智利***、*约旦***、韩国*、*立陶宛***、卢森堡*、*尼日利亚***、卢旺达*。

**注**：非常任理事国由联合国大会选举产生，任期两年。

＊2013—2014 年非常任理事国。

＊＊2014—2015 年非常任理事国。

网址：〈http：//www. un. org/sc/〉。

## 裁军谈判会议（CD）

系多边军备控制谈判机构，旨在成为国际社会的一个单独的多边裁军论坛。1960 年以来它曾多次扩大成员国和更名。它不是联合国机构，但向“联合国大会”报告工作。该机构设在瑞士日内瓦。

**成员国（65 个）**：阿尔及利亚、阿根廷、澳大利亚、奥地利、孟加拉国、白俄罗斯、比利时、巴西、保加利亚、喀麦隆、加拿大、智利、中国、哥伦比亚、刚果民主共和国、古巴、厄瓜多尔、埃及、埃塞俄比亚、芬兰、法国、德国、匈牙利、印度、印度尼西亚、伊朗、伊拉克、爱尔兰、以色列、意大利、日本、哈萨克斯坦、肯尼亚、朝鲜、韩国、马来西亚、墨西哥、蒙古、摩洛哥、缅甸、荷兰、新西兰、尼日利亚、挪威、巴基斯坦、秘鲁、波兰、罗马尼亚、俄罗斯、塞内加尔、斯洛伐克、南非、西班牙、斯里兰卡、瑞典、瑞士、叙利亚、突尼斯、土耳其、英国、乌克兰、美国、委内瑞拉、越南、津巴布韦。

网址：〈http：//www. unog. ch/disarmament/〉。

## 国际原子能机构（IAEA）

系联合国体系内的政府间组织。机构在其《规约》于 1957 年生效后正式成立。其宗旨是促进和平利用原子能，并保证核活动不用于促进任何军事目的。根据 1968 年《不扩散核武器条约》和各无核区条约，无核武器国家必须接受机构的核保障监督，以表明其履行了不制造核武器的义务。总部设在奥地利首都维也纳。

**成员国（160 个）：**阿富汗、阿尔巴尼亚、阿尔及利亚、安哥拉、阿根廷、亚美尼亚、澳大利亚、奥地利、阿塞拜疆、巴林、孟加拉国、白俄罗斯、比利时、伯利兹、贝宁、玻利维亚、波斯尼亚和黑塞哥维那、博茨瓦纳、巴西、保加利亚、布基纳法索、布隆迪、柬埔寨*、喀麦隆、加拿大、中非共和国、乍得、智利、中国、哥伦比亚、刚果民主共和国、刚果共和国、哥斯达黎加、科特迪瓦、克罗地亚、古巴、塞浦路斯、捷克共和国、丹麦、多米尼克、多米尼加共和国、厄瓜多尔、埃及、萨尔瓦多、厄立特里亚、爱沙尼亚、埃塞俄比亚、斐济、芬兰、法国、加蓬、格鲁吉亚、德国、加纳、希腊、危地马拉、海地、梵蒂冈、洪都拉斯、匈牙利、冰岛、印度、印度尼西亚、伊朗、伊拉克、爱尔兰、以色列、意大利、牙买加、日本、约旦、哈萨克斯坦、肯尼亚、韩国、科威特、吉尔吉斯斯坦、老挝、拉脱维亚、黎巴嫩、莱索托、利比里亚、利比亚、列支敦士登、立陶宛、卢森堡、前南斯拉夫马其顿共和国、马达加斯加、马拉维、马来西亚、马里、马耳他、马绍尔群岛、毛里塔尼亚、毛里求斯、墨西哥、摩尔多瓦、摩纳哥、蒙古、黑山、摩洛哥、莫桑比克、缅甸、纳米比亚、尼泊尔、荷兰、新西兰、尼加拉瓜、尼日尔、尼日利亚、挪威、阿曼、巴基斯坦、帕劳、巴拿马、巴布亚新几内亚、巴拉圭、秘鲁、菲律宾、波兰、葡萄牙、卡塔尔、卢旺达、罗马尼亚、俄罗斯、*圣马力诺*、沙特阿拉伯、塞内加尔、塞尔维亚、塞舌尔、塞拉利昂、新加坡、斯洛伐克、斯洛文尼亚、南非、西班牙、斯里兰卡、苏丹、*斯威士兰*、瑞典、瑞士、叙利亚、塔吉克斯坦、坦桑尼亚、泰国、多哥、特立尼达和多巴哥、突尼斯、土耳其、乌干达、英国、乌克兰、阿拉伯联合酋长国、乌拉圭、美国、乌兹别克斯坦、委内瑞拉、越南、也门、赞比亚、津巴布韦。

**注：**朝鲜在 1994 年 6 月以前曾是国际原子能机构的成员国。除以上所列国家外，巴哈马于 2014 年 1 月，文莱于 2014 年 2 月成为国际原子能机构的成员国。佛得角和汤加经国际原子能机构大会批准已获得成员国资格，它们一旦交存必需的法律文书，将成为正式成员国。

网址：〈http：//www. iaea. org/〉。

## 国际法院（ICJ）

根据《联合国宪章》于1945年建立，是联合国主要司法机构。作用是对各国自愿向其提交的争端作出裁决，并对经授权的联合国其他机关和专门机构的任何法律问题提供咨询意见。法院有15名法官，由联合国大会和安理会选举，任期9年。秘书处设在荷兰的海牙。

网址：〈http：//www. icj-dij. org/〉。

## 双边磋商委员会（BCC）

根据2010年俄美新的START条约成立的一个论坛，讨论履约中的相关问题。它取代1991年START条约的联合履约和视察委员会。除非缔约国有异议，委员会每年在瑞士日内瓦最少召开两次会议。它的工作是不公开的。

网址：见美国国务院网站，〈http：//www. state. gov/t/avc/new-start/c39903. htm〉。

## 英联邦

1949年成立的包括发达国家和发展中国家的组织，其目的是推动成员国内外的民主、人权，促进经济和社会的可持续发展。秘书处设在英国首都伦敦。

**成员国（54个）：**安提瓜和巴布达、澳大利亚、巴哈马、孟加拉国、巴巴多斯、伯利兹、博茨瓦纳、文莱、喀麦隆、加拿大、塞浦路斯、多米尼加、斐济*、冈比亚、加纳、格林纳达、圭亚那、印度、牙买加、肯尼亚、基里巴斯、莱索托、马拉维、马来西亚、马尔代夫、马耳他、毛里求斯、莫桑比克、纳米比亚、瑙鲁、新西兰、尼日利亚、巴基斯坦、巴布亚新几内亚、卢旺达、圣基茨和尼维斯、圣卢西亚、圣文森特和格林纳丁斯、萨摩亚、塞舌尔、塞拉利昂、新加坡、所罗门群岛、南非、斯里兰卡、斯威士兰、坦桑尼亚、汤加、特立尼达和多巴哥、图瓦卢、乌干达、英国、瓦努阿图、赞比亚。

*2009 年 9 月 1 日，斐济被暂时中止英联邦的成员国资格。

网址：〈http：//www. thecommonwealth. org/〉。

## 全面禁止核试验条约组织（CTBTO）

在 1996 年的《全面禁止核试验条约》生效后，该组织将开始运行解决遵守条约方面的问题，同时也是缔约国之间进行磋商与合作的一个论坛。已设立的筹委会为组织未来的工作进行准备，特别是通过建立国际监控体系，包括建立地震监测站、水声探测站、次声波监测站、放射性核素监测站，来收集数据并传回到组织的国际数据中心。秘书处设在奥地利首都维也纳。

CTBT 缔约国（182 个）：见附件 A。

网址：〈http：//www. ctbto. org/〉。

## 八国集团（G8）

八个主要工业国家组成的集团（原先为七个国家）。该集团自 20 世纪 70 年代以来举行国家元首或政府首脑级的非正式会晤。“八国集团反对大规模毁灭性武器及其材料扩散的全球伙伴关系”于 2002 年建立，旨在处理防扩散、裁军、反恐和核安全问题。2011 年 5 月，该伙伴关系延长一个不特定期限。

**成员国（8 个）：**加拿大、法国、德国、意大利、日本、俄罗斯、英国、美国。

网址：〈http：//www. g8. gc. ca/〉。

## 国际刑事法院（ICC）

一个独立的、永久性的国际刑事法院，审理种族灭绝罪、战争罪和反人类罪等犯罪案件。《国际刑事法院规约》于 1998 年在罗马通过，2002 年 7 月 1 日生效。法院设在荷兰的海牙。

**成员国（122 个）：** 阿富汗、阿尔巴尼亚、安道尔、安提瓜和巴布达、阿根廷、澳大利亚、奥地利、孟加拉、巴巴多斯、比利时、伯利兹、贝宁、玻利维亚、波斯尼亚和黑塞哥维那、博茨瓦纳、巴西、保加利亚、布基纳法索、布隆迪、柬埔寨、加拿大、佛得角、中非共和国、乍得、智利、哥伦比亚、科摩罗、刚果民主共和国、刚果共和国、库克群岛、哥斯达黎加、*科特迪瓦*、克罗地亚、塞浦路斯、捷克共和国、丹麦、吉布提、多米尼克、多米尼加共和国、厄瓜多尔、爱沙尼亚、斐济、芬兰、法国、加蓬、冈比亚、格鲁吉亚、德国、加纳、希腊、格林纳达、危地马拉、几内亚、圭亚那、洪都拉斯、匈牙利、冰岛、爱尔兰、意大利、日本、约旦、肯尼亚、韩国、拉脱维亚、莱索托、利比里亚、列支敦士登、立陶宛、卢森堡、前南斯拉夫马其顿共和国、马达加斯加、马拉维、马尔代夫、马里、马耳他、马绍尔群岛、毛里求斯、墨西哥、摩尔多瓦、蒙古、黑山、纳米比亚、瑙鲁、荷兰、新西兰、尼日尔、尼日利亚、挪威、巴拿马、巴拉圭、秘鲁、菲律宾、波兰、葡萄牙、罗马尼亚、圣基茨和尼维斯、圣卢西亚、圣文森特和格林纳丁斯、萨摩亚、圣马力诺、塞内加尔、塞尔维亚、塞舌尔、塞拉利昂、斯洛伐克、斯洛文尼亚、南非、西班牙、苏里南、瑞典、瑞士、塔吉克斯坦、坦桑尼亚、东帝汶、特立尼达和多巴哥、突尼斯、乌干达、英国、乌拉圭、瓦努阿图、委内瑞拉、赞比亚。

网址：〈http：//www. icc-cpi. int/〉。

## 不结盟运动（NAM）

成立于 1961 年，是不结盟国家之间在联合国内就政治、经济和军备控制问题进行磋商和协调立场的论坛。

**成员国（120 个）：** 阿富汗、阿尔及利亚、安哥拉、安提瓜和巴布达、阿塞拜疆、巴哈马、巴林、孟加拉国、巴巴多斯、白俄罗斯、伯利兹、贝宁、不丹、玻利维亚、博茨瓦纳、文莱、布基纳法索、布隆迪、柬埔寨、喀麦隆、佛得角、中非共和国、乍得、智利、哥伦比亚、科摩罗、刚果民主共和国、刚果共和国、科特迪瓦、古巴、吉布提、多米尼克、多米尼加共和国、厄瓜多尔、埃及、赤道几内亚、厄立特里亚、埃塞俄比亚、斐济、加蓬、冈比亚、加纳、格林纳达、危地马拉、几内亚、几内亚比绍、圭亚那、海地、洪都拉斯、印度、印度尼西亚、伊朗、伊拉克、牙买加、约旦、肯尼亚、朝鲜、科威特、老挝、黎巴嫩、莱索托、利比里亚、利比亚、马达加斯加、马拉维、马来西亚、马尔代夫、马里、毛里塔尼亚、毛里求斯、蒙古、摩洛哥、莫桑比克、缅甸、纳米比亚、尼泊尔、尼加拉瓜、尼日尔、尼日利亚、阿曼、巴基斯坦、巴勒斯坦、巴拿马、巴布亚新几内亚、秘鲁、菲律宾、卡塔尔、卢旺达、圣基茨和尼维斯、圣卢西亚、圣文森特和格林纳丁斯、圣多美和普林西比、沙特阿拉伯、塞内加尔、塞舌尔、塞拉利昂、新加坡、索马里、南非、斯里兰卡、苏丹、苏里南、斯威士兰、叙利亚、坦桑尼亚、泰国、东帝汶、多哥、特立尼达和多巴哥、突尼斯、土库曼斯坦、乌干达、阿拉伯联合酋长国、乌兹别克斯坦、瓦努阿图、委内瑞拉、越南、也门、赞比亚、津巴布韦。

网址:〈http://www.name.org.ir/〉。

## 经济合作与发展组织（OECD)

成立于1961年，宗旨是通过协调成员国之间政策，促进经济发展和社会福利。总部设在法国首都巴黎。

**成员国（34个)**：澳大利亚、奥地利、比利时、加拿大、智利、捷克共和国、丹麦、爱沙尼亚、芬兰、法国、德国、希腊、匈牙利、冰岛、爱尔兰、以色列、意大利、日本、韩国、卢森堡、墨西哥、荷兰、新西兰、挪威、波兰、葡萄牙、斯洛伐克、斯洛文尼亚、西班牙、瑞典、瑞士、土耳其、英国、美国。

网址:〈http://www.oecd.org/〉。

## 禁止化学武器组织（OPCW)

根据1993年的《禁止化学武器公约》成立的机构，目的是监督公约履行情况和解决履约过程中产生的问题。该组织设在荷兰海牙。

《禁止化学武器公约》缔约国（190 个）：见附件 A。

网址：〈http://www.opcw.org/〉。

## 伊斯兰会议组织（OIC）

1969 年由伊斯兰国家成立。目的是促进成员国之间的合作，支持和平、安全和巴勒斯坦人民及所有穆斯林人民的斗争。秘书处设在沙特阿拉伯的吉达。

**成员国（57 个）**：阿富汗、阿尔巴尼亚、阿尔及利亚、阿塞拜疆、巴林、孟加拉国、贝宁、文莱、布基纳法索、喀麦隆、乍得、科摩罗、科特迪瓦、吉布提、埃及、加蓬、冈比亚、几内亚、几内亚比绍、圭亚那、印度尼西亚、伊朗、伊拉克、约旦、哈萨克斯坦、科威特、吉尔吉斯斯坦、黎巴嫩、利比亚、马来西亚、马尔代夫、马里、毛里塔尼亚、摩洛哥、莫桑比克、尼日尔、尼日利亚、阿曼、巴基斯坦、巴勒斯坦、卡塔尔、沙特阿拉伯、塞内加尔、塞拉利昂、索马里、苏丹、苏里南、叙利亚、塔吉克斯坦、多哥、突尼斯、土耳其、土库曼斯坦、乌干达、阿拉伯联合酋长国、乌兹别克斯坦、也门。

网址：〈http://www.oic-oci.org/〉。

## 特别核查委员会（SVC）

该委员会系根据 1987 年苏—美《销毁中短程导弹条约》成立，目的是作为一个论坛来解决履约问题及采取必要措施来提高条约的可行性和有效性。

《销毁中短程导弹条约》的缔约国（5 个）：见附件 A。

# 第二部分　区域性机构及成员国

## 非洲联盟（AU）

2001 年非洲联盟正式成立，2002 年非盟取代了“非洲统一组织”。成员国资格向所有非洲国家开放。其宗旨是促进非洲团结、安全和解决冲突、民主和人权，促进非洲政治、社会和经济一体化。“和平与安全理事会”（PSC）是预防、控制和解决冲突的一个常设决策机构。非洲联盟总部设在埃塞俄比亚首都亚的斯亚贝巴。

**成员国（54 个）：**阿尔及利亚、安哥拉、贝宁、博茨瓦纳、布基纳法索、布隆迪、喀麦隆、佛得角、中非共和国*、乍得、科摩罗、刚果民主共和国、刚果共和国、科特迪瓦、吉布提、埃及*、赤道几内亚、厄立特里亚、埃塞俄比亚、加蓬、冈比亚、加纳、几内亚、几内亚比绍*、肯尼亚、莱索托、利比里亚、利比亚、马达加斯加**、马拉维、马里、毛里塔尼亚、毛里求斯、莫桑比克、纳米比亚、尼日尔、尼日利亚、卢旺达、西撒哈拉（阿拉伯撒哈拉民主共和国，SADR）、圣多美和普林西比、塞内加尔、塞舌尔、塞拉利昂、索马里、南非、南苏丹、苏丹、斯威士兰、坦桑尼亚、多哥、突尼斯、乌干达、赞比亚、津巴布韦。

＊2012 年 4 月几内亚比绍被暂停了非盟成员国的资格。2013 年 7 月埃及被暂停了非盟成员国的资格。2014 年 3 月中非共和国被暂停了非盟成员国的资格。

＊＊2004 年 1 月 27 日非盟解除了马达加斯加暂停非盟成员国资格的禁令。

网址：〈http：//www. au. int/〉。

## 亚太经济合作组织（APEC）

成立于 1989 年，其宗旨是推动亚太地区的开放贸易和经济繁荣。自 20 世纪 90 年代中期起，该组织越来越多地在安全和政治问题，诸如反恐、防止大规模杀伤性武器扩散和建立有效的转让控制体系等领域进行讨论。秘书处设在新加坡。

**成员经济体（21 个）：**澳大利亚、文莱、加拿大、智利、中国、中国香港、印度尼西亚、日本、韩国、马来西亚、墨西哥、新西兰、巴布亚新几内亚、秘鲁、菲律宾、俄罗斯、新加坡、中国台湾、泰国、美国、越南。

网址：〈http：//www. apec. org/〉。

## 东南亚国家联盟（ASEAN）

成立于 1967 年，目的是促进东南亚地区的经济、社会和文化发展以及和平与安全。秘书处设在印度尼西亚首都雅加达。

**成员国（10 个）：** 文莱、柬埔寨、印度尼西亚、老挝、马来西亚、缅甸、菲律宾、新加坡、泰国、越南。

网址：〈http：//www. aseansec. org/〉。

## 东盟地区论坛（ARF）

该论坛成立于 1994 年，目的是处理安全问题。

**参加国（27 个）：** 东盟成员国加上澳大利亚、孟加拉国、加拿大、中国、欧盟、印度、日本、朝鲜、韩国、蒙古、新西兰、巴基斯坦、巴布亚新几内亚、俄罗斯、斯里兰卡、东帝汶、美国。

网址：〈http：//www. aseanregionalforum. org/〉。

## 东盟 +3（APT）

论坛开始于亚洲经融危机产生后的 1997 年，1999 年机制化。目的是促进成员国经济、政治和安全合作及金融稳定。

**参加国（13 个）：** 东盟成员国加上中国、日本和韩国。

网址：〈http：//www. aseansec. org/asean/external-relations/asean －3〉。

## 东亚峰会（EAS）

东亚峰会于 2005 年开始，是一个就战略、政治和经济问题进行对话的区域论坛。目的是推动东亚地区和平、稳定和经济繁荣。年度会议的时间与东盟峰会相关连。

**参加国（18 个）：** 东盟成员国加上澳大利亚、中国、印度、日本、韩国、新西兰、俄罗斯、美国。

网址：〈http：//www. asean. org/asean/external-relations/east-asia-summit-eas/〉。

## 集体安全条约组织（CSTO）

由 1992 年《集体安全条约》的 6 个签署国于 2002—2003 年正式建立，其宗旨是推动成员国间的合作。该组织的一个目标是就区域内的恐怖主义和毒品走私等战略问题制定更有效的对策。该组织设在俄罗斯首都莫斯科。

**成员国（6 个）：** 亚美尼亚、白俄罗斯、哈萨克斯坦、吉尔吉斯斯坦、俄罗斯、塔吉克斯坦。

网址：〈http：/www. odkb-csto. org/〉。

## 独立国家联合体（独联体，CIS）

成立于 1991 年，作为苏联各共和国之间多边合作的框架。总部设在白俄罗斯首都明斯克。

**成员国（11 个）：** 亚美尼亚、阿塞拜疆、白俄罗斯、哈萨克斯坦、吉尔吉斯斯坦、摩尔多瓦、俄罗斯、塔吉克斯坦、土库曼斯坦、乌克兰、乌兹别克斯坦。

网址：〈http：//www. cis. minsk. by/〉。

## 中部非洲国家经济共同体（法文 CEEAC，英文 ECCAS）

成立于 1983 年，目的是在推动中部非洲地区政治对话，建立关税联盟和制定共同政策。秘书处设在加蓬首都利伯维尔。中部非洲和平与安全理事会（COPAX）是一个为推动政治和军事共同战略，在中部非洲地区进行冲突预防、控制和解决的机制。

**成员国（10 个）：** 安哥拉、布隆迪、喀麦隆、中非共和国、乍得、刚果民主共和国、刚果共和国、赤道几内亚、加蓬、圣多美和普林西比。

网址：〈http：//www.ceeac-eccas.org/〉。

## 亚洲相互协作与建立信任措施会议（亚信会议，CICA）

1992年发起，根据1999年《指导亚信会议成员国间关系原则的声明》正式建立。亚信会议作为一个论坛促进成员国之间安全合作和建立信任措施，并推动成员国在经济、社会和文化领域的合作。该组织秘书处设在哈萨克斯坦首都阿拉木图。

**成员国（24个）：**阿富汗、阿塞拜疆、巴林、柬埔寨、中国、埃及、印度、伊朗、伊拉克、以色列、约旦、哈萨克斯坦、韩国、吉尔吉斯斯坦、蒙古、巴基斯坦、巴勒斯坦、俄罗斯、塔吉克斯坦、泰国、土耳其、阿拉伯联合酋长国、乌兹别克斯坦、越南。

**注：**除了截至2014年1月1日的24个成员国，2014年5月孟加拉和卡塔尔加入亚信会议成为成员国。

网址：〈http：//www.ctbto.org/〉。

## 欧洲委员会（COE）

1949年成立，委员会向所有接受法治原则及保障其公民的人权和基本自由的欧洲国家开放。委员会设在法国的斯特拉斯堡。“欧洲人权法院”和“欧洲发展银行理事会”是“欧洲委员会”的下属机构。

**成员国（47个）：**阿尔巴尼亚、安道尔、亚美尼亚、奥地利、阿塞拜疆、比利时、波斯尼亚和黑塞哥维那、保加利亚、克罗地亚、塞浦路斯、捷克共和国、丹麦、爱沙尼亚、芬兰、法国、格鲁吉亚、德国、希腊、匈牙利、冰岛、爱尔兰、意大利、拉脱维亚、列支敦士登、立陶宛、卢森堡、前南斯拉夫马其顿共和国、马耳他、摩尔多瓦、摩纳哥、黑山、荷兰、挪威、波兰、葡萄牙、罗马尼亚、俄罗斯、圣马力诺、塞尔维亚、斯洛伐克、斯洛文尼亚、西班牙、瑞典、瑞士、土耳其、英国、乌克兰。

网址:〈http://www.coe.int/〉。

## 波罗的海国家委员会(CBSS)

1992 年成立的区域性政府间组织,目的是推动波罗的海区域内国家的合作。秘书处设在瑞典首都斯德哥尔摩。

**成员国(12 个):**丹麦、爱沙尼亚、欧盟委员会、芬兰、德国、冰岛、拉脱维亚、立陶宛、挪威、波兰、俄罗斯、瑞典。

网址:〈http://www.cbss.org/〉。

## 西非国家经济共同体(ECOWAS)

成立于 1975 年,宗旨是促进贸易发展与合作,为西非的发展做出贡献。该组织于 1981 年通过了《防务事务互助议定书》。执行秘书处设在尼日利亚的拉各斯。

**成员国(15 个):**贝宁、布基纳法索、佛得角、科特迪瓦、冈比亚、加纳、几内亚、几内亚比绍、利比里亚、马里、尼日尔、尼日利亚、塞内加尔、塞拉利昂、多哥。

网址:〈http://www.ecowas.int/〉。

## 欧洲联盟(欧盟,EU)

欧洲国家的组织,在广泛领域进行合作,包括具有人员、货物、服务和资本自由流动的单一市场,部分成员国通用的共同货币,共同外交和安全政策(CFSP)。主要机构包括:欧洲理事会、欧盟理事会、欧洲委员会和欧洲议会。“共同外交和安全政策”及“共同安全和国防政策”(CSDP)由欧盟对外事务和安全政策高级代表在欧盟对外事务部(EEAS)的协助下进行协调。2007 年的《里斯本条约》促进欧盟运作方式现代化,该条约于 2009 年 12 月 1 日生效。欧盟总部设在比利时首都布鲁塞尔。

**成员国(28 个):**奥地利、比利时、保加利亚、*克罗地亚*、塞浦路斯、捷克共和国、丹麦、爱沙尼亚、芬兰、法国、德国、希腊、匈牙利、爱尔兰、意大利、拉脱维亚、立陶宛、卢森堡、马耳他、荷兰、波兰、葡萄牙、罗马尼亚、斯洛伐克、斯洛文尼亚、西班牙、瑞典、英国。

网址:〈http://europa.eu/〉。

## 欧洲原子能联营 (Euratom 或 EAEC)

根据 1957 年《建立欧洲原子能联营条约》(《欧洲原子能条约》)创立。目的是在欧盟成员国内部促进和平利用核能的发展和在成员国领土范围内(与国际原子能机构的合作下)实施多国区域性保障监督措施。“欧洲原子能联营供应局”设在卢森堡,任务是确保向欧盟成员国定期、合理地供应矿石、原始材料和特殊裂变材料。

**成员国 (28 个):**“欧盟”成员国。

网址:〈http://ec.europa.eu/euratom/〉。

## 欧洲防务局 (EDA)

欧盟下属的一个局,受欧盟理事会领导。2004 年建立,目的是帮助发展欧洲的防务能力,推动欧洲军备合作,致力于建立强大的欧洲国防技术和国防工业基地。欧洲防务局的政策制定机构是一个指导委员会,由欧盟成员国国防部长和欧盟对外和安全政策高级代表组成,高级代表担任机构领导。欧洲防务局设在比利时首都布鲁塞尔。

**参加的成员国 (27 个):**奥地利、比利时、保加利亚、*克罗地亚*、塞浦路斯、捷克共和国、爱沙尼亚、芬兰、法国、德国、希腊、匈牙利、爱尔兰、意大利、拉脱维亚、立陶宛、卢森堡、马耳他、荷兰、波兰、葡萄牙、罗马尼亚、斯洛伐克、斯洛文尼亚、西班牙、瑞典、英国。

网址:〈http://eda.europa.eu/〉。

## 海湾国家合作委员会（GCC）

全称为海湾地区阿拉伯国家合作委员会，于1981年创立，目的是推动经济、金融、贸易、政府管理和立法等方面的区域一体化，促进科学和技术进步。成员国也在对外政策、军事和安全事务等领域进行合作。最高理事会是该委员会的最高权力机构。总部设在沙特阿拉伯首都利雅得。

**成员国（6个）：** 巴林、科威特、阿曼、卡塔尔、沙特阿拉伯、阿拉伯联合酋长国。

网址：〈http：//www. gcc-sg. org/eng/〉。

## 政府间发展组织（IGAD）：

1986年发起的政府间抗旱和发展组织。1996年正式成立，目的是促进非洲之角的和平与稳定，建立冲突预防、控制和解决的机制。秘书处设在吉布提的首都吉布提市。

**成员国（8个）：** 吉布提、厄立特里亚、埃塞俄比亚、肯尼亚、索马里、南苏丹、苏丹、乌干达。

网址：〈http：//www. igad. int/〉。

## 非洲大湖地区国际会议组织（ICGLR）

2004年发起，旨在促进大湖地区的和平、安全、政治和社会稳定、增长和发展。2006年成员国通过了《大湖地区和平、稳定和发展公约》，该公约2008年生效。执行秘书处设在布隆迪首都布琼布拉。

**成员国（12个）：** 安哥拉、布隆迪、中非共和国、刚果共和国、刚果民主共和国、肯尼亚、乌干达、卢旺达、南苏丹、苏丹、坦桑尼亚、赞比亚。

网址：〈http：//www. icglr. org/〉。

## 联合协商小组（JCG）

根据1990年的《欧洲常规武装力量条约》（CFE条约）成立。通过调解在解释和履行条约方面出现的含糊之处，推动条约的履行和其宗旨的实现。设在奥地利首都维也纳。

《欧洲常规武装力量条约》缔约国（30个）：见附件A。

网址：〈http：//www.osce.org/jcg/〉。

## 阿拉伯国家联盟

亦称阿拉伯联盟，成立于1945年。主要目标是在阿拉伯国家之间组成更加紧密的联盟，促进政治和经济合作。1950年，联盟成员国签署了集体防御和经济合作协定。总部设在埃及首都开罗。

**成员国（22个）**：阿尔及利亚、巴林、科摩罗、吉布提、埃及、伊拉克、约旦、科威特、黎巴嫩、利比亚*、毛里塔尼亚、摩洛哥、阿曼、巴勒斯坦、卡塔尔、沙特阿拉伯、索马里、苏丹、叙利亚、突尼斯、阿拉伯联合酋长国、也门。

*2011年11月16日叙利亚被暂停参加阿拉伯国家联盟的活动。

网址：〈http：//www.lasportal.org/〉。

## 北大西洋公约组织（NATO）

根据《北大西洋公约》（即《华盛顿条约》）于1949年建立的西方防御联盟。公约第五条规定：任何一个成员国受到武装攻击时，所有成员国有义务作出反应。总部设在比利时首都布鲁塞尔。

**成员国（28个）**：阿尔巴尼亚、比利时、保加利亚、加拿大、克罗地亚、捷克共和国、丹麦共和国、爱沙尼亚、法国、德国、希腊、匈牙利、冰岛、意大利、拉脱维亚、立陶宛、卢森堡、荷兰、挪威、波兰、葡萄牙、罗马尼亚、斯洛伐克、斯洛文尼亚、西班牙、土耳其、英国、美国。

网址：〈http：//www.nato.int/〉。

## 欧洲—大西洋伙伴关系理事会（EAPC）

旨在促进北约与其“和平伙伴关系计划”的伙伴国之间对话和磋商，是双边“和平伙伴计划”项目的总的政治架构。

**成员国（50 个）**：北约成员国及亚美尼亚、奥地利、阿塞拜疆、白俄罗斯、波黑、芬兰、格鲁吉亚、爱尔兰、哈萨克斯坦、吉尔吉斯斯坦、前南斯拉夫马其顿共和国、马耳他、摩尔多瓦、黑山、俄罗斯、塞尔维亚、瑞典、瑞士、塔吉克斯坦、土库曼斯坦、乌克兰、乌兹别克斯坦。

网址：〈http：//www. nato. int/cps/en/natolive/topics_ 49276. htm〉。

## 北约—格鲁吉亚合作委员会（NGC）

2008 年 9 月成立的为进行政治磋商和实际合作的一个论坛，旨在帮助格鲁吉亚达到加入北约的目标。

**成员国（29 个）**：北约成员国和格鲁吉亚。

网址：〈http：//www. nato. int/cps/en/natolive/topics_ 52131. htm〉。

## 北约—俄罗斯理事会（NRC）

2002 年成立，是北约和俄罗斯就安全问题进行磋商、增加共识、开展合作、作出共同决定和采取联合行动的一个机制，重点是根据 1997 年的《北约—俄罗斯关于相互关系、合作与安全的基本文件》确定共同感兴趣的领域，以及诸如反恐、危机处理和防扩散等新领域。

**参加国（29 个）**：北约成员国和俄罗斯

网址：〈http：//www. nato-russia-council. info/〉。

## 北约—乌克兰委员会（NUC）

1997 年成立，目的是双方就政治和安全问题、预防和解决冲突、防扩散、武器出口和技术转让以及其他共同关心的问题进行磋商。

**参加国（29 个）**：北约成员国和乌克兰。

网址：〈htttp：//www. nato. int/cps/en/natolive/topics_ 50319. htm〉。

## 开放天空咨询委员会（OSCC）

根据 1992 年的《开放天空条约》成立，宗旨是解决履约方面的问题。

开放天空条约缔约国（34 个）：见附件 A。

网址：〈http：//www. osce. org/oscc/〉。

## 军备合作联合组织（OCCAR）

1996 年由法国、德国、意大利和英国建立，2001 年起具有法人资格。目的是对特定的协作性军备项目进行有效且高效的管理。总部设在德国波恩。

**成员国（6 个）**：比利时、法国、德国、意大利、西班牙、英国。

网址：〈http：//www. occar. int/〉。

## 拉丁美洲和加勒比地区禁止核武器组织（OPANAL）

根据 1967 年的《特拉特洛尔科条约》建立。目的是与“国际原子能机构”一道解决条约执行方面的问题。该组织设在墨西哥的首都墨西哥城。

《特拉特洛尔科条约》缔约国（33 个）：见附件 A。

网址：〈http：//www. opanal. org/〉。

## 民主和经济发展组织（GUAM，古阿姆集团）

四个国家组成的集团，目的是促进稳定和加强安全。该集团历史可以追溯到1997年，于2006年正式成立。成员国通过8个工作组来合作推动社会和经济发展，促进贸易。秘书处设在乌克兰首都基辅。

**成员国（4个）：**阿塞拜疆、格鲁吉亚、摩尔多瓦、乌克兰。

网址：〈http：//www. guam-organzition. org/〉。

## 欧洲安全与合作组织（OSCE）

1973年发起，当时称为“欧洲安全与合作会议”（CSCE），1995年更名为“欧洲安全与合作组织”，意在成为一个全面安全合作的主要机构，负责区域内预警、冲突预防、危机处理和后冲突期恢复。总部设在奥地利首都维也纳。它的三驾马车包括轮值主席、前任主席和后任主席。其设在维也纳的“安全合作论坛”（FSC）负责处理军备控制和建立信任与安全措施。欧洲安全与合作组织由若干机构组成，它们全部设在欧洲。

**参加国（57个）：**阿尔巴尼亚、安道尔、亚美尼亚、奥地利、阿塞拜疆、白俄罗斯、比利时、波斯尼亚和黑塞哥维那、保加利亚、加拿大、克罗地亚、塞浦路斯、捷克共和国、丹麦、爱沙尼亚、芬兰、法国、格鲁吉亚、德国、希腊、梵蒂冈、匈牙利、冰岛、爱尔兰、意大利、哈萨克斯坦、吉尔吉斯斯坦、拉脱维亚、列支敦士登、立陶宛、卢森堡、前南斯拉夫马其顿共和国、马耳他、摩尔多瓦、摩纳哥、蒙古、黑山、荷兰、挪威、波兰、葡萄牙、罗马尼亚、俄罗斯、圣马力诺、塞尔维亚、斯洛伐克、斯洛文尼亚、西班牙、瑞典、瑞士、塔吉克斯坦、土耳其、土库曼斯坦、英国、乌克兰、美国、乌兹别克斯坦。

网址：〈http：//www. osce. org/〉。

### 明斯克集团

系一个支持“明斯克进程”的集团，组成一个为和平解决纳戈尔诺—卡拉巴赫地区冲突进行谈判的论坛。

**成员国：** 亚美尼亚、阿塞拜疆、白俄罗斯、芬兰、法国*、德国、意大利、俄罗斯*、瑞典、土耳其、美国*、欧安组织三驾马车。

*三个国家的代表为该集团的共同主席。

网址：〈http：//www. osce. org/mg/〉。

## 美洲国家组织（OAS）

系美洲的国家集团。该组织于 1948 年通过宪章，宗旨是加强西半球的和平与安全。总秘书处设在美国首都华盛顿。

**成员国（35 个）：** 安提瓜和巴布达、阿根廷、巴哈马、巴布达、伯利兹、玻利维亚、巴西、加拿大、智利、哥伦比亚、哥斯达黎加、古巴*、多米尼克、多米尼加共和国、厄瓜多尔、萨尔瓦多、格林那达、危地马拉、圭亚那、海地、洪都拉斯、牙买加、墨西哥、尼加拉瓜、巴拿马、巴拉圭、秘鲁、圣基茨和尼维斯、圣卢西亚、圣文森特和格林纳丁斯、苏里南、特立尼达和多巴哥、乌拉圭、美国、委内瑞拉。

*根据 2009 年 6 月 3 日决议，将古巴被排除在该组织之外的 1962 决议停止生效。根据 2009 年决议，古巴能否参加该组织“将是一项对话进程的结果”。古巴拒绝参加美洲国家组织活动。

网址：〈http：//www. oas. org/〉。

## 黑海经济合作组织（BSEC）

1992 年成立，宗旨是保障黑海地区的和平、稳定和繁荣，推动和促进经济合作与进步。常设秘书处在土耳其的伊斯坦布尔。

**成员国（12 个）：** 阿尔巴尼亚、亚美尼亚、阿塞拜疆、保加利亚、格鲁吉亚、希腊、摩尔多瓦、罗马尼亚、俄罗斯、塞尔维亚、土耳其、乌克兰。

网址：〈http：//www. bsec-organization. org/〉。

## 太平洋岛国论坛

1971 年成立，由一些提议建立南太平洋无核区的南太平洋国家组成。该提议后来体现在 1985 年的《拉罗汤加条约》之中。论坛不仅监督该条约的履约情况，而且为一系列更广泛问题进行非正式讨论提供场所。秘书处设在斐济首都苏瓦。

**成员国（16 个）：**澳大利亚、库克群岛、斐济、基里巴斯、马绍尔群岛、密克罗尼西亚、瑙鲁、新西兰、纽埃、帕劳、巴布亚新几内亚、萨摩亚、所罗门群岛、汤加、图瓦卢、瓦努阿图。

网址：〈http：//www. forumsec. org〉。

## 区域合作理事会（RCC）

由欧盟在 1999 年东南欧会议上发起，2008 年开始组建，取代东南欧稳定公约组织。目的是推动多边合作与东南欧同欧洲及欧洲大西洋的一体化，促进区域发展，造福人民。主要集中在六个优先领域：经济和社会发展、能源和基础设施建设、司法和内政建设、安全合作、人力资源建设及议会合作。秘书处设在萨拉热窝，其联络处设在布鲁塞尔。

**成员国（46 个）：**阿尔巴尼亚、奥地利、波黑、保加利亚、加拿大、欧洲委员会、欧洲发展银行理事会、克罗地亚、捷克共和国、丹麦、欧洲复兴与发展银行、欧洲投资银行、欧盟、德国、芬兰、法国、希腊、匈牙利、国际移民组织、爱尔兰、意大利、科索沃、拉脱维亚、前南斯拉夫马其顿共和国、摩尔多瓦、黑山、北大西洋公约组织、挪威、经济合作和发展组织、欧洲安全和合作组织、波兰、罗马尼亚、塞尔维亚、斯洛伐克、斯洛文尼亚、东南欧合作倡议、西班牙、瑞典、瑞士、土耳其、英国、联合国、联合国欧洲经济委员会、联合国开发计划署、美国、世界银行。

网址：〈http：//www. rcc. int/〉。

## 上海合作组织（SCO）

前身是“上海五国”，于 1996 年成立。2001 年更名为“上海合作组织”，向所有支持其宗旨的国家开放。成员国在建立信任措施、地区安全以及经济领域等方面开展合作。上海合作组织秘书处设在中国首都北京。

**成员国（6 个）：**中国、哈萨克斯坦、吉尔吉斯斯坦、俄罗斯、塔吉克斯坦、乌兹别克斯坦。

网址：〈http：//www. sectsco. org/〉。

## 中美洲一体化体系（SICA）

根据 1991 年签署的《特古西加尔巴议定书》而成立。该组织的一个目的是在合理的武力平衡基础上建立一种新型的区域安全模式，加强公民权力，解决极度贫困问题，推动可持续发展。保护环境，根除暴力、贪腐、恐怖主义及毒品和武器的非法交易。秘书处设在萨尔瓦多的首都圣萨尔瓦多。

**参加国（8 个）：**伯利兹、哥斯达黎加、*多米尼加共和国*、萨尔瓦多、危地马拉、洪都拉斯、尼加拉瓜、巴拿马。

网址：〈http：//www. sica. int/〉。

## 六方会谈：

一个就朝鲜核问题进行多边磋商的论坛。会谈在北京举行，中国担任主席国。六方会谈从 2009 年一直处于停滞状态。

**参加国（6 个）：**中国、日本、朝鲜、韩国、俄罗斯、美国。

## 南部非洲发展共同体（SADC）

成立于 1992 年，宗旨是促进地区经济发展和维护主权、和平与安全、人权与民主的基本原则。其政治、国防和安全合作机构（OPDS）的目的是推动区域内和平与安全。秘书处设在博茨瓦纳首都哈博罗内。

**成员国（15 个）：**安哥拉、博茨瓦纳、刚果民主共和国、莱索托、马达加斯加、马拉维、毛里求斯、莫桑比克、纳米比亚、塞舌尔、南非、斯威士兰、坦桑尼亚、赞比亚、津巴布韦。

*2009 年 3 月马达加斯加被暂停在南共体内所有机构的活动。

网址：〈http：//www. sadc. int/〉。

## 次地区磋商委员会（SRCC）

根据 1996 年的《关于南斯拉夫的次地区军控协定》（《佛罗伦萨协定》）建立，是作为成员国解决协定遵守问题的论坛。

《佛罗伦萨协定》缔约国（4 个）：见附件 A。

网址：〈httt：//www. osce. org/item/43725〉。

## 南美洲国家联盟（UNASUR）

系一个政府间组织，目的是加强区域一体化，在成员国内部增进政治对话，促进经济发展，协调防务问题。2008 年《宪章条约》在 2011 年 3 月 11 日生效，南美国家联盟将逐步取代安第斯共同体和南方共同市场。总部设在厄瓜多尔首都基多。

**成员国（12 个）**：阿根廷、玻利维亚、巴西、智利、哥伦比亚、厄瓜多尔、圭亚那、巴拉圭、秘鲁、苏里南、乌拉圭、委内瑞拉。

网址：〈http：//www. unasursg. org/〉。

## 南美洲防务理事会（CDS）

2008 年 12 月由南美洲国家联盟成员国批准成立，2009 年 3 月举行第一次理事会议。理事会目标是巩固南美洲区域和平，创建区域形象和加强区域内防务合作。

**成员国（12 个）**：南美洲国家联盟成员国。

网址：〈http：//www. unasurcds. org/〉。

# 第三部分　战略性贸易控制机制

## 澳大利亚集团（AG）

成立于1985年的国家集团。目的是通过共享扩散案件情报和分享管理策略，包括转让控制的协调，来防止与生化武器项目相关的物项和设备的有意或无意供应。

**参加国（42个）：**阿根廷、澳大利亚、奥地利、比利时、保加利亚、加拿大、克罗地亚、塞浦路斯、捷克共和国、丹麦、爱沙尼亚、欧洲委员会、芬兰、法国、德国、希腊、匈牙利、冰岛、爱尔兰、意大利、日本、韩国、拉脱维亚、立陶宛、卢森堡、马耳他、墨西哥、荷兰、新西兰、挪威、波兰、葡萄牙、罗马尼亚、斯洛伐克、斯洛文尼亚、西班牙、瑞典、瑞士、土耳其、英国、乌克兰、美国。

网址：〈http：//www. australiagroup. net/〉。

## 反金融洗钱特别工作小组（FATF）

政府间政策制定机构，旨在通过在国家和国际层面建立国际标准，制定和促进相关金融政策。1989年由七国集团设立，最初旨在检查和发展打击金融洗钱活动的措施。2001年它的职责扩展到包括反恐融资，2008年又扩展到包括针对大规模杀伤性武器扩散的融资。秘书处设在法国巴黎。

**成员（36个）：**阿根廷、澳大利亚、奥地利、比利时、巴西、加拿大、中国、丹麦、欧盟委员会、芬兰、法国、德国、希腊、海湾国家合作委员会、中国香港、冰岛、印度、爱尔兰、意大利、日本、韩国、卢森堡、墨西哥、荷兰、新西兰、挪威、葡萄牙、俄罗斯、新加坡、南非、西班牙、瑞典、瑞士、土耳其、英国、美国。

网址：〈http：//www. fatf-gafi. org/〉。

## 防止弹道导弹扩散海牙行为准则（HCOC）

2002 年，由一批认同其原则、认识到防止和制止运载大规模杀伤性武器的弹道导弹系统扩散的必要性和加强多边裁军和防扩散体制的重要性的国家签署。维也纳的奥地利外交部作为该准则的秘书处。

**签署国（137 个）**：阿富汗、阿尔巴尼亚、安道尔、*安提瓜和巴布达*、阿根廷、亚美尼亚、澳大利亚、奥地利、阿塞拜疆、白俄罗斯、比利时、贝宁、波斯尼亚和黑塞哥维那、保加利亚、布基纳法索、布隆迪、柬埔寨、喀麦隆、加拿大、佛得角、中非共和国、乍得、智利、哥伦比亚、科摩罗、刚果共和国、库克群岛、哥斯达黎加、克罗地亚、塞浦路斯、捷克共和国、丹麦、*多米尼克*、多米尼加共和国、厄瓜多尔、萨尔瓦多、厄立特里亚、爱沙尼亚、埃塞俄比亚、斐济、芬兰、法国、加蓬、冈比亚、格鲁吉亚、德国、加纳、希腊、危地马拉、几内亚、几内亚比绍、圭亚那、海地、梵蒂冈、洪都拉斯、匈牙利、冰岛、伊拉克、爱尔兰、意大利、日本、约旦、哈萨克斯坦、肯尼亚、基里巴斯、韩国、拉脱维亚、利比里亚、利比亚、列支敦士登、立陶宛、卢森堡、前南斯拉夫马其顿共和国、马达加斯加、马拉维、马尔代夫、马里、马耳他、马绍尔群岛、毛里塔尼亚、密克罗尼西亚、摩尔多瓦、摩纳哥、蒙古、黑山、摩洛哥、莫桑比克、荷兰、新西兰、尼加拉瓜、尼日尔、尼日利亚、挪威、帕劳、巴拿马、巴布亚新几内亚、巴拉圭、秘鲁、菲律宾、波兰、葡萄牙、罗马尼亚、俄罗斯、卢旺达、*圣基茨和尼维斯*、萨摩亚、圣马力诺、塞内加尔、塞尔维亚、塞舌尔、塞拉利昂、新加坡、斯洛伐克、斯洛文尼亚、南非、西班牙、苏丹、苏里南、瑞典、瑞士、塔吉克斯坦、坦桑尼亚、东帝汶、汤加、突尼斯、土耳其、土库曼斯坦、图瓦卢、乌干达、英国、乌克兰、乌拉圭、美国、乌兹别克斯坦、瓦努阿图、委内瑞拉、赞比亚。

网址：〈http：//www. hcoc. at/〉。

## 导弹及其技术控制制度（MTCR）

系非正式的国家集团，协调国家出口许可的控制，以防止有能力携带大规模杀伤性武器的弹道运载系统的扩散。成员国遵循《与导弹相关的敏感物项转让的指导原则》。

**伙伴国（34 个）：** 阿根廷、澳大利亚、奥地利、比利时、巴西、保加利亚、加拿大、捷克共和国、丹麦、芬兰、法国、德国、希腊、匈牙利、冰岛、爱尔兰、意大利、日本、韩国、卢森堡、荷兰、新西兰、挪威、波兰、葡萄牙、俄罗斯、南非、西班牙、瑞典、瑞士、土耳其、英国、乌克兰、美国。

网址：〈http：//www. mtcr. info/〉。

## 核供应国集团（NSG）

成立于 1975 年，以前也称作“伦敦俱乐部”。该集团根据《核转让指导原则》（即《伦敦指导原则》，1978 年首次通过）和《转让核相关的两用设备、材料、软件及相关技术的指导原则》（即《华沙指导原则》）来协调核材料的国家转让控制措施。《伦敦指导原则》包含有一个材料的“触发清单”。在向任何无核武器国家出口用于和平目的的有关材料时，应根据“触发清单”启动国际原子能机构的保障监督。

**参加国（48 个）：** 阿根廷、澳大利亚、奥地利、白俄罗斯、比利时、巴西、保加利亚、加拿大、中国、克罗地亚、塞浦路斯、捷克共和国、丹麦、爱沙尼亚、芬兰、法国、德国、希腊、匈牙利、冰岛、爱尔兰、意大利、日本、哈萨克斯坦、韩国、拉脱维亚、立陶宛、卢森堡、马耳他、墨西哥、荷兰、新西兰、挪威、波兰、葡萄牙、罗马尼亚、俄罗斯、塞尔维亚、斯洛伐克、斯洛文尼亚、南非、西班牙、瑞典、瑞士、土耳其、英国、乌克兰、美国。

网址：〈http：//www. nuclearsuppliersgroup. org/〉。

## 防扩散安全倡议（PSI）

根据 2003 年美国发起的倡议，成为一个进行执法合作的多边论坛，旨在拦截和没收通过陆地、空中和海洋转运的非法大规模杀伤性武器、导弹技术和相关材料。2003 年发表防扩散安全倡议拦截原则声明。该组织没有秘书处，其活动由一个行动专家组协调。

**参加国（102 个）：**阿富汗、阿尔及利亚、安道尔、安哥拉、安提瓜和巴布达、阿根廷*、亚美尼亚、澳大利亚*+、奥地利、阿塞拜疆、巴哈马、巴林、白俄罗斯、比利时、伯利兹、波黑、文莱、保加利亚、柬埔寨、加拿大*、智利、哥伦比亚、克罗地亚+、塞浦路斯、捷克共和国+、丹麦*、吉布提+、多米尼克、多米加共和国、萨尔瓦多、爱沙尼亚、斐济、芬兰、法国*+、格鲁吉亚、德国*+、希腊*、梵蒂冈、洪都拉斯、匈牙利、冰岛、伊拉克、爱尔兰、以色列、意大利*+、日本*+、约旦、哈萨克斯坦、韩国*+、吉尔吉斯斯坦、科威特、拉脱维亚、利比里亚、利比亚、列支敦士登、立陶宛+、卢森堡、前南斯拉夫马其顿共和国、马耳他、马绍尔群岛、摩尔多瓦、蒙古、黑山、摩洛哥、荷兰*+、新西兰*+、挪威*+、阿曼、巴拿马、巴布亚新几内亚、巴拉圭、菲律宾、波兰*+、葡萄牙*+、卡塔尔、罗马尼亚、俄罗斯*、圣卢西亚、圣文森特和格林纳丁斯、萨摩亚、圣马力诺、沙特阿拉伯、塞尔维亚、新加坡*+、斯洛伐克、斯洛文尼亚+、西班牙*+、斯里兰卡、瑞典、瑞士、塔吉克斯坦、泰国、突尼斯、土耳其*+、土库曼斯坦、乌克兰+、阿拉伯联合酋长国+、英国*+、美国*+、乌兹别克斯坦、瓦努阿图、也门。

*行动专家组成员。

+2003—2013 年期间主办过 PSI 演习的东道国。

网址：美国国务院网站〈http://www.state.gov/t/isn/c10390.htm〉。

## 瓦森纳安排（WA）

《关于常规武器和两用物项及技术出口控制的瓦森纳安排》于 1996 年正式成立。宗旨是防止其行为受到成员国关注的国家获取武器和可转军用的敏感两用物项和技术。秘书处设在奥地利首都维也纳。

**参加国（41 个）：**阿根廷、澳大利亚、奥地利、比利时、保加利亚、加拿大、克罗地亚、捷克共和国、丹麦、爱沙尼亚、芬兰、法国、德国、希腊、匈牙利、爱尔兰、意大利、日本、韩国、拉脱维亚、立陶宛、卢森堡、马耳他、墨西哥、荷兰、新西兰、挪威、波兰、葡萄牙、罗马尼亚、俄罗斯、斯洛伐克、斯洛文尼亚、南非、西班牙、瑞典、瑞士、土耳其、英国、乌克兰、美国。

网址：〈http：//www. wassenaar. org/〉。

## 桑戈委员会

成立于1971—1974年的核出口国委员会，称为桑戈委员会。这个由核供应国组成的集团，一年举行两次非正式会议，协调核材料的出口控制，即根据定期更新的触发清单，核材料出口时必须实施国际原子能机构的保障监督措施。该委员会的工作是核供应国集团的补充。

**成员国（38个）**：阿根廷、澳大利亚、奥地利、白俄罗斯、比利时、保加利亚、加拿大、中国、克罗地亚、塞浦路斯、捷克共和国、丹麦、芬兰、法国、德国、希腊、匈牙利、爱尔兰、意大利、日本、韩国、卢森堡、荷兰、挪威、波兰、葡萄牙、罗马尼亚、俄罗斯、斯洛伐克、斯洛文尼亚、南非、西班牙、瑞典、瑞士、土耳其、英国、乌克兰、美国。

网址：〈http：//www. zanggercommittee. org/〉。

（琦　灵　译）

# 附件C 2013年大事记

南尼·博德尔

此大事记罗列了2013年与军备、裁军和国际安全有关的重大事件。事件发生的日期为当地时间。关键词标在右侧一栏。缩略语的定义可在第18—21页查找。

| | | |
|---|---|---|
| *1月4日* | 南苏丹总统萨尔瓦·基尔·马亚尔迪特与苏丹总统奥马尔·巴希尔在埃塞俄比亚首都亚的斯亚贝巴举行会议，同意在两国共同边界建立缓冲区并恢复石油出口，从而落实2012年9月27日达成的协议。（另请参见*3月8日*） | 南苏丹；苏丹；和平协定 |
| *1月10日* | 巴基斯坦的奎达市和斯瓦特河谷地区发生自杀式炸弹袭击，造成100多人死亡，300多人受伤。在巴基斯坦国内政治和宗派紧张局势加剧期间，暴力活动升级。 | 巴基斯坦；恐怖主义 |

| | | |
|---|---|---|
| *1月10—13日* | 在伊斯兰反政府武装夺取了马里中部的科纳镇后，马里临时总统迪翁昆达·特拉奥雷向国际社会请求军事援助，法国总统弗朗索瓦·奥朗德于1月11日宣布法国将部署400人的部队。为了支持马里政府军，法国军队发动了代号为“薮猫行动”的军事进攻，其中包括空袭。布基纳法索、尼日尔、尼日利亚和塞内加尔等邻国于1月12日同意派遣部队为法国和马里军队提供支持。 | 马里；法国；武装冲突 |
| *1月11日* | 2012年12月夺取中非共和国部分地区控制权的反政府武装联盟“塞雷卡”与中非共和国政府在加蓬首都利伯维尔签署停火协议。双方同意组建联合政府。（另请参见*3月24日*） | 中非共和国；和平协定 |
| *1月14日* | 58个国家致函联合国安理会，支持将叙利亚冲突问题提交国际刑事法院的动议。由于叙利亚不是国际刑事法院的缔约国，有关战争罪的调查只能由安理会启动。（另请参见*2月18日*） | 联合国；国际刑事法院；叙利亚；战争罪 |

| | | |
|---|---|---|
| 1 月16—19 日 | 伊斯兰武装分子将阿尔及利亚艾因阿迈纳斯镇附近天然气田的大约 40 名西方承包商和 100 名阿尔及利亚工人扣为人质。以前“基地”组织头目穆赫塔尔·贝勒穆赫塔尔为首的“蒙面旅”声称对这一袭击事件负责并称此举旨在报复法国干预打击马里的伊斯兰反政府武装。阿尔及利亚向法国战机开放领空以提供支持。1 月 18 日，阿尔及利亚军队对关押人质的设施发动攻击，造成 37 名外国工人和近 30 个绑匪死亡。一些人质仍然下落不明。 | 阿尔及利亚；恐怖主义 |
| 1 月17 日 | 欧洲联盟理事会决定建立欧盟驻马里军事训练团，应马里当局的要求并根据联合国安理会于 2012 年通过的第 2071 号决议和第 2085 号决议，为马里武装部队提供军事培训和顾问。欧盟驻马里军事训练团于 2013 年 2 月 18 日正式启动。 | 欧盟；马里；和平行动 |
| 1 月22 日 | 菲律宾就南中国海的领土要求向国际海洋法法庭提起针对中国的仲裁诉状。 | 中国；菲律宾 |
| 1 月22 日 | 联合国安理会一致通过第 2087 号决议，谴责朝鲜 2012 年 12 月 12 日进行的导弹发射。决议要求朝鲜停止其核计划和弹道导弹试验，加强了针对朝鲜的导弹发射设施和卫星控制中心负责人的制裁并呼吁成员国“提高警惕”防止转移与朝鲜的核武器和弹道导弹计划有关的资金。作为回应，朝鲜誓言加强核威慑及其他军事能力。 | 联合国；朝鲜；大规模杀伤性武器 |

| | | |
|---|---|---|
| 1 月24 日 | 朝鲜国防委员会宣布将以美国为目标，进行进一步的火箭发射和核试验。(另请参见2 月12 日) | 朝鲜；美国 |
| 1 月24 日 | 一艘日本海岸警卫队舰船阻止了一艘载有台湾地区保钓人士的船只在东海有争议的尖阁诸岛/钓鱼岛及其附属岛屿登陆，中国大陆、日本和台湾地区均声称拥有其主权。 | 中国大陆；日本；台湾地区 |
| 1 月29 日 | 联合国—阿拉伯国家联盟叙利亚危机联合特别代表拉赫达尔·卜拉希米在美国华盛顿特区发表讲话，呼吁联合国安理会采取行动找到解决叙利亚持续冲突的办法并警告不要再拖延。 | 联合国；叙利亚 |
| 1 月30 日 | 在科威特市举办的叙利亚国际人道主义认捐大会筹集了超过 12 亿美元捐款以帮助受到叙利亚冲突影响的平民。联合国秘书长潘基文形容叙利亚的局势是“灾难性”的。 | 叙利亚；援助 |
| 1 月30 日 | 以色列飞机对黎巴嫩—叙利亚边境上的军事目标进行了空袭，据报道还袭击了位于大马士革北部詹拉亚的叙利亚科学研究中心，由于涉嫌与化学和生物武器项目有关，该机构一直是国际制裁对象。叙利亚陆军证实发生了袭击，但以色列对此不予置评。 | 以色列；黎巴嫩；叙利亚；生化武器 |
| 2 月3 日 | 设在伊拉克基尔库克市的省警察总部遭到自杀式汽车炸弹袭击，造成近 40 人死亡，100 多人受伤。没有任何组织声称对这次袭击事件负责。自从伊拉克总理让伊拉克军队负责该市安全以来，民族和宗教紧张局势有所升级。 | 伊拉克；库尔德人；恐怖主义 |

| | | |
|---|---|---|
| 2 月12 日 | 朝鲜在其2006 年和2009 年的试验地点附近进行了第三次地下核试验。官方声明称“此次核试验使用了比此前爆炸威力更大的小型化、轻量化的核装置”。国际社会对这次核试验表示谴责，联合国安理会召开紧急会议。 | 朝鲜；核武器；核试验 |
| 2 月12 日 | 美国总统贝拉克·奥巴马在国情咨文中宣布驻阿富汗美军将“逐渐过渡到发挥支援作用”；到2013 年年底前将从阿富汗撤军3.4 万人；美国将与俄罗斯保持接触以寻求进一步削减核武库并继续在全球范围内努力防止核材料的扩散。 | 阿富汗；美国；核军备控制 |
| 2 月16 日 | 巴基斯坦奎达市的一个市场遭到自杀式炸弹袭击，造成80 余人死亡，约300 人受伤。逊尼派武装组织“羌城军”宣称对袭击事件负责。 | 巴基斯坦；恐怖主义 |
| 2 月18 日 | 欧洲联盟理事会决定将对叙利亚的制裁再延长三个月，禁止向叙利亚出口可用于国内镇压的武器和装备，冻结部分叙利亚官员及相关人员的资产并禁止向他们发放签证。制裁措施改为允许在更大程度上提供非致命性武器装备和技术援助，用于保护平民。（另请参见5 月27 日。） | 欧盟；武器禁运；叙利亚 |

| | | |
|---|---|---|
| 2 月18 日 | 联合国人权理事会授权对叙利亚境内侵犯人权行为进行调查的叙利亚问题独立国际调查委员会呼吁采取紧急行动，确保为冲突期间所犯罪行的受害者伸张正义。委员会列出了具体建议措施以确保追究犯下罪行的各方责任，包括将案件移送国际刑事法院。 | 叙利亚；人权 |
| 2 月24 日 | 安哥拉、布隆迪、中非共和国、刚果民主共和国、刚果共和国、卢旺达、南非、南苏丹、坦桑尼亚、乌干达和赞比亚等 11 个非洲国家在埃塞俄比亚首都亚的斯亚贝巴举行会议，签署了《刚果（金）和大湖地区和平、安全与合作框架文件》。根据在联合国斡旋下达成的这一协议，各国承诺既不干涉刚果（金）的内部事务，也不容忍或支持武装团体。 | 联合国；刚果（金）；和平协定 |
| 2 月28 日 | 北大年分离主义运动的一个派别“全国革命阵线”与泰国国家安全委员会负责人在马来西亚吉隆坡签署启动泰国南部边境省份和平对话进程的普遍共识文件，出席签字仪式的有马来西亚总理纳吉布·拉扎克和泰国总理英拉·西那瓦。然而，“全国革命阵线”只是泰国南部的反政府组织之一，目前还不清楚对话进程能否达致或维持全面和平。 | 泰国；和平协定 |
| 3 月4—5 日 | 挪威主办了一次关于核武器造成的人道主义影响的国际会议，参与会议的有 127 个各国政府、联合国机构、国际组织和民间团体的代表。墨西哥宣布将在 2014 年举办后续会议。 | 核武器 |

| | | |
|---|---|---|
| *3 月6 日* | 阿拉伯国家联盟邀请叙利亚反对派和革命力量全国联盟接替叙利亚在该组织中的席位，前提是成立代表机构。叙利亚自 2011 年 11 月开始被中止其成员国资格。 | 阿拉伯联盟；叙利亚 |
| *3 月7 日* | 联合国安理会一致通过第 2094 号决议，谴责朝鲜 2 月 12 日进行的核试验。决议加强了对朝鲜贸易和银行业的制裁，将制裁对象扩大到参与武器相关物品和装备贸易的官员以及位于平壤的第二自然科学院；要求朝鲜收回其退出 1968 年通过的《不扩散核武器条约》的公告；并重申安理会的决定，即朝鲜“应以完全、可核查和不可逆的方式放弃所有核武器和现有核计划”。朝鲜发表声明威胁要对美国发动核打击。 | 联合国；朝鲜；大规模杀伤性武器；制裁 |
| *3 月7 日* | 戈兰高地联合国脱离接触观察员部队的 21 名菲律宾观察员被叙利亚反政府组织绑架。他们于 3 月 10 日获释。5 月 10 日，在另外 4 名于 5 月 7 日被绑架的菲律宾观察员获释后，菲律宾外交部长阿尔韦特·德尔罗萨里奥威胁要撤回该国派遣参加行动、约占总数 1/3 的人员。（另请参见*6 月 6 日*）。 | 联合国；以色列；叙利亚；和平行动 |

| | | |
|---|---|---|
| *3 月8 日* | 继联合国安理会加强制裁后，朝鲜的祖国和平统一委员会发表声明，宣布朝鲜自 3 月 11 日起“废除北南双方之间就互不侵犯达成的所有协议”，其中包括 1953 年结束朝鲜战争的停战协定，并将切断 1971 年安装的朝韩热线电话。 | 朝鲜；韩国；和平协定 |
| *3 月8 日* | 作为落实 2012 年达成的安全框架协议的一部分，南苏丹和苏丹签署了在两国之间建立非军事边境区的协议。两国将于 4 月 5 日完成撤军。3 月 12 日，两国还同意恢复石油生产，南苏丹在 2012 年 1 月因为与苏丹的过境费纠纷而暂停石油开采。 | 南苏丹；苏丹；和平协定 |
| *3 月15 日* | 朝鲜指责美国对其进行网络攻击。(另请参见*3 月20 日*) | 朝鲜；美国；网络安全 |
| *3 月16 日* | 美国国防部长查克·哈格尔宣布，美国将不会在波兰部署曾打算用来对付来自中东地区的中程和中远程导弹的升级版拦截导弹。俄罗斯一直强烈反对该计划。同时，他宣布将在美国西海岸增加部署陆基拦截导弹以应对来自朝鲜的更大威胁。 | 美国；导弹防御 |

| | | |
|---|---|---|
| *3 月18 日* | 名为“3 月 23 日运动”的反政府组织领导人之一博斯科·恩塔甘达向驻卢旺达首都基加利的美国大使馆“自首”，要求被移交至国际刑事法院。国际刑事法院曾在 2006 年因其 2002—2003 年间在刚果民主共和国东北部担任武装组织领导人时的行为而对恩塔甘达发出逮捕令。他于 3 月 26 日在荷兰海牙的国际刑事法院出庭受审。 | 国际刑事法院；刚果（金）；战争罪 |
| *3 月18—28 日* | 联合国武器贸易条约最后会议在美国纽约的联合国总部举行。会议最后一天，伊朗、朝鲜和叙利亚否决了一致通过条约文本。文本被提交给联合国大会进行表决。（另请参见*4 月2 日*） | 联合国；武器贸易条约 |
| *3 月19 日* | 有指控称在叙利亚冲突中使用了化学武器。叙利亚政府和俄罗斯指责反对派在阿勒颇省发动的袭击杀死了至少 16 人。叙利亚反对派和革命力量全国联盟指责政府军发动了该袭击以及大马士革郊区的第二次袭击。（另请参见*3 月21 日*） | 叙利亚；化学武器 |
| *3 月20 日* | 一艘中国巡逻舰艇与一艘越南渔船在南海西沙群岛附近有争议的海域遭遇。越南指责中国舰艇向渔船开火导致起火。 | 中国；越南 |
| *3 月20 日* | 疑似网络攻击使韩国多家银行和电视台受到影响。4 月 10 日，韩国政府指责朝鲜发动攻击。 | 朝鲜；韩国；网络安全 |

| | | |
|---|---|---|
| 3 月21 日 | 在叙利亚政府发出正式请求后，联合国秘书长潘基文宣布派出联合国真相调查小组调查有关在叙利亚使用化学武器的指控。4 月 8 日，叙利亚外交部表示不会允许联合国调查小组进入该国。 | 联合国；叙利亚；化学武器 |
| 3 月24 日 | 反政府武装联盟“塞雷卡”的战斗人员攻占中非共和国首都班吉，推翻总统弗朗索瓦·博齐泽。国际社会谴责此次政变。 | 中非共和国 |
| 3 月28 日 | 联合国安理会一致通过第 2098 号决议，批准创建其有史以来第一支“进攻性”作战部队，即在联合国组织刚果民主共和国稳定特派团内设立一个干预旅。这个旅旨在有针对性地开展行动，解除“3 月 23 日运动”以及刚果民主共和国东部其他反政府武装和外国武装团体的作战能力和武装。 | 联合国；刚果（金）；和平行动 |
| 4 月2 日 | 朝鲜宣布打算重新启动其位于平安北道宁边郡的核基地的所有设施，以缓解电力短缺问题并加强核能力。作为六方会谈的一部分，宁边核反应堆于 2007 年被关闭。 | 朝鲜；核计划 |
| 4 月2 日 | 联合国大会以 155 票赞成、3 票反对（伊朗、朝鲜和叙利亚投票反对）和 23 票弃权的表决结果，通过了《武器贸易条约》，该条约监管常规武器国际贸易并将军售与进口国的人权纪录挂钩。条约于 6 月 3 日起开放供所有国家签署，将在第 50 个签署国按程序交存批准书 90 天后正式生效。 | 武器贸易条约 |

| | | |
|---|---|---|
| *4 月10 日* | 日本和台湾地区签订协议，授予台湾地区在东海尖阁诸岛/钓鱼岛及其附属岛屿附近的捕鱼权。中国大陆和台湾地区都宣称对这些由日本控制的岛屿拥有主权。中国大陆反对这项协议。 | 中国大陆；日本；台湾地区 |
| *4 月23 日* | 8 艘中国政府船只驶向东海有争议的尖阁诸岛/钓鱼岛及其附属岛屿。日本警告说，如果这些船只试图登岛，将以武力回应。 | 中国；日本 |
| *4 月25 日* | 美国政府通知国会，美国情报机构已经发现了在叙利亚小规模使用沙林神经毒气的证据。该证据不能无可置疑地证明叙利亚政府负有责任，但情况“非常可能”就是这样。（另请参见*6 月13 日*）联合国真相调查小组的调查人员预定将访问所谓化学武器袭击的幸存者并分析西方情报机构采集的土壤样本。 | 叙利亚；化学武器 |
| *4 月25 日* | 联合国安理会一致通过第 2100 号决议，决定设立联合国马里多层面综合稳定团，2013 年 7 月 1 日开始部署，同时把目前由非洲主导的马里国际支援团的授权移交给新设立的特派团。马里稳定团将有 12600 名军事和警察人员，其职责将包括实现主要人口中心的稳定、协助在马里全国重建国家权力、保护平民和联合国人员以及增进和保护人权。 | 联合国；马里；和平行动 |

| | | |
|---|---|---|
| 4 月26 日 | 上海合作组织和土耳其政府官员在哈萨克斯坦阿拉木图举行会议，签署了给予土耳其上合组织对话伙伴国地位的备忘录。土耳其是与上合组织建立这种关系的首个北约成员国。 | 上合组织；土耳其 |
| 5 月2 日 | 联合国安理会一致通过第 2102 号决议，决定于 2013 年 6 月 3 日设立联合国索马里援助团，初步为期 12 个月。其职责是提供联合国的“斡旋”职能以支持和平与和解进程，支持索马里政府和非洲联盟驻索马里特派团就建设和平提供咨询，协助协调国际捐助方提供的支助，帮助建立人权和法治方面的能力，以及监督和防止侵犯人权。 | 联合国；索马里 |
| 5 月4—5 日 | 叙利亚指责以色列对位于大马士革北部詹拉亚的叙利亚科学研究中心发动火箭弹袭击并攻击了运送给黎巴嫩边界附近真主党武装的导弹。以色列既没有证实也没有否认这些轰炸行动。 | 以色列；叙利亚 |
| 5 月9 日 | 菲律宾海岸警卫队在南海有争议的海域对一艘台湾地区渔船开火，据报道造成一人死亡。 | 菲律宾；台湾地区 |
| 5 月14—24 日 | 根据 2012 年 12 月通过的联合国大会第 67/56 号决议设立的关于“推进多边核裁军谈判以建立和保持一个无核武器世界”的联合国无期限工作组在瑞士日内瓦召开第一次会议。该特设工作组将评估现有承诺和建议，考虑如何推进核裁军谈判并制定提交联合国大会下届会议的提案。 | 联合国；核裁军 |

| | | |
|---|---|---|
| *5 月 15 日* | 由欧盟、法国和马里共同组织的名为“共同建设新马里”的国际捐助者会议在比利时布鲁塞尔召开，会上提出了 2013—2014 年度马里可持续复苏计划。国际社会承诺提供合计 32.5 亿欧元（43 亿美元）援助。 | 马里；发展援助 |
| *5 月 20 日* | 伊拉克各地发生一系列汽车炸弹和枪击事件，导致至少 90 人死亡，多人受伤。全国各地逊尼派和什叶派穆斯林之间的宗派暴力冲突升级；自 5 月 15 日以来有超过 200 人在不同的袭击事件中丧生。 | 伊拉克；恐怖主义 |
| *5 月 27 日* | 欧洲联盟理事会未能就延长对叙利亚的武器禁运达成一致意见，该制裁措施将于 6 月 1 日到期。法国和英国主张解除禁运，两国获准在 8 月 1 日后向叙利亚反对派提供武器。所有其他制裁措施将继续有效。 | 欧盟；叙利亚；武器禁运 |
| *5 月 28 日* | 72 个国家的政府代表在波兰华沙举行高级别政治会议，纪念发起防扩散安全倡议 10 周年。 | 防扩散 |
| *6 月 6 日* | 英国报纸《卫报》报道说，美国国家安全局正通过代号为“棱镜”的秘密监视计划收集通讯数据，包括脸书和谷歌等大型互联网公司的数据。6 月 9 日，前美国国家安全局雇员、计算机分析师爱德华·斯诺登被指是泄密源。美国要求从中国香港引渡斯诺登。 | 美国；情报 |

| | | |
|---|---|---|
| *6 月6 日* | 奥地利宣布将从戈兰高地的联合国脱离接触观察员部队撤出其人员，理由是其军人面临的危险程度不可接受。380 名奥地利观察员占行动人数的 1/3以上。撤离计划于 6 月 12 日开始。克罗地亚和日本也在最近几个月内撤回了人员。 | 联合国；以色列；叙利亚；和平行动 |
| *6 月13 日* | 美国政府指出，根据美国情报界收集的信息，有可信的证据表明叙利亚政府在过去一年中多次对反对派小规模地使用了化学武器，包括神经毒剂沙林。美国总统贝拉克·奥巴马因此授权扩大向反对派提供的援助“规模和范围”，首次向其提供小型武器和弹药。 | 美国；叙利亚；化学武器；军事援助 |
| *6 月14 日* | 俄罗斯和美国签署有关减少威胁的新双边框架协议，以取代6 月 17 日到期的 1992 年“减少威胁合作计划”（又称“纳恩—卢格计划”）框架协议。虽然缩小了美国在俄罗斯境内的减少威胁合作活动范围，新协议规定将继续开展联合核安全活动，并授权双方“在多个防扩散合作领域内开展工作，包括核材料的保护、控制和核算”。 | 俄罗斯；美国；防扩散 |
| *6 月14 日* | 前伊朗最高国家安全委员会主席、首席核谈判代表哈桑·鲁哈尼以决定性优势赢得伊朗总统选举。这位新当选的总统承诺采取更加务实的态度来解决国际社会对伊朗核计划的担忧，同时保护伊朗人民的权利。鲁哈尼于 8 月 3 日宣誓就职。（另请参见 *11 月 24 日*） | 伊朗；核计划 |

| | | |
|---|---|---|
| *6 月18 日* | 国际安全援助部队在阿富汗首都喀布尔举行的仪式上将阿富汗全境的安全职责正式移交给阿富汗政府军。外国军队在2013 年底前将继续执行作战任务。 | 阿富汗 |
| *6 月18 日* | 过渡性的马里民族团结政府与阿扎瓦德民族解放运动和阿扎瓦德争取统一高级理事会这两个图阿雷格族反政府组织在布基纳法索首都瓦加杜古举行会议，签署了有关在马里举行总统选举及包容性和平对话的初步协议。根据协议，马里军队将重新部署到整个马里北部地区，定于7 月28 日在包括基达尔地区在内的马里全境举行总统选举。 | 马里 |
| *6 月19 日* | 美国总统贝拉克·奥巴马在德国柏林发表演讲，宣布美国将提议与俄罗斯磋商将已经部署的战略核武器削减高达1/3，同时把核弹头储存量裁减到2010 年《削减和限制进攻性战略武器新条约》中允许的1550 枚以下。美国还将与北约盟国共同努力减少俄罗斯和美国部署在欧洲的战术核武器。美国将致力于推进支持美国国会批准1996 年通过的《全面禁止核试验条约》，并呼吁所有国家开始启动裂变材料禁产条约的谈判。 | 美国；核武器；核裁军 |
| *7 月1 日* | 克罗地亚正式成为欧洲联盟的第28 个成员国。 | 欧盟；扩大；克罗地亚 |

| | | |
|---|---|---|
| 7 月3 日 | 在埃及全国爆发持续两周反对埃及总统穆罕默德·穆尔西和穆斯林兄弟会的暴力抗议后，国防部长阿卜杜勒—法塔赫·塞西将军宣布军方解除了穆尔西的总统职务。平民、政治和宗教反对派领导人商定后穆尔西时代的政府路线图，暂停使用现行宪法并组建临时政府，由最高宪法法院院长出任临时总统，同时将制定新议会和总统选举计划。穆尔西的支持者称此举为军事政变。 | 埃及 |
| 7 月3 日 | 国际原子能机构宣布，经过大叻原子能研究所国际团队为期 10 年的工作，越南已实现消除武器级浓缩铀。越南移除了 16 公斤高浓铀并运往俄罗斯。 | 国际原子能机构；越南；铀 |
| 7 月8 日 | 在埃及开罗爆发的示威期间，安全部队和警察向被罢黜的前总统穆罕默德·穆尔西的支持者开火，造成至少 51 名平民死亡，400 多人受伤。军方称一群“恐怖分子”试图冲击共和国卫队驻地，但暴力事件的起因无法确定。这是自 2011 年推翻胡斯尼·穆巴拉克总统以来，埃及的暴力事件造成伤亡最多的一天。 | 埃及 |
| 7 月10 日 | 美国海军成功实现无人驾驶的 X－47B 试验喷气机在航空母舰上降落。这是无人机首次完成这样的着舰降落，被认为是海军航空兵最具挑战性的操作。 | 美国；无人机 |

| | | |
|---|---|---|
| 7 月15 日 | 巴拿马当局宣布他们扣押了“清川江”号朝鲜货船，该船从古巴开往朝鲜，载有藏匿在红糖集装箱中的“未经申报的战争武器”。这艘船被扣押是因为有人向当局举报其可能运送毒品。 | 朝鲜；武器走私 |
| 7 月29 日 | 在美国国务卿约翰·克里的主持下，以色列和巴勒斯坦在美国华盛顿特区举行会议，同意重启和平谈判。谈判进程的目标是在 2014 年 5 月前达成“一项结束历史冲突的协议”。谈判开始前，以色列同意分四个阶段释放 100 多名巴勒斯坦囚犯，而巴勒斯坦则同意暂不寻求联合国机构及其他国际机构的承认或补偿。首轮会谈于 8 月 14 日举行。 | 以色列；巴勒斯坦 |
| 8 月1 日 | 在莫斯科机场滞留一个半月后，爱德华·斯诺登获得俄罗斯的临时庇护。俄罗斯作出这个决定后，美国总统贝拉克·奥巴马取消了与俄罗斯总统弗拉基米尔·普京的会晤。 | 俄罗斯；美国；情报 |
| 8 月14 日 | 埃及安全部队对被废黜的前总统穆罕默德·穆尔西的支持者在开罗占据的抗议营地实施清场行动，造成数百人死亡和数千人受伤。暴力事件蔓延整个埃及，副总统穆罕默德·巴拉迪辞职抗议不必要地使用武力。 | 埃及 |
| 8 月14 日 | 叙利亚政府同意允许 3 月 21 日成立的联合国真相调查小组进入叙利亚，对使用化学武器的指控进行调查。联合国调查小组于 8 月 18 日抵达叙利亚。 | 联合国；叙利亚；化学武器 |

| | | |
|---|---|---|
| 8 月21 日 | 在7月3日发生军事政变后，欧盟外交事务委员会宣布，欧盟成员国已同意暂停发放向埃及出口可能被用于国内镇压的任何装备的许可证，并同意重新评估军事装备的出口许可及其对埃及的安全援助。 | 欧盟；埃及 |
| 8 月21 日 | 有报告显示叙利亚大马士革郊区由反政府武装控制的姑塔地区遭到化学武器袭击，导致大约 500—1300 人死亡。如果得到证实，这将是自 1988 年伊拉克哈拉布贾村的袭击事件以来伤亡最大的化学武器袭击。联合国安理会立即召开紧急会议，但没有明确要求对这一事件进行调查。 | 叙利亚；化学武器 |
| 8 月27 日 | 阿拉伯国家联盟理事会谴责叙利亚政府8月21日对姑塔地区发动化学武器袭击，呼吁联合国安理会同意采取行动，不过没有就军事行动提出任何建议。 | 阿拉伯联盟；叙利亚；化学武器 |
| 8 月29 日 | 在联合国安理会讨论了联合国调查小组有关8月21日在姑塔地区使用化学武器的报告后，英国下议院投票反对支持英国在叙利亚开展军事行动的政府动议。法国政府仍坚持做出军事反应。美国方面，在参议院外交关系委员会9月4日批准政府对叙利亚使用武力的要求后，国内辩论表明反对使用武力的呼声很大。 | 叙利亚；英国；法国；美国；化学武器 |

| | | |
|---|---|---|
| *9 月9 日* | 与摩洛民族解放阵线领导人努尔·米苏亚利结盟的武装力量袭击了菲律宾棉兰老岛的三宝颜市。菲律宾武装部队的部署导致发生激烈的城市战斗。超过200 人丧生。 | 菲律宾；武装冲突 |
| *9 月12 日* | 俄罗斯提出建议后，叙利亚同意加入1993 年通过的《禁止化学武器公约》。10 月 14 日，叙利亚正式成为公约的缔约国。 | 叙利亚；裁军；化学武器 |
| *9 月13 日* | 中非共和国总统米歇尔·乔托迪亚宣布解散在 3 月 24 日发生武装政变后使其上台的“塞雷卡”联盟。许多前反政府武装人员拒绝缴械。 | 中非共和国 |
| *9 月21—24 日* | 9 月 21 日，枪手袭击了肯尼亚首都内罗毕的西门购物中心。安全部队历时 4 天努力夺回了大楼的控制权，有超过 60 人丧生。索马里伊斯兰极端组织青年圣战者运动宣称进行了这次袭击，以报复肯尼亚对索马里的军事干预。 | 肯尼亚；索马里；恐怖主义 |
| *9 月26 日* | 联合国安理会以 14 票赞成、0 票反对的表决结果（俄罗斯投弃权票）通过第 2117 号决议，这是安理会第一项专门为小武器和轻武器问题而通过的决议。 | 联合国；小武器和轻武器 |
| *9 月27 日* | 禁止化学武器组织执行理事会商定以可核查的方式迅速销毁叙利亚的化学武器的特别程序。联合国安理会一致通过第 2118 号决议，表示认可禁止化学武器组织的决定。 | 联合国；禁止化学武器组织；叙利亚；化学武器 |
| *10 月3 日* | 冈比亚宣布退出英联邦。 | 英联邦；冈比亚 |

| | | |
|---|---|---|
| *10 月9 日* | 在7月3日发生军事政变后，美国暂停向埃及提供军事援助和交付武器。 | 埃及；美国 |
| *10 月11 日* | 挪威诺贝尔委员会宣布将2013年诺贝尔和平奖授予禁止化学武器组织以表彰其为消除化学武器所作的诸多努力。 | 禁止化学武器组织 |
| *10 月16 日* | 在9月27日禁止化学武器组织执行理事会做出决定以及联合国安理会通过第2118号决议后，禁止化学武器组织与联合国的叙利亚化学武器问题联合特派团正式成立，目的是尽可能以最安全和最有保障的方式实现及时消除叙利亚的化学武器计划。 | 联合国；禁止化学武器组织；叙利亚；化学武器 |
| *10 月18 日* | 10月17日首次当选任期为两年的联合国安理会非常任理事国之后，沙特阿拉伯拒绝接受这个席位，其中一个理由是联合国未能在叙利亚冲突问题上有所作为。 | 联合国；沙特阿拉伯 |
| *10 月31 日* | 政府提出的大赦法案在泰国曼谷引发了大规模的反政府示威，后来升级成示威者与警察之间的街头暴力冲突。抗议活动持续到年底，规模不断扩大，有多人丧生。 | 泰国 |
| *11 月1 日* | 联合国防止种族灭绝罪行问题特别顾问阿达马·迪昂呼吁采取紧急行动以制止中非共和国境内普遍的侵犯人权行为和日益严重的宗派暴力活动。他指责前反政府组织“塞雷卡”成员（主要为穆斯林）和“反巴拉卡”武装分子（主要为基督徒或万物有灵论者）对大部分针对平民的暴行负有主要责任。（另请参见*12 月5 日*） | 联合国；中非共和国 |

| | | |
|---|---|---|
| 11 月7 日 | 刚果民主共和国军队在联合国支持下成功发动进攻后，“3 月 23 日运动”这个反政府组织宣布结束叛乱，将解除武装并进行谈判。 | 联合国；刚果(金) |
| 11 月11 日 | 国际原子能机构总干事天野之弥和伊朗原子能组织主席阿里·阿克巴尔·萨利希在德黑兰签署协议，设定了加强“合作与对话以确保伊朗的核计划完全属于和平性质”的框架。协议包括伊朗在 2014 年 2 月中旬前需要采取的六个初步行动，让国际原子能机构可以检查两个核设施并获取伊朗计划中的核电厂和研究用反应堆的有关信息。 | 国际原子能机构；伊朗；核计划 |
| 11 月11 日 | 国际法院裁定 1962 年的判决已经将柏威夏寺周边地区划归柬埔寨，要求泰国从该地区撤军。2008 年这个争议地区开始发生冲突后，柬埔寨在 2011 年 4 月正式提出要求国际法院解释其 1962 年的判决。 | 国际法院；柬埔寨；泰国 |
| 11 月20 日 | 美国和阿富汗商定双边安全协议的草案文本。协议规定一些美军在 2014 年后将继续驻留阿富汗提供训练和支援，但不参与作战任务。阿富汗总统哈米德·卡尔扎伊拒绝签署该协议，认为这应该是 2014 年将要选出的其继任者的工作。 | 阿富汗；美国 |
| 11 月21 日 | 乌克兰政府暂停与欧洲联盟的入盟和贸易谈判后，成千上万的人走上基辅街头，要求政府辞职。抗议活动升级，在与警察发生的暴力冲突中有人死伤。 | 乌克兰 |

| | | |
|---|---|---|
| 11 月23 日 | 中国划设东海“防空识别区”，范围涵盖中国大陆和台湾地区宣称拥有主权但由日本控制的尖阁诸岛/钓鱼岛及其附属岛屿，日本提出抗议。美国、韩国和日本的军用飞机仍然在未提前通知中国的情况下飞经该区域。 | 中国；日本 |
| 11 月24 日 | 伊朗与伊核问题六国（中国、法国、俄罗斯、英国、美国和德国）在瑞士日内瓦举行会议，签署了联合行动计划协议，伊朗据此同意在6个月内限制其核活动。作为交换，伊朗可以从被冻结的账户动用石油销售收入，部分贸易限制措施也暂停实施。在6个月期限内，各方将继续谈判以达成全面协议，允许伊朗继续推行其和平利用核能的计划。联合行动计划协议将于2014年1月20日生效。 | 伊朗；核计划 |
| 12 月3 日 | 联合国组织刚果民主共和国稳定特派团启用了联合国的首架无人机以支持联刚稳定团对兵力调动的空中监视和针对非政府武装的武器禁运。 | 联合国；刚果（金）；无人机 |
| 12 月5 日 | 在中非共和国首都班吉的基督徒和穆斯林团体之间不断升级的宗派暴力冲突持续数天后，联合国安理会一致通过第2127号决议，授权非洲主导的中非共和国国际支援团和驻该国的法国部队采取一切必要措施保护平民和恢复国家的权力。 | 联合国；中非共和国；法国 |
| 12 月8 日 | 国际原子能机构的核查人员自2011年以来第一次视察了位于伊朗阿拉克附近的重水厂并采集了工厂生产的重水样品。 | 国际原子能机构；伊朗；核计划 |

| | | |
|---|---|---|
| *12 月15 日* | 支持前副总统里克·马沙尔·泰尼的反政府军与忠于总统萨尔瓦·基尔·马亚尔迪特的军队在南苏丹朱巴爆发激烈战斗。战斗很快升级并蔓延到团结州和琼格莱州。数以千计的平民丧生，到 12 月 27 日有大约 6.5 万人向联合国南苏丹共和国特派团寻求庇护。 | 南苏丹 |
| *12 月17 日* | 日本宣布计划增加其军事开支并进行重大装备采购，重点建设海军能力。 | 日本；军费 |

（许　巍　译）

# 作者简介

**伊恩·安东尼（Ian Anthony）博士（英国）**：SIPRI研究所所长兼该所“欧洲安全项目”主任。他以前曾任该所的“军备控制与不扩散项目”主任。他在SIPRI的著作有：SIPRI《研究报告》2007年第22期《改革核出口控制制度：核供应国集团的未来》（2007年，与人合写）、《北约核武器的未来》（Friedrich-Ebert-Stiftung出版社，2010年，与人合写）。他自1988年以来一直为《SIPRI年鉴》撰稿。

**克塞妮娅·阿维佐夫（Xenia Avezov）（以色列/美国）**：SIPRI研究所“武装冲突与冲突控制项目”研究员，从事和平行动及冲突控制等有关问题的研究。当前，她的主要研究课题是和平行动的新地缘政治，旨在更好地了解新兴大国和主要出兵国地区对参与未来和平行动的看法和动机。

**加桑·巴利基（Ghassan Baliki）（黎巴嫩）**：德国经济研究所（DIW柏林）发展与安全部的研究助理。他目前正在柏林洪布洛特（Humbolt）大学攻读经济学博士。他的研究兴趣包括对暴乱中的媒体的分析（重点放在中东地区），以及对贫困化和民主化的分析。他曾为世界银行的《2014年世界发展报告》提供了关于“犯罪与受害”的背景说明。他最近同伦敦经济与政治学院（LSE）合作，共同负责一个对叙利亚冲突数据的收集项目。

**西比勒·鲍尔（Sibylle Bauer）博士（德国）**：SIPRI 研究所的“两用品及武器贸易控制项目”主任。在 2003 年加入 SIPRI 研究所之前，她系布鲁塞尔欧洲问题研究所（ULB）研究员。从 2005 年开始，她从事研究欧洲和东南亚加强过境贸易、中间贸易和出口贸易控制的相关法律和执法问题，并帮助这些地区设计和落实能力建设活动。她的著作包括 SIPRI《和平与安全观察》第 2013/2 期《军火贸易控制的能力建设：两用品贸易控制的教训》（2003 年 3 月）。她自 2004 年以来一直为《SIPRI 年鉴》撰稿。

**露西·贝罗—苏德罗（Lucie Béraud-Sudreau）（法国）**：邦戴翁-阿萨斯（Panthéon-Assas）大学博士生。2013—2014 年，作为 SIPRI 研究所的客座研究员，参与 SIPRI 的“武器转让项目”研究，关注法国和瑞典的武器出口政策。她的博士课题研究系由法国国防部装备总局提供资助。

**南尼·博德尔（Nenne Bodell）（瑞典）**：瑞典军事档案馆高级图书管理员。在 2014 年之前，她曾担任 SIPRI 研究所“图书和文件部”主任和“军控与裁军文件搜录项目”负责人。她自 2003 年以来一直为《SIPRI 年鉴》撰稿。

**马克·布罗姆利（Mark Bromley）（英国）**：SIPRI 研究所“两用品及武器贸易控制项目”的两主任之一，重点研究规范国际军火贸易的国家、地区及国际努力等问题。之前，他在“英美安全信息委员会”（BASIC）担任政策分析员。他的近作包括：SIPRI《政策报告》第 38 期《中国的轻武器和小武器出口》（2013 年 10 月，与人合写），以及欧盟联营企业讨论会论文“武器贸易条约援助：论证欧盟的作用” （2014 年 2 月，与人合写）。他自 2004 年以来一直为《SIPRI 年鉴》撰稿。

**彼得·克莱夫斯蒂格（Peter Clevestig）博士（瑞典）**：SIPRI 研究所“军备控制与不扩散项目”生化安全分项的资深研究员。他的研究专长是生物材料、生物技术的安全与安保及相关政策。他撰写过关于生物恐怖主义、生命科学安全方面和传染病威胁的若干文章和书刊章节。他还是《生命科学实验室生物应用手册》的作者（2009年)。他自2008年以来一直为《SIPRI年鉴》撰稿。

**维达利·费琴科（Vitaly Fedchenko）（俄罗斯）**：SIPRI研究所的“欧洲安全项目”资深研究员，负责核安全和能源安全问题。以前，他是SIPRI研究所的“军备控制与不扩散项目”的资深研究员，并工作于俄罗斯政策研究中心和莫斯科国际问题应用研究所。他撰写或与人合写了多部有关核法医学、核安全与核查以及国际核燃料循环等方面的著作，包括SIPRI《研究报告》2007年第22期《改革核出口控制：核供应国集团的未来》（与人合写)。他自2005年以来一直为《SIPRI年鉴》撰稿。

**尼尔·弗古森（Neil Ferguson）博士（爱尔兰/英国）**：专长于提出与政策有关的发展与安全问题的学术研究课题。在2013年加入SIPRI研究所之前，他工作于德国经济研究所（DIW)。他目前的研究兴趣包括对西欧安全与经济不同认识之间的关系，以及撒哈拉以南非洲的经济行为所面临的冲突风险影响和墨西哥涉毒暴力的各种影响。

**亚历山大·格拉泽（Alexander Glaser）博士（德国）**：美国伍德罗·威尔逊公共与国际事务学院和普林斯顿大学机械与航天工程系副教授。他还是该大学的“科学与全球安全项目”研究团队成员，并参与“裂变材料国际小组”（IPFM）的工作，该小组每年发表《全球裂变材料报告》。他从事核能与安全政策研究，重点是核不扩散和军备控制。他是《科学与全球安全》杂志的两编辑之一。他自2007年以来一直为《SIPRI年鉴》撰稿。

**莉娜·格里普（Lina Grip）（瑞典）**：SIPRI研究所“欧洲安全项目”研究员。她以前是SIPRI研究所的“军备控制与不扩散项目”研究员。她是一名博士研究生，还是该所与欧盟防扩散团体的协调员。她的近作有：《反车辆地雷的人道主义及发展影响》（GICHD-SIPRI报告，2014年9月)。她自2012年以来一直为《SIPRI年鉴》

撰稿。

**约翰·哈特（John Hart）（美国）**：SIPRI 研究所“军备控制与不扩散项目”的“化学与生物战”分项资深研究员和负责人。他还是芬兰国防大学的军事学博士研究生。他的著作包括 SIPRI《政策报告》第 35 期《化武公约的前景：政策和计划方面》（2013 年 4 月，与人合写）。他自 1997 年以来一直为《SIPRI 年鉴》撰稿。

**克里斯托夫·霍兰德（Christopher Holland）（澳大利亚/英国）**：澳大利亚执业律师。2012 年，他是纽约的人权与全球正义中心的客座研究员，重点研究与自动武器有关的问题，并且是《生活在无人机环境中：美国在巴基斯坦的无人机行动给平民带来的死亡、伤残和痛苦》（斯坦福法学院/纽约大学法学院出版，2012 年）这一报告的两作者之一。他还作为一名准成员为伦敦的 Volterra Fietta 律师事务所和澳大利亚的 Smith Freehills 律师事务所工作。

**保尔·霍尔托姆（Paul Holtom）博士（英国）**：英国 Coventry 大学“信任、和平与社会关系中心”（CTPSR）的“和平、和解与安全”团队牵头人。以前，他曾担任 SIPRI 研究所的“武器转让项目”主任。他的研究方向集中于军火贸易、人道主义武器控制和打击非法及不负责任的武器转让，尤其是小武器和轻武器的转让，还研究多边制裁和新兴国家在制定国际和平与安全规则中的作用等。他的近作包括欧盟不扩散团体讨论会的论文“武器贸易条约援助：论证欧盟的作用”（2014 年 2 月，与人合写），以及《2014 年小武器调查：妇女与枪支》中的“贸易的最新情况：转让、再转让与武器贸易条约”（剑桥大学出版社，2014 年）。他自 2007 年以来一直为《SIPRI 年鉴》撰稿。

**丹尼尔·希斯洛普（Daniel Hyslop）（澳大利亚）**：“经济与和平研究所”（IEP）的研究主管，是发展研究领域中的一名应用性研究员，专长于研判和平与冲突、暴力及恐怖主义的发展趋势，以及和平经济的发展动态。他还负责安排 IEP 研究所对外同许多政府间及非赢利组织之间的合作研究。他以往曾在政治方面以及大学和政府部门中发挥过多学科的研究和政策咨询作用。他在 2011 年曾为《SIPRI 年鉴》撰过稿。

**帕特里克·约翰松（Patrik Johansson）博士（瑞典）：** Umea 大学政治系和 Otago 大学和平与冲突研究中心的博士后研究员。他以前参加过欧盟驻前南斯拉夫联盟马其顿共和国监督团（2001—2002 年）和欧盟驻巴勒斯坦希伯伦临时国际部队（2003—2004 年）。他的博士论文《通过难民遣返实现和平：概念、案例和条件》出版于 2010 年。

**诺埃尔·凯利（Noel Kelly）（爱尔兰）：** SIPRI 研究所“军备与军费开支项目”的研究员和项目协调员。他负责维护与该项目共享的若干分项的数据库。他自 2009 年以来一直为《SIPRI 年鉴》撰稿，负责提供关于武器禁运、SIPRI 军费开支年度问卷和联合国军费申报系统调查结果等方面的信息。

**香农·N·基尔（Shannon N. Kile）（美国）：** SIPRI 研究所“军备控制与不扩散项目”的“核武器”分项资深研究员和负责人。他的主要研究领域是核军控和核不扩散，特别关注伊朗和地区安全问题。他为 SIPRI 多种出版物撰写了大量文章。他的著作有：主编了 SIPRI《研究报告》第 21 期《欧洲和伊朗：对不扩散的看法》（2005 年），以及 SIPRI《政策报告》第 33 期《裂变材料禁产条约的核查：技术和组织因素》（2012 年）。他自 1993 年以来一直为《SIPRI 年鉴》撰稿。

**汉斯·M·克里斯滕森（Hans M. Kristensen）（丹麦）：** 美国科学家联合会（FAS）“核信息项目”主任。他为许多媒体和机构在核武器问题上经常提供咨询，并与人一起负责《原子科学家公报》杂志“核笔记本”专栏文章的撰写。其近作包括《今日军控》中的“核武器现代化：对核不扩散条约的威胁？”（2014 年 5 月），以及《剪修赘肉：美俄核力量进一步削减的选择》（美国科学家联合会，

2012 年)。他自 2001 年以来一直为《SIPRI 年鉴》撰稿。

**雅伊尔·范德·里金（Jaïr van der Lijn）博士（荷兰）**：SIPRI 研究所“武装冲突与冲突控制项目”资深研究员，牵头研究和平行动及冲突控制问题。他还是荷兰国际关系研究所（Clingendael）的资深客座研究员和 Nijmegen 的 Radboud 大学客座研究员。他的研究兴趣包括和平行动的前景、和平行动成败因素的评估，以及行动特派团的综合举措等。他的近作包括“维和人员的风险：和平行动中的伤亡”（《SIPRI 政策简报》，2014 年 2 月)、“和平行动的未来”（Clingendael，2013 年 1 月)。

**马格努斯·伦德格林（Magnus Lundgren）（瑞典）**：斯德哥尔摩大学政治系博士后研究员，主要研究由国际组织实施的冲突解决问题。他以前曾为联合国工作（纽约和达卡)，并在乌普萨拉大学和哈佛大学获得了多个学位。他的博士论文《作为和平创造者的国际组织：政府间组织制止国内战争的评估及效用》于 2014 年出版。

**尼尔·梅文（Neil Melvin）博士（英国）**：SIPRI 研究所资深研究员，以前担任过该所的“武装冲突与冲突控制项目”主任。加入 SIPRI 研究所之前，他在能源组织秘书处和欧洲安全合作组织担任高级顾问，还在欧洲的许多主要政策研究机构工作过。他在冲突问题上发表过许多著作。他的近作包括“不要过分强调‘人口过剩’：阿富汗及中亚的新冲突”《中亚政策简报》第 6 期（国际事务学校，2012 年 12 月)。他自 2006 年以来一直为《SIPRI 年鉴》撰稿。

**齐亚·米安（Zia Mian）（巴基斯坦/英国）**：普林斯顿大学伍德罗·威尔逊公共与国际事务学院“科学与全球安全项目”的物理学家，领导其中的“南亚和平与安全课题”。他是裂变材料国际研究小组的两位副主席之一，也是《科学与全球安全》杂志两编辑之一。他重点研究巴基斯坦和印度的核武器、军备控制与裁军以及核能问题。他在 2003 年以及 2007 年以来一直为《SIPRI 年鉴》撰稿。

**伊万娜·米契奇（Ivana Mićić）（比利时）**：SIPRI 研究所“两用品和武器贸易控制项目”的高级特约研究员。在加入列日（ULg）大学之前，她是该 SIPRI 项目中的高级研究员。从 2014 年开始，她在 ULg 大学政治系的欧洲问题研究团队担任高级研究员。除了研究贸易控制和不扩散问题以外，她还为东南欧设计和落实一系列能力建设活动——在地区和国家层面——以加强东南欧的两用品和武器贸易控制制度。在 2007 年加入 SIPRI 研究所之前，她曾从事过安全部门改革和东南欧边界控制方面的研究。她在 2010 年和 2011 年曾为《SIPRI 年鉴》撰过稿。

**萨姆·珀洛—弗里曼（Sam Perlo-Freeman）博士（英国）**：SIPRI 研究所“军费与军工生产项目”主任。以前，他曾是西英格兰大学经济系的高级讲师，主讲防务与和平经济。他的近作包括《非洲外部势力的安全活动》一书中的“英国”一章（牛津大学出版社，2014 年）以及《新黩武主义时代对战争的推动》一书中的“军费开支与全球的尚武文化”一章（Routledge，2012 年）。他自 2003 年以来一直为《SIPRI 年鉴》撰稿。

**菲利普·巴顿·舍尔（Phillip Patton Schell）（德国）**：SIPRI 研究所“军备控制与不扩散项目”研究员。他的研究重点是与军控、裁军及防止大规模杀伤性武器扩散有关的安全问题，侧重于东亚和南亚地区。他的近作包括《核裁军透明的一个新的战略武器削减条约模式》（联合国裁军研究所，2013 年，与人合写）。他自 2012 年以来一直为《SIPRI 年鉴》撰稿。

**卡米拉·斯基帕（Camilla Schippa）（意大利/瑞典）**：“经济与和平研究所”（LEP）所长。在加入该所之前，她在联合国工作过十多年。直至 2008 年，她曾任“联合国伙伴关系办事处”的办公室主任，指导创立了联合国与企业、基金会和慈善组织之间的战略关系。她自 2010 年以来一直为《SIPRI 年鉴》撰稿。

**蒂莫·斯米特（Timo Smit）（荷兰/瑞典）**：北大西洋条约组织

议会的研究助理。2013—2014 年间在 SIPRI 研究所的“武装冲突与冲突控制项目”担任研究助理。他分别在 Gromongen 大学和乌普萨拉大学获得过学位。他的主要研究兴趣包括国际安全、冲突控制和种族冲突等方面。

**卡丽娜·索尔米拉诺（Carina Solmirano）（阿根廷）**：2014 年 4 月之前一直担任 SIPRI 研究所“军费与军工生产项目”的资深研究员，负责跟踪拉丁美洲、中东和南亚地区的军费开支情况。她的近作包括 SIPRI《政策报告》第 31 期《拉丁美洲和加勒比地区的军费开支与武器采购的透明度》（2012 年 1 月，与人合写），以及“联合国 UNASUR 军费开支登记：走向透明”（《出口控制》，2013 年 7/8 月刊，俄文版）。她自 2010 年以来一直为《SIPRI 年鉴》撰稿。

**伊萨克·斯文松（Isak Svensson）（瑞典）**：乌普萨拉大学和平与冲突研究部兼职教授。以前，他曾担任 Otago 大学和平与冲突研究中心研究部主任。他专长于研究国内战争中的国际调停和冲突解决进程中的宗教因素。他的近作有：《结束圣战：内战中的宗教因素与冲突解决》（昆士兰大学出版社，2012 年），以及《国际调停中的偏向与创建和平：在内战中持有偏向立场》（Routledge 出版社，即将出版）。他在 2013 年曾为《SIPRI 年鉴》撰稿。

**洛塔·特姆纳（Lotta Themnér）（瑞典）**：乌普萨拉大学和平与冲突研究部的“乌普萨拉冲突数据库项目”（UCDP）研究协调人。她已编撰了 9 卷乌普萨拉的《武装冲突中的国家》刊物，并撰写或与人合写了许多有关武装冲突的文章和书刊章节。她自 2005 年以来一直为《SIPRI 年鉴》撰稿。

**彼得·瓦伦斯腾（Peter Wallensteen）教授（瑞典）**：2012 年以来任乌普萨拉大学和平与冲突研究部资深教授，2006 年以来还任 Notre Dame 大学和平研究所“理查德·G. 斯塔尔曼”资深研究教授。1985—2012 年，他持有乌普萨拉大学和平与冲突研究部的“哈马舍尔德坐椅”头衔，领导乌普萨拉的“冲突数据库项目”（UCDP）

和关于实施有针对性制裁的特别项目（SPITS）。他的著作包括《地区组织与创建和平：对联合国的挑战?》（Routledge 出版社，2014 年，与人合写），以及《了解冲突的解决：战争、和平和全球体系》（Sage，第三版，2012 年）。他自 1988 年以来一直为《SIPRI 年鉴》撰稿。

**皮埃特 · D · 魏泽曼（Pieter D. Wezeman）（荷兰）：** SIPRI 研究所的“武器转让项目”资深研究员。在 2006 年再次加入 SIPRI 研究所之前，他在荷兰国防部担任常规武器与核武器技术扩散方面的资深分析家。他的近作包括 SIPRI《政策报告》第 30 期《流向撒哈拉以南非洲的武器》（2011 年 12 月，与人合写）。他自 1995 年以来一直为《SIPRI 年鉴》撰稿。

**西蒙 · T · 魏泽曼（Siemon T. Wezeman）（荷兰）：** SIPRI 研究所“武器转让项目”的资深研究员。他的研究领域包括对武器转让（尤其是亚太地区和北美的武器转让）的监督、冲突中武器的使用以及武器转让的透明度等。他的近作包括《政策报告》第 30 期《流向撒哈拉以南非洲的武器》（2011 年 12 月，与人合写）。他自 1993 年以来一直为《SIPRI 年鉴》撰稿。

**海伦 · 维兰德（Helen Wilandh）（瑞典）：** SIPRI 研究所“马里平民社会与建设和平”课题的研究员。以前她曾在该所的“军费开支与军工生产项目”工作，并参与 SIPRI 研究所的“非洲安全、民主化和良政”课题的研究工作。她的主要研究领域是非洲安全和发展问题。

（徐家雄　译）

# 勘　误

## 《SIPRI 年鉴 2013：军备、裁军和国际安全》

第169页第3段（中文版第229页第3段）："到2010年已减少到60个国家"，应为"到2009年已减少到58个国家"。

第170页表3.8（中文版第230页表3.8）：2011年的报告总数"68"应为"67"。

第227页第2段（中文版第280页第1段）："但是在过去十年里进入'100强'最后一位的销售额却多了一倍多，从2800亿美元增加到6600亿美元"，应为从2.8亿美元增至6.6亿美元。

第284页表6.1（中文版第382页表6.1）：朝鲜的总数"6—8"应为"6—8?"。

第423页第2段（中文版第545页第2段）：7个共同提案国澳大利亚、哥斯达黎加、芬兰、日本、肯尼亚和英国，应加上阿根廷。

## 《SIPRI 年鉴 2014：军备、裁军和国际安全》

《SIPRI 年鉴 2014》印刷版中的勘误将会在网址〈http：//www. sipri. org/yearbook/〉上和《SIPRI 年鉴 2015》中登出。在网址〈http：//www. sipriyearbook. org/〉上刊登的《SIPRI 年鉴 2014》网络版，一经发现有错就会立即更正。

1987年以前出版的各年鉴书名为：
《世界军备与裁军：斯德哥尔摩国际和平研究所【出版年号】》
根据牛津大学出版社2014年版翻译

**图书在版编目（CIP）数据**

SIPRI年鉴：军备·裁军和国际安全.2014/斯德哥尔摩国际和平研究所著．中国军控与裁军协会译.—北京：时事出版社，2015.6

ISBN 978-7-80232-843-3

Ⅰ.①S… Ⅱ.①斯… ②中… Ⅲ.①军备控制－世界－2014－年鉴 ②裁军问题－世界－2014－年鉴 ③国家安全－世界－2014－年鉴 Ⅳ.①D815-54

中国版本图书馆CIP数据核字（2015）第092097号

**著作权登记号：01-2015-2088号**

---

责任编辑：协　力

---

出版发行：时事出版社
地　　址：北京市海淀区万寿寺甲2号
邮　　编：100081
发行热线：(010) 88547590　88547591
读者服务部：(010) 88547595
传　　真：(010) 88547592
电子邮箱：shishichubanshe@sina.com
网　　址：www.shishishe.com
印　　刷：北京市昌平百善印刷厂

---

开本：880×1230　1/32　印张：22.75　字数：626千字
2015年6月第1版　2015年6月第1次印刷
定价：98.00元
（如有印装质量问题，请与本社发行部联系调换）